KURZLEHRBÜCHER
FÜR DAS JURISTISCHE STUDIUM

Prütting
Sachenrecht

W0333857

Sachenrecht

EIN STUDIENBUCH

von

Dr. Hanns Prütting

o. Professor an der Universität
zu Köln

34., neubearbeitete Auflage

des von Friedrich Lent begründeten und
von Karl Heinz Schwab fortgeführten Werkes

Verlag C. H. Beck München 2010

Verlag C. H. Beck im Internet:
beck.de

ISBN 978 3 406 60702 8

© 2010 Verlag C. H. Beck oHG
Wilhelmstraße 9, 80801 München
Druck und Bindung: Druckerei C.H. Beck Nördlingen
(Adresse wie Verlag)

Satz: Reemers Publishing Services GmbH, Krefeld

Gedruckt auf säurefreiem, alterungsbeständigem Papier
(hergestellt aus chlorfrei gebleichtem Zellstoff)

Vorwort

Auch in einem als sehr statisch und konstant geltenden Rechtsbereich wie dem Sachenrecht gilt es, immer wieder neue Herausforderungen zu bewältigen. Dafür sorgen Rechtspraxis und Gesetzgebung in reichem Maße. Hervorhebung verdienen die Neuerungen durch das Risikobegrenzungsgesetz vom 12. 8. 2008 (s. u. Rn. 767 ff.) sowie durch das Gesetz zur Einführung des elektronischen Rechtsverkehrs und der elektronischen Akte im Grundbuchverfahren vom 11. 8. 2009 mit dem neuen § 47 GBO (s. u. Rn. 137a). Auch im Übrigen haben die Finanzmarktkrise und andere wirtschaftliche Entwicklungen im Sachenrecht Spuren hinterlassen. Die umfangreiche Rechtsprechung ist eingearbeitet worden, soweit dies im Rahmen eines Kurzlehrbuchs vertretbar erschien.

Die Vorauflage dieses Buches hat wiederum viel Lob und manche wertvolle Anregung erfahren, wofür ich danken möchte. Trotz intensiver Überarbeitung durch den jetzigen Autor seit nunmehr 20 Jahren verdankt das Werk seinem Begründer *Friedrich Lent* (verstorben am 30. 4. 1960) und seinem zweiten Bearbeiter *Karl Heinz Schwab* (verstorben am 17. 1. 2008) noch immer viel an Souveränität und Klarheit. Dies sei in dankbarem Andenken hervorgehoben.

Bis zur 32. Auflage hat das Buch einen Abschnitt über das Sachenrecht der neuen Bundesländer enthalten. Wer sich auch heute noch zum Stand der Dinge und insbesondere zum heiklen Streit um die Rückabwicklung entzogenen Grundeigentums informieren möchte, greife zur 32. Auflage (2006), die in § 5 a IV (Rn. 42 ff.) einen noch immer gültigen Überblick gibt, zumal in jüngster Zeit die Diskussion erneut belebt worden ist.

Von der Planung, ein eigenes Kapitel zum Internationalen und zum Europäischen Sachenrecht zu schreiben, habe ich nach näherer Prüfung im Rahmen eines Kurzlehrbuchs bewusst Abstand genommen. Wer sich hier intensiv informieren will, sei auf das vorzügliche Kapitel in der 18. Auflage (2009) des Sachenrechts von Baur/Stürner verwiesen (§ 64).

Die Neuauflage befindet sich auf dem Stand vom 31. 7. 2010. Den aufmerksamen Leser bitte ich, mir Kritik und Hinweise zukommen zu lassen, die mir bei der Überarbeitung hilfreich sein können (E-Mail: h.pruetting@uni-koeln.de).

Köln, im August 2010 *Hanns Prütting*

Inhalt

3. Kapitel. Das Eigentum

1. Abschnitt. Der Inhalt des Eigentums

2. Abschnitt. Erwerb und Verlust des Grundeigentums

3. Abschnitt. Erwerb und Verlust des Eigentums an beweglichen Sachen

4. Abschnitt. Ansprüche aus dem Eigentum

5. Abschnitt. Mehrheit von Eigentümern

4. Kapitel. Kreditsicherungsrecht

1. Abschnitt. Kreditsicherung an Grundstücken

Abkürzungsverzeichnis

Alle Paragraphen, die ohne Bezeichnung eines Gesetzes und ohne Hinweis „vgl. o." oder „vgl. u." zitiert werden, sind solche des BGB. Alle Hinweise auf Paragraphen, die mit den Worten „vgl. o." oder „vgl. u." verbunden sind, beziehen sich auf solche dieses Werkes.

a. A.	anderer Ansicht
aaO	am angegebenen Ort
AbfG	Abfallgesetz
AcP	Archiv für civilistische Praxis
AGBG	Gesetz zur Regelung des Rechts der Allgemeinen Geschäftsbedingungen
a. M.	anderer Meinung
AnwBl	Anwaltsblatt
AöR	Archiv für öffentliches Recht
BAG	Bundesarbeitsgericht
BayBO	Bayerische Bauordnung
BayObLG	Bayerisches Oberstes Landesgericht und dessen Entscheidungen
BayVBl.	Bayerische Verwaltungsblätter
BayZ	Bayerische Zeitschrift für Rechtspflege
BB	Betriebs-Berater
BeurkG	Beurkundungsgesetz v. 28. 8. 1969
BGBl.	Bundesgesetzblatt
BGH	Bundesgerichtshof
BGHZ	Amtliche Sammlung der Entscheidungen des Bundesgerichtshofs in Zivilsachen
BImSchG	Bundes-Immissionsschutzgesetz
BNotO	Bundesnotarordnung
BVerfG	Bundesverfassungsgericht
BVerfGE	Amtliche Sammlung der Entscheidungen des Bundesverfassungsgerichts
BVerwG	Bundesverwaltungsgericht
BVerwGE	Amtliche Sammlung der Entscheidungen des Bundesverwaltungsgerichts
Bürgl. Arch.	Archiv für bürgerliches Recht
DAR	Deutsches Autorecht
DB	Der Betrieb
DJZ	Deutsche Juristenzeitung
DNotZ	Deutsche Notar-Zeitschrift
DRiZ	Deutsche Richterzeitung
DtZ	Deutsch-Deutsche Rechtszeitschrift
DVBl.	Deutsches Verwaltungsblatt
DZWIR	Deutsche Zeitschrift für Wirtschaftsrecht
EG	Einführungsgesetz zum BGB
FamRZ	Zeitschrift für das gesamte Familienrecht
FG	Festgabe
FGPrax	Praxis der freiwilligen Gerichtsbarkeit
FGG	Gesetz über die Angelegenheiten der freiwilligen Gerichtsbarkeit
FS	Festschrift

GBO .... Grundbuchordnung
GBV .... Grundbuchverfügung
Gruch. Beitr. .... Gruchot's Beiträge zur Erläuterung des deutschen Rechts
GRUR .... Gewerblicher Rechtsschutz und Urheberrecht
GS .... Gedächtnisschrift

HGB .... Handelsgesetzbuch
h. M. .... herrschende Meinung

i. E. .... im Ergebnis
InsO .... Insolvenzordnung
InVO .... Insolvenz und Vollstreckung

JA .... Juristische Arbeitsblätter
JFG .... Jahrbuch für Entscheidungen in Angelegenheiten der freiwilligen Gerichtsbarkeit
Jher. Jahrb. .... Jherings Jahrbücher
JR .... Juristische Rundschau
Jura .... Juristische Ausbildung
JuS .... Juristische Schulung
JW .... Juristische Wochenschrift
JZ .... Juristenzeitung

KGJ .... Jahrbuch für Entscheidungen des Kammergerichts
KO .... Konkursordnung
KTS .... Konkurs-, Treuhand- und Schiedsgerichtswesen

LM .... Lindenmaier-Möhring, Nachschlagewerk des BGH
LZ .... Leipziger Zeitschrift

MDR .... Monatsschrift für Deutsches Recht
MittRhNotK .... Mitteilungen der Rheinischen Notarkammer
m. w. N. .... mit weiteren Nachweisen

NJW .... Neue Juristische Wochenschrift
NJW-RR .... NJW-Rechtsprechungs-Report Zivilrecht
NZI .... Neue Zeitschrift für das Recht der Insolvenz und Sanierung

OGH .... Oberster Gerichtshof für die britische Zone
OLGZ .... Entscheidungen der Oberlandesgerichte in Zivilsachen

RabelsZ .... Zeitschrift für ausländisches und internationales Privatrecht, begr. von E. Rabel
Recht .... Das Recht
RG .... Reichsgericht
RGZ .... Amtliche Sammlung der Entscheidungen des Reichsgerichts in Zivilsachen
RNotZ .... Rheinische Notar-Zeitschrift
Rpfleger .... Der Deutsche Rechtspfleger
RpflG .... Rechtspflegergesetz v. 5. 11. 1969
RuS .... Recht und Schaden
RvglHwb. .... Rechtsvergleichendes Handwörterbuch
Rn. .... Randnummer
Rz. .... Randziffer

SchlHA .... Schleswig-Holsteinische Anzeigen
StGB .... Strafgesetzbuch
StPO .... Strafprozeßordnung

TKG	Telekommunikationsgesetz
VIZ	Zeitschrift für Vermögens- und Investitionsrecht
VO	Verordnung
VVG	Versicherungsvertragsgesetz
VwGO	Verwaltungsgerichtsordnung
WEG	Wohnungseigentumsgesetz
WG	Wechselgesetz
WiB	Wirtschaftsrechtliche Beratung
WM	Wertpapiermitteilungen
ZAkDR	Zeitschrift der Akademie für deutsches Recht
ZBlFG	Zentralblatt für freiwillige Gerichtsbarkeit und Notariat
ZEuP	Zeitschrift für Europäisches Privatrecht
ZfvglR	Zeitschrift für vergleichende Rechtswissenschaft
ZgesStW	Zeitschrift für die gesamte Staatswissenschaft
ZGR	Zeitschrift für Unternehmens- und Gesellschaftsrecht
ZHR	Zeitschrift für das gesamte Handels- und Konkursrecht
ZIP	Zeitschrift für Wirtschaftsrecht
ZMR	Zeitschrift für Miet- und Raumrecht
ZPO	Zivilprozeßordnung
ZVG	Gesetz über die Zwangsversteigerung und Zwangsverwaltung
ZZP	Zeitschrift für Zivilprozeß

Verzeichnis der abgekürzt zitierten Literatur

Bamberger/Roth/*Bearbeiter*	*Bamberger/Roth,* BGB, Kommentar, 2. Aufl., 2007/2008
Baur/Stürner	*Baur/Stürner,* Sachenrecht, 18. Aufl., 2009
Bülow	*Bülow,* Recht der Kreditsicherheiten, 7. Aufl., 2007
Erman/*Bearbeiter*	*Erman,* Handkommentar zum BGB, 12. Aufl., 2008
Gerhardt, Immobiliarsachenrecht	*Gerhardt,* Immobiliarsachenrecht, 5. Aufl., 2001
Gerhardt, Mobiliarsachenrecht	*Gerhardt,* Mobiliarsachenrecht, 5. Aufl., 2000
Gottwald, PdW	*Gottwald,* Prüfe dein Wissen – Sachenrecht, 14. Aufl., 2005
Gursky, Fälle und Lösungen	*Gursky,* Klausurenkurs im Sachenrecht, Fälle und Lösungen nach höchstrichterlichen Entscheidungen, Sachenrecht, 12. Aufl., 2008
Gursky, 20 Probleme EBV	*Gursky,* 20 Probleme aus dem BGB: Das Eigentümer-Besitzer-Verhältnis, 8. Aufl., 2008
Heck	*Heck,* Grundriß des Sachenrechts, 1930
Jauernig/*Bearbeiter*	*Jauernig,* Kommentar zum BGB, 13. Aufl., 2009
Koch/Löhnig	*Koch/Löhnig,* Fälle zum Sachenrecht, 2. Aufl., 2010
Medicus, Bürgerliches Recht	*Medicus/Petersen,* Bürgerliches Recht, 22. Aufl., 2009
Müller	*Müller,* Sachenrecht, 4. Aufl., 1997
MünchKomm/*Bearbeiter*	Münchener Kommentar zum BGB, 4. Aufl., 2004 ff.
NK/*Bearbeiter*	*Ring/Grziwotz/Keukenschrijver,* Nomoskommentar BGB, 2. Aufl., 2008
Palandt/*Bearbeiter*	*Palandt,* BGB, Kommentar, 69. Aufl., 2010
Planck	*Planck's* Kommentar zum Bürgerlichen Gesetzbuch nebst Einführungsgesetz, 5. Aufl., 1933/38
PWW/*Bearbeiter*	*Prütting/Wegen/Weinreich,* BGB-Kommentar, 5. Aufl., 2010
RGRK/*Bearbeiter*	Das Bürgerliche Gesetzbuch, mit besonderer Berücksichtigung der Rechtsprechung des Reichsgerichts und des Bundesgerichtshofes, Kommentar, 12. Aufl., 1974 ff.
Soergel/*Bearbeiter*	*Soergel,* Kommentar zum BGB, 12. Aufl., 1987 ff.; 13. Aufl., 1999 ff.
Staudinger/*Bearbeiter*	*Staudinger,* Kommentar zum BGB, 12. Aufl., 1979 ff.; 13. Bearbeitung, 1993 ff.
Westermann, Schwerpunkte	*H. P. Westermann,* BGB-Sachenrecht (Reihe „Schwerpunkte"), 11. Aufl., 2005
Westermann	*Westermann,* Sachenrecht, 7. Aufl., 1998
Wieling	*Wieling,* Sachenrecht, 5. Aufl., 2007
Wieling, Bd. I	*Wieling,* Sachenrecht, Bd. I: Sachen, Besitz und Rechte an beweglichen Sachen, 2. Aufl., 2006
Wilhelm	*Wilhelm,* Sachenrecht, 3. Aufl., 2007
E. Wolf	*E. Wolf,* Lehrbuch des Sachenrechts, 2. Aufl., 1979
Wolf/Wellenhofer	*Wolf/Wellenhofer,* Sachenrecht, 25. Aufl., 2010
Wolff/Raiser	*Wolff/Raiser,* Lehrbuch des Sachenrechts, 10. Bearbeitung, 1957

Literatur zum Sachenrecht

Lehrbücher:

Baur/Stürner, Lehrbuch des Sachenrechts, 18. Aufl., 2009
Brehm/Berger, Sachenrecht, 2. Aufl., 2006
Bülow, Recht der Kreditsicherheiten, 7. Aufl., 2007
Eckert, Sachenrecht, 4. Aufl., 2005
Gerhardt, Mobiliarsachenrecht, 5. Aufl., 2000
Gerhardt, Immobiliarsachenrecht, 5. Aufl., 2001
Lüke, Sachenrecht, 2009
Lwowski, Das Recht der Kreditsicherung, 8. Aufl., 2000
Medicus/Petersen, Bürgerliches Recht, 22. Aufl., 2009
Müller, Sachenrecht, 4. Aufl., 1997
Reinicke/Tiedtke, Kreditsicherung, 5. Aufl., 2006
Schaffrin, Sachenrecht I, 2001
Schapp/Schur, Sachenrecht, 4. Aufl., 2010
Schellhammer, Sachenrecht nach Anspruchsgrundlagen, 2. Aufl., 2005
Schreiber, Sachenrecht, 4. Aufl., 2003
Vieweg/Werner, Sachenrecht, 4. Aufl., 2009
H. Weber, Kreditsicherheiten, 8. Aufl., 2006
R. Weber, Sachenrecht, 2 Bände, 2. Aufl., 2008/2010
Weirich, Grundstücksrecht, 3. Aufl., 2006
Westermann, Sachenrecht, 7. Aufl., 1998 (Bearbeiter: *H. P. Westermann, Gursky, Eickmann*)
H. P. Westermann, BGB Sachenrecht (Schwerpunkte), 11. Aufl., 2005
Wieling, Sachenrecht, Bd. I, Sachen, Besitz und Rechte an beweglichen Sachen, 2. Aufl., 2006
Wieling, Sachenrecht, 5. Aufl., 2007
Wilhelm, Sachenrecht, 3. Aufl., 2007
Wörlen, Sachenrecht, 7. Aufl., 2007
Wolf/Wellenhofer, Sachenrecht, 25. Aufl., 2010

Kommentare:

Bamberger/Roth, Kommentar zum BGB, 3 Bände, 2. Aufl., 2007/2008
Erman, Handkommentar zum BGB, 12. Aufl., 2008 (Bearbeiter: *Aderhold, Ebbing, Grziwotz, Lorenz, Michalski, Wenzel*)
Herberger/Martinek/Rüßmann, juris Praxiskommentar BGB, Bd. 3, 4. Aufl., 2009
Jauernig, Kommentar zum BGB, 13. Aufl., 2009
Kropholler, Studienkommentar BGB, 12. Aufl., 2010
Münchener Kommentar zum BGB, Bd. 6: Sachenrecht, 4. Aufl., 2004 (Bearbeiter: *Baldus, Commichau, Cremer, Damrau, Eickmann, Engelhardt, Falckenberg, Füller, Grüneberg, Joost, Kanzleiter, Kühnholz, Medicus, Oechsler, v. Oefele, Pohlmann, Quack, Rinne, Säcker, Schmidt, Smid, Wacke, Wendtland, Westermann*)
Nomoskommentar BGB, Bd. 3, 2. Aufl., 2008 (hrsg. von *Ring, Grziwotz, Keukenschrijver*)
Palandt, BGB, Kommentar, 69. Aufl., 2010 (Bearbeiter: *Bassenge*)
Prütting/Wegen/Weinreich, BGB-Kommentar, 5. Aufl., 2010
RGRK: Das Bürgerliche Gesetzbuch, mit besonderer Berücksichtigung der Rechtsprechung des Reichsgerichts und des Bundesgerichtshofes Bd. 3 (in 3 Teilbänden), 12. Aufl. 1979/1996 (Bearbeiter: *Augustin, Kregel, Mattern, Pikart, Rothe*)
Schulze/Dörner/Ebert/Eckert/Hoeren/Kemper/Saenger/Schulte-Nölke/Staudinger, BGB Handkommentar, 6. Aufl., 2009

Soergel, Kommentar zum BGB, Bd. 6: Sachenrecht, 12. Aufl., 1990 (Bearbeiter: *Baur, Konzen, Mühl, Stürner, Winter*); aus der 13. Aufl. liegen vor: Bd. 14 (§§ 854–984), 2002 (Bearbeiter: *Baur, Henssler, Stadler, Stürner*); Bd. 16 (§§ 1018–1296), 2001 (Bearbeiter: *Habersack, Konzen, Stürner*)
Staudinger, Kommentar zum BGB, Bd. 3 (in 4 Teilbänden): Sachenrecht, 12. Aufl., 1981–1989 (Bearbeiter: *Amann, Beutler, Bund, Ertl, Gursky, Kutter, Mayer-Maly, Promberger, Riedel, Ring, Roth, Scherübl, Seiler, Wiegand*); in der 13. Bearbeitung, 1993 ff. (an Stelle der bisherigen Erscheinungsweise in Auflagen) liegt vor: §§ 854–882, Neubearbeitung 2007 (Bearbeiter: *Bund, Gursky, Kutter, Seiler*); §§ 883–902, 2002 (Bearbeiter: *Gursky*); §§ 903–924, 2002 (Bearbeiter: *Roth, Seiler*); §§ 925–984, 2004 (Bearbeiter: *Gursky, Pfeifer, Wiegand*); §§ 985–1011, Neubearbeitung 2006 (Bearbeiter: *Gursky*); §§ 1018–1112, 1994 (Bearbeiter: *Amann, Frank, Mader, Ring*); §§ 1113–1203, Neubearbeitung 2009 (Bearbeiter: *Wolfsteiner*); §§ 1204–1296, 2002 (Bearbeiter: *Nöll, Wiegand*)

Hilfsmittel:

Alpmann/Schmidt, Skriptum Sachenrecht, 3 Bände, 2006
Blank, Sachenrecht, Repetitorium Juris, 3 Hefte, 2000
Czeguhn/Ahrens, Fallsammlung zum Sachenrecht, 2006
Englisch, Fälle und Lösungen zum Sachenrecht, 2005
Gerhardt, Lexikon des Rechts, Sachenrecht, 1995
Gottwald, Prüfe dein Wissen, Sachenrecht, 14. Aufl., 2005
Gursky, Klausurenkurs im Sachenrecht, 12. Aufl., 2008
Gursky, 20 Probleme aus dem BGB, Sachenrecht, 7. Aufl., 2008
Gursky, 20 Probleme aus dem BGB, Das Eigentümer-Besitzer-Verhältnis, 8. Aufl., 2008
Habersack, Examensrepetitorium, 6. Aufl., 2010
Hemmer/Wüst, Skriptum Sachenrecht, 3 Bände, 2007
Koch/Löhnig, Fälle zum Sachenrecht, 2. Aufl., 2010
Lange/Schiemann, Fälle zum Sachenrecht, 6. Aufl., 2008
Langels, Sachenrecht, 2 Hefte, 4. Aufl., 2000
Meder/Czelk, Grundwissen Sachenrecht, 2. Aufl., 2008
Michalski/Schulenburg, Sachenrecht, 2 Hefte, 2000
Münchhausen/Püschel, Sachenrecht, 2 Bände, 2004
Neuner, Sachenrecht, 3. Aufl., 2008
Schwabe, Lernen mit Fällen, Sachenrecht, 5. Aufl., 2008
Vieweg/Neumann/Regenfus, Examinatorium Sachenrecht, 2. Aufl., 2009
Vieweg/Röthel, Casebook Sachenrecht, 2003

Ältere Literatur (Auswahl):

Eichler, Institutionen des Sachenrechts, 3 Bände, 1954, 1957, 1960
v. Gierke, Das Sachenrecht des bürgerlichen Rechts, 4. Aufl. 1959
Heck, Grundriß des Sachenrechts, 1930
Hedemann, Sachenrecht, 3. Aufl., 1960
Nikisch, Bodenrecht, 1949
Planck, Kommentar zum BGB, 3. Band, 1933, 1938
Rosenberg, Kommentar zum Sachenrecht, 1919
Süß, Sachenrecht, 1932
Wieacker, Bodenrecht, 1938
E. Wolf, Lehrbuch des Sachenrechts, 2. Aufl., 1979
Wolff/Raiser, Lehrbuch des Sachenrechts, 10. Bearb., 1957

Einleitung

§ 1. Grundlagen

I. Der Gegenstand des Sachenrechts

Das Sachenrecht enthält Normen, die vor allem die Beziehung von Personen (Rechtssubjekten) zu Sachen (Rechtsobjekten) regeln. Es geht also um sog. *dingliche* Rechtsbeziehungen, etwa um das Eigentum einer Person an einer Sache. Diese Rechtsposition „Eigentum" wirkt gegenüber jedermann und steht damit in einem Gegensatz zu den schuldrechtlichen Beziehungen zwischen zwei Personen (z. B. Kaufvertrag). Eine grundlegende Unterscheidung im deutschen Privatrecht bildet also die Trennung zwischen der schuldrechtlichen und der sachenrechtlichen Ebene der Rechtsbeziehungen (sog. Trennungs- und Abstraktionsprinzip; näher dazu u. § 4 II). 1

Beispiel: Wenn B ein Auto an A verkauft, später B dieses Auto aber entgegen dem Vertrag an C übereignet, dann hat A nur Ansprüche gegen B aus dem Kaufvertrag (schuldrechtliche Beziehung Person A zu Person B: relatives Recht). Wäre A jedoch Eigentümer des Pkw geworden, dann hätte er ein Zugriffsrecht auf die Sache selbst gegenüber jedermann (§ 985), unabhängig davon, welche Person gerade im Besitz des Pkw ist (dingliche Beziehung Person zu Sache: absolutes Recht). Übereignet in unserem Fall der neue Eigentümer C das Auto weiter an D, dann wird D Eigentümer, auch wenn er von dem Vertrag A-B positive Kenntnis hatte. Denn D hat vom dinglich Berechtigten C erworben.

II. Der Begriff der Sache und die Rechtsobjekte

1. Der Begriff der Sache ist wesentliche Grundlage des Sachenrechts. Er ist in § 90 als körperlicher Gegenstand definiert. Damit versteht das Gesetz den Begriff des Gegenstandes als Oberbegriff über die (körperlichen) Sachen und die (nichtkörperlichen) Rechte. Schließlich können neben einzelnen Gegenständen manchmal auch Sachgesamtheiten oder sogar das gesamte Vermögen Gegenstand rechtlicher Regelungen sein (vgl. §§ 92 II, 311 b II und III). Alle diese Begriffe faßt man unter dem Oberbegriff „Rechtsobjekt" zusammen. Davon strikt zu trennen sind die Rechtssubjekte, also die Träger von Rechten und Pflichten. 2

Der Sachbegriff ist also vor allem durch das Merkmal der „Körperlichkeit" bestimmt. Dabei kommt es auf den Aggregatzustand (fest, flüssig, gasförmig) unstreitig nicht an. Negativ ist der Sachbegriff dadurch begrenzt, daß alles das nicht Sache ist, was eine natürliche Person und was ein Recht ist. Abgrenzungsprobleme gibt es zu (nach einer natürlichen Betrachtung) unkörperlichen Gegenständen. So wird z. B. elektrische Energie nicht als Sache angesehen, was im Strafrecht sogar zur Schaffung eines eigenen Tatbestandes geführt hat (lies § 248 c I StGB). Dagegen kann ein Computerprogramm (also die Software) insoweit eine Sache sein, als es auf einem Datenträger gespeichert ist.[1] 3

---

[1] BGHZ 102, 135 = NJW 1988, 406; OLG Stuttgart NJW 1989, 2635; *König,* NJW 1989, 2604; eingehend *König,* Das Computerprogramm im Recht, 1991, S. 71 ff., 115; ferner *Marly,* BB 1991,

Eher gering ist die Bedeutung des Begriffs der vertretbaren Sache (§ 91)[2] und der verbrauchbaren Sache (§ 92). An beide Kategorien knüpfen bestimmte schuldrechtliche Regelungen an (vgl. §§ 607, 783, 651, 473, 706).

4 2. Innerhalb des Begriffs der Sache unterscheidet das BGB vielfach zwischen Grundstücken (= unbewegliche Sache) und beweglichen Sachen. Auch der Aufbau des Gesetzes orientiert sich sehr stark an dieser Trennung (s. u. III.). Weiterhin wesentlich für das Verständnis dieser Trennung ist, daß alle mit einer Sache besonders eng verbundenen Teile als sog. wesentliche Bestandteile im Rechtssinne zu einer Einheit verschmelzen (lies § 93). Bei Grundstücken sind das vor allem Gebäude und die zur Herstellung des Gebäudes eingefügten Teile (§ 94 I und II). Abzugrenzen sind die wesentlichen Bestandteile des Grundstücks von den Scheinbestandteilen im Sinne von § 95, die nur zu einem vorübergehenden Zweck mit dem Grundstück verbunden sind.[3]

5 Für das Vorliegen wesentlicher Bestandteile wird ein fester körperlicher Zusammenhang vorausgesetzt, so daß nach der Verkehrsanschauung eine einheitliche Sache vorliegt.

Beispiel: Karosserie eines Kfz, Gehäuse eines Apparats oder einer Maschine; nicht aber der serienmäßig hergestellte Motor oder die Reifen eines Kfz.

Ist eine Sache nur durch ihren wirtschaftlichen Zweck mit einer anderen verbunden, handelt es sich dagegen um Zubehör (lies § 97).

Beispiel: Bestuhlung und Schankanlage eines Restaurants, Büroausstattung eines Verwaltungsgebäudes, Fahrzeuge eines Transportunternehmens, Maschinen einer Industrieanlage. Dagegen ist eine vom Mieter in die Wohnung eingebrachte Einbauküche kein Zubehör (*BGH* NJW 2009, 1078).

Examensproblem: Der Bauunternehmer B hat dem Gläubiger G 1 eine Hypothek an seinem Betriebsgrundstück bestellt, dem Gläubiger G 2 hat er seine sämtlichen zum Unternehmen gehörenden Maschinen und Geräte zur Sicherheit übereignet. G 1 und G 2 streiten in der Insolvenz des B um das vorrangige Verwertungsrecht. – Wären die Maschinen und Geräte des B Zubehör, würde sich aus § 1120 ein Vorrang des G 1 ergeben. Sind allerdings, wie im Falle *BGH,* ZIP 1994, 305, die Maschinen und Geräte des B ausschließlich auf verschiedenen Baustellen eingesetzt worden, ist ihre Zubehöreigenschaft zu verneinen, weil Zubehör einen gewissen räumlichen Zusammenhang zum jeweiligen Betriebsgrundstück voraussetzt. Damit hat G 2 aufgrund seines Sicherungseigentums den Vorrang.

Generell zur Problematik des Zubehörs vgl. Rz. 364 und Rz. 655.

6 3. *Tiere* wurden früher vom BGB grundsätzlich als Sachen behandelt. Seit 1. 9. 1990 sind sie dem Sachbegriff entzogen, bleiben aber Rechtsobjekte, d. h. sie können nicht Träger von Rechten und Pflichten sein (wie die Rechtssubjekte), und werden letztlich doch nach den Regeln der beweglichen Sachen behandelt (§ 90 a).[4]

7 4. Der *menschliche Körper* einer lebenden Person ist keine Sache.[5] Dagegen gewinnen vom lebenden Körper abgetrennte Teile Sachqualität (z. B. abgeschnittenes

---

432; *Bydlinsky,* Der Sachbegriff im elektronischen Zeitalter, AcP 198 (1998), 287 ff.; a. A. *Müller-Hengstenberg,* NJW 1994, 3128; ferner *Redeker,* NJW 1992, 1739, der die Trennung von Datenträger und eigentlichem Programm in den Vordergrund rückt.

[2] Dazu vor allem auch aus historischer Sicht *Rüfner,* Vertretbare Sachen, 2000.

[3] Dazu *Stieper,* Die Scheinbestandteile, 2002 (der § 95 für entbehrlich hält); *Giesen,* AcP 202 (2002), 689; zur Umwandlung von wesentlichen Bestandteilen in Scheinbestandteile nach dem Parteiwillen vgl. *BGH* DNotZ 2006, 290 und *Wicke,* DNotZ 2006, 252 sowie *OLG Schleswig* WM 2006, 1909 = EWiR 2006, 485 m. Anm. *Joswig* (Fall einer Windkraftanlage).

[4] Zur Problematik von § 90 a in der Prüfung vgl. *Braun,* JuS 1992, 758; die Bedeutung der Norm betonend *Steding,* JuS 1996, 962; zur praktischen Bedeutung vgl. *Pauly,* JuS 1997, 287. Siehe dazu die lesenswerte Entscheidung des *AG Bad Mergentheim* NJW 1997, 3033, mit nicht geringem Unterhaltungswert; ablehnend *OLG Schleswig* NJW 1998, 3127.

[5] Dies ist weitgehend unstreitig, vgl. MünchKomm/*Holch,* § 90 Rn. 2.

Haar, gespendetes Blut, Zahngold, transplantierte Organe).[6] Sie stehen mit der Trennung analog § 953 im Eigentum des „Spenders".[7] Umstritten ist die Frage, inwieweit der *menschliche Leichnam* als Sache anzusehen ist. Man wird dies bejahen müssen. Das (weiter wirkende) Persönlichkeitsrecht des Verstorbenen und das Bestimmungsrecht der nächsten Angehörigen (die nicht mit den Erben übereinstimmen müssen) führen aber dazu, daß der menschliche Leichnam nicht verkehrsfähig ist, also nicht verkauft und übereignet werden kann.[8] Strafrechtlich wird die Wegnahme einer Leiche deshalb nicht als Diebstahl behandelt, sondern durch den besonderen Tatbestand der Störung der Totenruhe (§ 168 StGB) unter Strafe gestellt.

Problem: Im Jahre 1994 wurde nach Presseberichten festgestellt, daß in verschiedenen deutschen Kliniken regelmäßig von Angestellten Hirnhäute aus Leichen entfernt und an Pharmafirmen verkauft worden waren. Ähnlich wurde im Jahr 2007 berichtet, daß über lange Zeit Toten Zahngold entnommen und veräußert worden war. – Auch in solchen Fällen wird der vom toten Körper abgetrennte Körperteil zu einer eigenen Sache. Da aber der Leichnam insgesamt nicht im Eigentum einer Person steht, kann auch ein abgetrennter Teil (ohne Gestattung des Toten) nunmehr nicht im Eigentum einer Person stehen oder einem Aneignungsrecht offenstehen. Auch Leichenteile unterliegen daher vorrangig dem postmortalen Persönlichkeitsschutz des Verstorbenen. Die Organentnahme ohne Zustimmung des Verstorbenen ist also nach geltendem Recht unzulässig (wohl aber nicht strafbar). Allenfalls der Gesetzgeber könnte die Rechtslage abändern.

5. Sachen im *Gemeingebrauch,* wie öffentliche Wege, Straßen oder der Meeres- 8
strand[9] sind regelmäßig Eigentum öffentlich-rechtlicher Körperschaften. Sie können aber auch im Privateigentum stehen und in privatrechtlicher Form übertragen und belastet werden. Überlagert und zum Teil erheblich eingeschränkt wird die private Sachherrschaft jedoch bei diesen Sachen durch die öffentlich-rechtlichen Befugnisse.

6. Aus den vorstehenden Differenzierungen[10] ergibt sich folgende Übersicht: 9

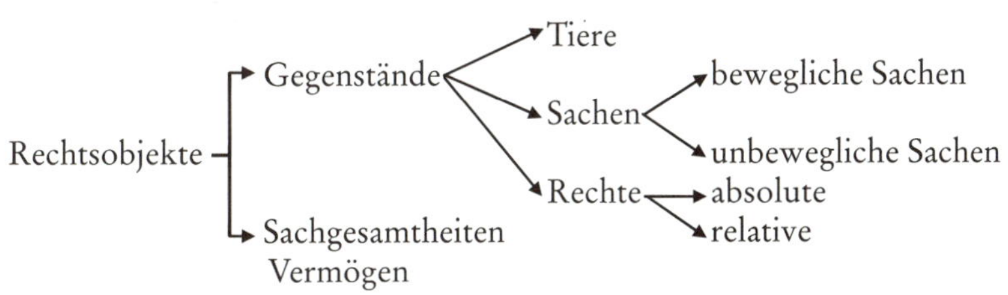

7. Trotz der klaren Aufteilung im Bereich der Rechtsobjekte zwischen Sachen, 9a
Rechten und Tieren können sich Güterzuordnungskonflikte bei Grenzfällen ergeben.[11] Unklar ist etwa, ob die vom Eigentümer nicht gestattete Photographie eines Grundstücks einen Eingriff in die Sache darstellt. Einerseits setzt der Abwehranspruch des Eigentümers aus § 1004 keine Einwirkung auf die Substanz der Sache voraus (vgl. z.B. § 905 Satz 1), andererseits stellt eine Photographie aber keine

---

[6] Vgl. dazu *Müller,* Die kommerzielle Nutzung menschlicher Körpersubstanzen, 1997; zu den Rechtsfolgen vgl. *Spranger,* NJW 2005, 1084.

[7] Str., vgl. etwa Palandt/*Ellenberger,* § 90 Rn. 3. Nach neuerer Ansicht soll auch hier nicht ein Eigentumsrecht vorliegen, sondern ein Persönlichkeitsrecht; vgl. *Deutsch,* Arzt- und Arzneimittelrecht, 2. Aufl. 1991, S. 253 ff. Nunmehr will der *BGH* in seinem Urt. vom 9. 11. 1993 (NJW 1994, 127) sogar getrennte Körperteile als Bestandteil des menschlichen Körpers behandeln; dazu krit. *Taupitz,* NJW 1995, 745.

[8] Vgl. dazu MünchKomm/*Holch,* § 90 Rn. 23, 25 ff.

[9] Vgl. *OLG Schleswig* NJW 2001, 1073.

[10] Vgl. auch *Petersen,* Jura 2007, 763.

[11] Dazu *Peukert,* Güterzuordnung als Rechtsprinzip, 2008, S. 136 ff.

Eigentumsverletzung nach § 903 (Einwirkung) dar. Soweit hier nicht der Schutz des Urheberrechts (§ 16 UrhG, beachte aber § 59 UrhG) eingreift, hat der BGH in der Friesenhaus-Entscheidung (1989) eine Eigentumsverletzung abgelehnt, wenn das Grundstück öffentlich zugänglich war und keine gewerbliche Verwertung der Photographie vorlag.[12] Dagegen hat der BGH in der Schloss Tegel-Entscheidung (1974) die gewerbliche Verwertung von Photographien nicht öffentlich zugänglicher Sachen als einen Eingriff in das Sacheigentum gewertet.[13]

Weitere Konflikte sind bei der Übertragung von Sportveranstaltungen sowie bei der Zuordnung vermögenswerter Bestandteile des Persönlichkeitsrechts möglich.[14]

III. Der Standort des Sachenrechts im Gesetz

10 Das Sachenrecht ist das Dritte Buch des BGB und zusammen mit dem Schuldrecht (ergänzt jeweils durch die Regeln des Allgemeinen Teils) dessen zentraler Bereich in Studium und Examen. Innerhalb des Dritten Buches des BGB hat der Gesetzgeber wiederum versucht, einige allgemeine Regeln vor die Klammer zu ziehen, so für alle Sachen die Besitzregeln (§§ 854–872) und für Grundstücke deren allgemeine Normen (§§ 873–902). Daran schließen sich dann in weiteren sieben Abschnitten die einzelnen dinglichen Rechtstypen an (Eigentum, Dienstbarkeiten, Pfandrechte usw.). Diese einzelnen Rechtstypen enthalten in unterschiedlicher Weise getrennte Regeln für Grundstücke, bewegliche Sachen und zum Teil auch für Rechte (vgl. §§ 1068 ff., 1273 ff.). Dies zeigt, daß der Begriff des „Sachen"-Rechts im Grunde zu eng ist.

IV. Der Fallaufbau und die Anspruchsgrundlagen im Sachenrecht

1. Der Einstieg

11 Regelmäßig gilt für sachenrechtlich orientierte Prüfungsarbeiten nichts anderes als im Schuldrecht. Soweit also nach Ansprüchen von Beteiligten gefragt wird, wird der Bearbeiter seine Prüfung mit der genauen Differenzierung des Verlangten beginnen („Wer will was von wem?"), um dann die passende *Anspruchsgrundlage* (anspruchsbegründende Norm) zu suchen.[15]

2. Die Anspruchsgrundlagen

12 Solche Anspruchsgrundlagen kennt das Sachenrecht in erheblicher Zahl. Nach dem *Ziel* des Anspruchs lassen sich insbesondere folgende Bereiche trennen:

a) Anspruch auf *Herausgabe* einer beweglichen Sache oder eines Grundstücks (dort oft Räumung genannt) nach den §§ 985, 861 I, 1007 I, 1007 II, 869, 1029, 1065, 1227; ferner § 34 II WEG und § 11 I 1 ErbbauRG;

---

[12] *BGH* NJW 1989, 2251.

[13] *BGH* GRUR 1975, 500.

[14] Vgl. *Peukert*, Güterzuordnung als Rechtsprinzip, 2008, S. 143 ff., 173 ff.

[15] Wertvolle methodische Hinweise bieten z. B. *Adomeit*, Rechtstheorie für Studenten, 4. Aufl., 1998; *Engisch*, Einführung in das juristische Denken, 9. Aufl., 1997; *Haft*, Einführung in das juristische Lernen, 6. Aufl., 1997; *Koch/Rüßmann*, Juristische Begründungslehre, 1982; *Larenz/Canaris*, Methodenlehre der Rechtswissenschaft, 3. Aufl., 1995; *Zippelius*, Einführung in die juristische Methodenlehre, 10. Aufl., 2007.

b) Anspruch auf *Grundbuchberichtigung* nach § 894;
c) Durchsetzung einer *Vormerkung* nach § 888;
d) *Schadensersatz* nach §§ 989, 990 I, 992 mit 823, 987 II, 1065, 1227;
e) Anspruch auf Herausgabe von *Nutzungen* nach § 987 I, 990 I, 988, 993 I;
f) Anspruch auf *entschädigenden Ausgleich* (für die Duldung von Störungen, für Verwendungen und für Rechtsverlust) nach den §§ 867 Satz 2, 904 Satz 2, 906 II 2, 912 II, 917 II, 962 Satz 3, 970 sowie 14 BImSchG; nach § 951 I; nach den §§ 994 I 1, 994 II mit 683, 996, 999, 1049, sowie § 34 I WEG;
g) Anspruch auf *Verfolgung* und *Wegnahme* nach §§ 867, 962, 997 I, 1005, 1049 II;
h) Anspruch auf *Abwehr, Beseitigung, Unterlassung* nach den §§ 1004 I, 862 I, 869, 907 I 1, 908, 910 I, 1027, 1029, 1065, 1090 II, 1134 I, 1227, 886, 1169, sowie § 34 II WEG und § 11 I 1 ErbbauRG;
i) Anspruch auf *Duldung der Zwangsvollstreckung* nach §§ 1147, 1192 I, 1233 II.

3. Der Anspruchsaufbau

Ausgangspunkt aller Überlegungen muß die Fallfrage der Aufgabenstellung sein. 13
Aus ihrem Wortlaut („Kann A von B Herausgabe verlangen?") oder sonst mit Hilfe des Sachverhalts („A möchte als Eigentümer ins Grundbuch eingetragen werden. Wie ist die Rechtslage?") ist zu ermitteln, welches konkrete Verlangen die Beteiligten zur Prüfung stellen, was also der Anspruchsinhalt ist (z. B. Herausgabe, Schadensersatz, Unterlassung, Duldung der Zwangsvollstreckung usw.). Dieser Anspruchsinhalt, also die Rechtsfolge einer Norm, führt nun auf die Suche nach der passenden Anspruchsgrundlage (dazu s. oben 2). Mit Hilfe der Anspruchsgrundlage kann man dann den konkreten Sachverhalt unter das Gesetz subsumieren.[16]

Beispiel: A hat eine morsche alte Eiche auf seinem Grundstück stehen. Beim ersten Herbststurm stürzt der Baum in des Nachbarn B Garten. B möchte Beseitigung des Baumes. Wie ist die Rechtslage?

14

Erste Stufe
Die Fallfrage. – Hier: Kann B von A Beseitigung des Baumes verlangen?
Zweite Stufe
Die Suche nach der Anspruchsgrundlage. – Hier: § 1004 Abs. 1.
Dritte Stufe
Die Subsumtion, d. h. nähere Prüfung von Sachverhalt und Rechtsnorm auf Übereinstimmungen durch Hin- und Herwandern des Blickes (Paßt der vorliegende Sachverhalt zur geprüften Rechtsnorm?); in diesem Zusammenhang Herausarbeiten der Fallprobleme und Erkennen der Schwerpunkte einer Arbeit.

[16] Diese Methode zur Lösung zivilrechtlicher Fälle und die jeweiligen Einzelschritte kann und muß man lernen bzw. vor dem Examen intensiv trainieren, z. B. mit Hilfe der ausgezeichneten Anleitung von *Diederichsen/Wagner,* Die BGB-Klausur, 9. Aufl., 1998.

Vierte Stufe
Ausarbeitung des Falles: – Anfertigung einer genauen Lösungsgliederung (zunächst nach Personen, dann nach Anspruchsgrundlagen, dann nach einzelnen Anspruchsvoraussetzungen) – Formulierung der Lösung. – Hier: Nach § 1004 Abs. 1 muß ein Störer fremdes Eigentum beeinträchtigen, ohne daß dies vom Eigentümer zu dulden ist. B ist Eigentümer. Der umgestürzte Baum stellt eine Beeinträchtigung seines Eigentums dar. Problematisch ist hier die Störereigenschaft des A. Er ist jedenfalls nicht Handlungsstörer. Fraglich ist, ob er als Zustandsstörer haftet. Da A für den Zustand des morschen Baumes auf seinem Grundstück verantwortlich ist, wird man eine Zurechenbarkeit der Störung bejahen können. Demgegenüber hat B nach §§ 1004 Abs. 2, 906 keine Duldungspflicht, weil es sich um eine gegenständliche Einwirkung handelt, die von § 906 nicht erfaßt wird und deshalb regelmäßig abgewehrt werden kann.

4. Historischer Aufbau

15 Doch kann es gerade im Sachenrecht vorkommen, daß in Einzelfällen nicht nach Ansprüchen, sondern nach bestimmten Rechtspositionen (Rechtslagen) gefragt ist („Wer ist Eigentümer?" – „Ist das Grundbuch richtig?"). In diesen Fällen muß der Bearbeiter von dem genannten Anspruchsaufbau abgehen und in einer historischen Reihenfolge die Auswirkungen aller Sachverhaltsereignisse prüfen, die auf die Eigentumslage oder die Richtigkeit des Grundbuchs einwirken konnten. Zu beginnen ist eine solche Prüfung immer mit der Feststellung einer gesicherten Ausgangslage. Typischer Anfang einer solchen Lösung sind daher die Worte „ursprünglich war".

Beispiel: Eigentümer A übereignet eine Ware an B unter Eigentumsvorbehalt (also unter der Bedingung der vollständigen Zahlung des Kaufpreises). Ohne daß B seine Schuld schon beglichen hätte, übereignet er die Ware weiter an den C zur Sicherheit. C seinerseits überträgt sein behauptetes Eigentum an der Ware weiter an den D, indem er diesem seinen Herausgabeanspruch gegenüber B abtritt. Wer ist nunmehr Eigentümer der Ware?

Formaler Lösungsweg: Ursprünglich war A Eigentümer. Er könnte sein Eigentum auf den B übertragen haben (wird näher geprüft). C könnte aber das Eigentum gutgläubig erworben haben (wird näher geprüft). D könnte das Eigentum gutgläubig erworben haben (wird näher geprüft). Ergebnis: Eigentümer der Ware ist nunmehr also (je nach Sachverhalt) D.

§ 2. Die Bedeutung des Sachenrechts

I. Das Sachenrecht als Grundlage wirtschaftlichen Handelns

16 Die Bedeutung sachenrechtlicher Regelungen, die den Anforderungen eines freiheitlichen Rechtsstaates und einer sozialen Marktwirtschaft entsprechen, kann man kaum hoch genug einschätzen. Das haben die Schwierigkeiten im Rahmen der deutschen Wiedervereinigung deutlich vor Augen geführt. Ohne das vollwertige Eigentum an beweglichen Sachen und Grundstücken, ohne ausreichende Möglichkeiten dinglicher Sicherheiten, ohne ordnungsgemäße Grundbuchführung und ohne

das im Zivilrecht der ehemaligen DDR nicht bekannte Abstraktionsprinzip (s. unten § 4 II) konnte ein Wirtschaftsleben nicht entfaltet werden, das die Bedürfnisse der Menschen ausreichend befriedigt und ihnen damit zugleich personale Freiheit ermöglicht hätte. Selbst in der politischen und wirtschaftlichen Umbruchphase des Jahres 1990 erwiesen sich die hier beispielhaft genannten Defizite des früheren DDR-Sachenrechts als Investitionshemmnisse von großem Ausmaß. Der Gesetzgeber hat mit dem „Gesetz zur Beseitigung von Hemmnissen bei der Privatisierung von Unternehmen und zur Förderung von Investitionen“ vom 22. 3. 1991 (BGBl. I S. 766) diesen Sachverhalt selbst eingeräumt. Faktisch ist dadurch die hohe und emotional verstärkte Investitionsbereitschaft des Jahres 1990 vertan worden und dadurch dem Wirtschaftsaufschwung in den neuen Bundesländern ein ungeheurer Schaden zugefügt worden.

Aus der hier dargelegten Sicht ist es nicht überraschend, daß in der Bundesrepublik Deutschland das Privateigentum in einem umfassenden Sinn durch Art. 14 GG verfassungsrechtlich geschützt wird und daß das Bundesverfassungsgericht die Garantie des Eigentums als ein elementares Grundrecht ansieht sowie dessen Bedeutung für die persönliche Freiheit betont (BVerfGE 24, 367, 389).

II. Das Sachenrecht als Zuordnungsrecht

Durch die jeweiligen dinglichen Rechtspositionen (und am stärksten natürlich 17
durch das Eigentum) werden den Menschen die jeweiligen beweglichen und unbeweglichen Sachen „zugeordnet“. Man spricht deshalb heute häufig vom Sachenrecht als einem „Zuordnungsrecht“. Dieser Gesichtspunkt ist zunächst für jede einzelne Person und ihre Handlungsfreiheit von Bedeutung, er hat aber auch entscheidende Auswirkungen auf die gesamte Wirtschaftsordnung eines Staates. Nur ein freiheitliches Sachenrecht kann Grundlage einer marktwirtschaftlichen Ordnung und damit eines volkswirtschaftlich funktionierenden Systems sein.

Zu kurz gegriffen wäre es jedoch, wenn man dabei allein das Eigentum betrachten wollte. Das Sachenrecht kennt eine Reihe weiterer dinglicher Rechte mit beschränkter Zielsetzung, die man deswegen üblicherweise als „beschränkte dingliche Rechte“ bezeichnet. Auch diese Rechtspositionen weisen in ihrem Rahmen Befugnisse ausschließlich zu, so z. B. die Befugnis, eine Sache als Sicherheit für Kredite einzusetzen. Im einzelnen unterscheidet man bei den beschränkten dinglichen Rechten

- die *dinglichen Sicherungs- und Verwertungsrechte:* Dies sind für Grundstücke insbesondere Hypothek und Grundschuld und für bewegliche Sachen das Pfandrecht.
- die *dinglichen Nutzungsrechte:* Dies sind Erbbaurecht, Reallast und Dienstbarkeiten.
- die *dinglichen Erwerbsrechte:* Ein solches Recht ist das dingliche Vorkaufsrecht. Eine ähnliche Funktion weist die Vormerkung auf.

Daraus ergibt sich folgende Übersicht:

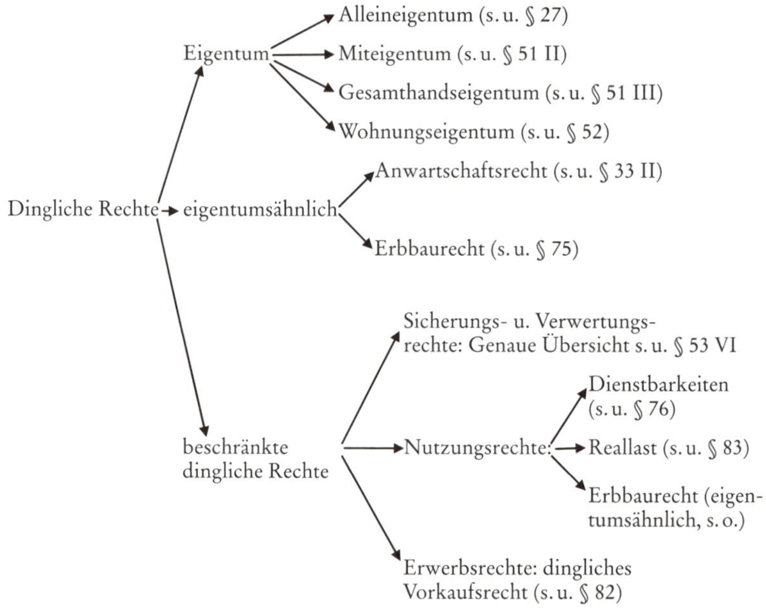

§ 3. Das Wesen des Sachenrechts

Literatur: *Baur,* Entwicklungstendenzen im Sachenrecht, JA 1987, 181; *Füller,* Eigenständiges Sachenrecht?, 2006; *Gursky,* Die neuere höchstrichterliche Rechtsprechung zum Mobiliarsachenrecht, JZ 1991, 496 und 650 sowie JZ 1997, 1094 und 1154; *Herrmann*, Vom praktischen Nutzen der Rechtsmethode – Ein Beispiel aus dem Sachenrecht, GS Eckert, 2008, S. 323; *Marotzke,* Erster Kontakt mit dem Sachenrecht, JuS 1993, 916; *Wiegand,* Die Entwicklung des Sachenrechts im Verhältnis zum Schuldrecht, AcP 190 (1990), 112; *M. Wolf,* Beständigkeit und Wandel im Sachenrecht, NJW 1987, 2647.

I. Sachenrecht als absolutes Recht

18 Dingliche Rechte wirken gegenüber jedermann, sie sind also gekennzeichnet durch eine absolute Herrschaftsmacht des Berechtigten. Damit stehen sie in deutlichem Gegensatz zu den sog. relativen Rechten, also zu den Befugnissen gegenüber einer bestimmten Person, wie sie üblicherweise im Schuldrecht bestehen. Folge dieser Absolutheit im Sachenrecht ist die Möglichkeit, bei Eingriffen in die dingliche Rechtsposition Ansprüche gegen jedermann geltend zu machen, also insbesondere den Anspruch auf Herausgabe, auf Schadensersatz und auf Beseitigung sowie Unterlassung (vgl. im einzelnen oben § 1 IV).

Beispiel: Der praktische Unterschied zwischen relativem und absolutem Recht zeigt sich etwa, wenn man den Käufer einer Sache und den Eigentümer gegenüberstellt. Der Käufer hat nur einen

Anspruch gegen den Verkäufer. Greift ein Dritter in das Schuldverhältnis ein, indem er z. B. die verkaufte Sache zerstört, so besteht grundsätzlich kein Anspruch des Käufers gegen den Dritten.

Ebenso deutlich zeigen sich die praktischen Auswirkungen in der Zwangsvollstrekkung und in der Insolvenz. Der Käufer kann hier nicht verhindern, daß ihm die gekaufte Sache verlorengeht, wenn ein Gläubiger des Verkäufers die Sache pfändet und versteigern läßt oder wenn der Verkäufer insolvent und die gekaufte Sache vom Insolvenzverwalter verwertet wird. Dagegen kann der Eigentümer der Sache einer Zwangsvollstreckung, die vom Gläubiger eines Dritten gegen die Sache betrieben wird (z. B. vom Gläubiger des Mieters), nach prozessualen Regeln widersprechen (§ 771 ZPO). Im Insolvenzfalle hat der Eigentümer ein Aussonderungsrecht, d. h. er erhält seine Sache zurück, weil die Sache nicht zum Vermögen des Schuldners gehört (§ 47 InsO). 19

Gegen eine Eigenständigkeit des Sachenrechts und damit eigenständige dingliche Rechte argumentiert nunmehr *Füller*[1] in seiner Habilitationsschrift (2006) im Anschluß an einen unveröffentlichten Vortrag seines Lehrers *Säcker* vor der Zivilrechtslehrer-Vereinigung im Jahre 1989 in Braunschweig.[2] Der These von *Füller,* das dingliche Recht sei ein substanzloser Kunstbegriff, es sei aussagelos und nicht definierbar, kann aus den bereits genannten Gründen nicht zugestimmt werden.[3]

II. Der numerus clausus der Sachenrechte

Der Gesetzgeber hat die einzelnen dinglichen Rechte im Gesetz festgelegt und sie auf die dort normierten Typen beschränkt. Zugleich hat er diese dinglichen Rechte in ihrem Inhalt im Grundsatz fixiert. Man spricht deshalb im Sachenrecht vom Typenzwang und von der Typenfixierung oder vom sog. numerus clausus der Sachenrechte. Eine Vertragsfreiheit wie auf dem Gebiet des Schuldrechts besteht also nicht. Die Parteien können deshalb weder über den Inhalt vertraglich beliebig bestimmen, noch können sie vertraglich neue dingliche Rechte schaffen. Dagegen gibt es im Sachenrecht Vertragsfreiheit als Abschlußfreiheit. 20

Der Typenzwang hat Rechtsprechung und Literatur nicht daran gehindert, rechtsfortbildend weitere dingliche Rechte zu entwickeln. Hier sind insbesondere die Sicherungsübereignung (vgl. unten § 34) und die den jeweiligen dinglichen Vollrechten angenäherten Anwartschaftsrechte (vgl. unten §§ 29 VI, 33 II) zu nennen. Über die Notwendigkeit und Zulässigkeit dieser Rechtsfortbildungen ist vielfach gestritten worden. Im vorliegenden Zusammenhang mag zunächst die Feststellung genügen, daß die Entwicklung neuer dinglicher Rechtsinstitute im Wege einer Rechtsfortbildung den Grundsatz des numerus clausus der Sachenrechte nicht außer Kraft setzt. Die vertragliche Bindung der Parteien im Sachenrecht an die vorgegebenen Typen und ihre inhaltliche Fixierung wird dadurch nicht aufgehoben.

III. Dingliches Vollrecht und beschränkte dingliche Rechte

Wie bereits dargestellt, steht im Sachenrecht das Eigentum als das umfassende dingliche Recht an einer Sache einer größeren Anzahl dinglicher Rechtspositionen 21

[1] *Füller,* Eigenständiges Sachenrecht?, 2006.
[2] Vgl. *Wiegand,* AcP 190 (1990), 112.
[3] Ablehnend auch *Brehm,* AcP 207 (2007), 268 ff.; zur Bedeutung und Auslegung sachenrechtlicher Begriffe *Herrmann,* S. 323 ff.

gegenüber, die nur in beschränkter Weise Rechte an Sachen gewähren. Diese dinglichen Rechte in einzelnen Beziehungen stellen sich regelmäßig als Beschränkungen des Eigentums dar. Aus dem Gesamtinhalt aller Rechtspositionen des Eigentums werden also einzelne Bereiche ausgesondert, die dem beschränkten Berechtigten übertragen sind.

Aus diesem Zusammenhang von Eigentum und beschränkten dinglichen Rechten ergibt sich, daß bei Beendigung eines beschränkten dinglichen Rechts die aus diesem Recht fließenden Befugnisse regelmäßig wieder an den Eigentümer zurückfallen. Man spricht bei diesem Vorgang von *Konsolidation.* Allerdings ist der Grundsatz der Konsolidation nur im Recht der beweglichen Sachen durchgeführt. Für die Rechte an Grundstücken bringt § 889 eine Abweichung. Dies ist von besonderer Bedeutung für die Grundpfandrechte (vgl. unten § 62).

IV. Bindung des Sachenrechts durch das öffentliche Recht

22 Auch die absoluten Rechtspositionen des Sachenrechts unterliegen in vielfacher Weise Bindungen. Schrankenlose Befugnisse und Freiheiten kann unser Recht nicht gewähren. Neben zivilrechtlichen Bindungen und Einschränkungen ist hier vor allem auf die erheblichen Einwirkungen des öffentlichen Rechts hinzuweisen. Schon aus der Verfassung ergeben sich wichtige Einschränkungen, vgl. Art. 14 I 2, II, III, Art. 15 GG. Unterhalb der Verfassung ergeben sich ferner Bindungen etwa durch das Planungs- und Baurecht, durch den Naturschutz, den Denkmalschutz, durch landwirtschaftliche Beschränkungen sowie durch Maßnahmen öffentlicher Wirtschaftslenkung (zu Einzelheiten vgl. unten §§ 26, 27).

§ 4. Grundsätze und Prinzipien des Sachenrechts

I. Der Bestimmtheitsgrundsatz und das Spezialitätsprinzip

23 Alle dinglichen Rechte bestehen jeweils nur an einzelnen und genau bestimmten Sachen. Dingliche Rechte an nur der Gattung nach bestimmten Sachen gibt es nicht. Man spricht vom sog. Bestimmtheitsgrundsatz und vom Grundsatz der Spezialität bzw. Spezialitätsprinzip.

1. Das Spezialitätsprinzip

24 Die dinglichen Rechtsgeschäfte müssen sich auf bestimmte individualisierte Sachen beziehen; eine Parallele zu den Gattungsschulden ist ausgeschlossen. Man kann eine Verpflichtung begründen, die sich auf nur der Art usw. nach bestimmte Sachen bezieht, so auf ihre Lieferung, man kann aber niemand zum Eigentümer noch gar nicht individuell bestimmter Sachen machen. Ein Herrschaftsrecht über nur vorgestellte, nicht konkret vorhandene Sachen ist undenkbar.

25 Auch gibt es keine dinglichen Rechte, die einheitlich eine Sachgesamtheit ergreifen. Als Beispiel diene eine Bibliothek, ein Warenvorrat oder ein gesamtes Unternehmen. Vielmehr besteht z. B. das Eigentum nur an jeder einzelnen zu ihr gehörenden Sache. Daher schließt die Zugehörigkeit zu einer

Sachgesamtheit nicht aus, daß rechtlich die Lage der einzelnen Sachen verschieden ist, z. B. einige von ihnen im Eigentum einer anderen Person stehen als die übrigen. Bei Übertragung einer Sachgesamtheit sind die einzelnen Sachen zu übertragen, wobei freilich nicht erforderlich ist, die Gegenstände einzeln aufzulisten. Ausreichend ist es, wenn es infolge der Wahl einfacher, äußerer Abgrenzungskriterien (z. B. alle Sachen in einem bestimmten Raum) für jeden, der die Parteiabreden in dem für den Eigentumsübergang vereinbarten Zeitpunkt kennt, ohne weiteres ersichtlich ist, welche individuell bestimmten Sachen übereignet worden sind.[1] Die rechtliche Wirkung kann sich wieder verschieden gestalten. So können einige Sachen durch Übertragung seitens des Eigentümers übergehen, andere durch Übertragung eines Nicht-Eigentümers – wenn dem Inhaber der Sachgesamtheit eben nicht alle zu ihr gehörenden Sachen gehören –, von diesen wiederum ein Teil durch gutgläubigen Erwerb Eigentum des Erwerbers werden, andere wegen Fehlens des guten Glaubens im Eigentum des bisherigen Eigentümers verbleiben, je nachdem der Erwerber das mangelnde Eigentum des Veräußerers kennt oder nicht. Auch die äußere Einverleibung einer Sache in eine Sachgesamtheit bedeutet nicht, daß die Sache das rechtliche Schicksal der übrigen zur Sachgesamtheit gehörigen Sachen teilen müsse. Wird z. B. ein fremdes Buch versehentlich oder absichtlich einer Bibliothek einverleibt, so bleibt das bisherige Eigentum unverändert. Es herrscht der umgekehrte Grundsatz wie in § 93. Eine Übertragung und Belastung der ganzen Sachgesamtheit durch eine einheitliche Handlung ist nicht möglich. Dagegen können Sachgesamtheiten Gegenstand eines einheitlichen obligatorischen Vertrags, z. B. eines Kaufs oder einer Miete, sein.

Die einzelne Sache wird von dem dinglichen Recht in ihrem gesamten Umfang, aber auch in ihrem wechselnden Bestand erfaßt. Denn nach § 93 können wesentliche Bestandteile einer Sache nicht Gegenstand besonderer Rechte sein, d. h. dinglicher Rechte im Gegensatz zu bloßen Schuldverhältnissen; z. B. ist Eigentum verschiedener Personen an Teilen eines Hauses unmöglich (ausgenommen das Wohnungseigentum; vgl. u. § 52), während die Miete sich regelmäßig nur auf Teile bezieht. Hieraus folgt, daß das sachenrechtliche Schicksal aller wesentlichen Bestandteile notwendig einheitlich sein muß. Es gibt daher weder ein Sondereigentum an einzelnen wesentlichen Bestandteilen, noch ein besonderes beschränktes Recht, z. B. ein Pfandrecht nur an einem Bestandteil. Jede bisher selbständige Sache, die wesentlicher Bestandteil einer anderen wird, fällt in das Eigentum dessen, dem diese andere gehört. Eine praktisch bedeutsame Folge ist, daß ein Eigentumsvorbehalt an Sachen, die zum wesentlichen Bestandteil einer anderen werden (z. B. beim Bau eines Hauses nach § 94 II), nichtig ist. Eine Durchbrechung dieser Grundsätze ist durch das Wohnungseigentum erfolgt; vgl. u. § 52. 26

2. Der Bestimmtheitsgrundsatz

Vom soeben dargestellten Spezialitätsprinzip kann man den Bestimmtheitsgrundsatz abtrennen, wobei beide Begriffe freilich auch deutliche Überschneidungen aufweisen. Typische Ausprägungen des Spezialitätsprinzips sind die oben genannten Beispiele der Übereignung eines Warenlagers, einer Bibliothek oder anderer Sachgesamtheiten. Sachenrechtlich wird hierbei jeder einzelne „spezielle" Gegenstand übertragen. Demgegenüber liegt der Akzent beim Bestimmtheitsgrundsatz vor allem darauf, bei jeder Verfügung exakt zu konkretisieren, welcher „bestimmte" Gegenstand von dieser Verfügung betroffen ist. Typische Beispiele für das Problem der Bestimmtheit sind Sicherungsübereignungen nach abstrakten Merkmalen (s. unten Rn. 419). Wenn in solchen Fällen der Sicherungsübereignung von Sachgesamtheiten die Rechtsprechung den Grundsatz der Bestimmtheit auflockert und nur noch eine Bestimmbarkeit verlangt, so ist von dieser Auflockerung ersichtlich der Grundsatz der Spezialität nicht betroffen. Eine genaue inhaltliche Bestimmtheit müssen darüber hinaus alle Vereinbarungen mit dinglicher Wirkung haben (z. B. die exakte Fest- 27

[1] BGHZ 21, 52, 56 = NJW 1956, 1315; BGHZ 28, 16, 20 = NJW 1958, 1133; BGHZ 73, 253 = NJW 1979, 976; *BGH* NJW 1984, 803; *BGH* JZ 1988, 471; *BGH* NJW 1992, 1161.

legung des Inhalts einer Dienstbarkeit oder einer Reallast; die genaue Festlegung der Höhe des jeweiligen Geldbetrags oder des Zinssatzes bei der Hypothek).

II. Der Trennungsgrundsatz und das Abstraktionsprinzip

Literatur: *Aretz,* Das Abstraktionsprinzip, JA 1998, 242; *Bucher,* Die Eigentums-Translativwirkung von Schuldverträgen, ZEuP 1998, 615; *Eisenhardt,* Die Entwicklung des Abstraktionsprinzips im 20. Jahrhundert, FS Kroeschell, 1997; *Füller,* Eigenständiges Sachenrecht?, 2006; *Grigoleit,* Abstraktion und Willensmängel, AcP 199, 379; *Grundmann,* Zur Anfechtbarkeit des Verfügungsgeschäfts, JA 1985, 80; *Habermeier,* Das Trennungsdenken, AcP 195, 283; *Heck,* Das abstrakte dingliche Rechtsgeschäft, 1937; *Jauernig,* Trennungsprinzip und Abstraktionsprinzip, JuS 1994, 721; *H. Lange,* Rechtsgrundabhängigkeit der Verfügung im Boden- und Fahrnisrecht, AcP 146, 28; *ders.,* Rechtswirklichkeit und Abstraktion, AcP 148, 188; *Lindemann,* Die Durchbrechung des Abstraktionsprinzips durch die höchstrichterliche Rechtsprechung seit 1900, 1989; *Michaels,* Sachzuordnung durch Kaufvertrag, 2002; *Michel,* Überschießende Rechtsmacht als Problem abstrakter und nichtakzessorischer Konstruktionen, 2000, S. 21 ff.; *Molkenteller,* Die These vom dinglichen Vertrag, 1991; *Schreiber-Kreutz,* Der Abstraktionsgrundsatz, Jura 1989, 617; *Stadler,* Gestaltungsfreiheit und Verkehrsschutz durch Abstraktion, 1996; *Wacke,* Eigentumserwerb des Käufers durch schlichten Konsens oder erst mit Übergabe?, ZEuP 2000, 254.

1. Trennungsgrundsatz

28 Die scharfe Trennung, die das BGB zwischen dem schuldrechtlichen (obligatorischen) Verpflichtungsgeschäft und dem sachenrechtlichen (dinglichen) Erfüllungsgeschäft macht, ist sehr wichtig. Beides sind Verträge, aber verschiedenen Inhalts. Durch den Kauf verpflichtet sich der Verkäufer zur Übertragung des Eigentums, durch die Einigung überträgt er zur Erfüllung jener Verpflichtung das Eigentum auf den Käufer. Beide Verträge sind daher auch an verschiedenen Stellen im Gesetz behandelt, der Kauf im Recht der Schuldverhältnisse, die dingliche Einigung im Sachenrecht. Für beide gelten auch verschiedene Formen, die auseinanderzuhalten sind, für den Grundstückskauf § 311 b I, für die Übereignung §§ 873, 925, für den Kauf von beweglichen Sachen §§ 433 ff., für die Übereignung § 929.

Beide Verträge können unmittelbar hintereinander in einem Akt geschlossen werden, was ihre Trennung dem Laien erschwert, aber praktisch die Regel ist. Nicht selten vollziehen sie sich aber auch zeitlich getrennt.

Beispiel: V und K schließen am 15. 1. einen Kaufvertrag über ein V gehöriges Haus; V verpflichtet sich, am 1. 4. das Haus an K zu übereignen; K verspricht, am selben Tag den Kaufpreis zu zahlen. Am 1. 4. erfolgt die Übereignung des Hauses durch Einigung und nachfolgende Eintragung des K im Grundbuch.

29 Der dingliche Vertrag wird in aller Regel nur auf Grund eines schuldrechtlichen Vertrags und zur Erfüllung desselben vorgenommen. Niemand nimmt eine Eigentumsübertragung vor ohne einen wenigstens vermeintlichen schuldrechtlichen Vertrag. Dieser ist die rechtliche Grundlage, die causa, des dinglichen Erfüllungsgeschäfts. Daher bezeichnet man auch den zugrunde liegenden obligatorischen Vertrag als das Kausalgeschäft.

Terminologisch findet man nicht selten die Trennung von schuldrechtlichem und dinglichem Rechtsgeschäft unter dem Stichwort „Abstraktionsprinzip". Bei näherem Hinsehen sind aber die Trennung beider Rechtsgeschäfte und die besondere Abstraktheit des dinglichen Rechtsgeschäfts (dazu sogleich u. 2) nochmals voneinander zu sondern.

2. Abstraktionsprinzip

Die Trennung beider Verträge ist vom BGB dadurch noch verschärft, daß der dingliche Vertrag abstrakt, d. h. in seiner Wirksamkeit unabhängig von der Wirksamkeit des Kausalgeschäfts ist.[2] Der dingliche Vertrag ist mithin wirksam (korrekter gesagt: seine Wirksamkeit ist gesondert festzustellen), auch wenn der Kausalvertrag nicht zustande gekommen oder nichtig oder durch Anfechtung nichtig geworden ist. Dies gilt selbst dann, wenn beide Verträge gleichzeitig abgeschlossen und in einer Urkunde niedergelegt sind. 30

Die bis heute andauernde rechtspolitische Kritik am Abstraktionsprinzip (und ebenso am Trennungsgrundsatz), die darauf verweisen kann, daß diese Prinzipien vielen Privatrechtsregelungen anderer Staaten unbekannt sind, so z. B. auch unserem Nachbarland Frankreich, verkennt, welche erheblichen Vorteile das deutsche Recht z. B. im modernen Kreditsicherungsrecht aufweist. Die Probleme in der französischen Rechtsprechung und Literatur zur Begründung und Einordnung des Eigentumsvorbehalts zeigen dies ganz besonders deutlich.[3] Leider konnte sich das Abstraktionsprinzip auch im Gemeinsamen Referenzrahmen für ein europäisches Sachenrecht (VIII. Buch des Draft Common Frame of Reference)[4] nicht durchsetzen.[5] 31

3. Anwendung des § 139?

Ob Kausalgeschäft und dinglicher Vertrag im Einzelfall als Einheit i. S. d. § 139 betrachtet werden können, ist bestritten. Grundsätzlich ist § 139 auch bei mehreren rechtlich selbständigen Geschäften anwendbar, wenn diese eine wirtschaftliche Einheit bilden (Gedanke der Geschäftseinheit). Für das Verhältnis von Kausalgeschäft und dinglichem Vertrag ist jedoch zu berücksichtigen, daß nach dem Sinn des Abstraktionsprinzips Mängel des schuldrechtlichen Geschäfts den dinglichen Vollzugsakt unberührt lassen sollen. Hält man die Anwendung des § 139 für möglich, würde gerade im Regelfall das umgekehrte Ergebnis erzielt: da nur selten ein abweichender Parteiwille anzunehmen wäre (§ 139 Halbs. 2), würde die Unwirksamkeit des schuldrechtlichen Geschäfts die Unwirksamkeit des dinglichen Vertrags herbeiführen. Damit aber würde das Abstraktionsprinzip ein inhaltloses Gebilde. Deshalb verbietet sich die Anwendung des § 139.[6] Für das Verhältnis zwischen Kausalgeschäft und Auflassung ist das im Hinblick auf das verstärkte Abstraktionsstreben des Gesetzgebers (Bedingungsfeindlichkeit der Auflassung nach § 925 II) herrschende Meinung. 32

---

[2] Gegen das Abstraktionsprinzip statt vieler vgl. *Lange,* AcP 146, 28 und AcP 148, 188; diese Kritik ist stark von nationalsozialistischem Gedankengut beeinflußt; vgl. dazu jetzt *Michel,* Überschießende Rechtsmacht als Problem abstrakter und nicht-akzessorischer Konstruktionen, 2000, S. 41 ff.

[3] Zum ganzen nunmehr umfassend *Stadler,* Gestaltungsfreiheit und Verkehrsschutz durch Abstraktion, 1996, S. 280 ff., 732 ff.; wie hier z. B. auch *Aretz,* JA 1998, 242, 245 ff.; *Bucher,* ZEuP 1998, 615, 617 ff.; *Grigoleit,* AcP 199, 379, 381 ff.; *Wacke,* ZEuP 2000, 254 ff.; nunmehr auch Soergel/*Stadler,* vor § 854 Rn. 32. Vgl. ferner *Drobnig,* FS Heldrich, 2005 (zur Rechtslage in der EU).

[4] *Von Bar/Clive,* Principles, Definitions and Model Rules of European Private Law, Draft Common Frame of Reference, Full Edition, 2009.

[5] Mit Recht kritisch dazu *Stadler* JZ 2010, 380; vgl. ferner *Richter,* FS Wadle, 2008, S. 927 ff.

[6] *Stadler,* S. 81 ff.; *Baur/Stürner,* § 5 Rn. 55; *Larenz,* Allg. Teil des BGB, 6. Aufl., 1983, § 23 II a; *Flume,* Allgemeiner Teil des bürgerlichen Rechts, Bd. 2: Das Rechtsgeschäft, 3. Aufl., 1979, § 12 III 4; nicht überzeugend *BGH* NJW 1967, 1130 und 1994, 2885.

4. Bedingungszusammenhang

33 Daß die Wirksamkeit des dinglichen Vertrags grundsätzlich von der des Kausalgeschäfts unabhängig ist, hindert die Vertragspartner nicht, die dingliche Einigung durch Vereinbarung von der Wirksamkeit des Grundgeschäfts abhängig zu machen (sog. „Bedingungszusammenhang"). Auch dingliche Rechtsgeschäfte können unter einer – aufschiebenden oder auflösenden – Bedingung vorgenommen werden, §§ 158 ff. (vgl. u. § 32 II, § 33 I u. II, § 34 III). § 925 II versagt diese Möglichkeit lediglich für die Auflassung.

Bei der Annahme der konkludenten Vereinbarung eines solchen „Bedingungszusammenhangs" ist allerdings Zurückhaltung geboten, da andernfalls das Abstraktionsprinzip unterlaufen zu werden drohte.[7] Sie ist regelmäßig nur dann gerechtfertigt, wenn die Parteien über die Gültigkeit des Kausalgeschäfts tatsächlich im Ungewissen waren.

5. Fehleridentität

34 Praktisch allerdings wirkt sich die Abstraktheit nicht immer aus; denn es liegt in den tatsächlichen Verhältnissen begründet, daß teilweise der Nichtigkeitsgrund, der das Kausalgeschäft betrifft, auch das dingliche Erfüllungsgeschäft erfassen kann (Fehleridentität). Ist z. B. ein Vertragsteil bei Abschluß des Kaufes geisteskrank und deshalb geschäftsunfähig, so wird er es auch beim dinglichen Geschäft sein, wenn beide Verträge nicht zeitlich weit auseinander liegen. Der Anfechtungsgrund des Irrtums, der arglistigen Täuschung oder der Drohung wird manchmal für beide Verträge gegeben sein und beide anfechtbar machen. Prinzipiell ist die Fehleridentität freilich keine Durchbrechung des Abstraktionsprinzips, sondern nur eine faktische Einschränkung seiner Wirkungen. Es gibt allerdings auch Fälle, in denen nur das obligatorische Kausalgeschäft nichtig ist, der dingliche Vertrag von dem Nichtigkeitsgrund aber nicht betroffen wird.

Beispiel: Käufer ist ein beschränkt Geschäftsfähiger, daher ist der Kaufvertrag ohne Zustimmung des gesetzlichen Vertreters unwirksam, dagegen die Einigung nach § 107 trotzdem wirksam.

35 Auch kann das Kausalgeschäft wegen unsittlichen Inhalts nach § 138 nichtig sein, während das dingliche Geschäft, weil sittlich indifferent, daher seinem Inhalt nach nicht unsittlich, gültig ist. Der Mangel der Unsittlichkeit und Nichtigkeit kann sich jedoch auch auf das dingliche Geschäft ausdehnen, indem auf Inhalt und Zweck des gesamten Geschäfts abgestellt wird. Speziell im Bereich der Kreditsicherung überprüft die Rechtsprechung gerade auch das dingliche Geschäft, die Sicherungsübereignung oder Globalzession auf ihre Sittenwidrigkeit (vgl. dazu § 34 VI 3, § 73 V 1).

36 Der *BGH* betont dagegen die Abstraktheit des dinglichen Rechtsgeschäfts. So soll z. B. die Sittenwidrigkeit eines Getränkelieferungsvertrags die Wirksamkeit einer zur Sicherung bestellten Grunddienstbarkeit nicht beeinträchtigen (s. u. § 77 VI und VII).[8]

Im einzelnen[9] ist Fehleridentität zu bejahen:

- im Falle der § 119 I und § 119 II, soweit ausnahmsweise der Irrtum auch bei der Erfüllung vorliegt;

---

[7] *Stadler*, S. 81 ff.

[8] *BGH* NJW 1988, 2362 und 2364; zust. *Amann*, DNotZ 1988, 581; im einzelnen s. u. § 77 VII.

[9] Zum Trennungs- und Abstraktionsprinzip in der Fallbearbeitung vgl. *Bayerle*, JuS 2009, 1079.

- regelmäßig im Falle des § 123;
- bei § 134 immer dann, wenn das Verbotsgesetz gerade auch die Vermögensverfügung verhindern will;
- im Falle des § 138 I nur dann, wenn ausnahmsweise auch die Erfüllung selbst sittenwidrig ist;
- für § 138 II wird aus dem Gesetzeswortlaut („oder gewähren läßt") durchwegs Fehleridentität bejaht;
- regelmäßig schließlich auch im Falle von Geschäftsunfähigkeit.

6. Bereicherungsansprüche

Der praktische Unterschied zwischen der rechtlichen Behandlung des dinglichen 37
Geschäftes als abstrakt und der dem Laien näherliegenden Behandlung beider Geschäfte als einer Einheit oder wenigstens als voneinander abhängig zeigt sich an folgenden Konsequenzen:

Wäre die Übereignung nicht abstrakt, sondern würde die Nichtigkeit des Kausalgeschäftes ohne weiteres die des dinglichen Geschäftes nach sich ziehen, so hätte der Verkäufer und Veräußerer im Falle der Nichtigkeit des Kaufvertrages wegen der daraus folgenden Nichtigkeit der Übereignung stets den dinglichen Herausgabeanspruch nach § 985 und den Berichtigungsanspruch des § 894. Behält dagegen – wie nach BGB – das dingliche Geschäft trotz Nichtigkeit des Kausalgeschäftes seine Wirksamkeit, so hat der Verkäufer und Veräußerer lediglich den Bereicherungsanspruch nach § 812 und unter Umständen einen Schadensersatzanspruch aus §§ 823 II, 826, kann aber immer nur die Rückübereignung des Grundstücks verlangen, statt daß er Eigentümer geblieben ist. Dieser Unterschied erweist sich als wichtig, wenn in der Zwischenzeit der Erwerber das Grundstück weiterveräußert. Ist die Übereignung nichtig, so erwirbt der Dritte das Grundstück von einem Nichteigentümer und kann Eigentümer nur auf Grund seines guten Glaubens werden; bleibt dagegen die Übereignung wirksam, so erwirbt er normal vom Eigentümer, daher wirksam, auch wenn er die Nichtigkeit des Kausalgeschäfts gekannt hat, und ist nur dann einem Schadensersatzanspruch des ursprünglichen Eigentümers ausgesetzt, wenn sein Verhalten einen Verstoß gegen § 826 darstellt.

III. Das Publizitätsprinzip (Offenkundigkeitsprinzip)

Literatur: *Bauer,* Zur Publizitätsfunktion des Besitzes bei Übergang von Fahrnis, FS Bosch, 1976, S. 1; *Einsele,* Inhalt, Schranken und Bedeutung des Offenkundigkeitsprinzips, JZ 1990, 1005; *Quantz,* Besitz und Publizität im Recht der beweglichen Sachen, 2005.

Dem absoluten Charakter der dinglichen Rechte entspricht das Bestreben des 38
Sachenrechts, die dingliche Rechtslage und ihre Veränderung für jedermann deutlich erkennbar zu machen. Es ist naheliegend, daß die schuldrechtlichen Beziehungen, die nur die beiden Partner berühren, nach außen nicht in Erscheinung treten müssen, weil sie weder Wirkungen für Dritte entfalten noch die Belange Dritter in der Weise berühren, daß diese einen Anspruch auf Kenntnisnahme hätten. Dagegen sollen dingliche Rechte, die jedermann respektieren muß, auch für dritte Personen erkennbar sein. Man spricht deshalb vom Publizitätsprinzip oder vom Prinzip der Offenkundigkeit im Sachenrecht. Als Anhaltspunkte, die leicht erkennbar sind, dienen bei beweglichen Sachen der Besitz, bei Grundstücken und Rechten an

Grundstücken ein öffentliches Register, das Grundbuch. Besonders wichtig ist dabei, daß auch alle Veränderungen der dinglichen Rechtslage offenkundig werden. Deshalb ist im Rahmen rechtsgeschäftlicher Übertragung erforderlich, bei beweglichen Sachen regelmäßig den Besitz zu übertragen (vgl. § 929), bei Grundstücken ist die Eintragung im Grundbuch erforderlich (vgl. § 873). Besitz bzw. Grundbucheintragung machen also das Ergebnis einer dinglichen Verfügung offenkundig. Zu den Einzelheiten vgl. unten §§ 16, 29, 32.

39 Typische Ausprägungen des Publizitätsprinzips sind die gesetzlichen Wirkungen, die an den Besitz beweglicher Sachen (vgl. § 1006) und an die Grundbucheintragung bei Grundstücken (vgl. § 891) vom Gesetz geknüpft werden. Bei den genannten Normen handelt es sich um sog. gesetzliche Vermutungen mit der Folge, daß derjenige den Beweis erbringen muß, der eine vom äußerlich erkennbaren Sachverhalt abweichende dingliche Rechtslage behauptet.

§ 5. Das dingliche Rechtsgeschäft

Literatur: *Beyerle,* Der dingliche Vertrag, FS Boehmer, 1954, S. 164; *Molkenteller,* Die These vom dinglichen Vertrag, 1991.

I. Der Grundsatz

40 Die Änderung der dinglichen Rechtslage setzt ein Rechtsgeschäft (eine oder mehrere Willenserklärungen) unter den Beteiligten voraus. Ein solches Rechtsgeschäft, das die dingliche Rechtslage umgestaltet, nennt man ein dingliches Rechtsgeschäft, und soweit es sich um ein zweiseitiges Rechtsgeschäft handelt, einen dinglichen Vertrag. Angesprochen sind also Rechtsgeschäfte, die unmittelbar ein dingliches Recht betreffen, die daher die dingliche Rechtslage unmittelbar gestalten und bei denen sich dementsprechend der Wille der Parteien auf diese unmittelbare Veränderung der dinglichen Rechtslage richten muß. Im Gegensatz dazu können schuldrechtliche Verträge, auch wenn sie sich auf eine Sache beziehen (z. B. Kauf oder Miete), nur zu einer Verpflichtung führen, künftig auf eine dingliche Rechtsänderung hinzuwirken, ohne daß der schuldrechtliche Vertrag selbst die Veränderung der dinglichen Rechtslage herbeiführen würde.

Auffallend ist die Terminologie des Gesetzes, das in diesen Fällen nicht von einem Vertrag, sondern von einer „Einigung" spricht (vgl. §§ 873, 929). Schon das Gesetz verdeutlicht also, daß es sich bei der Übereinstimmung der auf dingliche Rechtsgeschäfte ausgerichteten Willenserklärungen um eine besondere Art des „Einigseins" handelt.

II. Die anwendbaren Vorschriften außerhalb des Sachenrechts

1. Die Anwendung des Allgemeinen Teils des BGB

41 Aus dem Charakter der dinglichen Einigung als einem normalen Rechtsgeschäft des Bürgerlichen Rechts ergibt sich bereits, daß auf dieses Rechtsgeschäft die Vorschriften des Allgemeinen Teils des BGB über Willenserklärungen Anwendung

finden, soweit diese nicht ausnahmsweise durch Sonderbestimmungen des Sachenrechts modifiziert sind.

Anwendbar sind daher insbesondere die Grundsätze über die Rechts- und Geschäftsfähigkeit, die Wirkung von Willensmängeln, das Zustandekommen und die Form der Rechtsgeschäfte, die Auslegung der Willenserklärungen sowie die Folgen eines Gesetzesverstoßes.

Besonderheiten gelten z. B. im Bereich der nach §§ 158 ff. zulässigen Bedingungen von Rechtsgeschäften. Im Sachenrecht schließt nämlich § 925 II für Grundstücke ein bedingtes dingliches Rechtsgeschäft aus.

2. Die Anwendung der Regeln des Schuldrechts

Schon aus allgemeinen Erwägungen ergibt sich, daß die Normen des Schuldrechts 42
und des Sachenrechts sich gegenseitig ausschließen. In Einzelfällen können hier freilich Zweifelsfragen auftreten, weil schon nach der gesetzgeberischen Grundentscheidung das Zweite und das Dritte Buch des BGB nicht immer die Grenze zwischen schuldrechtlichen und dinglichen Regelungen darstellen. So kann sich insbesondere für dingliche Ansprüche im Einzelfall die Frage stellen, ob schuldrechtliche Normen heranzuziehen sind. Darüber hinaus enthält das Sachenrecht auch rein schuldrechtliche Regelungen (vgl. etwa §§ 987 ff.), wie umgekehrt das Schuldrecht nicht nur Normen im Hinblick auf rechtsgeschäftliche Verpflichtungen enthält, sondern manchmal auch rechtsgeschäftliche Verfügungen regelt (vgl. insbesondere § 398).

In Rspr. und Lit. wird vor allem erörtert, ob auf dingliche Ansprüche der Grundsatz von Treu und Glauben (§ 242) anzuwenden ist und ob dingliche Verträge zugunsten Dritter möglich sind (in Parallele zu § 328). Zu den Einzelheiten vgl. unten § 16.

1. Kapitel. Der Besitz

Literatur: *Baldus,* Abhandenkommen und genereller Besitzaufgabewillen, JR 2002, 441; *Beermann,* Besitzschutz bei beschränkten dinglichen Rechten, 2000; *Diederichsen,* Das Recht zum Besitz aus Schuldverhältnissen, 1965; *Ernst,* Eigenbesitz und Mobiliarerwerb, 1992; *Hartung,* Besitz und Sachherrschaft, 2001; *Herrmann,* Vom praktischen Nutzen der Rechtsmethode – Ein Beispiel aus dem Sachenrecht, GS Eckert, 2008, S. 323; *Kollhosser,* Grundfälle zu Besitz und Besitzschutz, JuS 1992, 215, 393, 567; *Medicus,* Besitzschutz durch Ansprüche auf Schadensersatz, AcP 165, 115; *Mittenzwei,* Fundbesitz als Gegenstand des Deliktsschutzes und der Eingriffskondiktion, MDR 1987, 883; *Müller/Erzbach,* Das Recht des Besitzers, AcP 142, 5; *Pawlowski,* Der Rechtsbesitz im geltenden Sachen- und Immaterialgüterrecht, 1961; *Petersen,* Sonderfragen zum Recht des Besitzes, Jura 2002, 255; *Sosnitza,* Besitz und Besitzschutz, 2003; *Steindorff,* Die Besitzverhältnisse beim Gesamthandsvermögen in OHG und KG, FS Kronstein, 1967, S. 151; *Wieser,* Der Schadensersatzanspruch des Besitzers aus § 823, JuS 1970, 557.

§ 6. Begriff und Bedeutung des Besitzes

I. Besitz als Sachherrschaft

43 Besitz bedeutet im Rechtssinn die rein tatsächliche Herrschaft über eine Sache, unabhängig davon, ob dem Inhaber dieser Herrschaft ein Recht dazu zusteht; auch der Dieb ist Besitzer. Der Eigentümer hat nicht immer die tatsächliche Gewalt, Eigentum und Besitz sind nicht durchweg in einer Hand. Der Besitz ist daher in Abweichung vom Sprachgebrauch des Lebens (vgl. z. B. „Grund-“ oder „Hausbesitzer“, unter denen gewöhnlich die Eigentümer verstanden werden) vom Eigentum als der rechtlichen Herrschaft über die Sache scharf zu scheiden.[1]

Daß eine Rechtsordnung, die überhaupt Privatrechte an Sachen anerkennt, das Eigentum regelt, ist selbstverständlich. Dagegen versteht es sich nicht von selbst, sondern bedarf einer Begründung, warum auch die vom Rechtszustand unabhängige, rein tatsächliche Gewalt über eine Sache ebenfalls eine rechtliche Regelung und sogar einen rechtlichen Schutz findet. Es sind verschiedene Gesichtspunkte, unter denen die Rechtsordnung sich mit dem Besitz befassen und ihm rechtliche Bedeutung zuerkennen kann.

II. Funktionen des Besitzes

44 Nach den sozialen Anschauungen und der Lebenserfahrung wird der Besitz vielfach als Ausdruck bestimmter Rechte oder Interessen gesehen. Wer Besitzer

---

[1] Zum Begriff des Besitzes nunmehr *Sosnitza,* a. a. O. (vor Rn. 43), im ersten Teil seiner umfassenden Untersuchung; vgl. auch *Herrmann,* S. 323 ff.

einer Sache ist, dem werden auch bestimmte rechtliche Befugnisse zuerkannt. Die Rechtsordnung trägt dem dadurch Rechnung, daß sie dem Besitz verschiedene Funktionen zuweist. Im allgemeinen unterscheidet man zwischen der Publizitäts-, der Schutz- und der Kontinuitätsfunktion.

1. Zunächst kann eine Rechtsordnung davon ausgehen, daß hinter der *tatsäch-* 45
lichen Gewalt über eine Sache meist auch die *rechtliche* Herrschaft steht. Der Besitz dient daher im Rechtsverkehr als Indiz für bestimmte dingliche Tatbestände *(Publizitätsfunktion)*. So bedarf die Übertragung des Eigentums i. d. R. zugleich auch der Besitzübertragung (Übertragungswirkung – vgl. § 929). Der Besitz einer Sache läßt ferner darauf schließen, daß der Besitzer auch der Eigentümer ist. Demzufolge wird aus dem Besitz auch die Vermutung für das Eigentum abgeleitet (Vermutungswirkung – § 1006 Abs. 1). Dies hat insbesondere Bedeutung im Prozeß, denn der Besitzer braucht sein Eigentum nicht nachzuweisen, sondern der Gegner muß darlegen und ggf. beweisen, daß der Besitzer nicht der Eigentümer ist. Aufgrund dieser Vermutungswirkung eignet sich der Besitz auch dazu, im Rechtsverkehr als Legitimation des Veräußerers für sein Eigentum zu dienen. Er verleiht einen Rechtsschein, an den sich der Erwerber halten kann (Legitimationswirkung). Der Besitz bietet daher die Grundlage für den gutgläubigen Erwerb vom Nichteigentümer nach den §§ 932 ff.

Bei Grundstücken wird die dem Besitz zukommende Publizitätsfunktion durch das Grundbuch ersetzt. Hier kommt dem Besitz keine entscheidende Bedeutung zu, da der Eigentumserwerb von der Eintragung in das Grundbuch abhängt (§ 873).

2. Die *Schutzfunktion* des Besitzes kommt dadurch zum Ausdruck, daß sich der 46
Besitzer gegen Störungen oder Beeinträchtigungen seines Besitzes wehren kann. Derjenige, der eine Sache besitzt, darf sich auch mit Gewalt gegen eine Beeinträchtigung zur Wehr setzen, und zwar unabhängig davon, auf welchem Rechtsgrund sein Besitz beruht (vgl. §§ 858–864).

3. Die *Kontinuitätsfunktion* erhält das Besitzrecht auch gegenüber einem Rechts- 47
nachfolger des Eigentümers (vgl. nur § 986 Abs. 2). Das Besitzrecht soll nicht dadurch beeinträchtigt werden, daß das Eigentum oder die Verfügungsberechtigung auf einen anderen übergeht.

III. Grund der Besitzregelung

Es muß aber auffallen, daß bei der Regelung des Besitzes im BGB zwischen 48
beweglichen Sachen und Grundstücken nicht unterschieden wird, und die rechtliche Bedeutung des Besitzes, von der bisher die Rede war, gerade im Abschnitt Besitz überhaupt nicht erwähnt wird, sondern von den Rechtswirkungen des Besitzes nur der Besitzschutz dort geregelt ist. Dies deutet darauf hin, daß der Besitz aus einem anderen Gesichtspunkt heraus geregelt und geschützt wird, unabhängig von der Verbindung der tatsächlichen und rechtlichen Herrschaft über die Sache. Die Rechtsordnung setzt sich mit der Regelung und dem rechtlichen Schutz des Besitzes die Bewahrung des äußeren Friedens zum Ziel. Der tatsächliche Zustand muß gegen Eingriffe geschützt werden, selbst wenn er nicht rechtmäßig ist. Denn wenn der Berechtigte sich den Besitz selbst, womöglich mit Gewalt, verschaffen könnte, wären Streitigkeiten unvermeidlich, die zu Tätlichkeiten führen könnten. Und noch größer wäre die Gefahr, daß vermeintlich oder angeblich Berechtigte Gewalt anwenden würden, um sich den Besitz zu verschaffen. Die moderne Rechtsordnung

schließt aber die Selbsthilfe aus und verlangt von jedem, der sein Recht sucht, daß er die Gerichte und damit die Hilfe des Staates in Anspruch nimmt. Um dies durchzusetzen, muß der tatsächliche Zustand, auch wenn er nicht rechtmäßig ist, zunächst einmal gegen gewaltsame Eingriffe geschützt werden, selbst wenn sie von einem Berechtigten ausgehen. Ohne solchen Schutz würde die Selbsthilfe doch zum Erfolge führen können und ihr Verbot wirkungslos bleiben.

Diese Aufgabe des Besitzschutzes steht jetzt im Vordergrund bei der Regelung des Besitzes. Sie entstammt Gedankengängen des römischen Rechts, wie sie in den Interdikten des prätorischen Rechts ihren Ausdruck gefunden haben.

IV. Besitz als Rechtsverhältnis

49 Der Besitz ist danach keine bloße Tatsache mehr, sondern eine rechtlich geregelte Beziehung einer Person zu einer Sache, ein Rechtsverhältnis. Dagegen kann man ihn wohl kaum als Recht bezeichnen,[2] denn er ist weder ein dingliches Recht an der Sache noch ein Schuldverhältnis, vielmehr von beiden unabhängig, daher auch keine Belastung der Sache. Er kann nicht im Grundbuch eingetragen werden, gilt also nicht als Recht am Grundstück. Die Besitzübertragung ist keine Verfügung über ein Recht. Daß er in aller Regel von der tatsächlichen Herrschaft völlig abhängig ist, mit ihr steht und fällt, ist ein Beweis gegen seine Rechtsnatur, denn das Bestehen anderer Rechte ist von tatsächlichen Veränderungen nicht in solchem Maß abhängig. Aber unser Gesetz kennt auch eine Übertragung des Besitzes ohne Übertragung der Gewalt und einen Besitz ohne tatsächliche Herrschaft (vgl. u. § 10 II) und regelt sogar eine Vererbung des Besitzes (vgl. u. § 10 I). Es behandelt ihn also zumindest als Rechtsposition. Fraglich erscheint allerdings, ob der bloße Besitz als sonstiges Recht i. S. d. § 823 I zu betrachten ist. Das wird man verneinen müssen, da eine solche Gleichstellung des Besitzes mit einem Recht wie dem Eigentum daran scheitert, daß beim bloßen Besitz ein „Zuweisungsgehalt", wie er für ein Recht nach Art des Eigentums charakteristisch ist, fehlt.[3] Der bloße Besitz ist nach seiner Ausgestaltung im Gesetz mehr ein Ausschluß- als ein Herrschaftsrecht. Der Besitz kann im Rahmen des § 823 I nur dann einem absoluten Recht gleichgestellt werden, wenn er durch ein Recht zum Besitz eine Verstärkung erfahren hat.[4]

Beispiel: A hat von E ein Auto gemietet, das von D gestohlen wird. A hat einen Schadensersatzanspruch nach § 823 I gegen den Dieb D und kann von ihm Ersatz für einen Mietwagen verlangen.

50 In gleicher Weise kann der Besitz auch nur dann Gegenstand einer „Eingriffskondiktion" sein, wenn ihm durch ein Recht zum Besitz ein gewisser Zuweisungsgehalt verliehen ist. Gegenstand der „Leistungskondiktion" kann aber auch der bloße Besitz sein.[5]

---

[2] Str., a. M. *E. Wolf,* S. 44 und *Wolff/Raiser,* § 3 III, wo der Besitz zwar als subjektives Recht, aber als vorläufiges, schwächeres Recht gegenüber einem Sachenrecht bezeichnet wird.

[3] Vgl. *Medicus,* AcP 165, 116 ff. und 135 ff.; *Diederichsen,* S. 66; a. M. *E. Wolf,* S. 45, nach dessen Meinung der Besitz immer ein sonstiges Recht i. S. d. § 823 I ist.

[4] Vgl. zu dieser Frage auch *Baur/Stürner,* § 9 Rn. 31; *BGH* JZ 1954, 613 und dazu *Wieser,* JuS 1970, 557; BGHZ 32, 194, 204 f. = NJW 1960, 1201; BGHZ 62, 243 = NJW 1974, 1189; BGHZ 73, 355 = NJW 1979, 1358; *RG* 170, 1 (6); *OLG Karlsruhe* JuS 1978, 852.

[5] Vgl. *Baur/Stürner,* § 9 Rn. 38.

§ 7. Erwerb und Verlust des Besitzes

I. Besitzerwerb

1. Besitzerwerb durch Erlangung tatsächlicher Gewalt

Da Besitz tatsächliche Herrschaft bedeutet, ist es nur die natürliche Folge, was die §§ 854, 856 für seinen Erwerb und Verlust anordnen: Der Besitz wird erworben durch Erlangung der tatsächlichen Gewalt über die Sache, Besitzergreifung; er wird dadurch beendigt, daß der Besitzer die tatsächliche Gewalt über die Sache aufgibt oder in anderer Weise verliert. 51

a) Vorliegen tatsächlicher Sachherrschaft

Eindeutig ist die tatsächliche Gewalt vorhanden bei den beweglichen Sachen, die 52
man in seinen Taschen mit sich trägt (z. B. Uhr, Brieftasche, Portemonnaie), ebenso an Kleidern, Wäsche, Schuhen, die man auf dem Körper trägt, ferner an allen Sachen, die man in verschlossenen Behältnissen, Schränken oder Räumen aufbewahrt. Bei Häusern, Gärten und anderen Grundstücken ist die tatsächliche Gewalt deutlich ausgeprägt, soweit sie abgeschlossen oder umzäunt und somit dem Zugriff beliebiger anderer Personen entzogen sind. Nicht so klar ist der Besitz bei nicht umzäunten Grundstücken, z. B. Äckern und Forsten außerhalb von Orten, auch bei beweglichen Sachen, die beliebigen anderen Personen erreichbar sind, wie Holzstapeln im Freien, Geräten oder Fahrzeugen außerhalb von Häusern (z. B. parkenden Autos). Hier greift die Verkehrsanschauung ein und bestimmt, wer als Besitzer anzusehen ist. Dabei wird meist von dem Recht einer Person auf ihren Besitz geschlossen (in Umkehrung des sonst häufigen Schlusses aus dem Besitz auf das Recht), denn wenn man weiß, wem solche Gegenstände gehören, betrachtet man gewöhnlich den Berechtigten auch als Gewahrsamsinhaber und Besitzer, z. B. den Eigentümer jener Äcker, der Geräte auf dem Feld, der Wagen auf der Straße. Die räumliche Beziehung der Sache entspricht ihrer wirtschaftlichen Bestimmung (anders z. B. bei verlorenen, dort herumliegenden Sachen). Die soziale Ordnung beeinflußt also die Abgrenzung des Besitzes; das Respektieren des Rechts führt zur Anerkennung der tatsächlichen Herrschaft. Eine scharfe dogmatische Abgrenzung läßt sich allerdings nicht geben.[1]

Man kann daher für die Regelfälle an der Begriffsbestimmung des Besitzes festhalten, die *Savigny* und *Windscheid* gegeben haben, daß die tatsächliche Gewalt zweierlei erfordert, die physische Möglichkeit, auf die Sache unmittelbar einzuwirken, und die Möglichkeit, andere von der Einwirkung auszuschließen. Für manche Grenzfälle trifft sie allerdings nicht zu, z. B. bei außerhalb eines Ortes gelegenen Grundstücken, auf die der Besitzer zeitweise gar nicht einwirken kann, wohl aber ein des Weges kommender Dritter. Auch die zeitweise Unfähigkeit zur Abwehr anderer schließt den Besitz nicht aus, solange er nicht angegriffen und beseitigt wird (vgl. wieder das parkende Auto).

Auch eine juristische Person kann Besitzer sein; vgl. dazu u. § 11 III.

---

[1] Sehr kritisch zum Begriff der Verkehrsanschauung MünchKomm/*Joost*, § 854 Rn. 4.

b) Die Bedeutung der Zeit für den Besitzerwerb

53 Ein tatsächliches Moment ist für die tatsächliche Gewalt erforderlich: Sie muß auf Dauer angelegt sein,[2] braucht aber weder schon längere Zeit gedauert zu haben noch länger anzudauern, so daß keine feste Zeitgrenze gegeben ist.

Beispiel: Daher hat man nicht Besitz an Zeitungen im Café oder in der Lesehalle, an Sachen, die man nur zur Ansicht in die Hand nimmt oder sich vom Besitzer zeigen läßt, an Kleidung, die man im Geschäft anprobiert, an einem aufgehaltenen Pferd, an einem Hund, mit dem man spielt usw. Andererseits ist man Besitzer von Eßwaren, auch wenn man sie zum sofortigen Verbrauch gekauft hat, denn man will die Herrschaft über sie solange behalten, wie sie existieren.

Klausurfall: Dem Kaufinteressenten eines PKW wird vom Eigentümer das Fahrzeug für eine Probefahrt überlassen. Er bringt das Fahrzeug nicht verabredungsgemäß zurück, sondern unterschlägt es und veräußert es an einen Gutgläubigen weiter. Das *OLG München* (MDR 2006, 90) hat den Kaufinteressenten als einen Besitzdiener im Sinne von § 855 eingestuft. Damit ist dem Eigentümer das Fahrzeug gem. § 935 abhanden gekommen, so dass ein Dritter nicht gutgläubig Eigentum erwerben kann. Das ist im Ergebnis richtig. Allerdings ist der potentielle Käufer weder Besitzer noch Besitzdiener. Vielmehr ist er den obigen Beispielen gleichzustellen, in denen ein Besitz generell ausscheidet, weil die tatsächliche Gewalt nur ganz vorübergehend in den Händen des potentiellen Käufers liegen sollte.

Ist die dauernde Herrschaft in diesem Sinn einmal vorhanden, so endet sie nicht mit einer vorübergehenden Verhinderung an ihrer Ausübung (§ 856 II), vorausgesetzt, daß kein anderer die tatsächliche Gewalt erlangt. So bleibt man Besitzer der abgeschlossenen Wohnung und ihres gesamten Inhalts, auch wenn man sie auf Zeit verläßt, Besitzer der Sachen in den Räumen, die man wegen einer Erkrankung nicht betreten kann. Auch hier hilft die Verkehrsauffassung bei der Bestimmung des Besitzes.

c) Die Bedeutung des Willens für den Besitzerwerb

54 Umstritten ist, ob für die Erlangung und Erhaltung der tatsächlichen Gewalt ein Wille erforderlich ist. Das ist zu bejahen, weil eine Herrschaft ohne den auf sie gerichteten Willen nicht denkbar ist und gegen den Willen tatsächliche Gewalt weder erworben noch ausgeübt werden kann. Gerade auch die Abgrenzung des Besitzes gegen ein nur vorübergehendes Inderhandhaben ist nur durch Feststellung des Willens möglich; die bloßen tatsächlichen Verhältnisse geben keinen sicheren Fingerzeig.[3]

Aber der Wille braucht keineswegs ausdrücklich erklärt zu werden, sondern geht in der Regel aus den Umständen hervor und pflegt daher nicht ausgesprochen zu werden. Er braucht sich auch nicht bewußt auf jede einzelne Sache zu beziehen, erfaßt vielmehr auch Sachen, die ohne Zutun des Besitzers in dessen Herrschaftssphäre gelangt sind, z. B. Briefe, die in den Briefkasten geworfen werden, oder Sachen, die in der Wohnung abgegeben sind, insbesondere nach vorheriger Bestellung. Man spricht hier vom generellen Besitzwillen,[4] der sich allgemein auf alle Sachen im Herrschaftsbereich des Besitzers bezieht. Hier genügen nach der Verkehrsauffassung Vorrichtungen wie der Briefkasten oder die abgeschlossene Wohnung, um die Annahme des Besitzwillens zu begründen, da er dadurch nach außen erkennbar hervortritt.[5]

---

[2] Gegen das Merkmal der Dauer beim Besitzbegriff MünchKomm/*Joost*, § 854 Rn. 12.
[3] Ein schönes Beispiel dafür in *OLG Koblenz* MDR 1994, 281.
[4] Dagegen gibt es einen generellen Besitzaufgabewillen nicht, vgl. *Baldus*, JR 2002, 441.
[5] Zum Erfordernis der Erkennbarkeit vgl. *BGH* NJW 1987, 2812 (Supermarktfall) mit ablehnender Anm. von *Ernst*, JZ 1988, 359; a. A. MünchKomm/*Joost*, § 854 Rn. 13.

Der Wille ist kein rechtsgeschäftlicher, sondern ein natürlicher, weil auf die tatsächliche Herrschaft gerichtet, nicht auf deren Rechtsfolgen (vgl. aber u. 2.). Daher ist die Geschäftsfähigkeit für den Erwerb des Besitzes nicht erforderlich; auch Kinder und Geisteskranke können Besitz erwerben, wenn ein auf dauernde Herrschaft gerichteter Wille vorhanden ist, Minderjährige unabhängig von der Zustimmung ihres gesetzlichen Vertreters. Daher ist beim Besitzerwerb auch eine Vertretung im technischen Sinn von §§ 164 ff. ausgeschlossen. Der Unterschied zum Rechtsgeschäft zeigt sich am deutlichsten bei der Frage einer Anfechtung des Besitzerwerbs wegen Willensmängeln. Die Anfechtbarkeit ist nicht gegeben; sie wäre auch sinnlos, weil ihre Wirkung viel einfacher durch Aufgabe der tatsächlichen Gewalt erreicht werden kann, eine Rückwirkung aber unmöglich ist, weil Tatsachen durch Fiktion nicht aus der Welt geschafft werden können. In allen diesen Beziehungen ist der Erwerb des Besitzes von dem des Eigentums scharf zu trennen, wenn er auch oft, zumal bei beweglichen Sachen, tatsächlich zusammenfällt; vgl. u. § 32. 55

2. Besitzerwerb durch Einigung

Eine Erleichterung des Besitzerwerbs ist für den Fall vorgesehen, daß der Besitz mit Willen des bisherigen Besitzers auf einen Erwerber übergeht, also bei Übertragung des Besitzes. In diesem Fall ist nicht die wirkliche Erlangung der tatsächlichen Gewalt notwendig, sondern es genügt, daß der Erwerber in der Lage ist, die Gewalt auszuüben, aber unter der Voraussetzung, daß der bisherige Besitzer und der Erwerber sich über die Übertragung des Besitzes einigen (§ 854 II). Hier liegt also ein Rechtsgeschäft vor.[6] 56

In Frage kommen nichteingezäunte Grundstücke, Holzstapel auf ihnen, Geräte auf dem Feld. Die Möglichkeit der Gewaltausübung ist darin begründet, daß dem Erwerber die Sache zugänglich ist. Wenn sie jedem zugänglich ist, so beruht die Besitzerstellung des Erwerbers darauf, daß der bisherige Besitzer mit der Ausübung der Gewalt gerade durch ihn einverstanden ist. Bei abgeschlossenen Sachen bewirkt die Übergabe der Schlüssel den Besitzerwerb. Auch hier spielt die Verkehrsauffassung eine maßgebende Rolle. Ausgeschlossen ist dagegen trotz der Einigung der Besitzerwerb, wenn der bisherige Besitzer die Möglichkeit zur Gewaltausübung behält, z. B. durch Einbehaltung der Schlüssel,[7] und die tatsächliche Sachherrschaft weiterhin ausüben will. In diesen Fällen ist der Erwerber eben nicht in der Lage, seinerseits die tatsächliche Gewalt auszuüben. Allgemein muß der bisherige Besitzer seine Gewalt wirklich aufgeben, damit der Erwerb zustande kommt.

Beispiel (*RG*, angeführt in BGHZ 27, 362): A einigte sich mit B, daß der Besitz der auf dem umzäunten Lagerplatz des A gestapelten Waren auf B übergehen solle. Ein Schlüssel für das Tor des Lagerplatzes wurde dem B ausgehändigt. A behielt jedoch einen eigenen Schlüssel für sich und verfügte nach Belieben über die eingehenden und abgehenden Waren durch Abladen und Aufladen. Das *RG* verneinte die Frage, ob der Besitz an den Waren auf B übergegangen sei. Vgl. auch u. § 41 V 1.

Die Einigung wird von der herrschenden Meinung als Vertrag aufgefaßt.[8] Daher ist für den Übertragenden die Geschäftsfähigkeit erforderlich (für den Erwerber nicht, vgl. § 107). Vertretung ist möglich, auch eine Anfechtung ist denkbar; durch sie wird die Einigung vernichtet. Für die Vertragsnatur spricht, daß das BGB den Ausdruck „Einigung" gebraucht, den es ausschließlich für dingliche Verträge anwendet, und daß hier dem Willensmoment eine entscheidende Bedeutung beigemessen wird. Diese Einigung bezieht sich nur auf den Besitzerwerb, nicht auf das 57

---

[6] Gegen den rechtsgeschäftlichen Charakter des Besitzerwerbs nach § 854 II MünchKomm/*Joost*, § 854 Rn. 21 (es sei eine Neubegründung des Besitzes gegeben).
[7] Vgl. *BGH* NJW 1979, 714.
[8] A. A. *E. Wolf*, S. 83.

Eigentum (wie die in §§ 873 und 929 geregelte Einigung), fällt aber im praktischen Rechtsleben, wenn Besitz und Eigentum zugleich übertragen werden, mit dieser anderen Einigung tatsächlich zusammen.

Daher liegt in § 854 II ein erstes Abweichen von der rein tatsächlichen Grundlage des Besitzes – denn der Besitzübergang vollzieht sich hier bereits ohne sichtbare Veränderung in der tatsächlichen Gewalt –, eine Annäherung an einen Besitzbegriff, der nicht mehr auf Tatsachen abstellt, sondern auf soziale Auffassung und rechtliche Verknüpfung (vgl. u. §§ 9, 10).

In diesem Fall kann man auch von einem derivativen, d. h. vom Vorgänger abhängigen und von ihm abgeleiteten Erwerb sprechen, während sonst der Besitz kein abgeleiteter ist, weil es nur auf die Erlangung der tatsächlichen Gewalt ankommt, aber nicht darauf, wie und von wem er erworben ist. Hier dagegen beruht der Besitzerwerb auf der Einigung mit dem Vorbesitzer und ist aus dessen Besitz abgeleitet. Wenn das BGB von „Rechtsnachfolge" in den Besitz und vom „Rechtsvorgänger" spricht (z. B. in §§ 861, 862), so ist dies an sich widerspruchsvoll, wenn man leugnet, daß der Besitz ein Recht ist. Gemeint ist, daß ein Sachverhalt gegeben ist, der bei einem Recht die Rechtsnachfolge begründen würde.

II. Besitzverlust bei Verlust der tatsächlichen Gewalt

58 Der Verlust des Besitzes tritt durch den Verlust der tatsächlichen Gewalt ein (§ 856) trotz Fortdauer des Rechts zum Besitz, umgekehrt nicht schon mit Beendigung des Rechts zum Besitz; auch der Mieter, der nach dem Kündigungstermin unberechtigt wohnen bleibt, ist nach wie vor Besitzer der Wohnung.

Der Verlust kann freiwillig oder unfreiwillig eintreten.[9]

59 Der freiwillige liegt in der Aufgabe des Besitzes. Geht sie Hand in Hand mit dem Besitzerwerb eines anderen, so handelt es sich um die Übertragung des Besitzes auf den anderen. Stets erfordert die Aufgabe neben dem Willen[10] eine äußere Handlung als seine Betätigung, z. B. die Übergabe der Sache an den Erwerber, das Wegwerfen der Sache, die Räumung einer Wohnung.

Diese Auffassung der h. M. scheint in einem Gegensatz dazu zu stehen, daß für den Besitz ein Besitzwille erforderlich ist (s. o. § 7 I 1 c). Daher wird neuerdings auch vertreten, daß der Besitzverlust auch ohne äußere Handlung möglich sei (MünchKomm/*Joost,* § 856 Rn. 4). Wer jedoch den Besitzwillen aufgibt, ohne etwas an der tatsächlichen Sachherrschaft zu ändern, verhält sich widersprüchlich und konterkariert damit seine Erklärung, den Besitz aufgeben zu wollen. Deshalb muß es bei der Auffassung verbleiben, daß zum Besitzverlust eine Betätigung des Willens erforderlich ist.

60 Die bloß vorübergehende Trennung von einer Sache bedeutet noch nicht die Aufgabe des Besitzes. Auch diese ist kein Rechtsgeschäft, erfordert daher keine Geschäftsfähigkeit, Willensmängel sind ohne Einfluß, die Anfechtung ausgeschlossen (die tatsächliche Gewalt könnte durch sie auch nicht wiederhergestellt werden).

Beispiel: Ein Kind wirft unbemerkt eine Sache auf der Straße fort.

Die Fortdauer des Besitzes wäre doch nur eine sinnlose Fiktion. Auch die Übertragung des Besitzes ist kein Rechtsgeschäft (vom Sonderfall des § 854 II abgesehen), aber wohl zu unterscheiden von der oft mit ihr verbundenen und in ihr zum Ausdruck kommenden Übertragung des Eigentums.

---

[9] Vgl. zum Gegensatz von Übergabe und verbotener Eigenmacht *Damrau,* JuS 1978, 519.

[10] Dieser Wille muß das konkrete Bewußtsein der Besitzaufgabe umfassen. Einen generellen Besitzaufgabewillen gibt es nicht, vgl. *Baldus,* JR 2002, 441.

Unfreiwilliger Besitzverlust liegt vor, wenn die Sache dem Besitzer abhanden 61
kommt, z. B. durch Diebstahl, Verlieren, Vergessen und Zurücklassen. Das Abhandenkommen spielt eine bedeutsame Rolle für den Ausschluß des gutgläubigen Erwerbs (§ 935; vgl. u. § 35 V) sowie für den Anspruch aus besserem Besitz (§ 1007; vgl. u. § 50 II).

Eine bloß vorübergehende Verhinderung in der tatsächlichen Ausübung der Gewalt bedeutet in Übereinstimmung mit der Verkehrsanschauung noch keinen Besitzverlust, z. B. das Verlassen einer Wohnung, die vorübergehende Unbetretbarkeit eines Grundstücks infolge Einsturzes einer Brücke. „Vorübergehend" bedeutet hier, daß bei normalem Verlauf mit Sicherheit anzunehmen ist, daß die Verhinderung wieder aufhört (vgl. o. I 1).

§ 8. Eigenbesitz und Fremdbesitz

Literatur: *Ernst,* Eigenbesitz und Mobiliarerwerb, 1992.

I. Begriff und Wesen

Das BGB unterscheidet zwei Arten des Besitzes, Eigen- und Fremdbesitz (nur 62
der erste Ausdruck ist im Gesetz gebraucht).

Eigenbesitzer ist, wer die Sache als ihm gehörend besitzt (§ 872), d. h. so benutzt und besitzt, als ob sie ihm gehöre. Ob sie ihm wirklich gehört, ob er sich für den Eigentümer hält oder halten darf, ist gleichgültig. Auch der Dieb ist daher Eigenbesitzer.

Fremdbesitzer ist dagegen, wer einen anderen als übergeordnet anerkennt, einem anderen sich rechtlich verantwortlich fühlt, die Sache daher nicht als eigene, sondern als fremde behandelt. Hierzu sind alle Nutzungsbesitzer, insbesondere Mieter, Entleiher, Nießbraucher, Pfandgläubiger zu rechnen.

Eigenbesitz und Fremdbesitz sind mit dem Begriffspaar „unmittelbarer Besitz – mittelbarer Besitz" (vgl. u. § 10 II) nicht identisch, vielmehr können Eigen- und Fremdbesitz sowohl als mittelbarer wie als unmittelbarer Besitz auftreten. Möglich ist auch, daß jemand zugleich als mittelbarer Besitzer Eigenbesitz und als unmittelbarer Besitzer Fremdbesitz hat.

Beispiel: Der Hauseigentümer wohnt bei seinem Mieter in Untermiete.

II. Die Bedeutung des Willens

Neben der Erlangung der tatsächlichen Gewalt ist für den Eigenbesitz der Wille 63
notwendig, die Sache für sich zu besitzen, also niemand anzuerkennen, von dem man sein Recht zum Besitz ableitet und dem man sich rechtlich verantwortlich fühlt, der animus domini des Gemeinen Rechts. Dieser Wille muß irgendwie hervortreten. Streitig ist, ob zu diesem Willen unbeschränkte Geschäftsfähigkeit gehört. Dies ist zu verneinen, da es nicht auf das wahre Recht ankommt, sondern nur auf den Herrschaftswillen. Einen beschränkt Geschäftsfähigen als Fremdbesitzer zu behan-

deln, obwohl er für niemand anderen besitzen will, erscheint nicht angängig; dagegen wird ein Geschäftsunfähiger dann nicht in der Lage sein, Eigenbesitz zu erwerben, wenn es bei ihm an der Möglichkeit der natürlichen Willensbildung mangelt.

Ohne Bedeutung ist das Willensmoment beim Erbenbesitz (§ 857). War der Erblasser Eigenbesitzer, so erwirbt auch der Erbe Eigenbesitz, ohne daß ein darauf gerichteter Wille des Erben vorhanden sein muß; vgl. u. § 10 I.

Fremdbesitz kann in Eigenbesitz umgewandelt werden, wenn der Besitzer seine Willensrichtung ändert. Die Änderung der Willensrichtung muß aber objektiv erkennbar sein.[1]

III. Bedeutung des Eigenbesitzes

64 Die Unterscheidung von Eigen- und Fremdbesitz hat vor allem beim Eigentumserwerb Bedeutung. Der Wille, die Sache als Eigenbesitzer zu besitzen, ist bei vielen Arten des Eigentumserwerbs erforderlich, so bei der Übertragung nach §§ 929 ff., bei der Ersitzung nach § 937, beim Fruchterwerb nach § 955, bei der Aneignung nach § 958 und auch bei der Buchersitzung nach § 900.

Nach § 1006 wird zugunsten des Eigenbesitzers einer beweglichen Sache vermutet, daß er ihr Eigentümer sei.

Dagegen hat die Unterscheidung für den Besitzschutz keine Bedeutung. Die Besitzschutzvorschriften gelten für Eigen- und Fremdbesitzer in gleicher Weise.

§ 9. Der Besitzdiener

Literatur: *Birk,* Bösgläubiger Besitzdiener – gutgläubiger Besitzer, JZ 1963, 354; *Eichenhofer,* Die Auswirkungen der Ehe auf Besitz und Eigentum der Eheleute, JZ 1988, 326; *Enders,* Der Besitzdiener – Ein Typusbegriff, 1991; *Hoche* und *Westermann,* Besitzerwerb und Besitzverlust durch Besitzdiener, JuS 1961, 73; *Kiefner,* Der bösgläubige Besitzdiener, JA 1984, 189; *Lorenz,* Mala fides superveniens im Eigentümer-Besitzer-Verhältnis und Wissenszurechnung von Hilfspersonen, JZ 1994, 549; *Medicus,* Probleme der Wissenszurechnung, Karlsruher Forum 1994, S. 4 ff.; *Schilken,* Wissenszurechnung im Zivilrecht, 1983; *K. Schmidt,* Abhandenkommen bei Weggabe durch angestellte Besitzdiener, FS Seiler, 2000, S. 579; *Witt,* Die Rechtsfigur des Besitzdieners im Widerstreit zwischen Bestands- und Verkehrsschutz, AcP 201, 165.

I. Voraussetzungen der Besitzdienerschaft

65 In manchen Fällen hat jemand zwar die tatsächliche Gewalt über eine Sache, ist aber nicht Besitzer derselben. Voraussetzung der Besitzdienerschaft ist,

1. daß jemand die tatsächliche Gewalt für einen anderen ausübt – das würde aber noch nicht genügen, um ihn vom Besitz auszuschließen, ihn vielmehr nur zum Fremdbesitzer machen;

2. daß er sie im Haushalt oder Erwerbsgeschäft des anderen oder in einem ähnlichen Verhältnis ausübt und daher den sich auf die Sache beziehenden Weisungen des

---

[1] Vgl. dazu *Gursky,* in: Westermann, § 12 II 3; *Ernst,* Eigenbesitz und Mobiliarerwerb, 1992, S. 49 ff.

anderen Folge zu leisten hat (§ 855). Für solche Personen ist der von *Bekker*[1] vorgeschlagene Ausdruck „Besitzdiener" üblich geworden.

Es genügt also nicht, daß jemand das Interesse des anderen zu wahren verpflichtet und bereit ist, sondern es muß ein soziales Abhängigkeits- und Unterordnungsverhältnis bestehen, kraft dessen er bei Ausübung der tatsächlichen Gewalt an die Weisungen des anderen sich zu halten hat und ihm Folge leisten muß, so daß eine Art Gehorsamspflicht besteht. Diese Abhängigkeit muß nach außen erkennbar sein.[2] Daraus folgt, daß der andere berechtigt ist, seinen Willen selbst durchzusetzen, falls der Besitzdiener seiner Weisung nicht nachkommt. Diese Personen haben an der Sache, die sie in ihrer Gewalt haben, kein eigenes Interesse (vgl. im Gegensatz hierzu den Mieter!). Lediglich wirtschaftliche Abhängigkeit genügt nicht.[3] 66

Im Haushalt sind in dieser Weise tätig die Hausangestellten, auch die nur vorübergehend tätigen Putzfrauen usw.; dagegen nicht ein Gast des Hauses. Erwerbsgeschäft bedeutet wie sonst eine auf Dauer angelegte und auf Erwerb gerichtete wirtschaftliche Tätigkeit in Landwirtschaft, Handwerk, Industrie, Handel usw. Hier kommen Arbeiter, Gesellen, Lehrlinge, Angestellte, Handlungsgehilfen in Betracht. In ähnlichem Verhältnis sind weisungsgebunden tätig Beamte und Angestellte des Staates und der öffentlichen Körperschaften in bezug auf die ihnen zwecks Dienstausübung überlassenen Gegenstände, Polizisten und Soldaten bezüglich Uniform, Waffen usw., ferner Gepäckträger auf Bahnhöfen, Dienstmänner usw. Sobald ein eigenes Interesse an der Sache besteht, z. B. an der Dienstwohnung, ist Besitz zu bejahen. Keine Besitzdienerschaft hat der Kaufinteressent, der die Kaufsache kurz ausprobiert (s. o. Rn. 53).

Da die soziale Unterordnung entscheidet, kann auch ein nichtiges Rechtsverhältnis die Besitzdienerschaft begründen, z. B. ein von einem Minderjährigen ohne Zustimmung seines gesetzlichen Vertreters eingegangenes Dienstverhältnis.

Unerheblich ist, ob der Besitzdiener im Einzelfall für den Besitzherrn handeln will,[4] wenn er nur tatsächlich auf Grund des Abhängigkeitsverhältnisses handelt. 67

Beispiel (BGHZ 8, 130): Eine Platzanweiserin hatte einen wertvollen Brillantring im Kino gefunden und ihn ihrem Arbeitgeber abgegeben. Ein Empfangsberechtigter hatte sich nicht gemeldet. Arbeitgeber und Platzanweiserin stritten darüber, wer durch Fund Eigentum erworben habe. Der *BGH* entschied, daß eine Platzanweiserin, die vertraglich verpflichtet sei, den Theaterraum nach verlorenen Gegenständen zu durchsuchen, nicht für sich, sondern für ihren Arbeitgeber Besitz erwerbe. Wenn daher die Platzanweiserin weisungsgemäß den Ring ihrem Arbeitgeber übergibt, ändert sich die Besitzlage nicht, auch wenn die Platzanweiserin mit Worten einen eigenen Besitzwillen geltend macht (vgl. MünchKomm/*Joost,* § 855 Rn. 13). Würde dagegen ein Besitzdiener durch eine den Besitz des Besitzherrn beendigende Handlung seinen eigenen Besitzwillen deutlich machen (z. B. Unterschlagung der Sache), so würde er sogleich zum Besitzer.

Kein Fall der Besitzdienerschaft liegt vor beim Besitz von Ehegatten[5] (s. u. § 11 II 2), beim Besitz von Kindern (s. u. § 11 II 2), beim sog. Gesamthandsbesitz (s. u. § 11 II 3) sowie bei der tatsächlichen Gewalt, die durch Organe juristischer Personen ausgeübt wird (s. u. § 11 III). 68

---

[1] Vgl. JherJb 34, 1 (42).

[2] Vgl. *BGH* LM Nr. 2 zu § 1006; *OLG Düsseldorf* NJW-RR 1997, 998; a. A. *Baur/Stürner,* § 7 Rn. 67; MünchKomm/*Joost,* § 855 Rn. 10.

[3] Vgl. BGHZ 27, 360, 363 = NJW 1958, 1286.

[4] Es gibt zwar einen Besitzdienerwillen, aber dieser ist ohne Relevanz, solange sich der Besitzdiener im Rahmen seiner Weisungen hält (so im Ergebnis auch MünchKomm/*Joost,* § 855 Rn. 12, 13; vgl. dazu insb. *Enders,* S. 76 ff.).

[5] So die h. M.; vgl. BGHZ 12, 380 = NJW 1954, 918; BGHZ 73, 253 = NJW 1979, 976; *Baur/Stürner,* § 7 Rn. 81; *Gursky,* in: Westermann, § 20 I; *Wolff/Raiser,* § 9 II; *Eichenhofer,* JZ 1988, 326.

II. Wirkungen der Stellung als Besitzdiener

69 Der Besitzdiener ist weder allein noch neben dem Besitzherrn Besitzer. Nur der Besitzherr hat Besitz an der Sache. Freilich gilt dies nicht für eigene Sachen des Besitzdieners, weil er in bezug auf diese nicht den Weisungen des anderen Folge zu leisten hat.

Besitzansprüche nach den §§ 861, 862 stehen dem Besitzdiener weder gegen den Besitzherren noch gegen Dritte zu. Er würde an ihrer Geltendmachung auch kein Interesse haben, sondern diese ohnehin dem Besitzherren überlassen.

Allerdings ist der Besitzdiener befugt, das Selbsthilferecht des Besitzers für diesen auszuüben (§§ 860, 859), z. B. kann er sich verbotener Eigenmacht ebenso wie der Besitzer erwehren.

Der Besitzdiener kann auch gegenüber dem Besitzenden verbotene Eigenmacht ausüben, wenn er sich ohne dessen Zustimmung in den Besitz der Sache setzt, um diese nunmehr für sich selbst zu benutzen. In diesem Fall hat der Besitzherr gegen den Besitzdiener Selbsthilfe- und Besitzansprüche. Gibt der Besitzdiener die Sache weg, dann ist sie dem Besitzer i. S. d. § 935 abhanden gekommen, so daß ein Dritter auch nicht gutgläubig Eigentum an ihr erwerben kann.

III. Besitzdienerähnliche Rechtsstellungen

70 Zweifelhaft ist, ob Personen, die zwar die tatsächliche Gewalt innehaben, bei denen aber der Besitz zu verneinen ist, weil ihre Gewalt nicht auf Dauer angelegt, sondern nur als vorübergehende gedacht ist (vgl. oben § 7 I), als Besitzdiener anzusehen oder wenigstens ihnen gleichzubehandeln sind.

Beispiel: Der Kaufinteressent nimmt sich in einer Buchhandlung kurz ein Buch zur Ansicht aus dem Regal und stellt es anschließend zurück.

Hier liegt Besitzdienerschaft nicht vor, weil es gerade an dem sozialen Unterordnungsverhältnis fehlt. Man sollte solche Fälle aber im Ergebnis gleichbehandeln, soweit die Zulässigkeit der Selbsthilfe und der Ausschluß der Besitzansprüche in Frage kommen; auch ist verbotene Eigenmacht zu bejahen, wenn sie von der Sache Besitz ergreifen im Sinn dauernder Gewalt.

IV. Besitzerwerb durch Besitzdiener

1. Erwerb des Besitzes

71 Wichtig ist die Stellung des Besitzdieners für den Besitzerwerb des Besitzherrn. Wenn § 855 auch nur von der Ausübung des Besitzes spricht, so lassen sich seine Grundsätze doch auch auf den Erwerb des Besitzes übertragen und man kann den Satz aufstellen, daß die Erlangung der tatsächlichen Gewalt im Rahmen eines Besitzdienerverhältnisses, z. B. im Erwerbsgeschäft oder Haushalt, unmittelbar den Besitzerwerb für den Besitzherrn zur Folge hat. Dies gilt, wenn der Besitzdiener als solcher, also in Ausübung der betreffenden Funktionen, die Gewalt erlangt hat, z. B. der Handlungsgehilfe an den für das Geschäft eingegangenen Briefen, aber auch die

Köchin an den für den Haushalt in Geschäften oder auf dem Markt gekauften Lebensmitteln oder Haushaltsgegenständen, ausgenommen, wenn erkennbar ist, daß sie dieselben für sich selbst erwerben wollte. Diese Art des unmittelbaren Besitzerwerbs stellt praktisch einen Ersatz für die Stellvertretung dar, die rechtlich nicht möglich ist, weil der Besitzerwerb kein Rechtsgeschäft ist.

Eine Stellvertretung im strengen Sinn kann nur in den Fällen Platz greifen, in denen der Besitzerwerb durch Einigung erfolgt, also im Fall von § 854 II.[6] Hier kann jemand durch Handeln im Namen eines anderen diesem den Besitz verschaffen. Ebenso kann die Übertragung des mittelbaren Besitzes mittels Abtretung des Herausgabeanspruchs nach § 870 durch Stellvertretung erfolgen. Der mittelbare Besitz kann auch insofern durch einen Vertreter erworben werden, als dieser im Namen des anderen das Rechtsverhältnis eingeht, durch welches der mittelbare Besitz nach § 868 begründet wird. **72**

2. Böser und guter Glaube des Besitzdieners

a) Streitig ist, ob der böse Glaube des Besitzdieners beim Besitzerwerb dem Besitzherrn schadet. **73**

Beispiel (BGHZ 32, 53): Angestellte der Klägerin hatten bei ihr laufend Meßgeräte gestohlen und an H verkauft. Von H hatte die Beklagte, die gutgläubig war, durch ihren bösgläubigen Angestellten A Geräte bezogen und weiterverkauft. Die Klägerin verlangt von der Beklagten Schadensersatz gem. §§ 989, 990. Da die Beklagte gutgläubig war, käme eine Haftung nur in Betracht, wenn sie sich den bösen Glauben des A zurechnen lassen müßte.

Wendet man auf das Verhältnis von Besitzdiener und Besitzherrn § 166 an, so müßte der Besitzherr bei Bösgläubigkeit des Besitzdieners ebenfalls als bösgläubig behandelt werden. Der *BGH* hat in BGHZ 16, 259 entschieden, die Bösgläubigkeit des Besitzdieners begründe die Haftung des Besitzherrn dann, wenn er bei der Auswahl und Überwachung des Besitzdieners nicht die im Verkehr erforderliche Sorgfalt beobachtet habe. Dies läßt auf eine entsprechende Anwendung des § 831 schließen. In BGHZ 32, 53 stellt der *BGH* jedoch klar, daß auf das Verhältnis von Besitzdiener und Besitzherrn § 166 entsprechend angewendet werden müsse.[7]

Der *BGH* hat in BGHZ 32, 53 wohl den richtigen Weg gewiesen. Wenn das Verhalten des Besitzdieners auf dem Verhalten des Besitzherrn beruhe, und dieser, ähnlich wie bei der Vertretung, die Voraussetzung für das Tätigwerden des Besitzdieners geschaffen habe, müsse die Bösgläubigkeit des Besitzdieners dem Besitzherrn zugerechnet werden.

Diese Voraussetzung liegt wohl immer dann vor, wenn der Besitz durch einen Besitzdiener im Vollzug eines Rechtsgeschäfts erworben wird, zu dem der Besitzdiener bevollmächtigt war (Beispiel: Einkauf von Waren durch Einkaufsbevollmächtigten). Für die Anwendung des § 166 sprechen hier folgende Überlegungen: Falls der Einkäufer in diesem Fall Besitz nach § 854 II erwerben würde, müßte sein böser Glaube, wie unbestritten ist, dem Besitzherrn zugerechnet werden. Von dem Zufall, ob der Besitzerwerb nach § 854 I oder II stattfindet, kann die Zurechnung des bösen Glaubens aber nicht abhängig sein.

Aber auch ein anderer Gesichtspunkt spricht dafür, den bösen Glauben des Besitzdieners in diesen Fällen dem Besitzherrn zuzurechnen. Beim Eigentumserwerb verhindert der böse Glaube des Besitzdieners den gutgläubigen Erwerb durch den Besitzherrn. So erwirbt der Besitzherr bei unterschlagenen Sachen kein Eigentum, wenn der Besitzdiener über die Herkunft der Sachen unterrichtet war. Es wäre eigenartig, wenn der Besitzherr dagegen für die Anwendung der §§ 989, 990 nicht als bösgläubig behandelt würde.

In Fällen, in denen jedoch Besitz nicht durch einen Bevollmächtigten als Besitzdiener erworben wird, dürfte § 831 Anwendung finden.

In neuerer Zeit verstärkt sich eine Tendenz, die Zurechnung fremden Wissens losgelöst vom Gesetz durch die Figur des sog. Wissensvertreters zu begründen.[8] Das Institut der Wissensvertre-

---

[6] A. A. *Klinck,* AcP 205 (2005), 487, 494 ff.

[7] Auch in der Literatur herrscht bei der Beurteilung dieses Problems Unsicherheit. Während *Westermann,* JuS 1961, 79 und *Baur/Stürner,* § 5 Rn. 15 für § 831 eintreten, sprechen sich *Schilken,* S. 237 f., 253, 270, *Hoche,* JuS 1961, 76, *Raiser,* JZ 1961, 26 und auch *Kiefner,* JA 1984, 189 für die entsprechende Anwendung von § 166 aus. *Birk,* JZ 1963, 354 möchte beide Vorschriften entsprechend anwenden.

[8] Vgl. *Richardi,* AcP 169, 387; *Schultz,* NJW 1990, 477; vgl. auch BGHZ 117, 106 f.

tung ist im Versicherungsrecht entwickelt worden und findet nunmehr auch außerhalb dieses Bereichs Zustimmung.[9] Im BGB liegt aber wohl eine Analogie zu § 166 näher.[10]

74 b) Ist der Besitzdiener gutgläubig, aber der Besitzherr bösgläubig, so kann keinesfalls § 166 I angewendet werden. Sonst könnte sich der Besitzherr stets auf die Gutgläubigkeit des Besitzdieners berufen.[11]

V. Besitzverlust durch Besitzdiener

75 Der Verlust der tatsächlichen Gewalt seitens des Besitzdieners hat den Besitzverlust des Besitzherrn zur Folge, wenn dieser selbst oder andere Besitzdiener nicht in der Lage sind, die Gewalt an Stelle jenes Besitzdieners auszuüben, z. B. weil ihm die Sache gestohlen ist.

Überläßt der Besitzdiener die Sache einer anderen Person nicht nur zum vorübergehenden Gebrauche, so daß die andere Besitzer wird, so ist der Besitz des Besitzherrn beendet. Ihm geht der Besitz auch dann verloren, wenn der Besitzdiener sich selbst zum Besitzer macht, also die Sachen für sich oder einen anderen dauernd in seiner Gewalt haben will. Der bloße innere Wille genügt hier allerdings nicht, sondern er muß durch nach außen erkennbare Handlungen betätigt sein, z. B. Weggabe an einen anderen, Verstecken, eigener Gebrauch. Einer Erklärung gegenüber dem Besitzherrn bedarf es nicht, auch nicht der Geschäfts- oder Deliktsfähigkeit des Besitzdieners.

76 Bestritten ist, ob eine vom Besitzdiener gegen den Willen des Besitzherrn einem Dritten zum Besitz übertragene Sache dem Besitzherrn abhanden gekommen ist, also nach § 935 gutgläubiger Erwerb ausscheidet.

Die h. M. stellt allein auf den Besitzer ab und bejaht deshalb § 935.[12] Daran ist festzuhalten, da es einen guten Glauben an das Bestehen des Besitzes nicht gibt. Nach der Gegenauffassung ist anders zu entscheiden, wenn der Besitzdiener den Eindruck eines Besitzmittlers macht.[13] *Baur*[14] will § 935 verneinen, wenn der Besitzdiener allgemein zur Weggabe befugt ist. Das Gesetz selbst sieht eine Ausnahme in § 56 HGB für Angestellte in Läden oder Warenlagern vor, die zwar Besitzdiener sind, aber immer zur Weggabe der Sachen als ermächtigt gelten.

§ 10. Besitz ohne tatsächliche Gewalt

Literatur: *Bömer,* Besitzmittlungswille und unmittelbarer Besitz, 2009; *Ebenroth/Frank,* Die Übertragung des Besitzes vom Erblasser auf den Erben, JuS 1996, 794; *Lange,* Besondere Fälle des § 857 BGB, FS Felgentraeger, 1969, S. 295; *Müller/Erzbach,* Das Recht des Besitzes, AcP 142, 5; *Probst,*

---

[9] Vgl. Staudinger/*Schilken,* 13. Bearbeitung, vor § 164 Rn. 86 f.; MünchKomm/*Schramm,* 5. Aufl., 2006, vor § 164 Rn. 58 (jeweils m. w. N.).

[10] So auch Staudinger/*Schilken,* vor § 164 Rn. 86 f.

[11] *Hoche,* JuS 1961, 76 will hier § 166 II entsprechend anwenden, während *Westermann,* JuS 1961, 82 mit Recht überall da, wo das Besitzrecht auf den Willen des Besitzers abstellt, die Bösgläubigkeit des Besitzherrn durchgreifen läßt.

[12] *Gursky,* in: Westermann, § 49 I 6; *Witt,* AcP 201, 165, 169 ff., beide m. w. N.

[13] Soergel/*Mühl,* § 855 Rn. 8; ähnlich im Ergebnis MünchKomm/*Joost,* § 855 Rn. 23 für einen Besitzdiener außerhalb der räumlichen Herrschaftssphäre des Besitzers; abweichend nunmehr auch *K. Schmidt,* FS Seiler, 2000, S. 579 ff.

[14] *Baur/Stürner,* § 52 Rn. 39.

Mehrfacher gleichstufiger mittelbarer Besitz und gutgläubiger Eigentumserwerb nach § 934 BGB, ZHR 101, 199; *Siebert,* Die besitzrechtliche Grundlage der dinglichen Wirkung der Traditionspapiere, ZHR 93, 1; *Wieling,* Voraussetzungen, Übertragung und Schutz des mittelbaren Besitzes, AcP 184, 439.

Während wir beim Besitzdiener den Fall vor uns haben, daß jemand nicht Besitzer ist, obwohl er die tatsächliche Gewalt hat, so gibt es umgekehrt Fälle, in denen jemand nicht die tatsächliche Gewalt hat und doch Besitzer ist. Hierin liegt die Durchbrechung der Regel, daß Besitz gleich tatsächlicher Gewalt ist. 77

Zugleich wird hier der Unterschied von Besitz und Gewahrsam im strafrechtlichen Sinn deutlich. Ob jemand Gewahrsam hat, ist nach den Erfahrungssätzen des täglichen Lebens, nicht nach den Regelungen des BGB zu beurteilen. Ein Besitzdiener kann danach Gewahrsamsinhaber sein. Umgekehrt haben der ortsabwesende Erbe eines unmittelbaren Besitzers und der mittelbare Besitzer keinen Gewahrsam.

I. Der Besitz des Erben

Neben dem übrigen Vermögen des Erblassers (vgl. § 1922) geht auch der Besitz als tatsächliches Verhältnis auf den Erben über (§ 857). Damit rückt der Erbe in die besitzrechtliche Stellung ein, die zuvor der Erblasser hatte. Sein Besitzerwerb ist nicht davon abhängig, ob er von seiner Erbenstellung weiß, den Umfang des Nachlasses kennt oder die tatsächliche Gewalt über den Nachlaß ergreift.[1] Das Gesetz verzichtet hier bewußt auf die Publizitätsfunktion des Besitzes, um auch für den Erben die vollen Besitzschutzrechte nach den §§ 859, 861, 862 zu gewährleisten. Hierin liegt der Hauptanwendungsfall der Vorschrift. Jede Gewaltergreifung durch andere Personen ist verbotene Eigenmacht. Außerdem sind Sachen, die aus dem Nachlaß ohne Willen des Erben weggekommen sind, i. S. d. § 935 abhanden gekommen, falls er unmittelbaren Besitz erworben hat; vgl. u. § 35 V. Darüber hinaus sind die Besitzansprüche leichter zu beweisen, als die Ansprüche aus dem Eigentum und aus sonstigen Rechten des Erblassers. 78

Beispiel: E hat seine Haushälterin H zur Alleinerbin eingesetzt. Nach dem Tod des E veräußert sie eine wertvolle, zum Nachlaß gehörende Uhr an A, der von alledem nichts weiß. Später stellt sich heraus, daß das Testament wegen Formmangels nichtig ist. Wahrer Erbe ist sein einziger Sohn S, der von A die Uhr herausverlangt. Der Anspruch des S nach den §§ 985, 1922 ist begründet, weil er durch den Erbfall Eigentümer der Uhr geworden ist. Das Eigentum hat er auch nicht durch die Veräußerung von H verloren, da die Uhr dem S i. S. d. § 935 abhanden gekommen war und somit A kein Eigentum – auch nicht gutgläubig – hat erwerben können.

Die Vorschrift ist entsprechend auf andere Fälle der Gesamtrechtsnachfolge anwendbar (z. B. Vor- und Nacherbschaft), nicht aber auf die Fälle der Entstehung von Verwaltungsrechten an einem Sachvermögen (z. B. Testamentsvollstreckung, Nachlaß- und Konkursverwaltung),[2] da diese nur ein Recht auf Einräumung des Besitzes begründen. 79

II. Der mittelbare Besitz

Wichtiger noch ist die Erweiterung des Besitzes über die tatsächliche Gewalt hinaus durch den Begriff des mittelbaren Besitzes (§ 868). 80

---

[1] Vgl. dazu *BGH* JZ 1953, 706.

[2] *Baur/Stürner,* § 8 Rn. 4; MünchKomm/*Joost,* § 857 Rn. 14; a. A. *Wolff/Raiser,* § 12 II 2.

1. Besitzmittlungsverhältnis

81 Häufig überläßt jemand einem anderen den Besitz auf Grund eines mit ihm vereinbarten Rechtsverhältnisses. Das BGB führt als Beispiele den Nießbraucher, Pfandgläubiger, Pächter, Mieter und Verwahrer auf. Daneben genügt nach dem Gesetz ein „ähnliches Verhältnis, vermöge dessen der Besitzer einem anderen gegenüber auf Zeit zum Besitz berechtigt oder verpflichtet ist". Es muß sich also um ein nur vorübergehendes, zeitlich begrenztes Recht des Besitzers handeln.[3] Hierunter fallen auch der Erbbauberechtigte,[4] der Entleiher, Frachtführer – daher auch die Bahn –, Spediteur, Lagerhalter, Unternehmer beim Werkvertrag, ferner gerichtlich bestellte Verwalter (z. B. Konkurs- oder Nachlaßverwalter) und der Gerichtsvollzieher nach Pfändung. Auch der Beauftragte hat an den Sachen, die ihm zur Ausführung des Auftrages überlassen sind, aber auch an den von ihm auftragsgemäß angeschafften Sachen, ein vorübergehendes Besitzrecht.[5] Ebenso bestehen im Familienrecht zahlreiche Besitzmittlungsverhältnisse (z. B. unter Ehegatten bei Hausratsgegenständen, die einem Ehegatten gehören;[6] ein Ehegatte bezüglich des ihm zur Verwaltung überlassenen Gesamtgutes; Vater, Mutter, Vormund, Pfleger bezüglich des von ihnen verwalteten Kinder- oder Mündelvermögens). Beim Kauf unter Eigentumsvorbehalt besteht ein Besitzmittlungsverhältnis zwischen Verkäufer und Käufer.[7] Das gleiche gilt im Falle der Sicherungsübereignung zwischen Sicherungsgeber und Sicherungsnehmer. In jedem Fall muß es sich um ein konkretes Besitzmittlungsverhältnis handeln, aus dem sich die Rechte und Pflichten der Beteiligten ergeben.[8]

Ein Besitzmittlungsverhältnis kann auch schon vereinbart werden, bevor der Besitzmittler (also der spätere unmittelbare Besitzer) den Besitz erlangt: sog. antizipiertes Besitzkonstitut. Zu den Einzelheiten vgl. u. § 34 VI.

2. Verkehrsanschauung und mittelbarer Besitz

82 Dem mittelbaren Besitzer fehlt die tatsächliche Gewalt; diese hat nur der unmittelbare Besitzer. Worauf beruht nun sein Besitz als rechtlich geschützte Stellung?

Maßgebend sind hier die sozialen Verhältnisse und die Verkehrsauffassung. Der unmittelbare Besitzer leitet sein Recht zum Besitz von einem anderen ab, erkennt diesen über sich an, fühlt sich ihm verantwortlich, ist sich bewußt und räumt ein, nach Beendigung des Rechtsverhältnisses zur Rückgabe verpflichtet zu sein. Er ist in diesen Fällen stets und notwendig Fremdbesitzer, stets besteht ein Herausgabeanspruch des mittelbaren Besitzers gegen den unmittelbaren. Diese Lage rechtfertigt es, dem mittelbaren Besitzer eine Art Gewalt über die Sache zuzuerkennen, freilich nicht auf Grund tatsächlicher Herrschaft, sondern wegen seiner rechtlichen Stellung gegenüber dem unmittelbaren Besitzer, und daher dem mittelbaren Besitzer die Stellung als Besitzer einzuräumen. Die allgemeine Verkehrsauffassung, die sich auf die rechtliche Verbindung zwischen unmittelbarem und mittelbarem Besitzer gründet, ist für die rechtliche Ordnung maßgebend. Es muß also ein abgeleitetes und inhaltlich be-

---

[3] Vgl. BGHZ 10, 81, 87 = NJW 1953, 1263 und *BGH* DNotZ 1954, 399.
[4] *BGH* JZ 1970, 373.
[5] Str., so *Gursky,* in: Westermann, § 18, 4.
[6] BGHZ 73, 253 = NJW 1979, 976.
[7] Vgl. BGHZ 28, 16, 27 = NJW 1958, 1163; a. A. *Raiser,* Dingliche Anwartschaften, 1961, S. 71.
[8] Krit. dazu MünchKomm/*Joost,* § 868, Rn. 14.

schränktes Besitzrecht vorliegen. In der Anerkennung des fremden Rechtes liegt notwendig die Beschränkung der eigenen Stellung.

Der mittelbare Besitz dauert nur so lange, als der unmittelbare Besitzer das Rechts- 83
verhältnis und damit den mittelbaren Besitzer über sich anerkennt, denn ohne Anerkennung hat der mittelbare Besitzer keine Gewalt über die Sache, gleichgültig ob das Rechtsverhältnis in Wahrheit fortbesteht (umstritten besonders bei Immobilien). Der fortbestehende obligatorische Herausgabeanspruch des mittelbaren Besitzers für sich allein kann nicht genügen, denn nicht einmal der dingliche Anspruch aus dem Eigentum genügt für die Erhaltung des Besitzes. Nicht das Rechtsverhältnis allein begründet den Besitz, sondern erst die Anerkennung desselben durch den unmittelbaren Besitzer, also dessen gesamtes Verhalten, schafft eine Lage, die der wirklichen tatsächlichen Gewalt ähnlich und rechtlich vergleichbar ist. Allerdings genügt der innere Wille zur Auflehnung nicht, er muß durch Erklärung gegenüber dem mittelbaren Besitzer oder durch sonstige Handlungen erkennbar geworden sein. Dieser Besitzmittlungswille wird nunmehr von *Bömer* in einer vor allem historisch ausgerichteten Untersuchung bekämpft. Der mittelbare Besitz wird dort als objektives Zuordnungsverhältnis verstanden, wodurch die Abhängigkeit des mittelbaren Besitzes von der Willensrichtung des unmittelbaren Besitzers gelöst werden soll.[9]

Umgekehrt genügt die Anerkennung des unmittelbaren Besitzers auch in dem Fall, daß ein wirksames Rechtsverhältnis der in § 868 bezeichneten Art in Wahrheit nicht gegeben ist, sondern der Besitzer ein solches nur annimmt.[10] Daß der unmittelbare Besitzer glaubt, zu dem anderen in einem Rechtsverhältnis zu stehen, kraft dessen er ihm die Sache herauszugeben und sie für ihn zu besitzen hat, schafft die Grundlage, auf der sich der mittelbare Besitz als ein, wenn auch nicht tatsächliches, Gewaltverhältnis aufbaut. Er besitzt im Sinn von § 868 z. B. als Mieter, was nicht bedeuten muß, daß er es wirklich ist. Sein Verhalten entscheidet auch hier über die Stellung des anderen als mittelbaren Besitzers. Jedoch ist das Bestehen irgendeines Herausgabeanspruchs notwendig.[11]

Beispiel: Der geschäftsunfähige E vermietet eine Wohnung an M. Obwohl kein Mietverhältnis zustande kommt, ist E mittelbarer Besitzer.

3. Stufen des mittelbaren Besitzers

Der Besitz kann auch mehrfach abgestuft sein (§ 871), z. B. indem der Mieter die 84
Sache untervermietet. Daß der unmittelbare Besitzer den höherstufigen mittelbaren Besitz kennt, ist nicht erforderlich.[12]

III. Die Stellung des mittelbaren Besitzers

1. Anwendung der Besitzvorschriften

Da § 868 die Besitzerstellung dem mittelbaren Besitzer zuerkennt, müssen für ihn 85
die Regeln über den Besitz anwendbar sein, soweit nicht eine Ausnahme im Gesetz selbst gemacht ist oder sich als notwendig erweist (z. B. in § 869). Daher ist der mittelbare Besitzer z. B. passiv legitimiert für eine Klage nach § 985 (vgl. u. § 47 II).

---

[9] *Bömer*, a. a. O. (vor Rn. 77), passim.

[10] Str., so auch *Baur/Stürner*, § 7 Rn. 45; MünchKomm/*Joost*, § 868, Rn. 15; *Wolff/Raiser*, § 8 I 2; *Wieling*, AcP 184, 440 ff.

[11] Vgl. dazu *Schönfeld*, JZ 1959, 301 (302); a. M. *Wieling*, AcP 184, 445 ff.

[12] *BGH* NJW 1964, 398.

2. Besitzansprüche

86 Den Besitzschutz hat der mittelbare Besitzer in Gestalt der Besitzansprüche, wenn gegen den unmittelbaren Besitzer verbotene Eigenmacht verübt wird (§ 869), z. B. der Vermieter bei verbotener Eigenmacht eines Dritten gegen den Mieter.

Geschieht aber ein Eingriff mit Willen des unmittelbaren Besitzers, so ist dem mittelbaren Besitzer der Besitzanspruch versagt, z. B. bei Unterschlagung der Sache durch den unmittelbaren Besitzer, der Weiterveräußerung an einen Dritten.

Der Anspruch des mittelbaren Besitzers geht aber nicht auf Einräumung des Besitzes an ihn selbst, sondern auf Wiedereinräumung an den unmittelbaren Besitzer (§ 869 Satz 2, erste Variante). Dies ist nur folgerichtig, denn durch die verbotene Eigenmacht des Dritten ist ja das Rechtsverhältnis nicht erloschen, kraft dessen der unmittelbare Besitzer dem mittelbaren gegenüber zum Besitz berechtigt war; daher würde das Verlangen der Besitzeinräumung an den mittelbaren Besitzer einen Verstoß gegen jenes Rechtsverhältnis darstellen.

Nur wenn der unmittelbare Besitzer, z. B. der bisherige Mieter, den Besitz nicht wieder übernehmen will (z. B. weil das Mietverhältnis inzwischen abgelaufen ist) oder kann, so kann der mittelbare Besitzer verlangen, daß ihm selbst der Besitz eingeräumt wird (§ 869 Satz 2, zweiter Satzteil).

3. Selbstschutz

87 Streitig ist, ob der mittelbare Besitzer den Selbstschutz nach § 859 hat, wenn verbotene Eigenmacht gegen den unmittelbaren Besitzer verübt wird, oder nur nach den allgemeinen Vorschriften der §§ 227 ff. Das Gesetz regelt die Frage nicht. Entgegen einer verbreiteten Meinung[13] ist die entsprechende Anwendung des § 859 auf den mittelbaren Besitzer zu verneinen.

Daß er ein stärkeres Interesse an der Sache haben kann als der unmittelbare Besitzer, ist noch kein Grund für die Zuerkennung der erweiterten Selbsthilfe; denn der Eigentümer als solcher hat sie auch nicht, obwohl er rechtlich doch das stärkste Interesse hat. Der Selbstschutz ist zur Aufrechterhaltung des tatsächlichen Zustandes, nicht einer Rechtslage, gegeben; der mittelbare Besitzer ist aber an der tatsächlichen Gewalt nicht beteiligt.

4. Kein Besitzschutz gegenüber dem unmittelbaren Besitzer

88 Gegen den unmittelbaren Besitzer hat der mittelbare weder Besitzansprüche noch Selbstschutz, sondern ist auf seine Ansprüche aus dem Rechtsverhältnis, welches den mittelbaren Besitz begründet (§ 868), oder aus einem dinglichen Recht angewiesen. Auch kann der mittelbare Besitzer für Schäden, die der unmittelbare Besitzer verschuldet hat, von diesem keinen Schadensersatz nach § 823 I unter dem Gesichtspunkt beanspruchen, daß der Besitz als sonstiges Recht im Sinn dieser Vorschrift anzusehen sei.[14]

---

[13] Vgl. *Baur/Stürner,* § 9 Rn. 23; *Gursky,* in: Westermann, § 26 III 2; *Wolff/Raiser,* § 20 I 2; wie hier aber MünchKomm/*Joost,* § 869 Rn. 6.

[14] Vgl. BGHZ 32, 194, 205 = NJW 1960, 1201.

5. Besitzansprüche des unmittelbaren Besitzers

Der unmittelbare Besitzer hat gegen den mittelbaren außer den Ansprüchen aus dem Rechtsverhältnis die Besitzansprüche und den Selbstschutz, z. B. der aus der Wohnung durch den Vermieter herausgesetzte Mieter. 89

IV. Die Begründung des mittelbaren Besitzes

Sie erfolgt normalerweise auf dem Weg, daß der bisherige unmittelbare Besitzer zum mittelbaren wird, indem er den unmittelbaren Besitz einem anderen überträgt, aber gleichzeitig mit ihm ein Rechtsverhältnis vereinbart, durch das für den Übertragenden der mittelbare Besitz begründet wird. 90

Beispiel: Der Vermieter übergibt dem Mieter die vermietete Sache.

Ausnahmsweise entsteht mittelbarer Besitz auch umgekehrt dadurch, daß der bisherige unmittelbare Besitzer zwar den Besitz behält, aber mit einem anderen ein Rechtsverhältnis eingeht, durch welches der andere den mittelbaren Besitz erhält. Da dieser Weg nur zu dem Zweck der Eigentumsübertragung eingeschlagen wird, ist dieser Vorgang, das „Besitzkonstitut“, erst bei der Darstellung der Übereignung beweglicher Sachen zu behandeln (vgl. u. § 32 III).

V. Die Übertragung des mittelbaren Besitzes

Da der mittelbare Besitz den Herausgabeanspruch gegen den unmittelbaren Besitzer zur Voraussetzung hat, so erfolgt seine Übertragung durch Abtretung dieses Herausgabeanspruches (§ 870), also durch Rechtsgeschäft. 91

Gemeint ist der Herausgabeanspruch, der aus dem Rechtsverhältnis hervorgeht, welches den mittelbaren Besitz nach § 868 begründet.

Es genügt aber, daß der mittelbare Besitzer an dieses Rechtsverhältnis glaubt und der unmittelbare Besitzer es anerkennt, da diese Anerkennung als Grundlage des mittelbaren Besitzes ausreicht (s. o. II 2 a. E.). Auf jeden Fall muß aber ein Herausgabeanspruch (z. B. nach § 812) abgetreten werden.[15] Auf Wissen und Wollen des unmittelbaren Besitzers kommt es so wenig an, wie bei der Abtretung einer Forderung auf Wissen und Wollen des Schuldners. Seine Rechtsstellung erleidet durch die Abtretung keine Verschlechterung (vgl. § 404).

Daneben geht der mittelbare Besitz auch dann über, wenn das ihn begründende Rechtsverhältnis und der Herausgabeanspruch von Gesetzes wegen übergehen, z. B. auf den Erben oder im Fall von § 566 auf den Ersteher des vermieteten Grundstücks.

VI. Der mittelbare Besitz endet

1. durch Besitzverlust des unmittelbaren Besitzers. Erfolgt er unfreiwillig, so ist die Sache abhanden gekommen; erfolgt er freiwillig, wenn auch ohne Willen des mittelbaren Besitzers, so ist sie nicht abhanden gekommen (vgl. u. § 35 V). 92

---

[15] A. A. *Wieling*, AcP 184, 459 ff.

93 2. mit Auflehnung des unmittelbaren Besitzers gegen den mittelbaren Besitzer, also mit Aufhören der Anerkennung des Rechtsverhältnisses, welches den mittelbaren Besitz begründet. Erforderlich ist nicht eine ausdrückliche Erklärung gegenüber dem mittelbaren Besitzer, sondern ein erkennbares Verhalten des unmittelbaren Besitzers.

Beispiel (*BGH* JZ 1969, 433): Ein Eigentumsvorbehaltskäufer läßt den mittelbaren Besitz des Eigentumsvorbehaltsverkäufers erlöschen und übereignet die Sache einem Sicherungsnehmer.

94 3. bei Eintritt einer auflösenden Bedingung (z.B. mit Zahlung des Kaufpreisrests im Falle des Eigentumsvorbehalts).

§ 11. Mehrfacher Besitz an einer Sache

I. Teilbesitz

95 Ein Besitz an bloßen Teilen einer im Rechtssinn einheitlichen Sache ist möglich, wenn die Teile räumlich abgegrenzt und tatsächlich gesondert sind, so daß eine selbständige Gewalt an diesen Teilen möglich ist. Das Hauptbeispiel gibt § 865 selbst, indem er auf Wohnräume und andere abgesonderte Räume verweist. Zum Beispiel hat der Mieter einer Wohnung Besitz an dieser, der eines Zimmers an diesem. Hieran zeigt sich, daß der Besitz vom Gesetz nicht zu den Rechten an der Sache gerechnet wird, denn solche sind nach § 93 an wesentlichen Bestandteilen nicht gesondert möglich, Räume eines Gebäudes gehören aber immer zu den wesentlichen Bestandteilen desselben und des Grundstücks.

Weitere **Beispiele** sind abgegrenzte Parzellen eines rechtlich einheitlichen Grundstückes, z.B. Gemüsegärten für die einzelnen Mieter des Hauses, Wandflächen eines Gebäudes für Reklamezwecke, Schaukästenanbringung usw.

Alle Arten des Besitzes sind an solchen Teilen denkbar, unmittelbarer wie mittelbarer (Vermietung einer Wohnung), Fremd- wie Eigenbesitz (dieser allerdings nur ausnahmsweise). Die wesentliche Folge ist: Der Besitzschutz steht nach § 865 in vollem Umfang auch dem Teilbesitzer zu, gegen dritte Personen wie gegen den mittelbaren Besitzer, aber auch gegen andere Teilbesitzer, z.B. die Mieter anderer Wohnungen.

II. Mitbesitz

96 Daneben ist auch Mitbesitz mehrerer an einer Sache möglich (§ 866), und zwar in zwei Formen:

1. Schlichter Mitbesitz

Die regelmäßige Form ist dann gegeben, wenn von den mehreren jedem selbständig die tatsächliche Gewalt zusteht („schlichter Mitbesitz"), so daß jeder nur durch die dem anderen zustehende tatsächliche Gewalt beschränkt ist. So haben alle Mieter eines Hauses Mitbesitz an den Räumen im Haus, die allen zur Benutzung zur Verfügung stehen, z. B. dem Treppenhaus, Keller und Boden (soweit nicht abgeteilt). Mitbesitz liegt auch vor an einem Schrank, zu welchem mehrere Personen einen Schlüssel haben, oder an einer Wohnung, die mehrere gemeinschaftlich bewohnen.

2. Besitz bei Ehegatten und nichtehelichen Lebensgemeinschaften

a) Ehegattenbesitz

Ehegatten haben i. d. R. an den gemeinsam genutzten Wohnräumen und an den 97
Gegenständen des gemeinsamen Haushalts Mitbesitz.[1] Nicht entscheidend für die Besitzlage ist, wer Eigentümer der Sachen ist. Hat ein Ehegatte an gemeinschaftlich genutzten Gegenständen Alleineigentum, so ist der allein- oder mitbesitzende andere Ehegatte regelmäßig dessen Besitzmittler.[2] An Gegenständen, die zum persönlichen Gebrauch nur eines Ehegatten bestimmt sind, hat dieser Alleinbesitz. Zum Besitz der Ehegatten bei Gütergemeinschaft vgl. §§ 1422 Satz 1, 1450 Abs. 1.

Da die Besitzverhältnisse unter Ehegatten nach außen häufig nicht klar erkennbar sind, stellt § 1362 Abs. 1 S. 1 zugunsten vollstreckender Gläubiger eine Vermutung für das Eigentum des Schuldners auf, so daß der Gerichtsvollzieher gem. § 739 ZPO ohne Verletzung des § 809 ZPO eine Pfändung vornehmen darf. Der Ehegatte, der nicht Schuldner ist und der sich gegen die Pfändung einer ihm gehörenden Sache mit der Drittwiderspruchsklage nach § 771 ZPO wehrt, hat entgegen § 1006 Abs. 1 sein Allein- oder Miteigentum zu beweisen.[3]

b) Besitzverhältnisse in der nichtehelichen Lebensgemeinschaft (neLG)

Auch bei Partnern einer neLG ist Mitbesitz an der gemeinsam benutzten Wohnung 98
und an gemeinschaftlich benutzten Sachen zu bejahen.[4] Um das Vorliegen eines Mitbesitzes von einer bloßen Nutzungsgestattung abgrenzen zu können, ist jedoch eine gewisse Dauer der neLG erforderlich. Auch im übrigen muß sich aus den Gesamtumständen die Einräumung des Mitbesitzes ergeben (z. B. Anzeige an den Vermieter, Namensschild an der Klingel, Anmeldung beim örtlichen Meldeamt).[5]

Die Frage einer analogen Anwendung der gläubigerschützenden Normen der §§ 1362 BGB, 739 ZPO auf die neLG ist dagegen in Rechtsprechung und Literatur umstritten. Einige Autoren halten eine analoge Anwendung wegen der vergleichbaren Interessenlage für verfassungsrechtlich geboten, da ansonsten eine mit Art. 6 Abs. 1 GG nicht zu vereinbarende Diskriminierung von Ehegatten vorläge.[6] In der Praxis hat sich diese Auffassung jedoch bislang nicht durchsetzen können. *BVerfG* und *BGH* gehen von der Verfassungskonformität jedenfalls des § 1362 *BGB* aus, da die Differenzierung zu Lasten Verheirateter ihren sachlichen Grund in der durch die eheliche Wirtschafts- und Interessengemeinschaft bestimmten besonderen Situation der Ehegatten habe.[7] Gegen eine analoge Anwendung auf die neLG sprechen neben

---

[1] BGHZ 12, 380 = NJW 1954, 918; BGHZ 73, 253 = NJW 1979, 976; *BGH* NJW 2008, 1959. Zu den besonderen Problemen in der Trennungsphase von Ehegatten vgl. *Flatow,* Die Ehewohnung in der Trennungsphase der Ehegatten, 2002.

[2] BGHZ 73, 253 = NJW 1979, 976.

[3] Vgl. *BGH* NJW 1992, 1162; 1993, 935.

[4] *LG Chemnitz* NJW-RR 1995, 269; *Müller,* Rn. 259.

[5] *BGH* NJW 2008, 1959 m. Krit. Anm. *Schuschke.*

[6] Ausführlich dazu *Thran,* NJW 1995, 1458; MünchKomm/*Wacke,* § 1362 Rn. 11 m. w. N.

[7] BVerfGE 78, 128, 130 = NJW 1988, 2663; *BVerfG* NJW 1991, 217; *BGH* NJW 1992, 1162.

dem Wortlaut der Vorschriften, die beide ausdrücklich die Ehe als Tatbestandsvoraussetzung enthalten, und dem Charakter der Normen als Ausnahmeregelung vor allem Wertungsaspekte.[8] Die Regelung des § 1362 geht von dem gesetzlichen Leitbild der Ehe als lebenslanger Gemeinschaft aus. Ein solcher Bindungswille läßt sich aber bei den Partnern einer neLG gerade nicht feststellen. Die Erweiterung von § 739 Abs. 2 ZPO auf die gleichgeschlechtlichen Lebenspartnerschaften (Gesetz vom 16. 2. 2001) hat das Problem nicht gelöst.

c) Kinder

99 Kinder haben, soweit ihr natürlicher Besitzwille reicht, an den Sachen in ihrem Eigentum Alleinbesitz. Bei Sachen in gemeinsam genutzten Wohnräumen kann Mitbesitz mit anderen Familienmitgliedern vorliegen. Am mitbenutzten Wohnraum der Eltern haben Kinder grundsätzlich keinen Besitz.[9]

3. Gesamthandbesitz oder qualifizierter Mitbesitz

100 Die andere Form ist gegeben, wenn mehrere Personen nur zusammen die tatsächliche Gewalt haben und ausüben können, z. B. wenn eine Sache unter Verschluß steht, bei der jedoch mehrere nur zusammen den Verschluß öffnen können, wie es bei Stahlkammerfächern der Fall ist, wo Bankier und Kunde nur gemeinsam öffnen können (am Inhalt des Faches ist nach herrschender Meinung[10] Alleinbesitz des Kunden anzunehmen). Man spricht hier von Gesamthandbesitz, der aber mit dem Recht zur gesamten Hand nicht verwechselt werden darf, weil es hier nicht auf die Rechtslage, sondern nur auf die tatsächlichen Verhältnisse ankommt.

4. Besitzschutz der Mitbesitzer untereinander

101 Die Besonderheit des Mitbesitzes besteht in der Einschränkung des Besitzschutzes nach § 866, allerdings nicht gegenüber Dritten, denn bei verbotener Eigenmacht gegen alle Mitbesitzer ist jeder einzelne zur Selbsthilfe oder Klage (auf Herausgabe an alle) berechtigt. Wird verbotene Eigenmacht nur gegen einen Mitbesitzer verübt, so steht der Besitzschutz auch nur diesem einen zu. Dagegen ist der Besitzschutz der Mitbesitzer untereinander eingeschränkt, wenn es sich nur um die Grenzen des dem einzelnen zustehenden Gebrauches handelt. Denn in diesem Fall muß die rechtliche Lage geprüft werden, um jene Grenzen sicher ziehen zu können. Damit verwandelt sich aber der Besitzanspruch in einen Anspruch aus dem Recht. Wegen völliger Besitzentziehung ist ein Besitzschutz möglich, denn durch die Entziehung sind die Grenzen jedenfalls überschritten;[11] bei bloßer Besitzstörung kann es sich dagegen nur um die Abgrenzung unter den Mitbesitzern handeln, es sei denn, daß eine weitgehende Entziehung des Sachgebrauchs vorliegt.[12]

Beispiel: Eine Studentenwohngemeinschaft hat einen gemeinsamen Pkw angeschafft. Nimmt der Student S den Schlüssel des Wagens an sich, um das Auto ständig zu benutzen, stehen den übrigen Studenten die Besitzschutzansprüche zu. Meint S hingegen, er sei an bestimmten Tagen allein befugt, den Pkw zu nutzen, so handelt es sich lediglich um eine Frage des Inhalts und der Grenzen des Gebrauchsrechts. Den übrigen (Mit-) Besitzern stehen keine Besitzschutzansprüche zu; vielmehr müssen sie auf die Rechte aus dem der Benutzungsregelung zugrundeliegenden Rechtsverhältnis zurückgreifen.

---

[8] Siehe dazu *OLG Köln* NJW 1989, 1737.
[9] *BGH* NJW 2008, 1959, 1960.
[10] A. M. *Werner,* JuS 1980, 175, der auch einen Mitbesitz am Inhalt annimmt.
[11] *OLG Düsseldorf* MDR 1998, 893.
[12] Vgl. *OLG Köln* MDR 1978, 405; Palandt/*Bassenge,* § 866 Rn. 8; *Gottwald,* PdW, Fall 8.

III. Organbesitz im Gesellschaftsrecht

1. Grundsatz

Obwohl im Rechtsverkehr von erheblicher Bedeutung, behandelt das BGB die Besitzverhältnisse bei Gesellschaften nicht ausdrücklich. Eine juristische Person, Personenhandelsgesellschaft oder sonstige Gemeinschaft kann selbst keinen unmittelbaren Besitz gem. § 854 Abs. 1 haben, da ihr sowohl die dazu erforderliche Handlungsfähigkeit als auch der Besitzwille fehlen. In Rechtsprechung und Literatur hat daher die Rechtsfigur des sog. *Organbesitzes* Anerkennung gefunden. Die unmittelbare Sachherrschaft der Organe einer Gesellschaft wird dieser wie eigener Besitz zugerechnet.[13] Besitzer ist ausschließlich die Gesellschaft. Organe oder sonstige Gesellschafter haben keinen Besitz. Endet die Organstellung, so lassen sich die Besitzverhältnisse nicht mit Vermutungsregelungen (§ 1006) qualifizieren.[14] 102

2. Juristische Personen

Bei juristischen Personen (AG, GmbH) üben die zur Geschäftsführung befugten Organe und sonstigen verfassungsmäßigen Vertreter den Besitz für die Gesellschaft aus.[15] 103

3. Personenhandelsgesellschaften

Umstritten hingegen ist die Besitzlage bei den Personenhandelsgesellschaften (OHG, KG). Diese Gesellschaften sind keine juristischen Personen, jedoch durch die Vorschrift des § 124 HGB dieser stark angenähert. Aus diesem Grunde ist es gerechtfertigt, die bei den juristischen Personen geltenden Grundsätze auch auf sie anzuwenden. Der Besitz für die Personenhandelsgesellschaften wird deshalb von den jeweiligen geschäftsführungsbefugten Gesellschaftern ausgeübt.[16] 104

4. Gesellschaft bürgerlichen Rechts

Die besonderen Probleme der Gesellschaft bürgerlichen Rechts beruhen nicht auf Besonderheiten des Besitzrechts, sondern auf dem gesellschaftsrechtlichen Grundlagenstreit über deren Wesen und Rechtsfähigkeit. Nachdem früher der Gesellschaft bürgerlichen Rechts die Rechtsfähigkeit ganz oder überwiegend abgesprochen wurde, konnte man damals schwerlich einen Organbesitz annehmen.[17] Nunmehr wollen der *BGH* und ihm folgend die h. M. die Rechtsfähigkeit der *BGB*-Gesellschaft bejahen.[18] Unabhängig 105

[13] BGHZ 56, 73, 77 = NJW 1971, 1358; BGHZ 57, 166, 167 = NJW 1972, 43; BGHZ 156, 310 = NJW 2004, 217; *Baur/Stürner*, § 7 Rn. 70 mit zahlreichen weiteren Nachweisen.

[14] *BGH* ZIP 2003, 2247.

[15] BGHZ 56, 73, 77 = NJW 1971, 1358; BGHZ 57, 166, 167 = NJW 1972, 43.

[16] *BGH* JZ 1968, 69; BGHZ 57, 166, 167 = NJW 1972, 43; MünchKomm/*Joost*, § 857 Rn. 38 m. w. N. zum Streitstand.

[17] BGHZ 86, 300, 307 = NJW 1983, 1114; MünchKomm/*Joost*, § 857 Rn. 39 ff. m. w. N.; in diesem Sinne auch das Lehrbuch bis zur 30. Auflage.

[18] BGHZ 146, 341 = NJW 2001, 1056; zustimmend *Wiedemann*, JZ 2001, 661; *Ulmer*, ZIP 2001, 585; *Habersack*, BB 2001, 477; *K. Schmidt*, NJW 2001, 993.

von der Frage, ob die konkrete Entscheidung des *BGH* vom 29. 1. 2001 zur Rechtsfähigkeit der *BGB*-Gesellschaft überzeugt,[19] wird man einräumen müssen, dass jedenfalls im Bereich des materiellen Rechts eine Angleichung der *BGB*-Gesellschaft an die *OHG* stattgefunden hat. Auf Grund dieser anerkannten Rechtsfortbildung wird man künftig auch bei der *BGB*-Gesellschaft einen Organbesitz akzeptieren müssen, nicht dagegen bei anderen Gesamthandsgemeinschaften wie der Erbengemeinschaft.

IV. Nebenbesitz

106 Bestritten ist, ob ein gleichstufiger mittelbarer Besitz mehrerer (Nebenbesitz) auf Grund verschiedener voneinander unabhängiger Besitzmittlungsverhältnisse möglich ist. Die h. M. lehnt diese Besitzform ab.[20]

Beispiel: Autohaus A verkauft unter Eigentumsvorbehalt ein Auto an K. Dieser veräußert sein Anwartschaftsrecht in der Form des § 930 an S. Bejaht man Nebenbesitz, so sind A als Vorbehaltsverkäufer und S mittelbare Nebenbesitzer. Nach der Auffassung des *BGH* (vgl. BGHZ 28, 16, 27 = NJW 1958, 1163) wird dagegen S mittelbarer Fremdbesitzer 1. Grades, A mittelbarer Eigenbesitzer 2. Grades.

Praktische Bedeutung hat die Lehre vom Nebenbesitz bei der Frage des gutgläubigen Eigentumserwerbs nach §§ 931, 934 (s. u. § 35 IV 4 a).

§ 12. Der Besitzschutz im allgemeinen

Literatur: *Kollhosser,* Grundfälle zu Besitz und Besitzschutz, JuS 1992, 215, 393, 567; *Röthel/Sparmann,* Besitz und Besitzschutz, Jura 2005, 456.

I. Allgemeines

107 Während die Auswirkungen des Besitzes für den Eigentumserwerb erst bei der Regelung des Eigentums vom Gesetz behandelt werden, regelt das BGB im Abschnitt Besitz lediglich den Schutz, der dem Besitz zuteil wird und ihn zu einer rechtlichen Stellung macht. Der Besitzschutz besteht einmal in einer erweiterten Selbsthilfe des Besitzers (§ 859), sodann in Besitzansprüchen, die der Besitzer durch Klage geltend machen kann (§§ 861, 862).

II. Verbotene Eigenmacht

108 Die gemeinsame Voraussetzung für alle Arten von Besitzschutz ist die Verübung verbotener Eigenmacht, d. h. Entziehung oder Störung des Besitzes ohne Willen des Besitzers (§ 858).

---

[19] Zur methodischen Kritik an der Entscheidung des *BGH* vom 29. 1. 2001 vgl. *Prütting,* FS Wiedemann, 2002, S. 1177 ff.

[20] Vgl. RGZ 138, 267; BGHZ 28, 16, 27 = NJW 1958, 1163; BGHZ 50, 45, 50 = NJW 1968, 1382; ebenso die Lit., vgl. MünchKomm/*Joost,* § 868, Rn. 20; *Ernst,* Eigenbesitz und Mobiliarerwerb, 1992, S. 250 ff.

Sie erfordert menschliches Handeln, ist aber rein objektiv aufzufassen, setzt daher kein Verschulden voraus, infolgedessen auch keine Verschuldensfähigkeit und kann deshalb auch von Kindern und Geisteskranken verübt werden; im Gegensatz dazu steht der Schadensersatzanspruch aus unerlaubter Handlung (§ 823), der an Verschulden geknüpft ist.

Auf den guten Glauben des Täters, daß er nicht gegen den Willen des Besitzers handle oder selbst Besitzer sei (wie er im Fall einer Verwechslung von Sachen vorliegt), kommt es nicht an. Auch das Recht zum Besitz schließt die verbotene Eigenmacht nicht aus, da sonst die Selbsthilfe des Berechtigten doch zum Erfolg führen würde. Daher verübt auch der Eigentümer und Vermieter verbotene Eigenmacht gegen den Mieter, wenn er diesem nach Beendigung des Mietverhältnisses die Sache wegnimmt oder die Versorgung mit Wärme, Energie und Wasser unterbricht.[1] Dies wirkt sich im Besitzprozeß bedeutsam aus (vgl. u. § 14 III). Hat jedoch der Vermieter die Sache bereits an einen Dritten weitervermietet, ist der Besitzanspruch des § 861 nicht durchsetzbar.[2] Verbotene Eigenmacht kann selbst dann vorliegen, wenn der Handelnde sich staatlicher Organe (z. B. Polizei) bedient.[3]

Verbotene Eigenmacht muß nicht durch körperliche, sondern kann auch durch 109
seelische Eingriffe, etwa durch wörtliches Bestreiten des Besitzes und durch Verbote und Drohungen ausgeübt werden. Dagegen ist die Erhebung einer Klage mit dem Ziel, die Übereignung eines Grundstücks wieder rückgängig zu machen, für sich allein keine verbotene Eigenmacht, auch wenn sich die Klage später als unbegründet herausstellt.[4]

Die Weigerung, den Besitz dem anderen wieder einzuräumen, ist keine Besitzentziehung.[5]
Die verbotene Eigenmacht braucht nicht gegen den erklärten Willen des Besitzers zu erfolgen, etwa gewaltsam, auch nicht heimlich, es genügt, daß sie ohne seinen Willen und sein Wissen geschieht. Ein vorher erklärtes Einverständnis genügt nicht zum Ausschluß der verbotenen Eigenmacht, wenn es vor der Verübung zurückgenommen ist (auch wenn damit gegen eine Verpflichtung verstoßen wird, denn es kommt auf die rechtliche Lage zwischen dem Besitzer und dem eigenmächtig Handelnden nicht an). Streitig ist, ob dieses Einverständnis ein Rechtsgeschäft ist, daher Geschäftsfähigkeit erfordert. Man wird dies bejahen können,[6] weil man nicht gut annehmen kann, daß das Einverständnis eines Geisteskranken oder eines Kindes geeignet ist, die verbotene Eigenmacht auszuschließen.

Es kommt nur auf den Willen des unmittelbaren Besitzers an, nicht auf den des mittelbaren Besitzers oder eines Besitzdieners.

III. Erlaubte Besitzentziehung oder -störung

Nur dann liegt verbotene Eigenmacht nicht vor, wenn das Gesetz ausnahmsweise 110
die Entziehung oder Störung des Besitzes gestattet (§ 858). Dies ist der Fall insbesondere bei erlaubter Notwehr oder Selbsthilfe nach §§ 227 ff., ferner soweit der Ausübung des Eigentums Grenzen nach den §§ 904 ff. gezogen sind (vgl. u. § 27 II),

[1] Vgl. dazu Staudinger/*Bund*, 13. Bearb., § 858, Rn. 53 m. w. N. Anders bei Sperre der Energieversorgungleistung durch ein Unternehmen, *LG Frankfurt a. M.* NJW 1998, 1467 (nicht unproblematisch).
[2] *KG* MDR 1999, 927.
[3] Vgl. *OLG Saarbrücken* NJW-RR 2003, 1717.
[4] BGHZ 20, 169 = NJW 1956, 787.
[5] *OGH* MDR 1948, 472.
[6] Ebenso *Mittenzwei*, MDR 1987, 883 (884).

bei Pfändung durch den Gerichtsvollzieher; dagegen bleibt die Besitzverschaffung auch dann eigenmächtig, wenn der Handelnde ein Recht auf den Besitz hat.

Der Insolvenz- oder Nachlaßverwalter und der Testamentsvollstrecker, die zum Besitz berechtigt sind, bedürfen nicht der Erlaubnis des Eigentümers (also des Gemeinschuldners, des Erben) zur Inbesitznahme, wie sich aus der übergeordneten Verwalterstellung ergibt, die fast illusorisch würde, wenn diese Personen erst auf Herausgabe der Sache klagen müßten. Aber gegen den ausgesprochenen Willen des Eigentümers dürfen auch sie nicht mit Gewalt vorgehen. Bei Verweigerung der Herausgabe kann der Insolvenzverwalter einen Gerichtsvollzieher mit der Wegnahme beauftragen, da der Insolvenzeröffnungsbeschluß einen Vollstreckungstitel nach § 794 I Nr. 3 ZPO bildet (vgl. § 34 InsO). Dem Nachlaßverwalter und dem Testamentsvollstrecker bleiben in diesem Fall hingegen nur die Möglichkeit der Herausgabeklage. Dagegen dürfen Inhaber der elterlichen Sorge und Vormünder sich auch mit Gewalt gegen das Kind oder Mündel der Sachen bemächtigen. Das ergibt sich aus ihrer besonderen Gewalt und daraus, daß Kind und Mündel wohl meistens nur Besitzdiener sind (vgl. o. § 9 I).

IV. Fehlerhaftigkeit des Besitzes

111 Eine wichtige Folge der verbotenen Eigenmacht ist die Fehlerhaftigkeit des durch sie erlangten Besitzes (§ 858 II).

Sie hat zur Folge, daß dem fehlerhaften Besitzer gegenüber dem früheren, durch die verbotene Eigenmacht verdrängten Besitzer der Schutz durch Besitzansprüche versagt wird (§§ 861 II, 862 II), bis ein Jahr seit der verbotenen Eigenmacht, die der Inhaber des fehlerhaften Besitzes verübt hat, verstrichen ist.

Erst durch diesen Zeitablauf verliert der Besitz den rechtlichen Makel. Allen anderen Personen gegenüber genießt auch der fehlerhafte Besitzer vollen Besitzschutz, so daß die Fehlerhaftigkeit nur relative Bedeutung hat.

Die Selbsthilfe nach § 859 steht dagegen auch dem fehlerhaften Besitzer zu.

Beispiel: K entwendet dem B am 1. 5. 1994 ein Fahrrad; B nimmt es mit Gewalt vor dem 1. 5. 1995 wieder an sich; K hat gegen B das Recht der Selbsthilfe, aber nicht einen Besitzanspruch.

Die Fehlerhaftigkeit muß nach § 858 II auch der Erbe des eigenmächtig Handelnden gegen sich gelten lassen und der Einzelnachfolger im Besitz, der bereits bei Erwerb seines Besitzes die Fehlerhaftigkeit des Besitzes seines Vorgängers gekannt hat. Besitznachfolge bedeutet nur die zeitliche Nachfolge ohne Rücksicht auf die Übertragung des Besitzes durch den Vorgänger (wenn diese auch durchaus die Regel ist). Ist ein Nachfolger gutgläubig, so endet die Fehlerhaftigkeit des Besitzes auch für solche späteren Erwerber, die ihrerseits bösgläubig sind.

§ 13. Die Selbsthilfe des Besitzers

Literatur: *Lopau,* Der Rechtsschutz des Besitzes, JuS 1980, 501.

I. Besitzwehr

112 Solange die verbotene Eigenmacht noch nicht abgeschlossen ist und noch nicht zum Verlust des Besitzes geführt hat, hat der Besitzer das Recht der Selbstverteidigung. Er darf sich der verbotenen Eigenmacht mit Gewalt erwehren (§ 859 I).

Dies ist ein besonderer Fall der Notwehr, nur daß hier positiv das Recht der Abwehr ausgesprochen ist. Daß die Gegenwärtigkeit des Angriffs nur in § 227 und nicht in § 859 erwähnt ist, bedeutet praktisch wohl kaum einen Unterschied; denn wie soll sich der Besitzer mit Gewalt wehren, wenn die verbotene Eigenmacht noch nicht gegenwärtig ist? Von Bedeutung ist, daß die Grenzen der Notwehr nach § 227 II, die Beschränkung auf die zur Abwehr erforderliche Verteidigung, auch hier gelten. Gegen die Abwehrhandlungen des Besitzers gibt es, da sie nicht rechtswidrig sind, keine Notwehr. Nimmt dagegen der Besitzer irrtümlich an, daß verbotene Eigenmacht vorliege (z. B. er verwechselt seine Sache mit der ähnlichen eines anderen und setzt sich dagegen zur Wehr, daß der andere seine Sache an sich nimmt) oder überschreitet er die Grenzen der Notwehr, dann ist sein Handeln widerrechtlich und kann bei Verschulden zum Schadensersatz verpflichten (§ 823).

II. Besitzkehr

Darüber hinaus ist dem Besitzer das Recht gewährt, sich seiner Sache wiederum zu bemächtigen. 113

1. Besitzkehr bei beweglichen Sachen

Bei beweglichen Sachen kann der Besitzer nach vollendeter Besitzentziehung dem Täter die Sache mit Gewalt wieder abnehmen, wenn er ihn auf frischer Tat ertappt oder verfolgt (§ 859 II), also nur, wenn er sie unverzüglich[1] nach der Tat bemerkt und daraufhin den Täter verfolgt. Diese Art der Besitzkehr stellt, wie die Besitzwehr, einen Fall der Notwehr dar, denn auch diese gestattet die Verfolgung des auf frischer Tat ertappten Täters.

Examensproblem (nach BGHZ 124, 39 = NJW 1994, 188): B betreibt einen Einzelhandelsmarkt. Im Eingangsbereich dieses Marktes ist eine Hinweistafel angebracht, auf der die Kunden gebeten werden, ihre Taschen vor Betreten des Marktes an der Information abzugeben, da anderenfalls an den Kassen gegebenenfalls Taschenkontrollen durchgeführt werden müßten.

Die Kundin A lehnt es ab, ihre Tasche zur Aufbewahrung abzugeben. Nachdem sie sich einer Taschenkontrolle durch Kassiererinnen mehrfach widersetzt hat, verhängt B gegen sie ein Hausverbot. Ist dieses rechtmäßig?

Die Verweigerung der Taschenkontrolle kann das Hausverbot nur rechtfertigen, wenn für einen so schwerwiegenden Eingriff in das Persönlichkeitsrecht, wie ihn die Durchsuchung darstellt, eine Rechtsgrundlage bestände. Die Sicherung oder Durchsetzung eines Anspruchs durch Private ist nur möglich, wenn die Voraussetzungen des § 229 BGB gegeben sind, oder verbotene Eigenmacht nach § 859 BGB vorliegt. Beides war hier zu verneinen. B darf daher die Taschenkontrolle nur bei konkretem Diebstahlsverdacht fordern. Während der erste Teil des Hinweises mit der Bitte um Abgabe der Taschen nur eine Empfehlung ohne rechtsgeschäftliche Bedeutung enthält, geht der zweite Teil mit dem Hinweis auf die sonst gegebenenfalls erforderlichen Taschenkontrollen über eine unverbindliche Bitte um Öffnung der Taschen an den Kassen hinaus. Die Verwendung des Wortes „müssen" stellt die Taschenkontrollen als eine zwangsläufige rechtliche Folge dar, so daß eine kontrollfähige AGB vorliegt. Da sich der Klausel keine Einschränkung für den Fall eines konkreten Diebstahlsverdachts entnehmen läßt, benachteiligt sie den Kunden unangemessen und ist deshalb unwirksam (BGHZ 133, 184 = NJW 1996, 2574 im Anschluß an *OLG Frankfurt a. M.* NJW-RR 1995, 1330; a. A. noch BGHZ 124, 39 = NJW 1994, 188; vgl. hierzu *v. Westphalen,* Taschenkontrolle im Supermarkt und Hausverbot, NJW 1994, 367; *Christensen,* Taschenkontrolle im Supermarkt und Hausverbot, JuS 1996, 873; *Hensen,* JR 1997, 239).

2. Besitzkehr bei unbeweglichen Sachen

Bei Grundstücken oder Räumen darf der Besitzer sich sofort nach der Entzie- 114
hung des Besitzes durch Entsetzung des Täters desselben wieder bemächtigen

[1] Die Entdeckung der Tat nach 30 min ist noch unverzüglich, *OLG Schleswig* SchlHA 1987, 12.

(§ 859 III). Dies bedeutet eine Erweiterung der Selbsthilfe gegenüber § 229, denn es kommt nicht auf die Frage an, ob obrigkeitliche Hilfe rechtzeitig zu erlangen ist oder ob die Vereitelung oder Erschwerung des Anspruches droht.[2]

„Sofort" unterscheidet sich von „unverzüglich" durch die Ausschaltung des Verschuldens, ist rein zeitlich, aber nach der Verkehrsauffassung zu beurteilen. So wird die Wiederbemächtigung nicht dadurch unerlaubt, daß der Besitzer Nachbarn zu Hilfe holt oder zuerst mit dem Täter verhandelt und dann erst zur Wiederbemächtigung schreitet. Dagegen kommt es auf die Kenntnis von der Entziehung nicht an, so daß dem Besitzer, der erst nach geraumer Zeit von der verbotenen Eigenmacht erfährt, das Recht zur Wiederbemächtigung fehlt. Auch hier sind bei der Gewaltanwendung die Grenzen des Erforderlichen nach § 230 I einzuhalten. Bei verschuldeter Überschreitung kommt wieder § 823 zur Anwendung.

Examensproblem: A parkt sein Auto vor der Garageneinfahrt des B. Als B vier Stunden später wegen eines dringenden Termins wegfahren will, ist ihm dies unmöglich. B beauftragt sogleich ein Abschleppunternehmen, das den Wagen des A entfernt. Fraglich ist, ob A die von B bezahlten Abschleppkosten zu tragen hat.

Als Anspruchsgrundlage kommen § 823 I (Besitzstörung), §§ 823 II i. V. m. 859 oder Geschäftsführung ohne Auftrag in Betracht. In jedem Fall müßte § 859 III vorliegen. Anerkannt ist, daß das Zuparken als Besitzstörung und Entziehung des Grundstücksteils anzusehen ist (vgl. *OLG Frankfurt a. M.* RuS 1980, 194; *LG Frankfurt a. M.* VersR 1984, 474 = NJW 1984, 183; *AG München* DAR 1981, 56; *Stöber,* DAR 2006, 486). Sehr streitig ist aber die Auslegung des Merkmals „sofort" i. S. d. § 859 III. Richtig dürfte sein, eine objektive Auslegung ohne Rücksicht auf die Kenntnis der Beteiligten vorzunehmen, die der Sachlage angemessen ist. Danach wird man 4 Stunden Frist am gleichen Tag noch akzeptieren müssen (so auch *LG Frankfurt,* a. a. O.; Palandt/*Bassenge,* § 859 Rn. 3; vgl. ähnlich *AG Braunschweig* NJW-RR 1986, 1414; *OLG Karlsruhe* OLGZ 78, 206; *AG Frankfurt a. M.* NJW-RR 1989, 83; *Stöbe,* DAR 2006, 486 restriktiver dagegen *Schünemann,* DAR 1997, 267, 270, der nur 30 min akzeptiert). Auch eine Haftung des Halters aus GoA kommt in Betracht (*AG Frankfurt a. M.* NJW 1990, 917); noch weitergehender im Anspruchsumfang *Schwarz/Ernst,* Ansprüche des Grundstücksbesitzers gegen den „Falschparker", NJW 1997, 2550; deutlich zurückhaltender insoweit *Stöber,* DAR 2006, 486, 488; nunmehr hat der BGH den Ersatz von Abschleppkosten gemäß §§ 823 II, 858 I bejaht, *BGH* NJW 2009, 2530 = JuS 2009, 762; dazu *Lorenz*, NJW 2009, 1025.

III. Gegner der Selbsthilfe

115 Die Selbsthilfe ist nicht nur gegen den Täter selbst gestattet, sondern auch gegen jeden anderen fehlerhaften Besitzer im Sinne von § 858 II (§ 859 IV); doch gewinnt dies nur selten praktische Bedeutung (z. B. der Dieb steckt die gestohlene Sache einem Dritten zu, der den Diebstahl beobachtet hat; z. B. einem Komplizen).

IV. Selbsthilfe des Besitzdieners

116 Die Selbsthilfe in den beiden Formen des § 859 steht auch dem Besitzdiener zu (§ 860). Er kann also über § 227 ohne besondere Anweisung des Besitzherrn hinausgehen und ist nicht beschränkt auf die Sachen, die er gerade als Besitzdiener in der Gewalt hat. § 860 gilt vielmehr für alle Sachen, die zum Haushalt oder Erwerbsgeschäft gehören, in welchem der Besitzdiener tätig ist.

Eine Erlaubnis, die der Besitzherr für das Handeln des Dritten gegeben hat, schließt die Selbsthilfe des Besitzdieners aus, denn sie wird ihm nur im Interesse des Besitzherrn und nicht im eigenen Interesse gewährt.

[2] A. A. *OLG Frankfurt a. M.* NJW 1994, 946; dagegen zu Recht *Löwisch/Rieble,* NJW 1994, 2596.

Gegen den Besitzherrn steht ihm die Selbsthilfe nicht zu.

Der mittelbare Besitzer hat die Selbsthilfe bei einem Angriff auf den unmittelbaren Besitzer nicht, außer nach den allgemeinen Vorschriften der §§ 227 und 229; vgl. o. § 10 III 3.

§ 14. Die Besitzansprüche

Literatur: *Amend,* Aktuelles und Historisches zur richterlichen Anerkennung des possessorischen Besitzschutzes, JuS 2001, 124; *Lopau,* Der Rechtsschutz des Besitzes, JuS 1980, 501; *E. Schneider,* Fragen des Besitzschutzes, JR 1961, 367; *Schreiber,* Possessorischer und petitorischer Besitzschutz, Jura 1993, 440.

I. Der Anspruch bei Besitzentziehung

Ist die verbotene Eigenmacht durch Entziehung des Besitzes zum Abschluß 117
gekommen – sei es, daß der Besitzer vergeblich die Selbsthilfe versucht hat, sei es, daß er die verbotene Eigenmacht nicht bemerkt hat – so steht dem Besitzer, der seinen Besitz verloren hat, der Anspruch auf Wiedereinräumung des Besitzes zu (§ 861).[1]

Er steht auch dem Erben des Besitzers zu, ferner anderen Gesamtnachfolgern; Sondernachfolgern nur, wenn ihnen der Anspruch auf Wiedereinräumung abgetreten ist[2] oder wenn jemand in bezug auf das Eigentum oder ein sonstiges Recht zum Besitz Rechtsnachfolger des Besitzers ist. Bei Streitigkeiten getrenntlebender Ehegatten wird § 861 durch die spezielle Regelung der §§ 1361 a und b verdrängt.[3]

Auch der mittelbare Besitzer hat diesen Anspruch, nur nicht gegen den unmittelbaren Besitzer – der ja verbotene Eigenmacht gegen den mittelbaren nicht begehen kann – oder gegen denjenigen, der mit dessen Einverständnis gehandelt hat. Dem Besitzdiener steht der Anspruch nicht zu; er hätte auch kein Interesse daran, einen Prozeß für den Besitzherrn zu führen.

Der Anspruch richtet sich gegen den Täter, ferner gegen jeden, der die Fehlerhaftigkeit des Besitzes gegen sich gelten lassen muß (§§ 861, 858 II, vgl. o. § 12 IV). Doch wird vorausgesetzt, daß er noch Besitzer zur Zeit der Klageerhebung ist. Gegen einen bloßen Besitzdiener kann sich der Anspruch nicht richten.

Hat der Beklagte den Besitz nach Klageerhebung an einen anderen übertragen, so sind die 118
Vorschriften von §§ 265, 325 ZPO anzuwenden; der Prozeß geht also gegen den Veräußerer weiter, dieser wird verurteilt, das Urteil ist aber gegen den Erwerber rechtskräftig und vollstreckbar. Verliert der Beklagte unfreiwillig den Besitz nach Klageerhebung, so ist der Rechtsstreit in der Hauptsache erledigt.

Der Anspruch kann auch gegen einen mittelbaren Besitzer geltend gemacht werden; andernfalls könnte er dem durch verbotene Eigenmacht seines früheren Besitzes Beraubten einfach dadurch

---

[1] Beispiel in *OLG Köln* MDR 2000, 152.

[2] Der Anspruch aus § 861 ist abtretbar, *BGH* NJW 2008, 580 = JuS 2008, 466. Dagegen ist der Anspruch aus § 862 nur zusammen mit dem Besitz übertragbar (PWW/*Prütting,* § 862 Rn. 5).

[3] *OLG Oldenburg* NJW-RR 1994, 581; *OLG Köln* MDR 1997, 1276; zu dieser Frage *Kobusch,* FamRZ 1994, 935, der aber zu Unrecht § 861 heranzieht; für die extensive Auslegung der §§ 1361 a und b dagegen *Menter,* FamRZ 1997, 76; a. A. *OLG Koblenz* NJW 2007, 2337 (§ 861 kommt zur Anwendung und § 1361 a kann ihn nicht ausschließen).

genommen werden, daß der eigenmächtig Handelnde die Sache einem Gutgläubigen vermietete oder in Verwahrung gäbe, was leicht möglich wäre. Der mittelbare Besitz muß aber fehlerhaft sein, was insbesondere der Fall ist, wenn der eigenmächtig Handelnde durch Eingehung eines Rechtsverhältnisses nach § 868 für sich den mittelbaren Besitz begründet.

II. Ziel des Anspruchs

119 Der Anspruch richtet sich nicht auf Schadensersatz; dieser kann vielmehr nur bei Verschulden des Täters nach § 823 gefordert werden. Er geht daher nur auf Herstellung des früheren Besitzes, nicht zugleich auf Herstellung des früheren Zustands der Sache.

III. Die Einwendungen des Beklagten

1. Fehlen der verbotenen Eigenmacht

120 Der Beklagte kann bestreiten, daß verbotene Eigenmacht vorliegt, z. B. weil ein Ausnahmefall gesetzlicher Gestattung vorliege oder der Besitzer einverstanden gewesen sei (§§ 858 I, 863).

2. Fehlerhafter Besitz des Klägers

121 Der Beklagte kann einwenden, er habe zwar dem Kläger den Besitz entzogen, dessen Besitz sei aber ihm, dem Beklagten, gegenüber fehlerhaft, weil der Kläger vorher gegen ihn verbotene Eigenmacht verübt habe (§§ 861 II, 858 II).

Beispiel: Der Vermieter V wirft den Mieter M aus dessen Wohnung, weil der Mietvertrag abgelaufen ist; M dringt einige Tage später wieder in die Wohnung ein, wird nun von V wegen verbotener Eigenmacht verklagt und weist auf die früher verübte verbotene Eigenmacht des V hin.

Diese Einwendung steht dem Beklagten auch zu, wenn ein Rechtsvorgänger des Klägers die verbotene Eigenmacht verübt hatte oder wenn sie gegen einen Rechtsvorgänger des Beklagten verübt war, d. h. sie steht auch einem Beklagten zu, der Besitznachfolger geworden wäre, wenn die verbotene Eigenmacht des Klägers nicht dazwischen gekommen wäre.

Beispiel: K entwendet die Sache dem B; B stirbt; sein Erbe E kann, wenn er verbotene Eigenmacht verübt und deswegen verklagt wird, die Einwendung des fehlerhaften Besitzes gegen K erheben.

Die Einwendung ist aber nur zulässig, solange noch nicht ein Jahr seit der Verübung der ersten verbotenen Eigenmacht verstrichen ist. Hatte z. B. K gegen B am 1. 4. 1994 verbotene Eigenmacht verübt, so erlischt mit dem 1. 4. 1995 die Einwendung des B gegen K, wenn B verbotene Eigenmacht gegen K verübt hat und deswegen von ihm belangt wird.

Es handelt sich nicht um eine bloße Einrede des Beklagten, sondern um eine von Amts wegen zu berücksichtigende Tatsache, wenn sie sich aus dem Vorbringen der Parteien im Prozeß ergibt.

3. Erlöschen des Anspruchs

122 Der Beklagte kann auch das Erlöschen des Anspruchs einwenden (vgl. u. V).

4. Ausschluß von Einwendungen aus dem Recht zum Besitz

Im Gegensatz zu den o. g. Einwendungen kann der Beklagte sich nicht auf Rechte berufen, die ihn zum Besitz berechtigen würden (vgl. § 863). Es ist vielmehr charakteristisch für den Besitzschutzprozeß, daß solche Einwendungen ausgeschlossen sind. 123

Beispiel: Der Käufer, der den Kaufgegenstand bereits bezahlt hat, will diesen wie vereinbart beim Verkäufer abholen. Gegen den Willen des Verkäufers nimmt er ihm den Gegenstand weg. Hier kann der Verkäufer nach § 861 auf Herausgabe klagen, ohne daß der Käufer sich auf sein Recht aus § 433 I berufen könnte.

Es macht keinen Unterschied, ob das Recht als eine schuldrechtliche Rechtsposition auf Einräumung des Besitzes geht (z. B. Anspruch des Käufers oder des Mieters) oder ein Recht auf Herausgabe oder Rückgabe beinhaltet (z. B. Anspruch des Vermieters) oder ob es sich um ein dingliches Recht handelt (z. B. Anspruch des Eigentümers). Weder Käufer noch Mieter noch Eigentümer dürfen sich also die Sache, auch wenn sie einen Anspruch auf sie haben, eigenmächtig selbst verschaffen. 124

Der Sinn und Zweck dieser strikten Trennung von Besitz und Rechtslage im Besitzschutzprozeß ist es, möglichst jegliche Selbsthilfe auszuschließen. Das wird dadurch erreicht, daß das Ergebnis der Selbsthilfe (also die Besitzerlangung) mit Hilfe des Gerichts unter allen Umständen rückgängig gemacht werden kann. Davon zu unterscheiden ist aber, daß es dem zum Besitz berechtigten Beklagten möglich sein muß, sein Recht in einem zweiten Prozeß unabhängig von dem Besitzschutzprozeß geltend zu machen. Daraus folgt weiter, daß das Ergebnis des ersten Prozesses (wegen des Besitzschutzes) nur vorläufig ist. Es kann später durch den zweiten Prozeß korrigiert werden. Freilich ist dieser erste Prozeß sehr vereinfacht und beschleunigt, weil er die rechtliche Seite ausblendet.

Examensproblem (nach BGHZ 73, 355): K hat von V eine Sache gekauft, die ihm sogleich übergeben wurde. V hat jedoch später den Kaufvertrag im Wege der Wandlung rückgängig gemacht. Da K die Sache nicht freiwillig herausgeben will, nimmt V sie ohne Wissen des K wieder an sich. K erhebt Klage gegen V auf Herausgabe der Sache; V erhebt Widerklage gegen K, ebenfalls gerichtet auf Herausgabe.

Der Anspruch des K ist gemäß § 861 begründet, da V zweifellos verbotene Eigenmacht verübt hat. V kann sich gegen diese Klage nicht mit Erfolg auf ein eventuelles Recht zur Rückgabe der Sache berufen, weil § 863 diese Einwendung ausschließt. Nur dann, wenn bereits durch rechtskräftiges Urteil festgestellt worden wäre, daß dem V ein Recht an der Sache zustünde, hätte K mit seiner Klage keinen Erfolg (vgl. § 864 II). Bei exakter Anwendung der §§ 863, 864 II dürfte das Gericht auch nicht der Widerklage stattgeben, da dies im Ergebnis die verbotene Eigenmacht des V belohnen würde. Denn die Widerklage ist zwar eine eigenständige Klage, die aber mit der ursprünglichen Klage zu gemeinsamer Verhandlung und Entscheidung verbunden ist. Gleichwohl hält der *BGH* im Falle der gleichzeitigen Entscheidungsreife der beiden Klagen die Besitzschutzklage für unbegründet.[4] Er stützt sich dabei auf eine analoge Anwendung des § 864 II, weil in einem solchen Fall feststehe, daß der Besitz an der Sache im Endergebnis dem Widerkläger zustehe. Damit hätte im vorliegenden Fall die Widerklage des V nach der Rechtsprechung Erfolg. Dies ist freilich im Hinblick auf § 863 sehr bedenklich. Durch den prozessualen Trick mit Hilfe der Widerklage wird letztlich das Selbsthilfeverbot durchbrochen.[5]

---

[4] BGHZ 53, 166, 169 = NJW 1970, 707; BGHZ 73, 355 = NJW 1979, 1358; *BGH* NJW 1979, 1359; 1999, 425; NJW-RR 2005, 280; ablehnend *Amend,* JuS 2001, 124, 128. Im Falle eines einstweiligen Rechtsschutzes wie der *BGH* auch *Lehmann-Richter,* NJW 2003, 1717; vgl. nunmehr *Gursky,* JZ 2005, 285.

[5] Wie hier *Rosenberg/Schwab/Gottwald,* Zivilprozessrecht, 17. Aufl., 2010, § 96 Rn. 19; MünchKomm/*Joost,* § 863 Rn. 10; *Spiess,* JZ 1979, 717; Jauernig/*Jauernig,* § 861 Rn. 7; Staudinger/*Bund,* § 863 Rn. 8; *Gursky,* in: Westermann, S. 145.

IV. Der Anspruch bei Besitzstörung

125 Besteht die verbotene Eigenmacht nur in einer Störung des Besitzes, so kann der Besitzer vom Störer die Beseitigung der Störung verlangen. Wichtiger ist, daß er, wenn weitere Störungen zu besorgen sind, auf Unterlassung klagen kann (§ 862 I 2). Störung liegt vor, wenn der Besitz nicht entzogen, aber beeinträchtigt ist.

Beispiele sind das Ablagern von Müll oder Bauschutt auf fremden Grundstücken,[6] das Verteilen von Werbeprospekten auf einem Kundenparkplatz,[7] eine unzulässige Vertiefung nach § 909,[8] ferner alle unzulässigen Immissionen nach § 906, wenn der Besitzer zugleich der Eigentümer ist (vgl. u. § 25 II). Ist er es nicht, so sind die Vorschriften analog anzuwenden. Die Klage ist aber nur dann gerechtfertigt, wenn entweder ein Zustand besteht, der eine weiterwirkende Beeinträchtigung des Besitzes darstellt, oder wenn die Besorgnis weiterer Störungen besteht.

Man wird dem Kläger den Anspruch auch dann gewähren können, wenn noch keine tatsächliche Störung eingetreten ist, aber eine solche droht, insbesondere dadurch, daß der Beklagte gedroht hat, er werde die Besitzausübung des Klägers mit Gewalt verhindern. Die dadurch hervorgerufene Unsicherheit und Beunruhigung des Besitzers kann schon als Besitzstörung gelten (str.). Bloßes Behalten des Besitzes, wenn auch ohne Recht zum Besitz, stellt dagegen keine Besitzstörung dar.

Fraglich ist, gegen wen die Klage auf Beseitigung sich richtet, wenn der Besitz durch eine dauernde Anlage gestört wird, diese sich aber nicht mehr im Besitz des Errichters der Anlage befindet, z. B. weil dieser sein Nachbargrundstück veräußert hat. Sie wird jedenfalls gegen den gegenwärtigen Besitzer der Anlage gerichtet werden können, denn dadurch, daß er sie weiter hält, begeht er eine Besitzstörung.

Auch dieser Anspruch ist ausgeschlossen, wenn der gestörte Besitz gegenüber dem Störer fehlerhaft war und noch kein Jahr seit Erlangung dieses fehlerhaften Besitzes verstrichen ist, § 862 II.

Stellt der Vermieter von Räumen nach Beendigung des Mietverhältnisses die Versorgung mit Heizenergie ein, ist dies keine Besitzstörung i. S. d. § 862 (*BGH* NJW 2009, 1947; a. A. *OLG Köln* NJW-RR 2005, 99).

V. Erlöschen der Besitzansprüche

126 Die Besitzansprüche erlöschen mit Ablauf eines Jahres nach Verübung der verbotenen Eigenmacht, wenn nicht vorher Klage erhoben ist (§ 864 I).[9] Dies ist eine Besonderheit, weil in aller Regel Ansprüche durch Zeitablauf sonst nur verjähren, hier aber völlig erlöschen.

Zum Fall des § 864 II s. o. III 4.

VI. Bedeutung der Besitzansprüche

127 Die praktische Bedeutung der Besitzansprüche ist, gemessen an der Zahl der erhobenen Klagen, nur gering. Die Neigung zur Führung der Besitzprozesse ist deshalb nicht groß, weil es sich praktisch in der Regel nur um vorläufige Entscheidungen handelt und die endgültige Regelung erst durch den Prozeß um das Recht gebracht wird. Weil es sich nur um eine „vorläufige Entscheidung" handelt, konkurriert mit den Besitzklagen der noch kürzere und billigere Weg der einstweiligen

---

[6] BGHZ 18, 223 = NJW 1955, 1719.
[7] *OLG Stuttgart* NJW-RR 1996, 1516.
[8] BGHZ 147, 45 = NJW 2001, 1865.
[9] Zum Fristablauf bei wiederholten oder andauernden Störungen *BGH* NJW 1995, 132.

Verfügung nach §§ 935, 940 ZPO (Regelung eines Zustandes). Man darf aber nicht meinen, daß die gesetzliche Regelung des Besitzschutzes darum ohne praktische Bedeutung sei. Denn gerade die durch sie herbeigeführte und gesicherte Unterdrükkung der Selbsthilfe ist so stark in das Bewußtsein der Bevölkerung eingedrungen, daß die Zahl der Fälle einer verbotenen Eigenmacht sehr herabgesetzt ist. Hierin kann man aber eine sehr bedeutsame Auswirkung der gesetzlichen Regelung des Besitzschutzes erblicken.

VII. Sonstige Ansprüche des Besitzers

Ist der „bloße Besitz" durch ein Recht zum Besitz verstärkt, so steht dem 128
Besitzer auch ein Bereicherungsanspruch zu (der Besitz ist ein „etwas", das ohne rechtlichen Grund erlangt sein kann). Ebenso steht ihm der Anspruch auf Schadensersatz aus unerlaubter Handlung zu, wenn den eigenmächtig Handelnden ein Verschulden trifft.[10] Dieser kann aber nicht auf Rückgabe der Sache gerichtet werden, soweit § 861 II ausgeschaltet würde. Vgl. oben § 6 IV a. E.

Ob auch der nicht berechtigte Besitzer einen Schadensersatzanspruch hat, wenn gegen ihn verbotene Eigenmacht geübt wird, hängt davon ab, ob § 858 als Schutzgesetz nach § 823 II betrachtet werden kann. Diese Frage ist bestritten, aber wohl zu verneinen.[11]

Examensproblem: Eine Wasserleitung verläuft 1 m tief im Erdreich auf dem Grundstück des A zum Kläger, der die Leitung allein benutzt. Sie wird durch den Beklagten auf dem Grund des A beschädigt. Der Kl. verlangt Schadensersatz vom Bekl.

In Betracht kommt § 823 I. Eine Eigentumsverletzung scheidet auf fremdem Grund aber wegen § 94 I aus. In Betracht käme eine Besitzverletzung. Allerdings dürfte die tatsächliche Sachherrschaft bei A liegen. Die Nutzung allein reicht für den Anspruch aus § 823 I nicht aus.

Schließlich ist auf § 1007 hinzuweisen. Die Vorschrift gibt dem ehemaligen 129
Besitzer, der sich nicht auf die §§ 985, 861, 823 oder auf vertragliche Ansprüche stützen kann, gegen den jetzigen Besitzer einen Herausgabeanspruch, wenn dieser eine ihm gegenüber schlechtere Besitzposition innehat. Zu den Einzelheiten der komplizierten Norm vgl. u. § 50 II.

VIII. Abholungsanspruch

Geringere Bedeutung hat der Abholungsanspruch des § 867 (**Beispiel:** Hut oder Ball fliegt auf ein 130
Nachbargrundstück). Ist die Sache von einem anderen bereits in Besitz genommen, so entsteht der Anspruch aus § 861. Zu ähnlichen Rechten auf Verfolgung der Sache und Abholung vgl. §§ 962, 1005.

---

[10] *BGH* JZ 1954, 613.
[11] Für Schutzgesetz *Honsell,* JZ 1983, 531 und *Mittenzwei,* MDR 1987, 883.

2. Kapitel. Das Liegenschaftsrecht im allgemeinen

1. Abschnitt. Das materielle Grundstücksrecht

§ 15. Die Aufgaben des Grundbuchs

Literatur: S. u. § 23.

I. Grundbuch und Grundeigentum

131 Der Rechtsverkehr bedarf sicherer Grundlagen; sie hat ihm die Rechtsordnung zu schaffen. Viele Sachen wechseln ihren Eigentümer, werden verkauft oder aus anderen Gründen übereignet. Je wertvoller sie sind, desto mehr kommt es darauf an, daß man sicher feststellen kann, wer der Eigentümer der zu übereignenden Sache ist. Denn wenn man von einer Person erwirbt, die nicht Eigentümer ist, so ergibt sich sogleich ein Konflikt: Entweder behandelt die Rechtsordnung den Erwerber trotz des Mangels im Recht des Veräußerers als Eigentümer – dann ist der wahre Eigentümer durch das hinter seinem Rücken vorgenommene Rechtsgeschäft geschädigt – oder sie versagt ihm den Erwerb – dann ist der Erwerber geschädigt (vgl. genauer u. § 19 I). Auf jeden Fall sind daher solche Übertragungen des Eigentums durch Nichteigentümer sehr unerfreulich, und es ist eine Hauptaufgabe der Rechtsordnung, Vorkehrungen zu treffen, daß sie möglichst verhindert werden und eine sichere Möglichkeit geschaffen wird, sich im Rechtsverkehr zu vergewissern, wer das Eigentum der zu erwerbenden Sache hat. Von besonderer Bedeutung ist dieses Problem für den Grundstücksverkehr, denn Grundstücke und Häuser haben einen viel höheren Wert als die meisten Mobilien.

132 Wie soll nun die Rechtsordnung dem Verkehr einen sicheren Anhalt geben, daß der Eigentümer der zu veräußernden Sache sicher festzustellen ist und damit jede Gefahr des Fehlgreifens und schwerer Komplikationen vermieden wird? An welches Merkmal soll der Rechtsverkehr sich halten, um aus ihm einen sicheren Schluß auf das Eigentum zu ziehen? Der Besitz als Legitimation für den Veräußerer scheidet unter den heutigen Verhältnissen gerade bei Grundstücken aus; denn zu viele Häuser und Grundstücke sind im Besitz von Nichteigentümern kraft Miete oder Pacht, besonders in den Städten, so daß der Schluß aus der tatsächlichen Gewalt auf das Recht, aus dem Besitz des Hauses auf das Eigentum an ihm keineswegs sicher ist. Die Rechtsordnung kann daher bei Grundstücken die Legitimation des Veräußerers nicht an den Besitz knüpfen. Den besten Ausweg bildet ein staatliches Register, in welchem die Eigentümer sämtlicher Grundstücke verzeichnet sind. Der damit notwendig verbundene Apparat und die Aufwendungen lohnen sich bei Grundstücken wegen ihres Wertes und ihrer immerhin übersehbaren Zahl, während eine Aufzeichnung sämtlicher beweglicher

Sachen naturgemäß undurchführbar wäre. Ein solches staatliches Register ist das Grundbuch. Die Rechtsordnung muß dafür sorgen, daß es tunlichst vor Unrichtigkeiten bewahrt bleibt und immer den jeweiligen Rechtsstand wiedergibt. Damit ist dann für die Eigentumsverhältnisse an den Grundstücken die unerläßliche sichere Grundlage geschaffen. Die erste Aufgabe des Grundbuchs ist also, eine authentische und sichere Auskunft über die Eigentümer aller Grundstücke zu geben.

II. Grundbuch und beschränkte dingliche Rechte

Eine weitere ebenso wichtige Aufgabe erwächst dem Grundbuch daraus, daß die 133
Belastung eines Grundstücks mit beschränkten Rechten an fremder Sache rechtlich möglich und wirtschaftlich notwendig ist. Heute stehen die Pfandrechte im Vordergrund, vom Gesetz Hypotheken genannt, daneben kommen die Grundschulden, Dienstbarkeiten und Reallasten in Betracht. Es leuchtet ohne weiteres ein, daß der Erwerber eines Grundstücks auch über diese Rechte sicher Bescheid wissen muß, denn sonst kann er den Wert des Grundstückes für ihn und die Schranken seiner Erträgnisse und des Besitzes nicht erkennen. Er muß, wenn er ein Grundstück käuflich erwerben will, wissen, welche Lasten auf dem Grundstück ruhen. Aus der Unkenntnis des Erwerbers würden sich auch hier schwerwiegende Konflikte ergeben: Entweder könnte die Rechtsordnung bestimmen, daß die dem Erwerber unbekannten Rechte mit seinem Erwerb erlöschen – dann wären sie ihres Charakters als dingliche Rechte beraubt und praktisch entwertet – oder daß sie weiter bestehen ohne Rücksicht auf die Kenntnis des Erwerbers – dann wäre dieser äußerst gefährdet. Wenn er z.B. ein Haus zum Kaufpreis von € 350 000,– erwürbe und danach sich erst herausstellte, daß es mit einer Hypothek von € 200 000,– belastet wäre, so würde er wirtschaftlich aufs schwerste geschädigt sein und hätte allenfalls schuldrechtliche Ansprüche gegen den Veräußerer, könnte aber an der Belastung nichts ändern.

Auch hier bietet das staatliche Register den besten Ausweg. Man verzeichnet in ihm auch sämtliche[1] an einem Grundstück bestehenden Rechte dinglicher Natur und gibt damit dem Rechtsverkehr auch in dieser Hinsicht die erforderliche sichere Grundlage. Dann bestehen keine Bedenken mehr, diese Rechte gegen jeden Erwerber gelten zu lassen, auch wenn er sie nicht gekannt hat, denn er konnte sich ja durch Einsicht des Registers informieren.

Durch Schaffung eines solchen vollständigen Registers wird aber weiterhin noch zweierlei erreicht:

1. Es ist möglich, ohne jede Gefahr den Grundsatz durchzuführen, daß gewisse 134
dingliche Rechte am Grundstück nicht die Besitzeinräumung erfordern, sondern ohne Einräumung des Besitzes an den Berechtigten wirksam begründet werden können. Für den Eigentümer bedeutet es eine große Erleichterung, daß er den Besitz des Grundstücks behalten kann, wenn er sein Grundstück verpfändet. Gerade Hypotheken und Grundschulden sind nicht mit dem Besitz des belasteten Grundstücks verbunden.

2. Die Besitzlosigkeit vieler dinglicher Grundstücksrechte ermöglicht einen wei- 135
teren wirtschaftlich hochwichtigen Grundsatz: Die mehrfache Belastung eines Grundstücks auch mit Rechten gleichen Inhalts ist möglich. Vor allem können

[1] Eine Ausnahme bilden die auf Grund Gesetzes entstehenden dinglichen Rechte wie Vorkaufs- und Wiederkaufsrechte; vgl. dazu *Walter,* JA 1981, 322.

mehrere Hypotheken oder Grundschulden an demselben Grundstück begründet werden. Dies bedeutet für den Eigentümer eine große Erweiterung der Möglichkeiten, durch Verpfändung seines Grundstückes Kredit zu bekommen. In der heutigen Zeit ist dies besonders für die Bebauung der Grundstücke unentbehrlich geworden.

III. Grundbuch und Rangordnung

136 Die mehrfache Belastung desselben Grundstücks bringt sofort ein neues Problem für die Rechtsordnung: Jedes dingliche Recht an einem Grundstück müßte unsicher werden, wenn später begründete Rechte mit dem früheren konkurrieren könnten. Besonders für die Pfandrechte ist dies ausschlaggebend. Denn ihr wertvollster Bestandteil ist das Verwertungsrecht. Die Konkurrenz mehrerer Pfandgläubiger könnte jedem verhängnisvoll werden, wenn früher oder später begründete Rechte denselben Rang hätten. Es muß also unter den Rechten eine feste Rangordnung geschaffen werden. Sie ist eine wesentliche Grundlage des Realkredits an Grundstücken; ohne sie sind geordnete, gesicherte und daher billige Kreditverhältnisse nicht zu erreichen. Die notwendige Rangordnung muß aber zur Kenntnis aller Beteiligten und Interessenten gebracht werden. Wieder ist das staatliche Register das beste Hilfsmittel. Denn es gewährt die Möglichkeit, sich über die Rangordnung unter den Belastungen des Grundstücks zu informieren, weil sie im Register festgelegt werden kann. Damit kann jeder Erwerber eines Rechts am Grundstück sich die Kenntnis verschaffen, welchen Rang und damit welche Sicherheit und welchen Wert das Recht hat. Ferner kann jeder, der ein neues Recht am Grundstück für sich begründet wissen will, z. B. jeder Gläubiger, der dem Eigentümer gegen Verpfändung des Grundstücks Kredit gewähren will, ermessen, ob das Grundstück ihm noch genügend Sicherheit für den Kredit bietet oder ob die Belastung desselben bereits so hoch ist, daß das für ihn zu begründende Pfandrecht nicht mehr als sicher anzusprechen wäre.

Schließlich kann durch die Einrichtung des Grundbuchs ein Grundsatz des Sachenrechts vorbildlich durchgeführt werden, die Publizität, d. h. die Erkennbarkeit aller dinglichrechtlichen Veränderungen (vgl. o. § 4 III). Denn jede Änderung im Rechtszustand eines Grundstücks kann aus dem Register erkannt werden.

IV. Bedeutung des Grundbuchsystems

137 Die praktische Bedeutung des Grundbuchsystems kann nicht hoch genug veranschlagt werden. Es schafft die unumgängliche Sicherung des Rechtsverkehrs mit Grundstücken und Häusern und bildet die notwendige Grundlage für den Realkredit an Immobilien und damit für den gesamten Wohnungsbau. Milliardenwerte sind es, die auf diese Weise gesichert, ja erst nutzbringend in die Wirtschaft hineingebracht werden können. Aufgabe des Grundbuchrechts ist es, das Grundbuch als staatliches Register so auszugestalten, daß die höchste Garantie für die Richtigkeit seines Inhalts geboten und dadurch der Rechtsverkehr instand gesetzt wird, sich auf das Grundbuch unbedingt zu verlassen. Daß hierfür ein komplizierter Apparat aufgeboten werden muß und der Grundstücksverkehr verteuert wird, kann in Kauf genommen werden, weil es sich durchweg um große Objekte handelt, die eine höhere Belastung mit solchen Spesen vertragen, wenn dafür die Sicherheit des rechtlichen und wirtschaftlichen Erfolgs erreicht wird.

Das Grundbuchrecht ist technisch äußerst verfeinert und gewiß nicht einfach. Aber auch dies ist tragbar, weil der Laie, der auf dem Gebiet des Immobiliarrechts tätig wird, sich doch meist juristischer Hilfe bedient und wegen der hohen Werte auch bedienen kann. Jedenfalls stellt das Grundbuchrecht eine der großen Leistungen der Rechtsordnung und der Rechtswissenschaft dar; denn es ermöglicht auf einem äußerst wichtigen Gebiet ein gesundes Funktionieren der Wirtschaft und soziale Fortschritte.

V. Grundbuch und Rechtssubjekt

Das Grundbuch ist in drei Abteilungen aufgeteilt (s. u. Rn. 265). In der 1. Abteilung ist insbesondere der Eigentümer verzeichnet. Eigentümer eines Grundstücks kann aber immer nur ein Rechtssubjekt sein. Daraus ergibt sich, dass im Grundbuch als Eigentümer entweder natürliche oder juristische Personen verzeichnet sind. Ebenfalls konnten schon immer die Personenhandelsgesellschaften (OHG und KG) im Grundbuch als Berechtigte eingetragen werden, weil sie unter dem Namen ihrer Firma Eigentum an Grundstücken erwerben können (§§ 124 I, 161 II HGB). Dagegen wurden früher die Gesellschaft bürgerlichen Rechts sowie der nichtrechtsfähige Verein mangels Rechtsfähigkeit nicht ins Grundbuch eingetragen. Vielmehr erfolgte nach § 47 I GBO eine Eintragung für die natürlichen Personen mit dem Zusatz ihrer Gesellschafterstellung bzw. ihrer Mitgliedsstellung. Hier hat sich die Rechtslage durch die Entscheidung des BGH vom 29. 1. 2001 grundsätzlich gewandelt, wonach auch die BGB-Gesellschaft rechtsfähig und parteifähig ist.[2] In der Folge dieser Entscheidung hat sich ein heftiger Streit darüber entwickelt, ob nunmehr die Gesellschaft bürgerlichen Rechts als solche grundbuchfähig ist. Am 4. 12. 2008 hat der BGH entschieden, dass die Gesellschaft bürgerlichen Rechts unter ihrem Gesellschaftsnamen (falls vorhanden) in das Grundbuch eingetragen werden kann.[3] Nunmehr hat der Gesetzgeber die Frage abschließend gelöst und in dem neuen § 47 II GBO festgelegt, dass die Gesellschaft bürgerlichen Rechts und zusätzlich die Namen aller Gesellschafter im Grundbuch einzutragen sind. Nach dem neu geschaffenen § 899 a BGB sollen die im Grundbuch eingetragenen Gesellschafter auch an der grundbuchrechtlichen Vermutung des § 891 teilhaben. Soweit darüber hinaus § 892 in Bezug genommen ist, wird bei unrichtiger Eintragung ein gutgläubiger Erwerb von den im Grundbuch eingetragenen Gesellschaftern ermöglicht. Insoweit wird nunmehr ausnahmsweise der gute Glaube an die Vertretungsmacht geschützt.[4] Nicht geregelt hat der Gesetzgeber die Frage, wie der nichtrechtsfähige Verein grundbuchrechtlich zu behandeln ist. Da zunächst die Rechtsprechung[5] und nunmehr auch der Gesetzgeber durch Gesetz vom 24. 9. 2009 den Verein ausdrücklich für rechtsfähig und parteifähig erklärt hat (vgl. § 50 II ZPO), muss nunmehr auch der nichtrechtsfähige Verein als solcher in das Grundbuch eintragungsfähig sein. Die Frage, ob wie bei der Gesellschaft bürgerlichen Rechts § 47 II GBO anzuwenden ist oder ob der nichtrechtsfähige Verein künftig als solcher und ohne Nennung von Mitgliedern eintragungsfähig ist, ist noch nicht 137a

[2] BGHZ 146, 341 = NJW 2001, 1056.
[3] BGHZ 179, 102 = ZIP 2009, 66.
[4] Zur Problematik insgesamt vgl. *Prütting*, FS Zimmermann, 2010, S. 239 ff.
[5] *BGH* NJW 2008, 69.

abschließend geklärt. Aus grundbuchtechnischen Gründen wird man sich für die 2. Alternative entscheiden müssen.

Nicht eintragungsfähig ist dagegen die Erbengemeinschaft, die nach einhelliger Auffassung kein eigenes Rechtssubjekt darstellt. Einzutragen sind daher die Erben gem. § 47 I GBO mit dem Zusatz „in Erbengemeinschaft". Dagegen hat der Gesetzgeber in § 10 VI WEG die Wohnungseigentümergemeinschaft in gewissem Umfang für rechtsfähig erklärt. Im Rahmen dieser Rechtsfähigkeit kann daher nunmehr auch die Wohnungseigentümergemeinschaft als Berechtigte eines dinglichen Rechts in das Grundbuch eingetragen werden.[6]

§ 16. Begründung, Übertragung und Beendigung von Grundstücksrechten

Literatur: *Bernhöft,* Einigung, Antrag und Eintragungsbewilligung im Liegenschaftsrecht, 1931; *Beyerle,* Der dingliche Vertrag, in FS Boehmer, 1954, 164; *Brandt,* Eigentumserwerb und Austauschgeschäft, 1940; *Gergen,* Wie kommt das Gewollte ins Grundbuch, AcP 206 (2006), 624; *Griwotz,* Praxishandbuch Grundbuch- und Grundstücksrecht, 1999; *Heck,* Das abstrakte dingliche Rechtsgeschäft, 1937; *Hubatsch,* Der Immobilienerwerb in der Europäischen Union, 2006; *Lambert-Lang/Tropf/Frenz,* Handbuch der Grundstückspraxis, 2000; *H. Lange,* Rechtsgrundabhängigkeit der Verfügung im Boden- und Fahrnisrecht, AcP 146, 28; *ders.,* Rechtswirklichkeit und Abstraktion, AcP 148, 188; *Locher,* Neugestaltung des Liegenschaftsrechts, 1942; *Marcuse,* Die Wirkung der Ungültigkeit des Kausalgeschäfts auf das sachenrechtliche Erfüllungsgeschäft, Gruch. Beitr. 66, 159; *Scholtz,* § 878 BGB in der Verkäuferinsolvenz, ZIP 1999, 1693; *Schreiber,* Immobilienrecht, 2. Aufl., 2005; *Spring,* Geschäftsfähigkeit und Verfügungsberechtigung bei Grundstücksverfügungen, 2001; *Strecker,* Folgen der Nichtübereinstimmung von Grundbucheintragung und Einigung, Recht 1924, 84; *Wegmann,* Grundstücksüberlassung, 2. Aufl., 1999.

I. Begründung und Übertragung von Grundstücksrechten

138 Die Übertragung eines schon bestehenden dinglichen Rechtes an einem Grundstück, z. B. des Eigentums, sowie die Begründung eines neuen dinglichen Rechtes, z. B. einer Hypothek, also die Belastung eines Grundstücks, bedürfen zu ihrer Wirksamkeit eines doppelten Vorganges, der Einigung und der Eintragung ins Grundbuch (§ 873).

Denselben Vorschriften unterliegen auch die Begründung und Übertragung von Rechten an einem Grundstücksrecht, z. B. eines Pfandrechts an einer Hypothek, § 873. Ähnliche Vorschriften gelten für Veränderungen im Inhalt eines Grundstücksrechts, § 877, und für die Änderung des Rangs, § 880 (vgl. u. § 17). Abweichend ist die Aufhebung von Grundstücksrechten geregelt (vgl. u. VI). Zu den Unterschieden beim Immobilienerwerb innerhalb Europas vgl. die Untersuchung von *Hubatsch,* 2006.

Ausnahmen bestehen für die Übertragung einer Briefhypothek nach § 1154 und für die Begründung einer Eigentümergrundschuld nach § 1196. Eine weitere Besonderheit enthält nunmehr § 228 InsO. Danach kann die dingliche Einigung durch die Regelung in einem Insolvenzplan ersetzt werden.

---

[6] *OLG Celle* NJW 2008, 1537.

II. Die Einigung

1. Einigung als Vertrag

Die Einigung ist ein Vertrag. Er führt die gesonderte Bezeichnung nur, um den dinglichen Vertrag, der dingliche Rechte zum Gegenstand hat von dem obligatorischen Vertrag, der nur die Verpflichtung zu dinglichen Rechtshandlungen begründet, deutlich zu unterscheiden. Zur Rechtsnatur der Einigung vgl. auch u. IV. **139**

Alle Vorschriften über Verträge finden auf die Einigung unmittelbare Anwendung, zum Beispiel die Zusammensetzung des Vertrages aus Antrag und Annahme nach §§ 145 ff., das Erfordernis der Geschäftsfähigkeit und die Auswirkungen ihres Fehlens nach §§ 105 ff., die Folgen von Willensmängeln nach §§ 119 ff., das Wirksamwerden einer Erklärung nach § 130, die Wirkungen von Bedingungen nach §§ 158 ff. und die Regelung der Vertretung nach §§ 164 ff. Danach erfordert die Einigung nur die volle Geschäftsfähigkeit des Veräußerers, während auf seiten des Erwerbers die beschränkte Geschäftsfähigkeit genügt, weil der dingliche Erwerb nach § 107 ein Rechtsgeschäft darstellt, das für den Erwerber lediglich rechtliche Vorteile bringt. Die Belastung des Grundstücks mit einem Nießbrauch und die Haftung für öffentliche Lasten schließen § 107 nicht aus.[1]

Zweifel bestehen dagegen über die Gebundenheit an den Antrag; denn selbst die volle Einigung ist noch nicht bindend. Jedenfalls wäre die Bindung an den Antrag ohne praktische Bedeutung, weil der andere Teil sofort die Einigung widerrufen könnte. Ist aber der Antrag in einer Form gestellt, welche die Einigung bindend macht (§ 873 II, vgl. u. II 3), so hat auch die Gebundenheit an den Antrag einen Sinn und ist daher in der Regel zu bejahen. **140**

Ob ein dinglicher Vertrag zugunsten Dritter abgeschlossen werden kann, ist heftig umstritten. Die Rechtsprechung hat diese Möglichkeit de lege lata verneint,[2] in der Literatur wird sie teilweise grundsätzlich bejaht.[3] Eine Mittelmeinung, die den Vorzug verdient, will eine Einigung als Vertrag zugunsten Dritter dann zulassen, wenn sie ein Recht betrifft, aufgrund dessen Leistungen aus dem Grundstück zu erbringen sind.[4]

2. Einigung als Erfüllungsgeschäft

Die Einigung hat zum Gegenstand die dingliche Rechtsänderung selbst, im Gegensatz zur bloßen Verpflichtung, die dingliche Rechtswirkung herbeizuführen. Zum Beispiel ist die Einigung über die Eigentumsübertragung die erklärte Willensübereinstimmung darüber, daß das Eigentum vom Veräußerer auf den Erwerber übergehen soll, im Gegensatz zu der bloßen Verpflichtung, demnächst das Eigentum zu übertragen. Die Einigung stellt also in der Regel das Erfüllungsgeschäft dar, dem ein Verpflichtungsgeschäft vorangegangen ist. **141**

Das Einigungsprinzip ist in der Vergangenheit heftig bekämpft worden. Man hält es vor allem im Fahrnisrecht, aber auch für das Grundstücksrecht für lebensfremd und meint, daß der obligatorische Vertrag die Funktionen der Einigung de lege ferenda übernehmen müsse.[5]

---

[1] *BGH,* NJW 2005, 415; im einzelnen PWW/*Völzmann-Stickelbrock,* § 107 Rn. 9 f.

[2] BGHZ 41, 95 = NJW 1964, 1124; *BGH* DNotZ 1965, 612; RGZ 148, 263; 124, 221.

[3] *H. P. Westermann,* in: Westermann, § 3 II 4; *Kaduk,* FS Larenz, 1983, S. 303.

[4] *Wolff/Raiser,* § 38 II 3, MünchKomm/*Gottwald,* § 328 Rn. 116.

[5] Vgl. dazu *Beyerle,* FS Boehmer, 1954, S. 164; *Brandt,* Eigentumserwerb und Austauschgeschäft, 1940; *Krause,* AcP 145, 312. Bemerkenswert ist, daß sich der Bodenrechtsausschuß der ehem.

3. Form

142 Für die Einigung ist eine Form in § 873 nicht vorgeschrieben, ausgenommen für die Auflassung in § 925 (vgl. u. § 29 II).

4. Bindung an die Einigung

143 Die formlose Einigung ist aber nach § 873 II nicht bindend, wenn auch wirksam. Dies bedeutet eine eigenartige Ausnahme von der Regel, die für fast alle Rechtsgeschäfte gilt, daß Wirksamkeit und Bindung zusammenfallen, jedes wirksame Rechtsgeschäft also auch bindend ist. Ausnahmen bestehen nur, wenn ein Teil sich den Widerruf vorbehalten hat oder das Gesetz aus bestimmten Gründen den Widerruf gestattet (vgl. §§ 109, 183, 530, 671, 1830). Die fehlende Bindung an die Einigung bedeutet, daß der erklärende Teil von seiner Erklärung wieder loskommen kann, indem er sich lossagt, sie widerruft. Bei der Einigung steht diese Möglichkeit jedem der beiden Teile zu. Der Bodenrechtsausschuß der ehem. Akademie für Deutsches Recht hatte sich für die bindende Wirkung der Einigung entschieden.[6] Daß die formlose Einigung wirksam ist, zeigt sich daran, daß sie, falls kein Widerruf erfolgt, genügt, um zusammen mit der Eintragung die gewollte Rechtswirkung zu erzielen. Auch die formlose Einigung ist also eine genügende Grundlage für die Begründung oder Übertragung dinglicher Rechte. Der Widerruf ist eine einseitige, formlose, aber empfangsbedürftige Willenserklärung. Die Bindung bedeutet, daß der Widerruf ausgeschlossen ist und die Eintragung durch den anderen Teil nicht mehr einseitig verhindert werden kann.

Für den praktischen Grundstücksverkehr ist die formlose Einigung ohne große Bedeutung. Denn bei der Wichtigkeit der dinglichen Verträge läßt sich nur selten jemand auf das Risiko ein, das in der freien Widerruflichkeit durch den Gegner liegt; gerade der Grundstücksverkehr fordert Sicherheit. Außerdem hat der Widerruf wenig Sinn; denn wenn das Kausalgeschäft gültig ist, besteht ja trotz des Widerrufs ein Anspruch auf Abschluß der Einigung fort und kann im Wege des Prozesses durch Verurteilung des Gegners zur Abgabe der Einigungserklärung durchgesetzt werden.

Vor allem aber darf nach formellem Grundbuchrecht das Grundbuchamt eine Eintragung nur vornehmen, wenn die Bewilligung der Eintragung durch den passiv Beteiligten in bestimmter Form vorliegt (§ 29 GBO, vgl. u. § 24 IV). Auf Grund einer formlosen Einigung allein läßt sich daher die Eintragung nicht erreichen, also die gewollte dingliche Rechtswirkung nicht erzielen. Das formelle Grundbuchrecht verhindert also praktisch, daß nicht bindende Einigungen vorkommen; denn mit der Bewilligung wird die Einigung bindend (vgl. u. § 24 V 1 e).

144 § 873 II bestimmt zugleich, daß die Einigung in bestimmten, praktisch weitaus überwiegenden Fällen bindend, d. h. unwiderruflich wird:

a) wenn die Erklärungen notariell beurkundet sind,

b) wenn die Erklärungen vor dem Grundbuchamt abgegeben oder bei ihm eingereicht sind (str., ob sie zu Protokoll abgegeben sein müssen),

c) wenn der Berechtigte dem anderen Teil eine formelle Eintragungsbewilligung nach § 19 GBO ausgehändigt hat.[7]

Die Aushändigung der Bewilligung und die Annahme durch den Gegner stellen zugleich die Einigung selbst dar, wenn sie formlos wirksam ist.

Akademie für Deutsches Recht nicht zu einer Aufgabe der Einigung entschließen konnte; vgl. *Locher,* S. 40 ff. Kritisch gegen Beseitigung der Einigung auch *Lange,* AcP 148, 188.

[6] Vgl. *Locher,* S. 78 ff.

[7] Vgl. dazu BGHZ 46, 398 = NJW 1967, 771.

III. Die Eintragung

1. Der Eintragungszwang

Durch den Eintragungszwang wird erreicht, daß durch wirksame Rechtsgeschäfte in bezug auf dingliche Rechte das Grundbuch niemals unrichtig werden kann, sondern immer die jeweilige Rechtslage wiedergibt. Denn solange die Eintragung nicht erfolgt ist, hat sich die Übertragung oder Begründung des dinglichen Rechts noch nicht wirksam vollzogen; ausgeschlossen ist es, daß sich ein solcher Rechtsvorgang auf rechtsgeschäftlichem Weg wirksam vollziehen kann, ohne daß er im Grundbuch vermerkt wird. Zum Beispiel kann niemand Eigentümer des Grundstücks durch Rechtsgeschäft werden, ohne daß er im Grundbuch eingetragen ist. Damit wird eine Quelle verstopft, aus der sonst die Unrichtigkeit des Grundbuchs herrühren könnte. **145**

Zugleich wird damit in vollkommener Weise die Erkennbarkeit jeder rechtsgeschäftlichen Änderung im dinglichen Rechtszustand gesichert, weil jeder wirksame Vorgang dieser Art im Grundbuch vermerkt und aus ihm ersichtlich ist.

Der Grundsatz des Eintragungszwangs gilt aber nur für die Rechtsänderungen, die durch Rechtsgeschäft eintreten, nicht dagegen für diejenigen, die sich durch Staatsakt (Zuschlag in der Zwangsversteigerung, Enteignung) oder auf Grund des Gesetzes vollziehen. So rückt der Erbe in die gesamte Rechtsstellung des Erblassers und auch in die Grundstücksrechte desselben ein, ohne daß es erst einer Eintragung bedürfte. Ähnlich ist es bei der Übertragung des Anteils eines Miterben nach § 2033. Auch bei der ehelichen Gütergemeinschaft tritt die Rechtsänderung nach § 1416 II ohne Eintragung ein, ferner auch bei Eintritt in eine Gesellschaft oder Austritt aus ihr. **146**

Dagegen vollzieht sich die Einbringung von Grundstücken und Grundstücksrechten in eine Gesellschaft oder offene Handelsgesellschaft oder in eine juristische Person sowie die Umwandlung von Gesamthandseigentum in Einzeleigentum oder in Miteigentum nach Bruchteilen durch Übertragung nach § 873, unterliegt also dem Eintragungszwang. Soweit bedingte dingliche Rechtsgeschäfte zulässig sind (Ausnahme s. § 925 II), vollzieht sich die Rechtsveränderung durch Eintritt der Bedingung ebenfalls ohne Grundbucheintragung; solche Rechtsgeschäfte sind jedoch im Grundstücksverkehr selten.

Da das Grundbuch nur über dingliche Rechte Auskunft gibt, gilt der Eintragungszwang nur für dingliche Rechte und für dingliche Rechtsgeschäfte. Obligatorische Rechtsgeschäfte unterliegen ihm nicht, z. B. nicht der Grundstückskauf; denn obligatorische Rechte werden im Grundbuch nicht vermerkt, z. B. auch nicht der Anspruch des Käufers auf Übertragung des Eigentums, brauchen es auch nicht, weil sie ohne Einwirkung auf die dingliche Rechtslage des Erwerbers sind. Nur in Gestalt der Vormerkung gibt das Grundbuch von obligatorischen Ansprüchen Kunde (vgl. u. § 18). Ferner sind Verfügungsbeschränkungen zugunsten bestimmter Personen eintragungsfähig (z. B. Insolvenz, Nachlaßverwaltung, Testamentsvollstreckung, Nacherbschaft). **147**

2. Bedeutung der Eintragung

Die Eintragung ist nicht eine Art von Beurkundung der Einigung, sondern ein zweites gleichwertiges Element der Rechtsveränderung neben der Einigung. Gewöhnlich folgt sie der Einigung, anders nur, wenn die Eintragung auf Grund einer Bewilligung erfolgt, ehe die Einigung geschlossen ist (vgl. u. § 24 IV), oder wenn die Einigung erst nachträglich wirksam wird, z. B. durch Zustimmung des gesetzlichen **148**

Vertreters oder gemäß § 185. Der Zwischenraum zwischen Einigung und Eintragung kann erheblich sein, z. B. wegen des Erfordernisses behördlicher Genehmigung. Ohne Einigung kann die Eintragung die Rechtsänderung nicht bewirken, führt vielmehr die Unrichtigkeit des Grundbuchs herbei und kann im Weg der Berichtigung nach § 894 beseitigt werden.

Sie hat für sich allein Bedeutung für den Rang eines eingetragenen Rechts (§ 879, vgl. u. § 17), für die Vermutung des eingetragenen Rechts § 891, vgl. u. § 19) und vor allem für den guten Glauben (§§ 892, 893, vgl. u. § 19), bewirkt dagegen ohne Hinzutritt der Einigung keine Änderung der Rechtslage (z. B. das Entstehen des eingetragenen Rechts), sie hat keine „formale Rechtskraft", sondern macht das Grundbuch unrichtig.

149 Einigung und Eintragung müssen sich inhaltlich decken;[8] nur soweit dies der Fall ist, tritt die Rechtwirkung nach § 873 ein. Dies wird wichtig, wenn ausnahmsweise die Einigung nachfolgt.

Im Rahmen von § 874[9] kann bei der Eintragung auf die Bewilligung (vgl. u. § 24 IV) Bezug genommen werden. In diesem Umfang wird die Bewilligung dann zum Inhalt des Grundbuchs, besonders hinsichtlich des gutgläubigen Erwerbs nach § 892 (vgl. u. § 19 IV, V). Durch eine solche Bezugnahme kann aber nur die nähere Bezeichnung eines dinglichen Rechts ersetzt werden. Dieses selbst muß im Grundbuch, wenigstens stichwortartig, soweit bezeichnet werden, daß seine rechtliche Natur und seine besondere Art erkennbar wird. So kann z. B. eine Dienstbarkeit, die im Grundbuch nur als „Baubeschränkung" eingetragen ist, auch nicht über die Bezugnahme auf die Eintragungsbewilligung und das Kausalgeschäft als gleichzeitige Gebäudenutzungsbeschränkung ausgelegt werden.[10]

IV. Rechtsnatur von Einigung und Eintragung

150 Umstritten ist, ob Einigung und Eintragung zusammen den dinglichen Vertrag ausmachen[11] oder die Einigung für sich allein den dinglichen Vertrag darstellt.[12]

Die zweite Auffassung verdient den Vorzug. Man kann private Willenserklärungen, wie sie bei der Einigung vorliegen, nicht mit einem Staatsakt zu einem einheitlichen Tatbestand zusammenfassen. Auch daß die Eintragung durch den Willen der Beteiligten veranlaßt und von ihnen inhaltlich beherrscht wird, macht sie noch nicht zu einem Bestandteil eines privaten Vertrages. Das Erfordernis der Eintragung stellt nicht etwa eine Formvorschrift für die Einigung dar; denn die Willensäußerung selbst ist nicht formalisiert (außer bei der Auflassung), sondern zu dem abgeschlossenen Vorgang der Einigung tritt ein zweites selbständiges Tatbestandsmoment hinzu. Es handelt sich auch nicht um eine Art schlüssigen Verhaltens; so könnte allenfalls die Übergabe bei beweglichen Sachen aufgefaßt werden, aber nicht die Eintragung, die gar kein Parteihandeln ist.

Wenn darauf hingewiesen wird, die Einigung für sich allein könne nicht den Tatbestand eines Vertrags ausmachen, weil sie nicht die Wirkung einer Rechtsänderung habe, zum Begriff des Vertrags aber die rechtliche Wirkung gehöre, so läßt sich dem entgegenhalten, daß man allgemein von nichtigen und unwirksamen Verträgen spricht und auch das Gesetz stets den Ausdruck „nichtige Willenserklärung" gebraucht. Offensichtlich wird also auch beim Fehlen der Vertragswirkung der Tatbestand der Willenserklärung oder des Vertragsschlusses angenommen. Der Vertragsschluß ist auch beim dinglichen Vertrag gegeben, wenn die Willensübereinstimmung über den Eintritt einer Rechtswirkung besteht; ob dieser wirklich erfolgt, kann von weiteren Umständen abhängen, z. B. von der Eintragung. Die bindende Einigung hat auch für sich allein eine bedeutsame rechtliche Wirkung, die Anwartschaft (vgl. u. § 29 VI).

---

[8] Zu Divergenzen und zur Bezugnahme der Einigung auf die Eintragung vgl. *Gergen,* AcP 206 (2006), 624.

[9] Vgl. z. B. BGHZ 35, 378, 381 ff. = NJW 1961, 2157.

[10] So *BGH* MDR 1966, 135; ferner *OLG Nürnberg* MDR 1977, 929. Vgl. auch *BayObLG* NJW-RR 1986, 882.

[11] So *Rosenberg,* Sachenrecht, 1919, S. 174; *Wolff/Raiser,* § 38 II; *Enneccerus/Nipperdey,* BGB Allgemeiner Teil, 15. Aufl., 1959/60, § 146 II 2.

[12] So *Planck,* Vorbemerkung zu Bd. III 1, S. 20; Staudinger/*Ertl,* § 873 Rn. 31; *H. P. Westermann,* in: Westermann, § 38, 3.

Die Trennung von Einigung und Eintragung erscheint auch praktisch notwendig. Denn da zwischen beiden Akten ein längerer Zeitraum liegen kann (in der Praxis leider oft ein erheblicher), so kann es sich während desselben bereits herausstellen, daß ein Willensmangel bei der Einigung vorliegt. Soll nun die Anfechtung erst nach der Eintragung möglich sein oder schon, wenn nur die Einigung vorliegt? Gewiß ist das Zweite einleuchtend, aber es steht im Widerspruch zu dem Grundsatz, daß nur eine vollendete Erklärung angefochten werden kann. Auch die Nichtigkeit der Einigung kann schon vor der Eintragung feststehen; sollen aus ihr noch keine Folgerungen gezogen werden können, weil vor der Eintragung noch kein abgeschlossener Vertrag vorhanden ist? Soll das Grundbuchamt, auch wenn die Nichtigkeit der Einigung feststeht, die Eintragung vornehmen, weil erst nach ihrem Vollzug ein nichtiger Vertrag vorliegt? **151**

Die Einbeziehung der Eintragung in den Tatbestand des dinglichen Vertrags ist deshalb ausgeschlossen, weil auf die Eintragung keine der Regeln paßt, die für Verträge und Rechtsgeschäfte gelten.

Alle Regeln über Verträge passen nur auf die Einigung, nicht auf die Eintragung oder auf beides zusammen. Die Eintragung setzt sich nicht aus Antrag und Annahme zusammen und kann nicht wegen Geschäftsunfähigkeit eines Vertragsteils oder wegen Wuchers oder Unsittlichkeit nichtig sein; es gibt bei ihr keine Vertretung nach den Normen des Privatrechtes, sie ist nicht anfechtbar wegen Willensmängeln eines Vertragsteils, auch nicht wegen solcher in der Person des Grundbuchbeamten. Alles in allem steht sie also völlig außerhalb der Vertragsregelung. Auch der § 139 ist auf das Verhältnis von Einigung und Eintragung unanwendbar; denn niemals kann man von Nichtigkeit der Eintragung sprechen, wenn die Einigung nichtig ist. Die Nichtigkeit eines Staatsaktes hat andere Voraussetzungen als die eines privaten Rechtsgeschäftes. Trifft aber keine Bestimmung über Verträge auf die Eintragung zu, so kann sie auch nicht Bestandteil eines Vertrages sein.

Die Einigung für sich allein hat allerdings noch nicht die Wirkung einer dinglichen Rechtsänderung. Obwohl der Veräußerer bereits seine Verfügung getroffen hat, bleibt er noch Inhaber des Rechtes, über das er verfügt hat, z. B. noch Eigentümer nach der Auflassung. Eine Verfügungsbeschränkung tritt für ihn noch nicht ein (h. M.). Er ist daher in der Lage, über das Recht nochmals eine Verfügung durch Einigung mit einem Dritten zu treffen. Wird dann der Antrag auf Eintragung des Dritten eher gestellt als derjenige auf Eintragung des ersten Kontrahenten, so ist es möglich, daß nicht der erste Kontrahent das Recht erwirbt, sondern der zweite. Ein Schutz des ersten Kontrahenten gegen diese Entwicklung ist aber dann gegeben, wenn der Antrag auf seine Eintragung schon gestellt wird, ehe die Einigung mit dem zweiten erfolgt oder wenigstens ehe der Antrag auf dessen Eintragung gestellt wird; denn nach der GBO sind die Anträge, wenn sie dasselbe Grundstück betreffen, in der Reihenfolge des Eingangs der Anträge zu erledigen. Befriedigend wirkt die Möglichkeit einer zweiten abweichenden Verfügung des Veräußerers allerdings nicht, zumal wenn längere Zeit bis zur Eintragung vergeht.

V. Verfügungsbeschränkungen, Wegfall der Geschäftsfähigkeit und Tod, Rechtsverlust

1. Verfügungsbeschränkungen nach Einigung und vor Eintragung

Wichtig ist die Frage, welche Bedeutung Verfügungsbeschränkungen haben, die erst nach der Einigung, aber vor der Eintragung eintreten (beide können ja einige Wochen auseinanderliegen). Hier bestimmt § 878, daß sie dann die Wirksamkeit der abgegebenen Erklärung nicht mehr beeinflussen, wenn sie erst eintreten, nachdem die Erklärung bindend geworden ist (§§ 873 II, 875) und der Antrag auf Eintragung beim Grundbuchamt gestellt ist.[13] Streitig ist, ob das Zugehen des Antrags genügt oder ob die Vorlage an den zuständigen Beamten erforderlich ist. **152**

§ 878 kommt zunächst für alle Rechtsgeschäfte des durch die Beschränkung Betroffenen (z. B. in der Insolvenz die des Schuldners) in Betracht, die unter die §§ 873, 875 fallen, auch für die Bewilligung einer Vormerkung[14] (vgl. u. § 18). Ob **153**

---

[13] Vgl. BGHZ 136, 87 = JZ 1998, 158 m. zustimmender Anm. *Gerhardt;* ablehnend *Schreiber,* JR 1998, 236; vgl. dazu auch *Scholtz,* ZIP 1999, 1693.

[14] BGHZ 28, 182 = NJW 1958, 2013; BGHZ 60, 46, 50 = NJW 1973, 323; *Schönfeld,* JZ 1959, 140.

auch ein Rechtserwerb im Wege der Zwangsvollstreckung unter § 878 fällt, ist bestritten, aber wohl zu bejahen.[15]

Zu diesen Verfügungsbeschränkungen gehören einstweilige Verfügungen, wenn sie Veräußerungsverbote enthalten,[16] gesetzliche Veräußerungsverbote, z. B. infolge Konkurseröffnung oder Nachlaßverwaltung, die Einschränkungen eines Ehegatten im Güterstand der Zugewinngemeinschaft oder der Gütergemeinschaft und des Vorerben, bei Zwangsvollstreckung die Pfändung oder Anordnung der Zwangsversteigerung, nicht aber Vormerkungen. Im Fall von § 878 behält also trotz der inzwischen eingetretenen Verfügungsbeschränkung der dingliche Vertrag seine volle Wirkung. Der Grund ist darin zu finden, daß die Parteien mit Einigung und Stellung des Eintragungsantrags alles Erforderliche getan haben und ihnen kein Einfluß auf den Vollzug des Eintragungsantrags eingeräumt ist.

Ob auch Erklärungen eines Nichtberechtigten, die nach § 185 dem Berechtigten gegenüber wirksam sind, unter § 878 fallen, ist bestritten, dürfte jedoch zu bejahen sein.

Beispiel: A verkauft dem B sein Grundstück und ermächtigt ihn, auch schon vor der Eintragung des Eigentumsübergangs das Grundstück zu belasten. B will von C eine Grundschuld aufnehmen und stellt den Antrag auf Eintragung dieser Grundschuld. Vor Eintragung wird er insolvent.[17]

2. Wegfall der Geschäftsfähigkeit und Tod

154 Beim Wegfall der Geschäftsfähigkeit handelt es sich nicht um einen Fall der Verfügungsbeschränkung. Ist die Einigung für sich allein bereits der dingliche Vertrag, so beurteilt sich die Geschäftsfähigkeit nach dem Zeitpunkt der Einigung. Ein späterer Verlust derselben hindert nicht die Wirkung der Einigung (§ 130 II).[18]

Dasselbe gilt für den Tod des Verfügenden. Auch die Bewilligung durch den Erblasser wirkt selbst dann gegen die Erben, wenn sie bereits als Eigentümer eingetragen sind[19] (vgl. u. § 24 IV).

3. Rechtsverlust

155 Der Rechtsverlust des Verfügenden fällt ebenfalls nicht unter § 878. Bis zur Vollendung der Eintragung muß der Verfügende Inhaber des Rechts sein. Andernfalls tritt, wenn nicht gutgläubiger Erwerb gegeben ist, die Rechtsänderung nicht ein.

VI. Beendigung eines Grundstücksrechts

1. Aufhebung

156 Die Aufhebung eines Rechts an einem Grundstück durch Rechtsgeschäft bedarf wiederum eines doppelten Aktes, der Aufgabeerklärung und der Eintragung im

---

[15] So *Wacke,* ZZP 82, 377; a. M. aber BGHZ 9, 250 = NJW 1953, 898 und neuerdings zu § 89 InsO *Viertelhausen,* InVO 2000, 330 m. w. N. auch zur Gegenauffassung.

[16] Zum Begriff des Verfügungsverbots vgl. *Bülow,* JuS 1994, 1.

[17] Vgl. zu diesem Problem *Däubler,* JZ 1963, 588.

[18] Vgl. dazu auch *Eickmann,* in: Westermann, § 75 III 3 a.

[19] BGHZ 48, 351 = NJW 1968, 105.

Grundbuch. Auch hier besteht also der Eintragungszwang, um die Richtigkeit des Grundbuchs sicherzustellen.

Die Eintragung, daß ein Recht erloschen ist, führt die Bezeichnung „Löschung", § 875. Sie erfolgt aber nicht etwa durch Beseitigung der alten Eintragung, sondern ist selbst eine neue Eintragung, nur negativen Inhalts.

Die Aufgabeerklärung ist wie die Einigung abstrakt. Für die Aufhebung des Eigentums selbst gilt § 928 (vgl. u. § 31).

Sie wird meist in der Form einer Löschungsbewilligung erfolgen, obwohl diese streng genommen von der materiellen Erklärung zu trennen ist, aber sie läßt einen sicheren Schluß auf einen auf materielle Rechtsänderung gerichteten Willen zu.

Der einseitige Verzicht genügt für die dinglichen Rechte anders als bei schuldrechtlichen Ansprüchen, die nur durch Vertrag zwischen Gläubiger und Schuldner (Erlaß genannt, vgl. § 397) aufgehoben werden können. Dies beruht folgerichtig darauf, daß der schuldrechtliche Anspruch ein rechtliches Band zwischen Gläubiger und Schuldner darstellt, das nicht einseitig gelöst werden kann, während das dingliche Recht die Herrschaft über eine Sache gewährt, daher vom Inhaber einseitig aufgegeben werden kann.

Wiederum ist streitig, ob Aufgabeerklärung und Löschung zusammen ein Rechtsgeschäft und eine Verfügung darstellen oder zwei selbständige Akte sind (vgl. o. IV). **157**

In solcher Verfügung über sein Recht kann der Berechtigte durch Rechtsgeschäft nicht wirksam eingeschränkt werden (§ 137).

Die Aufgabeerklärung ist gegenüber dem Grundbuchamt abzugeben oder gegenüber demjenigen, zu dessen Gunsten sie erfolgt (§ 875 I 2). Erklärungsempfänger ist also derjenige, dem durch den Wegfall des Rechts ein rechtlicher Vorteil zufällt (z. B. der Eigentümer durch Aufhebung jeder Grundstücksbelastung, aber auch jeder gleich- oder nachstehend Berechtigte).[20] Für die Aufgabe einer Hypothek gelten die besonderen Vorschriften der §§ 1168, 1183.

Ähnlich wie bei der Einigung tritt die Bindung an die Aufgabeerklärung nicht schon mit ihrer Wirksamkeit ein, sondern nur, wenn sie dem Grundbuchamt gegenüber abgegeben ist oder der Erklärende der Person, zu deren Gunsten sie erfolgt, eine formelle Löschungsbewilligung nach § 19 GBO ausgehändigt hat, § 875 II.

Rechte an einem Grundstück können ihrerseits belastet werden, z. B. eine Hypothek mit einem Nießbrauch oder Pfandrecht. In diesen Fällen ist zur Aufhebung des belasteten Rechtes auch die Zustimmung der an ihm Berechtigten erforderlich, damit ihnen nicht ihr Recht durch Beendigung des belasteten Rechts entzogen wird und infolge Wegfalls seines Objekts gleichfalls untergeht, § 876.

Es gibt ferner Rechte, die mit dem Eigentum an einem Grundstück verbunden sind und auf einem anderen Grundstück lasten, subjektiv dingliche Rechte, z. B. Dienstbarkeiten, §§ 1018, 1094 II, 1105 II (vgl. u. § 77). Solche Rechte stellen einen Wert und wirtschaftlichen Aktivposten des „herrschenden" Grundstücks dar, und deshalb bedarf ihre Aufhebung der Zustimmung aller derjenigen, die ein Recht am „herrschenden" Grundstück, damit auch ein Interesse am Fortbestand des Rechtes haben, § 876 Satz 2 (ausgenommen, wenn ein Recht am Grundstück durch die Aufhebung des Rechtes nicht beeinträchtigt wird, was bei Dienstbarkeiten der Fall sein kann).

Die Zustimmung ist dem Grundbuchamt gegenüber oder der Person, zu deren Gunsten sie erfolgt, abzugeben, § 876 Satz 3.

Das Eigentum am Grundstück kann dagegen ohne Zustimmung der am Grundstück Berechtigten aufgegeben werden, weil ja der Gegenstand ihrer Rechte, das Grundstück, unverändert bleibt und damit die Sicherheit, z. B. die Hypothek, nicht wesentlich beeinträchtigt wird.

2. Keine Konsolidation

Kein dingliches Recht an einem Grundstück erlischt durch Vereinigung mit dem Eigentum in einer Person (§ 889). Besonders wichtig ist dies bei Hypotheken (vgl. u. § 62). **158**

---

[20] Bestr., so *Eickmann,* in: Westermann, § 77 III.

VII. Inhaltsänderungen von Grundstücksrechten

159 Sie bedürfen der Einigung und Eintragung sowie der Zustimmung der an dem zu verändernden Recht Berechtigten (§ 877).

Als solche Änderungen kommen bei Hypotheken in Betracht die Änderung der Kündigungsbestimmungen oder der Zahlungstermine, aber nicht Erweiterungen oder Einschränkungen bezüglich des Kapitals.

§ 17. Die Rangordnung der Grundstücksrechte

Literatur: *Fabricius,* Zur Löschung eines ausgeübten Rangvorbehalts, Rpfleger 1956, 155, 301; *Gursky,* Auflassungsvormerkung, Rangänderung und Wirksamkeitsvermerk, DNotZ 1998, 273; *Hoche,* Bereicherungsanspruch bei fehlerhafter Rangeintragung im Grundbuch, JuS 1962, 60; *Jansen,* Rangvorbehalt und Zwangsvollstreckung, AcP 152, 508; *Jungwirth,* Der vereinbarte Rang von Grundstücksrechten, 1990; *Lehmann,* Vorrang oder Zustimmung – wie wird ein eigentumsvormerkungswidriges Finanzierungsgrundpfandrecht wirksam?, NJW 1993, 1588; *Rieve,* Mehrfache Ausnutzung eines Rangvorbehalts, NJW 1954, 1434; *Skidzun,* Der Wirksamkeitsvermerk, Rpfleger 2002, 9; *Schultz,* Der Wirksamkeitsvermerk als Gestaltungsalternative zu Rangvorbehalt und Rangrücktritt der Auflassungsvermerkung, RNotZ 2001, 541; *Steup,* Grundbuchrang und Grundbuchvormerkung, 2004; *Weirich,* Der Rang im Grundbuch, Jura 1983, 337; *Wilhelm,* Der Rang der Grundstücksrechte auf Grund des Verfügungstatbestands, insb. Einigung und Eintragung, JZ 1990, 501.

I. Allgemeines

160 An einem Grundstück können, soweit es ihr Inhalt zuläßt, mehrere Rechte der gleichen Art bestehen, z. B. mehrere Dienstbarkeiten, vor allem mehrere Hypotheken oder Grundschulden, was bei diesen praktisch sogar die Regel ist, nicht dagegen mehrere Erbbaurechte oder ein mehrfacher Nießbrauch.

Damit erwächst der Rechtsordnung das Problem des Rangs. Solange freilich alle Berechtigten vom Eigentümer befriedigt werden, wird es nicht akut und der Eigentümer braucht sich an keine Reihenfolge bei der Befriedigung zu halten. Dagegen wird es wichtig, wenn es zu einer Zwangsvollstreckung in das Grundstück kommt und seine Erträgnisse bei Zwangsverwaltung oder sein Erlös bei Zwangsversteigerung unter die Gläubiger verteilt werden müssen, aber für alle nicht ausreichen. Denn jetzt handelt es sich darum, wie jedes Recht in einem solchen Konfliktsfall verwirklicht werden soll. Es entsteht die Frage, ob alle Berechtigten gleichmäßig befriedigt werden sollen oder ob der im Rang Vorstehende völlig befriedigt werden soll, ehe der Nachstehende etwas erhält. Die erste Regelung würde bedeuten, daß jeder Berechtigte durch das nachträgliche Hinzutreten anderer Berechtigter in seinen Aussichten und damit in der Sicherheit seines Rechts eine im voraus nicht übersehbare Beeinträchtigung erfahren könnte. Der Gesetzgeber hat sich daher im Interesse der notwendigen Sicherheit der dinglichen Rechte, besonders eines geordneten Realkredits, für den zweiten Weg entschlossen und eine feste Rangordnung geschaffen. Danach kann jeder Inhaber eines Rechts an einem Grundstück bei Begründung oder Erwerb desselben Wert und Sicherheit seines Rechts annähernd genau beurteilen und keinesfalls dadurch geschädigt werden, daß das Grundstück nachträglich weiter belastet wird. Über die Auswirkungen der Rangordnung im Fall der Zwangsvollstreckung in das Grundstück vgl. u. § 59 III 4.

Man unterscheidet die gleitende Rangordnung, bei der im Fall des Erlöschens des vorstehenden Rechts das nachfolgende nachrückt, und die festbestimmte Rangstelle, bei der jedes Recht seine Rangstelle unverändert beibehält, so daß der Wegfall des vorstehenden Rechts keine Verbesserung des Rangs mit sich bringt. Das BGB hat grundsätzlich die erste Ordnung durchgeführt, nur bei Hypotheken durch die Einführung der Eigentümergrundschuld praktisch den zweiten Weg beschritten (vgl. u. § 62 III). 161

II. Bestimmung des Rangs

Der Rang der Rechte richtet sich nach verschiedenen Tatsachen, je nachdem ob es sich um Rechte handelt, die in derselben Abteilung des Grundbuchs eingetragen sind oder um solche, die in verschiedenen Abteilungen stehen. 162

Zum Verständnis sei hier von der Einrichtung des Grundbuchs vorweggenommen (vgl. u. § 23 IX), daß in Abt. 3 die Hypotheken, Grund- und Rentenschulden stehen, in Abt. 2 alle anderen Belastungen des Grundstücks.

Der Rang richtet sich bei Rechten, die in derselben Abteilung eingetragen sind, nach der Reihenfolge der Eintragungen, bei Rechten in verschiedenen Abteilungen nach dem Datum der Eintragungen (§ 879 I). Ob unter „Reihenfolge" das räumliche Hintereinander im Grundbuch oder die Zeit der Eintragung (nicht Angabe des Datums) zu verstehen ist, ist streitig, doch wird man der zweiten Auffassung den Vorzug geben müssen. Daher geht ein früher eingetragenes Recht dem später in derselben Abteilung eingetragenen vor.[1] Freilich stimmen in der Regel räumliche und zeitliche Reihenfolge überein. Rechte, die unter gleicher Tagesangabe eingetragen sind, haben gleichen Rang, wenn sie in verschiedenen Abteilungen stehen (§ 879 I 2), es sei denn, daß gem. § 45 II GBO ein Rangfolgevermerk eingetragen ist. Sollen Rechte einen anderen Rang haben, z. B. gleichen Rang, wenn sie in derselben Abteilung, daher hintereinander, stehen, so muß dies besonders vermerkt werden (§ 879 III). Dies wird wichtig, wenn mehrere Anträge gleichzeitig gestellt werden und Rechte in derselben Abteilung betreffen.

Nach dem formellen Grundbuchrecht sollen Anträge, die dasselbe Grundstück betreffen, in der Reihenfolge erledigt werden, in der sie beim Grundbuchamt eingehen (§§ 17, 45 GBO, vgl. u. § 24 VIII). Danach wird in aller Regel das früher beantragte Recht auch früher eingetragen werden und damit den Vorrang erhalten. Praktisch besteht also für die Rechte an Grundstücken und ihren Rang der Grundsatz der Priorität. Aber diese Vorschrift der Grundbuchordnung ist nur eine Soll-Vorschrift. Wird von ihr abgewichen, so entscheidet über die Rangordnung die Eintragung im Grundbuch, so wie sie erfolgt ist, nicht wie sie hätte erfolgen sollen. Auch Bereicherungsansprüche des Benachteiligten gegenüber dem Bevorzugten kommen nicht in Betracht.[2] Für den Rechtsverkehr hat die Bestimmung der Rangordnung nach der Eintragung den großen Vorteil, daß man sich auf das Grundbuch allein verlassen kann und nicht erst die Reihenfolge der Antragstellung zu prüfen hat. Fehler des Grundbuchamts in dieser Beziehung 163

[1] So auch *Baur/Stürner,* § 17 Rn. 20; *Wolff/Raiser,* § 41 I 1; a. M. *Eickmann,* in: Westermann, § 80 II 2 sowie *E. Wolf,* S. 417, die sich für die räumliche Folge aussprechen.

[2] Vgl. BGHZ 21, 98 = NJW 1956, 1314; *Eickmann,* in: Westermann, § 80 II 7; *Hoche,* JuS 1962, 60.

machen daher das Grundbuch niemals unrichtig; die aus dem Grundbuch ersichtliche Rangordnung ist stets richtig. Fehler des Grundbuchamts begründen aber regelmäßig einen Amtshaftungsanspruch gegen den Staat gem. Art. 34 GG, § 839 BGB.

Die Eintragung entscheidet auch, wenn das Recht erst später entsteht (z.B. wenn eine früher eingetragene Hypothek erst später durch nachfolgende Einigung entsteht als eine zweite später eingetragene, aber sofort entstandene Hypothek), § 879 II.

Einer besonderen Betrachtung bedarf der Fall, daß zwischen dem Eigentümer und dem künftig Berechtigten, z.B. dem Hypothekengläubiger, eine bestimmte Rangstelle vereinbart ist. Denn eine solche Vereinbarung stellt einen Teil der Einigung dar; somit liegt im Falle einer vereinbarungswidrigen Eintragung des Rechts ein Widerspruch zwischen Einigung und Eintragung vor, der die Eintragung unwirksam machen und die Wirkung von § 873 aufheben kann. Aber man wird unter Anwendung von § 139 doch in der Regel zu dem Ergebnis gelangen, daß das Recht mit dem der Eintragung entsprechenden Rang entstanden ist, da dies dem Interesse der Beteiligten entspricht und daher im Zweifel als gewollt anzunehmen ist. Auf keinen Fall kann das Recht mit dem vereinbarten Rang entstehen.[3]

Ob der durch die vereinbarungswidrige Eintragung Benachteiligte gegen den Begünstigten (mit besserem Rang Eingetragenen) einen Anspruch aus § 812 hat, ist streitig.[4] Außerdem hat er gegen den Eigentümer aus dem zugrunde liegenden schuldrechtlichen Vertrag den Anspruch wegen teilweiser Nichterfüllung des Vertrages nach §§ 275 ff.

Fehlt es an einem Datum (was sehr selten vorkommt), geht das eingetragene Recht immerhin den Rechten in der anderen Abteilung vor, welche den hinter ihm in derselben Abteilung eingetragenen Rechten nachstehen, wenn nicht die Zeit der Eintragung sich feststellen läßt (str.).

III. Rangänderung

164 Das Rangverhältnis unter zwei Rechten kann nachträglich geändert werden, indem ein Berechtigter mit seinem Recht zurücktritt, der andere mit seinem Recht vorrückt (§ 880 I).

1. Einigung und Eintragung

165 Hierzu sind wieder erforderlich Einigung (zwischen dem zurücktretenden und dem vortretenden Berechtigten) und Eintragung der Rangänderung im Grundbuch (streitig ist, ob die Eintragung beim zurücktretenden Recht genügt oder bei beiden erforderlich ist).

Die Bindung an die formlos mögliche Einigung tritt auch hier erst gemäß § 873 II ein. Da in der Rangänderung eine Verfügung seitens des Zurücktretenden liegt, findet auf ihn § 878 entsprechende Anwendung.

Streitig ist die Behandlung des Falles, daß jemand, dem zwei Rechte an einem Grundstück zustehen, unter ihnen die Rangänderung vornehmen will. Nach der einen Auffassung genügt die einseitige Erklärung des Berechtigten, nach der anderen ist die Einigung mit dem Eigentümer nach § 877 erforderlich; die erste Auffassung verdient den Vorzug.

Soll eine Hypothek oder eine Grundschuld zurücktreten, so ist auch die Zustimmung des Eigentümers erforderlich, § 880 II 2. Sie ist unwiderruflich und gegenüber dem Grundbuchamt oder einem Beteiligten zu erklären, § 880 II 3. Für den Eigentümer ist es nicht ganz gleichgültig, welcher Gläubiger den Vorrang hat, denn es besteht für ihn die Möglichkeit, daß die Hypothek auf ihn übergeht (§ 1163, vgl. u. § 62).

---

[3] So auch *Wolff/Raiser,* § 41 III.
[4] Vgl. dazu *Baur/Stürner,* § 17 Rn. 27; *Eickmann,* in: Westermann, § 80 III 3.

2. Dingliche Wirkung

Die Rangänderung hat nicht etwa nur obligatorische Wirkung, so daß der Zurücktretende nur die Verpflichtung auf sich nähme, bei einer späteren Zwangsvollstreckung den auf ihn entfallenden Erlös dem Vorgetretenen zu überlassen, sondern dingliche Wirkung, verschafft daher dem Vortretenden unmittelbar die Rangstelle des Zurücktretenden und das entsprechende Recht auf den Erlös bei der Zwangsvollstreckung. 166

Die Zustimmung der Berechtigten, die zwischen dem Vortretenden und dem Zurücktretenden stehen, ist nicht erforderlich; denn ihre rechtliche Stellung und Lage wird durch die Rangänderung nicht berührt (§ 880 V).

Dies hat eine wichtige Folge, falls das vortretende Recht einen höheren Betrag aufweist als das zurücktretende, denn in diesem Fall kann das Vortreten gegenüber den Zwischenrechten nur zu einem Betrage wirksam werden, der dem Betrag des zurücktretenden Rechts entspricht; sonst würde sich durch Rangänderung die rechtliche Lage der Zwischenrechte ohne Zustimmung der Betroffenen verschlechtern können. Für den Überschuß kann sich die Rangänderung nur im Verhältnis der beiden Vertragsteile auswirken.

Bestehen z. B. drei Hypotheken – Nr. 1 für A mit 150 000 €, Nr. 2 für B mit 100 000 €, Nr. 3 für C mit 200 000 € – und vereinbaren A und C die Rangänderung ihrer Rechte, so rückt C nur mit 150 000 € an die erste Rangstelle, es folgt B mit seinen 100 000 €, dann erst kommt C mit den restlichen 50 000 €, an letzter Stelle A mit seinen 150 000 €.

Ist das vorgetretene Recht kleiner als das zurücktretende, so behält dieses für den Überschußbetrag den Rang vor den Zwischenbelastungen.

3. Nichtbestehen oder Erlöschen

Wie gestaltet sich nun die Rechtslage, wenn eines der beiden Rechte nicht besteht 167
oder erlischt?

a) Besteht das vortretende Recht nicht, so scheitert die Rechtsänderung, ebenso wenn das zurücktretende Recht nicht besteht. Doch kann im zweiten Fall der Vortretende in die Rechtsstellung des Zurücktretenden kraft guten Glaubens einrücken nach § 893.[5]

b) Wenn das vorgetretene Recht erlischt, so kehrt das zurückgetretene automatisch in seine alte Rechtsstellung zurück und die Zwischenrechte rücken nicht etwa auf. Dies würde einen ungerechtfertigten Vorteil für die Zwischenberechtigten bedeuten; sie ständen dann besser, als wenn die Rangänderung gar nicht erfolgt wäre.

c) Wenn das zurückgetretene Recht durch Rechtsgeschäft erlischt, z. B. durch Aufhebung nach § 875, so behält das vorgetretene Recht seine neue Rangstellung (§ 880 IV). Andernfalls wäre seine Stellung sehr unsicher und könnte jederzeit durch ein Rechtsgeschäft des zurückgetretenen Berechtigten verschlechtert werden.

d) Wenn das zurückgetretene Recht dagegen auf andere Weise erlischt, z. B. durch den Eintritt einer auflösenden Bedingung oder durch den Tod des Berechtigten bei höchstpersönlichen Rechten (vgl. § 1061), dann verliert das vorgetretene Recht sein Vorrecht, damit die Zwischenrechte nicht benachteiligt werden, die ohne die Rangänderung durch den Wegfall des zurückgetretenen Rechts aufgerückt wären.

---

[5] Str., vgl. *Wolff/Raiser*, § 42 I 1.

4. Wesen

168 Über das rechtliche Wesen der Rangänderung herrscht Streit. Nach einer Auffassung liegt in ihr eine Belastung des zurücktretenden Rechts zugunsten des vortretenden; aber ein Recht dieses Inhalts an einem Grundstücksrecht gibt es nicht. Nach einer anderen Auffassung liegt ein Verzicht auf die bessere Rangstellung vor, wobei der Rang zwar kein selbständiges Recht, aber wenigstens ein Rechtsgut ist. Nach verbreiteter Meinung ist in der Rangänderung eine Änderung der zwischen beiden Rechten bestehenden Rangordnung oder eine Abtretung des Rangrechts zu erblicken.

5. Praktische Bedeutung

169 Die praktische Bedeutung der Rangänderung liegt darin, daß es dem Eigentümer ermöglicht wird, nachträglich z. B. eine Hypothek mit besserem Rang zu bestellen, sobald er von dem vorstehenden Hypothekengläubiger die Bereitschaft zum Zurücktreten erreicht hat. Zum Beispiel kann an erster Stelle eine Restkaufgeldhypothek stehen und nun der Eigentümer, um bauen zu können, eine Baugelderhypothek aufnehmen wollen; die Hauptgeldgeber, Hypothekenbanken und Sparkassen, geben aber in der Regel Darlehen nur nach Einräumung einer Hypothek an 1. Rangstelle, müssen daher auf dem Vorrang ihrer Hypothek bestehen. Die Rangänderung ermöglicht es nun, der nachträglich begründeten Baugelderhypothek die erste Rangstelle zu verschaffen. Daher liegt die Zulassung solcher Rangänderungen im sozialen und wirtschaftlichen Interesse. Zu solcher Rangänderung werden die zurücktretenden Gläubiger bereit sein, da durch den Hausbau eine bedeutende Werterhöhung des Grundstücks eintritt, die regelmäßig über den Betrag der Baugelderhypothek hinausgehen wird.

6. Wirksamkeitsvermerk statt Rangänderung

169a Gebräuchlich ist bei Grundstücksübertragungen vor allem die Konstruktion, daß dem Erwerber eine Auflassungsvormerkung bestellt wird (vgl. dazu § 18 II 2) und er zugleich vom Veräußerer ermächtigt wird, Grundpfandrechte zur Finanzierung des Kaufpreises zu bestellen. Ist die Vormerkung schon eingetragen, wird regelmäßig der Rangrücktritt der i. S. d. § 879 als rangfähig[6] anzusehenden Auflassungsvormerkung hinter das Finanzierungsgrundpfandrecht erklärt, um dem Grundpfandrechtsgläubiger im Falle der Zwangsversteigerung den Vorrang zu gewähren. Da die Rangänderung eine Gebühr nach § 67 KostO auslöst, hat die notarielle Praxis versucht, die uneingeschränkte Wirksamkeit eines vom Veräußerer vertragsgemäß bestellten, später eingetragenen Grundpfandrechts durch einen bei dem Grundpfandrecht und der Vormerkung einzutragenden „Wirksamkeitsvermerk" klarzustellen und so kostenfrei das gleiche Ergebnis zu erzielen wie durch einen Rangrücktritt.[7] Auf eine Vorlage-

[6] H. M. vgl. RGZ 124, 200; BGHZ 46, 124, 127 = NJW 1967, 566; Palandt/*Bassenge,* § 879 Rn. 5; *Lehmann,* NJW 1999, 3318; a. A. *Schubert,* DNotZ 1999, 967, 970 ff. m. w. N.

[7] *Demharter,* GBO, 25. Aufl., 2005, § 22 Rn. 19; *Schöner/Stöber,* Grundbuchrecht, 14. Aufl., 2008, Rn. 1523; MünchKomm/*Wacke,* § 883 Rn. 48. Eine Zustimmung des Vormerkungsgläubigers verlangen hingegen diejenigen, welche die spätere Eintragung unabhängig vom Vertragsinhalt für vormerkungswidrig halten, vgl. dazu *Lehmann,* NJW 1993, 1558, 1560; *Gursky,* DNotZ 1998, 273, 274 m. w. N.

entscheidung des *OLG Hamm*[8] hat der *BGH* die Zulässigkeit eines solchen Wirksamkeitsvermerks gebilligt.[9] Da die Praxis im Anschluß an eine Entscheidung des *BayObLG*[10] dazu tendiert, nunmehr auch für die Eintragung des Wirksamkeitsvermerks eine 1/4-Gebühr zu erheben, ist fraglich, ob zukünftig der Wirksamkeitsvermerk die Rangrücktrittskonstruktion verdrängen wird.

IV. Rangvorbehalt

Was durch nachträgliche Rangänderung erreicht wird, kann im voraus durch Rangvorbehalt gesichert werden (§ 881). 170

1. Einigung und Eintragung

Der Eigentümer kann sich bei Belastung seines Grundstückes mit einem Recht die Befugnis vorbehalten, später ein anderes, dem Umfang nach bestimmtes Recht mit dem Rang vor dem jetzt begründeten Recht eintragen zu lassen. 171

Daß der Umfang des Rechtes festgelegt sein muß, ist leicht begreiflich; denn wer würde bereit sein, sich ein anderes Recht vorgehen zu lassen, dessen Umfang er nicht kennt? Man würde ja die rechtliche und wirtschaftliche Tragweite des Zurücktretens gar nicht abschätzen können.

Auch hier kommt vor allem der Vorbehalt zugunsten einer später zu begründenden Baugeldhypothek in Frage, der beim Erwerb eines unbelasteten Grundstücks, auf dem der Erwerber zu bauen beabsichtigt, vereinbart wird.

Erforderlich sind auch hier Einigung (obwohl nicht erwähnt) und Eintragung, Einigung zwischen dem Eigentümer und dem zurücktretenden Berechtigten, Eintragung bei dem zurücktretenden Recht § 881 II). Sofern das vorbehaltene Grundpfandrecht verzinslich ist, muß die Eintragungsbewilligung den Zinsbeginn enthalten.[11]

Ob der Rangvorbehalt nur einen Fall betrifft oder für mehrere Fälle begründet werden kann, hängt von dem Inhalt der Eintragung ab.[12]

Streitig ist, ob der Rangvorbehalt nur bei Begründung des später zurücktretenden Rechtes oder auch nachträglich möglich ist.

2. Dingliche Wirkung

Auch der Rangvorbehalt hat nicht nur obligatorische, sondern dingliche Wirkung; daher hat das auf Grund des Vorbehalts bestellte Recht automatisch den Vorrang vor dem mit dem Vorbehalt belasteten Recht. 172

Die Befugnis ist nicht an die Person des Eigentümers geknüpft, der den Vorbehalt vereinbart hat, sondern geht bei Veräußerung des Grundstücks auf den Erwerber über, steht also dem jeweiligen Eigentümer zu (§ 881 III). Sie ist aber höchstpersönlich und daher nicht pfändbar.

---

[8] *OLG Hamm* Rpfleger 1999, 68; a. A. *OLG Köln* DNotZ 1998, 311.

[9] BGHZ 141, 169 = NJW 1999, 2275 = MDR 1999, 796 m. Anm. v. *Stickelbrock; OLG Saarbrücken* MittRhNotK 1995, 25; *LG Amberg* MittRhNotK 1996, 41.

[10] *BayObLG* MDR 1998, 622; a. A. *OLG Düsseldorf* NJW-RR 2001, 70.

[11] BGHZ 129, 1 = NJW 1995, 1081.

[12] Vgl. dazu *Rieve,* NJW 1954, 1434.

3. Aufhebung

173 Die Aufhebung des Vorbehalts erfolgt als Inhaltsänderung des mit dem Vorbehalt eingetragenen Rechts nach § 877, nicht nach § 875; der Vorbehalt ist kein selbständiges Recht am Grundstück.[13] Bestritten ist, ob es zur Aufhebung eines ausgeübten Rangvorbehalts der Zustimmung des begünstigten Hypothekengläubigers bedarf.[14]

4. Wesen

174 Das Wesen des Rangvorbehalts liegt darin, daß der Eigentümer sich gemäß § 903 die Befugnis vorbehält, über die Rangstelle zu verfügen, und sich damit gewissermaßen ein Stück seines Eigentums vorbehält (str.); der Vorbehalt stellt also eine aus dem Eigentum fließende Verfügungsberechtigung des jeweiligen Eigentümers dar. Der Eigentümer sichert sich die Befugnis, der Wirkung nach eine Rechtsänderung vorzunehmen, wie sie sonst der zurücktretende Berechtigte nach § 880 mit dem Vortretenden vereinbaren könnte und erst vereinbaren müßte. Die Wirkung der Ausnutzung des Rechtsvorbehalts ist daher auch die gleiche wie die einer späteren Rangänderung.

Der einem Grundstückseigentümer zustehende Rangvorbehalt kann nicht von einem Gläubiger gepfändet werden. Die nicht ausgeübte Rangbefugnis gibt dem Grundstückseigentümer in der Zwangsversteigerung auch kein Recht auf den dem vorbehaltenen Rang entsprechenden Anteil am Versteigerungserlös.[15]

Auch kann der Gläubiger einer Zwangshypothek den Rangvorbehalt nicht in Anspruch nehmen und in die vorbehaltene Stelle einrücken.[16]

Die Durchführung des Rangvorbehalts erfolgt durch Einigung des Eigentümers mit dem vortretenden Berechtigten, wobei der Eigentümer den zurücktretenden Berechtigten ersetzt, so daß dessen Bewilligung nicht erforderlich ist, und durch Eintragung beim vortretenden Recht, um deutlich zu machen, daß es sich bei ihm um das Recht handelt, das auf Grund des Vorbehaltes die bessere Rangstelle erhält.

5. Zwischenbelastungen

175 Sind keine Zwischeneintragungen zwischen dem mit dem Vorbehalt belasteten Recht und dem vorbehaltenen Recht erfolgt, so gestaltet sich die Lage einfach: Das vorbehaltene Recht erhält mit seiner Eintragung den Vorrang vor dem früher begründeten, aber mit dem Vorbehalt belasteten Recht.

Es können nun aber Zwischenbelastungen erfolgen, sei es daß der Eigentümer für einen Dritten ohne Rücksicht auf den Vorbehalt ein Recht begründet, sei es (was eher geschehen wird), daß Belastungen des Grundstücks ohne den Willen des Eigentümers erfolgen, z. B. durch eine im Weg der Zwangsvollstreckung eingetragene Sicherungshypothek. Die rechtliche Stellung dieser Zwischenbelastungen darf durch den Vorbehalt nicht berührt werden; sie brauchen sich nicht mehr vorgehen zu lassen, als das früher begründete, mit dem Vorbehalt belastete Recht ausmacht. Der Vorbehalt wirkt nur relativ unter den beiden beteiligten Rechten; andere Rechte werden durch ihn nicht betroffen. Andererseits kann dem mit dem Vorbehalt belasteten Recht insgesamt nicht mehr vorgehen, als im Vorbehalt vorgesehen; denn nur in diesem Umfang will der Gläubiger zurücktreten. Durch die späteren Zwischenbelastungen kann sich daran nichts ändern, weil sie erst später begründet sind und bei Vereinbarung des Vorbehalts noch nicht zu übersehen waren (anders als im Falle von § 880). In diesem Konflikt entscheidet sich das Gesetz dafür, den Rangvorbehalt wirkungslos sein zu lassen, soweit das mit dem Vorbehalt belastete Recht infolge von Zwischenbelastungen eine weitergehende Belastung erleiden würde, als nach dem Vorbehalt vorgesehen war (§ 881 IV).

Hieraus entstehen merkwürdige Komplikationen je nach der Höhe des Erlöses bei der Zwangsversteigerung. Sie sind bei Schaffung des Gesetzes wohl nicht vorhergesehen, entwerten aber den

---

[13] Str., a. M. *Eickmann,* in: Westermann, § 82 II 3.
[14] So *Fabricius,* Rpfleger 1956, 155.
[15] Vgl. BGHZ 12, 238 = NJW 1954, 954.
[16] Vgl. *Jansen,* AcP 152, 508.

Rangvorbehalt im Fall von Zwischenbelastungen. Dies mag folgendes **Beispiel** zeigen: Für A ist an erster Stelle eine Hypothek von 100 000 € eingetragen mit dem Vorbehalt zugunsten einer späteren Hypothek des C von 100 000 €, an zweiter Stelle eine Zwangshypothek von 100 000 € für B, an dritter die vorbehaltene Hypothek des C. Beträgt der Erlös in der Zwangsversteigerung 200 000 €, so erhält A 100 000 €, denn er hat durch den Vorbehalt nur eingeräumt, daß 100 000 € ihm vorgehen; B erhält gleichfalls 100 000 €, denn auch er braucht sich nur 100 000 € vorgehen zu lassen; C erhält daher trotz des Vorbehaltes nichts. Ist der Erlös nur 100 000 €, so erhält A nichts, denn er muß sich auf Grund des Vorbehaltes 100 000 € vorgehen lassen; B erhält auch nichts, denn auch er muß sich 100 000 € vorgehen lassen; C erhält jetzt 100 000 €! Er ist also an einem geringen Ertrag der Zwangsversteigerung interessiert.

Erst wenn der Erlös über 200 000 € hinausgeht, hat er wieder ein Interesse an einem höheren Erlös, bei 300 000 € Erlös wird er endlich ganz befriedigt.

Man kann also die Regel aufstellen: Der Vorrang wird wirkungslos in der Höhe des auf die Zwischenbelastungen entfallenden Erlöses.

Daher ist der Rangvorbehalt für den Berechtigten dann kein sicheres Rangwahrungsmittel, wenn vor Ausübung des Vorbehalts Zwischenbelastungen ohne Rücksicht auf den Rangvorbehalt begründet werden.[17] Der praktische Vorteil eines Rangvorbehalts ist seine Kostenfreiheit (vgl. § 44 III KostO). 176

§ 18. Die Vormerkung

Literatur: *Assmann,* Die Vormerkung (§ 883 BGB), 1998; *J. Baur,* Die Durchsetzung einer gutgläubig erworbenen Auflassungsvormerkung, JZ 1967, 437; *Biermann,* Widerspruch und Vormerkung, 1901; *Dulckeit,* Die Verdinglichung obligatorischer Rechte, 1951; *Ehricke/Diehn,* Durchsetzung des gutgläubigen Erwerbs einer Vormerkung, JuS 2002, 669; *Finger,* Die Sperrungswirkung der Vormerkung (§ 883 Abs. 2 BGB) gegenüber nachträglicher Vermietung, JR 1974, 8; *Furtner,* Gutgläubiger Erwerb einer Vormerkung, NJW 1963, 1484; *Hager,* Die Vormerkung, JuS 1990, 429; *Jahr,* Sicherung von „Anwartschaften" auf Erwerb von Grundstücksrechten und Erbanteilen, JuS 1963, 224; *Kempf,* Zur Rechtsnatur der Vormerkung, JuS 1961, 22; *Knöpfle,* Die Vormerkung, JuS 1981, 157; *Kupisch,* Auflassungsvormerkung und guter Glaube, JZ 1977, 486; *Lichtenberger,* Die Vormerkung zur Sicherung künftiger oder bedingter Ansprüche, NJW 1977, 1755; *Lüke,* Auflassungsvormerkung und Heilung des formnichtigen Kaufvertrags – BGHZ 54, 56, JuS 1971, 341; *Medicus,* Vormerkung, Widerspruch und Beschwerde, AcP 163, 1; *Michaelis,* Vormerkung für einen Anspruch auf Übertragung eines Erbanteils, JuS 1963, 231; *Mollenkopf,* Faktische Einwirkungen auf vormerkungsbetroffene Grundstücke, 1998; *Mülbert,* Der redliche Vormerkungserwerb, AcP 197, 336; *Preuß,* Die Vormerkungsfähigkeit von Übertragungsansprüchen auf den Todesfall, DNotZ 1998, 602; *dies.,* Die Vormerkbarkeit künftiger und bedingter Ansprüche, AcP 201, 580; *Prinz,* Der gutgläubige Vormerkungserwerb und seine rechtlichen Wirkungen, 1989; *Reinicke,* Der Schutz des guten Glaubens beim Erwerb einer Vormerkung, NJW 1964, 2373; *Richter,* Tatsächliche Einwirkungen auf das Kaufgrundstück und Vormerkungsschutz, 1999; *Rosien,* Der Schutz des Vormerkungsberechtigten, 1994; *Schwerdtner,* Die Auflassungsvormerkung, Jura 1985, 316; *Stadler,* Die Vormerkungsfähigkeit bedingter und künftiger Rückübertragungsansprüche, Jura 1998, 189; *Stamm,* Die Auflassungsvermerkung, 2003; *ders.,* Die examensrelevanten Probleme der Vormerkung in der Falllösung, JuS 2003, 48; *Steup,* Grundbuchrang und Grundbuchvormerkung, 2004; *Tiedtke,* Die Auflassungsvormerkung, Jura 1981, 354; *Trupp,* Die Rechtsnatur der Vormerkung in veränderter Sichtweise, JR 1990, 184; *Wacke,* Vorgemerkter Schwarzkauf und Bestätigung oder Novation, DNotZ 1995, 507; *Wörbelauer,* Das unter Eigentumsvormerkung stehende Grundstück – eine res extra commercium? DNotZ 1963, 580, 652 und 718; *Wunner,* Gutglaubensschutz und Rechtsnatur der Vormerkung, NJW 1969, 113; vgl. dazu auch die Literaturangaben zur Löschungsvormerkung bei § 62.

---

[17] Der Zweck, den der Rangvorbehalt erreichen soll, kann gerade in diesen Fällen besser durch fiduziarische Bestellung einer isolierten Grundschuld erreicht werden; vgl. dazu *Eickmann,* NJW 1981, 545.

I. Zweck der Vormerkung

177 Die scharfe Trennung von obligatorischem und dinglichem Rechtsgeschäft kann bei einem längeren zeitlichen Zwischenraum zwischen beiden eine Gefährdung des schuldrechtlichen Anspruchs auf die dingliche Rechtsänderung bedeuten. Die Bindung des schuldrechtlichen Vertrags hindert den Verpflichteten nicht, eine vertragswidrige, aber dennoch wirksame Verfügung über das Grundstück zugunsten eines Dritten vorzunehmen und die Erfüllung des Rechtsgeschäfts zu vereiteln. Zwar löst diese Verfügung für den obligatorisch Berechtigten einen Schadensersatzanspruch aus; die dingliche Rechtsänderung zu seinen Gunsten kann er jedoch nicht mehr herbeiführen. Die schuldrechtlichen Rechtsbehelfe reichen somit für einen wirksamen Schutz des Berechtigten nicht aus. Erforderlich ist vielmehr ein dinglich wirkendes Sicherungsmittel. Diese Sicherung eines obligatorischen Anspruchs auf eine dingliche Rechtsänderung am Grundstück erfolgt durch Eintragung einer Vormerkung im Grundbuch (§ 883).

II. Gegenstand der Vormerkung

1. Sicherung obligatorischer Ansprüche

178 Die Vormerkung wird eingetragen für schuldrechtliche Ansprüche auf Einräumung oder Aufhebung eines dinglichen Rechts am Grundstück oder an einem Grundstücksrecht. Die Eintragung einer Vormerkung ist auch zur Sicherung eines künftigen oder eines bedingten Anspruchs zulässig (§ 883 I 2); freilich muß bereits eine sichere Rechtsgrundlage für die Entstehung des künftigen Anspruchs geschaffen sein, so daß die Bindung vom Schuldner nicht mehr willkürlich beseitigt werden kann (sog. Rechtsbodenlehre).[1] Die Vormerkung ist akzessorisch.[2] Sie entsteht nur, wenn ein Anspruch besteht, sie geht mit ihm auf den Zessionar über (§ 401) und erlischt, wenn der Anspruch erlischt (s. u. VI). Zur Auswechslung einer Forderung s. u. Rn. 179a.

179 Die Ansprüche können auf Vertrag oder auf Vermächtnis,[3] Bereicherung, unerlaubter Handlung, ferner auf Rücktritt oder Wiederkauf beruhen. Stets muß die zu sichernde Rechtsänderung selbst eintragbar sein. Nur ein wirksamer Anspruch kann aber den Grund für eine Vormerkung abgeben, z. B. nicht der aus einem nichtigen Kaufvertrag.[4] Der Anspruch muß dem zustehen, für den die

---

[1] Vgl. zur Sicherung künftiger oder bedingter Ansprüche *Lichtenberger,* NJW 1977, 1755; *Assmann,* S. 50 ff. und aus der Rechtsprechung BGHZ 12, 115 = NJW 1954, 633; BGHZ 134, 182 = NJW 1997, 861 m. Anm. *Berger,* JZ 1997, 519, *Jung,* RPfleger 1998, 51 und *Stadler,* Jura 1998, 189; *BGH* MDR 2001, 1296; BGHZ 151, 116 = NJW 2002, 2461 (Rückübereignung bei grobem Undank; dazu kritisch *Berger,* FS Kollhosser, 2003, S. 35 ff.; zustimmend PWW/*Huhn,* § 883 Rn. 11 ff.); *BGH* NJW 2002, 2874; *BayObLG* NJW 1978, 166 und 700; DNotZ 1997, 153; *OLG Düsseldorf* DNotZ 1997, 162; *BGH* NJW 2009, 356. Der *BGH* (NJW 2000, 805) will neuerdings sogar eine Auswechslung der gesicherten Forderung zulassen. Das ist von § 883 I 2 nicht gedeckt (s. u. Rn. 179a).

[2] *BGH* NJW 2007, 508; deshalb kann eine Vormerkung, die zur Sicherung eines Anspruchs für bereits erbrachte Teilleistungen eingetragen ist, nicht für eine Sicherheit für spätere Teilleistungen genutzt werden, vgl. *BGH* NJW 2001, 3701, = ZIP 2001, 1705.

[3] Aber nicht vor dem Erbfall, BGHZ 12, 115 = NJW 1954, 633; vgl. auch *Hieber,* DNotZ 1952, 432, *Haegele,* Rpfleger 1969, 271 und umfassend *Preuß,* DNotZ 1998, 602.

[4] BGHZ 54, 56 = NJW 1970, 1541; *OLG Frankfurt a. M.* DNotZ 1995, 539; *Hager,* JuS 1990, 431; *Wacke,* DNotZ 1995, 507, 510; a. M. *Lüke,* JuS 1971, 341. Zur Bestätigung eines nichtigen Rechtsgeschäfts und zur Heilung vgl. insb. *Wacke,* DNotZ 1995, 507 m. w. N.

Vormerkung eingetragen wird. Der Schuldgrund muß zur Individualisierung des Anspruchs eingetragen werden, wenn Zweifel über ihn entstehen können, z. B. weil dem Antragsteller mehrere Ansprüche zustehen.

Auch der Anspruch auf Übertragung einer bestimmten, noch nicht abgeschriebenen Teilfläche kann durch Vormerkung gesichert werden, wenn die Eintragungsbewilligung diesen Grundstücksteil nach seiner Lage und Größe in einer dem Verkehrsbedürfnis entsprechenden Weise zweifelsfrei bezeichnet.[5] Auch die Befugnis, ein bindendes Verkaufsangebot anzunehmen, kann durch Eintragung einer Vormerkung gesichert werden,[6] da ein künftiger Anspruch gegeben ist, nicht dagegen ein Recht auf Erwerb des Erbanteils an einer Erbschaft, zu der ein Grundstück gehört.[7] Verpflichtet sich jemand in einem echten Vertrag zu Gunsten eines Dritten zur Übereignung eines Grundstücks an einen vom Versprechensempfänger noch zu benennenden Dritten, so kann nur der Anspruch des Versprechensempfängers auf Übereignung an den Dritten, nicht aber der des Dritten, durch Vormerkung gesichert werden.[8]

Grundsätzlich bedarf es für jeden zu sichernden Anspruch einer gesonderten Vormerkung. Mehrere verschiedene Ansprüche können nicht durch eine einzige Vormerkung gesichert werden. Die Entstehung des vorgemerkten Anspruchs kann jedoch von verschiedenen Bedingungen abhängig sein.[9]

Schwierige Fragen im Hinblick auf die Akzessorietät der Vormerkung entstehen, **179a** wenn der gesicherte schuldrechtliche Anspruch durch einen gleichartigen neuen Anspruch oder durch eine Anspruchserweiterung wieder aufgeladen werden soll.[10] Da es sich in allen diesen Fällen letztlich darum handelt, dass eine Auswechslung bzw. Veränderung der gesicherten Forderung ohne Neueintragung der Vormerkung im Grundbuch stattfindet, ist diese Auffassung zwar grundbuchrechtlich sinnvoll, aber dogmatisch schwer zu begründen. Die Auffassung verstößt gegen den Grundsatz der Akzessorietät und ist auch vom Sonderfall des § 883 Abs. 1 Satz 2 nicht gedeckt.

Diese Art von Eintragung bedeutet eine Ausnahme von dem Grundsatz des **180** Grundbuchrechts, daß nur dingliche Rechte im Grundbuch vermerkt werden und dieses über schuldrechtliche Ansprüche und Rechtsverhältnisse keine Auskunft gibt. Die vorgemerkten Ansprüche werden aber nicht zu dinglichen Rechten am Grundstück, zu Belastungen desselben, sondern bleiben schuldrechtlich und auf Herbeiführung einer erst noch zu bewirkenden dinglichen Rechtsänderung gerichtet.[11] Aber eine dingliche Gebundenheit bezüglich des Grundstücks wird bewirkt.

2. Auflassungsvormerkung

Besondere Bedeutung hat die in der Praxis vor allem mit dem Kauf verbundene **181** Auflassungsvormerkung. Sie sichert den obligatorischen Anspruch auf Übereignung des Grundstücks und schützt den Käufer vor Verfügungen, die der Verkäufer während des oft langen Zeitraums zwischen dem Abschluß des Kaufvertrags und der Eintragung im Grundbuch vornehmen kann.

Beispiel: Der Käufer des Grundstücks hat einen Anspruch auf Übereignung des Grundstücks gegen den Verkäufer; verkauft und übereignet dieser aber einem Dritten das Grundstück, so hat der erste

---

[5] Vgl. *BayObLG* DNotZ 1985, 44; BGHZ 90, 323 = NJW 1984, 1959. Für den Fall eines Bestimmungsrechts nach § 315 BGB vgl. *BayObLGZ* 1973, 309.

[6] Vgl. *BGH* NJW 1981, 446.

[7] Vgl. *Jahr,* JuS 1963, 224; *Michaelis,* JuS 1963, 231.

[8] Vgl. *BGH* NJW 1983, 1543; *BayObLG* DNotZ 1987, 100; *OLG Oldenburg* NJW-RR 1990, 273; *Denck,* NJW 1984, 1009; *Hager,* JuS 1990, 431.

[9] *BayObLG* DNotZ 2002, 293; NJW-RR 2002, 1594.

[10] BGHZ 143, 175 zu einem neuen Anspruch, der auf dieselbe Leistung wie der zunächst gesicherte Anspruch gerichtet ist; BGHZ 166, 74 = NJW 2008, 578 zu einem Anspruch, der erweitert wird; dazu nunmehr *Hager,* FS Kanzleiter, 2010, S. 195.

[11] Vgl. dazu *Stamm,* S. 44 ff., der die Vormerkung als Fiktion der bedingten Verfügung versteht.

Käufer das Nachsehen, kann nur Schadensersatz von seinem Verkäufer verlangen, aber nicht mehr das Grundstückseigentum erlangen. Nur in dem Ausnahmefall, daß er gegen den Dritten einen Schadensersatzanspruch nach § 826 hat, kann er von ihm die Übereignung verlangen. Die bloße Kenntnis des Dritten von dem früher abgeschlossenen Kauf verhindert seinen Erwerb nicht, denn es handelt sich für den Dritten nicht um einen gutgläubigen Erwerb im Sinne von § 892, er erwirbt ja vom Eigentümer (vgl. u. § 19).

182 Geschädigt werden kann der Käufer aber auch dadurch, daß vor Übereignung an ihn das Grundstück belastet und dadurch sein Wert für den Käufer vermindert wird.[12]

Beispiel: Der Verkäufer und Eigentümer bestellt einem Dritten eine Hypothek am Grundstück. Diese muß der Käufer, wenn er das Grundstück erwirbt, gegen sich gelten lassen; er kann den Kaufpreis herabsetzen oder zurücktreten, aber die Hypothek vom Grundstück nicht wegbekommen.

183 Neben Verfügungen des Eigentümers bedrohen auch Verfügungen im Weg der Zwangsvollstreckung den obligatorischen Anspruch des Käufers, sei es die Belastung des Grundstücks mit Zwangshypotheken, sei es die Anordnung der Zwangsversteigerung. Auch hierdurch wird der obligatorische Anspruch beeinträchtigt oder sogar vereitelt, denn die Zwangsversteigerung erfolgt ohne Rücksicht auf obligatorische Rechte. Diese Rechtsfolge verhindert die Vormerkung (s. u. III 3). Der Inhaber einer Auflassungsvormerkung, die nicht in das geringste Gebot fällt, kann ebenso wie der Inhaber eines dinglichen Rechts am Grundstück nach §§ 268, 1150 die Zwangsversteigerung abwenden.[13]

3. Löschungsvormerkung

184 Zur Löschungsvormerkung im Hypothekenrecht und ihrer Neuregelung durch Gesetz vom 22. 6. 1977 (BGBl. I S. 993) vgl. u. § 62 IV.

III. Wirkungen der Vormerkung

185 Sie sind dem Zweck, den vorgemerkten Anspruch in seiner Durchführung zu sichern, angepaßt. Sie treten stets nur dann ein, wenn es zu der Rechtsänderung kommt, auf die sich der vorgemerkte Anspruch richtet.

1. Rangwahrung bei Vormerkung beschränkt dinglicher Rechte

186 Einfach ist die Wirkung, die den Rang betrifft: Kommt es zu der Eintragung des dinglichen Rechts, auf dessen Begründung der durch Vormerkung gesicherte Anspruch sich richtet, so hat dieses Recht nicht den Rang, der ihm sonst nach seiner Eintragung zukäme, sondern nach der Eintragung der Vormerkung (deren Datum oder Stelle), damit aber den Vorrang vor allen Rechten, die zwar früher als dieses Recht, aber nach der Vormerkung des Anspruchs eingetragen worden sind (§ 883 III).

Dies bedeutet die hinreichende Sicherung der Ansprüche auf Bestellung einer Hypothek oder eines anderen Rechts am Grundstück.

---

[12] Die Übertragung einer Eigentümergrundschuld wird jedoch durch die Vormerkung nicht betroffen; BGHZ 64, 316 = NJW 1975, 1356.

[13] *BGH* NJW 1994, 1475.

2. Relative Unwirksamkeit entgegenstehender Verfügungen

Anders gestaltet sich der Schutz gegen Verfügungen des Eigentümers, die den vorgemerkten Anspruch schädigen könnten: Jede spätere Verfügung des Eigentümers über das Grundstück (Belastung oder Veräußerung)[14] oder des Berechtigten über das Recht, auf dessen Erwerb der vorgemerkte Anspruch sich richtet, ist gegenüber dem durch die Vormerkung gesicherten Gläubiger insoweit unwirksam, als sie den gesicherten Anspruch vereiteln oder beeinträchtigen würde (§ 883 II 1). Dieser Schutz ist notwendig, denn es tritt durch die Vormerkung keine Sperre des Grundbuchs ein, spätere Verfügungen sind möglich. Sie haben aber nur Sinn, wenn man mit dem Wegfall der Vormerkung rechnet. 187

Daher ist eine Hypothekenbestellung entgegen der Vormerkung auf Hypothekenbegründung nicht unwirksam, sondern die vorgemerkte Hypothek hat den Vorrang. Ist aber der Anspruch auf Übereignung des Grundstücks durch Vormerkung gesichert, dann ist die spätere Veräußerung des Grundstücks an einen Dritten unwirksam, weil sie den Anspruch vereiteln würde, die Belastung des Grundstücks mit einer Hypothek unwirksam, weil sie den Anspruch beeinträchtigen würde.

Die Unwirksamkeit bedeutet aber nicht absolute Nichtigkeit, sondern nur relative Nichtigkeit gegenüber dem durch die Vormerkung gesicherten Gläubiger. Nur dieser kann die Verfügung als nichtig behandeln, allen anderen gegenüber ist sie wirksam. Relative Nichtigkeit tritt immer da ein, wo das Gesetz nur den Schutz bestimmter Personen im Auge hat (vgl. §§ 135, 1984; § 80 II InsO) und diese dadurch sichert, daß sie eine sie schädigende Verfügung als nichtig behandeln dürfen. Andere Personen haben in solchen Fällen kein Interesse an der Nichtigkeit der Verfügung, daher auch kein Recht, ihre Wirksamkeit anzutasten. Hier dient die relative Nichtigkeit dem Schutz des Vormerkungsgläubigers.[15] 188

Weil die Vormerkung nicht die Nichtigkeit einer entgegenstehenden Verfügung herbeiführt, bewirkt die Eintragung der Vormerkung auch nicht die Sperre des Grundbuchs. Wird die Eintragung einer Verfügung beantragt, die, weil der Vormerkung entgegenstehend, unwirksam werden kann, so kann der Grundbuchrichter ihre Eintragung nicht ablehnen, sondern hat sie trotz der Vormerkung zu vollziehen. Ob sie unwirksam wird, hängt ja erst davon ab, ob es zu der Rechtsänderung kommt, auf welche sich der vorgemerkte Anspruch richtet. Unterbleibt diese aus irgendeinem Grund, so haftet der Verfügung kein Mangel an. Daher kann der Vormerkungsberechtigte die Beseitigung nachrangiger Vormerkungen auch erst nach Eintragung des vorgemerkten Vollrechts verlangen.[16] Bei gleichrangigen Vormerkungen erwirbt nach dem Prioritätsprinzip derjenige das Recht, der zuerst seine Eintragung als Vollrechtsinhaber erlangt.[17]

3. Unwirksamkeit von Zwangsvollstreckungsmaßnahmen

Ebenso sind unwirksam alle späteren Verfügungen im Weg der Zwangsvollstreckung, des Arrestes oder des Konkurses, soweit sie den vorgemerkten Anspruch vereiteln oder beeinträchtigen würden, § 883 II 2. So steht die später eingetragene Zwangshypothek der auf Grund der Vormerkung eingetragenen Hypothek im Rang nach. Der Zwangsversteigerung kann zwar der durch Vormer- 189

---

[14] Die Veräußerung setzt die Eintragung voraus; vgl. RGZ 113, 403.

[15] Zu den verschiedenen Arten von Verfügungsverboten vgl. *Bülow,* JuS 1994, 1.

[16] *OLG Düsseldorf* MDR 1991, 440; *OLG Dresden* NJW-RR 1999, 1177.

[17] H. M. vgl. MünchKomm/*Wacke,* § 883, Rn. 59; *OLG Naumburg* NJW-RR 2000, 1185 m. w. N.; a. A. Erman/*Hagen,* § 883 Rn. 8.

kung gesicherte Gläubiger nicht widersprechen,[18] aber das vorgemerkte Recht wird bei Feststellung des geringsten Gebotes berücksichtigt und der Ersteher muß nach § 888 seine Zustimmung zur Auflassung an den durch Vormerkung Geschützten geben wie sonst ein Erwerber des Grundstücks (vgl. u. IV 2). Der Insolvenzverwalter muß den durch Vormerkung gesicherten Anspruch erfüllen; § 106 InsO. Die Vormerkung gewährt also dem Anspruch eine Art dingliche Wirkung gegen jedermann. Dies gilt auch, wenn der Schuldner dem Gläubiger gegenüber weitere Verpflichtungen übernommen hat (z. B. Herstellung eines Bauwerks), die noch nicht erfüllt sind; § 106 I 2 InsO.[19]

4. Unwirksamkeit von obligatorischen Geschäften

190 Auch ein Miet- oder Pachtvertrag, der den Besitz des Grundstückes einem anderen überläßt, ist als Beeinträchtigung des Eigentums gegenüber der Vormerkung des Anspruchs auf Übereignung unwirksam; denn er würde (§§ 566 ff.) den Erwerber binden und des Besitzes berauben.[20]

IV. Durchführung des Schutzes

191 Mit diesen Vorschriften ist aber die Durchführung des Schutzes noch nicht erreicht. Mit der Feststellung, daß eine entgegengesetzte Verfügung unwirksam ist, ist noch nicht gesagt, wie sie aus der Welt geschafft werden kann, und wie der durch Vormerkung Gesicherte zu seinem Recht kommt. Hierzu bedarf es noch weiterer Vorschriften. Wir wollen sie an dem Beispiel des Anspruchs auf Übereignung des Grundstückes betrachten.

1. Erfüllungsanspruch gegen Schuldner

192 Der Gläubiger des vorgemerkten Anspruchs hat zunächst den Anspruch auf Erfüllung gegen seinen Schuldner, nicht gegen denjenigen, der inzwischen das Eigentum am Grundstück erworben hat. Hat der Schuldner das Eigentum auf einen Dritten übertragen, so ist die Übertragung dem Gläubiger gegenüber nach § 883 II 1 nichtig. Für ihn ist also der Schuldner immer noch Eigentümer des Grundstücks, so daß keine Unmöglichkeit nach § 275 I eingetreten ist. Daher ist der Schuldner ihm gegenüber nach wie vor verpflichtet, aber auch in der Lage, ihm das Grundstück zu übereignen. Den Anspruch auf Übereignung kann der Gläubiger bei Weigerung des Schuldners klageweise geltend machen, die Verurteilung des Schuldners zur Abgabe der Übereignungserklärung ersetzt nach § 894 ZPO die wirkliche Abgabe derselben. Ein Berichtigungsanspruch steht dagegen dem vorgemerkten Gläubiger nicht zu; er ist ja noch nicht Eigentümer, sondern soll es erst werden.[21]

Mit Auflassung und Eintragung wird der Gläubiger Eigentümer des Grundstücks.

2. Zustimmung des Dritten

193 Dieses Vorgehen stößt aber auf ein technisches Hindernis infolge von Vorschriften des formellen Grundbuchrechtes. Der Schuldner ist nicht mehr als Eigentümer

---

[18] *BGHZ* 46, 124; Soergel/*Baur,* § 883 Rn. 41; *Tiedtke,* Jura 1981, 360.

[19] S. 2 wurde durch Gesetz vom 22. 6. 1977 (BGBl. I S. 993) an den damaligen § 24 KO angefügt, nachdem *BGH* NJW 1977, 146 für diesen Fall § 24 KO unanwendbar erklärt hatte. Vgl. dazu auch *BGH* DNotZ 1978, 623. Die InsO hat diese Regelung beibehalten.

[20] Wie hier Palandt/*Bassenge,* § 883 Rn. 21; *Tiedtke,* Jura 1981, 365; a. A. BGHZ 13, 1 = NJW 1954, 953 und *Finger,* JR 1974, 8.

[21] Vgl. z. B. *BayObLG* NJW-RR 1987, 1416.

im Grundbuch eingetragen. Über den Kopf des Dritten, der jetzt als Eigentümer eingetragen ist, ist die Auflassung an den Gläubiger und seine Eintragung nicht möglich. Hier greift § 888 helfend ein: Der durch Vormerkung gesicherte Gläubiger hat das Recht, von dem Dritten, der ihm gegenüber unwirksam das Eigentum erworben hat, die Zustimmung zu seiner Eintragung zu verlangen, weil diese zur Verwirklichung seines Anspruchs erforderlich ist. Erteilt der Dritte diese Zustimmung oder ist er zu ihr rechtskräftig verurteilt, so steht der Auflassung des Grundstücks seitens des Schuldners an den Gläubiger und der daraufhin erfolgenden Eintragung des Gläubigers nichts mehr im Wege.[22]

Entsprechend wird die Beseitigung einer inzwischen eingetragenen, den vorgemerkten Anspruch beeinträchtigenden Hypothek durchgeführt. Der Gläubiger kann von dem Dritten, der ihm gegenüber nicht wirksam Hypothekengläubiger geworden ist, die Zustimmung zu dessen Löschung im Grundbuch verlangen, womit diese Belastung des Grundstücks fortfällt und der Gläubiger das Grundstück in dem Zustand erwirbt, in dem es sich zur Zeit der Eintragung der Vormerkung befand.

Umstritten ist aber, welche rechtliche Bedeutung diese Zustimmung hat. Ist es die Zustimmung zu einem materiellen Rechtsgeschäft, z. B. der Auflassung des Grundstücks durch den Schuldner, und ist sie notwendig, weil dieser ja nicht mehr Eigentümer ist, nachdem er das Grundstück dem Dritten übereignet hat, handelt es sich also um die Zustimmung des Eigentümers zu einer Verfügung eines Nichtberechtigten,[23] oder ist es nur die buchtechnisch erforderliche Zustimmung, damit das Grundbuchamt die Eintragung vornehmen kann, obwohl der Auflassende nicht mehr im Grundbuch steht?[24] Da der alte Eigentümer gegenüber dem durch die Vormerkung Geschützten noch als Eigentümer gilt, richtet sich der Rechtsverschaffungsanspruch, z. B. auf Übereignung des Grundstücks auf Grund des Kaufes, gegen den alten, nicht gegen den neuen Eigentümer. Daher ist auch materiellrechtlich die Zustimmung des neuen Eigentümers nicht erforderlich, denn dem durch die Vormerkung Geschützten gegenüber ist er materiellrechtlich nicht Eigentümer, sondern nur nach formellem Grundbuchrecht, weil der alte Eigentümer im Grundbuch bereits gelöscht ist (§ 39 GBO).

V. Voraussetzungen der Eintragung

Die Eintragung einer Vormerkung erfordert keine Einigung,[25] sondern nur die **194**
Bewilligung desjenigen, dessen Grundstück oder Recht von der Vormerkung betroffen wird (vgl. u. § 24 IV) – die Bewilligung ist hier also auch die materiellrechtliche Voraussetzung für das Entstehen der Rechtsstellung, die die Vormerkung gewährt (str.) – oder eine gerichtliche einstweilige Verfügung (§ 885). Letztere richtet sich nach §§ 935 ff. ZPO, ist aber dadurch erleichtert, daß zu ihrem Erlaß zwar der zu sichernde Anspruch, nicht aber eine Gefährdung desselben glaubhaft zu machen ist (§ 885 I 2), weil sie sich ohne weiteres aus der Rechtslage ergibt; vgl. o. I. Damit ist dem gefährdeten Gläubiger ein rascher Weg zur Erlangung der Vormerkung eröffnet, wenn der Schuldner die Bewilligung verweigert und sich als unzuverlässig erweist.

---

[22] Auf die Verpflichtung zur Zustimmung sind die schuldrechtlichen Verzugsvorschriften entsprechend anwendbar; so *Assmann,* S. 416 m. w. N.; *Schwerdtner,* Verzug im Sachenrecht, 1973, S. 186 ff.; Palandt/*Bassenge,* § 888 Rn. 4; *Tiedtke,* Jura 1981, 357; a. A. BGHZ 49, 263 = NJW 1968, 788 mit ablehnender Anm. *Reinicke.*

[23] So z. B. *J. Baur,* JZ 1967, 439.

[24] So die h. M., vgl. BGHZ 49, 263, 266 f. = NJW 1968, 788; *BayObLG* NJW-RR 1990, 722; Staudinger/*Gursky,* § 888 Rn. 16.

[25] *BayObLG* NJW-RR 1986, 568; a. M. *E. Wolf,* S. 587.

Ausnahmsweise wird eine Vormerkung von Amts wegen eingetragen, § 18 II GBO (vgl. u. § 24 III, VIII).

Fraglich ist, ob mit diesen Bestimmungen nur geregelt ist, wann die Eintragung nach formellem Grundbuchrecht erfolgt, oder auch, wann ein materiellrechtlicher Anspruch auf Vormerkung besteht.[26] Anzunehmen ist das erstere; denn der Anspruch auf Vormerkung ist mit dem materiellen, zu sichernden Anspruch von selbst gegeben.

Die Eintragung erfolgt, wenn sie einen Anspruch auf Übertragung des Eigentums betrifft, in Abteilung 2, sonst bei der Abteilung, in welche das Recht gehört, dessen Begründung oder Aufhebung sie sichern soll.

VI. Erlöschen der Wirkungen

195 Die Wirkung der Vormerkung erlischt:

1. Mit ihrer Löschung. Diese erfordert die Bewilligung des Gläubigers. Sie kann erfolgen auf Grund eines Verzichts des Gläubigers auf die Vormerkung oder auf den zu sichernden Anspruch selbst.[27] Ist eine Vormerkung auf Grund einer einstweiligen Verfügung eingetragen, so bedarf es zur Löschung der Bewilligung nicht, wenn die einstweilige Verfügung durch eine vollstreckbare Entscheidung aufgehoben wird (§ 25 GBO). Die Löschung ist in diesem Fall eine Grundbuchberichtigung.[28]
Ist die Vormerkung zu Unrecht gelöscht, so ist streitig, ob ihre Wiedereintragung als Berichtigung oder als neue Eintragung (dies auf Grund des materiellen Anspruchs) zu erfolgen hat.

2. Mit der Eintragung des Rechts, auf dessen Eintragung sich der vorgemerkte Anspruch richtete; denn hiermit ist ihr Zweck erreicht und ihr weiterer Bestand ausgeschlossen. Auch teilweises Erlöschen der Vormerkung ist möglich, wenn das Recht nur zu einem Teil eingetragen wird.[29]

3. Mit Untergang des zu sichernden Anspruchs, da die Vormerkung dann gegenstandslos wird.[30] In diesem Fall werden die nachträglichen, sonst relativ nichtigen Verfügungen voll wirksam; die durch sie geschaffenen Rechte rücken gewissermaßen auf, z. B. eine nach der Vormerkung eingetragene Hypothek; nicht entsteht an der Rangstelle der Vormerkung eine Eigentümergrundschuld.

4. Wenn dem durch Vormerkung gesicherten Anspruch eine Einrede entgegensteht, durch welche die Geltendmachung des Anspruchs dauernd ausgeschlossen wird, so kann der durch die Vormerkung betroffene Schuldner (oder Rechtsnachfolger) vom Gläubiger die Beseitigung der Vormerkung durch Löschung verlangen (§ 886).[31]

5. Ist der Gläubiger des vorgemerkten Anspruchs unbekannt, so kann er im Weg des Aufgebotsverfahrens mit seinem Recht ausgeschlossen werden (§§ 887, 1170).

VII. Gutgläubiger Erwerb der Vormerkung

196 Ob die Vormerkung gutgläubig erworben werden kann, ist umstritten. Es sind drei Fälle zu unterscheiden: die Bestellung der Vormerkung zur Sicherung einer bestehenden Forderung durch einen Nichtberechtigten (sog. gutgläubiger Ersterwerb), die Abtretung einer Forderung, zu deren Sicherung eine nicht wirksam entstandene Vormerkung eingetragen ist (vgl. § 401; sog. gutgläubiger Zweiterwerb), und der Erwerb einer Vormerkung im Weg der Zwangsvollstreckung.

---

[26] Vgl. *RG* Gruch. Beitr. 62, 119.

[27] Vgl. dazu BGHZ 60, 46 = NJW 1973, 323.

[28] BGHZ 39, 21 = NJW 1963, 813.

[29] Vgl. *BayObLG* NJW 1963, 157.

[30] Vgl. *BGH* NJW 1981, 447. Vgl. zu dieser Entscheidung einerseits *Wacke,* NJW 1981, 1577 und *Kollhosser/Jansen,* JA 1988, 308 (kritisch), andererseits *Ebel,* NJW 1982, 724. Zum problematischen Fall der Aufhebung und gleichzeitigen Neubewilligung BGHZ 143, 175 = NJW 2000, 805; zu recht kritisch dazu *Streuer,* Rpfleger 2000, 155 f. und *Zimmer,* NJW 2000, 2978. Einen interessanten Fall behandelt auch *BGH* NJW 2000, 1033. Die Entscheidung ist in der Literatur allgemein auf Kritik gestoßen. Vgl. etwa *v. Olshausen,* NJW 2000, 2872; *Flume,* JZ 2000, 1159; *Dinstühler,* MittRhNotK 2000, 427; *Lüke,* DNotZ 2001, 59; *Wacke,* JZ 2001, 380 und DNotZ 2001, 302; *Wieling,* JR 2001, 148; dem *BGH* im Ergebnis zustimmend dagegen *Gebauer/Haubold,* JZ 2000, 680.

[31] Vgl. *BGH* NJW 2000, 3496.

Das Gesetz enthält insoweit Lücken, die nach der zwischen den Beteiligten bestehenden Interessenlage bzw. nach den Wertungen des Gesetzgebers für vergleichbare Fälle ausgefüllt werden müssen.[32]

1. Der gutgläubige Ersterwerb: Ebenso wie der Erwerber eines Grundstücks darauf vertrauen darf, daß er das Eigentum erlangt, wenn er es vom Bucheigentümer übertragen erhält, muß sich im ersten Fall auch der Erwerber einer Vormerkung im Interesse der Sicherheit des Rechtsverkehrs auf die Wirksamkeit der Bestellung der Vormerkung verlassen dürfen, wenn derjenige, der die Eintragung der Vormerkung bewilligt, als Berechtigter im Grundbuch eingetragen ist. Die h. M. stützt sich dabei auf § 893.[33] Das gleiche gilt nach § 2367, wenn ein Erbscheinserbe eine Vormerkung zugunsten eines Anspruchs bewilligt, der auf eine dingliche Rechtsänderung an einem Nachlaßgrundstück gerichtet ist.[34] Der aus der Vormerkung Berechtigte kann einer etwaigen späteren Übereignung oder Belastung des Grundstücks durch den Nichteigentümer zugunsten eines anderen Gutgläubigen mit Erfolg begegnen (§ 888). Der Vormerkungsschuldner ist auf Grund des vorgemerkten Anspruchs verpflichtet, die Verfügungshandlungen zu treffen, die zur Einräumung des vorgemerkten Rechts erforderlich sind. Wird der gutgläubige Erwerber der Vormerkung vor dem nach § 892 II maßgeblichen Zeitpunkt bösgläubig (erfährt er also den wahren Eigentümer) oder wird ein Widerspruch eingetragen, so hindert dies nach der h. M. den vollen Rechtserwerb nicht.[35] 197

2. Der gutgläubige Zweiterwerb: Bei diesem ist zu unterscheiden, ob der im Grundbuch eingetragenen Vormerkung eine zu sichernde Forderung zugrunde liegt. Besteht eine solche Forderung nicht, kommt wegen der Akzessorietät nach allgemeiner Meinung ein gutgläubiger Erwerb nicht in Betracht. Streitig ist die Rechtslage aber bei der Abtretung der durch eine nicht wirksam bestellte Vormerkung gesicherten Forderung. Eine Auffassung[36] verneint auch hier gutgläubigen Erwerb. Ein Vergleich mit der gesetzlichen Regelung bei der Sicherungshypothek und dem Pfandrecht an beweglichen Sachen, also Rechten, die ebenso wie die Vormerkung streng akzessorisch sind, ergebe, daß der Gesetzgeber den gutgläubigen Erwerb der Sicherung einer bestehenden Forderung nur dann zulassen wollte, wenn diese Sicherung nach sachenrechtlichen Grundsätzen übertragen wird; da die Vormerkung nach § 401 der formlos abgetretenen Forderung folge, sei hier ein gutgläubiger Erwerb der Vormerkung also ausgeschlossen. In Wahrheit kann der sehr formale Hinweis auf § 401 nicht überzeugen.[37] Denn auch die Rechtsfolge des § 401 beruht auf einem rechtsgeschäftlichen Erwerb. Der gutgläubige Zweiterwerb ist also in diesem Fall zu bejahen.[38] 198

3. Wird schließlich der im Grundbuch eingetragene Nichtberechtigte zur Abgabe der Bewilligungserklärung für eine Vormerkung verurteilt, so ist ein gutgläubiger Erwerb der Vormerkung gem. §§ 894, 898 ZPO möglich; dagegen scheidet ein gutgläubiger Erwerb einer auf Grund einer einstweiligen Verfügung nach § 885 eingetragenen Vormerkung aus, weil dies kein rechtsgeschäftlicher Erwerb ist und es hier an einer § 898 ZPO entsprechenden Vorschrift fehlt.[39] 199

4. Voraussetzung für einen gutgläubigen Erwerb der Vormerkung in allen genannten Fällen ist das Bestehen eines durch die Vormerkung gesicherten schuldrechtlichen Anspruchs. Anders als im Fall des § 1138, der wegen der unterschiedlichen Interessenlage hier auch nicht entsprechend anwendbar ist, wird der gute Glaube an das Bestehen der Forderung auch bei Übertragung der Vormerkung nicht geschützt.[40] Zu dem Sonderfall, daß die Vermerkung einen schuldrechtlichen Anspruch sichert, der gemäß § 405 gutgläubig erworben wird, vgl. *Morell,* Jura 2008, 165. 200

---

[32] Vgl. *Reinicke,* NJW 1964, 2373.

[33] Vgl. RGZ 118, 234; BGHZ 25, 16 (23) = NJW 1957, 1229; BGHZ 28, 182 = NJW 1958, 2013 und BGHZ 57, 341 = NJW 1972, 434; ebenso die Literatur, vgl. zuletzt *Hager,* JuS 1990, 437; vgl. auch *ders.,* Verkehrsschutz durch redlichen Erwerb, 1990, S. 132 m. w. N. Dagegen halten *Kempf,* JuS 1961, 22, *Furtner,* NJW 1963, 1484, *Wunner,* NJW 1969, 114 und *Mülbert,* AcP 197, 336, 347 § 892 für anwendbar.

[34] BGHZ 57, 341 = NJW 1972, 434.

[35] So BGHZ 57, 341 = NJW 1972, 434; *BGH* NJW 1981, 446; *RG* 121, 46; *Tiedtke,* Jura 1981, 362; *Mülbert,* AcP 197, 336, 348; a. M. mit beachtlichen Argumenten *Goetzke/Habermann,* JuS 1975, 82 und *Wiegand,* JuS 1975, 205 (212) sowie *Hepting,* NJW 1987, 865 (bei künftigen Ansprüchen); umfassende Darstellung der Problematik bei *Assmann,* S. 357 ff.

[36] Vgl. hierzu besonders *Reinicke,* NJW 1964, 2376; *Medicus,* AcP 163, 1/8 ff.; *Wiegand,* JuS 1975, 205 (212); *Knöpfle,* JuS 1981, 166; *Tiedtke,* Jura 1981, 367 f.

[37] A. A. bis zur 22. Aufl.

[38] BGHZ 25, 16, 23 = NJW 1957, 1229; *Eickmann,* in: Westermann, § 84 IV; Jauernig/*Jauernig,* § 883 Rn. 28; MünchKomm/*Wacke,* § 883 Rn. 66; *Mülbert,* AcP 197, 336, 385 ff.; *Koch/Löhnig,* Fall 13, Rn. 21 f.

[39] Vgl. *BayObLG* NJW-RR 1987, 812; *Schuschke,* FS Kreft, 2004, S. 151, 153 ff.; a. M. *Hager,* JuS 1990, 438.

[40] *BGH* NJW 2007, 508.

VIII. Rechtsnatur

201 Über das rechtliche Wesen der Vormerkung herrscht viel Streit.

1. Keine Verdinglichung der Forderung

Durch die Vormerkung wird die Forderung nicht verdinglicht, kein Sachenrecht. Die Vermutung des § 891 erstreckt sich nicht auf den zu sichernden Anspruch, sondern nur auf die Voraussetzungen, die § 885 fordert (h. M.). Die Übertragung der Forderung erfolgt durch Abtretung, nicht etwa durch Einigung und Eintragung. Eine Abtretung der Vormerkung ist nicht möglich, diese geht vielmehr bei der Abtretung der Forderung nach § 401 mit über.[41] Nur schützt die Vormerkung auch den neuen Gläubiger, ohne daß eine gesonderte Abtretung der Rechte aus der Vormerkung erforderlich wäre.

2. Kein jus ad rem

202 Der Anspruch richtet sich nach wie vor nur gegen den ursprünglichen Schuldner, nicht gegen denjenigen, der durch die der Vormerkung entgegenstehende Verfügung erworben hat (vgl. o. IV); daher besteht kein jus ad rem, wie *Gierke* annahm.

3. Dingliche Wirkungen

203 Nach der h. M. ist die Vormerkung kein dingliches Recht.[42] Der *BGH* hält sie für ein besonders geartetes Sicherungsmittel, das geeignet sei, dem geschützten Anspruch in gewissem Rahmen dingliche Wirkungen zu verleihen.[43] Immerhin gibt auch der *BGH* in BGHZ 28, 186 zu, daß die Vormerkung weitgehend den dinglichen Rechten gleichsteht, deren Begründung oder Änderung sie sichern soll.[44]

In derselben Entscheidung hat er die entsprechende Anwendung des § 878 für notwendig gehalten.

Auch die Begründung der Vormerkung ist in diesem Zusammenhang interessant. Nach § 885 bedarf es (von der einstweiligen Verfügung abgesehen) der Bewilligung des betroffenen Teils. Wird sie erteilt, so wird man materiellrechtlich wohl auch das Vorhandensein einer Einigung bejahen können. In der Sache besteht daher wohl kein Unterschied zwischen der Begründung eines dinglichen Rechts und der Vormerkung.

Schließlich muß noch erwähnt werden, daß der *BGH* auch die Eintragung eines Widerspruchs gegen die Vormerkung zuläßt,[45] weil er bei Übertragung einer nicht wirksam entstandenen Vormerkung einen gutgläubigen Erwerb für möglich hält; s. o. VII und u. § 21 I a. E.

Dieser kurze Überblick zeigt, daß die allgemeinen Vorschriften über Grundstücksrechte wohl auch für die Vormerkung passen, daß also kein grundsätzlich andersartiges Institut gegeben ist.

Daß die Vormerkung auch von ihrem Inhalt her nicht als eine mit dinglichen Rechten unvergleichbare Erscheinung betrachtet werden kann, zeigt der Vergleich mit dem dinglichen Vorkaufsrecht. Dritten gegenüber hat das dingliche Vorkaufsrecht nach § 1098 II die Wirkung einer Vormer-

---

[41] *BGH* NJW 2007, 508.

[42] Über die verschiedenen Meinungen in der Literatur vgl. *Knöpfle*, JuS 1981, 158; vgl. ferner *Trupp*, JR 1990, 184 ff., der letztlich eine dritte Auffassung vertreten will, ohne daß diese Position eindeutig zu bestimmen wäre.

[43] So BGHZ 25, 16, 23 = NJW 1957, 1229; auch *Hager*, JuS 1990, 439.

[44] Für die Qualifikation als dingliches Recht vgl. *Kempf*, JuS 1961, 22. *Kupisch*, JZ 1977, 486 behandelt die Vormerkung wie ein (im Grundstücksrecht allerdings unzulässiges) bedingtes dingliches Recht.

[45] Vgl. BGHZ 25, 16 = NJW 1957, 1229.

kung zur Sicherung des durch die Ausübung des Rechts entstehenden Anspruchs auf Übertragung des Eigentums. In der Wirkung besteht daher zwischen Vormerkung und Vorkaufsrecht kein Unterschied.

IX. Übersicht: Akzessorische Sicherheiten

	Bürgschaft	Vormerkung	Hypothek
Entstehung	Vertrag gemäß § 765 I mit Schriftform (§ 766 S. 1)	Einseitige Bewilligung oder einstweilige Verfügung und Eintragung im Grundbuch (§ 885)	Einigung, Eintragung, Brief oder Ausschluß (§§ 873, 1115, 1116)
Übertragung	Übergang der gesicherten Forderung (z. B. nach § 398), vgl. § 401	Übergang des gesicherten Anspruchs (§ 401)	Übertragung der Forderung und Form (§§ 401, 1153, 1154)
Gutgläubiger Erwerb	Nein	Ersterwerb: Ja (§ 893) Zweiterwerb: bei Bestehen gesicherter Forderung: Ja (str.)	Ersterwerb: Ja (§ 892) Zweiterwerb: Ja (§§ 892, 1138)
Durchsetzung	Anspruch aus § 765 I	§ 888	§ 1147
Erlöschen	Erlöschen der Hauptschuld oder Zahlung auf die Bürgschaft, ferner § 776 und § 418 I	Löschung, Eintragung oder Untergang des gesicherten Rechts	Löschung oder Aufhebung (§§ 875, 1181, 1183)

§ 19. Der öffentliche Glaube des Grundbuchs und der gutgläubige Erwerb

Literatur: *Altmeppen,* Disponibilität des Rechtsscheins, 1993; *Hager,* Verkehrsschutz durch redlichen Erwerb, 1990; *ders.,* Ablösung von Grundpfandrechten und redlicher Erwerb, ZIP 1997, 133; *Heinsheimer,* Die Anwendung des § 892 BGB auf Rechtsgeschäfte zwischen denselben natürlichen Personen und mit Verbänden, Gruch. Beitr. 72, 174; *Holzer,* Die Richtigstellung des Grundbuchs, 2005; *Kohler,* Gutglaubensschutz im Grundstücksrecht bei Erwerb Kraft Gesetzes, Jura 2008, 321 und 481; *Lutter,* Die Grenzen des sogenannten Gutglaubensschutzes im Grundbuch, AcP 164, 122; *Medicus,* Besitz, Grundbuch und Erbschein als Rechtsscheinträger, Jura 2001, 294; *Schönfeld,* Verfügungsbeschränkungen und öffentlicher Glaube des Grundbuchs, JZ 1959, 140; *Schreiber/Burbulla,* Der gutgläubige Erwerb von unbeweglichen Sachen, Jura 1999, 491; *Tiedtke,* Gutgläubiger Erwerb im bürgerlichen Recht, im Handels- und Wertpapierrecht sowie in der Zwangsvollstreckung, 1985; *Westermann,* Die Grundlagen des Gutglaubensschutzes, JuS 1963, 1; *Wiegand,* Der öffentliche Glaube des Grundbuchs, JuS 1975, 205; *ders.,* Rechtsableitung vom Nichtberechtigten, JuS 1978, 145.

I. Allgemeines

Rechtsverkehr und Wirtschaft erfordern eine große Zahl dinglicher Rechtsge- **204**
schäfte zwecks Übertragung bestehender Rechte, Begründung neuer oder Beendi-

gung bestehender Rechte. Zu den notwendigen Grundlagen eines gesicherten Rechtsverkehrs gehört auch die Gewißheit, daß der Vertragspartner, mit dem man die Übertragung, Begründung oder Beendigung vereinbart, der wahre Berechtigte ist. Denn wenn man solche dinglichen Verträge mit jemandem abschließt, der nicht der Berechtigte ist, ergibt sich sofort, wie schon o. in § 15 I angedeutet, ein Konflikt, den die Rechtsordnung auf verschiedene Weise lösen kann, aber immer nur so, daß ein Beteiligter geschädigt wird.[1]

Nehmen wir z. B. an, K kauft und erwirbt von V ein Grundstück, der wahre Eigentümer desselben ist aber E, so bleiben dem Gesetzgeber nur zwei Wege zur Wahl: Entweder behandelt er die Übertragung des Eigentums von V auf K als nicht wirksam oder unter bestimmten Voraussetzungen, z. B. dem guten Glauben des K an das Eigentum des V, als wirksam. Im ersten Fall entscheidet er sich dafür, den wahren Eigentümer unter allen Umständen zu schützen und zu verhindern, daß ihm durch ein Rechtsgeschäft hinter seinem Rücken sein Recht entzogen wird. Geschädigt ist dann der Erwerber K, denn er hat in aller Regel seine Gegenleistung bewirkt, z. B. den Kaufpreis bezahlt, und erreicht nun nicht, daß er Eigentümer wird; er ist vielmehr auf Bereicherungs- oder Schadensersatzansprüche angewiesen, um wenigstens sein Geld zurückzubekommen. Im anderen Fall wahrt der Gesetzgeber die Interessen des Erwerbers, schützt den redlichen Erwerb und damit den Rechtsverkehr im ganzen, indem er dem Erwerber das Eigentum zuspricht, wenn dieser im Vertrauen auf das Eigentum des V gehandelt hat. Geschädigt ist jetzt der wahre Eigentümer, denn er büßt sein Eigentum ein durch Verträge, die ohne seine Beteiligung und ohne sein Wissen geschlossen werden, und ist nun seinerseits auf Bereicherungs- und Schadensersatzansprüche gegen den Veräußerer angewiesen, um statt des verlorenen Grundstücks wenigstens Geld zu erhalten.

Zwischen diesen beiden Lösungen hat jede Rechtsordnung die Wahl. Aber weil ein Konflikt immer übrigbleibt, einer der Beteiligten immer geschädigt wird, muß das Bestreben des Gesetzgebers darauf gerichtet sein, diese Konfliktsfälle möglichst zu vermindern. Dieser Aufgabe dient das Grundbuch als öffentliches Register über die dinglichen Rechtsverhältnisse des Grundstücks.

II. Fälle der Unrichtigkeit

205 Die Fälle, in denen das Grundbuch unrichtig ist, stellen in der Tat sämtlich nur seltene Ausnahmen dar. Denn durch den Eintragungszwang des § 873 wird erreicht, daß auf rechtsgeschäftlichem Weg kein dingliches Recht entstehen kann, ohne daß es eingetragen ist, durch § 875, daß es in der Regel auch nicht durch Rechtsgeschäft erlöschen kann, ohne daß es im Grundbuch gelöscht wird. Dasselbe gilt für Inhaltsveränderungen nach § 877. Damit sind die Hauptquellen für eine Unrichtigkeit des Grundbuchs verstopft.

Zu einer Unrichtigkeit kann es nur in folgenden Fällen kommen:

1. Fehlerhaftes Handeln des Grundbuchamtes

206 Das Grundbuchamt handelt fehlerhaft, indem es eine Eintragung vollzieht, die nicht mit der Einigung übereinstimmt. Zum Beispiel kann versehentlich in Einzel-

[1] Zu allen Fragen des gutgläubigen Erwerbs nunmehr grundlegend *Hager*, Verkehrsschutz durch rechtlichen Erwerb, S. 88 ff., 419 ff.

heiten der Eintragung von der Einigung abgewichen werden, z. B. im Namen des Berechtigten (eingetragen wird „Schultz" statt „Schulz"), im Inhalt des Rechts (die Einigung betrifft eine Hypothek von 200 000 €, eingetragen wird eine Hypothek von 250 000 €). Es wird bei einer Eintragung ein Recht nicht mitübertragen.[2] Solche Fehler kommen aber nur selten vor.

2. Rechtliche Veränderungen außerhalb des Grundbuchs

In manchen Fällen vollziehen sich rechtliche Veränderungen außerhalb des Grund- 207
buches mit dinglicher Wirkung, z. B. geht ein Recht durch Erbfall oder Eintritt der ehelichen Gütergemeinschaft oder durch Nacherbschaft über. Im ersten Fall entsteht allerdings für den wahren Berechtigten, den Erben, keine Gefahr; denn der zu Unrecht noch eingetragene Erblasser kann keine Rechtsgeschäfte mehr vornehmen. Ferner kommt in Betracht der Eintritt einer auflösenden Bedingung bei einem Grundstücksrecht (bei Übereignung aber ausgeschlossen, vgl. u. § 29 IV). Wichtig ist auch der Eintritt gesetzlicher Verfügungsbeschränkungen, z. B. im Fall des Konkurses.

Der praktische Hauptfall dieser Gruppe ist der gesetzliche Übergang der Hypothek nach Zahlung des Kapitals auf den Eigentümer oder den persönlichen Schuldner nach §§ 1163, 1164 (vgl. u. § 62). Hier hat es der Eigentümer in der Hand, für schnelle Berichtigung des Grundbuchs zu sorgen und jede Gefahr für sein Recht auszuschließen.

3. Nichtigkeit des dinglichen Rechtsgeschäfts

Ein praktisch wichtiger Fall ist die ursprüngliche oder durch Anfechtung herbei- 208
geführte Nichtigkeit des dinglichen Rechtsgeschäfts, auf Grund dessen die unrichtige Eintragung oder Löschung erfolgt ist; z. B. die Auflassung, die Hypothekenbestellung oder -übertragung ist nichtig wegen Geschäftsunfähigkeit oder wegen Wuchers oder wird wegen arglistiger Täuschung angefochten. Der Eintragung allein kommt nicht eine Art von formeller Rechtskraft zu, nur in Verbindung mit einem Rechtsgeschäft tritt die Rechtswirkung ein.

Da die Nichtigkeits- und besonders die Anfechtungsgründe dem Grundbuchrichter durchaus nicht immer ersichtlich sind, läßt sich diese Quelle der Unrichtigkeit niemals ganz beseitigen. In diesen Fällen ist auch die Gefahr für den wahren Berechtigten am größten.

4. Fehlen der Einigung

Da die Eintragungen im Grundbuch (mit Ausnahme der Übereignung) auf Grund 209
einer bloßen Bewilligung des passiv Beteiligten zulässig sind (vgl. u. § 24 IV), kann auch der Fall eintreten, daß eine Eintragung auf eine Bewilligung hin erfolgt, eine Einigung aber nicht stattgefunden hat. In diesen Fällen hat sich eine Rechtsänderung nicht vollzogen, da dem § 873 nicht genügt ist; die Eintragung ist also unrichtig.

Als Ergebnis ist festzuhalten: Die Fälle, in denen sich jemand mit einem Unberechtigten in dingliche Verträge einläßt, werden zu seltenen Ausnahmen; denn jeder Interessent kann sich aus dem Grundbuch über den Berechtigten unterrichten, und das Grundbuch ist in aller Regel richtig.

---

[2] *BayObLG* NJW 2003, 3785.

Damit wird der oben I. geschilderte Konfliktsfall zu einer seltenen Ausnahmeerscheinung, und die Lösung des Konflikts kann in folgender Richtung getroffen werden: Nicht der wahre Berechtigte, wenn er aus dem Grundbuch nicht ersichtlich ist, wird geschützt, sondern derjenige der im Vertrauen auf das Grundbuch mit dem dort Eingetragenen dingliche Rechtsgeschäfte abschließt.

III. Die Vermutung der Richtigkeit

210 Die Eintragungen im Grundbuch haben zunächst die Vermutung der Richtigkeit für sich (§ 891). Dies gilt nach zwei Richtungen. Von einem eingetragenen Recht wird vermutet, daß es besteht und dem eingetragenen Berechtigten zusteht, von einem gelöschten Recht, daß es nicht besteht. Dagegen besteht keine Vermutung für die Vollständigkeit des Grundbuchs, also dafür, daß keine anderen Rechte als die eingetragenen bestehen (anders die Fiktion beim gutgläubigen Erwerb, vgl. u. VII 2).

Durch die Vermutung wird im Prozeßfall die Beweislast der Partei aufgebürdet, welche die Unrichtigkeit des Grundbuchs behauptet; die andere braucht sich zum Beweis für ihre Behauptungen nur auf das Grundbuch zu berufen.

Dagegen besteht keine Vermutung, daß ein früher eingetragenes Recht auch bestanden hat, denn die Löschung desselben konnte auch der Berichtigung dienen.[3]

211 Die Vermutung bezieht sich unmittelbar auf die eingetragenen bzw. gelöschten Rechte, nicht aber auf die Tatsachen, die den Entstehungs- oder Aufhebungstatbestand bilden; von ihnen ist sie völlig losgelöst (str.). Die Geschäftsfähigkeit des Berechtigten, auch die Rechtsfähigkeit desselben (z. B. eines Vereins), wird nicht vermutet, weil sie nicht eintragungsfähig ist.

Auf die Vermutung kann sich in erster Linie der eingetragene Berechtigte berufen, aber auch jeder andere, wenn es für ihn im Prozeß auf Bestehen oder Erlöschen eines Rechts ankommt. Die Vermutung wirkt auch zu Lasten eines Eingetragenen, z. B. wenn gegen einen als Eigentümer Eingetragenen dingliche Rechte oder persönliche Ansprüche geltend gemacht werden (anders nach § 892, vgl. u. IV).[4]

Die Widerlegung der Vermutung steht nicht nur dem zu, der selbst ein dem eingetragenen Recht widersprechendes eigenes Recht behauptet, sondern jedem, gegen den die Vermutung im Prozeß gilt. Die Widerlegung kann nur durch Vorbringen solcher Tatsachen erfolgen, die das Entstehen bzw. Erlöschen des Rechts ausschließen.

Dieser Schutz genügt aber noch nicht, denn er wirkt sich nur im Prozeßfall aus und ist durch den Gegenbeweis der Unrichtigkeit des Grundbuchs zu entkräften.

IV. Der öffentliche Glaube

212 Daher geht das BGB noch weiter und steigert die Vermutung zur unwiderleglichen Fiktion der Richtigkeit des Grundbuchs, falls Rechtsgeschäfte mit einem im Grundbuch als Rechtsinhaber Eingetragenen im guten Glauben vorgenommen werden, indem es bestimmt, daß der Inhalt des Grundbuchs in diesen Fällen als richtig gilt. Die Fiktion tritt ein, wenn das Grundbuch unrichtig ist, also die verbuchte Rechtslage mit der wahren Rechtslage nicht übereinstimmt, und dient dem Ausgleich dieses Mangels; die Fiktion tritt nicht ein, wenn die Grundbuchein-

---

[3] Steht aber fest, daß die Löschung nicht der Berichtigung dienen sollte, so gilt die Vermutung BGHZ 52, 355 = NJW 1969, 2139.

[4] Der eingetragene Berechtigte kann sich auf die Vermutung auch demjenigen gegenüber berufen, von dem er das Recht erworben hat (*BGH* JZ 1970, 373).

tragung schon in sich widersprüchlich ist.[5] Basis des gutgläubigen Erwerbs ist hier also allein der Grundbuchinhalt ohne weitere Zurechnungskriterien, wie sie § 935 I für bewegliche Sachen regelt.[6] Sie löst den oben geschilderten Konflikt zugunsten des redlichen Erwerbers und zuungunsten des wahren Berechtigten. Das Gesetz geht also nicht so weit, der unrichtigen Eintragung konstitutive Wirkung beizumessen, d. h. die beurkundete Rechtsänderung auf alle Fälle eintreten zu lassen (System der formellen Rechtskraft), so daß das Grundbuch stets richtig wäre.

Die Wirkung der Fiktion ist an bestimmte Voraussetzungen geknüpft:

1. Guter Glaube

Die wichtigste ist der gute Glaube des Erwerbers an die Richtigkeit des Grundbuchs. 213

Er ist allerdings nicht von demjenigen zu beweisen, der sich auf ihn beruft, z. B. vom Erwerber, sondern umgekehrt muß derjenige, welcher die Wirksamkeit des Erwerbs bestreitet, z. B. der bisherige wahre Berechtigte, dem Gegner den bösen Glauben nachweisen. Dies folgt aus der Fassung des § 892, der als Regel den Erwerb vom Eingetragenen ausspricht und nur als Ausnahme den Erwerb wegen des bösen Glaubens des Erwerbers ausschließt. Der tragende rechtspolitische Gedanke bleibt aber der gute Glaube, das Vertrauen auf die Richtigkeit des Grundbuchs soll geschützt werden. Mit Recht spricht man daher allgemein von dem Grundsatz des gutgläubigen Erwerbs.

2. Ausschluß des gutgläubigen Erwerbs

Der gutgläubige Erwerb wird ausgeschlossen 214

a) durch den bösen Glauben des Erwerbers (im Fall des § 893 des Leistenden oder sonst ein Rechtsgeschäft Abschließenden),

b) durch einen im Grundbuch eingetragenen Widerspruch (vgl. u. § 21).

Bösgläubig (unredlich) ist, wer die Unrichtigkeit des Grundbuchs kennt, also weiß, daß der im Grundbuch, z. B. als Eigentümer, Eingetragene nicht der wahre Berechtigte, z. B. der wahre Eigentümer, ist. Dagegen schadet bloße Fahrlässigkeit nicht. Sie ist vom Gesetzgeber bewußt ausgeschaltet. Man soll sich unbedingt auf das Grundbuch verlassen können, so daß eine Außerachtlassung der im Verkehr erforderlichen Sorgfalt nicht vorliegt, wenn man dem Grundbuch ohne weitere Nachforschungen vertraut.

Ob hiermit das Gesetz nicht zu weit gegangen ist, ist umstritten. Die Rechtsprechung versucht sich zu helfen, indem bei ernsthaften Mitteilungen an den Erwerber über die Unrichtigkeit des Grundbuchs seine Kenntnis von derselben unterstellt wird. Auch kommt § 826 in Betracht, wenn der Erwerber trotz begründeter Zweifel nichts zur Aufklärung des Sachverhalts tut, nur um die vorteilhafte Stellung des gutgläubigen Erwerbers nicht zu verlieren. 215

Nicht erforderlich ist, daß der Erwerber das Grundbuch wirklich eingesehen hat. Der Schutz des guten Glaubens steht auch dem zur Seite, der sich gar nicht aus dem Grundbuch informiert hat, denn nur die Kenntnis der Unrichtigkeit schließt seinen Erwerb aus.[7]

---

[5] Vgl. *BayObLG* NJW-RR 1987, 789, zustimmend *Lüke,* JuS 1988, 524.

[6] Dieses reine Rechtsscheinprinzip beleuchtet kritisch nunmehr *Hager,* Verkehrsschutz durch rechtlichen Erwerb, S. 419 ff.

[7] Vgl. RGZ 86, 356. Einschränkend RGZ 61, 195, 202 und *Wiegand,* JuS 1978, 150, wonach der Erwerber im Vertrauen auf das Grundbuch (nicht etwa auf Erklärungen des Veräußerers) gehandelt haben muß.

Die Kenntnis von der Unrichtigkeit des Grundbuchs setzt nicht voraus, daß dem Betreffenden die Tatsachen im einzelnen bekannt sind, aus denen die Unrichtigkeit folgt. Zweifelhaft ist, ob die Kenntnis der Tatsachen, z. B. der Anfechtung des Erwerbs des Veräußerers, für die Annahme des bösen Glaubens genügt, auch wenn der Erwerber aus ihnen nicht den Schluß auf die Unrichtigkeit des Grundbuchs gezogen hat. Der Richter wird aber in solchen Fällen die Behauptung eines Rechtsirrtums mit besonderer Strenge nachzuprüfen haben; denn die Kenntnis der Tatsachen begründet eine Vermutung für die Kenntnis der aus ihnen folgenden Unrichtigkeit.

3. Nur Ausgleich des Rechtsmangels

216 Eine weitere Voraussetzung für den gutgläubigen Erwerb besteht darin, daß alle anderen Grundlagen für den Erwerb gegeben sein müssen, also Einigung, Eintragung, die Wirksamkeit der Einigung, daher auch die Geschäftsfähigkeit beider Teile, die Vertretungsmacht etwaiger Vertreter, das Fehlen absoluter Verfügungsbeschränkungen des veräußernden Teiles usw. Denn der gute Glaube ist nach dem BGB dazu bestimmt, lediglich den Mangel des Rechts beim Veräußerer, z. B. des Eigentums auf seiten des Verkäufers, auszugleichen, aber keinen anderen Mangel bei der Veräußerung.

217 Der Glaube an die Geschäftsfähigkeit, die Vertretungsmacht oder das Fehlen absoluter Verfügungsbeschränkungen wird nicht geschützt (anders § 366 HGB). Da der gute Glaube nur den Mangel des Rechts auf seiten des Veräußerers auszugleichen hat, ist der Ausdruck des BGB „Erwerb vom Nichtberechtigten“ korrekt und verständlich.

4. Maßgeblicher Zeitpunkt

218 Der gute Glaube muß zu dem Zeitpunkt vorliegen, in welchem der Rechtserwerb sich vollendet. Folgt die Eintragung auf die Einigung, wie dies die Regel ist, so entscheidet die Kenntnis zur Zeit der Stellung des Antrags auf Eintragung, folgt die Einigung auf die Eintragung, so entscheidet die Kenntnis zur Zeit der Einigung (§ 892 II). Wird aber nach dem in § 892 II bestimmten Zeitpunkt ein Widerspruch eingetragen, so wird dadurch der gutgläubige Erwerb verhindert.[8] § 892 II ist nicht anwendbar, wenn das Grundbuch erst nach der Antragstellung unrichtig wird.[9]

Examensproblem (nach *BGH* NJW 2001, 359): Durch notariell beurkundeten Vertrag veräußert V am 1. 7. ein Grundstück an eine BGB-Gesellschaft (die Erwerberin E) und erklärt die Auflassung. Am 1. 8. wird aufgrund eines Insolvenzantrags des V ein allgemeines Verfügungsverbot über das Vermögen des V angeordnet. Dieses wird der E in einem Schreiben vom 10. 8. mitgeteilt, welches in deren Büro von der Geschäftsführerin entgegengenommen wird. Am 15. 8. stellt die E den Antrag auf Eigentumsumschreibung. Am 1. 9. wird das Insolvenzverfahren eröffnet. Am 1. 10. wird E als neue Eigentümerin im Grundbuch eingetragen. Kann der Insolvenzverwalter Berichtigung des Grundbuchs verlangen?

Der Rechtserwerb ist abhängig vom guten Glauben der E an die Verfügungsbefugnis des Gemeinschuldners V. Dieser hat grundsätzlich bis zur Vollendung des Rechtserwerbs vorzuliegen. Da die Dauer des Eintragungsverfahrens nicht zu Lasten des Erwerbers gehen soll, ist gemäß § 892 II der Eintragungsantrag maßgebend. Zu diesem Zeitpunkt ergab sich das Verfügungsverbot noch nicht aus dem Grundbuch. Das Wissen der Geschäftsführerin hiervon ist aber der E gemäß § 166 I zuzurechnen. E hat mithin nicht wirksam Eigentum an dem Grundstück erworben.

---

[8] Palandt/*Bassenge*, § 892 Rn. 24.

[9] Vgl. *BGH* NJW 1980, 2413; vgl. auch *BayObLG* NJW 2003, 3785 für eine ungewöhnliche Konstellation.

V. Inhalt des Grundbuchs

Einer genaueren Bestimmung bedarf aber noch, was unter dem Inhalt des Grundbuchs zu verstehen ist. 219

Es handelt sich nur um die rechtlichen Angaben des Grundbuchs, nicht um die auch in ihm sich findenden tatsächlichen Angaben, z. B. über Lage, Größe, Bebauungsart des Grundstücks. Auch Eintragungen in Abt. 1 Spalte 4 des Grundbuchs (Grundlage der Eintragung) nehmen am öffentlichen Glauben nicht teil.[10]

Nur soweit diese Tatsachen zur Individualisierung des Grundstücks, also für die eindeutige Bestimmung, um welches reale Grundstück, welchen abgetrennten Teil der gesamten Grundstücksfläche es sich handelt, erforderlich sind, genießen sie ebenfalls öffentlichen Glauben, z. B. die Angaben, welche nach dem Kataster bezeichneten Parzellen zu dem Grundstück im Sinn des einzelnen Grundbuchblattes gehören; denn danach bestimmen sich Gegenstand und räumlicher Umfang aller Grundstücksrechte.[11]

Im übrigen ist es klar, daß eine Fiktion bei tatsächlichen Angaben nichts helfen würde, ja rechtlich nicht möglich ist. Beträgt z. B. der Flächeninhalt des Grundstücks nach dem Grundbuch 1275 qm, in Wahrheit nach der vorhandenen Abgrenzung nur 1269 qm, so kann keine Fiktion dem Erwerber mehr verschaffen, als das Grundstück in dem tatsächlich vorhandenen Umfang von 1269 qm; denn sie kann die fehlenden 6 qm weder einem Nachbarn abnehmen noch heranzaubern. Ebenso kann, wenn das Grundstück unrichtig als bebaut bezeichnet ist, die Fiktion dem Erwerber niemals zu einem bebauten verhelfen.

Von den rechtlichen Angaben des Grundbuchs genießen nur diejenigen öffentlichen Glauben, die ihrem Inhalt nach in das Grundbuch hineingehören, also über die Rechte, deren Eintragung zulässig ist, nicht dagegen solche Angaben, die unzulässig sind, z. B. über die Geschäftsfähigkeit eines Berechtigten, über alle nicht dinglichen Rechte, besonders Miet- oder Pachtverträge, über den Besitz, ferner über die Überbaurente nach § 912. Alle Voraussetzungen der Wirksamkeit des Rechtsgeschäfts, die dem Grundbuch nicht zu entnehmen sind, können also auch nicht durch den Glauben an die Richtigkeit des Grundbuchs ersetzt werden. 220

Umstritten ist, ob auch gefälschte Eintragungen (die selten vorkommen) öffentlichen Glauben genießen. Mit der herrschenden Meinung ist dies zu verneinen.[12]

VI. Fälle des öffentlichen Glaubens

1. Der Bereich des öffentlichen Glaubens umfaßt folgende Fälle:

a) den Erwerb des Eigentums oder eines anderen Rechts an einem Grundstück (oder eines Rechts an einem Recht) durch Rechtsgeschäft (§ 892); 221

b) die Leistung auf Grund eines eingetragenen Rechts an den Eingetragenen (§ 893);

c) die Vornahme eines Rechtsgeschäftes zwischen dem Eingetragenen und einem anderen, welches eine Verfügung über das Recht enthält, aber nicht unter a) fällt (§ 893).

---

[10] Vgl. BGHZ 7, 64 = NJW 1955, 232.

[11] Vgl. dazu *OLG Nürnberg* MDR 1976, 666 und *OLG Frankfurt a. M.* MDR 1985, 498.

[12] Zum ganzen nunmehr eingehend *Hager,* Verkehrsschutz durch rechtlichen Erwerb, S. 435 ff., der nur im Ergebnis in allen diesen Fällen der h. M. zustimmt.

Der Schutz des guten Glaubens gilt also nur für rechtsgeschäftlichen Erwerb, denn nur dieser vollzieht sich regelmäßig im Vertrauen auf das Grundbuch und bedarf daher eines Schutzes im Interesse eines gesicherten Rechtsverkehrs. Einen Unterschied zwischen entgeltlichem und unentgeltlichem Erwerb macht das Gesetz nicht. Es läßt sich bezweifeln, ob es damit nicht zu weit gegangen ist, weil ein unentgeltlicher Erwerber schwerlich mehr Schutz verdient als der wahre Berechtigte. Fiktion und Schutz erstrecken sich dagegen nicht auf die Fälle eines Erwerbs, der kraft Gesetzes eintritt.[13]

2. Daher ist nicht betroffen:

222 a) der Erwerb kraft Erbrechts. Ist z. B. als Eigentümer des Grundstücks der Erblasser A im Grundbuch eingetragen, während der wahre Eigentümer B ist, so wird der Erbe E nicht Eigentümer des Grundstücks, auch wenn er an das Eigentum des A geglaubt hat.[14]

Dem stehen andere Fälle des gesetzlichen Erwerbs gleich,[15] z. B. Nacherbschaft oder Erwerb kraft ehelicher Gütergemeinschaft, ferner die Übernahme des Gesellschaftsvermögens durch einen Gesellschafter (§ 738, § 142 HGB). Ist z. B. der Ehemann zu Unrecht als Eigentümer im Grundbuch eingetragen, so erwirbt die Frau durch Eingehung der Ehe und Vereinbarung der Gütergemeinschaft keinen gesamthänderischen Anteil am Grundstück, ebensowenig der Mann, wenn die Frau als Eigentümerin eingetragen war. Dagegen findet der Erwerb des Vermächtnisnehmers im Wege eines Verkehrsgeschäftes vom Erben statt, so daß § 892 in Betracht kommt.[16]

223 b) der Erwerb auf Grund einer Zwangsvollstreckungsmaßnahme, z. B. der Pfändung und Überweisung einer durch Hypothek gesicherten Forderung, wenn der Vollstrekkungsschuldner als Hypothekengläubiger im Grundbuch zu Unrecht eingetragen ist, oder die Eintragung einer Zwangshypothek am Grundstück des Vollstreckungsschuldners, wenn dieser in Wahrheit nicht Eigentümer ist.

224 c) Ferner gilt § 892 nicht, wenn an dem Rechtsgeschäft nur eine Person beteiligt ist (Erfordernis eines Verkehrsgeschäfts),[17] z. B. der eingetragene Eigentümer sich selbst eine Eigentümergrundschuld bestellt (§ 1196); auch wenn er gutgläubig ist, entsteht die Grundschuld für ihn nicht. Dasselbe soll auch gelten bei Übereignung eines Grundstücks aus dem Nachlaß, also aus Gesamthandseigentum in das Sondereigentum eines Miterben,[18] bei Veräußerung durch eine juristische Person an die natürlichen Personen, die ihre Mitglieder sind, und bei Umwandlung einer Gesamthandsgemeinschaft in eine andere unter denselben Personen, z. B. einer Erbengemeinschaft in eine offene Handelsgesellschaft.[19] Dagegen liegt ein Verkehrsgeschäft vor, wenn ein Miteigentumsanteil rechtsgeschäftlich zwischen den Miteigentümern übertragen wird.[20]

Das Reichsgericht hat[21] die Begründung gegeben, „es sei für Vertrauensschutz kein Raum, wo es sich nicht um einen neu hinzutretenden Erwerber handle, der auf die Richtigkeit des Grundbuchs angewiesen sei, sondern wo zwar rechtlich Eigentumswechsel vorliegt, aber doch in Wahrheit das Grundstück in der Hand derselben natürlichen Person bleibe", „wo auf Veräußerer- und Erwerberseite völlige Personengleichheit bestehe".

---

[13] Abweichend *Hager,* ZIP 1997, 133 ff., der einen redlichen Erwerb auch bei gesetzlichem Übergang für möglich hält, sofern es sich um einen entgeltlichen Erwerb handelt.

[14] § 892 findet nach h. M. auch keine Anwendung im Falle vorweggenommener Erbfolge; a. A. *Hildesheim,* RPfleger 1997, 12 ff.; dazu auch *Kohler,* Jura 2008, 321, 324 ff.

[15] Vgl. u. § 35 II 2 a. Umfassend zum Gutglaubensschutz bei gesetzlichem Erwerb *Kohler,* Jura 2008, 321 und 481.

[16] *OLG Naumburg* NJW 2003, 3209.

[17] Vgl. u. § 35 II 2 b.

[18] Vgl. BGHZ 30, 255 = NJW 1959, 1635.

[19] Vgl. RGZ 117, 257.

[20] *BGH* NJW 2007, 3204 = JuS 2008, 276.

[21] Vgl. RGZ 129, 121.

Bei der Übertragung des dinglichen Rechts ergeben sich jedoch bei Personengleichheit keine Besonderheiten; zur Übereignung des Grundstücks bedarf es auch in diesem Fall der Auflassung und Eintragung.[22]

VII. Die Wirkungen des öffentlichen Glaubens

1. Positive Wirkung

a) Erwirbt jemand gutgläubig ein Grundstücksrecht von dem im Grundbuch als **225** Berechtigten Eingetragenen, so geht das Recht auf den Erwerber geradeso über, als ob der Veräußerer wirklich der Berechtigte gewesen wäre; § 892 I 1. Eintragung und guter Glaube ersetzen das fehlende Recht des Veräußerers.

Beispiel: V steht im Grundbuch als Eigentümer verzeichnet; der wahre Eigentümer ist E. V verkauft und übereignet das Grundstück an K, dem die Unrichtigkeit des Grundbuchs nicht bekannt ist; K wird Eigentümer, wie wenn V Eigentümer gewesen wäre.

b) Eine positive Wirkung der Fiktion zeigt sich auch in den Fällen des § 893. Hier **226** kommen vor allem Leistungen des Eigentümers an den Hypothekengläubiger in Frage (z. B. Zinszahlungen), ferner an Reallastberechtigte. Nicht dagegen gehören Leistungen an den Eigentümer seitens von Mietern oder Pächtern hierher; denn sie schulden nicht auf Grund des Eigentums (oder eines anderen dinglichen eingetragenen Rechts), sondern auf Grund des Mietvertrages (auch nicht, wenn der Mieter nach Veräußerung des Grundstücks an den eingetragenen Erwerber zahlt, str.). Eine Ausnahme besteht für Kapitalzahlungen auf Briefhypotheken mit Rücksicht auf § 1160, der den Schutz des § 893 überflüssig macht.[23]

Zu den anderen Rechtsgeschäften, die eine Verfügung im Sinne von § 893 enthalten, gehören die Aufhebung eines Rechts (§ 875), die Inhaltsänderung (§ 877), die Rangänderung (§ 880), die Bewilligung einer Vormerkung (§ 883, str.),[24] eine Kündigung, nicht dagegen die Prozeßführung, außer wenn in einer Prozeßhandlung zugleich eine materielle Verfügung liegt, wie z. B. im Prozeßvergleich (str.), und auch nicht die Vermietung oder Verpachtung.

Das Gesetz spricht von Rechtsgeschäften zwischen dem Eingetragenen und einem **227** anderen. Doch gilt der Grundsatz auch für die Verfügungen, die einseitig erfolgen, wenn sie von einer der beiden Personen gegenüber der anderen vorgenommen sind. Streitig ist, ob diese Regel auch dann gilt, wenn die Erklärung gegenüber dem Grundbuchamt abgegeben wird, wie das meist zulässig ist. Man wird dies zumindest dann zu bejahen haben, wenn die Beteiligten sich über die Verfügung verständigt haben.

Die Verpflichtungsgeschäfte, die jemand mit einem eingetragenen Berechtigten abschließt, z. B. Kauf- oder Miet- und Pachtverträge, werden vom guten Glauben nicht gedeckt. Sie haben keine Wirkung gegenüber dem wahren Berechtigten.

2. Negative Wirkung

Sie ist in Wirklichkeit eine Fiktion der Vollständigkeit des Grundbuchs. **228**

a) Der gutgläubige Erwerber erwirbt das Grundstücksrecht, z. B. das Eigentum, frei von allen Belastungen, die aus dem Grundbuch nicht ersichtlich sind. Ist z. B. eine

---

[22] *KG* NJW-RR 1987, 1321.
[23] Str.; vgl. RGZ 150, 356.
[24] Vgl. BGHZ 26, 16 = NJW 1957, 1229.

Hypothek zu Unrecht gelöscht, so geht das Eigentum unbelastet durch diese Hypothek auf den Erwerber über, die Hypothek erlischt. Der Erwerber kann sich also darauf verlassen, daß keine anderen Belastungen des Grundstücks vorhanden sind als die im Grundbuch eingetragenen, soweit sie eintragungsbedürftig sind. Zahlreiche Belastungen dinglicher Art bedürfen jedoch nicht der Eintragung (Überbau- und Notwegrente, Vorkaufsrechte nach dem Bundesbaugesetz und dem Reichssiedlungsgesetz usw.). Man spricht hier von sogenannten unsichtbaren Grundstücksbelastungen. Der gutgläubige Erwerb hat das Erlöschen aller Rechte zur Folge, die nicht aus dem Grundbuch ersichtlich, aber eintragungsbedürftig sind. Auch hierin liegt eine wichtige Sicherung des Rechtsverkehrs mit Grundstücken.

229 b) Auch bei Verfügungsbeschränkungen kann sich der redliche Erwerber darauf verlassen, daß andere als die eingetragenen Beschränkungen nicht bestehen; § 892 I 2. Bei ihnen muß freilich unterschieden werden, ob ihnen absolute Wirkung zukommt (zumeist handelt es sich dabei um Verfügungsbeschränkungen im öffentlichen Interesse) oder ob sie nur relative Wirkung haben.

Die erste Kategorie ist nicht eintragungsfähig; daher kann sich der öffentliche Glaube auf sie nicht beziehen. Unter sie fallen die Genehmigungspflicht für den Grundstückserwerb, die Beschlagnahme nach der Strafprozeßordnung, baupolizeiliche Beschränkungen und heute vor allem der Fall des § 1365 (Verfügung über das Vermögen im ganzen bei der Zugewinngemeinschaft).

Eine besondere Regelung gilt für die Beschränkungen infolge des vertragsmäßigen Güterstandes der Gütergemeinschaft. Hierbei ist zu beachten, daß das Güterrechtsregister über sie Auskunft gibt. Enthält es keine Eintragung, so kann man darauf vertrauen, daß keine Änderung des gesetzlichen Güterstands erfolgt ist (§ 1412). Öffentlicher Glaube kommt den Eintragungen aber nicht zu.

230 Die zweite Kategorie ist jedoch eintragungsfähig und -bedürftig, daher auch Gegenstand des öffentlichen Glaubens. Hier also kann sich der redliche Erwerber auf das Grundbuch verlassen.

Hierhin gehören Verfügungsbeschränkungen, die

1. auf Gesetz beruhen, z. B. auf Grund der Insolvenzeröffnung nach §§ 80, 81 InsO, die des Vorerben durch die Nacherbschaft, des Erben durch Testamentsvollstrecker oder Nachlaßverwalter;

2. auf gerichtlicher Verfügung beruhen, z. B. auf einstweiliger Verfügung nach §§ 935 ff. ZPO, Veräußerungsverbote, Beschlagnahme in der Immobiliarzwangsvollstreckung.[25]

Dagegen sind vertraglich vereinbarte Verfügungsbeschränkungen grundsätzlich nicht eintragungsfähig, da ihnen nach § 137 die dingliche Wirkung versagt ist.

Beim Erbbaurecht (§ 5 ErbbRVO) und beim Wohnungseigentum (§§ 12, 35 WEG) kann eine Verfügungsbeschränkung zum Inhalt des dinglichen Rechts gemacht werden (vgl. u. §§ 75 I 1, 52 III 1).

Umstritten ist, ob im Hinblick auf §§ 413, 399 2. Alternative eine Vinkulierung von Pfandrechten mit dinglicher Wirkung zulässig ist.[26] In Literatur[27] und Rechtsprechung[28] wird diese überwiegend bejaht, da der Gesetzgeber überall dort, wo eine Gläubiger-Schuldner-Beziehung im weitesten Sinn bestehe, der Vereinbarung der Nichtabtretbarkeit den Vorrang vor § 137 eingeräumt habe. Der Ausschluß der

---

[25] Zu den verschiedenen Arten von Verfügungsverboten vgl. *Bülow,* JuS 1994, 1.

[26] Verneinend *Däubler,* NJW 1968, 1122.

[27] *Baur/Stürner,* § 4 IV; Palandt/*Bassenge,* § 1154 Rn. 1, § 1191 Rn. 24; Staudinger/*Scherübl,* § 1154 Rn. 3, § 1191 Rn. 37; Erman/*Räfle,* § 1154 Rn. 3.

[28] *OLG München* JFG 16, 291; *OLG Stuttgart* OLGZ 65, 96; *OLG Hamm* NJW 1968, 1289.

Abtretbarkeit stellt eine Inhaltsänderung dar, die bei Grundpfandrechten der Eintragung ins Grundbuch bedarf (§ 877).[29] Vgl. u. § 60 I.

VIII. Endgültigkeit des gutgläubigen Erwerbs

Der gutgläubige Erwerb ist endgültig wirksam. Dies hat zur Folge, daß der Erwerber das Grundstück oder Grundstücksrecht wirksam weiter übertragen kann, auch an jemanden, der von dem mangelnden Eigentum des Veräußerers des gutgläubigen Erwerbers Kenntnis hat, also unmittelbar selbst wegen bösen Glaubens nicht erwerben könnte. Sein Erwerb hängt ja nicht von seinem guten Glauben ab, da er auf normale Art vom Eigentümer erwirbt. 231

Beispiel: A veräußert das Grundstück an B; wahrer Eigentümer ist E; B erwirbt kraft guten Glaubens Eigentum und übereignet das Grundstück weiter an C, der A's mangelndes Eigentum kennt; C wird Eigentümer.

Hier dienen nur Schadensersatzansprüche als Ausgleich.

Eine Ausnahme bilden die Fälle des sog. *Rückerwerbs* des Nichtberechtigten. 232 Überträgt im genannten Beispiel B das Eigentum an A zurück, so scheint auch A nunmehr das Eigentum vom Berechtigten zu erwerben. Das ist aber dann nicht anzuerkennen, wenn es sich um kein Verkehrsgeschäft handelt (Beispiel: A bekommt das Grundstück nach erfolgreicher Wandlung von B zurückübertragen).[30] Zu weiteren Einzelheiten vgl. u. § 35 VI.

IX. Fiktion nur zugunsten des Erwerbers

Der Schutz des guten Glaubens wirkt sich dahin aus, daß bei einem Konflikt 233 zwischen der buchmäßigen und der wahren Rechtslage die erstere vorgeht, soweit sie für den Erwerber die günstigere ist. Dagegen bleibt es bei der wahren Rechtslage in dem umgekehrten Falle, daß die buchmäßige Rechtslage für den Erwerber ungünstiger als die wahre ist. Dies geht aus § 892 hervor, der ausdrücklich die Fiktion nur „zugunsten des Erwerbers" anordnet.

Ist daher im Grundbuch eine Hypothek für A eingetragen, die in Wahrheit nicht besteht, so erwirbt der Erwerber das Eigentum am Grundstück unbelastet von dieser Hypothek, auch wenn er an ihr Bestehen geglaubt hat. Welcher Grund könnte auch dafür angeführt werden, daß der angebliche Gläubiger durch die Veräußerung des Grundstücks an einen Dritten die Hypothek erwerben sollte, die ihm in Wahrheit nicht zusteht? Das wäre eine völlig ungerechtfertigte Bereicherung des Gläubigers auf Kosten des neuen Eigentümers. Statt des Schutzes des gutgläubigen Erwerbers träte eine Belastung desselben ein.

X. Schuldrechtliche Ausgleichsansprüche

Zum Ausgleich für den Rechtsverlust sind dem früheren wahren Berechtigten Bereicherungsan- 234 sprüche gegeben, in der Regel gegen den unbefugten Veräußerer auf den erlangten Gegenwert (§ 816

---

[29] *OLG Hamm* NJW 1968, 1289.
[30] Str., so die h. M.; a. A. hier bis zur 31. Aufl.

I 1), bei unentgeltlichen Verfügungen gegen den Erwerber (§ 816 I 2),[31] bei Leistung an einen Nichtberechtigten auf Herausgabe des Geleisteten (§ 816 II). War der Veräußerer selbst bösgläubig, so kommen auch Schadensersatzansprüche nach §§ 823, 826 in Betracht.

XI. Rechtspolitischer Grund für gutgläubigen Erwerb

235 Keine volle Einigkeit besteht über den inneren Grund, aus welchem der gutgläubige Erwerb zu erklären ist. Nach der einen Auffassung – Legitimationstheorie – ist entscheidend die jedem Eingetragenen vom Gesetz verliehene Verfügungsmacht, die Legitimation zur wirksamen Verfügung, nach der anderen der gute Glaube des Erwerbers. Damit hängt eng der Streit zusammen, ob der Erwerb ein derivativer (abgeleiteter) oder ein originärer ist, und der weitere, ob das alte Eigentum übertragen oder ein neues geschaffen wird.[32]

Der rechtspolitische Grund für die Zulassung des gutgläubigen Erwerbs ist unzweifelhaft die Rücksicht auf den Rechtsverkehr und damit auf den gutgläubigen Erwerber. Um ihn zu schützen, wird technischjuristisch dem Eingetragenen die Legitimation zur Verfügung gewährt als Mittel zur Erreichung des gesetzgeberischen Zweckes; will man das Ergebnis, so muß man ein bestimmtes Mittel wählen und in Kauf nehmen. So viel ist der Legitimationstheorie zuzugeben, daß eine nach allgemeinen Vorschriften wirksame Verfügung des Eingetragenen vorliegen muß, also der gute Glaube allein nicht genügt. Der Erwerb beruht auf den beiden Voraussetzungen des guten Glaubens und einer wirksamen Verfügung des Veräußerers.

Die Entscheidung zwischen originärem und derivativem Erwerb soll erst beim gutgläubigen Erwerb beweglicher Sachen behandelt werden (vgl. u. § 35 VIII).

§ 20. Die Berichtigung des Grundbuchs

Literatur: *Demelius,* Berichtigungsklage und Löschungsklage, AcP 157, 361; *Furtner,* Verhältnis der grundbuchrechtlichen Rechtsbehelfe zu der Klage aus dem sachenrechtlichen Anspruch, DNotZ 1963, 196; *Holzer,* Die Richtigstellung des Grundbuchs, 2005; *Köbler,* Der Grundbuchberichtigungsanspruch, JuS 1982, 181; *Mende,* Zur Frage der Übertragbarkeit und Pfändbarkeit des Berichtigungsanspruchs, JherJb 70, 151; *Wieacker,* Zur Struktur des Berichtigungsanspruchs, DJZ 1936, 989.

I. Problematik

236 Die Möglichkeit des gutgläubigen Erwerbs bedeutet eine starke Gefährdung des wahren Berechtigten, dessen Recht nicht eingetragen oder zu Unrecht gelöscht ist. Denn wenn auch die Unrichtigkeit des Grundbuchs eine Ausnahmeerscheinung darstellt, so ist sie doch niemals ganz auszuschließen.

II. Arten der Unrichtigkeit

237 Die Unrichtigkeit kann bestehen 1. in der Eintragung eines nicht bestehenden Rechts, z. B. des A als Eigentümer, während es in Wahrheit B ist, 2. in der unrichtigen

---

[31] Nach BGHZ 81, 395 f. = NJW 1982, 98 findet § 816 I 2 auch Anwendung, wenn ein Berechtigter über ein Grundstück unentgeltlich verfügt und der Erwerber das Grundstück gutgläubig lastenfrei erwirbt.

[32] Zu diesen Fragen umfassend *Altmeppen,* Disponibilität des Rechtsscheins, S. 238 ff.

Eintragung eines bestehenden Rechts (z. B. mit unrichtigem Rang oder Inhalt), 3. in der Eintragung einer nicht bestehenden Belastung eines Grundstücksrechts, 4. in der Nichteintragung eines bestehenden Rechts, z. B. eines von Gesetzes wegen ohne Eintragung entstandenen Rechts (vgl. o. § 19 II 2), oder in der Löschung eines in Wahrheit noch bestehenden Rechts. In diesem Fall spricht man von Unvollständigkeit des Grundbuchs. Unter dem Inhalt des Grundbuchs ist dasselbe zu verstehen wie nach § 892.

III. Wirkungen der Unrichtigkeit

Die Wirkungen der Unrichtigkeit sind folgende: 238

1. Die Vermutung der Richtigkeit spricht für die (unrichtige) Eintragung (§ 891).
2. (am wichtigsten) Der gutgläubige Erwerb vernichtet das wahre Recht (§ 892); vgl. o. § 19 VII.
3. Nach formellem Grundbuchrecht – § 39 GBO – hindert sie den nicht eingetragenen Berechtigten an der Verfügung über sein Recht.
4. §§ 1141, 1158; vgl. u. §§ 59 III 1, 60 VII.

IV. Beseitigung der Unrichtigkeit

Aus diesem Grund besteht ein dringendes Bedürfnis, daß die Unrichtigkeit des 239 Grundbuchs durch Berichtigung desselben beseitigt wird. Der Berechtigte kann sie auf zwei Wegen herbeiführen.

1. Nachweis der Unrichtigkeit

Der einfache, aber selten mögliche Weg ist der Nachweis der Unrichtigkeit, der 240 gegenüber dem Grundbuchamt durch öffentliche oder öffentlich beglaubigte Urkunden geführt wird (§§ 22, 29 GBO).

Dies ist z. B. dem Erben möglich mittels Erbscheins, wenn der Erblasser eingetragen ist, dem Ehegatten im Fall der ehelichen Gütergemeinschaft, ferner in dem oben § 19 II 1 genannten Unrichtigkeitsfall durch Hinweis auf die Einigung, wenn sie in einer öffentlichen Urkunde erfolgt ist. Dagegen ist dieser Weg in aller Regel nicht beschreitbar in dem oben § 19 II 3 genannten Fall.

2. Berichtigungsanspruch

Hier eröffnet § 894 den anderen Weg: Der Betroffene hat gegen den zu Unrecht 241 Begünstigten einen Anspruch auf Zustimmung zur Berichtigung des Grundbuchs, ungenau „Berichtigungsanspruch“ genannt.

a) Entweder erteilt der Betroffene die Zustimmung in Form der Bewilligung der Berichtigung nach § 19 GBO (vgl. u. § 24 IV) oder er wird zur Zustimmung verurteilt und das rechtskräftige Urteil ersetzt nach § 894 ZPO seine wirkliche Zustimmung. Im Fall der Bewilligung ist ein Nachweis der Unrichtigkeit nicht erforderlich. Das Grundbuchamt darf die Berichtigung nur ablehnen, wenn es weiß, daß das Grundbuch gerade durch die „Berichtigung“ unrichtig würde.

b) Dieser Berichtigungsanspruch ist also ein privatrechtlicher und nicht gegen das Grundbuchamt gerichtet. Damit soll dieses von der Prüfung des Anspruchs und der Entscheidung über ihn befreit werden. Sonst würde es stark belastet und gehindert werden, seiner sonstigen Tätigkeit schnell genug nachzukommen. Auch stellt der Streit um die Richtigkeit des Grundbuchs im Grund einen Streit um private Rechte dar, gehört also zu den bürgerlichen Rechtsstreitigkeiten, für die der Zivilprozeß bestimmt ist.

c) Der Berichtigungsanspruch ist, wenn er – wie in der Regel – auf einem dinglichen Recht beruht, ein dinglicher[1] und begründet als solcher ein Aussonderungsrecht in der Insolvenz, setzt sich also auch durch, wenn der Gegner in Konkurs fällt. Er ist dem Störungsbeseitigungsanspruch des § 1004 (nach anderer Auffassung dem § 985) innerlich verwandt oder ist sogar nur eine besondere Ausgestaltung desselben.

Daneben kann auch ein nur schuldrechtlicher Berichtigungsanspruch entstehen nach § 812 (mit unrichtiger Eintragung hat der scheinbar Berechtigte eine Rechtsstellung erlangt) oder § 823.

242 d) Der Anspruch steht demjenigen zu, dessen dingliches Recht am Grundstück oder einem Grundstücksrecht nicht oder nicht richtig eingetragen ist oder dessen Recht durch die Eintragung einer nicht bestehenden Belastung beeinträchtigt wird (§ 894).[2] Auf Schadensersatz richtet er sich nicht; doch kann ein solcher Anspruch aus unerlaubter Handlung abgeleitet werden.

Beispiele: Der wahre Eigentümer ist auf Grund einer nichtigen Auflassung gelöscht. Eine Hypothek ist auf Grund einer nichtigen Einigung oder auf bloße Bewilligung hin ohne Einigung eingetragen. Eine Hypothek ist gelöscht, die in Wahrheit noch besteht. Ferner gehören hierher alle Fälle von Rechtsänderung, die sich außerhalb des Grundbuchs vollziehen, etwa die Umwandlung einer Hypothek in eine Eigentümergrundschuld.

Der Anspruch ist trotz Fehlens einer gesetzlichen Bestimmung auch demjenigen zuzubilligen, zu dessen Gunsten eine nicht oder nicht richtig eingetragene Verfügungsbeschränkung besteht,[3] z. B. dem Testamentsvollstrecker, dem Nacherben, den durch Veräußerungsverbot geschützten Personen. Denn seine Rechte werden durch den öffentlichen Glauben des Grundbuchs ebenfalls und in gleicher Art gefährdet.

Zur praktischen Durchführung des Berichtigungsanspruchs dienen mit Rücksicht auf § 39 GBO die Hilfsansprüche aus §§ 895 und 896.

e) Anspruchsgegner ist der, dessen Recht durch die Berichtigung betroffen wird, z. B. der zu Unrecht Eingetragene.

Er kann einwenden, daß der Kläger obligatorisch verpflichtet sei, die Rechtslage herbeizuführen, die der jetzigen buchmäßigen Lage entspricht (herrschende Meinung).[4] Eine Berichtigung wäre zwecklos, wenn die dadurch geschaffene Buchlage sogleich wieder geändert werden müßte. Ferner kann der zu Unrecht im Grundbuch als Eigentümer Eingetragene dem Berichtigungsanspruch des wahren Eigentümers ein Zurückbehaltungsrecht (§ 273) entgegenhalten, wenn er auf das Grundstück Verwendungen gemacht hat. Betrifft der Berichtigungsanspruch jedoch ein Grundpfandrecht, scheidet ein Zurückbehaltungsrecht wegen solcher Verwendungen aus, da der Gegenstand des Berichtigungsanspruches (Freiheit von einem Grundpfandrecht) mit dem der Verwendungen (das Grundstück selbst) nicht identisch ist.[5]

---

[1] Zur Frage der Anwendung der Verzugsvorschriften vgl. *Schwerdtner,* Verzug im Sachenrecht, 1973, S. 166 ff.

[2] Vgl. *BGH* ZIP 2000, 924.

[3] RGZ 132, 149.

[4] *BGH* NJW 1974, 1651.

[5] Vgl. BGHZ 41, 30 = NJW 1964, 811.

V. Erlöschen des Anspruchs

Nimmt der zu Unrecht Eingetragene eine Verfügung zugunsten eines gutgläubigen Erwerbers vor, die wirksam ist, so erlischt naturgemäß der Berichtigungsanspruch, denn die neu geschaffene Buchlage entspricht jetzt der wahren Rechtslage. 243

Beispiel: V ist als Eigentümer eingetragen, E der wahre Eigentümer. Wenn V das Grundstück an den gutgläubigen K übereignet, wird K Eigentümer, und damit ist die Eintragung des K richtig; daher wird der Berichtigungsanspruch des E gegen V gegenstandslos.

Der Anspruch erlischt ferner, wenn die Einigung, deren Fehlen die Eintragung unrichtig machte, nachträglich abgeschlossen und damit das Grundbuch richtig wird.

Dem Berichtigungsanspruch kann der Einwand der Verwirkung entgegengesetzt werden.[6]

Ob ein Verzicht auf den Grundbuchberichtigungsanspruch zulässig ist, ist bestritten. Bedenken könnten bestehen, weil durch den Verzicht die Divergenz zwischen Rechtslage und Buchlage konserviert wird.[7]

VI. Einzelfragen

Der Berichtigungsanspruch ist unverjährbar (§ 898). 244

Die Kosten der Berichtigung hat nach § 897 der die Berichtigung Verlangende zu tragen.

Der Berichtigungsanspruch für sich allein ist nicht abtretbar, da er von dem dinglichen Recht nicht getrennt werden kann, auf dem er beruht, sondern geht mit diesem zugleich über. Seine Abtretung hätte auch nicht die Wirkung, daß das zugrunde liegende Recht mit übergeht, da sonst die Formvorschrift von § 925 umgangen werden könnte. Nur eine Ermächtigung kann erteilt werden, den Anspruch als Vertreter des Berechtigten geltend zu machen, nach anderer Auffassung auch, ihn im eigenen Namen geltend zu machen.[8] Stets bleibt aber daneben der dinglich Berechtigte selbst zur Geltendmachung befugt, so daß eine normale Abtretung mit Anspruchsverlust nicht vorliegt. Der Ermächtigte kann auch nicht die Zustimmung zu seiner eigenen Eintragung verlangen, sondern nur diejenige zur Eintragung des Berechtigten.

Der Anspruch kann daher auch nicht für sich allein verpfändet werden, § 1274 II. Dagegen ist seine Pfändung und Überweisung zur Einziehung im Weg der Zwangsvollstreckung möglich, weil durch diese Akte der Anspruch nicht auf den Pfandgläubiger übergeht, sondern dieser nur befugt wird, ihn im eigenen Namen geltend zu machen.

Für den Berichtigungsanspruch fehlt das Rechtsschutzbedürfnis, wenn die Berichtigung auf dem Weg über § 22 oder § 53 GBO erreicht werden kann.[9]

VII. Berichtigung von Amts wegen

Eine **Berichtigung von Amts wegen** durch das Grundbuchamt findet nur in seltenen Ausnahmefällen statt (§ 53 GBO, vgl. u. § 24). Dagegen kann das Grundbuchamt eine Berichtigung von den Beteiligten in gewissen Fällen erzwingen (§§ 82 f. GBO, vgl. u. § 24 II). 245

---

[6] Vgl. *Eickmann,* in: Westermann, § 72 II 1 b; *Wolff/Raiser,* § 46 V; *BGH* WM 1993, 1521 m. w. N.
[7] Vgl. hierzu *Pohle,* JZ 1956, 53.
[8] Vgl. RGZ 112, 260; ferner *Mende,* JherJb 70, 151; *Wolff/Raiser,* § 46 VI.
[9] So *Furtner,* DNotZ 1963, 196 und *BGH* NJW 1962, 963.

§ 21. Der Widerspruch

Literatur: *Biermann,* Widerspruch und Vormerkung, 1901; *Heinsheimer,* Zwei Beiträge zur Lehre vom Widerspruch, Gruch. Beitr. 69, 401; *Medicus,* Vormerkung, Widerspruch und Beschwerde, AcP 163, 1.

I. Zweck des Widerspruchs

246 Die Durchführung des Berichtigungsanspruchs kann lange Zeit erfordern, wenn der Gegner die Berichtigung nicht bewilligt und ein Prozeß geführt werden muß, der unter Umständen langwierige Beweisaufnahmen notwendig macht. Solange die Berichtigung nicht erfolgt ist, dauert aber die Gefährdung des wahren Berechtigten durch die Möglichkeit, daß der zu Unrecht Eingetragene eine wirksame Verfügung zugunsten eines gutgläubigen Erwerbers trifft, an. Daher würde der Berichtigungsanspruch durch solche Verfügungen in der Zwischenzeit leicht zu vereiteln sein und an Wert stark einbüßen, bei einem böswilligen Gegner geradezu wertlos werden. Deshalb hat das Gesetz als eine vorläufige Eintragung, die aber die Wirkung hat, den gutgläubigen Erwerb auszuschließen, den Widerspruch geschaffen (§ 899).

Er ist eine vorläufige Eintragung wie die Vormerkung, aber von ihr in den Voraussetzungen und Wirkungen deutlich unterschieden, so daß beide nebeneinander nicht möglich sind. Die Vormerkung dient der Sicherung obligatorischer Ansprüche auf eine demnächstige dingliche Rechtsveränderung, der Widerspruch der Sicherung schon bestehender dinglicher Rechte. Er steht nur demjenigen zu, der einen Berichtigungsanspruch hat, denn ihn soll er vorbereiten und sichern (§ 899 I). Er richtet sich gegen eine unrichtige Eintragung oder Löschung, aber auch dagegen, daß eine Rechtsänderung, die sich ohne Eintragung vollzogen hat, nicht eingetragen ist. Er ist ein Hinweis darauf, daß Anhaltspunkte für die Unrichtigkeit des Grundbuchs vorliegen. Er ist im selben Umfang zulässig wie die endgültige Berichtigung.

Ob er gegen eine Vormerkung zulässig ist, ist streitig. Der *BGH* hält die Eintragung eines Widerspruchs gegen eine Vormerkung für zulässig, weil er bei Übertragung einer nicht wirksam entstandenen Vormerkung einen gutgläubigen Erwerb für möglich hält;[1] s. o. § 18 VII. Gegen einen Widerspruch ist ein zweiter Widerspruch unzulässig, weil der zunächst eingetragene Widerspruch keinen Rechtsschein erzeugt, der Grundlage eines gutgläubigen Erwerbs sein könnte und damit die Gefahrenlage begründete.

II. Eintragungsvoraussetzungen

247 Der Widerspruch wird eingetragen (§ 899 I):

1. auf Grund einer Bewilligung des vom Berichtigungsanspruch Betroffenen, die zugleich die materiellrechtliche Zustimmung zur Eintragung bedeutet;

2. oder – was häufiger ist – auf Grund einer einstweiligen Verfügung nach §§ 935 ff. ZPO. Sie ist hier dadurch erleichtert, daß die Glaubhaftmachung einer Gefährdung nicht erforderlich ist (sie ergibt sich von selbst aus der Möglichkeit

---

[1] BGHZ 25, 16 = NJW 1957, 1229; a. A. Staudinger/*Gursky,* § 899 Rn. 24. Zu einer Mittelposition vgl. *OLG Düsseldorf* NJW-RR 2000, 1686.

einer Unrichtigkeit des Grundbuchs), sondern nur die Glaubhaftmachung des Berichtigungsanspruchs, also des Rechts des Widersprechenden.
Erfordert die endgültige Berichtigung im Streitfall ein rechtskräftiges Urteil, so genügt für den vorläufigen Widerspruch die viel leichter und schneller zu erreichende einstweilige Verfügung. Auch hieraus ergibt sich die Funktion des Widerspruchs.

3. auf Grund eines Antrags des Widersprechenden allein nach § 1139 (vgl. u. § 55 III).
4. von Amts wegen nach §§ 18 II, 53 GBO (vgl. u. § 24 III, VIII).
Die Eintragung erfolgt in der Abteilung, in der die endgültige Berichtigung erfolgen soll, der Widerspruch gegen das Eigentum wird dagegen in Abt. 2 wie eine Belastung desselben eingetragen.

III. Wirkung

Die Wirkung des Widerspruchs ist in der Hauptsache der Ausschluß des öffentlichen Glaubens des Grundbuchs hinsichtlich der Eintragung oder Löschung oder Lücke im Grundbuch, gegen die sich der Widerspruch richtet, und damit der Ausschluß des gutgläubigen Erwerbs (§ 892). 248

Daß der Widerspruch nur den öffentlichen Glauben des Grundbuchs hinsichtlich der Eintragung zerstört, gegen die er sich richtet, zeigt folgendes *Beispiel:* Ist ein Widerspruch gegen das Eigentum eingetragen, so wird dadurch der öffentliche Glaube hinsichtlich des Bestehens einer Grundschuld, die der eingetragene Nichteigentümer einem bösgläubigen Gläubiger bestellt hat, nicht zerstört, so daß ein gutgläubiger Erwerb der Grundschuld durch einen Dritten möglich ist.[2]

Zwar können Eintragungen entgegen dem Widerspruch erfolgen; das Grundbuch ist nicht gesperrt, die Verfügungsmacht des Betroffenen bleibt bestehen, aber die Verfügungen sind unwirksam, wenn das gesicherte Recht sich als wirklich bestehend erweist, weil dann feststeht, daß es sich um Verfügungen eines Nichtberechtigten handelt. Auf die Unwirksamkeit kann sich nicht nur der Widersprechende berufen, sondern jeder.[3] Praktisch bewirkt daher der Widerspruch, daß niemand sich auf Rechtsgeschäfte mit dem Betroffenen über das vom Widerspruch betroffene Recht mehr einläßt. 249

Ferner schließt der Widerspruch die Verjährung der Ansprüche aus dem durch ihn gesicherten Recht (§ 902 II) und die Buchersitzung nach § 900 aus und macht ein Aufgebot des Eigentümers nach § 927 III relativ unwirksam.
Dagegen macht er das gesicherte Recht noch nicht zu einem eingetragenen, beseitigt noch nicht die für die unrichtige Eintragung nach § 891 gegebene Vermutung, noch begründet er eine solche für das zu sichernde Recht. Vor allem nimmt er nicht am öffentlichen Glauben des Grundbuchs teil; er besagt ja auch nicht, daß das Grundbuch unrichtig ist, sondern nur, daß es unrichtig sein kann. Man wird daher in dem Glauben an das gesicherte Recht nicht geschützt, falls dieses doch nicht besteht (§§ 892, 893 finden auf den Widerspruch keine Anwendung).

IV. Erlöschen

Der Widerspruch erlischt 250
1. mit Aufhebung der einstweiligen Verfügung, auf Grund deren er eingetragen war,
2. durch Aufhebung mittels Löschungsbewilligung und Löschung (§ 875 ist nicht anwendbar),

---

[2] Vgl. dazu Palandt/*Bassenge,* § 892 Rn. 20; Soergel/*Stürner,* § 899 Rn. 9; *Gottwald,* PdW, Fall 32.
[3] Str., wie hier *Wolff/Raiser,* § 47 III 1.

3. durch den Untergang des zu sichernden Rechts, z.B. durch den Tod des Nießbrauchers, wenn der Nießbrauch zu Unrecht gelöscht und ein Widerspruch gegen die Löschung eingetragen war,

4. durch Vollzug der Berichtigung, die er vorbereiten sollte.

V. Rechtshängigkeitsvermerk

250a Ein im Klagewege geltend gemachter Grundbuchberichtigungsanspruch schließt gemäß § 265 ZPO die Verfügungsbefugnis des eingetragenen Berechtigten nicht aus. Ein Urteil gegen ihn wirkt gemäß § 325 II ZPO gegenüber einem Erwerber nur dann, wenn dieser beim Erwerb von der Rechtshängigkeit Kenntnis hatte. Der auf Berichtigung Klagende kann daher die Eintragung eines den guten Glauben beseitigenden, gesetzlich nicht geregelten Rechtshängigkeitsvermerks im Grundbuch verlangen. Dessen Zulässigkeit ist anerkannt, seine Eintragungsvoraussetzungen sind jedoch umstritten. Da der Rechtshängigkeitsvermerk nur den Hinweis auf eine möglicherweise eintretende Unrichtigkeit des Grundbuchs enthält, ist er ein Sicherungsmittel von geringerem Gewicht als ein Widerspruch. Die Eintragung kann daher bei Nachweis der Rechtshängigkeit in der Form des § 29 GBO im Wege der Grundbuchberichtigung nach § 22 GBO erfolgen.[4] Nach a.A. müssen die Eintragungsvoraussetzungen des Widerspruchs (Bewilligung oder einstweilige Verfügung) erfüllt sein.[5] Für inhaltlich unzulässig hält den Vermerk hingegen *Lickleder,* Die Eintragung eines Rechtshängigkeitsvermerks im Grundbuch, ZZP 114, 195 ff.

§ 22. Der Zeiteinfluß auf eingetragene Rechte

Literatur: *Finkenauer,* Eigentum und Zeitablauf – das dominium sine re im Grundstücksrecht, 2000; *Luthra,* Buchersitzung von Grundstücken durch die Öffentliche Hand, NJW 1996, 364; *Naendrup,* Die Verjährung als Rechtsscheinwirkung, JherJb 75, 237; *Süss,* Durchgangs-Herrenlosigkeit, AcP 151, 1.

I. Keine Verjährung

251 Eingetragene dingliche Rechte können nicht verjähren. Aber auch Ansprüche aus eingetragenen Rechten verjähren nicht (§ 902 I). Die in § 197 I Nr. 1 vorgesehene Verjährung des Eigentumsherausgabeanspruchs betrifft daher nicht den eingetragenen Grundeigentümer. Es gibt auch keine Verjährung für die durch Widerspruch geschützten Rechte (§ 902 II). Der Verjährung unterliegen aber die Ansprüche aus einem nicht eingetragenen Eigentum sowie die durch Vormerkung gesicherten Ansprüche (ebenso wie die Ansprüche aus dem Eigentum bei beweglichen Sachen). Daran ändert erstaunlicherweise die Schuldrechtsreform nichts (vgl. § 197 Abs. 1 Nr. 1 n.F.), obgleich dazu durchaus Anlaß bestanden hätte.[1]

Ausnahmen bestehen für Ansprüche auf Rückstände wiederkehrender Leistungen, z.B. von Hypothekenzinsen, oder auf Schadensersatz (§ 902 I 2). Hier kann die regelmäßige Verjährung eintreten (vgl. §§ 195 ff.).

---

[4] *OLG München* NJW-RR 2000, 384; *OLG Schleswig* NJW-RR 1994, 1498; *OLG Zweibrücken* NJW 1989, 1088; Soergel/*Stürner,* § 899, Rn. 14; Palandt/*Bassenge,* § 892, Rn. 10; *Meikel/Sieveking,* Anh. 161 zu § 19; *Demharter,* GBO, 25. Aufl., 2005, Anhang zu § 13 Rn. 22.

[5] *OLG Stuttgart* NJW 1960, 1109 f.; MünchKomm/*Wacke,* § 899 Rn. 33; Staudinger/*Gursky,* § 899, Rn. 64 m.w.N.

[1] So zu Recht *Siehr,* ZRP 2001, 346.

II. Buchersitzung

Die Buch-(oder Tabular-)Ersitzung beseitigt den Zwiespalt zwischen buchmäßiger und wahrer Rechtlage zugunsten der ersteren, wenn der wahre Berechtigte sich nicht rührt und sein Recht sozusagen verschweigt (§ 900). 252

Sie setzt die Eintragung des Ersitzenden im Grundbuch während 30 Jahren und seinen Eigenbesitz während derselben Zeit voraus.

Ein Widerspruch hemmt, solange er eingetragen ist, den Lauf der Frist. Guter Glaube ist nicht erforderlich, da § 900 nicht dem Schutz des Begünstigten dient, sondern der Vermeidung eines dauernden Auseinanderfallens von Recht und Besitz durch Verjährung des Herausgabeanspruchs aus § 985. Kann jedoch der Herausgabeanspruch ausnahmsweise während der Ersitzungszeit nicht verjähren (z. B. weil dem Nacherben der Anspruch vor dem Nacherbfall noch nicht zusteht), so ist § 900 nicht anwendbar.[2]

Wegen der Forderung des Eigenbesitzes kommt diese Ersitzung nur für solche Grundstücksrechte in Frage, die zum Besitz des Grundstücks berechtigen, daher vor allem für das Eigentum, daneben für Erbbaurecht, Wohnungseigentum und Dienstbarkeiten (§ 900 II).

Nicht möglich war die Ersitzung von Volkseigentum nach § 900 BGB während der Geltung des BGB in der DDR bis Ende 1975. Die Eigentümerbefugnisse wie Verfügungsmacht und das Recht zu Besitz und Nutzung waren untrennbar mit der Ausübung der Staatsmacht verknüpft, so daß das Volkseigentum vom Eigentum des BGB wesensverschieden war. Als gesamtgesellschaftlichem Eigentum war dem Volkseigentum daher kein Wille zum Eigenbesitz zuzuordnen.[3]

III. Buchversitzung

Umgekehrt erlischt ein aus dem Grundbuch nicht ersichtliches Recht, wenn der Anspruch des Berechtigten gegen den Eigentümer verjährt ist, Buchversitzung (§ 901). 253

In Betracht kommen zu Unrecht gelöschte oder kraft Gesetzes ohne Eintragung entstandene Rechte. Der verjährte Anspruch, von dem hier die Rede ist, ist nicht der Berichtigungsanspruch, der ja unverjährbar ist, sondern der Anspruch auf Duldung oder Leistung entspr. dem Inhalt des Rechts; die Verjährungsfrist beginnt aber erst mit der Zuwiderhandlung zu laufen. Bei Hypotheken gibt es solche Ansprüche nicht; hier beginnt die Verjährung mit der Fälligkeit des Kapitals.

Die Buchversitzung kann Hypotheken, Grundschulden, Reallasten und Vorkaufsrechte treffen, also gerade die Rechte, die nicht ersitzbar sind. Für Dienstbarkeiten vgl. §§ 1028, 1090.

Buchersitzung wie Buchversitzung sind wegen ihrer strengen Voraussetzungen ohne praktische Bedeutung.

2. Abschnitt. Das formelle Grundstücksrecht

Literatur: *Armbrüster,* Aktuelle Entwicklungen im Grundbuchrecht, JR 1999, 449; *Bauer/v. Oefele,* Grundbuchordnung, Kommentar, 2. Aufl., 2006; *Bengel/Simmerding,* Grundbuch, Grundstück, Grenze, 5. Aufl., 1995; *Böttcher,* Fallbearbeitung im Grundbuchrecht, 1992; *Brand/Schnitzler,* Die Grundbuchsachen in der gerichtlichen Praxis, 9. Aufl., 1957; *Demharter,* Grundbuchordnung, 27. Aufl., 2010; *ders.,* 100 Jahre Grundbuchordnung, FGPrax 1997, 5; *ders.,* Rechtsprechungsübersicht

---

[2] Vgl. *BGH* NJW 1994, 1152.

[3] Vgl. BGHZ 132, 245 = NJW 1996, 1890; *BGH* WM 1997, 1858.

zum Grundbuchrecht, FGPrax 1997, 161, 201; *Eickmann,* Grundbuchverfahrensrecht, 3. Aufl., 1994; *Eickmann/Gurowski,* Grundbuchrecht, 5. Aufl., 1999; *Grziwotz,* Praxishandbuch Grundbuch- und Grundstücksrecht, 1999; *Güthe/Triebel,* Kommentar zur GBO, 6. Aufl., 1936/37; *Hesse/Saage/Fischer,* Kommentar zur GBO, 4. Aufl., 1957; *Holzer/Kramer,* Grundbuchrecht, 2. Aufl., 2004; *Hügel,* Grundbuchordnung, Kommentar, 2. Aufl., 2010; *Krafka/Willer/Kühn,* Registerrecht, 8. Aufl., 2010; *Kollhosser,* Das Grundbuch – Funktion, Aufbau, Inhalt, JA 1984, 558; *Kuntze/Ertl/Herrmann/Eickmann,* Grundbuchrecht, 6. Aufl., 2006; *Lambert-Lang/Tropf/Frenz,* Handbuch der Grundstückspraxis, 2. Aufl., 2005; *Leesmeister,* Materielles Liegenschaftsrecht im Grundbuchverfahren, 2. Aufl., 1996; *Löscher,* Grundbuchrecht, 1974; *Meikel,* Grundbuchrecht, 3 Bände, 10. Aufl., 2009; *Nieder,* Entwicklungstendenzen und Probleme des Grundbuchverfahrensrechts, NJW 1984, 329; *Ripfel,* Grundbuchrecht, 1961; *Schmitz,* Wegweiser durch das Grundbuchverfahren, JuS 1994, 962 u. 1054, JuS 1995, 53, 245, 333 u. 438; *Schmidt-Räntsch,* Das neue Grundbuchrecht, 1994; *Schöner/Stöber,* Grundbuchrecht, 14. Aufl., 2008; *Schreiber,* Immobilienrecht, 2. Aufl., 2005; *Stöber,* GBO-Verfahren und Grundstückssachenrecht, 2. Aufl., 1998; *Thieme,* Grundbuchordnung, 4. Aufl., 1955; *Wieling,* Die Grundbucheintragung, AcP 209, 577.

§ 23. Die Einrichtung der Grundbücher

I. Die Grundbuchordnung

254 Das BGB setzt die Einrichtung von Grundbüchern voraus, sonst wäre sein Bodenrecht undurchführbar. Nach seiner Verkündung wurden daher überall im damaligen Deutschen Reich die Grundbücher angelegt, soweit sie noch nicht vorhanden waren.

Das gesamte formelle Grundbuchrecht, insbesondere die Verfassung der Grundbuchämter, das Verfahren bei Eintragungen, die Voraussetzungen derselben in formeller Beziehung, ist durch ein besonderes Reichsgesetz, die Grundbuchordnung vom 5. 8. 1935 (in der Fassung vom 26. 5. 1994, BGBl. I S. 1114) und durch die Grundbuchverfügung (in der Fassung vom 24. 1. 1995, BGBl. I S. 114) geregelt. Erhebliche Veränderungen hat das formelle Grundbuchrecht durch das sog. Registerverfahrensbeschleunigungsgesetz vom 20. 12. 1993 erfahren. Dadurch wird nunmehr insb. das sog. EDV-Grundbuch möglich werden (vgl. u. XI). Auch eine gewisse Grundbuchbereinigung wird ermöglicht (Grundbuchbereinigungsgesetz vom 20. 12. 1993).

254a Als historischer Beginn des Grundbuchwesens gelten die Kölner Schreinsbücher. Im Jahre 1130 wurden erstmals Liegenschaftskarten in Köln angelegt, die als Urkunden in Schreinen aufbewahrt wurden (Schreinskarten). Später wurden diese Urkunden gefaltet und zu Büchern gebunden (Schreinsbücher).

II. Grundbuchamt

255 Zur Führung der Grundbücher sind die Amtsgerichte als Grundbuchämter berufen (§ 1 GBO). Nur im Gebiet des ehemaligen Landes Württemberg werden die Grundbücher bei den Gemeinden durch die Bezirksnotare geführt, im Gebiet des ehemaligen Landes Baden durch Notare.

Die Erledigung der Grundbuchsachen oblag früher allgemein dem Richter; heute sind jedoch die meisten Aufgaben dem Rechtspfleger übertragen (RPflG vom 5. 11. 1969, § 3 Nr. 1 h).

Das Verfahren gehört zur Freiwilligen Gerichtsbarkeit (vgl. u. § 24 VIII).

III. Staatshaftung

Für Amtspflichtverletzungen der Grundbuchbeamten haftet statt ihrer ausschließlich der Staat (das Land) unter den gleichen Voraussetzungen und im gleichen Umfang, wie der Beamte nach § 839 haftet; vgl. Art. 34 GG. Das Richterprivileg des § 839 II gilt für sie nicht. 256

Dies bedeutet eine Erleichterung für die Beamten, vor allem aber eine Sicherung der Interessenten. Denn bei den hohen Werten, die beim Grundbuchverkehr in Frage kommen, können die Schäden leicht einen Betrag erreichen, den der Beamte selbst nicht voll ersetzen könnte.

Der Staat ist zum Rückgriff auf den Beamten nur bei dessen Vorsatz oder grober Fahrlässigkeit berechtigt; Art. 34 Satz 2 GG.

IV. Grundbuchbezirke

Die Grundbücher werden nach räumlichen Bezirken angelegt (§ 2 GBO). Meist sind es nach § 1 I 1 GBV die Gemeindebezirke; landesrechtliche Vorschriften über eine andere Einteilung sind jedoch in Kraft geblieben. 257

V. Beschränkte Öffentlichkeit des Grundbuchs

Das Grundbuch ist beschränkt öffentlich. Die Einsicht ist jedem gestattet, der ein berechtigtes Interesse darlegt (§ 12 GBO). Dieses muß sich nicht unmittelbar auf den Grundstücksverkehr beziehen, sondern kann auch in einem Informationsinteresse der Presse bestehen.[1] 258

Auch die entsprechende Einsicht in die Grundakten (s. u. X) ist gestattet (§ 46 GBV).

VI. Bedeutung und Arten des Grundbuchblattes

1. Grundbuchblatt

Jedes Grundstück erhält eine Stelle im Grundbuch für sich, das Grundbuchblatt (§ 3 GBO). Es besteht Buchungszwang. Das Grundbuchblatt ist das Grundbuch im Sinn des BGB; so ist z. B. für die nach § 873 erforderliche Eintragung die Eintragung auf dem Blatt erforderlich und genügend. Eintragungen in zeitlicher Reihenfolge für verschiedene Grundstücke durcheinander sind danach ausgeschlossen. Nur auf diesem Weg kann die Übersichtlichkeit des Grundbuchs gewahrt werden. In Wirklichkeit besteht das Grundbuchblatt wegen der großen Zahl von Eintragungen aus einer ganzen Reihe von aneinandergehefteten Blättern. 259

---

[1] So die weite Auslegung des § 12 GBO durch das *BVerfG* RPfleger 2001, 15; kritisch dazu *Böhringer,* RPfleger 2001, 331.

Voraussetzung ist, daß das betreffende Grundstück überhaupt im Grundbuch zu verzeichnen ist. Als Ausnahme gibt es auch buchungsfreie Grundstücke (§ 3 II GBO), insbesondere die im Eigentum des Bundes, der Länder oder Gemeinden stehenden, ferner öffentliche Wege und öffentliche Gewässer sowie die Eisenbahnen. Solange sie nicht gebucht sind, sind sie dem Grundstücksverkehr entzogen. Das ist tragbar, denn es ist sehr wahrscheinlich, daß gerade solche Grundstücke weder veräußert noch belastet werden, so daß sie auch praktisch außerhalb des normalen Rechtsverkehrs stehen.

Außer den Grundstücken erhalten ein eigenes Grundbuchblatt das Erbbaurecht (außerdem wird es aber als Belastung auf dem Blatt des belasteten Grundstücks eingetragen; vgl. u. § 75 II 3), das Wohnungseigentum (vgl. u. § 52), nach Landesrecht außerdem die Bergwerksgerechtigkeiten.

2. Real- und Personalfolium

260 Bei der Ausgestaltung des Grundbuchblattes bestand bis 1935 ein Wahlrecht zwischen Real- und Personalfolium. Beim Realfolium bestimmt das Grundstück das Grundbuchblatt, beim Personalfolium die Person des Eigentümers (s. dazu o. § 15 V), so daß alle einer Person gehörenden Grundstücke auf einem Blatt vereinigt werden. Nach § 3 I GBO gilt der Grundsatz der gesonderten Buchung jedes einzelnen Grundstücks auf einem eigenen Grundbuchblatt (Realfolium). Nach § 4 GBO können jedoch unter bestimmten Voraussetzungen mehrere Grundstücke desselben Eigentümers auf einem Grundbuchblatt zusammengeschrieben werden. Dadurch nähert sich das Grundbuch in Gegenden mit stark zersplittertem Parzellenbesitz im Einzelfall dem Personalfolium an.

VII. Vereinigung und Zuschreibung

261 Mehrere Grundstücke können miteinander rechtlich verbunden werden entweder durch Vereinigung zu einem Grundstück (§ 890 I) oder durch Zuschreibung eines Grundstücks zu einem anderen (§ 890 II). Erforderlich ist eine entsprechende Willenserklärung des Eigentümers, die gegenüber dem Grundbuchamt (in den Formen gem. § 29 GBO, str.) abzugeben ist, aber in dem Antrag auf Eintragung enthalten sein kann. Vereinigung und Zuschreibung sollen aber nur dann vorgenommen werden, wenn Verwirrung nicht zu besorgen ist (§§ 5, 6 GBO).[2] Die Möglichkeiten einer Vereinigung und Zuschreibung von Grundstücken sind durch das am 25. 12. 1993 in Kraft getretene Registerverfahrensbeschleunigungsgesetz (RegVBG) eingeschränkt worden. Sie sollen nach dem bei den §§ 5, 6 GBO jeweils neu angefügten Abs. 2 nur noch erfolgen, wenn die Grundstücke im Bezirk desselben Grundbuchamtes und desselben Katasteramtes liegen und unmittelbar aneinandergrenzen.

1. Vereinigung

262 Durch die Vereinigung werden alle bisher selbständigen Grundstücke Bestandteile eines neuen einheitlichen Grundstücks, und zwar unwesentliche. Die mit dem Eigentum an einem bisherigen Einzelgrundstück verbundenen Rechte werden Bestandteile des neuen Grundstücks, ohne aber ihren Inhalt zu ändern. Die Rechte an den bisherigen Einzelgrundstücken lasten unverändert auf ihnen fort, erstrecken sich also nicht auf das ganze Grundstück.[3] Neue Rechte dagegen können einheitlich an dem gesamten Grundstück entstehen. Darin liegt der Zweck der ganzen Maßnahme, nämlich die Zusammenfassung mehrerer Grundstücke in rechtlicher und wirtschaftlicher Hinsicht. Ein räumlicher Zusammenhang unter ihnen ist nicht erforderlich.

---

[2] Zum Begriff der Verwirrung vgl. *BayObLG* DNotZ 1978, 102 und 103.
[3] Vgl. z. B. *BGH* DNotZ 1978, 156.

2. Zuschreibung

Die Zuschreibung läßt die Belastungen auf jedem Grundstücksteil bestehen, bewirkt aber die Erstreckung der bereits auf dem Hauptgrundstück ruhenden Hypotheken auf das zugeschriebene Grundstück. Die Belastungen des zugeschriebenen Grundstücks erstrecken sich nicht auf das Hauptgrundstück, gehen aber den auf diesem ruhenden Hypotheken vor (§ 1131). Die Zuschreibung hat praktische Bedeutung, wenn eine kleinere Parzelle zugeschrieben wird zur Erhöhung der Sicherheit des Gläubigers oder zwecks einheitlicher Bebauung.[4] 263

VIII. Kataster

Alle Grundstücke sind nach einem amtlichen Verzeichnis im Grundbuch zu bezeichnen (§ 2 II GBO). In den meisten Ländern dienen als Grundlage die Kataster, welche für die Grund- und Gebäudesteuern seit längerer Zeit eingerichtet sind und über die tatsächlichen Verhältnisse amtliche und zuverlässige Auskunft geben (Größe, Bebauung, Lage usw.). Mit dem Gesetz über die Neuordnung des Vermessungswesens vom 3. 7. 1934 (RGBl. I 534) wurde mit der Einführung eines einheitlichen Liegenschaftskatasters begonnen. Ein bundeseinheitliches Kataster wurde bis jetzt jedoch noch nicht fertiggestellt. Neben dem Reichskataster gibt es weiterhin landesrechtlich geregelte Verzeichnisse. 264

Durch dauernde Verbindung der Grundbuchämter mit den Katasterbehörden ist dafür gesorgt, daß alle neuen Feststellungen, die diese Behörden treffen, z. B. über die Größe der Grundstücke auf Grund neuer Vermessungen, im Grundbuch verzeichnet werden.

Vor allem wird damit die sichere Festlegung der Identität des Grundstücks erreicht. Die Bezeichnung nach Straßen, Namen und Nummern wäre mit Rücksicht auf die möglichen Veränderungen derselben zu unsicher.

IX. Ausgestaltung des Grundbuchblattes

Die Grundbuchblätter wiesen in den einzelnen Ländern Verschiedenheiten auf, doch überwog schon immer die preußische Ausgestaltung; sie wurde 1935 für das ganze Reichsgebiet eingeführt. Maßgebend ist die Grundbuchverfügung. 265

Danach beginnt jedes Grundbuchblatt mit der **Aufschrift,** die das Amtsgericht, den Grundbuchbezirk (also meist die Gemeinde) und das Blatt nach dem gesamten Grundbuch des Bezirkes angibt.

Es folgt das **Bestandsverzeichnis.** Dieses enthält zunächst die Bezeichnung des Grundstücks nach dem Kataster und die ihm entnommenen Angaben über Lage, Größe, Bebauungsart usw. des Grundstücks (mit Spalten für Zu- oder Abschreibung von Parzellen), sodann die dinglichen Rechte, die mit dem Eigentum am Grundstück verbunden sind, also dem jeweiligen Eigentümer zustehen (z. B. Grunddienstbarkeiten, Vorkaufsrecht) und auf Antrag als Bestandteile des Grund-

[4] Zur Vereinigung und Zuschreibung vgl. *Röll,* DNotZ 1968, 523.

stücks eingetragen werden (während sie auf dem belasteten Grundstück eingetragen werden müssen, § 9 GBO).

Darauf folgen die **drei Abteilungen** des Grundbuchs. **Die erste** verzeichnet den Eigentümer[5] und die dinglichrechtliche Grundlage des Eigentumserwerbes, z. B. Auflassung, Erbgang, Zuschlag in der Zwangsversteigerung, nicht dagegen das obligatorische Erwerbsgeschäft, z. B. Kauf.

Die **zweite Abteilung** enthält alle dinglichen Rechte am Grundstück mit Ausnahme der Hypotheken, Grund- und Rentenschulden, sowie alle eintragungsfähigen Verfügungsbeschränkungen, wie Insolvenz, Zwangsversteigerung, Nacherbschaft.

Die **dritte** ist für die Hypotheken, Grund- und Rentenschulden bestimmt mit besonderen Spalten für Veränderung und Löschung.

Das Muster eines Grundbuchblattes ist als Anlage 1 zur Grundbuchverfügung i. d. F. vom 24. 1. 1995 abgedruckt. Es ist z. B. bei *Demharter,* Grundbuchordnung, 25. Aufl. 2005, Anh. 2 einzusehen. Von einem Abdruck im Anhang dieses Buches wird (anders als in früheren Auflagen) abgesehen.

X. Grundakten

266 Zu jedem Grundbuchblatt werden Grundakten geführt (§ 24 GBV). Hierzu gehören alle Urkunden, welche die Parteien einreichen, um die Eintragung zu erreichen, ferner die Protokolle über Erklärungen vor dem Grundbuchamt und die Verfügungen des Grundbuchrichters. Sie sind zur Ergänzung des Grundbuchs notwendig. Öffentlichen Glauben hat aber lediglich das Grundbuchblatt selbst.

XI. EDV-Grundbuch

267 Eine von der Justizminister-Konferenz eingesetzte Kommission für Datenverarbeitung beschloß bereits im Jahre 1969, das Grundbuchwesen auf seine Eignung für EDV untersuchen zu lassen. Daraufhin wurden in den 70er Jahren verschiedene Konzepte vorgelegt. Im Jahre 1982 wurde beim Grundbuchamt München ein Probelauf für das künftige EDV-Grundbuch durchgeführt. Zur allgemeinen Einführung kam es damals allerdings nicht. Im Zusammenhang mit der Wiedervereinigung wurden die früheren Bestrebungen dann wieder aufgegriffen. Durch das Ende 1993 in Kraft getretene Registerverfahrensbeschleunigungsgesetz (RegVBG) sind als 7. Abschnitt der GBO die §§ 126–134 neu eingefügt worden. Diese stellen nunmehr die gesetzliche Grundlage für die Einrichtung eines EDV-Grundbuches dar.[6] Seit Anfang 1995 hat die praktische Umsetzung in Bayern, Hamburg, Sachsen und Sachsen-Anhalt begonnen. Zunächst wurde die maschinelle Grundbuchführung in Bayern beim Grundbuchamt München eingeführt. Diese Umstellung wurde im Jahre 1996 abgeschlossen.[7]

---

[5] Zur Frage, welche Rechtssubjekte als Eigentümer in das Grundbuch eingetragen werden können, s. o. § 15 V.

[6] Zur historischen Entwicklung und zu den Einzelheiten vgl. *Frenz,* DNotZ 1994, 153; *Geiger/Göttlinger/Kobes,* Rpfleger 1973, 193; *Holzer,* NJW 1994, 481; *Keim,* DNotZ 1984, 724; *Schmidt-Räntsch,* VIZ 1997, 83.

[7] Zu den Einzelheiten und zur neuesten Entwicklung vgl. *Bauer/v. Oefele-Waldner,* vor § 126 Rn. 3 ff.; *Hügel,* § 126 Übersicht und Rn. 1 ff.

§ 24. Die Voraussetzungen der Eintragung

Literatur: *Bernhöft,* Einigung, Antrag und Eintragungsbewilligung im Liegenschaftsrecht, 1931; *Ertl,* Rechtsnatur und Bedeutung der Eintragungsbewilligung, DNotZ, 1964, 260; *Habscheid,* Die Entscheidung des Grundbuchamtes nach § 18 GBO, NJW 1967, 225; *ders.,* Wirksamkeit und Widerruf der Eintragungsbewilligung, DNotZ 1967, 339 und 406; vgl. auch die Literaturangaben bei § 16 und § 23.

I. Arten der Eintragung

Unter den Eintragungen sind verschiedene Arten zu unterscheiden: **268**

1. Positive und negative;

letztere beziehen sich auf das Erlöschen oder Nichtbestehen eines Rechts und heißen daher Löschung. Es erfolgt aber auch hier ein ausdrücklicher Vermerk („gelöscht am ...") in einer besonderen hierfür bestimmten Spalte, nicht etwa wird die zu löschende Eintragung einfach durchgestrichen oder sonst entfernt. Üblich ist es, die „gelöschten" Eintragungen rot zu unterstreichen, um die Übersichtlichkeit des Grundbuchs zu erhöhen, doch bedeutet dies keineswegs eine Form, mit der irgendwelche rechtlichen Folgen verbunden sind.

2. Endgültige und vorläufige Eintragungen;

letztere sind Vormerkung und Widerspruch.

3. Rechtsändernde und berichtigende;

letztere dienen der Berichtigung des Grundbuchs, haben daher nur deklaratorische Bedeutung,

erstere dienen der Veränderung der dinglichen Rechtslage und bilden für sie ein notwendiges Tatbestandsstück (vgl. § 873), haben also konstitutive Wirkung.

4. Rechts- oder Tatsacheneintragungen (vgl. o. § 19 V).

II. Zuständigkeit

Sachlich und örtlich zuständig für die Eintragung ist das Grundbuchamt, in **269**
dessen Bezirk das Grundstück liegt (§ 1 I GBO). Funktionell zuständig für die Erledigung der Grundbuchsachen ist nach § 3 Nr. 1 h RpflG der Rechtspfleger.

III. Zulässigkeit der Eintragung

1. Der Art nach unzulässige Eintragungen

270 Erste Voraussetzung für eine Eintragung ist ihre Zulässigkeit. Sie liegt vor, wenn die Eintragung ein eintragungsfähiges Recht betrifft, also ein dingliches Grundstücksrecht, das bundes- oder landesrechtlich zugelassen ist, ferner wenn ein eintragungsfähiges Rechtssubjekt[1] dies beantragt (s. o. § 15 V). Der Kreis dieser Rechte ist gesetzlich begrenzt; es besteht nicht wie im Recht der Schuldverhältnisse die Vertragsfreiheit, also das Recht zur Begründung von Rechten mit beliebigem Inhalt (vgl. o. § 3 II).

Unzulässig sind Eintragungen bloßer Schuldverhältnisse, z. B. von Miete oder Pacht, von obligatorischen Ansprüchen, von öffentlichen Lasten, z. B. der Grund- und Gebäudesteuern, ferner von Vermerken über Geschäftsfähigkeit, Verfügungsbeschränkungen im öffentlichen Interesse. Die Eintragung dinglicher Rechte ist nur in Ausnahmefällen nicht zulässig, z. B. die Eintragung der Überbaurente (§ 914 II).

Solche unzulässigen Eintragungen sind wirkungslos, da sie im Grundbuch keine Veränderung in der rechtlichen Lage hervorbringen können und sich auch der öffentliche Glaube des Grundbuchs nicht auf sie erstreckt. Sie sind von Amts wegen zu löschen (§ 53 I 2 GBO). Dies ist auch unbedenklich, da niemand aus solchen Eintragungen Rechte ableiten kann, ihre Löschung daher niemandes Rechtsstellung beeinträchtigt.[2] Die Unzulässigkeit muß sich jedoch bereits aus der Eintragung selbst ergeben.[3]

2. Unrichtige, inhaltlich zulässige Eintragungen

271 Anders steht es mit unrichtigen, aber ihrem Inhalt nach zulässigen Eintragungen, z. B. der Eintragung eines Eigentümers, der wegen Nichtigkeit der Auflassung in Wahrheit nicht Eigentümer geworden ist. Sie können nicht ohne weiteres gelöscht werden, denn sie sind Gegenstand des öffentlichen Glaubens. Daher ist im Hinblick auf sie ein Rechtserwerb denkbar, und so wird auch durch die unrichtige Eintragung eine gewisse Rechtsstellung für die Eingetragenen geschaffen.

Durch die Neufassung der GBO von 1935 ist ein Grundbuchberichtigungszwang eingeführt. Er betrifft vor allem die Fälle, in denen „begründeter Anlaß zu der Annahme besteht, daß das Grundbuch hinsichtlich der Eintragung des Eigentümers durch Rechtsübergang außerhalb des Grundbuchs unrichtig geworden ist", z. B. durch Erbgang. Das Grundbuchamt muß dann nicht, aber es kann, z. B. wegen drohender Unsicherheit im Rechtsverkehr, den Eigentümer zur Stellung des Antrags auf Berichtigung und Beibringung der nötigen Urkunden anhalten, damit das Grundbuch den jetzigen Stand wiedergeben kann (§ 82 GBO). Ferner kann eine Bereinigung des Grundbuchs durch Löschung gegenstandslos gewordener Eintragungen von Amts wegen erfolgen, z. B. wenn eine Holz- oder Weidegerechtigkeit auf einem längst bebauten und städtisch gewordenen Grundstück eingetragen ist, so daß sie dauernd nicht ausgeübt werden kann (§ 84 GBO).

---

[1] Zur Eintragung von Gesamthandsgemeinschaften im Grundbuch und zum neuen § 47 II GBO s. o. § 15 V, Rn. 137a.

[2] Vgl. dazu *Bestelmeyer*, RPfleger 1997, 7.

[3] *KG* NJW-RR 1998, 447 m. w. N.

3. Eintragungen bei Fehlen von Eintragungsvoraussetzungen

Eintragungen, welche der Grundbuchbeamte wegen Fehlens von Eintragungs- 272
voraussetzungen nicht vornehmen durfte, die aber sachlich richtig sind, bleiben bestehen (vgl. u. IV), z. B. Eintragung einer Hypothek ohne Bewilligung, aber nach Einigung. Sind Eintragungen, die nicht hätten vorgenommen werden dürfen, sachlich unrichtig, so ist ein Widerspruch von Amts wegen einzutragen; § 53 I 1 GBO (vgl. u. IV 2).

IV. Eintragungsantrag

Die Eintragungen sind an formelle Voraussetzungen gebunden. Diese decken sich 273
nicht mit den Voraussetzungen für die materiellrechtlichen Wirkungen. Aber es besteht kein Widerspruch zwischen dem formellen Grundbuchrecht der GBO und dem materiellen des BGB, sondern die GBO regelt, unter welchen Voraussetzungen das Grundbuchamt tätig werden und eine Eintragung vornehmen darf und soll, das BGB regelt, unter welchen Voraussetzungen eine materielle Rechtsänderung sich vollzieht. Dabei stellt die Grundbuchordnung einige Voraussetzungen auf, die dem materiellen Recht fremd und nur für das Verfahren des Grundbuchamts bedeutsam sind, und läßt einige materiellrechtliche Voraussetzungen weg, um den Geschäftsgang des Grundbuchamts zu vereinfachen und zu beschleunigen.

1. Antrag als Eintragungsvoraussetzung

Die erste Voraussetzung ist ein Antrag (§ 13 GBO). Er ist eine Erklärung 274
gegenüber dem Grundbuchamt und nicht an eine Form gebunden (außer wenn er eine formbedürftige Erklärung, z. B. die Bewilligung, in sich schließt und ersetzt). Er muß klar und bestimmt sein, kann aber an Hand der vorliegenden Urkunden ausgelegt werden (§ 133).[4] Eine Bedingung oder Befristung des Antrages ist nicht möglich (§ 16 GBO); damit wird dem Grundbuchamt die Nachprüfung von Umständen außerhalb seines Geschäftsbereichs erspart. (Zulässig ist dagegen der unbedingte Antrag auf Eintragung eines bedingten Rechts.)

Eine Ausnahme hiervon besteht nur dann, wenn mehrere dasselbe Grundstück betreffende Eintragungen beantragt werden, von denen die eine nicht ohne die andere erfolgen soll, also beispielsweise der Veräußerer des Grundstücks der Eintragung des Erwerbers als Eigentümer, zugleich aber seine eigene Eintragung als Gläubiger einer Restkaufgeldhypothek beantragt. Solche Abhängigkeit mehrerer Eintragungen voneinander ist zulässig.

Antragsberechtigt ist sowohl der Passiv- wie der Aktivbeteiligte (§ 13 I 2 GBO), d. h. der von der Eintragung Betroffene und derjenige, zu dessen Gunsten die Eintragung erfolgen soll, z. B. bei Eintragung eines neuen Eigentümers der Veräußerer und der Erwerber, bei Eintragung einer neubegründeten Hypothek der Eigentümer und der Hypothekengläubiger.

Für Berichtigungen ist das Antragsrecht erweitert durch § 14 GBO, wonach auch der Gläubiger eines nicht eingetragenen Berechtigten die Eintragung beantragen kann.

---

[4] Vgl. dazu *BayObLG* MDR 1974, 589.

2. Ausnahmen

275 Nur ausnahmsweise erfolgen Eintragungen von Amts wegen:

a) Eine ihrem Inhalt nach unzulässige Eintragung wird von Amts wegen gelöscht (§ 53 I 2 GBO, vgl. o. II 1).

b) Ist eine Eintragung unter Verletzung gesetzlicher Vorschriften vorgenommen und unrichtig, so wird von Amts wegen ein Widerspruch eingetragen (§ 53 I 1 GBO). Damit wird der gute Glaube eines Erwerbers ausgeschlossen. Eine Löschung würde einen Eingriff in die durch die Eintragung immerhin geschaffene Rechtsstellung ohne Zustimmung der Beteiligten bedeuten und ist deswegen unzulässig. Ob den Grundbuchbeamten ein Verschulden trifft, ist unerheblich. Dagegen setzt ein Amtswiderspruch immer einen Fehler des Grundbuchamts voraus, so daß von Amts wegen ein Widerspruch nicht eingetragen werden darf, wenn ein Mangel im Tatbestand nicht erkennbar war (z. B. bei Unrichtigkeit des vorgelegten Erbscheins).
Sind zwar gesetzliche Vorschriften verletzt, ist aber keine Unrichtigkeit eingetreten oder ist sie geheilt worden, so ist ein Widerspruch natürlich ausgeschlossen, da er ja ein Hinweis auf die mögliche Unrichtigkeit ist. So z. B. wenn eine später beantragte Hypothek vor einer früher beantragten eingetragen wird; denn der Rang richtet sich nach der Eintragung, wie sie erfolgt ist (vgl. o. § 17 II).

c) Eintragungen auf Ersuchen von Behörden, z. B. des Konkurs- oder des Vollstreckungsgerichts (§ 38 GBO).

d) Eintragung einer Vormerkung oder eines Widerspruchs bei unerledigten Anträgen (§ 18 II GBO; vgl. u. VIII).

e) Eintragungen auf Grund von §§ 45, 48, 51, 52 GBO.

f) Offensichtliche Schreibfehler können ohne weiteres von Amts wegen berichtigt werden.

V. Eintragungsbewilligung

1. Bewilligung des Betroffenen

276 Das zweite Erfordernis der Eintragung ist die Bewilligung des von der Eintragung Betroffenen (§ 19 GBO). Hier kommt also nur der Passivbeteiligte in Betracht, die Bewilligung eines Aktivbeteiligten kann ja auch keine Bedeutung haben. Zum Beispiel ist der Veräußerer des Grundstücks oder Grundstücksrechts betroffen, wenn der Erwerber des Grundstücks oder Grundstücksrechts eingetragen werden soll. Vor seiner Eintragung als Eigentümer kann ein Auflassungsempfänger eine Eintragung im Grundbuch nur mit Zustimmung des Eigentümers bewilligen, da er selbst noch nicht Betroffener ist.[5]

277 a) Die Bewilligung ist eine einseitige, an das Grundbuchamt gerichtete Erklärung des Inhalts, daß man mit einer bestimmten Eintragung oder Löschung einverstanden ist. Sie ist zu trennen von der materiellrechtlichen Erklärung, ein materielles Recht zu begründen, zu übertragen oder aufzuheben, wie sie meist Bestandteil der Einigung ist.

278 b) Damit entsteht ein Gegensatz zwischen dem materiellen Recht mit dem Einigungsgrundsatz des § 873 und dem formellen Grundbuchrecht mit der einseitigen Bewilligung, zwischen dem materiellen Konsensprinzip des BGB und dem formellen Konsensprinzip des formellen Grundbuchrechts. Das Grundbuchamt

---

[5] Vgl. dazu *BayObLG* NJW 1971, 514.

kann und soll eine beantragte Eintragung vornehmen, sobald der Passivbeteiligte sie bewilligt, braucht also nicht zu prüfen und sich nachweisen zu lassen, ob die Einigung beider Beteiligter vorliegt (vollends ist das Vorliegen des Kausalgeschäftes rechtlich gleichgültig). Allerdings darf der Grundbuchbeamte, auch wenn die grundbuchrechtlichen Voraussetzungen einer Eintragung erfüllt sind, nicht dazu beitragen, daß das Grundbuch unrichtig wird. Daher muß er den Antrag ablehnen, wenn er erkennt, daß das materielle dingliche Rechtsgeschäft unwirksam ist.[6] Ebenso hat er zu verfahren, wenn er, etwa im Zusammenhang mit der Bestellung einer Hypothek, feststellt, daß eine Klausel in allgemeinen Geschäftsbedingungen des Gläubigers, auf die die Eintragung Bezug nehmen soll, wegen Verstoßes gegen das AGB-Gesetz (nunmehr §§ 305 ff. n. F.) unwirksam ist.[7] Bloße Zweifel an der Wirksamkeit des zugrundeliegenden Vertrages rechtfertigen die Zurückweisung des Eintragungsantrags jedoch nicht.[8] Nur für den wichtigen Fall der Eigentumsübertragung (und der Begründung und Übertragung des Erbbaurechts oder des Wohnungseigentums) gilt nach § 20 GBO, daß die Einigung nachgewiesen werden muß. Dagegen kann z. B. eine Hypothek auf Grund der bloßen Bewilligung des Eigentümers ohne Nachweis seiner Einigung mit dem Hypothekengläubiger eingetragen werden. Das Gesetz geht von der durch die praktische Erfahrung begründeten Vermutung aus, daß der Passivbeteiligte die für ihn rechtlich nachteilige Eintragung doch nur dann bewilligen wird, wenn die Einigung wirklich vorliegt, da sonst für den Regelfall unverständlich wäre, warum er den Nachteil der Eintragung auf sich nähme. Jedenfalls bedeutet diese Regelung eine Entlastung des Grundbuchamts, weil es von der Prüfung der Rechtslage, z. B. des Vorhandenseins und der Wirksamkeit der Einigung entbunden ist. Zugleich sind die Parteien entlastet, da nur eine Erklärung formalisiert ist, nicht die beider Parteien, und sich nicht beide an das Grundbuchamt zu wenden haben. Die Schnelligkeit in der Durchführung der Eintragungen ist der Sicherung der Richtigkeit vorangestellt.

c) Ein Widerspruch zur Regelung des BGB entsteht aber nicht. Ob die Rechts- 279
änderung eintritt, z. B. ein dingliches Recht entsteht, richtet sich ausschließlich nach BGB, also nach der Einigung; ohne sie ist die Eintragung unrichtig. Liegt sie vor, so entsteht das Recht, auch wenn die formellen Voraussetzungen nicht erfüllt sind, z. B. die Bewilligung fehlt. Sind umgekehrt diese Voraussetzungen gegeben, liegt z. B. die Bewilligung vor, fehlt es aber an der Einigung, so entsteht das Recht nicht.

Ist z. B. die Eintragung einer Hypothek auf Grund der Bewilligung erfolgt, während die Einigung mit dem Hypothekengläubiger nicht vorliegt, so hat das Grundbuchamt rechtmäßig und korrekt die Eintragung vorgenommen, aber die Hypothek ist mangels Einigung nicht entstanden, das Grundbuch also unrichtig. Hat umgekehrt der Grundbuchbeamte (also der Rechtspfleger) die Hypothek ohne Bewilligung des Eigentümers lediglich auf Grund des Antrags des Gläubigers eingetragen, ist aber die Einigung beider zustande gekommen, so hat er zwar einen groben Fehler begangen, aber die Hypothek entsteht und das Grundbuch ist richtig. Der Grundbuchbeamte, der ohne Bewilligung eine Eintragung vornimmt, trägt immerhin das Risiko, daß die Einigung fehlt und das Grundbuch durch seinen Fehler unrichtig wird.

d) Bewilligung und Einigung sind begrifflich scharf zu trennen. Ihre Funktionen 280
sind verschieden. Die Einigung ist die Grundlage für die materielle Rechtsänderung,

---

[6] BGHZ 35, 135, 140 = NJW 1961, 1301; *BayObLG* Rpfleger 1976, 181; *OLG Karlsruhe* NJW-RR 1998, 445; a. A. teilweise die Literatur, vgl. MünchKomm/*Wacke,* § 892 Rn. 70; Staudinger/*Gursky,* § 892 Rn. 176; *Lenenbach,* NJW 1999, 923, 924.
[7] *BayObLG* NJW 1980, 2818.
[8] *BayObLG* DNotZ 1995, 63.

die Bewilligung diejenige für das Handeln des Grundbuchamts. Demgemäß richten sich die Erklärungen an verschiedene Adressen, die materiellen an den Gegner, die Bewilligung an das Grundbuchamt. Die Bewilligung bedarf einer Form, die Einigung in der Regel nicht. Jene ist nur unbedingt zulässig, diese kann auch bedingt sein. Die Bewilligung ist eine einseitige Erklärung, die Einigung ein Vertrag. Man kann auch nicht sagen, daß sich praktisch der Unterschied verwische, weil in jeder Einigung notwendig eine Bewilligung enthalten sei. Aber in der Regel ist allerdings in der Einigung zugleich die Bewilligung enthalten; denn wer eine Rechtsänderung will, will auch die Eintragung, die zu ihrer Herbeiführung notwendig ist. Daher bedeutet z. B. die Einreichung der beurkundeten Auflassung, also der Einigung, beim Grundbuchamt in aller Regel zugleich Antrag und Bewilligung der Eintragung.[9] Umgekehrt kann im Ausstellen und Annehmen einer Bewilligung zugleich die Einigung liegen, soweit diese formlos wirksam ist. Es gibt aber auch Bewilligungen, die nicht Bestandteil einer Einigung sind, z. B. wenn sie eine Berichtigung des Grundbuchs zum Gegenstand haben.

Die Bewilligung für sich allein kann nicht als materielles Rechtsgeschäft angesehen werden,[10] denn es wird keine privatrechtliche Wirkung angestrebt, sondern die Tätigkeit des Grundbuchamts, also eines Staatsorgans. Aber man ist darüber einig, daß die Vorschriften über Rechtsgeschäfte, z. B. über Geschäftsfähigkeit und Vertretung, auf die Bewilligung Anwendung finden. Umstritten ist, ob die Bewilligung eine Verfügung darstellt. Leugnet man den Charakter als Rechtsgeschäft, so muß man auch die Verfügung verneinen. Wiederum sind aber die Vorschriften über Verfügungen, z. B. § 185, anwendbar.[11] Die Bewilligung ist abstrakt, d. h. unabhängig von einer Verpflichtung, wie sie auf einem Vertrag, z. B. dem Grundstückskauf, beruhen kann.

281 e) Da die Aushändigung einer formellen Bewilligung (in einer öffentlichen oder öffentlich beglaubigten Urkunde, § 29 GBO) die Einigung bindend macht (§ 873 II), bedeutet die Vorschrift, daß für die Eintragung die Bewilligung genügt, praktisch eine Erleichterung des Grundstücksverkehrs. Nicht beide Erklärungen, welche die Einigung ausmachen, brauchen formalisiert abgegeben zu werden, sondern nur der Passivbeteiligte muß eine Erklärung in bestimmter Form abgeben, nämlich die seine Erklärung einschließende Bewilligung, für den Aktivbeteiligten genügt die formlose Erklärung. Eine wichtige Ausnahme besteht für die Eigentumsübertragung nach § 925 (vgl. u. § 29 II). Hier genügt die Bewilligung nicht.

2. Eintragung ohne Bewilligung

282 Einer Bewilligung bedarf es nicht

a) bei allen Eintragungen von Amts wegen (vgl. o. III),

b) bei Nachweis der Unrichtigkeit des Grundbuchs (§ 22 GBO),

c) bei Vormerkung und Widerspruch, wenn eine einstweilige Verfügung vorliegt, vgl. o. §§ 18 V, 21 II,

d) beim Widerspruch nach § 1139 (vgl. u. § 55 III),

e) bei Eintragungen im Weg der Zwangsvollstreckung.

---

[9] Vgl. RGZ 141, 374.

[10] Vgl. BGHZ 84, 202 = NJW 1982, 2817 und dazu *Ertl*, Rpfleger 1982, 407. Vgl. dazu auch *Nieder*, NJW 1984, 331.

[11] Nach *E. Wolf*, S. 391, sind die Vorschriften des BGB nicht entsprechend anwendbar.

VI. Voreintragung des Betroffenen

Die Eintragung soll ferner nur erfolgen, wenn der durch sie Betroffene im Grundbuch eingetragen ist (§ 39 GBO). Die Prüfung, ob der Betroffene verfügungsberechtigt ist in bezug auf das veräußerte Recht, wird damit erspart. 283

Ausnahme (§ 40 GBO): Ist der Betroffene der Erbe des eingetragenen Berechtigten, so bedarf es seiner vorherigen Eintragung nicht, wenn die Übertragung oder Aufhebung des Rechts eingetragen werden soll (z. B. der Erbe will das Grundstück, als dessen Eigentümer noch der Erblasser eingetragen ist, veräußern; nicht dagegen, wenn er es mit einer Hypothek belasten will) oder wenn die Bewilligung nicht vom Erben, sondern vom Erblasser, Testamentsvollstrecker, Nachlaßpfleger oder Nachlaßverwalter herrührt. Im ersten Fall wäre die Eintragung des Erben ja nur eine Formalität für ein sehr kurzes Durchgangsstadium, weil gleichzeitig der Erwerber eingetragen werden müßte.[12]

Dem Erben ist der Vorerbe gleichzustellen. Auch die anderen Fälle von Gesamtnachfolge sind entsprechend zu behandeln.

Für Briefhypotheken und Briefgrundschulden vgl. § 39 II GBO.

VII. Sonstige Nachweise

Die Prüfung durch den Grundbuchrichter, jetzt den Rechtspfleger, bezieht sich regelmäßig nicht auf das obligatorische Kausalgeschäft, das dem dinglichen zugrunde liegt, z. B. den Kauf, da dessen Unwirksamkeit die Wirksamkeit des dinglichen Geschäftes nicht berührt, aber auch nicht auf die Einigung, denn die Bewilligung genügt ja, ausgenommen die Fälle von § 20 GBO. Bei der Auflassung ist aber die Vorlage der Urkunde über den Verpflichtungsvertrag vorgeschrieben (§ 925 a, vgl. u. § 29 III). 284

Dagegen müssen die Voraussetzungen für die Eintragung nachgewiesen werden (Legalitätsprinzip). Daraus ergibt sich als weiteres Erfordernis für die Eintragung die Einhaltung gewisser Formvorschriften. Die zur Eintragung materiellrechtlich erforderlichen Erklärungen der Parteien, insbesondere die Bewilligung, müssen zu Protokoll des Grundbuchamts erklärt oder durch öffentliche oder öffentlich beglaubigte Urkunden nachgewiesen werden (§ 29 GBO).[13] Der Antrag bedarf jedoch nicht der Form des § 29.[14]

Andere Voraussetzungen, z. B. der Tod des eingetragenen Berechtigten, das Erbrecht des Antragstellers, die gesetzliche Vertretung sind, wenn beim Grundbuchamt nicht offenkundig, durch öffentliche Urkunden nachzuweisen (§ 29 Abs. 1 Satz 2 GBO). Ausnahme § 29 a GBO.

Besondere Vorschriften sind gegeben für den Nachweis der Vorstandschaft einer Aktiengesellschaft oder anderer juristischer Personen in § 32 GBO (Zeugnis des Registergerichts, das durch eine Bescheinigung des Notars über die Vertretungsberechtigung gemäß § 21 BNotO ersetzt werden kann), für den des ehelichen Güterstandes in § 33 GBO, für den der Erbfolge in § 35 GBO (Erbschein oder öffentliches Testament nebst Eröffnungsverhandlung). Beim Erwerb eines Grundstücks oder Erbbaurechts ist die Eintragung ferner von einer Bescheinigung des Finanzamts darüber abhängig, daß steuerliche Bedenken nicht entgegenstehen (Art. 97 § 7 Einführungsgesetz zur Abgabenordnung).

---

[12] Vgl. dazu *BGH* MDR 1968, 138.

[13] Vgl. dazu *BayObLG* NJW-RR 2001, 734.

[14] BGHZ 141, 345 = NJW 1999, 2369; *Kuntze/Ertl/Hermann/Eickmann,* § 13 Rn. 67; *Demharter,* FGPrax 1997, 46; a. A. *OLG Frankfurt a. M.* FGPrax 1997, 11; *Böttcher,* in: Meikel, § 13 Rn. 63.

VIII. Verfahren des Grundbuchamts im allgemeinen

285 Jede Eintragung wird vom Rechtspfleger durch Verfügung angeordnet, vom Grundbuchführer (einem Beamten, der dem Urkundsbeamten der Geschäftsstelle eines Gerichts entspricht) ausgeführt, von ihm und dem Rechtspfleger unterschrieben.

Das Verfahren in Grundbuchsachen gehört zur freiwilligen Gerichtsbarkeit, nicht zum Zivilprozeß. Die Entscheidungen ergehen nicht als Urteile und genießen keine materielle Rechtskraft, erlangen dagegen formelle Rechtskraft (d. h. sie können dann mit Rechtsmitteln nicht mehr angegriffen werden).

Gegen die Entscheidungen des Rechtspflegers ist nach dem am 1. 10. 1998 in Kraft getretenen 3. RPflGÄndG (BGBl. I 2030) das nach den allgemeinen Verfahrensvorschriften zulässige Rechtsmittel gegeben (§ 11 I 1 RPflG).[15] Regelmäßig wird dies die Beschwerde oder sofortige Beschwerde sein, ggf. aber auch besondere Rechtsbehelfe wie die Erinnerung nach §§ 732, 766 ZPO. Eine Vorlage an den Richter ist grundsätzlich nicht mehr vorgesehen. Der Beschwerde nach § 71 GBO kann der Rechtspfleger nach § 75 GBO abhelfen.[16] Für Zulässigkeit, Einlegung, Form und Frist, Abhilfebefugnis und Vorlage an das Beschwerdegericht gelten vielmehr die Bestimmungen der jeweils anzuwendenden Verfahrensvorschriften. Eine Ausnahme gilt aus verfassungsrechtlichen Gründen für die Fälle, in denen nach den allgemeinen Verfahrensvorschriften kein Rechtsmittel gegeben ist. Hier findet die Erinnerung binnen der für die sofortige Beschwerde geltenden Frist statt. Der Rechtspfleger kann dieser befristeten Erinnerung abhelfen, ansonsten legt er diese dem Richter vor, der endgültig entscheidet (§ 11 II 1 RPflG). Auf die Erinnerung sind im übrigen die Vorschriften über die Beschwerde sinngemäß anzuwenden (§ 11 II 2 RPflG). Verfügungen, die nach den Vorschriften der Grundbuchordnung wirksam geworden sind und nicht mehr geändert werden können, sind mit der Erinnerung nicht anfechtbar (§ 11 III 1 RPflG). Daher gibt es grundsätzlich keine Erinnerung gegen Eintragungen (§ 71 II GBO).

Entscheidet in Ausnahmefällen der Grundbuchrichter selbst, so ist gegen seine Entscheidungen, soweit nicht unanfechtbar, die Beschwerde an das Landgericht gegeben.

Gegen Beschwerdeentscheidungen des Landgerichts ist die weitere Beschwerde an das Oberlandesgericht zulässig, wenn unrichtige Rechtsanwendung behauptet wird (§§ 78, 79 GBO). Der Bundesgerichtshof ist zuständig, falls das Oberlandesgericht von der Entscheidung eines anderen Oberlandesgerichts oder des Bundesgerichtshofs abweichen will. In diesen Fällen muß die weitere Beschwerde dem Bundesgerichtshof vorgelegt werden (§ 79 II GBO).

IX. Formelle Behandlung des Antrags durch das Grundbuchamt

1. Zeitpunkt des Eingehens

286 Der Zeitpunkt des Eingehens des Antrags beim Grundbuchamt soll genau vermerkt werden (§ 13 II 1 GBO); dies mit Rücksicht auf die u. 2. dargestellte Regelung. „Eingehen" bedeutet, daß der Antrag dem zuständigen Beamten zur Entgegennahme vorgelegt ist; der Begriff ist also nicht mit dem „Zugehen" im Sinne des BGB identisch.

2. Reihenfolge der Erledigung

287 Die Erledigung der Anträge soll in der Reihenfolge des Eingehens erfolgen, wenn sie dasselbe Recht betreffen (§ 17 GBO). Die später beantragte Eintragung darf nicht vor Erledigung des früheren Antrags erfolgen. Damit erhält der frühere

---

[15] Zu den Änderungen umfassend *Rellermeyer,* RPfleger 1998, 309 ff.

[16] H. M. vgl. *BayObLG* NJW-RR 1999, 1691; *Budde,* Rechtspfleger 1999, 513; a. A. *Kuntze,* in: Kuntze/Ertl/Herrmann/Eickmann, § 75 Rn. 4.

Antrag für den Regelfall die Priorität, und der Rang der eingetragenen Rechte soll sich nach dem Eingang der Anträge richten. Das Hauptbeispiel ist, daß zwei Hypothekeneintragungen auf demselben Grundstück beantragt werden.

Sind die Anträge gleichzeitig gestellt und soll die Eintragung in derselben Abteilung des Grundbuchs erfolgen, so ist im Grundbuch zu vermerken, daß die Eintragungen gleichen Rang haben (§ 45 I Halbsatz 2 GBO). Werden mehrere Eintragungen, die nicht gleichzeitig beantragt sind, in verschiedenen Abteilungen unter Angabe desselben Tages bewirkt, so ist zu vermerken, daß die später beantragte Eintragung der früher beantragten im Rang nachsteht (§ 45 II GBO).

3. Art der Entscheidung

Die Erledigung des Antrags vollzieht sich entweder durch Stattgeben (die beantragte Eintragung wird angeordnet und vollzogen) oder durch Zurückweisung des Antrags (§ 18 GBO). Diese ist notwendig, wenn ein nicht behebbares Hindernis dem Stattgeben im Weg steht; z. B. der Antrag ist von einem Geschäftsunfähigen gestellt oder von einem angeblichen Rechtsinhaber, der weder eingetragen noch berechtigt ist. **288**

4. Zwischenverfügung

Liegt ein behebbares Hindernis vor, so ergeht eine Zwischenverfügung.[17] Der Antrag wird beanstandet und dem Antragsteller eine Frist zur Behebung des Hindernisses gestellt, nach deren ergebnislosem Ablauf die Zurückweisung des Antrags erfolgt (§ 18 GBO). **289**

Beispiel: Fehlen der Vollmacht, des Nachweises der gesetzlichen Vertretungsmacht oder der Organstellung bei einer juristischen Person, eines Nachweises nach §§ 33, 35 GBO.

Die Lage kompliziert sich, wenn in der Zwischenzeit während des Fristlaufs ein Antrag eingeht, der dasselbe Recht betrifft. Zum *Beispiel* ist der Antrag der Hypothekenbank auf Eintragung einer Hypothek wegen Fehlens eines Auszugs aus dem Handelsregister beanstandet, durch den der Nachweis erbracht werden muß, daß der Antragsteller Vorstand der Bank ist; ehe der Nachweis erbracht ist, wird eine zweite Hypothek auf demselben Grundstück beantragt. Der zweite Antrag wird dann sogleich erledigt – denn warum sollte dieser Antragsteller warten müssen, weil ein anderer einen Fehler begangen hat? –, aber zugunsten des früheren Antrags wird von Amts wegen eine Vormerkung oder ein Widerspruch eingetragen und damit dem früher beantragten Recht, wenn es zum Stattgeben, also zur Eintragung kommt, der Vorrang vor dem früher eingetragenen, aber später beantragten Recht gesichert (§ 18 II 1 GBO). Durch leicht behebbare Fehler bei einem Antrag soll nicht der sonst gegebene Vorrang verlorengehen. Ist eine Rechtsänderung beantragt, z. B. die Eintragung einer Hypothek, so erfolgt eine Vormerkung, wenn eine Berichtigung des Grundbuchs beantragt war, ein Widerspruch.

Kommt es zur Zurückweisung des früheren Antrags, so wird die Vormerkung oder der Widerspruch von Amts wegen gelöscht (§ 18 II 2 GBO).

Zu beachten ist, daß eine Zwischenverfügung dann nicht ergeht, wenn zwar ein behebbares Hindernis vorliegt, die rangwahrende Wirkung des § 18 II GBO aber ausnahmsweise nicht gerechtfertigt ist. Das ist etwa dann der Fall, wenn der Mangel des Antrags nicht mit rückwirkender Kraft geheilt werden kann, so z. B. bei einem Antrag auf Eintragung eines Eigentumswechsels bei noch fehlender Auflassung.[18]

---

[17] Vgl. dazu *Habscheid,* NJW 1967, 225.

[18] *Demharter,* § 18 Anm. 3 d; vgl. auch BGHZ 27, 310 = NJW 1958, 1090; *BayObLG* MDR 2001, 501.

X. Übersicht

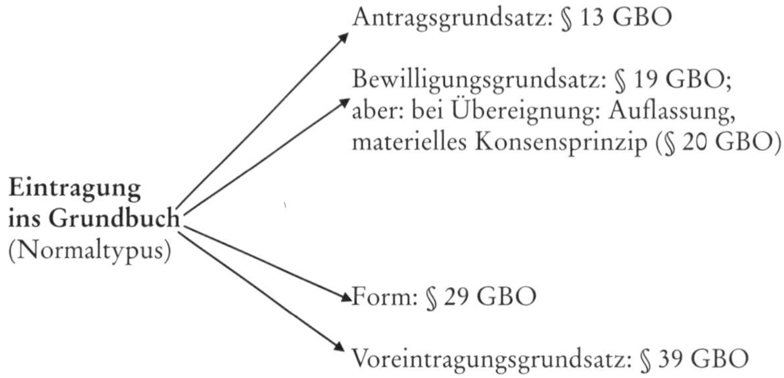

XI. Euro-Umstellung im Grundbuch

289a Seit dem 1. 1. 1999 konnten Hypotheken, Grundschulden etc. auch in Euro begründet werden. Hinsichtlich der bereits eingetragnen Altrechte sind die Grundbücher am 1. 1. 1999 aber nicht unrichtig geworden. In der Übergangszeit bis Ende 2001 wurden Altrechte nur auf Antrag des Grundstückseigentümers oder des Inhabers des betroffenen Rechts nach § 13 GBO umgestellt. Antrag und Zustimmung des anderen Teils bedurften nicht der Form des § 29 GBO. Nach der Sondervorschrift des § 26 a I S. 1 GBMaßnG war weder die Bewilligung des Grundstückseigentümers noch die des Gläubigers notwendig. Auch der Zustimmung Drittberechtigter (Pfandgläubiger, Nießbraucher) oder der Inhaber gleich- oder nachrangiger Rechte bedurfte es nicht. Da es sich nicht um eine Währungsreform, sondern nur um eine Währungsumstellung handelt, wird deren Rechtsposition nicht beeinträchtigt.[19]

Seit 1. 1. 2002 sind alle DM-Beträge kraft EU-Rechts zu Euro-Beträgen geworden. Neue Rechte können jetzt nur noch in Euro eingetragen werden. Bei den alten Rechten kann das Grundbuchamt von Amts wegen die gebührenfreie Umstellung vornehmen, § 26 a I S. 2, 4 GBMaßnG. Sie fällt nicht unter § 22 GBO und bedarf keines Nachweises in der Form des § 29 GBO, da die Euro-Umstellung offenkundig ist. Eine Pflicht des GBA, alle Grundbucher richtigzustellen, besteht jedoch nicht. In der Praxis bietet sich die Richtigstellung vor allem dann an, wenn aus anderem Anlaß Grundbucheintragungen vorgenommen werden.

§ 25. Die eingetragenen Schiffe

Literatur: *Abraham,* Seerecht, 4. Aufl., 1974; *Dobberahn,* Rechte an Schiffen und Luftfahrzeugen, MittRheinNK 1998, 145; *Dörr,* Die deutsche Handelsflotte und das Grundgesetz, 1988; *Herber,* Seehandelsrecht, 1999; *Prause,* Das Recht des Schiffskredits, 3. Aufl., 1979; *Prause/Weichert,* Schiffssachenrecht und Schiffsregisterrecht, 1974; *Puttfarken,* Seehandelsrecht, 1997; *Rabe,* Seehandelsrecht, 4. Aufl., 2000; *Schaps/Abraham,* Das Seerecht in der Bundesrepublik Deutschland, Bd. I und

---

[19] Mit Inkrafttreten des § 26 a GBMaßnG (BGBl. 1999 I, S. 1642) am 14. 8. 1999 ist der in der Literatur bestehende Streit um die Notwendigkeit einer Bewilligung für die Umstellung gegenstandslos geworden. Zum ganzen *Ottersbach,* Rpfleger 1999, 51; *Bestelmeyer,* Rpfleger 1999, 368; *Böhringer,* DNotZ 1999, 692; *Rellermeyer,* Rpfleger 1999, 522.

[1] Vgl. dazu *BGH* NJW 1995, 2097.

II, 4. Aufl., 1978; *Herbert Wolff,* Grundriß des Sachenrechts bei Schiffen und Schiffsbauwerken, 1949; *Wüstendörfer,* Neuzeitliches Seehandelsrecht, 2. Aufl., 1950.

I. Schiffe, soweit sie in einem Schiffsregister eingetragen sind, werden rechtlich wie Grundstücke behandelt nach dem Gesetz über Rechte an eingetragenen Schiffen und Schiffsbauwerken vom 15. 11. 1940 (SchRG). Denn die Vorschriften über das Schiffsregister sind denen über das Grundbuch genau angepaßt. Dies gilt für Seeschiffe wie für Binnenschiffe. **290**

II. Für die im Seeschiffsregister eingetragenen Schiffe genügt allerdings zur Übertragung des Eigentums die bloße Einigung (§ 2 SchRG). Dagegen ist für die im Binnenschiffahrtsregister eingetragenen Schiffe außer der Einigung auch die Eintragung im Register erforderlich (§ 3 SchRG), womit die Parallele zu § 873 hergestellt ist. Weiterhin entspricht § 3 II SchRG mit der formlosen, zwar wirksamen, aber nicht bindenden Einigung dem § 873 II; § 4 SchRG regelt das Schicksal des Zubehörs dem § 926 entsprechend. § 7 SchRG kennt einen Verzicht auf das Eigentum wie § 928. Die Schiffe sind auch mit Hypotheken belastbar (§ 8 SchRG; vgl. u. § 68). **291**

Das Schiffsregister hat ähnliche Funktionen wie das Grundbuch. Es hat die Vermutung der Richtigkeit für sich (§ 15 SchRG) und genießt öffentlichen Glauben. Es gibt daher auch hier einen gutgläubigen Erwerb (§§ 16, 17 SchRG entsprechend §§ 892, 893), den Berichtigungsanspruch (§ 18 SchRG) und zu seiner Vorbereitung den Widerspruch (§ 21 SchRG). Auch die Vormerkung ist vorgesehen (§ 10 SchRG) unter den Voraussetzungen und den Wirkungen von §§ 883 ff.

III. Nicht im Schiffsregister eingetragene Seeschiffe werden dagegen wie bewegliche Sachen behandelt. Die Übertragung des Eigentums und der gutgläubige Erwerb richten sich hier nach dem BGB. Dabei werden die allgemeinen Vorschriften durch die Sonderregelung der §§ 929 a, 932 a ergänzt, die in Anlehnung an das SchRG eine Eigentumsübertragung durch bloße Einigung vorsehen.[1] Bei Binnenschiffen gelten allein § 929 und die §§ 930 ff. Ebenso werden Kleinzeug und Schiffsbauwerke wie normale bewegliche Sachen behandelt. **292**

3. Kapitel. Das Eigentum

1. Abschnitt. Der Inhalt des Eigentums

§ 26. Geschichte und Bedeutung des Eigentums

Literatur: *Baur,* Entwicklungstendenzen im Sachenrecht, Juristen-Jahrbuch 8. Bd. (1967/68), S. 19; *Dürig,* Das Eigentum als Menschenrecht, ZgesStW 109, 326; *O. v. Gierke,* Deutsches Privatrecht, Bd. II, 1905; *Stein,* Zur Wandlung des Eigentumsbegriffs, FS Gebhard Müller, 1970, S. 503; *Vinding Kruse,* Das Eigentumsrecht, 1931–1936; *Lehmann,* Sachherrschaft und Sozialbindung, 2004; *Olzen,* Die geschichtliche Entwicklung des zivilrechtlichen Eigentumsbegriffs, JuS 1984, 328; *Ulmschneider,* Eigentum und Naturrecht im Deutschland des beginnenden 19. Jahrhunderts, 2003; *Wieacker,* Wandlungen der Eigentumsverfassung, 1935; *Wolf,* Beständigkeit und Wandel im Sachenrecht, NJW 1987, 2647; *Wolff,* Reichsverfassung und Eigentum, FS Kahl, 1923.

I. Geschichtliche Entwicklung[1]

293 In der Geschichte zeigt sich überall, daß das Privateigentum im heutigen Sinn als Recht einer einzelnen Person sich zuerst an beweglichen Sachen ausbildet und erst später auf den Boden erstreckt wird. Dies hängt damit zusammen, daß die individuellen Bedürfnisse bei den Mobilien viel ausgeprägter sind und andererseits der Boden eine quantitativ begrenzte, feste Größe ist, die gerade darum dem freien Schalten und Walten des Individuums länger entrückt bleibt. Das Grundeigentum steht lange Zeit noch der Sippe, dann der engeren Familie zu. Zuerst setzt sich das Eigentum des einzelnen an Haus und Hof durch, während die Ackerflur noch länger in der Hand der Dorfgemeinschaft als Genossenschaft verbleibt. Auch nachdem das Individualeigentum sich durchgesetzt hat, bleibt es am Boden in vielen Beziehungen beschränkt.

1. Das römische Recht

294 Das römische Recht prägt das Eigentum zu einem Herrschaftsrecht aus. Ihm ist das Wesentliche die freie tatsächliche und rechtliche Sachherrschaft des Eigentümers. Es ist kein Zufall, daß ‚dominium' und ‚dominus' eng verwandte Begriffe und Worte sind und daß ‚dominus' zugleich ‚Eigentümer' und ‚Herr' bedeutet, weil der Eigentümer einer Sache das typische Beispiel eines Herren, nämlich über die Sache, ist. Zugleich ist das römische Eigentum völlig individualisiert; es trägt in späterer

---

[1] Eine tiefgreifende Darstellung der historischen Entwicklung bringt nunmehr das Lehrbuch von *Wieling,* Bd. I, 1990, passim; vgl. ferner *Coing,* Europäisches Privatrecht, Bd. I, 1985, S. 269 ff., Bd. II, 1989, S. 367 ff.

Zeit keine Züge sozialer Gebundenheit oder Verbundenheit mehr. Der Eigentümer kann die Sache gebrauchen, wie er will, ist niemandem Rechenschaft schuldig und kann auch rechtlich frei verfügen. Das römische Recht macht auch keine Unterschiede zwischen Boden- und Mobiliar-Eigentum, es opfert dem einheitlichen Begriff der Sachherrschaft die natürlichen Unterschiede und verbaut sich damit trotz seiner technischen Vorzüge und hohen Ausbildung den Weg zu praktischen Rechtseinrichtungen, die andere an sich weniger vollkommene Rechtsordnungen geschaffen haben, vor allem zum Grundbuch. Es darf freilich nicht übersehen werden, daß dieses Eigentum ursprünglich nur römischen Bürgern zustand, es also eine Ausprägung des Herrenbewußtseins eines herrschenden Volkes war, ein Privileg seiner Angehörigen.

2. Das germanische Recht

Das germanische Recht läßt sich kennzeichnen durch eine viel stärkere Betonung **295** von Bindungen des Eigentums; es kennt daher auch Abstufungen, die dem römischen Recht fremd waren, Ober- und Untereigentum, vor allem Unterschiede zwischen Boden- und Mobiliareigentum. Diese zahlreichen Formen und Variationen dienen zugleich der sozialen Verbundenheit. Auch das Lehnsrecht mit seiner Auffassung der Verantwortlichkeit gegenüber dem Lehnsherren spielt hinein und verstärkt die Idee der Gebundenheit. Ferner ist der Einfluß der Kirche nicht zu übersehen; insbesondere stellt sie ausdrücklich sittliche Anforderungen an das Eigentum und vertieft dadurch das Wesen dieses Rechts.

3. Abschaffung der Grundherrschaft

Aber vielfach wurden aus sozialen Bindungen unsoziale Lasten, welche die Lage **296** der Bauern bis zur Unerträglichkeit verschlechterten. Die große Wende, welche die Freiheitsbewegung am Ende des 18. Jahrhunderts brachte, berührte daher auch das Eigentum. Sie führte zur Aufhebung zahlreicher Bindungen, die als Hemmung freier Entfaltung des einzelnen empfunden wurden. Mit der Gewerbefreiheit verband sich die Bauernbefreiung, die Abschaffung der grundherrlichen Lasten, die Umwandlung in freies Eigentum, womit die freie Veräußerung und Belastung von Grund und Boden ermöglicht wurde. Das Privateigentum wurde fast aller bisherigen Schranken entbunden und zu einer schrankenlosen Herrschaft des einzelnen. Nur beim städtischen Grundbesitz blieben einige notwendige Bindungen bestehen.

4. Das 19. Jahrhundert

Zweifellos verdankt das 19. Jahrhundert den ungeheuren wirtschaftlichen Auf- **297** schwung der Entfesselung der freien Initiative, daher auch der Befreiung des Eigentums von alten Hemmungen. Insoweit hat sie sich bewährt, und niemand tritt dafür ein, zu den alten Abhängigkeiten zurückzukehren. Aber die große Entwicklung und soziale Umschichtung brachte, besonders mit der Entstehung des modernen Kapitalismus, auch ernste Gefahren mit sich. Der Bauernbefreiung entsprach nicht die wirtschaftliche Sicherung des Bauerntums. Mit der Entlassung aus der patriarchalischen Herrschaft ging es auch seines Schutzes verlustig. Krisen der Landwirtschaft führten zu verbreitetem Verlust von Bauerngut und Vergrößerung des Großgrundbesitzes. Die Freiheit der Wirtschaft gestattete auch Ausbeutung und Unterdrückung der Schwächeren. Die Unterschiede wirtschaftlicher und sozialer Art verschärften sich. Das Proletariat entstand, mit ihm neue Probleme, auch für die Auffassung vom Eigentum. Der grundsätzliche Optimismus, aus dem heraus der Liberalismus die Befreiung durchgesetzt hatte, hielt gegenüber den Ausartungen des Individualismus nicht stand. Sein Glaube, man brauche den einzelnen nur von allen Fesseln zu befreien, dann werde er seine Persönlichkeit entfalten und den besten Gebrauch von seiner Freiheit zum Nutzen der Allgemeinheit machen, erwies sich als irrig. Mit der äußeren Freiheit hielt die sittliche Haltung nicht immer Schritt. Seit dem Ende des 19. Jahrhunderts setzte sich daher eine rückläufige Bewegung durch, aus der Erkenntnis geboren, daß nicht jeder einzelne eine unbedingte Gewähr für einen angemessenen Gebrauch seiner Freiheit bietet, und aus der Feststellung, daß die modernen Probleme, die mit dem Kapitalismus und der Bildung des Proletariats erwuchsen, allein mit Fessellosigkeit nicht gelöst werden können. Unbeschränkte Freiheit einzelner Mächtiger kann zur Unfreiheit vieler Schwacher werden. Der Sozialismus bekämpfte die Freiheit des Kapitals und der Unternehmer, der Kommunismus schließlich das Privateigentum überhaupt. Aber auch auf dem Boden der bürgerlichen Wirtschaftsordnung erwies sich die Einschaltung des Staates als notwendig. Wo das Gewissen der Individuen versagte, sollte das Gewissen der Gemeinschaft eingreifen. So kam es zu immer ausgedehnterer Fürsorge und Einwirkung des Staates auf wirtschaftlichem und sozialem Gebiet. Sie führte zu immer weiteren Einschränkungen auch des Eigentums.

5. Die Zeit des Nationalsozialismus

298 Der Nationalsozialismus betonte grundsätzlich den Vorrang der Gemeinschaft vor dem Individuum. Dies führte naturgemäß auch zu weiteren Einschränkungen des Eigentums. Die große Bedeutung, die er der Landwirtschaft und dem Bauerntum zumaß, ließ ihn ein besonderes Boden- und Bauernrecht schaffen, das vor allem im Erbhofrecht seinen Ausdruck fand. Charakteristisch war auch hier die starke Einschränkung der tatsächlichen und rechtlichen Verfügungsmöglichkeiten des Eigentümers, auch in erbrechtlicher Beziehung. Nach Anfangsmaßnahmen, die durchaus eine sachliche Erörterung verdienten, entwickelte er in rasch zunehmendem Maß eine Feindschaft gegen jede private Lebenssphäre. Die Allgewalt des totalen Staates drohte jede freie Betätigung des Individuums zu ersticken. Sein Sturz wendete diese furchtbare Bedrohung der Kultur ab.

6. Die Gegenwart

299 Aber es wäre nicht zu rechtfertigen, wenn man aus einem Extrem in ein anderes verfallen und die Erkenntnisse von Jahrzehnten sowie die gesamte soziale Entwicklung über Bord werfen würde, um die schrankenlose Freiheit des Individuums durchzuführen. Zwischen dieser und der Knebelung des einzelnen muß ein mittlerer Weg gefunden werden. Denn die Probleme sind nicht beseitigt, um die man sich jahrzehntelang bemüht und gestritten hat. Sie wirken nach wie vor auf die Gestaltung des Eigentums ein. Rechtliche Behandlung des Eigentums und soziale Wertung desselben beeinflussen sich gegenseitig. Der Begriff des Eigentums ist niemals durch alle Zeiten der gleiche, er unterliegt stets der Wandlung, ebenso wie die sozialen Auffassungen sich wandeln. Der Kampf um das Eigentum ist ein

Ausschnitt des Ringens zwischen der Freiheit des einzelnen und seiner Bindung durch vordringliche Interessen der Gesamtheit. Jede Zeit wird sich hier erneut bemühen, eine neue, bessere Lösung zu finden. Die Gegensätzlichkeit und Problematik zeigen sich an den beiden Polen einerseits der Eigentumsgarantie von Art. 14 GG, andererseits an den erweiterten Möglichkeiten der Enteignung (vgl. u. § 27 III 1) und an vielfältiger staatlicher Regulierung der Inhalte des Eigentums (s. u. § 27 III). Lehrreich ist daran vor allem die Erkenntnis, daß das Recht nicht isoliert im Leben der Völker existiert, sondern daß es in engem Zusammenhang mit anderen großen Lebensordnungen steht, vor allem der Sozial- und Wirtschaftsordnung. Dies zeigt sich auch in der starken Berührung der Privatrechtsordnung mit dem öffentlichen Recht. Der Schutz des privaten Eigentums ist auch die Grundlage der internationalen Wirtschaftsordnung.[2]

II. Wert und Bedeutung des Eigentums

Die Bedeutung des Eigentums und seiner Regelung reicht weit über die Sphäre der reinen Rechtsordnung hinaus. Hier zeigt sich besonders eindrücklich, wie enge Fäden das Recht mit den anderen großen Lebensordnungen verbinden, und daß das Recht niemals isoliert betrachtet werden darf, sondern als eines der Mittel, deren sich eine Gemeinschaft bedient, um wirtschaftliche, soziale und sittliche Ideale zu verwirklichen und zu sichern. 300

1. Grundlage der Wirtschaftsordnung

Das Eigentum, richtiger gesagt das Privateigentum, ist die Grundlage unserer heutigen Wirtschaftsordnung. Seine Bedeutung läßt sich daran ermessen, daß, je nachdem das Privateigentum an Grundstücken, beweglichen Sachen, Produktionsmitteln, Unternehmen anerkannt, beschränkt oder versagt wird, die Wirtschaftsverfassung eines Staates oder Volkes eine ganz verschiedene Ausprägung erhält. Wie weit aber das Privateigentum ausgedehnt werden mag, seine Anerkennung und sein rechtlicher Schutz sind stets die Voraussetzungen für eine wirtschaftliche Tätigkeit des einzelnen auf längere Sicht. 301

2. Grundlage der sozialen Ordnung

Das Privateigentum ist auch die Grundlage für die soziale Ordnung. Denn auch diese gestaltet sich völlig verschieden je nach der Ausdehnung und Anerkennung des Eigentums. Der soziale Aufbau einer Gesellschaft wird wesentlich dadurch mitbestimmt, ob Boden, Häuser, Unternehmen und Kapitalien Objekt privaten Eigentums sind oder nicht, ferner auch dadurch, ob sie nach der Rechtsordnung jedem Rechtsgenossen zugänglich sind oder nur bestimmten Klassen (wie lange Zeit Teile des ländlichen Bodens nur dem Adel). Die soziale Ordnung ist freilich nicht allein von der Rechtsordnung abhängig, wird aber weitgehend durch sie bestimmt. Es liegt also ein gegenseitiges Abhängigkeitsverhältnis vor. Jede soziale Auffassung vom Eigentum findet ihren Ausdruck in der Rechtsordnung. Diese bleibt aber oft 302

[2] Vgl. *Ohler,* JZ 2006, 875.

bestehen, auch wenn die sozialen Vorstellungen sich ändern; dann entstehen Spannungen und wenn nicht rechtzeitig die Rechtsordnung angepaßt wird, kommt es zu revolutionären Ausbrüchen.

3. Eigentum und Persönlichkeit

303 Wird das Privateigentum richtig als Inbegriff von Rechten und Pflichten aufgefaßt, kann es auch die ethischen Kräfte im Individuum stärken. Denn wie es freilich den Egoismus verstärken kann, so vermag es auch besonders in Verbindung mit der Regelung des Familien- und Erbrechts, die sozial so wertvollen und ethisch unentbehrlichen Instinkte der Fürsorge für Familie und Nachkommen zu erwecken.

Vor allem darf man nicht übersehen, daß das Privateigentum im Durchschnitt immer noch die sicherste Grundlage für die Unabhängigkeit des einzelnen ist, ohne welche gerade ein demokratisches Gemeinwesen nicht bestehen kann. Wer auf eigenem Grund und Boden steht oder sonst durch ein Vermögen in seiner Existenz gesichert ist, kann sich eine eigene Meinung sicherer gestatten als ein ewig von anderen Abhängiger. Dieser muß zum Zusammenschluß mit vielen anderen als dem rettenden Ausweg für seine Unabhängigkeit greifen, lernt damit die wertvolle Solidarität mit anderen kennen, unterliegt aber leicht der Vermassung und verliert darüber die Eigenpersönlichkeit. Die völlige Abschaffung des Privateigentums bringt die Gefahr des Kollektivismus, die Vermassung mit sich, der die Gefahr der politischen Versklavung allzu leicht folgt; jedenfalls bedeutet sie ein gefährliches Schwinden der freien Persönlichkeit. Daß es solche ausnahmsweise auch ohne festen wirtschaftlichen Rückhalt geben kann, soll nicht bestritten werden, und daß Besitz statt unabhängig und fest auch ängstlich machen kann, hat die Geschichte gezeigt. Aber alles in allem bleibt es doch eine Wahrheit, daß der durch Privateigentum Gesicherte, dem jemand seine wirtschaftliche Existenz nicht ohne weiteres rauben kann, am besten in der Lage ist, seine Unabhängigkeit zu wahren. Damit wird das Eigentum zu einem Mittel, die Persönlichkeit auszubilden. Schließlich ist nicht zu übersehen, daß Privateigentum in der Regel durch Arbeit geschaffen und erhalten wird, also eine ethische Grundlage hat.

§ 27. Inhalt, Schranken und Begriff des Eigentums

Literatur: *Aicher,* Das Eigentum als subjektives Recht, 1975; *Appel,* Entstehungsschwäche und Bestandsstärke des verfassungsrechtlichen Eigentums, 2004; *Badura,* Eigentum im Verfassungsrecht der Gegenwart, Verhandlungen des 49. Dt. Juristentages, Bd. II, 1972; *Baur,* Die gegenseitige Durchdringung von privatem und öffentlichem Recht im Bereich des Bodeneigentums, Festgabe für Sontis, 1977, S. 181; *Bauschke/Kloepfer,* Enteignung, enteignungsgleicher Eingriff, Aufopferung, NJW 1971, 1233; *Berg,* Entwicklung und Grundstrukturen der Eigentumsgarantie, JuS 2005, 961; *Böhmer,* Grundfragen der verfassungsrechtlichen Gewährleistung des Eigentums in der Rechtsprechung des Bundesverfassungsgerichts, NJW 1988, 2561; *Deutsch,* Das Eigentum als absolutes Recht und als Schutzgegenstand der Haftung, MDR 1988, 441; *Dörr,* Die neuere Rechtsprechung des Bundesverfassungsgerichts zur Eigentumsgarantie des Art. 14 GG, NJW 1988, 1049; *Dürig,* Zurück zum klassischen Enteignungsbegriff, JZ 1954, 4; *Eschenbach,* Der verfassungsrechtliche Schutz des Eigentums, 1996; *Georgiades,* Eigentumsbegriff und Eigentumsverhältnis, Festgabe für Sontis, 1977, S. 149; *Herrmann,* Eigentum und Aufopferung, FS Seiler, 2000, S. 601; *Hübner,* Eigentumsgarantie und Eigentumsbindung im Grundgesetz und der zivilrechtliche Eigentumsbegriff, Annales Universitatis Saraviensis, 1960; *Ipsen,* Das Bundesverfassungsgericht und das Privateigentum, AöR 91, 86; *Kempen,* Der Eingriff des Staates in das Eigentum, 1991; *Kreft,* Grenzfragen des Enteignungsrechts in der Rechtsprechung des BGH und des BVerwG, Ehrengabe für Heusinger, 1968, S. 167; *Kube,* Die Zugänge der Informationsgesellschaft und der Gegenstandsbezug des Rechts, JZ 2001, 944; *Kübler,* „Eigentum verpflichtet" – eine zivilrechtliche Generalklausel? AcP 159, 236; *Lege,* Wohin mit den Schwellentheorien?, JZ 1994, 431; *ders.,* Enteignung als Güterbeschaffungsvorgang, NJW 1993, 2565; *Lehmann,* Sachherrschaft und Sozialbindung, 2004; *Leisner,* Sozialbindung des Eigentums, 1972; *Pawlowski,* Substanz- oder Funktionseigentum? AcP 165, 395; *Raiser,* Das Eigentum als Menschenrecht, FS Baur, 1981, S. 105; *Rudolph,* Die Bindung des Eigentums, 1960; *Schmidt-Aßmann,* Formen der Enteignung (Art. 14 III GG), JuS 1986, 833; *Schulte,* Freiheit und Bindung des Eigentums im Bodenrecht, JZ 1984, 297; *Schwabe,* Die Enteignung in der neueren Rechtsprechung des Bundesverfassungsgerichts, JZ 1983, 273; *Sontis,* Strukturelle Betrachtungen zum Eigentumsbegriff, FS Larenz, 1973, S. 981; *Weber,* Eigentum und Enteignung, in *Neumann/Nipperdey/Scheuner,* Die Grundrechte, Bd. II, 1954.

I. Grundsätzlicher Inhalt

1. Gegenstand des Eigentums

Eigentum kennt unser Privatrecht nur an Sachen als körperlichen Gegenständen, nicht an anderen Gegenständen wie Forderungen, sonstigen Rechten, geistigen Schöpfungen.[1] Der öffentlich-rechtliche Begriff des Privateigentums dagegen umfaßt alle diese Gegenstände mit; in diesem weiteren Sinn ist der Schutz des Eigentums in Art. 14 GG zu verstehen. Nach neuester Rechtsprechung des *BVerfG* soll sogar das aus dem Mietvertrag folgende Besitzrecht des Mieters an seiner Wohnung Eigentum im Sinne von Art. 14 GG sein.[2] **304**

Eigentum gibt es nur an einzelnen Sachen, nicht an Sachgesamtheiten wie Warenlagern, Bibliotheken, Herden usw., auch nicht an Unternehmungen und Betrieben als wirtschaftlichen Einheiten.[3] Dies zeigt sich bei der Übertragung des Eigentums; sie muß für jede einzelne Sache nach den Vorschriften erfolgen, die für die betreffende Sache gelten, z. B. für Grundstücke oder bewegliche Sachen verschieden. Ebensowenig gibt es Sondereigentum an wesentlichen Bestandteilen im Sinn des § 93; Ausnahme Wohnungseigentum (vgl. u. § 52).

Nur an individuell bestimmten Sachen ist Eigentum möglich. Handelt es sich nur um der Gattung nach bestimmte Sachen, auch Teile von Sachgesamtheiten, so können sie zwar Gegenstand von obligatorischen Geschäften (z. B. Kauf) sein (sind es auch oft), aber es muß eine Ausscheidung real erfolgen, um eine Übertragung des Eigentums zu ermöglichen. Wer z. B. einem anderen 20 Sack Mehl verkauft und sie übereignen will, muß sie aus dem gesamten Vorrat aussondern und kenntlich machen, sonst kann ein Erwerb des Eigentums an irgendwelchen Teilen des Vorrats nicht stattfinden. **305**

2. Umfassendstes Sachenrecht

Das Eigentum ist das umfassendste Recht an einer Sache, das unsere Rechtsordnung kennt. Soweit sie überhaupt eine rechtliche Herrschaft über eine Sache verleihen will, ist sie im Eigentum verkörpert. Dadurch steht das Eigentum in Gegensatz zu anderen dinglichen Rechten an der Sache, die nur beschränkten Inhalt haben, wie Pfandrecht, Hypothek oder Dienstbarkeit. Bei ihnen läßt sich die gewährte Befugnis scharf umgrenzen, beim Eigentum dagegen nicht bis ins einzelne aufzählen. **306**

---

[1] Zu modernen Entwicklungen des Eigentumsbegriffs und nicht gegenständlichen Rechten in der Informationsgesellschaft vgl. *Kube,* JZ 2001, 944.

[2] *BVerfG* NJW 1993, 2035; kritisch dazu *Depenheuer,* NJW 1993, 2561; *Roellecke,* JZ 1995, 74.

[3] Vgl. dazu die Ausführungen über das sog. Unternehmenseigentum bei *Baur/Stürner,* § 28.

Diese beschränkten Rechte, Rechte an fremder Sache, sind aus dem Eigentum als dem umfassenden Recht abgezweigt und aus ihm abgeleitet. Dieses hat die Tendenz und Kraft, nach Erlöschen der Rechte die in ihnen enthaltenen Befugnisse wieder an sich zu ziehen und mit dem restlichen Eigentum zu vereinigen. Man spricht daher von der Elastizität des Eigentums.

3. Gesetzlicher Inhalt des Eigentums

307 Das BGB bestimmt in § 903 Satz 1 den Inhalt des Eigentums dahin: „Der Eigentümer kann, soweit nicht das Gesetz oder Rechte Dritter entgegenstehen, mit der Sache nach Belieben verfahren und andere von jeder Einwirkung ausschließen." Damit sind zwei Richtungen genannt, in denen sich das Eigentum auswirkt, eine positive innere, die das Verhältnis des Eigentümers zur Sache regelt, und eine negative oder äußere, welche die Stellung des Eigentümers anderen gegenüber bestimmt.

Die erstere schließt die Freiheit des Eigentümers in sich, die Sache tatsächlich zu besitzen, zu benutzen oder ungenutzt zu lassen, zu gebrauchen, Nutzungen zu ziehen, sie auch zu verbrauchen oder zu zerstören, ohne an feste Grenzen der wirtschaftlichen Vernunft gebunden zu sein.[4] Daneben steht die rechtliche Verfahrensfreiheit in Gestalt von Verfügungen über die Sache, z. B. Veräußerung oder Belastung.

Beispiel (*BGH* NJW 1995, 1759): K läßt an der von ihm erworbenen Uhr der Marke Rolex durch einen Juwelier eine Brillant-Lünette und ein brillantbesetztes Zifferblatt anbringen. Als die Uhr anläßlich einer Reparatur an die Fa. Rolex geschickt wird, weigert sich diese, die Uhr wieder herauszugeben, solange die Verfälschungen nicht auf Kosten des K entfernt seien.

K hat einen Anspruch auf Herausgabe der brillantenbesetzten Uhr. Da ihm als Eigentümer nach § 903 das Recht zusteht, mit seiner Sache nach Belieben zu verfahren, muß die Fa. Rolex eine mögliche Beeinträchtigung ihres Markennamens durch die von K vorgenommene Verschönerungsmaßnahme hinnehmen.

308 Die Abwehrmöglichkeit von Einwirkungen anderer charakterisiert das Eigentum als absolutes Recht, dessen wichtigster Typ es ist. Es wirkt gegen jedermann, jeder muß es respektieren und demgemäß Einwirkungen unterlassen, die nur dem Eigentümer vorbehalten sind. Doch sind hier nur unmittelbare Einwirkungen gemeint.[5]

Seit 1. 9. 1990 ist § 903 Satz 2 eingefügt, der eine besondere Verweisung auf den Tierschutz enthält. Dies ist freilich keine sachliche Neuerung, weil schon bisher die Befugnisse des Eigentümers durch entgegenstehende Gesetze (zu denen das Tierschutzgesetz unzweifelhaft gehört) begrenzt wurden.

II. Privatrechtliche Schranken

1. Kein schrankenloses Recht

309 Das Eigentum ist ein umfassendes, aber nicht ein schrankenloses Recht. Das BGB deutet dies an, indem es dem freien Belieben des Eigentümers die Ausnahme hinzufügt: „soweit nicht das Gesetz oder Rechte Dritter entgegenstehen". Dieser Hinweis hat positive Bedeutung als Regelung der Beweislast. Wer sich auf eine Einschränkung des Eigentums beruft, muß sie beweisen; der Eigentümer braucht nicht den Nachweis zu erbringen, daß sein Verhalten in den Grenzen des Eigentums bleibt.

---

[4] Vgl. *BGH* NJW 2000, 1719.

[5] Vgl. RGZ 155, 154, „ein unmittelbares Zuführen sinnlich wahrnehmbarer Stoffe auf das Nachbargrundstück", so daß eine „Grenzüberschreitung" stattfindet; vgl. auch u. § 28 II.

Im übrigen ist diese Formulierung des § 903 geradezu irreführend; denn die Anführung der Einschränkungen als bloße Ausnahme in einem Nebensatz wird dem wirklichen Verhältnis von Regel und Ausnahme, wie es sich heute darstellt, in keiner Weise gerecht (vgl. u. IV). Daher sind zunächst die wichtigsten Beschränkungen darzustellen, um eine richtige Anschauung vom Wesen des Eigentums zu gewinnen.

2. Räumliche Schranken des Eigentums

Räumliche Schranken für das Eigentum verneint grundsätzlich § 905, indem er 310
das Recht des Eigentümers auf den Raum über der Oberfläche und auf den Erdkörper unter ihr erstreckt. Praktisch schränkt er dann freilich in Satz 2 die Ausübung des Eigentums wieder ein – wenigstens für die negative Seite des Eigentums, den Ausschluß fremder Einwirkung; der Eigentümer kann Einwirkungen nicht verbieten, die in solcher Höhe oder Tiefe vorgenommen werden, daß er an der Ausschließung der Einwirkung kein Interesse hat.[6] Hierin liegt eine vernünftige Einschränkung der Rechtsausübung auf das durch das Interesse des Berechtigten gebotene Maß. Richtiger wäre wohl die umgekehrte Formulierung, wie sie z. B. das Schweizer Gesetzbuch (§ 667) kennt, daß das Eigentum selbst sich nur soweit erstreckt, als für seine Ausübung ein Interesse besteht.

Beispiele für zu duldende Einwirkungen können Tunnelbauten[7] (außer bei Gefahr einer Senkung der Oberfläche), Viadukte für Bahn oder Straße oder auch elektrische Leitungen über Grundstücken sein.[8] Auszuschließende Einwirkungen sind z. B. Lichtreklamen, die in den Luftraum über dem Grundstück herüberragen,[9] oder Vordächer.[10]

Besondere gesetzliche Bestimmungen gibt das Luftverkehrsgesetz (von 1922 i. d. F. der Bek. v. 14. 1. 1981), welches das Überfliegen von Grundstücken durch Flugzeuge gestattet und das Telegraphenwegegesetz (von 1899), wonach Telegraphen- und Telephonleitungen über Grundstücke geführt werden können, sofern dadurch nicht die Benutzung des Grundstücks wesentlich beeinträchtigt wird. Diese Bestimmungen sind auf Funkanlagen auszudehnen. Das u. a. im Wasserhaushaltsgesetz und in landesrechtlichen Wassergesetzen geordnete Wasserrecht gibt Bestimmungen über Quell- und Grundwasser und seine Zuführung.[11] Wichtig ist die Einschränkung des Eigentums durch das Bergrecht; vgl. u. § 44. Zu diesen öffentlich-rechtlichen Schranken des Eigentums vgl. u. § 27 III.

3. Schikaneverbot

Das Eigentum unterliegt in seiner Ausübung denselben Schranken wie jedes 311
andere Recht. Unzulässig ist daher seine Ausübung, wenn sie lediglich den Zweck hat, einem anderen Schaden zuzufügen (§ 226, Schikaneverbot).

Die praktische Bedeutung dieser Regel darf nicht überschätzt werden. Denn die Fälle sind selten, in denen nur aus dem Motiv heraus gehandelt wird, einen anderen zu schädigen. Althergebrachte Beispiele sind der Neidbau, um einem anderen Licht und Wärme zu nehmen, oder die Ableitung einer Quelle ohne eigenen Nutzen. Die Normalfälle sind aber so gelagert, daß sich mit der Schädigungsabsicht der Wille verbindet, für sich selbst einen Vorteil zu erlangen.

---

[6] Vgl. *BGH* NJW 1994, 999.

[7] BGHZ 83, 56, 61 = NJW 1982, 1035 verneint eine Duldungspflicht des Eigentümers bei einem U-Bahntunnel in 13 m Tiefe.

[8] Vgl. dazu BGHZ 66, 37 = NJW 1976, 416.

[9] RGZ 123, 182.

[10] *BGH* NJW 1957, 1396.

[11] Nach BVerfGE 58, 300 (332 ff.) endet die Befugnis des Eigentümers nach § 905 dort, wo er mit dem Grundwasser in Berührung kommt; kritisch zu dieser Entscheidung *Baur,* NJW 1982, 1734 und *Leisner,* DVBl. 1983, 61. Nach BGHZ 87, 66, 78 = NJW 1983, 1657 soll sich aus der zitierten Entscheidung des *BVerfG* nicht die räumliche Begrenzung des Grundeigentums ergeben.

4. Notstand

312 In engem Zusammenhang mit der Regelung des § 228 steht die in § 904 geregelte Einschränkung des Eigentums: Der Eigentümer darf die Einwirkung eines anderen auf seine Sache nicht verbieten, wenn die Einwirkung zur Abwendung einer gegenwärtigen Gefahr notwendig und der drohende Schaden (der abgewendet werden soll und ohne die Einwirkung eintritt) gegenüber dem Schaden, der aus der Einwirkung dem Eigentümer erwächst, unverhältnismäßig groß ist. Der Vergleich mit § 228 ergibt eine bedeutende Erweiterung der erlaubten Notstandshandlungen. Während dort eine Gefahr von der fremden Sache selbst drohen muß (z. B. von einem bissigen Hund, der den Handelnden angreift), braucht hier keine Gefahr von der Sache her zu drohen, auf welche man einwirkt. Man benutzt vielmehr eine fremde Sache, um die von anderer Seite her drohende Gefahr abzuwenden.

Beispiele: Man benutzt ein fremdes Boot, um einen Ertrinkenden zu retten, ein fremdes Auto, um einen Arzt zu einem Schwerverletzten zu holen, ein Waldstreifen wird niedergelegt als Schutz gegen Ausbreitung eines Waldbrandes, man dringt in eine Hütte ein, um Schutz vor einem Unwetter zu finden.

313 Andererseits sind die Voraussetzungen gegenüber § 228 verschärft; denn es wird hier gefordert, daß der drohende Schaden gegenüber dem aus der Einwirkung entstehenden Schaden unverhältnismäßig groß ist (was in obigen Beispielen der Fall ist).

Die Einwirkung stellt eine Notstandshandlung dar. Der Eigentümer oder der Besitzer ist nicht zum Widerstand berechtigt, dieser kann mit Gewalt gebrochen werden. Ob der Notstand verschuldet ist oder nicht, ist gleichgültig. Die Gefahr muß eine gegenwärtige, also unmittelbar drohende sein wie in § 228.[12] Die Einwirkung kann auch zugunsten eines anderen erfolgen als sog. Nothilfe, auch im öffentlichen Interesse (vgl. Art. 109 EGBGB). Dagegen fällt ein Handeln in Ausübung hoheitlicher Gewalt nicht unter § 904.[13]

Ein Unterschied ergibt sich dagegen insofern, als der Eigentümer Ersatz des ihm entstandenen Schadens verlangen kann (§ 904 Satz 2), ohne Rücksicht auf ein Verschulden des Handelnden[14] oder des Gefährdeten. Dies ist der seltene Fall eines Schadensersatzes für nicht rechtswidriges Handeln (Aufopferungsausgleich). Die Haftung trifft den Einwirkenden, auch wenn er im Interesse eines anderen oder im öffentlichen Interesse eingreift,[15] den Dritten, zu dessen Schutz gehandelt ist, nur dann, wenn er Weisungen an den Handelnden erteilt hat. Bei gesetzlichem Zwang zum Handeln (z. B. § 323 c StGB) ist der Handelnde aber von der Ersatzpflicht frei. Der Einwirkende hat meist einen Ersatzanspruch gegen den Dritten aus Geschäftsführung ohne Auftrag oder aus Bereicherung.

Examensproblem: A verursacht (unverschuldet) einen Brand in einem Wohnhaus, der das Leben des B bedroht. B springt deshalb aus einem Fenster auf das Dach eines Pkw, der dem A gehört. A macht Schadensersatzansprüche gemäß § 904 Satz 2 wegen der entstandenen Beschädigung geltend (Fall nach *LG Freiburg* NJW-RR 1989, 683).

---

[12] Vgl. dazu *BGH* LM Nr. 3 zu § 904.

[13] BGHZ 117, 240 = NJW 1992, 3229, 3232.

[14] Nach BGHZ 92, 357 = NJW 1985, 490 muß das Handeln wenigstens bedingt vorsätzlich geschehen; zust. *Dilcher,* JuS 1987, 100, abl. *Konzen,* JZ 1985, 179.

[15] *BGH* NJW 1952, 1211; BGHZ 6, 102 = NJW 1952, 1132; a. M. *Kraffert,* AcP 165, 453. Vgl. zu dem Haftungsproblem *Gottwald,* PdW, Fall 38.

Da § 904 weder rechtswidriges noch schuldhaftes Verhalten des Schädigers voraussetzt, meinte das *LG Freiburg*, der Anspruch sei gegeben. Auch andere Gründe bis hin zu § 242 BGB stünden nicht entgegen. Übersehen hat das *LG* aber, daß durch die Einwirkung auf das Auto selbst keine Gefahr „abgewendet“ wurde. In Wahrheit dürfte daher ein Fall des § 904 nicht vorgelegen haben.

5. Rechte an fremder Sache

Beschränkungen des Eigentums stellen auch die Rechte an fremder Sache dar, die **314**
nach den gesetzlichen Typen durch Vertrag des Eigentümers mit dem künftigen Inhaber eines solchen Rechts begründet werden können. Es sind dies an Grundstücken Erbbaurecht, Dienstbarkeiten und Nießbrauch, Vorkaufsrecht, Reallasten, vor allem Hypotheken, Grund- und Rentenschulden; an beweglichen Sachen Nießbrauch und Pfandrecht. Hier handelt es sich um echte Einschränkungen des normalen Eigentumsinhalts.

Weitere Einschränkungen unter privatrechtlichem Gesichtspunkt ergeben sich aus dem Nachbarrecht (vgl. u. § 28).

6. Urheberrecht

Besondere Diskussionen hat vor allem in jüngerer Zeit die Diskrepanz zwischen **314a**
dem Eigentümer eines Gebäudes und dem Architekten als Inhaber des Urheberrechts ausgelöst, so z. B. im Streit um die Ausgestaltung des neuen Berliner Hauptbahnhofs (früher „Lehrter Bahnhof“). Das LG Berlin hat in diesem Fall die Eigentümer gezwungen, bauliche Veränderungen gegenüber dem Architektenplan rückgängig zu machen.[16]

III. Öffentlich-rechtliche Schranken

1. Die Enteignung

Den stärksten Eingriff in das Eigentum stellt die Enteignung dar. Ausgangspunkt **315**
der Enteignung ist die Entziehung des Eigentums; sie bildet auch heute noch den Hauptfall der Enteignung.

a) Geschichtliche Entwicklung

Die Enteignung war dem römischen Recht so gut wie unbekannt. Sie spielte auch im Mittelalter nur eine unbedeutende Rolle, und nur in den Städten. Erst mit der Französischen Revolution gewann sie Bedeutung und fand ihren Niederschlag in der Erklärung der Menschenrechte und in der Verfassung von 1791 als Ausnahme von der Unverletzlichkeit des Eigentums auf Grund der öffentlichen Notwendigkeit. Seitdem war sie auch in den meisten deutschen Verfassungen erwähnt, aber zugleich beschränkt (vgl. Art. 9 der Preußischen Verfassung von 1850). Überall war sie, wieder nach französischem Vorbild, mit einer Entschädigungspflicht verbunden.

Der Verfassungsgesetzgeber der Weimarer Verfassung (Art. 153) ging von der klassischen Enteignungslehre des 19. Jahrhunderts aus, wie sie z. B. in der preußischen Verfassung verankert war. Diese Enteignungslehre zeichnete sich durch folgende Merkmale aus:

Nur Grundstücke oder grundstücksgleiche Rechte konnten Gegenstand einer Enteignung sein;

die Übertragung des Eigentums mußte auf ein öffentliches Unternehmen zur Erfüllung eines öffentlichen Zwecks erfolgen;

---

[16] *LG Berlin* GRUR 2007, 96.

die Enteignung war nur auf Grund eines Gesetzes durch Verwaltungsakt zulässig;
es mußte volle Entschädigung gewährt werden.

In der Zeit der Weimarer Republik kam es unter Führung des Reichsgerichts[17] zu einer Ausweitung dieses klassischen Enteignungsbegriffs. Von ihr wurden Gegenstand, Zweck und Mittel der Enteignung erfaßt. Nicht nur Grundstücke oder grundstücksgleiche Rechte, sondern alle subjektiven Privatrechte (auch Eigentum an beweglichen Sachen, dingliche Rechte, Forderungen) wurden nunmehr als enteignungsfähig anerkannt. Von der Notwendigkeit der Überführung des enteigneten Gegenstands in das Vermögen eines Dritten nahm man Abstand und auch die Erreichung eines öffentlichen Zwecks im engeren Sinn war nicht mehr Bedingung der Enteignung; man begnügte sich mit dem allgemeinen Interesse der Gesamtheit an der Enteignung. Schließlich wurde eine Enteignung unmittelbar durch Gesetz (also nicht auf Grund eines Gesetzes durch Verwaltungsakt) für zulässig erklärt.

b) Die gegenwärtige Rechtslage

316 Dieser in der Zeit der Weimarer Republik entwickelte erweiterte Enteignungsbegriff gilt im wesentlichen auch heute noch weiter. Abzugrenzen ist jedoch zwischen der Enteignung und der gem. Art. 14 I 2 GG dem Gesetzgeber obliegenden Bestimmung von Inhalt und Schranken des Eigentums.

Nach der früheren Rechtsprechung des *BGH* war für die Abgrenzung der innere Gehalt der Maßnahme, nicht deren formale Gestaltung maßgebend. Entscheidende Kriterien bildeten die Schwere des Eingriffs, die Überschreitung einer gewissen Opfergrenze und der Grundsatz der Verhältnismäßigkeit. Die gleiche Maßnahme konnte in einem Fall Verwirklichung der Sozialbindung des Eigentums sein, in einem anderen Fall konnte sie – insbesondere, wenn der Gleichheitssatz Entschädigung für ein Sonderopfer des Betroffenen verlangte – eine Enteignung darstellen.[18]

Dieser Auffassung ist das *BVerfG* in einer Reihe von Entscheidungen entgegengetreten. Das *BVerfG* sieht in Inhaltsbestimmung und Enteignung jeweils eigenständige Rechtsinstitute, die strikt voneinander zu trennen sind.[19] Durch eine Inhalts- und Schrankenbestimmung legt der Gesetzgeber generell und abstrakt die Rechte und Pflichten des Eigentümers fest. Somit schafft er auf der Ebene des objektiven Rechts Normen, die die Rechtsstellung des Eigentümers i. S. eines subjektiven Rechts begründen oder ausformen. Hierbei muß von ihm beachtet werden, daß Art. 14 I 1 GG eine Grundentscheidung zugunsten des Instituts des Privateigentums beinhaltet. Ferner müssen Verhältnismäßigkeitsgrundsatz, Gleichheitssatz und das Sozialgebot des Art. 14 II GG berücksichtigt werden.

Eine Enteignung bedeutet dagegen Zugriff auf das Eigentum des einzelnen, die vollständige oder teilweise Entziehung konkreter subjektiver Rechtspositionen, die nach ihrer Begründung und Ausformung gem. Art. 14 I 2 GG durch Art. 14 I 1 GG gewährleistet sind.[20]

Entspricht eine Inhalts- und Schrankenbestimmung nicht den Anforderungen des GG, ist sie verfassungswidrig. Es liegt nicht etwa eine Enteignung vor, für die von den ordentlichen Gerichten Entschädigung zugesprochen werden könnte.[21]

317 Rechtsgrundlage für die Zulässigkeit der Enteignung bildet Art. 14 III GG. Unter Eigentum im Sinne dieser Vorschrift ist aber nach höchstrichterlicher Rechtsprechung nicht nur das Eigentum im bürgerlich-rechtlichen Sinn zu verstehen, sondern jedes private Vermögensrecht (dingliche Rechte, Forderungen, Aktien) und selbst subjektiv-öffentliche Rechte, soweit sie dem Inhaber eine eigentümerähnliche Rechtsposition verschaffen.[22] Daneben ist die Zulässigkeit der Enteignung auch in den Länderverfassungen geregelt worden. Die Voraussetzungen der Enteignung sind heute folgende:

318 aa) Eine Enteignung ist nur zum Wohl der Allgemeinheit zulässig (Art. 14 III 1 GG). Daß mit der Enteignung ein öffentlicher Zweck erreicht werden muß, wie es die klassische Enteignungslehre gefordert hat, wird heute nicht mehr verlangt.[23]

---

[17] Vgl. z. B. RGZ 109, 319.

[18] BGHZ 54, 293 = NJW 1971, 133 und die dort zitierte Rechtsprechung.

[19] BVerfGE 52, 1, 27; 58, 137, 144 f.; 58, 300, 320 und 330 ff.; *BVerfG* NJW 2000, 2573.

[20] Ausführlich zum Enteignungsbegriff von BVerfG und BGH vgl. *Lege*, NJW 1993, 2565 und JZ 1994, 431.

[21] BVerfGE 58, 137, 144 f.; 58, 300, 324.

[22] Vgl. BVerfGE 4, 240; 18, 397; BGHZ 15, 17, 20 = NJW 1954, 1807.

[23] Zur Enteignung zu Gunsten Privater vgl. BVerfGE 74, 264 sowie *Dörr*, NJW 1988, 1053.

bb) Die Enteignung muß entweder unmittelbar durch Gesetz (Legalenteignung) oder auf Grund eines Gesetzes durch Verwaltungsakt vorgenommen werden (Art. 14 III 2 GG).[24] 319

Ein allgemeines bundesrechtliches Enteignungsgesetz fehlt, da das allgemeine Enteignungsrecht in die Gesetzgebungskompetenz der Länder fällt. In einigen Ländern gelten unter dem Vorrang von Art. 14 III GG ältere Enteignungsgesetze fort, so z. B. in Nordrhein-Westfalen (ehem. preußisches Gebiet) das preußische Enteignungsgesetz vom 11. 6. 1874, ebenso in Schleswig-Holstein. In den meisten Ländern ist das Recht der Zwangsenteignung neu geregelt worden, so in Bayern durch das Bayerische Enteignungsgesetz i. d. F. der Bek. v. 25. 7. 1978 (BayRS 2141-1-I). Nur auf Sachgebieten der ausschließlichen oder konkurrierenden Gesetzgebungskompetenz des Bundes sind spezielle bundesrechtliche Enteignungsgesetze möglich.

Enteignungstatbestände finden sich insbesondere im Baurecht (z. B. § 85 I Baugesetzbuch), aber auch im Agrarrecht (z. B. im Flurbereinigungsgesetz oder im Grundstücksverkehrsgesetz), in den Straßengesetzen von Bund und Ländern sowie in verschiedenen anderen Rechtsgebieten (z. B. Landesverteidigung, Luftschutz, Wasser- und Energiewirtschaft).

In erheblichem Umfang ist die Möglichkeit der Enteignung auch im Rahmen der sog. „einfachen" Notstandsgesetze (Wassersicherstellungsgesetz, Wirtschaftssicherstellungsgesetz, Verkehrssicherstellungsgesetz, Ernährungssicherstellungsgesetz) vorgesehen.

cc) Das Gesetz, das die Enteignung enthält, muß Art und Maß der Entschädigung regeln (sog. Junktim zwischen Enteignung und Entschädigung). Sie ist unter gerechter Abwägung der Interessen der Allgemeinheit und der Beteiligten zu bestimmen. Mit dieser Umschreibung verlangt das Grundgesetz vollen Wertersatz.[25] Erfolgt ein Eingriff ohne gesetzliche Grundlage, so liegt ein enteignungsgleicher Eingriff vor, der kraft Richtergewohnheitsrechts ebenfalls eine Entschädigung zur Folge hat, falls er nicht durch Rechtsmittel abgewendet werden kann.[26] 320

2. Öffentlich-rechtliche Eigentumsbeschränkungen

Zahlreicher als die Enteignungstatbestände sind die gesetzlich geregelten Eigentumsbeschränkungen. Sie stützen sich auf Art. 14 I 2 GG. Eine Entschädigung ist für sie verfassungsrechtlich nicht vorgeschrieben. Dennoch finden sich gesetzliche Bestimmungen, die auch bei Eigentumsbeschränkungen Entschädigung gewähren. 321

Eigentumsbeschränkungen betreffen häufig den rechtsgeschäftlichen Verkehr, indem sie Genehmigungspflichten begründen, oder vor allem die Gestaltungsfreiheit des Eigentümers, indem sie ihn zu einem Dulden, Unterlassen oder manchmal auch zu einem Handeln zwingen.

Gesetzliche Grundlagen finden sich häufig im Raumordnungsrecht (Bundesraumordnungsgesetz und Landesplanungsgesetze), Bauplanungs- und Bauordnungsrecht (vgl. das Baugesetzbuch, die Bauordnungen der Länder), im Agrarrecht (z. B. Grundstücksverkehrsgesetz, Flurbereinigungsgesetz), in den Straßengesetzen von Bund und Ländern, auf dem Gebiet des Natur-, Landschafts- und Denkmalschutzes sowie in anderen Bereichen des Wirtschafts- und Sozialrechts.

Durch öffentlich-rechtliche Eigentumsbeschränkungen werden auch die räumlichen Grenzen des Grundeigentums berührt. Die sogenannten bergfreien Bodenschätze sind durch das Bergrecht (vgl. u. § 44) dem Grundeigentum entzogen. Das Wasserhaushaltsgesetz schränkt die Befugnisse des Eigentümers beim Zugriff auf das Grundwasser ein.[27]

Schließlich ergeben sich aus einer ganzen Reihe der sog. „einfachen" Notstandsgesetze (s. o. bei den Enteignungstatbeständen) umfangreiche Eigentumsbeschränkungen für den Fall des Notstandes.

---

[24] Zu den Grenzen der Legalenteignung vgl. *BVerfG* NJW 1969, 309.

[25] Vgl. dazu BGHZ 6, 270 = NJW 1952, 1137; BGHZ 11, 156 = NJW 1954, 345.

[26] BGHZ 90, 17 = NJW 1984, 1169; *Boujong*, Umwelt- und Planungsrecht, 1984, 137. Vgl. zum enteignungsgleichen Eingriff *Ossenbühl*, JuS 1988, 193.

[27] BVerfGE 58, 300, 329.

IV. Der heutige Eigentumsbegriff

322 Überblickt man die zahlreichen und einschneidenden Beschränkungen, denen das Eigentum, besonders am Boden, unterworfen ist, so kann man nur zu der Erkenntnis kommen, daß die Formulierung des § 903 sachlich irreführend ist. Die gesetzlichen Einschränkungen haben, wie wir gesehen haben, an Umfang und Bedeutung so zugenommen, daß sie auf großen Gebieten fast wichtiger geworden sind als die Befugnisse, die dem Eigentümer verblieben sind. Daher wird manchmal vor zu starken staatlichen Eingriffen und Regulierungen gewarnt. Dadurch kann die Eigentumsgarantie der Verfassung in eine Identitätskrise gestürzt werden.

Aber auch die gesamte Auffassung vom Eigentum als bloßem Recht wird problematisch. Die Frage ist nicht mehr zu umgehen: Handelt es sich bei allen Einschränkungen wirklich nur um Ausnahmen, die den Kern des Eigentums und seine grundsätzliche Beurteilung nicht berühren, oder um Schranken, die dem Eigentum seinem Wesen nach und daher begrifflich innewohnen?

Es ist ja nichts Seltenes, daß in einer Rechtsstellung Rechte und Pflichten untrennbar miteinander verbunden sind. Man kann dann die Pflichten weder theoretisch noch praktisch als Einschränkungen des Rechtes bezeichnen. So begreift die elterliche Sorge eine ganze Reihe wichtiger Pflichten in sich; erst im Zusammenhalt der Befugnisse mit diesen Pflichten ergibt sich das Wesen der elterlichen Sorge. Die Befugnisse sind nur gewährt, um den Pflichten gerecht werden zu können; bei der Sorge für Person und Vermögen des Kindes ist die Pflicht das Primäre, die Befugnis nur Mittel zum Zweck. Es würde dem Wesen solcher Rechtsstellungen nicht entsprechen, wenn man in ihnen begrifflich unumschränkte Rechte sähe, die nur durch einige Ausnahmen in Gestalt von Pflichten eingeschränkt würden.

323 Nichts hindert uns nun, auch rein vom rechtlichen Gesichtspunkt aus das Eigentum als einen Inbegriff von Rechten und Pflichten aufzufassen.[28] Tut man dies aber, so stellen gewisse Pflichten des Eigentümers nicht bloße Ausnahmen und Einschränkungen seines Rechtes dar, sondern sie gehören zum wesentlichen Inhalt des Eigentums. Solche rechtliche Auffassung steht im Einklang mit der sozialen und ethischen Auffassung des Eigentums, wie sie besonders auch die christlichen Kirchen in der Vergangenheit wie in der Gegenwart vertreten. Sie haben niemals die Schrankenlosigkeit des Eigentums anerkannt, sondern stets die mit ihm notwendig verbundenen Pflichten betont. Aber auch der Sozialismus und der Gedanke des sozialen Rechtsstaats beeinflußten die Entwicklung. Ihren Ausdruck fand sie im Art. 14 II GG: Der Eigentümer hat die Pflicht zur sozial sachgemäßen Rechtsausübung.

Wird die rechtliche Ausprägung des Eigentums der sozialen und ethischen Auffassung stärker angenähert, so läßt sich der Kampf für die Erhaltung des Privateigentums auf höherer Ebene und mit besseren Aussichten führen, als wenn man die Schrankenlosigkeit des Eigentumsbegriffs verteidigt. Ein sozial gebundenes Privateigentum hat die Zukunft in einer freien Welt für sich. Man darf aber diesen Gedanken von Pflichten des Eigentümers nicht übertreiben und zu der Auffassung steigern, das Eigentum sei ein von der Allgemeinheit verliehenes Amt. Er wird bei

---

[28] Gegen eine solche Auffassung des Eigentums wendet sich *E. Wolf,* S. 110 ff. Er hält das Eigentum für ein inhaltlich unbeschränktes Recht zur Sachherrschaft; Beschränkungen des Eigentums sollen vom Begriff des Eigentums nicht mitumfaßt werden. Dagegen wird die hier vertretene Auffassung von *Sontis,* FS Larenz, 1973, S. 981 ff. ausführlich und überzeugend begründet. Vgl. dazu auch *Georgiades,* FS Sontis, 1977, S. 149 ff. und *Böhmer,* NJW 1988, 2561.

den meisten beweglichen Sachen, besonders denen von kurzer Lebensdauer, zur Lächerlichkeit herabgewürdigt. Eine Verantwortung gegenüber der Allgemeinheit, wie sie die Auffassung als Amt mit sich bringt, bedeutet das Ende der freien Betätigung des Menschen auf weiten Gebieten und führt am Ende zu einer Abschwächung der Verantwortung des Einzelmenschen und schließlich zur Allmacht des Staates.

§ 28. Das Nachbarrecht

Literatur: *Baur,* Die ideelle Immission, GS Michelakis, 1972, S. 59; *ders.,* Die privatrechtlichen Auswirkungen des Bundesimmissionsschutzgesetzes, JZ 1974, 657; *ders.,* Die gegenseitige Durchdringung von privatem und öffentlichem Recht im Bereich des Bodeneigentums, FS Sontis, 1977, S. 181; *J. Baur,* Das Verhältnis von verwaltungs- und zivilrechtlichem Rechtsschutz gegenüber Immissionen aus der Sicht eines Zivilisten, GS Martens, 1987, S. 545; *ders.,* Immissionsschutzrecht in der Rechtsprechung des BGH – gestern und heute, in: 50 Jahre BGH, Festgabe aus der Wissenschaft, 2000, S. 849; *Bayer/Lindner,* Bayerisches Nachbarrecht, 1986; *Bensching,* Nachbarrechtliche Ausgleichsansprüche – Zulässige Rechtsfortbildung der Rechtsprechung contra legem?, 2002; *Bitzer,* Grenz- und Richtwerte im Anwendungsbereich des § 906, 2001; *Boecken,* Deliktsrechtlicher Eigentumsschutz gegen reine Nutzungsbeeinträchtigungen, 1995; *Bross,* Gedanken zum Verhältnis von öffentlichem Baurecht und Nachbarschutz, FS Hagen, 1999, 357; *Brox,* Zur Lösung nachbarlicher Interessenkollisionen, JA 1984, 182; *Deneke,* Das nachbarliche Gemeinschaftsverhältnis, 1987; *Ebel,* Überbau und Eigentum, AcP 141, 183; *Eichler,* Der unentschuldigte Überbau, JuS 1965, 479; *Forkel,* Immissionsschutz und Persönlichkeitsrecht, 1968; *Elshorst,* Ersatzansprüche benachbarter Grundstücksbesitzer gegen Bauherrn bei Beeinträchtigungen durch Baumaßnahmen, NJW 2001, 3222; *Fritz,* Das Verhältnis von privatem und öffentlichem Immissionsschutzrecht nach der Ergänzung von § 906 I BGB, NJW 1996, 573; *Fritzsche,* Die Durchsetzung nachbarschützender Auflagen über zivilrechtliche Abwehransprüche, NJW 1995, 1121; *Gerlach,* Die Grundstrukturen des privaten Umweltrechts im Spannungsverhältnis zum öffent-lichen Recht, JZ 1988, 161; *Gollnick,* Eigentum am Überbau, AcP 157, 460; *Grziwotz/Lüke/Saller,* Praxishandbuch Nachbarrecht, 2005; *Heiseke,* Das nachbarliche Gemeinschaftsverhältnis und § 278 BGB, MDR 1961, 461; *Hinz,* Ideelle und negative Einwirkungen im Nachbarrecht, JR 1997, 137; *Hodes,* Bauen unter Inanspruchnahme fremden Eigentums, NJW 1964, 2382; *Horst,* Grenzüberbau – Anspruch des Grundstückseigentümers, MDR 2000, 494; *ders.,* Rechtshandbuch Nachbarrecht, 2000; *Jauernig,* Zivilrechtlicher Schutz des Grundeigentums in der neueren Rechtsentwicklung, JZ 1986, 605; *Klein,* Immissionsschutzrecht, 1968; *Kleindienst,* Der privatrechtliche Immissionsschutz nach § 906 BGB, 1964; *ders.,* Geldausgleich für Beeinträchtigungen durch Verkehrslärm, NJW 1968, 1953; *Klempt,* Eigentumsverhältnisse bei nicht entschuldigtem Überbau, JZ 1969, 223; *Klöhn,* Zeitliche Priorität als Argument im Nachbarrecht, AcP 208, 777; *Köhler,* Sportlärm und Nachbarschutz, Jura 1985, 225; *Kregel,* Änderung von § 906 I BGB im Rahmen des Sachenrechtsänderungsgesetzes, NJW 1994, 2599; *Lang,* Die rechtliche Beurteilung von Gerüchen, 2007; *Marburger,* Ausbau des Individualschutzes gegen Umweltbelastungen als Aufgabe des bürgerlichen und des öffentlichen Rechts, Gutachten zum 56. Deutschen Juristentag, 1986; *Maultzsch,* Zivilrechtliche Aufopferungsansprüche und faktische Duldungszwänge, 2006; *Meisner/Ring,* Nachbarrecht in Bayern, 7. Aufl., 1986; *Meisner/Stern/Hodes/Dehner,* Das Nachbarrecht, 6. Aufl., 1982; *Mittenzwei,* Umweltverträglichkeit statt Ortsüblichkeit als Tatbestandsvoraussetzung des privatrechtlichen Immissionsschutzes, MDR 1977, 99; *Mühl,* Grundlagen und Grenzen des nachbarlichen Gemeinschaftsverhältnisses, NJW 1960, 1133; *ders.,* Die Ausgestaltung des Nachbarrechtsverhältnisses in privatrechtlicher und öffentlich-rechtlicher Hinsicht, FS L. Raiser, 1974, S. 159; *Neuner,* Das nachbarrechtliche Haftungssystem, JuS 2005, 487; *Papier,* Immissionen durch Betriebe der öffentlichen Hand, NJW 1974, 1797; *Petersen,* Duldungspflicht und Umwelthaftung, 1996; *Pfeiffer,* Die Bedeutung des privatrechtlichen Immissionenschutzes, 1987; *Pleyer,* § 1004 BGB und das „nachbarliche Gemeinschaftsverhältnis", JZ 1959, 305; *Reetz,* Der Schutz vor negativen Immissionen als Regelungsaufgabe des zivilrechtlichen und öffentlichrechtlichen Nachbarschutzes, 1996; *Ring,* Der Überbau auf fremdem Grund und Boden, JA 2000, 414; *Röthel,* Privatrechtliche Ansprüche bei Lärmbeeinträchtigungen, Jura 2000, 617; *Ruhwedel,* Fluglärm und Schadensausgleich im Zivilrecht, NJW 1971, 641; *Säcker/Paschke,* Der Notweg im System des nachbarrechtlichen Zivilrechts, NJW 1981, 1009; *Schapp,* Das Verhältnis von privatem und öffentlichem Nachbarrecht, 1978; *Schlechtriem,* Nachbarrechtliche Ausgleichsansprüche und Schadensersatzhaftung, FS Gernhuber, 1993, S. 407; *Seidel,* Öffentlich-rechtlicher und privatrechtlicher Nachbarschutz, 2000; *Stadler,* Das Nachbarrecht in Bayern, 4. Aufl., 1986; *Vieweg,* Sportanlagen und Nachbarrecht, JZ 1987, 1104; *Vieweg/Röthel,* Konvergenz oder Divergenz öffentlichrechtlichen und privatrechtlichen Immissionenschutzes, DVBl. 1996, 1171; *dies.,* Der verständige Durchschnittsmensch im privaten Nachbarrecht, NJW 1999, 969; *Wenzel,* Der Störer und seine verschuldensunabhängige Haftung im Nachbarrecht, NJW 2005, 241; *Westermann,* Die Funktion des Nachbarrechts, FS Larenz, 1973, S. 1003; *Wolff,* Der Bau auf fremdem Boden, 1900.

I. Problemstellung

324 Die bisherigen Überlegungen zu Inhalt und Schranken des Eigentums haben gezeigt, daß zwischen der Ausübung der Befugnisse des Eigentümers („mit der Sache nach Belieben verfahren") und der Begrenzung dieser Befugnisse durch die Rechtspositionen Dritter sowie weiteren privatrechtlichen und öffentlichrechtlichen Schranken ein gewisses Spannungsverhältnis besteht. Am deutlichsten zeigt sich dies in der Praxis im Bereich des sogenannten Nachbarrechts, in dem die Eigentümerrechte mehrerer benachbarter Grundstückseigentümer sich zwangsläufig gegenseitig begrenzen müssen, weil die Durchsetzung der vollen Eigentümerrechte einer Person andernfalls die Ausübung der Rechte des Nachbarn weitgehend ausschlösse. Hier muß ein Ausgleich gefunden werden. Er führt zu einer Beschränkung des Eigentums an beiden Grundstücken. Kein Eigentümer darf im Ergebnis seine Sache nach Belieben benutzen (§ 903; positive Befugnis) und keiner darf jede fremde Einwirkung ausschließen (§ 1004; negative Befugnis). Die Nachbarlage der Grundstücke erzwingt also ein gegenseitiges Nachgeben. Kein Eigentümer kann und darf sein Recht so ausüben, als ob sein Grundstück allein auf der Welt wäre. Die rechtlichen Folgerungen, die aus dieser tatsächlichen Lage gezogen werden, bezeichnet man im allgemeinen zusammenfassend als Nachbarrecht. Rechtliche Regeln zum Nachbarrecht lassen sich historisch sehr weit zurückverfolgen. Freilich müssen diese Regeln ständig den veränderten Umständen angepaßt werden. Vor allem die moderne industrielle Entwicklung hat hier die Rechtsordnung vor neue Aufgaben gestellt. Dementsprechend muß das moderne Nachbarrecht auch die Frage beantworten, ob das eigene Interesse am ungestörten Eigentum oder das Interesse an Gewerbe, Betrieb oder Beruf eines anderen vorgehen soll.

325 Die neueste Entwicklung des Nachbarrechts ergibt sich aus den Anforderungen des Umweltschutzes. Dementsprechend wird seit einiger Zeit überlegt, ob und inwieweit das private Nachbarrecht dem Schutz gegen Umweltbelastungen dienen kann.[1]

Gemäß Art. 124 EGBGB kann das Eigentum im Nachbarrecht auch durch *landesrechtliche Vorschriften* beschränkt werden. Davon haben die Länder in erheblichem Umfang Gebrauch gemacht, z. B. zur Regelung von Grenzwänden, Einfriedungen, Grenzabstand von Pflanzen usw.[2] Die praktische Bedeutung dieser Regelungen ist anerkannt.

II. Immissionsrecht

326 Die wichtigste Norm für den Ausgleich im Konflikt zwischen verschiedenen Eigentumsrechten benachbarter Grundstücke ist die im Gesetz vorgesehene Dul-

[1] Vgl. *Marburger,* C 101; *Jauernig,* JZ 1986, 605; *Medicus,* JZ 1986, 778.
[2] Eine präzise Übersicht findet sich bei Palandt/*Bassenge,* Art. 124 EGBGB Rn. 2, 3.

dungspflicht für bestimmte Immissionen gemäß § 906.[3] Selbst im Bereich des Umweltschutzes ist neben dem Bundesimmissionenschutzgesetz bis heute § 906 aus zivilrechtlicher Sicht die zentrale Norm geblieben.

1. Begriff und Arten

Unter Immissionen versteht man alle Einwirkungen, die von einem anderen 327
Grundstück ausgehen und die das Eigentum in irgendeiner Weise beeinträchtigen können. Das Gesetz zählt in § 906 I beispielhaft auf: Die Zuführung von Gasen, Dämpfen, Gerüchen, Rauch, Ruß, Wärme, Geräuschen und Erschütterungen.

Es ist dabei nicht notwendig, daß die jeweiligen Grundstücke unmittelbar aneinanderstoßen, die Einwirkung kann auch von einem ferner gelegenen Grundstück ausgehen. Die schwersten Schädigungen gehen oft von weiter abgelegenen Grundstücken aus, so von einer Fabrik durch giftige Gase oder durch Verunreinigung von Wasserläufen usw.

Im einzelnen sind zu trennen:

a) **Grobkörperliche Immissionen (Ponderabilien):** Dabei handelt es sich um die 328
Zuführung von festen Körpern oder Flüssigkeiten, die den Bereich der von § 906 I genannten unwägbaren Stoffe überschreitet. Beispiele sind Steinschlag, Umfallen eines Baumes, Erdrutsch, Schrotblei, Zuführung von Wasser, von größeren Tieren, Eindringen von Wurzeln.[4] Das Gesetz stellt diesen Immissionen die Zuführung jeglicher Stoffe durch besondere Leitungen gleich (vgl. § 906 III). Alle diese grobkörperlichen Stoffe sind von § 906 nicht erfaßt und können deshalb ohne Einschränkung gemäß § 1004 I abgewehrt werden.

b) **Unwägbare Stoffe (Imponderabilien):** Dies sind die im Gesetz genannten 329
Fälle der Zuführung von Gasen, Dämpfen, Gerüchen, Rauch, Ruß, Wärme, Geräuschen, Erschütterungen. Ferner gehören hierher die Zuleitung von Elektrizität, das Anstrahlen mit Licht oder Bildern, Funken. Auch den Bienenflug hat die Rechtsprechung unter § 906 subsumiert.[5] Für alle diese Fälle gilt die Regelung des § 906 (im einzelnen vgl. unten 2.).

c) **Ideelle Immissionen (ästhetische und sittliche Einwirkungen):** Hierbei han- 330
delt es sich um alle Einwirkungen auf das menschliche Empfinden, die nicht gegenständlicher Art sind. Als Beispiele sind in der Rechtsprechung häufig ein häßlicher Anblick oder das Betreiben eines Bordells auf dem Nachbargrundstück behandelt worden.[6] Auch der Widerschein von Lichtstrahlen wird hierher gerechnet.[7]

Ideelle Immissionen sind vom Wortlaut des § 906 nicht erfaßt. Wie sie zu behandeln sind, ist sehr umstritten. Die Rechtsprechung[8] stuft sie als unter der Schwelle des § 906 I liegende Einwirkungen ein, die nicht „zugeführt" werden. Teilweise wird auch das Vorliegen einer Einwirkung als solche verneint. Deshalb sind nach der Rechts-

---

[3] Zur Anwendung nachbarrechtlicher Grundsätze auf die Schädigung beweglicher Sachen s. BGHZ 92, 143 = NJW 1985, 47 (Kupolofenentscheidung) und dazu *Marburger/Herrmann,* JuS 1986, 354.

[4] Vgl. BGHZ 28, 225 = NJW 1959, 97; BGHZ 58, 149 = NJW 1972, 724; NJW 1990, 1990 und 3195.

[5] Vgl. BGHZ 16, 366 = NJW 1955, 747; BGHZ 117, 110 = NJW 1992, 1389.

[6] Vgl. *Heck,* § 50, 7 a; Soergel/*J. Baur,* § 906 Rn. 34; *Deneke,* S. 68 ff.; *Wolf,* NJW 1987, 2647.

[7] So *OLG Zweibrücken* MDR 2001, 984 (Skybeamer); *LG Wiesbaden* NJW 2002, 615 (Außenleuchte); anders ein gezieltes Anstrahlen, vgl. *OLG Dresden* JurBüro 2006, 106.

[8] RGZ 57, 239; RGZ 76, 130; BGHZ 51, 396 = NJW 1969, 942; BGHZ 54, 56 = NJW 1970, 1541; BGHZ 95, 307 = NJW 1986, 2702; offengelassen für krasse Fälle in *BGH* NJW 1975, 170.

prechung ideelle Immissionen generell zu dulden. Demgegenüber wird in der Literatur heute weit überwiegend und zu Recht differenziert. So will beispielsweise *Baur*[9] bereits aus § 903 Schlüsse ziehen, ob in solchen Fällen eine echte Beeinträchtigung vorliegt oder nicht. Am überzeugendsten und auch argumentationsmäßig naheliegend dürfte es sein, § 906 auf ideelle Immissionen analog anzuwenden, so daß man extreme und nicht ortsübliche ideelle Störungen im Einzelfall gemäß § 1004 I abwehren kann.[10] Teilweise wird auch vertreten, daß extreme Einwirkungen ideeller Art über eine Verletzung des allgemeinen Persönlichkeitsrechts abgewehrt werden können.[11]

Beispiel (BGHZ 51, 396): Der Kläger ist Eigentümer eines Hauses in einer Wohngegend. Der Beklagte benutzt das Nachbargrundstück zum Lagern von Baumaterialien und Geräten. Der *BGH* hat den Unterlassungsanspruch des Klägers abgewiesen.

Beispiel (*AG Münster* NJW 1983, 2886): Die Parteien des vorliegenden Prozesses führen schon seit langem nachbarliche Rechtsstreitigkeiten. Der Kläger verlangt nunmehr vom Beklagten die Entfernung von Gegenständen, die dieser direkt an der Grundstücksgrenze gelagert hat, so insbesondere alte und zerbrochene Steinplatten, eine blaue Regentonne, einen weißen und einen schwarzen Eimer, Ziegelsteine und Betonsteine. Das *AG Münster* hat der Klage aus § 1004 I mit zum Teil unzutreffenden Erwägungen stattgegeben (ablehnend auch *Künzl*, NJW 1984, 774). § 906 ist auch nicht analog angesprochen worden. Freilich stellt sich die Frage, ob in einem solchen Fall nicht bereits ein schikanöses Verhalten vorliegt, das nach allgemeinen Regeln abgewehrt werden kann.

331 d) **Negative Immissionen:** Unter dem Begriff der negativen Immissionen werden diejenigen Fälle behandelt, in denen einem Grundstück zum Beispiel Sonne, Licht, Luft, Aussicht und ähnliches entzogen wird. Auch die Behinderung des Zugangs oder das Abhalten von Radio- und Fernsehwellen gehört hierher.[12] In allen diesen Fällen lehnt die Rechtsprechung wie bei den ideellen Immissionen einen Abwehranspruch ab, bejaht aber bei wesentlichen Beeinträchtigungen einen solchen Anspruch aus § 242 und dem Gesichtspunkt des nachbarlichen Gemeinschaftsverhältnisses. Bereits der Rückgriff auf § 242 legt es jedoch auch hier nahe, den sachnäheren § 906 analog heranzuziehen. Die Rechtsprechung, die § 906 hier ablehnt, führt die einzelnen Tatbestandsmerkmale des § 906 (insbesondere die Wesentlichkeit der Beeinträchtigung) mit der Hilfskonstruktion des nachbarlichen Gemeinschaftsverhältnisses ebenfalls wiederum ein.[13]

2. Zulässigkeit

332 Soweit Immissionen dem Regelungsbereich des § 906 unterfallen (also alle Einwirkungen mit Ausnahme der grobkörperlichen Immissionen und der durch eine besondere Leitung zugeführten Stoffe, § 906 III), ist die Frage ihrer Duldung oder Abwehr nach dem abgestuften System von Merkmalen zu beurteilen, die § 906 I und II vorsieht. Im einzelnen können dabei vier verschiedene Fälle unterschieden werden:

333 a) Eine Einwirkung beeinträchtigt die Benutzung des Grundstücks nicht oder nur unwesentlich: Eine Abwehr ist gemäß §§ 906 I, 1004 II ausgeschlossen. Unwesentlich ist eine Beeinträchtigung nach § 906 I i. d. R. dann, wenn die in Gesetzen oder

---

[9] *Baur,* JZ 1969, 432; *Baur/Stürner,* § 25 Rn. 26.
[10] Ähnlich *Hinz,* JR 1997, 137, 141 ff.; *Wenzel,* NJW 2005, 247.
[11] Vgl. MünchKomm/*Säcker,* § 906 Rn. 21 m. w. N.
[12] Aus der Rspr. RGZ 98, 15; BGHZ 28, 110 = NJW 1958, 1580; *BGH* LM Nr. 2 zu § 903 BGB; BGHZ 88, 344 = NJW 1984, 729; BGHZ 113, 384 = NJW 1991, 1671; *AG Frankfurt a. M.* NJW 1977, 1782; *OLG Hamm* MDR 1999, 930. Aus der Literatur insb. *Reetz,* S. 17 ff.
[13] Wie hier auch *Wolf/Wellenhofer,* Rn. 236.

Rechtsverordnungen (wie etwa der TA Lärm) festgelegten Richtwerte nicht überschritten werden.[14] Gebunden ist das Gericht an die Grenzwerte in derartigen Verwaltungsvorschriften jedoch nicht.[15] Die Wesentlichkeit der Beeinträchtigung ist nicht nach der persönlichen Einschätzung des Eigentümers zu beurteilen, sondern nach einem objektiven Maßstab unter Berücksichtigung der speziellen Zweckbestimmung des betroffenen Grundstücks.[16] Daher kann die Wesentlichkeit sehr unterschiedlich beurteilt werden, je nachdem ob es sich um ein Wohnhaus, ein Krankenhaus, ein Tanzlokal oder ein Fabrikgrundstück handelt. Das Abstellen der neueren Rspr. des BGH auf einen „verständigen" Nachbarn schließt dabei weitere Bewertungskriterien mit ein (z. B. Art. 3 III 2 GG).[17] Ob die störenden Einwirkungen schon vorhanden waren, bevor das Grundstück dem neuen Zweck gewidmet wurde, ist unerheblich. Wird zum Beispiel auf einem Grundstück ein Wohnhaus oder eine Klinik neu errichtet, können Einwirkungen, die vorher lange Zeit zulässig waren, unzulässig werden. Für die Frage, ob eine Beeinträchtigung wesentlich und ob sie zumutbar ist, haben die Richtwertverordnungen und Verwaltungsvorschriften, die nach dem BImSchG erlassen werden, Indizwirkung (vgl. § 906 I 2, in Kraft seit 1. 10. 1994).[18] Unabhängig von der Einhaltung bestimmter Grenzwerte ist beim Eintritt immissionsbedingter Schäden in der Regel eine wesentliche Beeinträchtigung anzunehmen.[19]

b) Eine Einwirkung beeinträchtigt die Benutzung des Grundstücks wesentlich, ist 334
aber ortsüblich und verhinderbar: Hier ist eine Abwehrmöglichkeit gemäß § 1004 I gegeben, weil § 906 II vom Nachbarn verlangt, daß er wirtschaftlich zumutbare Maßnahmen ergreift, die das Einwirken von wesentlichen Immissionen verhindert. Die Zivilgerichte können dem Emittenten unter Berücksichtigung des wirtschaftlich Zumutbaren weitgehende Auflagen erteilen.[20]

c) Eine Einwirkung beeinträchtigt die Benutzung des Grundstücks wesentlich, ist 335
aber ortsüblich und nicht verhinderbar: In diesem Fall ist eine Abwehr gemäß §§ 906 II, 1004 II ausgeschlossen.[21]

Für die Frage der Ortsüblichkeit kommt es darauf an, ob man einen räumlich genau abgegrenzten Bezirk feststellen kann, z. B. ein Wohn- oder Fabrikviertel;[22] danach kann das Maß der zulässigen Einwirkung bestimmt werden. Das Maß der zulässigen Einwirkungen ist also verschieden in Stadt und Land (z. B. Stallgerüche), in Fabrik- und Wohnvierteln, Stadtzentrum und Siedlung (Lichtreklame, Verkehrsgeräusche).[23] Entscheidend ist die tatsächliche allgemeine Übung und Anschauung

---

[14] *BGH,* NJW 2004, 1317; vgl. auch *Kregel,* NJW 1994, 2599; zur gesetzlichen Neuregelung seit 1. 10. 1994 vgl. *Fritz,* NJW 1996, 573; zur Konvergenz von Privatrecht und öffentlichem Recht beim Lärmschutz vgl. *Vieweg/Röthel,* DVBl. 1996, 1171.

[15] *BGH* NJW 1983, 751; 2004, 1317 (Indizwirkung); Staudinger/*Roth,* § 906 Rn. 167 f.

[16] BGHZ 120, 239, 255 = NJW 1993, 925; *BGH* NJW 2003, 3699 (Maßstab: Empfinden eines verständigen Durchschnittsmenschen); *Vieweg/Röthel,* NJW 1999, 975 (Maßstab: Empfinden eines normalen Durchschnittsmenschen).

[17] *OLG Karlsruhe* NJW 2007, 3443 folgert daraus eine erhöhte Duldungspflicht gegenüber hilfs- und pflegebedürftigen Menschen.

[18] Vgl. dazu *BGH* MDR 1978, 296; BGHZ 70, 102 = NJW 1978, 419 mit Anm. von *Walter,* NJW 1978, 1158; *BGH* NJW 2004, 1317. Der Begriff der Wesentlichkeit ist in § 906 und im BImSchG gleich zu beurteilen, BGHZ 111, 63 = NJW 1990, 2465; krit. *Wagner,* NJW 1991, 3247.

[19] *BGH* NJW 1999, 1029, 1030; MünchKomm/*Säcker,* § 906 Rn. 31 ff.; Soergel/*Baur,* § 906 Rn. 56, 70; Staudinger/*Roth,* § 906 Rn. 159.

[20] *Marburger,* C 113.

[21] Z. B. *LG Itzehoe* NJW-RR 1995, 979 (Taubenzucht).

[22] Vgl. RGZ 133, 152; 133, 342; 160, 382; BGHZ 15, 146 = NJW 1955, 19.

[23] Zu letzteren vgl. BGHZ 54, 384 = NJW 1971, 94.

der Bevölkerung in dem Vergleichsgebiet,[24] wobei (insb. für die Wesentlichkeit) auf das Empfinden eines verständigen Durchschnittsmenschen abzustellen ist.[25] Der Maßstab kann sich mit der Zeit ändern, indem z. B. in bisher landwirtschaftlicher Gegend ein großes Industriewerk entsteht oder aus einem Wohn- ein Geschäftsviertel wird wie in den Zentren der Großstädte. Es gibt kein generelles Vorrecht für die ältere Benutzungsart.[26] Die Priorität ist aber bei der Frage der Ortsüblichkeit mit heranzuziehen. Wer sich in Kenntnis einer vorhandenen Immissionsquelle in deren Nähe ansiedelt, hat jedenfalls die im Rahmen der Richtwerte liegenden Immissionen als ortsüblich zu dulden.[27] Andererseits können durch Änderung der Größe und Eigenart eines Betriebs Immissionen, die bisher ortsüblich waren, ortsunüblich werden.[28] Wird eine Anlage ohne die erforderliche Genehmigung betrieben und ist sie auch nicht genehmigungsfähig, schließt dies eine Berufung auf die Ortsüblichkeit der Immissionen aus.[29]

Zum Einfluß von planerischen Festsetzungen auf das Kriterium der Ortsüblichkeit vgl. u. X 2. Im einzelnen gibt es eine reichhaltige Kasuistik zur Problematik der Ortsüblichkeit.[30]

336 d) Eine Einwirkung beeinträchtigt die Benutzung des Grundstücks wesentlich und ist nicht ortsüblich: Ein Abwehranspruch gemäß § 1004 I ist gegeben. Das Problem, daß eine wesentliche und nicht ortsübliche Beeinträchtigung etwa aus Rechtsgründen nicht zu verhindern ist,[31] ist im Gesetz nicht geregelt. Hier muß ein Abwehranspruch ausscheiden, weil das Gesetz nicht Unmögliches oder Verbotenes verlangen kann. Auch einen Entschädigungsanspruch hat der *BGH*[32] verneint, weil andernfalls der Einzelne für Regelungen im Allgemeininteresse haften würde.

Soweit eine Duldungspflicht trotz wesentlicher Beeinträchtigung vorliegt, besteht aber ein Anspruch auf entschädigenden Ausgleich (s. u. 4). Soweit eine Abwehr möglich ist, richtet sich der Anspruch im einzelnen nach § 1004 I (s. u. § 49). Die Beweislast dafür, daß ein Fall gegeben ist, in welchem die Immission zulässig ist, trifft den Beklagten.[33] Der Antrag der Klage geht auf Beseitigung der Störung, evtl. auf Unterlassung (vgl. u. § 49 II).

3. Duldungspflichten außerhalb von § 906

337 Einschränkungen unterliegt dieser Unterlassungsanspruch gegenüber genehmigten Anlagen (§ 14 BImSchG). Diese Vorschrift lautet:

„Auf Grund privatrechtlicher, nicht auf besonderen Titeln beruhender Ansprüche zur Abwehr benachteiligender Einwirkungen von einem Grundstück auf ein benachbartes Grundstück kann

---

[24] *BGH* NJW 1962, 2342.

[25] BGHZ 121, 248 = JZ 1993, 1112 m. Anm. *Hager;* im übrigen kommt es auf die tatrichterliche Würdigung an, *Wenzel,* NJW 2005, 244.

[26] BGHZ 15, 146 = NJW 1955, 19; BGHZ 67, 252 = NJW 1977, 146 (Schweinemästerei).

[27] BGHZ 148, 261 = JZ 2002, 243 m. Anm. *Roth* (Hammerschmiede); a. A. *Klöhn,* AcP 208, 777, 803 ff.

[28] BGHZ 48, 31 = NJW 1967, 1907.

[29] BGHZ 140, 1 = NJW 1999, 356, 358 = JZ 1999, 468 m. Anm. *Petersen.*

[30] Z. B. *VGH Kassel* NJW 1989, 1500.

[31] So der Frösche-Fall des *BGH* wegen des Artenschutzes gemäß § 20 f BNatSchG; BGHZ 120, 239 = NJW 1993, 925; hierzu *Vieweg,* NJW 1993, 2570. Einen ähnlichen Fall behandelt *LG Hechingen* NJW 1995, 971 (Schwalbennester).

[32] BGHZ 120, 239 = NJW 1993, 925. Teilweise abweichend mit einleuchtenden Erwägungen *Vieweg,* NJW 1993, 2570.

[33] Vgl. Palandt/*Bassenge,* § 906 Rn. 20, 30 und 33.

nicht die Einstellung des Betriebs einer Anlage verlangt werden, deren Genehmigung unanfechtbar ist; es können nur Vorkehrungen verlangt werden, die die benachteiligenden Wirkungen ausschließen. Soweit solche Vorkehrungen nach dem Stand der Technik nicht durchführbar oder wirtschaftlich nicht vertretbar sind, kann lediglich Schadensersatz verlangt werden."

Hier kann bei unzulässigen Immissionen nicht auf Einstellung des Betriebs der Anlage geklagt werden, sondern nur auf Herstellung von Einrichtungen, welche die Einwirkung ausschließen, oder, wenn sie technisch nicht durchführbar oder wirtschaftlich nicht vertretbar sind, auf Schadensersatz. Neben diesen zivilrechtlichen Ansprüchen stehen dem beeinträchtigten Nachbarn möglicherweise auch öffentlichrechtliche Ansprüche nach §§ 17, 20, 21 BImSchG zu. Der Gesichtspunkt für diese Regelung ist folgender: Das Vertrauen des Emittenten darauf, die nach öffentlichem Recht genehmigte Anlage tatsächlich betreiben zu können, geht dem Interesse des einzelnen Eigentümers an Freiheit von Einwirkungen vor. Dieser kann aber seine Einwendungen im Genehmigungsverfahren vorbringen (§ 10 BImSchG). Der Unterschied von § 14 BImSchG zur Regelung des § 906 II besteht heute vor allem darin, daß bei genehmigten Anlagen wesentliche Beeinträchtigungen auch geduldet werden müssen, wenn sie nicht ortsüblich sind.

Darüber hinaus wird von der Rechtsprechung bei sog. gemeinwichtigen Betrieben und Anlagen (z. B. Elektrizitätswerken, öffentlichen Straßen) unabhängig davon, ob sie privatrechtlich oder hoheitlich betrieben werden, das Bestehen eines Abwehranspruchs schlechthin verneint.[34]

Auch aus anderen öffentlichrechtlichen Normen wird heute teilweise eine Duldungspflicht abgeleitet.[35]

4. Ausgleichsansprüche

a) Hat der Eigentümer eine Einwirkung nach den Kriterien des § 906 hinzunehmen, und wird hierdurch die ortsübliche Benutzung des Grundstücks oder dessen Ertrag über das zumutbare Maß beeinträchtigt, so kann er hierfür einen angemessenen Ausgleich in Geld verlangen (§ 906 II 2).[36] Für diesen Ausgleichsanspruch kann schon eine schwere Beeinträchtigung des wirtschaftlichen Fortkommens genügen.[37] Seine Bemessung richtet sich nach den Grundsätzen über die Enteignungsentschädigung.[38] Der nachbarrechtliche Ausgleichsanspruch ist durch die Sonderregelungen des Gewährleistungsrechts ausgeschlossen.[39] Der Anspruch erfaßt auch Vermögenseinbußen, die der Eigentümer des beeinträchtigten Grundstücks durch Beschädigung von auf seinem Grundstück befindlichen beweglichen Sachen erleidet.[40] **338**

Die heutige Fassung des § 906 II 2, der durch Gesetz vom 22. 12. 1959 in das BGB eingefügt wurde, ist bereits durch die Rechtsprechung des Reichsgerichts vorbereitet worden.[41]

---

[34] Vgl. BGHZ 54, 384 = NJW 1971, 94; Nachweise bei Palandt/*Bassenge,* § 906 Rn. 41, 44; krit. zu dieser Rechtsprechung *Papier,* NJW 1974, 1797.

[35] Vgl. *OLG Frankfurt a. M.* NJW-RR 1991, 1364.

[36] Zur Entwicklung von Gesetz und Rspr. in diesem Bereich vgl. *Hagen,* FS Lange, 1992, S. 483 ff.; ferner *Maultzsch,* S. 24 ff.

[37] Vgl. aus der Zeit vor Schaffung des § 906 II 2; BGHZ 30, 273 = NJW 1959, 1867.

[38] BGHZ 48, 98 = NJW 1967, 1857; BGHZ 90, 255 = NJW 1984, 2207; *BGH* NJW 1992, 2884; für vollen Schadensersatz dagegen überwiegend die Literatur, vgl. MünchKomm/*Säcker,* § 906 Rn. 118; Palandt/*Bassenge,* § 906 Rn. 32. Zum Ausgleichsanspruch bei Fluglärm vgl. BGHZ 79, 45 = NJW 1981, 1369.

[39] *BGH* NJW 1988, 1202.

[40] *BGH* NJW 2008, 992.

[41] Vgl. vor allem RGZ 154, 161 (Fall Gutehoffnungshütte); dazu *Deneke,* S. 10 ff.

339 b) Dieser sog. nachbarrechtliche Ausgleichsanspruch des § 906 II 2 hat in vielfacher Hinsicht eine Ausdehnung erfahren:[42]

Zum einen besteht bei wesentlichen, nicht ortsüblichen Einwirkungen, für die ein Abwehranspruch (z. B. wegen Gemeinwichtigkeit) nach der Rechtsprechung nicht geltend gemacht werden kann, ein allgemeiner bürgerlich-rechtlicher Aufopferungsanspruch, der zwar in der Neufassung des § 906 keine Regelung erfahren hat, der aber – wenn man ihn nicht sogar schon als Gewohnheitsrechtssatz betrachten will – im Wege der Analogie aus den gesetzlich geregelten Fällen der §§ 904, 906 und § 14 BImSchG herzuleiten ist.[43] Zum anderen gewährt die Rechtsprechung einen solchen Ausgleichsanspruch auch bei rechtswidrigen, also an sich nicht zu duldenden Einwirkungen, wenn der Eigentümer aus tatsächlichen Gründen gehindert war, Abwehransprüche gem. §§ 862, 1004 geltend zu machen.[44] Als einen solchen Hinderungsgrund hat der *BGH* auch das Vertrauen auf verwaltungsrechtlich angeordnete Abhilfe angesehen.[45] § 906 II 2 greift jedoch als subsidiäre Entscheidungsregel nur dann ein, wenn keine andere gesetzliche Bestimmung den Fall abschließend regelt.[46]

Zu beachten ist, daß der Anwendungsbereich derartiger nachbarlicher Ausgleichsansprüche nicht auf Einwirkungen i. S. d. § 906 I beschränkt ist, sondern jegliche Art von Beeinträchtigungen, etwa auch den Fall der Grundstücksvertiefung (vgl. § 909)[47] oder der Erschwerung der Zugänglichkeit eines Grundstücks umfassen kann, wenn die Beeinträchtigung ihre Ursache in der Benutzung des nachbarlichen Grundstücks hat. Aus diesem Gesichtspunkt ist der Eigentümer grundsätzlich auch verpflichtet, Schäden auszugleichen, die durch von seinem Grundstück auf das Nachbargrundstück stürzende Bäume verursacht worden sind.[48]

Voraussetzung ist stets, daß die Einwirkung durch eine bestimmte privatrechtliche Benutzung (einschließlich nicht hoheitlicher Tätigkeit der öffentlichen Hand) des emittierenden Grundstücks verursacht ist oder konkret droht (*BGH* NJW 2009, 3787). Sofern die schädigenden Einwirkungen auf hoheitlicher Betätigung beruhen, kann sich eine Ersatzpflicht aus enteignendem oder enteignungsgleichem Eingriff ergeben,[49] wobei die Grenze des entschädigungslos Hinzunehmenden wiederum an den in § 906 enthaltenen Kriterien bemessen wird.[50] Zu beachten ist weiter, daß der Anspruch aus § 906 II 2 von der Rechtsprechung auf zugunsten und zulasten von Besitzern analog herangezogen wird, soweit der Besitzstörungsanspruch aus § 862 I aus tatsächlichen Gründen nicht geltend gemacht werden konnte, vgl. oben § 14 IV. Die Eigentumsverhältnisse sind insoweit nicht entscheidend. § 906 II erfasst aber nicht das Verhältnis mehrerer Besitzer desselben Grundstücks, also etwa verschiedene Mieter in einem Mehrparteienhaus.[51]

Examensproblem: Auf einem als Schießplatz genutzten Grundstück sammelt sich im Boden im Laufe der Jahre eine stark erhöhte Bleikonzentration, die das Nachbargrundstück mit verunreinigt. Der Nachbar verlangt deswegen Entschädigung. Er macht geltend, daß er die Beeinträchtigung bisher nicht habe erkennen können.

Schadensersatzansprüche des Geschädigten entfallen mangels Verschulden. Eine Entschädigung nach § 906 II 2 scheitert daran, daß der Nachbar hier die (rechtswidrigen) Einwirkungen gerade *nicht*

---

[42] Dazu *Karsten,* Der nachbarrechtliche Ausgleichanspruch gemäß § 906 II 2 analog im System der Ausgleichsansprüche, 1998; vertiefend nunmehr *Bensching,* 2002, S. 37 ff. mit umfassenden Nachweisen; gegen diese Kritik an der Rspr. *Hagen,* AcP 202 (2002), 996.

[43] BGHZ 16, 366 = NJW 1955, 747; BGHZ 48, 98 = JZ 1968, 64 mit Anm. von *Hubmann;* BGHZ 62, 361 = NJW 1974, 1869; BGHZ 70, 212 = NJW 1978, 373; BGHZ 72, 289 = NJW 1979, 164; *BGH* NJW 1990, 978 und 3195; 1995, 714; 1999, 2896.

[44] BGHZ 72, 289 = NJW 1979, 164; BGHZ 85, 375 = NJW 1983, 872; BGHZ 90, 255 = NJW 1984, 2207; *BGH* NJW 1990, 1990; BGHZ 113, 384 = NJW 1991, 1671; BGHZ 147, 45 = NJW 2001, 1865; *BGH* NJW 2008, 992.

[45] *BGH* NJW 1995, 714.

[46] BGHZ 114, 183, 186 = NJW 1991, 2770; BGHZ 142, 227 = NJW 1999, 3633; *BGH* NJW-RR 2000, 537.

[47] Vgl. auch *BGH* NJW 1987, 2808; MDR 1997, 1021; *OLG Düsseldorf* NJW-RR 1997, 146.

[48] *BGH* NJW 2003, 1732; zu einem Sonderfall vgl. *BGH* NJW 2004, 3701 (Gefahrenlage wegen Naturschutzbestimmungen nicht zu beseitigen).

[49] So BGHZ 91, 20 = JZ 1984, 741 mit Anm. von *Ossenbühl;* vgl. *Boujong,* Umwelt- und Planungsrecht, 1984, 137.

[50] Vgl. BGHZ 97, 114 = NJW 1986, 1990; BGHZ 97, 361 = NJW 1986, 1421; *BGH* NJW 88, 900.

[51] Vgl. BGHZ 157, 188 = NJW 2004, 775; vgl. auch *OLG Stuttgart* NJW 2006, 1744 im Verhältnis zweier Wohnungseigentümer eines Hauses.

dulden mußte. Allerdings ist für den Fall ein Anspruch *analog* § 906 II 2 anerkannt, daß faktisch für ihn ein Duldungszwang besteht. Dieser ist auch im konkreten Fall bei fehlender Erkennbarkeit zu bejahen (Fall nach *BGH* NJW 1990, 1910).[52]

Vgl. nunmehr auch BGHZ 113, 384 = NJW 1991, 1671, wo ein Winzer durch den Bodenaushub, der auf dem Nachbargrundstück gelagert ist, geschädigt wird.

c) Besondere Probleme entstehen, wenn die Beeinträchtigung durch mehrere Emittenten verursacht wird (summierte Immissionen). Hier sind im Hinblick auf die Ausgleichspflicht[53] mehrere Fallgruppen zu unterscheiden. Beruht die Störung auf Einwirkungen mehrerer Emittenten, die jede für sich nicht abwehrbar ist, jedoch aufgrund linearer Steigerung die Zumutbarkeitsgrenze überschreiten, so haftet jeder nach Maßgabe seines Anteils. Gesamtschuldnerische Haftung tritt dagegen ein, wenn die Ausgleichspflicht erst durch ein im Hinblick auf die Qualität der Beeinträchtigung beachtliches Zusammenwirken der Emittenten verursacht wird (progressive Steigerung).[54] **340**

5. Übersicht: Immissionen

Arten	Abwehr	(entschädigender) Ausgleichsanspruch
I. Ponderabilien (Steine, Erde, Wasser)	Ja: nach § 1004 I aber: § 14 BImSchG, § 242, öffentl. Interesse	Ja: aus § 823 I sonst aus: § 14 BImSchG, § 242, § 906 II 2 analog
II. Imponderabilien (Rauch, Geruch, Geräusch)		
1. Unwesentlich	Nein: §§ 906 I, 1004 II	Nein
2. Wesentlich, ortsüblich, verhinderbar	Ja: nach § 1004 I aber: § 14 BImSchG	Ja: aus § 823 I sonst aus: § 14 BImSchG
3. Wesentlich, ortsüblich, nicht verhinderbar	Nein: §§ 906 II, 1004 II	Ja: aus § 906 II 2
4. Wesentlich, nicht ortsüblich	Ja: nach § 1004 I aber: § 14 BImSchG, öffentl. Interesse	Ja: aus § 823 I sonst aus: § 14 BImSchG § 906 II 2 analog
III. Ideelle Immissionen (z. B. häßlicher Anblick)	Nein (so Rspr.), sehr zweifelhaft	Nein
IV. Negative Immissionen (Entzug von Licht, Luft, Aussicht)	Nein (so Rspr.), sehr zweifelhaft, aber: § 242	Nein aber: § 242

[52] Umfassend dazu *Schlechtriem,* FS Gernhuber, 1993, S. 413 ff.

[53] Zum Unterlassungsanspruch vgl. *Kleindienst,* Der privatrechtliche Immissionsschutz nach § 906 BGB, S. 57 ff.

[54] BGHZ 66, 70 = NJW 1976, 797; BGHZ 72, 289, 297 = NJW 1979, 164; BGHZ 85, 375, 387 = NJW 1983, 872; Palandt/*Bassenge,* § 906 Rn. 35; MünchKomm/*Säcker,* § 906 Rn. 120; *Kleindienst,* S. 61 ff.

III. Ansprüche vorbeugender Natur

341 Die aus Immissionen hervorgehenden Ansprüche werden durch solche vorbeugender Natur ergänzt.

1. § 907 gibt einen solchen dem Eigentümer gegen Anlagen, von denen eine unzulässige Einwirkung mit Sicherheit zu erwarten ist (z. B. Ställe, Dunggruben, Schornsteine; nicht aber Bäume und Sträucher). Der Anspruch richtet sich auf Unterlassung der Einrichtung, später auf Beseitigung.

2. Droht einem Grundstück die Gefahr, daß es durch den Einsturz eines Gebäudes auf einem Nachbargrundstück beschädigt wird, kann der Eigentümer von demjenigen, der nach §§ 836 I, 837, 838 für den eintretenden Schaden verantwortlich sein würde, verlangen, daß er die zur Abwendung der Gefahr erforderlichen Vorkehrungen trifft (§ 908). Die Bedeutung dieses Anspruchs wird aber bei allen größeren Bauten durch das wohl eher erfolgende Eingreifen der Bauaufsichtsbehörden sehr vermindert.

3. Die Vertiefung eines Grundstücks darf nicht so erfolgen, daß der Boden des Nachbargrundstücks seine Stützen verliert (§ 909).[55]
Für Schäden, die durch Vertiefung entstehen, haftet der Eigentümer nach der Rechtsprechung des *BGH,* wenn er sich Dritter bedient, nach Maßgabe des § 831, nicht nach § 278;[56] vgl. auch oben II 4 und unten IX.[57] Die Haftung umfasst auch die Kosten der Wiederherstellung der Standfestigkeit.[58]

4. Vorbeugenden Charakter haben auch die landesrechtlichen Vorschriften über den Abstand von Gebäuden von den Grundstücksgrenzen (Zwischenraumsrecht) sowie das Licht- und Fensterrecht (Art. 124 EGBGB); es ergänzt die sonstigen Abstandsvorschriften, indem es für einen Neubau einen Abstand von den Fenstern eines Nachbargrundstücks vorschreibt. Die neueren baupolizeilichen Vorschriften machen diese Regeln in den meisten Fällen überflüssig.

IV. Überhang und Überfall

342 Kleinigkeiten, die aber unter Nachbarn leicht Gegenstand von Streitigkeiten werden können, werden durch das Recht des Überhangs und Überfalls geordnet (§§ 910–911). Das erstere gewährt ein beschränktes Selbsthilferecht. Allerdings besteht neben § 910 gleichrangig der Anspruch aus § 1004 I fort.[59] Soweit der Eigentümer von seinem Selbsthilferecht nach § 910 Gebrauch macht, soll er nach der Rechtsprechung einen Ersatz der Kosten nach Bereicherungsrecht geltend machen können. Dies erscheint dogmatisch sehr zweifelhaft.[60] Auf die Ortsüblichkeit der Beeinträchtigung kommt es anders als im § 906 im Rahmen von § 910 nicht an.[61] § 911 stellt eine Abweichung von der Regel des § 953 dar und macht den Eigentümer des Nachbargrundstücks zum Eigentümer der Früchte, die darauf fallen.

---

[55] Interessante Fälle der Vertiefung behandeln z. B. BGHZ 44, 130 = NJW 1965, 2099; BGHZ 85, 375 = NJW 1983, 872; *BGH* NJW 1971, 935; 1980, 1679; 1996, 3205; BGHZ 147, 45 = NJW 2001, 1865.

[56] So *BGH* NJW 1960, 335 und 1965, 389; a. A. mit Recht *H. P. Westermann,* in: Westermann, § 62 V 4.

[57] Zu den eigenen Pflichten des Bauherrn vgl. *BGH* NJW 1969, 2140; zu den Pflichten des Architekten vgl. *OLG Köln* NJW-RR 1994, 89.

[58] *BGH* NJW-RR 2008, 969.

[59] Zur Abgrenzung von § 910 und § 1004 vgl. BGHZ 60, 235 = NJW 1973, 703; einen Kostenerstattungsanspruch des Selbsthilfeausübenden bejaht *BGH* NJW 1986, 2640; 2004, 603, 604 = JZ 2004, 627 m. Anm. *Wilhelm;* zur Gegenauffassung vgl. *LG Hannover* NJW-RR 1994, 14 m. w. N.

[60] Vgl. *Gursky,* NJW 1971, 782; *ders.,* JZ 1992, 310; *ders.,* JZ 1996, 683; *Picker,* JuS 1974, 357; jeweils gegen die in Fn. 57 genannte Rechtsprechung.

[61] *AG Würzburg* NJW-RR 2001, 953; a. A. *Frankfurt a. M.* NJW-RR 1990, 146 und 1101.

V. Überbau

1. Der entschuldigte Überbau

Größere Bedeutung hat die Regelung des Überbaus. Der Tatbestand ist folgender: Ein Grundstückseigentümer hat bei Errichtung eines Gebäudes (oder bei Erweiterung durch Modernisierung[62]) über die Grenze gebaut, so daß ein Teil desselben[63] auf dem Nachbargrundstück steht (§ 912). An sich würde der Eigentümer des überbauten Nachbargrundstücks gem. § 1004 wegen Entziehung oder Störung seines Besitzes die Beseitigung des Gebäudes verlangen können. Er muß es aber dulden unter zwei Voraussetzungen: 343

a) Der Überbauende hat ohne Vorsatz oder grobe Fahrlässigkeit gehandelt,

b) der Nachbar hat weder vor noch sofort nach der Grenzüberschreitung Widerspruch[64] erhoben (ob er Kenntnis von ihr hatte, ist gleichgültig).

Die Erlaubnis bindet zwar einen Rechtsnachfolger nicht, schließt aber Vorsatz und Fahrlässigkeit des Überbauenden aus.[65]

Als Überbau gilt auch ein Keller oder ein Hinüberragen eines Baues in den benachbarten Luftraum (Erker, Balkon).

Ein Überbau durch andere Personen als den Eigentümer, z. B. einen Pächter, unterliegt den Vorschriften des § 912 nur, wenn der Eigentümer ihn genehmigt hat.[66]

Nach der Auffassung des *BGH* muß sich der Bauherr ein Verschulden des Architekten in analoger Anwendung des § 166 zurechnen lassen.[67] Bejaht man dagegen grundsätzlich ein nachbarliches Gemeinschaftsverhältnis, so käme eine Zurechnung nach § 278 in Betracht; s. u. IX.

Ein durch Mietvertrag erlaubter Überbau führt nach Vertragsende nicht zu dinglichen Veränderungen, schafft aber schuldrechtliche Pflichten (*BGH,* NJW 2004, 1237). 344

Der zu duldende Überbau fällt ins Eigentum des Erbauers, nicht in das des Nachbarn, entgegen § 94, aber in Analogie zu § 95;[68] das Eigentum am überbauten Grundstücksteil verbleibt dem Grundstückseigentümer. Die Duldungspflicht wirkt als Beschränkung des Eigentums wie eine Grunddienstbarkeit, ist aber nicht eintragungsfähig. Als Ausgleich gewährt § 912 II ein Recht auf Entschädigung durch eine Geldrente. Es ist subjektiv dinglich (§ 913 I), nicht eintragungsfähig (§ 914 II) und wirkt daher ohne Eintragung gegen jedermann, auch gegen gutgläubige Erwerber des belasteten Grundstücks. Es geht allen Rechten am belasteten Grundstück, auch den älteren, vor (§ 914 I).

Statt der Rente kann der Eigentümer des überbauten Grundstücks jederzeit Wertersatz gegen Übertragung des Eigentums am überbauten Teil des Grundstücks verlangen, Recht auf Grundabnahme (§ 915), wobei die Grundsätze des Kaufes gelten (§§ 433 ff., z. B. §§ 434, 435, 436, 448). Die Ausübung dieses Rechts erfolgt aber durch einseitige Erklärung.

---

[62] *BGH* MDR 2009, 24; dazu *Horst* NJW 2010, 122.

[63] Zur Abgrenzung eines Überbaus von einem selbständigen Gebäude will der *BGH* den Gedanken der „funktionellen Einheit" heranziehen, vgl. *BGH* NJW-RR 1989, 1039.

[64] Zum Widerspruch vgl. BGHZ 59, 191 = NJW 1972, 1750.

[65] Wie hier *BGH* NJW 1983, 1112.

[66] BGHZ 15, 216 = NJW 1955, 177.

[67] BGHZ 42, 63 = NJW 1964, 2016. Dies soll jedoch für das Verschulden eines Bauunternehmers nicht gelten, da dieser nicht, wie es die analoge Anwendbarkeit des § 166 erfordere, als „Repräsentant" des Grundstückseigentümers auftrete; *BGH* NJW 1977, 375. *Baur/Stürner,* § 5 Rn. 17 will dagegen § 831 anwenden, da § 912 eine Vorschrift des Deliktsrechts sei.

[68] BGHZ 27, 197 = NJW 1958, 1180.

345 Der Sinn dieser Regelung ist die Erhaltung des Gebäudes als eines volkswirtschaftlichen Wertes gegenüber dem viel kleineren und ausgeglichenen Schaden des Eigentümers des überbauten Grundstücks, weshalb das Überbaurecht nur dann Anwendung findet, wenn ein einheitliches Gebäude über die Grenze gebaut wird.[69]

Man kann sich leicht vorstellen, daß z. B. bei einem Überbau um nur 1/2 m ein Gebäude von großem Wert abgerissen werden müßte, weil gerade die eine Hausmauer auf dem fremden Grundstück steht, während die Entziehung des schmalen Streifens den Eigentümer des überbauten Grundstücks nur wenig schädigen kann. Die Regelung ist daher durchaus vernünftig.

Diese Betrachtung führt dazu, die §§ 912 ff. auch dann anzuwenden, wenn der Überbau zu einer Zeit erfolgt ist, als beide Grundstücke sich in einer Hand befanden, das Problem aber auftaucht, sobald das Eigentum an beiden Grundstücken sich trennt, oder das Grundstück nach Gebäudeerrichtung geteilt wird („Eigengrenzüberbau").[70] Wenn auch die Unterlassung eines Widerspruchs hier praktisch nicht in Frage kommt, so muß doch der Gesichtspunkt der Werterhaltung durchgreifen, zumal hier Versehen des bauenden Eigentümers leichter vorkommen können.[71] Wurde das Gebäude von vornherein mit Zustimmung des Grundstücksnachbarn z. T. auf fremdem Grund errichtet, finden §§ 912 ff. ebenfalls Anwendung.[72]

Eine analoge Anwendung von § 912 ist bei Verstoß gegen eine den Abstand eines Bauwerks von der Grundstücksgrenze regelnde Vorschrift (aus dem Bauordnungsrecht) zu bejahen.[73]

2. Der unentschuldigte Überbau

346 Hat der Überbauende vorsätzlich oder grob fahrlässig gehandelt oder hat der Nachbar vor oder sofort nach dem Überbau Widerspruch erhoben, so spricht man von unentschuldigtem Überbau. Bei unentschuldigtem Überbau wird das Eigentum am Gebäude gemäß der Grenzlinie der bebauten Grundstücke geteilt.[74]

Etwaige Ausgleichsansprüche des Überbauenden beurteilen sich, falls der Überbauende nichtrechtmäßiger Besitzer des Grundstücks ist, nach den Vorschriften über das Eigentümer-Besitzer-Verhältnis, andernfalls nach den Regeln des zwischen dem Eigentümer und dem Besitzer bestehenden Rechtsverhältnisses.

Die Vorschriften über den Überbau können durch eine vertragliche Vereinbarung abweichend geregelt werden.[75] Schadensersatzansprüche sind nicht ausgeschlossen.[76]

VI. Notweg

347 Geringere Bedeutung hat der Notweg (§ 917), weil die meisten Grundstücke eine Verbindung zu einem öffentlichen Weg haben. Das Recht auf den Notweg hat nämlich zur Voraussetzung, daß dem Grundstück die zur ordnungsmäßigen Benutzung notwendige Verbindung mit einem öffentlichen Weg fehlt (ob Fuß- oder Fahrweg erforderlich ist, richtet sich nach den Umständen) oder daß die vorhandene Verbindung für eine ordnungsmäßige Benutzung nicht ausreicht.[77] Der Eigentümer darf aber nicht selbst durch eigene willkürliche Handlung die Verbindung mit einem öffentlichen Weg aufgehoben haben (§ 918; z. B. durch Beseitigung eines Steges, Aufgabe eines Wegerechts); solches

---

69 Vgl. *BGH* NJW 1982, 756; NJW-RR 1988, 458.

70 Vgl. *BGH* NJW 1989, 221; NJW 1990, 1791.

71 Vgl. dazu RGZ 160, 170; *H. P. Westermann,* in: Westermann, § 63 I 4. Ebenso zu behandeln ist der Fall, daß ein bebautes Grundstück später geteilt wird und die Grenze durch das Gebäude läuft; BGHZ 64, 333 = NJW 1975, 1553; BGHZ 102, 311, 314 = NJW 1988, 1078; *BGH* NJW 2002, 54.

72 BGHZ 62, 141 = NJW 1974, 794.

73 *OLG Karlsruhe* NJW-RR 1993, 665 m. w. N.

74 BGHZ 27, 204 = NJW 1958, 1182 und 41, 177 = NJW 1964, 1221; aber str.

75 *BGH* NJW 1971, 426; *Horst,* MDR 2000, 494, 500.

76 *BGH* NJW 2003, 3621.

77 Vgl. *BGH* NJW 1954, 1321; 1964, 1321; 1979, 104 und BGHZ 75, 315 = NJW 1980, 585; *OLG Karlsruhe* NJW-RR 1995, 1042; *OLG Saarbrücken* NJW-RR 2002, 1385.

Verhalten stellt eine Art Verschulden gegen sich selbst dar. Der Eigentümer kann verlangen, daß die Nachbarn bis zur Behebung des Mangels die Benutzung ihrer Grundstücke zur Herstellung der erforderlichen Verbindung dulden. Das Verlangen ist Tatbestandsmerkmal für das Entstehen der Duldungs- und Rentenzahlungspflicht.[78] Ist die Richtung des Notwegs von vornherein eindeutig bestimmt (z. B. weil über ein bestimmtes Grundstück die weitaus kürzeste Verbindung herzustellen oder ein Privatweg dort schon vorhanden ist), so kommt nur dieses eine Grundstück als belastet in Frage. Sonst muß der Notweg durch Urteil bestimmt werden; insoweit ist das Urteil gestaltender Natur.

Das Notwegrecht ist nicht eintragungsbedürftig, ist daher ohne Rücksicht auf den guten Glauben gegen jeden Erwerber des belasteten Grundstücks wirksam.

Auch hier wird der belastete Nachbar durch eine Geldrente entschädigt. Schuldner ist immer der Eigentümer, auch wenn das Grundstück verpachtet ist.[79]

Ein Notwegrecht kann auch zum Inhalt haben, daß der Nachbar die Verlegung eines unterirdischen Abwasserkanals durch sein Grundstück dulden muß.[80]

Wer zur Einräumung eines Notwegs verpflichtet ist, braucht nicht zu dulden, daß auf seinem Grund und Boden Fahrzeuge entladen werden.[81]

VII. Grenzverhältnisse

Auch diese Vorschriften haben keine sonderliche praktische Bedeutung, weil die Grenzmarkierung in der Regel schon ohnehin sorgfältig durchgeführt ist. **348**

1. Sollten Grenzzeichen fehlen, verrückt worden (nicht verrückt geworden sein, wie § 919 sagt!) oder unkenntlich geworden sein, so kann der Eigentümer vom Nachbarn verlangen, daß dieser bei der Wiederherstellung oder Errichtung mitwirkt (§ 919). Vorausgesetzt wird, daß die Grenze selbst unstreitig ist.

2. Ist die Grenze selbst streitig – Grenzverwirrung –, so kann jeder Eigentümer durch Klage gegen den Nachbarn verlangen, daß die Grenze durch Urteil festgelegt wird (§ 920). Auszugehen ist von dem festgestellten Besitzstand – andernfalls ist der streitige Streifen zu teilen; letzten Endes entscheidet die Billigkeit unter Berücksichtigung aller Umstände des einzelnen Falles. Das Urteil hat gestaltenden Charakter und begründet ohne Auflassung das Eigentum an dem zuerkannten Streifen. Diese Regelung tritt aber nur dann ein, wenn die Eigentumsverhältnisse sich nicht feststellen lassen, die richtige Grenze also nicht ermittelt werden kann (Abweichung von der sonst gegebenen Beweislast für bestimmte Grenze).[82]

3. Grenzeinrichtungen wie Mauern, Zäune, Hecken, Gräben sind in der Regel für gemeinschaftliche Benutzung beider Eigentümer bestimmt, daher wird die gemeinschaftliche Berechtigung zur Benutzung vermutet, wenn nicht äußere Merkmale darauf hinweisen, daß die Einrichtung einem Nachbarn allein gehört (§ 921). Voraussetzung ist, daß die Einrichtung auf der Grenze steht, daß sie mit Zustimmung des Nachbarn errichtet wurde,[83] und daß der Teil, der auf dem Grundstück des Nachbarn steht, sein Eigentum ist.[84] Keine Voraussetzung ist eine grenzscheidende Wirkung an der Anlage, so daß selbst ein geteerter Weg als „Grenzeinrichtung" in Betracht kommt.[85] Das gemeinschaftliche Benutzungsrecht (§ 922) soll die aus diesem Miteigentum sich sonst ergebenden Schwierigkeiten beseitigen. Bei Verletzung des Nutzungsrechts durch unberechtigtes Abholzen oder erhebliches Zurückschneiden steht dem Nachbarn ein Anspruch auf Wiederherstellung, ggf. Geldersatz zu.[86] Für den auf der Grenze stehenden Baum vgl. § 923 (dazu *BGH,* NJW 2004, 3328). Zur Wärmedämmung bei einer gemeinsamen Giebelwand *BGH* NJW 2008, 2032. Der finanzielle Vorteil einer Mauer für das Nachbargrundstück als Schutz vor Witterungseinflüssen begründet beim Abriss keine Ansprüche, *BGH* NJW 2010, 1808.

---

[78] BGHZ 94, 160 = NJW 1985, 1952.

[79] *BGH* NJW 1963, 1917.

[80] *BGH* NJW 1960, 93 und MDR 1981, 480.

[81] So BGHZ 31, 159 = NJW 1960, 93.

[82] Zur Grenzscheidungsklage vgl. *BGH* NJW 1965, 37; zum einseitigen Vorgehen eines Kontrahenten *BGH* NJW-RR 2008, 610.

[83] Vgl. dazu *OLG Düsseldorf* NJW-RR 1991, 656 f.

[84] Zum Fall einer gemeinschaftlich genutzten Durchfahrt vgl. *BGH* WM 1990, 1719.

[85] *BGH* NJW 2003, 1731 gegen RGZ 70, 200, 204.

[86] Vgl. dazu BGHZ 143, 1 = NJW 2000, 512; *KG* NJW-RR 2000, 160.

VIII. Unverjährbarkeit von nachbarrechtlichen Ansprüchen

349 Die Ansprüche aus dem Nachbarrecht auf Unterlassung der Errichtung gefährlicher Anlagen (§ 907), auf Schutzmaßnahmen gegen den drohenden Einsturz eines Gebäudes (§ 908), auf Unterlassung von Vertiefungen, die dem Grundstück die erforderliche Stütze entziehen (§ 909), auf Kauf des überbauten Grundstückteils durch den Überbauenden (§ 915), auf Duldung eines Notwegs (§ 917 I), auf Mitwirkung bei der Errichtung oder Wiederherstellung von Grenzzeichen (§ 919) und auf Klarstellung bei Grenzverwirrung (§ 920) sind unverjährbar (§ 924).

IX. Das nachbarliche Gemeinschaftsverhältnis

350 In erster Linie werden die Rechte und Pflichten von Grundstücksnachbarn durch die nachbarrechtlichen Vorschriften geregelt. Nach der Rechtsprechung des Reichsgerichts[87] und auch des Bundesgerichtshofs erfordert der gerechte Ausgleich widerstreitender Belange in manchen Fällen ein Hinausgehen über die gesetzliche Regelung. Freilich muß es sich um aus zwingenden Gründen gebotene Ausnahmen handeln. Der Bundesgerichtshof stützt sich dabei auf § 242, den er auch auf den besonderen Tatbestand des nachbarlichen Zusammenlebens anwendet.

Die einem Grundstückseigentümer seinem Nachbarn gegenüber obliegende Rücksichtnahme kann sich nach der Rechtsprechung des *BGH* sowohl in einem Dulden oder Unterlassen als auch in einem positiven Handeln auswirken. Sie kann auch durch spätere Parzellierung entstehen.[88]

In BGHZ 28, 110 = NJW 1958, 1580 hat der Bundesgerichtshof einen Grundstückseigentümer zu einer Geldentschädigung verurteilt, weil dem Nachbarn durch den Zustand eines Bauwerks des Eigentümers besondere Aufwendungen entstanden waren. In BGHZ 28, 225 = NJW 1959, 97 hat er einen Eigentümer zur Duldung an sich unzulässiger Einwirkungen (Steinschlag) des Nachbargrundstückes für verpflichtet erklärt. Die Zulässigkeit der Zuführung von unwägbaren Stoffen (Immissionen) beurteilt sich dagegen seit der Neufassung des Gesetzes ausschließlich nach § 906. Auf die Grundsätze des nachbarlichen Gemeinschaftsverhältnisses kann daneben nicht zurückgegriffen werden.[89] In einem anderen Fall[90] hat der Bundesgerichtshof einen Grundstückseigentümer, der auf seinem Grundstück (hart an der Grenze) einen für den Nachbarn sehr nachteiligen Bau plante, verurteilt, von der schädigenden Benutzung seines Grundstücks abzusehen, da bei einer anderen Art der Bebauung die Nachteile vermieden blieben, ohne daß der angestrebte Zweck vereitelt würde. Schließlich bejaht BGHZ 68, 350 = NJW 1977, 1447 einen Ausgleichsanspruch auf Grund des nachbarlichen Gemeinschaftsverhältnisses in einem Fall, in dem ein Abwehranspruch aus § 1004 ausnahmsweise wegen § 242 nicht gegeben war. Neuerdings erwägt BGHZ 113, 384 = NJW 1991, 1671 einen Ausgleichsanspruch, weil der Kläger an Abwehrmaßnahmen faktisch gehindert war. Einen Anspruch verneint dagegen *BGH* NJW-RR 2001, 1208 bei Pilzbefall eines Weinbergs, der sich auf das Nachbargrundstück ausdehnt.[91] Eine Duldungspflicht der Abwasserdurchleitung nach Parzellierung eines früheren Gesamtgrundstücks bejaht *BGH* NJW 2003, 1392. Eine Analogie für Beeinträchtigungen zwischen Mietwohnungen lehnt der *BGH* zu Recht ab (*BGH* NJW 2004, 775). Im Falle einer Grenzverwirrung (§ 920) ergibt sich aus dem nachbarlichen Gemeinschaftsverhältnis, daß es beiden Seiten verwehrt ist, den streitigen Bereich einseitig in Besitz zu nehmen (*BGH* NJW-RR 2008, 610).

---

[87] Vgl. u. a. RGZ 154, 161; 159, 129; 162, 209; 170, 262.
[88] *BGH* NJW 2003, 1393.
[89] BGHZ 38, 61 = NJW 1962, 2341.
[90] *BGH* LM Nr. 2 zu § 903.
[91] Vgl. dazu auch *Roth*, JuS 2001, 1161.

Wenn auch das nachbarliche Gemeinschaftsverhältnis als Rechtsinstitut von der wohl überwiegenden Meinung anerkannt ist,[92] so ist doch dessen Inhalt nur schwer zu umschreiben. Das nachbarliche Gemeinschaftsverhältnis hat den Zweck, dort, wo die gesetzliche Regelung nicht ausreicht, durch Abwägung der jeweils beteiligten Eigentümerinteressen dem Einzelfall gerecht werdende Ergebnisse zu ermöglichen.[93] Es handelt sich somit gleichsam um die Generalklausel des Nachbarrechts. 351

Umstritten ist, ob im Rahmen der nachbarlichen Beziehung § 278 anzuwenden ist.

Beispiel: A läßt auf seinem Grundstück durch den Arbeiter X einen Baum fällen. Durch unvorsichtiges Verhalten des X fällt der Baum auf das Grundstück des Nachbarn B und beschädigt dessen Garage. Muß A nach § 278 haften oder kann er sich nach § 831 entlasten? Man wird wohl eine Haftung nach § 278 bejahen müssen, weil eine Verletzung der aus dem nachbarlichen Gemeinschaftsverhältnis entspringenden Pflichten vorliegt; vgl. oben III 3.[94]

X. Öffentliches und privates Nachbarrecht

Nicht nur privatrechtliche, sondern auch öffentlich-rechtliche Bestimmungen können auf die nachbarrechtliche Beziehung Einfluß nehmen. 352

1. Die Zulässigkeit von Immissionen etwa ist nicht nur in § 906, sondern auch z. B. im Bundesimmissionsschutzgesetz v. 15. 3. 1974 (BGBl. I 721) und im Gesetz zum Schutz gegen Fluglärm vom 31. 3. 1971 (BGBl. I 282) geregelt. Wer auf seinem Grundstück bauen will, bedarf in der Regel der behördlichen Genehmigung, die nach Maßgabe des Baugesetzbuches v. 8. 12. 1986 (BGBl. I S. 2191) bzw. der Landesbauordnungen erteilt wird.

Die einschlägigen öffentlich-rechtlichen Normen haben vor allem den Zweck, das Entstehen von Umweltschäden oder baulichen Verunstaltungen als solchen zu verhindern bzw. planerische Vorgaben umzusetzen. Insbesondere durch die Einführung von Genehmigungspflichten zielen sie nicht zuletzt auf eine präventive Steuerung der Gesamtentwicklung des Raumes. Will der Nachbar gegen eine derartige hoheitliche Genehmigung vorgehen, muß er vor den Verwaltungsgerichten klagen. Hierbei muß er geltend machen, daß die als verletzt gerügte Vorschrift nicht nur dem Schutz der Allgemeinheit zu dienen bestimmt ist, sondern ihm eigene subjektive öffentliche Rechte verleiht (vgl. § 42 II VwGO). In diesem Bereich hat sich eine unüberschaubare Kasuistik entwickelt.[95] Anerkannt ist z. B. die drittschützende Wirkung von Vorschriften über den seitlichen Grenzabstand (vgl. Art. 6 f. Bayerische Bauordnung) sowie von § 5 I Nr. 1 BImSchG.[96]

2. Ist ein Vorhaben hoheitlich genehmigt, stellt sich die Frage, welche Wirkung die Genehmigung auf privatrechtliche Abwehransprüche hat. § 14 BImSchG sieht insoweit einen Anspruchsausschluß vor (s. o. II 3). Dagegen ergeht die Baugeneh- 353

---

[92] Das nachbarliche Gemeinschaftsverhältnis wird u. a. bejaht von *Mühl,* NJW 1960, 1133; *H. P. Westermann,* in: Westermann, § 62 V; Erman/*Hagen,* § 906 Rn. 46; *Brox,* JA 1984, 182; *Deneke,* a. a. O. (vor Rn. 324); aus der Rspr. vgl. BGHZ 28, 110 = NJW 1958, 1580; BGHZ 28, 225 = NJW 1959, 97. Bedenken dagegen äußern *Wolff/Raiser,* § 53 I; *Baur/Stürner,* § 25 Rn. 36 ff. und § 5 Rn. 16; *Pleyer,* JZ 1959, 305; *Böhmer,* MDR 1959, 261; *E. Wolf,* S. 181; *Tiedemann,* MDR 1978, 275.

[93] Als Beispielsfall zur Erheiterung kann der Katzenfall des *LG Darmstadt* NJW-RR 1994, 147 dienen.

[94] Für die Anwendbarkeit von § 278 sind u. a. *Mühl,* FS L. Raiser, 1974, S. 159; Palandt/*Heinrichs,* § 278 Rn. 3; *H. P. Westermann,* in: Westermann, § 62 V 4; gegen die Anwendbarkeit von § 278 BGHZ 42, 374 = NJW 1965, 389. *Brox,* JA 1984, 187 will die Anwendbarkeit des § 278 auf Fälle nachbarlicher „Sonderverbindungen" (gemeinsame Grenzeinrichtungen) beschränken; ebenso *Deneke,* S. 127 ff.

[95] Vgl. zum Ganzen *Marburger,* C 16 ff.; *Ronellenfitsch/Wolff,* NJW 1986, 1955; *Martens,* NJW 1985, 2302.

[96] Zur drittschützenden Wirkung des sog. baurechtlichen Rücksichtnahmegebots, vgl. BVerwGE 52, 122.

migung „unbeschadet der privaten Rechte Dritter" (vgl. Art. 74 VI BayBO). Der Nachbar kann also etwaige privatrechtliche Beseitigungs- und Unterlassungsansprüche nach wie vor vor den Zivilgerichten einklagen. Das ist die Folge der grundsätzlichen Zweispurigkeit von privatem und öffentlichem Nachbarrecht.[97]

Dieses Nebeneinander ist vor allem dort umstritten, wo es um die Auswirkungen von Planungsentscheidungen (Bebauungsplan) auf das Ortsüblichkeitskriterium in § 906 geht. Der *BGH* stellt zur Bestimmung der Ortsüblichkeit allein auf den tatsächlichen Gebietscharakter ab.[98] Demgegenüber wird auch ein Vorrang der planerischen Festsetzung vertreten, da nur so sichergestellt werden könne, daß die bereits auf einer Interessenabwägung beruhenden Planungsergebnisse nicht durch die Geltendmachung zivilrechtlicher Abwehransprüche unterlaufen werden könnten.[99]

Berührungspunkte zwischen privatem und öffentlichem Nachbarrecht ergeben sich auch dort, wo einzelnen öffentlich-rechtlichen Vorschriften Schutzgesetzcharakter nach § 823 II zukommt. Bei Verletzung derartiger Normen kann der Nachbar u. U. auch vor den Zivilgerichten klagen.[100]

2. Abschnitt. Erwerb und Verlust des Grundeigentums

§ 29. Die Übereignung von Grundstücken

Literatur: *Brambring,* Mitbeurkundung der Auflassung beim Grundstückskaufvertrag, FS Hagen, 1999, 251; *Eckardt,* Die Aufhebung des Grundstückskaufvertrages, JZ 1996, 934; *Ertl,* Probleme und Gefahren bei der Abtretung des Auflassungsanspruchs, DNotZ 1977, 81; *Haas/Beiner,* Das Anwartschaftsrecht im Vorfeld des Eigentumserwerbs, JA 1998, 23, 115, 846; *Habersack,* Das Anwartschaftsrecht des Auflassungsempfängers, JuS 2000, 1145; *Hager,* Die Anwartschaft des Auflassungsempfängers, JuS 1991, 1; *Hieber,* Die „dingliche Anwartschaft" bei der Grundstücksübereignung, DNotZ 1959, 350; *Hoche,* Verpfändung und Pfändung des Anspruchs des Grundstückskäufers, NJW 1955, 161; *ders.,* Abtretung und Verpfändung des Anwartschaftsrechts aus der Auflassung, NJW 1955, 652; *ders.,* Pfändung des Anwartschaftsrechts aus der Auflassung, NJW 1955, 931; *v. Hoffmann,* Das Recht des Grundstückskaufs, 1982; *Konzen,* Das Anwartschaftsrecht des Auflassungsempfängers in der Judikatur des BGH, in: 50 Jahre BGH, Festgabe aus der Wissenschaft, 2000, S. 871; *Kuchinke,* Die Rechtsstellung des Auflassungsempfängers als Kreditunterlage und Haftungsobjekt, JZ 1964, 145; *Löwisch/Friedrich,* Das Anwartschaftsrecht des Auflassungsempfängers und die Sicherung des Eigentümers bei rechtsgrundloser Auflassung, JZ 1972, 302; *Medicus,* Das Anwartschaftsrecht des Auflassungsempfängers, DNotZ 1990, 289; *Müller-Michaels,* Formfreie Aufhebung eines Grundstückskaufvertrags trotz Bestehens eines Anwartschaftsrechts?, NJW 1994, 2742; *Pajunk,* Die Beurkundung als materielles Formerfordernis der Auflassung, 2002; *Raiser,* Dingliche Anwartschaften, 1961; *Reinicke/Tiedtke,* Das Anwartschaftsrecht des Auflassungsempfängers und die Formbedürftigkeit der Aufhebung eines Grundstückskaufvertrags, NJW 1982, 2281; *Schneider,* Kettenauflassung und Anwartschaft, MDR 1994, 1057; *Schulte-Thoma,* Zubehörveräußerung bei Grundstückskaufverträgen, RNotZ 2004, 61; *Tetenberg,* Die Anwartschaft des Auflassungsempfängers, 2006; *Walchshöfer,* Die Erklärung der Auflassung in einem gerichtlichen Vergleich, NJW 1973, 1103.

---

[97] *Marburger,* C 38 ff.; *Just,* BayVBl. 1985, 289; *Steinberg,* NJW 1984, 457; *Wolf/Wellenhofer,* Rn. 294; Staudinger/*Roth,* § 906 Rn. 9 ff. Vgl. auch *Baur,* JA 1987, 161 (165 f.). Überlegungen zur Harmonisierung beider Bereiche bei *Vieweg,* JZ 1987, 1104; *Gerlach,* JZ 1988, 161; *Fritzsche,* NJW 1995, 1121; *Bross,* FS Hagen, 1999, S. 357 ff.

[98] BGHZ 15, 146 = NJW 1955, 19; 30, 273 = NJW 1959, 1867; 54, 384 = NJW 1971, 94; zustimmend Soergel/*J. Baur,* § 906 Rn. 79 f.

[99] *Bartlsperger,* DVBl. 1971, 745; *Schapp,* S. 164; *Peine,* JuS 1987, 169; zurückhaltend demgegenüber MünchKomm/*Säcker,* § 906 Rn. 16 f. und Staudinger/*Roth,* § 906 Rn. 188 ff.

[100] Vgl. *Baur/Stürner,* § 25 Rn. 43; *Marburger,* C 122 f.; BGHZ 86, 356 = NJW 1983, 1795; *BGH,* NJW 1997, 55 (Notkamin).

I. Einigung und Eintragung

Grundsätzlich gilt für die Übereignung eines Grundstücks die Regel des § 873, wonach Einigung und Eintragung erforderlich sind. Diese Regel wird durch einige Sondervorschriften ergänzt, weil der Übereignung besondere Bedeutung zukommt. 354

II. Die Form der Einigung (Auflassung)

Die Einigung, hier Auflassung genannt, muß gemäß § 925 bei gleichzeitiger Anwesenheit beider Teile vor einer zuständigen Stelle erklärt werden.[1] Zur Entgegennahme der Auflassung ist, unbeschadet der Zuständigkeit weiterer Stellen, jeder Notar zuständig. Die Auflassung kann auch in einem gerichtlichen Vergleich erklärt werden.[2] 355

Das Erfordernis gleichzeitiger Anwesenheit beider Teile ist eine Abweichung von den allgemeinen Vorschriften über Verträge. Eine persönliche Anwesenheit ist dagegen nicht erforderlich, vielmehr Vertretung wie sonst zulässig, handelt es sich doch um ein vermögensrechtliches Geschäft. Auch kann bei Verfügungen durch Nichtberechtigte § 185 Anwendung finden.[3] Soweit eine Auflassung nach § 185 II durch den Berechtigten nachträglich genehmigt wird, gilt auch bei Grundstücksgeschäften, daß die Zustimmung nicht der für das Rechtsgeschäft bestimmten Form bedarf (§ 182 II).[4] Der Einhaltung der Form des § 925 bedarf es hingegen dann, wenn eine unwiderrufliche Einwilligung vorliegt, durch die das formbedürftige Geschäft vorweggenommen wird.[5]

Die Auflassung bedarf an sich zu ihrer Wirksamkeit keiner Beurkundung,[6] muß aber dem Grundbuchamt in der Form von § 29 GBO nachgewiesen werden und wird daher in der Regel beurkundet. Vgl. dazu auch § 8 BeurkG, wonach bei Abgabe von Willenserklärungen eine Niederschrift über die Verhandlungen aufgenommen werden muß. Für die Auflassungserklärungen gelten im übrigen die allgemeinen Grundsätze für Willenserklärungen.[7]

Die Erklärung des einen Teils kann ersetzt werden durch seine rechtskräftige Verurteilung zur Abgabe der Willenserklärung gemäß § 894 ZPO. Der andere Teil muß aber nach Vorlegung des Urteils noch seine eigene Erklärung vor dem Notar abgeben.[8] Die gesamte Auflassung kann ersetzt werden durch die Regelung in einem künftig vorgesehenen Insolvenzplan (vgl. § 228 InsO).

---

[1] Vgl. dazu *BayObLG* MDR 2001, 501. Zur Einordnung der Beurkundung als materielles oder formelles Formerfordernis vgl. *Pajunk*, 2002, S. 26 ff.

[2] Nach der h. M. kommt nur ein gerichtlicher Vergleich vor einem ordentlichen Gericht in Betracht; a. M. zu Recht *Walchshöfer*, NJW 1973, 1103 und nun auch *BVerwG* NJW 1995, 2179.

[3] BGHZ 19, 138 = NJW 1956, 178.

[4] BGHZ 125, 218 = NJW 1994, 1344; *BGH* NJW 1998, 1482.

[5] *BGH* WM 1966, 761; NJW 1975, 39.

[6] Vgl. RGZ 132, 408, BGHZ 22, 312 = NJW 1957, 459; Palandt/*Bassenge*, § 925 Rn. 3.

[7] Es fehlt beispielsweise an einer wirksamen Auflassung, wenn der Gegenstand von den Parteien versehentlich falsch bezeichnet wird, *BGH* NJW 2002, 1038 m. w. N.

[8] Vgl. BayObLGZ 1983, 181.

III. Auflassung und Kausalgeschäft

356 Die Auflassung ist von dem Kausalgeschäft, z. B. dem Kauf, scharf zu unterscheiden (vgl. o. § 4 II). Auch wenn sie im Anschluß an den Kauf sogleich vor dem Notar erfolgt, handelt es sich um zwei getrennte Verträge. Durch § 925 a ist vorgeschrieben (Ordnungsvorschrift), daß die Auflassungserklärung nur entgegengenommen werden soll, wenn die Urkunde über das Verpflichtungsgeschäft (§ 311 b I) vorgelegt oder gleichzeitig errichtet wird. Hiermit soll gesichert werden, daß die Auflassung nicht ohne wirksames Kausalgeschäft erfolgt. Doch bleibt es bei dem Grundsatz, daß die Wirksamkeit der Auflassung von derjenigen des Kausalgeschäfts nicht abhängt, was wichtig wird, wenn die Unwirksamkeit des beurkundeten Kausalgeschäfts übersehen werden sollte.

Die Aufhebung der Auflassung ist vor der Umschreibung des Eigentums im Grundbuch grundsätzlich formlos möglich. Dies soll nach wohl richtiger Ansicht auch dann gelten, wenn bereits eine Auflassungsvormerkung zugunsten des Erwerbers im Grundbuch eingetragen ist.[9] Nach Auffassung des *BGH* soll allerdings § 311 b I gelten, wenn isoliert nur der Kaufvertrag aufgehoben wird.[10] Das überzeugt nicht.

IV. Bedingungs- und Befristungsfeindlichkeit der Auflassung

357 Die Auflassung verträgt keine Bedingung oder Befristung (§ 925 II); eine bedingte oder befristete Auflassung ist also unwirksam. Daher gibt es bei Grundstücken nicht wie bei beweglichen Sachen eine Übertragung mit Eigentumsvorbehalt. Das Grundbuch soll über das Eigentum am Grundstück sichere Auskunft geben; wäre aber bedingte Auflassung möglich, so würde der Eigentumsübergang von Ereignissen abhängig sein, die sich außerhalb des Grundbuchs vollziehen würden und aus ihm nicht zu entnehmen wären.

Die Parteien können aber schuldrechtlich vereinbaren, daß der Antrag auf Eintragung erst später gestellt wird,[11] und bestimmen, daß einem Antrag nur zusammen mit einem anderen stattgegeben werden darf (§ 16 II GBO), z. B. die Eintragung des Erwerbers zusammen mit der Eintragung der Restkaufgeldhypothek für den Veräußerer. Bei der in der Praxis üblichen gemeinsamen Beurkundung von Auflassung und Grundstückskaufvertrag können die Interessen des Veräußerers dadurch gewahrt werden, daß die Beteiligten den Notar anweisen, die Eigentumsumschreibung auf den Erwerber erst nach Kaufpreiszahlung zu beantragen (Vollzugs- und Ausfertigungssperre). Eine unzulässige Bedingung der Auflassung liegt hierin nicht.[12]

---

[9] Vgl. *BGH* NJW 1993, 3323 = JZ 1994, 524 m. Anm. *Tiedtke;* a. A. *Eckardt,* JZ 1996, 934, 939 ff.

[10] BGHZ 83, 395, 399; *OLG Saarbrücken* NJW-RR 1995, 1105; *OLG Köln* NJW-RR 1995, 1107; a. A. *Müller-Michaels,* NJW 1994, 2742; *Reinicke/Tiedtke,* NJW 1982, 2281. In der Begründung abweichend jetzt auch BGHZ 127, 168, 174 = NJW 1994, 3346, 3347.

[11] So *BGH* NJW 1953, 1301.

[12] Vgl. dazu *Brambring,* FS Hagen, 1999, S. 251 ff.

V. Reihenfolge von Auflassung und Eintragung

Die Auflassung geht in der Regel der Eintragung voraus und soll dies auch (§ 20 GBO, bloße Ordnungsvorschrift). Folgt sie erst nach der Eintragung – z. B. weil diese irrtümlich auf Grund Erbfolge vorgenommen worden ist, während es sich um ein Vermächtnis handelt –, so muß sie inhaltlich mit der Eintragung übereinstimmen, um wirksam zu sein.[13] **358**

VI. Das Anwartschaftsrecht des Auflassungsempfängers

1. Entstehung

Da sich der endgültige dingliche Rechtserwerb über eine längere Zeit hinzieht (die Grundbucheintragung wird oft erst mehrere Monate nach Auflassung und Eintragungsantrag vorgenommen), stellt sich die Frage, ab wann die Position des Grundstückserwerbers (also des Auflassungsempfängers) so gefestigt ist, daß man sie rechtlich als ein Anwartschaftsrecht qualifizieren kann, das dann übertragbar, verpfändbar und pfändbar ist. Im Ergebnis wird das Bestehen eines solchen Anwartschaftsrechts fast allgemein bejaht,[14] heftig umstritten ist aber der Zeitpunkt der Entstehung. Hierzu werden drei Auffassungen vertreten: **359**

a) Nach einer Mindermeinung entsteht das Anwartschaftsrecht bereits mit der Erklärung der Auflassung.[15] Denn ab diesem Zeitpunkt tritt die Bindung des § 873 II ein. Das kann aber nach richtiger Auffassung noch nicht ausreichen.

b) Die herrschende Meinung[16] und vor allem die Rspr.[17] verlangen zusätzlich zur Auflassung noch den Antrag des Erwerbers auf Eintragung. Denn dadurch tritt wegen § 878 und § 17 GBO eine erhebliche Verstärkung der Rechtsposition des Auflassungsempfängers ein, die einseitig durch den Veräußerer nicht mehr zerstörbar ist. Daher ist dieser Auffassung zuzustimmen.

c) Eine dritte Ansicht[18] verlangt für das Anwartschaftsrecht immer die Eintragung einer Auflassungsvormerkung, die den Erwerber gemäß § 883 II schützt. Diese Auffassung zieht die Grenzen zu eng, wenngleich richtig ist, daß mit Eintragung einer Vormerkung in jedem Falle ein Anwartschaftsrecht entsteht.

d) Unabhängig vom Vorliegen einer Vormerkung wird neuerdings neben Auflassung und Antragung auf Eintragung durch den Erwerber noch die Bewilligung des Veräußerer nach § 19 GBO verlangt, die nach dieser Auffassung weder in § 20

---

[13] Vgl. dazu *BGH* NJW 1952, 622; *Eickmann,* in: Westermann, § 75 III 1.

[14] Abweichend *E. Wolf,* S. 412 f.; *Löwisch/Friedrich,* JZ 1972, 302; *Habersack,* JuS 2000, 1145; *Mülbert,* AcP 202 (2002), 912. Kritisch nunmehr auch *Medicus,* DNotZ 1990, 275 („wenig fruchtbar"). Die h. M. wird umfassend dargestellt und verteidigt von *Hager,* JuS 1991, 1. Verteidigt wird die grundsätzliche Position eines Anwartschaftsrechts des Auflassungsempfängers auch von *Tetenberg,* S. 22 ff., allerdings in engem Umfang (erforderlich sei bindende Auflassung, Antrag auf Eintragung und Bewilligung des Veräußerers nach § 19 GBO).

[15] *Hoche,* NJW 1955, 652; *Reinicke/Tiedtke,* NJW 1982, 2281.

[16] MünchKomm/*Kanzleiter,* § 925 Rn. 34 (m. w. N. in Fn. 146).

[17] BGHZ 49, 197 = NJW 1968, 493; BGHZ 83, 393, 395 = NJW 1983, 1672; 89, 41 = NJW 1984, 973; 106, 108 = NJW 1989, 1093.

[18] *Eickmann,* in: Westermann, § 75 I 6.

GBO noch in § 873 BGB enthalten ist.[19] Geht man mit der heute h. M. davon aus, daß neben dem Nachweis in § 20 GBO und die Bewilligung nach § 19 GBO gesondert erforderlich ist, kann diese allerdings wohl regelmäßig der Einigung des § 873 BGB entnommen werden.[20]

2. Inhalt und Übertragung

360 Die Übertragung des Anwartschaftsrechts[21] bedarf der Form des § 925. Eine Eintragung findet jedoch nicht statt, da ein Anwartschaftsrecht nach h. M. nicht eintragungsfähig ist. Bei der Eintragung des Eigentumsübergangs auf den Erwerber der Anwartschaft ist die Zwischeneintragung des ersten Auflassungsempfängers nicht nötig.[22] Beim Vergleich mit dem Anwartschaftsrecht des Vorbehaltskäufers (vgl. u. § 33 II) zeigen sich wichtige Unterschiede. So gibt es keinen gutgläubigen Erwerb des Anwartschaftsrechts des Auflassungsempfängers, da wegen mangelnder Eintragungsfähigkeit der Rechtsschein fehlt. Der Inhaber des Anwartschaftsrechts wird auch nicht Besitzer des Grundstücks; ihm fehlen daher Abwehr-, insbesondere Besitzschutzrechte gegen Dritte.[23] Vgl. aber u. 5.

3. Verpfändung

361 Die Verpfändung des Anwartschaftsrechtes ist in der Form der §§ 1274 I, 925 möglich.[24] Eine Anzeige nach § 1280 ist nicht erforderlich. Als Wirkung der Verpfändung entsteht mit Eintragung des Anwartschaftsberechtigten als Eigentümer eine Sicherungshypothek für den Pfandgläubiger nach § 1287.

4. Pfändung

362 Hierbei ist zu unterscheiden zwischen der Pfändung des Eigentumsverschaffungsanspruchs und der Pfändung des Anwartschaftsrechtes. Nach einer Auffassung besteht nach Auflassung kein Eigentumsübertragungsanspruch mehr, der gepfändet werden könnte.[25] Dagegen spricht aber, daß Erfüllung dieses Anspruchs trotz vollständiger Erbringung der Leistungshandlung erst mit Grundstücksumschreibung eintritt. Bis dahin besteht der schuldrechtliche Eigentumsverschaffungsanspruch fort und kann nach § 848 ZPO gepfändet werden.[26] Die Pfändung des Anwartschaftsrechts erfolgt hingegen nach § 857 ZPO, wobei der Veräußerer Dritt-

---

[19] *Tetenberg,* S. 23 ff. m. w. N.

[20] Wie hier *Hügel,* GBO, 2007, § 19 Rn. 12, 19.

[21] Von der Übertragung des Anwartschaftsrechts ist die sog. „Kettenauflassung" zu unterscheiden, bei welcher der noch nicht eingetragene Auflassungsempfänger mit Einwilligung des Eigentümers das Grundstück an einen Dritten übereignet; vgl. *RG* 129, 153; ausführlich *Schneider,* MDR 1994, 1057.

[22] Vgl. RGZ 129, 153; 135, 382; *Hoche,* NJW 1955, 652.

[23] Vgl. hierzu vor allem *Raiser,* Dingliche Anwartschaften, S. 36, 40 ff. und BGHZ 45, 186 = NJW 1966, 929 = JZ 1966, 796 f. mit Anm. von *Kuchinke.*

[24] Vgl. BGHZ 49, 197 (202) = NJW 1968, 493; *Hoche,* NJW 1955, 653; a. A. *H. Köbl,* DNotZ 1983, 215 (formlos).

[25] *Hoche,* NJW 1955, 931 m. w. N. aus der älteren Rspr.

[26] *BGH* NJW 1994, 2947; MünchKomm/*Kanzleiter,* § 925, Rn. 38; *Medicus,* DNotZ 1990, 284; *Reinicke/Tiedtke,* NJW 1982, 2285; vgl zu der Problematik auch *Münzberg,* FS Schiedermair, 1976, S. 439.

schuldner ist.[27] Mit der Zustellung an ihn ist die Pfändung wirksam. Mit Übergang des Eigentums an den Anwartschaftsberechtigten erwirbt der Pfändungsgläubiger in analoger Anwendung von § 848 II ZPO eine Sicherungshypothek am Grundstück.

5. Deliktischer Schutz

Auch der Inhaber des Anwartschaftsrechts aus der Auflassung ist gegen Eingriffe 363
in das Grundstück nach den Vorschriften des Deliktsrechts geschützt.[28]

VII. Genehmigungsbedürftigkeit

Die Auflassung bedarf in vielen Fällen einer behördlichen Genehmigung. Hierüber vgl. o. § 27 III 2 (so z. B. nach dem Grundstücksverkehrsgesetz vom 28. 7. 1961 und dem Bundesbaugesetz vom 18. 8. 1976). Bis zu ihrer Erteilung tritt ein Schwebezustand ein.

VIII. Eigentumserwerb am Zubehör

Mit der Auflassung des Grundstücks und der Eintragung des Erwerbers geht das 364
Eigentum am Grundstück mit allen Bestandteilen desselben auf den Erwerber über.

Zugleich aber geht auch das Eigentum am Zubehör, also an beweglichen Sachen, auf den Erwerber über unter der Voraussetzung, daß beide Teile sich darüber einig sind, die Veräußerung des Grundstücks solle sich auf das Zubehör erstrecken – diese Erstreckung wird vermutet – und daß die Zubehörstücke Eigentum des Veräußerers sind (§ 926).[29]

Damit sind die Vorschriften über den Eigentumserwerb an beweglichen Sachen (§§ 929 ff., vgl. u. § 32), insbesondere das Erfordernis der Übergabe, ausgeschaltet. Der Erwerber wird also Eigentümer des Zubehörs ohne Besitzerwerb, statt dessen durch Auflassung und Eintragung. Dies bedeutet eine Erleichterung und Beschleunigung seines Erwerbs.

Zubehörstücke, die nicht im Eigentum des Veräußerers stehen, erwirbt der Grundstückserwerber dagegen nur nach den Vorschriften über den Erwerb beweglicher Sachen, also nur bei Besitzerlangung und kraft guten Glaubens (§§ 926 II, 932–936).

Beispiel: Landwirt A veräußert seinen Bauernhof an B, der bereits vor Eintragung des Eigentumsübergangs den Hof übernimmt und bewirtschaftet. Von den Landmaschinen, die sich auf dem Hofgrundstück befinden, sind einige von der Firma E unter Eigentumsvorbehalt geliefert worden. B weiß davon jedoch nichts und erwirbt daher gutgläubig das Eigentum an diesen Maschinen gemäß §§ 926 II, 932 vor der Eintragung des Eigentumsübergangs.

Ist das Zubehör mit Rechten Dritter belastet, so erlöschen diese auch erst mit dem Besitzerwerb und bei gutem Glauben des Erwerbers in diesem Zeitpunkt (§§ 926 II, 932–936).

Ob für Zubehör, das nicht im Eigentum des Veräußerers steht, die Vermutung des § 926 I 2 gilt, ist bestritten, aber wohl zu verneinen.[30]

---

[27] A. A. BGHZ 49, 197 (205) = NJW 1968, 493, wonach es der Zustellung an den Veräußerer nicht bedarf.

[28] BGHZ 114, 161 = NJW 1991, 2019 (für §§ 823 II, 909).

[29] Umfassend hierzu *Schulte-Thoma,* RNotZ 2004, 61.

[30] So *LG Saarbrücken* NJW-RR 1987, 11; *OLG Düsseldorf* DNotZ 1993, 342.

Beachte: Insgesamt müssen beim Vorliegen von **Zubehör** folgende Zusammenhänge beachtet werden:

Der Begriff des Zubehörs ist in § 97 erläutert (s. oben Rn. 3). Wird schuldrechtlich die Verpflichtung zur Veräußerung oder Belastung einer Sache vereinbart, so erstreckt sich diese Verpflichtung gemäß § 311 c im Zweifel auch auf das Zubehör der Sache. Im Rahmen der dinglichen Übertragung von Grundstücken gilt § 926 (s. oben). Soweit ein Grundstück als dingliches Haftungsobjekt dient, umfaßt die Haftung gemäß § 1120 auch das Grundstückszubehör (s. unten Rn. 655). Im Erbrecht erstreckt sich ein Vermächtnis im Zweifel auf das Zubehör (§ 2164 I). Schließlich hat die Zubehöreigenschaft wichtige Konsequenzen im Rahmen der Zwangsvollstreckung, wie sich aus § 865 ZPO ergibt.

Zum gutgläubigen Erwerb des Eigentums an Grundstücken vgl. o. § 19.

§ 30. Andere Erwerbsgründe

Literatur: *Heisel,* Grundbuchbereinigung durch Aufgebot, 2009; *Saenger,* Grundstückserwerb nach dem Aufgebotsverfahren, MDR 2001, 134; *Wesser/Saalfrank,* Formfreier Grundstückserwerb durch Miterben, NJW 2003, 2937.

I. Eigentumserwerb durch Gesamtnachfolge

365 Eigentum wird auch erworben im Weg der Gesamtnachfolge, so durch Erbgang, Begründung der ehelichen Gütergemeinschaft, Eintritt in eine Gesellschaft, bei juristischen Personen, wie z. B. Aktiengesellschaften, durch Fusion. Auf alle diese Fälle finden die Vorschriften von §§ 873, 925 keine Anwendung.

II. Eigentumserwerb durch Buchersitzung und Aufgebotsverfahren

366 Eigentum wird ferner erworben durch Buchersitzung nach § 900, daneben durch Aufgebotsverfahren gemäß § 927.

Voraussetzung ist, daß ein Nichteigentümer das Grundstück 30 Jahre im Eigenbesitz gehabt hat und der wahre Eigentümer nicht im Grundbuch eingetragen ist. Ist er eingetragen, so ist die Verschollenheit oder der Tod des Eigentümers notwendig und außerdem, daß seit 30 Jahren keine Eintragung erfolgt ist, welcher der Eigentümer hätte zustimmen müssen.

Nach dem Ausschlußurteil im Aufgebotsverfahren hat der Eigenbesitzer, da das Grundstück herrenlos geworden ist, das Recht auf Aneignung, kann den Antrag auf seine Eintragung stellen und wird mit ihr Eigentümer. Die Belastungen des Grundstücks bleiben bestehen.

Praktische Bedeutung hat diese Erwerbsart nicht, da ihre Voraussetzungen nur ganz ausnahmsweise gegeben sind.

III. Eigentumserwerb durch hoheitlichen Akt

367 Größere Bedeutung kommt dem Eigentumserwerb durch hoheitlichen Akt zu, so besonders durch den Zuschlag in der Zwangsversteigerung (§ 90 ZVG) und im Gefolge der Enteignung (vgl. o. § 27 III 1).

§ 31. Der Verlust des Grundeigentums

Literatur: *Bärwaldt,* Keine Dereliktion eines Miteigentumsanteils an einem Grundstück, JuS 1990, 788; *Heinsheimer,* Grundstücksverzicht wegen drohender Zwangsversteigerung, BayZ 1910, 85; *Kanzleiter,* Aufgabe des Miteigentumsanteils an einem Grundstück durch Verzicht nach § 928 BGB?, NJW 1996, 905; *Walsmann,* Verzicht, 1912.

I. Aufgabe des Grundstückseigentums

Der Eigentümer kann sein Eigentum auch an Grundstücken und Häusern jederzeit aufgeben. Während dies bei beweglichen Sachen ein alltäglicher Vorgang ist, gehört die Aufgabe eines Grundstücks zu den Seltenheiten und kommt höchstens in Krisenzeiten vor. **368**

So in der Inflationszeit, als mancher Hausbesitzer nicht mehr in der Lage war, aus den Mieten die Erhaltungskosten für die Häuser zu tragen. Die Überbelastung eines Grundstücks mit Hypotheken bietet dagegen noch keinen Anlaß zur Aufgabe des Eigentums. Denn da die Hypotheken mit Forderungen verbunden sind (vgl. u. § 54), wird der Eigentümer dadurch, daß er sein Eigentum aufgibt, von seinen Schulden nicht befreit; die persönlichen Forderungen gegen ihn gehen nicht unter.

Für die Aufgabe des Grundstückseigentums fordert das BGB eine besondere Form, die Erklärung des Verzichts gegenüber dem Grundbuchamt und die Eintragung des Verzichts in das Grundbuch (§ 928). Die Besitzaufgabe wird praktisch in aller Regel damit verbunden sein, ist aber rechtlich nicht notwendig. Der Verzicht ist eine Verfügung in Gestalt einer einseitigen Willenserklärung. Die Hinzufügung einer Bedingung oder Befristung ist in Analogie zu § 925 und aus den gleichen Erwägungen unzulässig. Ausgeschlossen ist der Verzicht aber bei Miteigentumsanteilen an Grundstücken[1] und bei Wohnungseigentum.[2]

Die Wirkung ist die, daß das Grundstück herrenlos wird. Die Belastungen des Grundstücks bleiben bestehen, ebenso die mit dem Eigentum am Grundstück verbundenen Rechte. Auch eine Eigentümergrundschuld (vgl. u. § 62) bleibt erhalten und verwandelt sich in eine normale Fremdgrundschuld.[3]

II. Aneignungsrecht des Fiskus

Zugleich entsteht ein Aneignungsrecht des Fiskus am herrenlos gewordenen Grundstück. Er erwirbt das Eigentum durch seine von ihm zu beantragende Eintragung als Eigentümer. Er kann sein Aneignungsrecht an andere Personen abtreten. **369**

Wegen einer Beschädigung des Grundstücks in der Zwischenzeit kann der Fiskus Schadensersatzansprüche nach § 823 erheben, denn das Aneignungsrecht kann bereits als dingliches Recht angesehen werden. Ist das Grundstück vermietet, so sind die §§ 571 ff. anzuwenden.

---

[1] So die jetzt h. M., vgl. *BGH* NJW 1991, 2488; m. zust. Anm. v. *Henssler,* JR 1992, 152; bestätigt durch *BGH* NJW 2007, 2254; *Bärwaldt,* JuS 1990, 788; *KG* OLGZ 1988, 355; Staudinger/*Pfeifer,* § 928 Rn. 8; a. A. MünchKomm/*Kanzleiter,* § 928 Rn. 2; *ders.,* NJW 1996, 905.

[2] *BGH* NJW 2007, 2547; *BayObLG,* NJW 1991, 1962; *OLG Düsseldorf* NJW-RR 2001, 233.

[3] So auch *Eickmann,* in: Westermann, § 86, 3.

Examensproblem (nach *BGH* NJW 1990, 251): Ein Flurstück ist im Grundbuch als herrenlos verzeichnet. Der Fiskus erklärt durch Brief an das Grundbuchamt den Verzicht auf sein Aneignungsrecht. Nunmehr erklären zuerst Nachbar A und sodann Nachbar B, der zur Zeit Eigenbesitzer ist, die Aneignung gegenüber dem Grundbuchamt.

Entscheidend für die Rechtslage ist zunächst, ob der Fiskus wirksam auf sein Aneignungsrecht verzichten kann. Das ist mit der h. M. zu bejahen (so nun auch *BGH* a. a. O.). Erforderlich für eine wirksame Aneignung durch A oder B ist aber die Eintragung des Verzichts im Grundbuch (anders wohl nun *BGH,* aaO). Erst danach ist eine Aneignung nach Priorität möglich. Vorheriger Eigenbesitz oder andere Voraussetzungen müssen nicht vorliegen (so auch *BGH,* a. a. O.).

3. Abschnitt. Erwerb und Verlust des Eigentums an beweglichen Sachen

370 Das BGB regelt im dritten Titel des Abschnitts Eigentum eine Reihe von Erwerbsgründen, doch ist die Aufzählung keine erschöpfende, denn es finden sich im Gesetz an anderen Stellen verstreut und auch außerhalb des BGB weitere Erwerbsgründe.

Im Vordergrund steht die Übertragung, also die rechtsgeschäftliche Übereignung, die in verschiedenen Formen, stets aber nur durch Vertrag möglich ist. Daneben steht als einseitiges Rechtsgeschäft die Aneignung. Die übrigen in diesem Titel geregelten Erwerbsgründe sind gesetzliche, vom Willen der Beteiligten unabhängige; bei ihnen vollzieht sich der Erwerb ohne Rechtsgeschäft (vgl. u. §§ 36 ff.). Beim Eigentumserwerb spielt der Besitz eine gewichtige Rolle. Viele Erwerbsgründe sind an den Besitzerwerb gebunden, so die Fälle der rechtsgeschäftlichen Übertragung und der Aneignung, von den gesetzlichen Gründen die Ersitzung und der Fund. Der Besitz des Veräußerers ist von ausschlaggebender Bedeutung für die Möglichkeit eines gutgläubigen Erwerbs vom Nichteigentümer.

§ 32. Die Übertragung des Eigentums

Literatur: *M. Bauer,* Zur Publizitätsfunktion des Besitzes bei Übereignung von Fahrnis, FS F. W. Bosch, 1976, S. 1; *Beyerle,* Der dingliche Vertrag, FS Boehmer, 1954, S. 164; *Brandt,* Eigentumserwerb und Austauschgeschäft, 1940; *v. Caemmerer,* Rechtsvergleichung und Reform der Fahrnisübertragung, RabelsZ 1939, 675; *ders.*, Übereignung durch Anweisung zur Übergabe, JZ 1963, 586; *Derleder,* Die Auslegung und Umdeutung defizitäter mobiliarsachenrechtlicher Übereignungsabreden, JZ 1999, 176; *Frahm/Würdinger,* Der Eigentumserwerb an Kraftfahrzeugen, JuS 2008, 14; *Krause,* Das Einigungsprinzip und die Neugestaltung des Sachenrechts, AcP 145, 312; *Heinrich Lange,* Rechtswirklichkeit und Abstraktion, AcP 148, 188; *v. Lübtow,* Das Geschäft „für den es angeht" und das sog. antezipierte Besitzkonstitut, ZHR 112, 227; *Martinek,* Traditionsprinzip und Geheißerwerb, AcP 188, 573; *Masloff,* Eigentumserwerb durch Geheißpersonen, JA 2000, 503; *Molkenteller,* Die These vom dinglichen Vertrag, 1991; *Müller,* Das Geschäft für den, den es angeht, JZ 1982, 777; *Nolte,* Zur Reform der Eigentumsübertragung, 1941; *Padeck,* Rechtsprobleme beim sog. Streckengeschäft, Jura 1987, 454; *Schreiber/Burbulla,* Der gutgläubige Erwerb von beweglichen Sachen, Jura 1999, 150; *Süss,* Das Traditionsprinzip, FS M. Wolff, 1952, S. 141; *Wacke,* Das Besitzkonstitut als Übergabesurrogat in Rechtsgeschichte und Rechtsdogmatik, 1977; *Wadle,* Die Übergabe auf Geheiß und der rechtsgeschäftliche Erwerb des Mobiliareigentums, JZ 1974, 689; *Weber,* Der rechtsgeschäftliche Erwerb des Eigentums an beweglichen Sachen gemäß §§ 929 ff. BGB, JuS 1998, 577; *ders.,* Gutgläubiger Erwerb des Eigentums an beweglichen Sachen gemäß §§ 932 ff. BGB, JuS 1999, 1; *Wiegand,* Die Entwicklung der Übereignungstatbestände einschließlich der Sicherungsübereignung, in: 50 Jahre BGH, Festgabe aus der Wissenschaft, 2000, S. 753.

I. Überblick

371 Die Übertragung des Eigentums an beweglichen Sachen erfordert Einigung und Übergabe (§ 929) oder die Vornahme eines Übergabesurrogats. Die Übereignung durch bloße Einigung, wie sie das französische und englische Recht kennen, ist in Übereinstimmung mit dem römischen und germanischen Recht nicht anerkannt. Der Wechsel im absoluten Recht soll im Interesse eines gesicherten Rechtsverkehrs nach außen erkennbar sein. Die Aufgabe, die in dieser Richtung bei Grundstücken dem Grundbuch zufällt, hat hier der Besitz zu erfüllen, wenn auch in weniger vollkommener Weise. Man spricht daher vom Traditionsprinzip im Gegensatz zum Vertragsprinzip.

Der Wert des Traditionsprinzips ist nicht unbestritten. *Süss* (FS Martin Wolff, S. 141) hält es für einen „Atavismus“ des Sachenrechts und meint, daß es schon heute seine ihm zugedachte Funktion, die Eigentumsübertragung beweglicher Sachen der Öffentlichkeit kundzutun, nicht mehr erfülle.

II. Die Einigung

372 Die Einigung im Sinn des § 929 ist ein dinglicher Vertrag, in dem die Vertragspartner verabreden, daß das Eigentum an einem bestimmten Gegenstand auf den Erwerber übergehen soll. Sie unterliegt den allgemeinen Vorschriften über Willenserklärungen und Verträge.[1]

Die Einigung ist nicht an eine Form gebunden und pflegt im praktischen Rechtsverkehr überhaupt nicht in Worte gekleidet zu werden, sondern stillschweigend zu erfolgen. Gerade dieser Umstand erschwert dem Laien die begrifflich auch hier durchgeführte Trennung des schuldrechtlichen Kausalgeschäftes vom dinglichen Erfüllungsgeschäft, z. B. des Kaufes von der Übereignung. Aus dem vorangegangenen Kausalgeschäft, meist dem Kauf, in Verbindung mit der Übergabe, die in der Regel zugleich mit der Einigung erfolgt und in der die Einigung gerade offensichtlich wird, ist mit solcher Sicherheit auf die Einigung zu schließen, daß der Verkehr eine ausdrückliche Erklärung darüber nicht für notwendig hält. Was sollte die Übergabe nach dem Kauf auch sonst für einen Sinn haben. Eine besondere Erklärung würde sogar auffallen und Kopfschütteln erregen (z. B. wenn ein Käufer bei Empfang der Kaufsache sagte: „Ich will Eigentümer dieser Sache werden“). Nur beim Eigentumsvorbehalt tritt sie deutlich in Erscheinung.

Das Einigungsprinzip, das auf *Savigny* zurückgeht, wird, wie bereits mehrfach erwähnt, bekämpft; vgl. o. § 5 I und § 16 II. Man hält es für lebensfremd und glaubt, daß de lege ferenda der obligatorische Vertrag die Funktionen der Einigung mitübernehmen könne.[2]

373 Die Abstraktheit der Übereignung, d. h. die Unabhängigkeit von Vorhandensein und Wirksamkeit des Kausalgeschäftes, besteht hier ebenso wie bei der Grundstücksübereignung. Aber sie wird hier dadurch stark gemindert, daß beide Verträge meist gleichzeitig geschlossen werden, so daß die Nichtigkeits- und Anfechtungs-

---

[1] Gegen die Einigung als dinglicher Vertrag *Molkenteller*, S. 3 ff.

[2] Vgl. dazu *Beyerle*, *Brand* und *Krause*, jeweils a. a. O. (vor Rn. 371); kritisch gegenüber dieser Meinung *Lange*, a. a. O. (vor Rn. 371). Vom rechtsvergleichenden Standpunkt vgl. dazu *v. Caemmerer*, a. a. O. (vor Rn. 371).

gründe in der Regel beide ergreifen. Beide können aber auch auseinanderfallen, z. B. beim Versendungskauf.

Umstritten ist, ob eine von der Übergabe zeitlich getrennte, ihr vorhergehende Einigung möglich und zulässig ist. Sie kommt jedenfalls nur selten vor und muß ausdrücklich erfolgen, weil es ja hier an den sonst gegebenen Anhaltspunkten, besonders gerade der Übergabe, in der sich der Übertragungswille gewöhnlich manifestiert, fehlt.

Eine Bindung an die Einigung ist zweifelhaft, aber zu verneinen. Dies ergibt u. a. ein Gegenschluß aus §§ 873 II, 956 I 2.[3] Der Übergang des Eigentums ist daher davon abhängig, daß im Zeitpunkt der Übergabe vom Veräußerer an den Erwerber der Übereignungswille noch fortdauert.[4] Für den Fall, daß der Erwerber ein Anwartschaftsrecht hat, ist allerdings anerkannt, daß er mit Eintritt der Bedingung das Eigentum erwirbt, auch wenn die Einigung nicht mehr vorhanden ist.[5]

Beispiel: Der Eigentümer E verkauft ein wertvolles Bild an den A und einigt sich mit ihm über den Eigentumsübergang. Die Übergabe soll nach einer laufenden Ausstellung der Bilder des E drei Monate später erfolgen. Kurze Zeit später sieht B das Bild in der Ausstellung und bietet dem E einen so hohen Preis, dass dieser das Bild nochmals an B verkauft und es ihm sofort nach § 929 Satz 1 übereignet. Wie ist die Rechtslage?

Wenn in diesem Falle eine Bindung an die Einigung zwischen E und A weiter bestünde, müsste A entweder die Übergabe an sich erzwingen können, obgleich er zweifellos noch kein Anwartschaftsrecht hat, oder es müsste umgekehrt B das Bild behalten dürfen, ohne dass er Eigentümer geworden wäre. Beides sind sehr wenig überzeugende Lösungen. Wäre andererseits B Eigentümer des Bildes geworden (was nahe liegt, weil er vom Berechtigten nach § 929 das Bild erworben hat), wäre letztlich also doch die Einigung zwischen E und A ohne Relevanz geblieben, also faktisch nicht bindend. Diese Überlegungen sprechen dafür, einer isolierten Einigung nach § 929 Satz 1 von Anfang an eine bindende Wirkung abzusprechen.

Die Einigung kann anders als die Auflassung unter eine Bedingung gestellt werden, da eine dem § 925 II entsprechende Norm fehlt (vgl. o. § 4 II 4).

374 Häufig ist in der Praxis die bedingte Übereignung in Form der Übergabe mit Eigentumsvorbehalt bis zur Zahlung des vollen Kaufpreises. Nach § 449 Abs. 1 gilt im Zweifel die Übereignung als aufschiebend bedingt. In diesem Fall zeigt sich auch für den Laien deutlich die Trennung des dinglichen vom obligatorischen Geschäft; denn der Kauf ist unbedingt, nur die Übereignung bedingt. Auch daß Einigung und Übergabe getrennte Tatbestandsstücke sind, erweist sich hierbei; denn nur die Einigung ist bedingt, die Übergabe kann es (wie jeder Realakt) nicht sein. Hier wird die Einigung ausdrücklich geschlossen, denn der Vorbehalt pflegt in einem schriftlichen Vertrag niedergelegt zu werden.

Die Einigung kann ersetzt werden durch die Aufnahme einer Regelung in den künftig möglichen Insolvenzplan (vgl. § 228 InsO).

III. Die Übergabe und ihre Surrogate

375 Grundsätzlich bedarf es gem. § 929 Satz 1 zur Übereignung einer Übergabe, also eines Wechsels des unmittelbaren Besitzes. Wenn es hieran fehlt, muß man auf Sonderregelungen zurückgreifen, um gleichwohl zu einer Übereignung zu gelangen. Befindet sich die Sache bereits im Besitz des Erwerbers, so ist gem. § 929 Satz 2 die

---

[3] Wie hier *Wolff/Raiser,* § 66 I 4; *Baur/Stürner,* § 51 Rn. 11 und § 5 Rn. 36 f.; Palandt/*Bassenge,* § 929 Rn. 6; Soergel/*Mühl,* § 929 Rn. 20; *E. Wolf,* S. 219; ferner BGHZ 7, 116 = NJW 1952, 1171; BGHZ 14, 122 = NJW 1954, 1445; *BGH* NJW 1978, 696 und 1979, 213; a. A. *H. P. Westermann,* in: Westermann, § 38, 4; *Wieling,* Bd. I § 9 I 1 und § 1 III 2 b; *Wank/Kamanabron,* Jura 2000, 154.

[4] Dies war eines der zentralen Probleme schon in dem berühmten „Bonifatius"-Fall des Reichsgerichts, vgl. RGZ 83, 223; dazu neuerdings sehr instruktiv *Otte,* Jura 1993, 643.

[5] BGHZ 20, 88 = NJW 1956, 665; *BGH* MDR 1960, 1004.

Übergabe entbehrlich. Soll der Gegenstand beim Veräußerer verbleiben, so kann die Übereignung gem. § 930 erfolgen. Hält endlich ein Dritter die Sache in Händen und soll seine Besitzerstellung von der Änderung der dinglichen Rechtslage unberührt bleiben, dann ist gem. § 931 zu verfahren. § 929 Satz 2 ergänzt § 929 Satz 1; in beiden Fällen aber beruht der Eigentumswechsel auf Einigung und Übergabe. Die §§ 930, 931 dagegen gestatten aus Vereinfachungsgründen einen Verzicht auf die Übergabe. Da sie diese ersetzen, bezeichnet man sie als Übergabesurrogate.

1. Übergabe

Die Übergabe des § 929 Satz 1 erfordert einen von beiden Seiten gewollten Wechsel **376**
des unmittelbaren Besitzes.[6] Die Verschaffung von Mitbesitz genügt nicht.[7] Die Besitzverschaffung kann gem. § 854 I durch Realakt, aber auch gem. § 854 II durch Rechtsgeschäft erfolgen (z. B. die Zuweisung von Holz, das offen im Wald liegt). Auf beiden Seiten können tätig werden die Geschäftspartner, die selbst oder durch ihre Besitzdiener zu handeln vermögen, deren Besitzmittler und Geheißpersonen.[8]

Regelmäßig wird der Veräußerer dem Erwerber den unmittelbaren Besitz durch Hingabe der Sache einräumen.

Wenn der Veräußerer nur mittelbarer Besitzer ist, kann die Übergabe auch dadurch bewirkt werden, daß er den unmittelbaren Besitzer anweist, die Sache dem Erwerber zu überlassen.

Beispiel: Der in Köln wohnende E ist Eigentümer eines Autos, das sich in der Reparaturwerkstatt in Düsseldorf befindet. Er veräußert das Auto an den in Düsseldorf wohnenden K. Dabei wird die Übergabe an K auf Anweisung des E durch den Inhaber der Reparaturwerkstatt vorgenommen.

Weiterhin ist die Übergabe auch in der Weise möglich, daß der unmittelbare Besitzer (z. B. ein **377**
Dieb, Finder) auf Veranlassung des Veräußerers die Sache dem Erwerber übergibt, obwohl zwischen Besitzer und Veräußerer ein Besitzmittlungsverhältnis nicht besteht. Dazu bedarf es allerdings einer wirklichen Unterordnung des Dritten unter das Geheiß des Veräußerers. Auch reicht es nach der wohl h. M. aus, daß der Veräußerer den unmittelbaren Besitz auf Geheiß des Erwerbers auf einen Dritten überträgt, wobei nicht erforderlich ist, daß der Dritte dem Erwerber den Besitz vermittelt.[9]

Mit dem Rechtsinstitut des Geheißerwerbs läßt sich auch die Übereignung in einer Kette von Kaufverträgen ermöglichen, in der jeder von einem Verkäufer erwerben und an seinen Käufer weiterübereignen will, wobei die Sache unabhängig von der Anzahl der Zwischenhändler vom Hersteller direkt an den Endabnehmer durchgeliefert wird (sog. Streckengeschäft).[10]

Schließlich kann nach heute h. M.[11] die Übergabe einer Sache, die sich im unmittelbaren Besitz eines Dritten befindet, auch dadurch geschehen, daß der veräußernde mittelbare Eigenbesitzer den Dritten anweist, von nun an für den Erwerber zu besitzen.

Beispiel: A übereignet eine an B vermietete Sache an C, indem A und C über den Eigentumsübergang einig sind und zwischen B und C ein neues Mietverhältnis begründet wird.[12] Allerdings setzt die Übergabe nach § 929 Satz 1 durch Übertragung des mittelbaren Besitzes voraus, dass der

---

[6] BGHZ 67, 207, 209 = NJW 1977, 42 und *Damrau,* JuS 1978, 520.

[7] Vgl. *BGH* NJW 1979, 714.

[8] Vgl. zum Geheißerwerb aus der Rechtsprechung BGHZ 36, 56 = NJW 1962, 299; *BGH* NJW 1973, 141 und 1986, 1166; *BGH* JZ 1975, 27; aus der Literatur *v. Caemmerer,* JZ 1963, 586; *Ernst,* Eigenbesitz und Mobiliarerwerb, 1992, S. 87 ff.; *Lopau,* JuS 1975, 773; *Medicus/Petersen,* Rn. 563 ff.; *Martinek,* AcP 188, 573; *Wadle,* JZ 1974, 689; *Wieling,* JZ 1977, 291 und Sachenrecht, Bd. I, § 9 VIII; siehe dazu auch u. § 35 IV 1.

[9] *BGH* NJW 1999, 425 (Hebebühne) m. Anm. *K. Schmidt,* NJW 1999, 400; weitergehend *Masloff,* JA 2000, 503.

[10] Vgl. dazu *K. Schmidt,* JuS 1982, S. 858; *Martinek,* AcP 188, 573, 615; *Padeck,* Jura 1987, 454, 460.

[11] Vgl. *BGH* WM 2010, 900; *BGH* NJW 1959, 1536; *Baur/Stürner,* § 51 Rn. 17; Palandt/*Bassenge,* § 929 Rn. 14.

[12] A. A. *Wolff/Raiser,* S. 235 FN 7.

Veräußerer den mittelbaren Besitz vollständig verliert und der Erwerber seinen mittelbaren Besitz auf den unmittelbaren Besitzer zurückführen kann.[13]

377a Bei der Übergabe von **Wertpapieren** ist zu unterscheiden. Handelt es sich um **Inhaberpapiere** (Inhaberaktie, Inhaberscheck, Inhaberschuldverschreibung), so werden diese nach §§ 929 ff. übereignet. Das bedeutet, daß eine dingliche Einigung erfolgt und das Papier auch nach allgemeinen Regeln übergeben werden muß. Dies schafft neuartige Probleme, wenn im modernen elektronischen Bankgeschäft solche Wertpapiere in eine Sammelverwahrung genommen werden oder wenn die einzelnen Wertpapiere nur noch in einer gemeinsamen Globalurkunde verkörpert sind (§ 9 a DepotG)[14]. Darüber hinaus werden Schuldtitel der öffentlichen Hand (Bundesanleihen, Bundesschatzbriefe, Bundesobligationen) heute nur noch als elektronische Wertpapiere emitiert. In solchen Fällen kann der Erwerber entweder gem. § 24 DepotG mit der Eintragung eines entsprechenden Übertragungsvermerks im Depotbuch des das Geschäft ausführenden Kreditinstituts Miteigentum am Sammelbestand der Wertpapiersammelstelle erwerben oder es können nach den § 929 ff. die Miteigentumsanteile übertragen werden.[15] Trotz der Sammelverwahrung und Hinterlegung bei einer Wertpapiersammelbank wird auch heute noch ein mittelbarer Besitz der Hinterleger an den Globalaktien bejaht.[16] Soweit es sich um **Orderpapiere** handelt, sind die besonderen Übertragungsformen des Wechsel- und Scheckgesetzes zu beachten. Dagegen ist bei **Rekta-Papieren** (Schuldurkunden und ähnliche unter § 952 fallende Papiere, s. u. § 40) eine Übereignung durch die Übergabe dieser Papiere nicht möglich. Auch auf den Kfz-Brief ist § 952 anzuwenden, so daß eine Übereignung von Pkws nicht durch Briefübergabe erfolgen kann.[17] Dagegen ist bei den Traditionspapieren des HGB (§§ 448, 475 g, 650 HGB) eine Übergabe zu bejahen.[18]

2. Bloße Einigung

378 Die Übereignung erfolgt durch bloße Einigung, wenn der Erwerber schon im Besitz der Sache ist (§ 929 Satz 2, brevi manu traditio). Eine Übergabe wäre in diesem Fall eine sinnlose Formalität.

In der Regel wird der Erwerber auch den Besitz schon vom Veräußerer erlangt haben und dieser mittelbarer Besitzer sein; z. B. wenn der Mieter oder Entleiher die Sache vom Vermieter oder Verleiher erwirbt. In diesen Fällen verwandelt sich der bisherige Fremdbesitz des Erwerbers in Eigenbesitz.

Auch der mittelbare Besitz des Erwerbers reicht aus unter der Voraussetzung, daß nicht der Veräußerer, sondern ein Dritter unmittelbarer Besitzer ist.[19]

Zur bloßen Einigung bei besitzlosen Sachen s. u. 5. Zur Umwandlung eines wesentlichen Bestandteils in eine selbständige Sache entsprechend § 929 Satz 2 vgl. *BGH,* NJW 2006, 990. Zur Übereignung nach § 929 Satz 2 als Vollzug einer (formunwirksamen) Schenkung nach § 518 vgl. *BGH* NJW 2007, 2844 (dazu *Würdinger,* NJW 2008, 1422).

---

[13] *BGH* WM 2010, 900.
[14] *Böning,* ZInsO 2008, 873.
[15] Vgl. *Einsele,* WM 2001, 7, 12 ff.; *BGH* MDR 2005, 110 für Aktien in einem Sammeldepot.
[16] *Böning,* ZInsO 2008, 873, 878.
[17] *BGH* NJW 2007, 2844; vgl. dazu *Frahm/Würdinger,* JuS 2008, 14 (lehrreich und examensrelevant).
[18] *K. Schmidt,* Handelsrecht, 5. Aufl., 1999, § 24 III.
[19] Vgl. dazu RGZ 126, 25 und auch BGHZ 56, 123 = NJW 1971, 1453.

3. Besitzkonstitut

Größere Bedeutung hat der Erwerb durch Besitzkonstitut (§ 930, constitutum possessorium). Hier erfolgt die Einigung zwischen Veräußerer und Erwerber wie sonst, aber keine Übergabe; vielmehr bleibt der Veräußerer unmittelbarer (seltener mittelbarer) Besitzer, der Erwerber wird aber mittelbarer Besitzer durch die Vereinbarung eines entsprechenden Rechtsverhältnisses nach § 868, z. B. Miete, Leihe, Verwahrung usw. In Betracht kommen auch gesetzliche Besitzmittlungsverhältnisse, wie z. B. die elterliche Sorge.[20] Zum mittelbaren Besitz vgl. o. § 10 II-VI. Kennzeichnend für § 930 ist es, daß sich der Eigenbesitz des Veräußerers in Fremdbesitz der gleichen Stufe wandelt.[21] Aus dem bisherigen Eigentümer (Eigenbesitzer) wird z. B. ein Mieter (Fremdbesitzer), umgekehrt wie im Fall von § 929 Satz 2, wo aus dem Mieter ein Eigentümer wird. An der Besitzstufe ändert sich nichts. War der Veräußerer unmittelbarer Eigenbesitzer, dann ist er nun unmittelbarer Fremdbesitzer. War er mittelbarer Eigenbesitzer erster Stufe, so ist er nach der Übereignung mittelbarer Fremdbesitzer erster Stufe, der Erwerber mittelbarer Eigenbesitzer zweiter Stufe. 379

Ein Rechtsverhältnis nach § 868 muß neben der Einigung vereinbart werden, und zwar ein konkret bestimmtes, damit der Übereignungswille eindeutig ist; ein bloßes abstraktes Konstitut genügt nicht. Allerdings muß kein typisches, im BGB vorgesehenes Besitzmittlungsverhältnis begründet werden, sofern nur feststeht, wie der Fremdbesitzer mit der Sache zu verfahren und unter welchen Voraussetzungen er sie herauszugeben hat.[22] Ausreichend ist die Sicherungsabrede bei der Sicherungsübereignung.[23] Die Verabredung des Besitzkonstituts trifft regelmäßig mit der Einigung zusammen. Finden sich beide Übereinkommen in derselben Vertragsurkunde, dann bilden sie eine Einheit im Sinne des § 139. 380

In der bloßen Aufbewahrung einer verkauften Speziessache durch den Verkäufer bis zur Abholung durch den Käufer kann aber die Eingehung eines Verwahrungsvertrags und damit der sofortige Übergang des Eigentums auf den Käufer durch Besitzkonstitut nicht erblickt werden; es bleibt hier bei der Trennung von Kauf und Übereignung.

Anstelle der Vereinbarung eines Rechtsverhältnisses genügt auch ein auf Gesetz beruhendes Besitzmittlungsverhältnis, kraft dessen der Erwerber mittelbaren Besitz erlangt. So hat während einer Ehe der Nichteigentümer einer zum Hausrat gehörenden Sache ein (Mit)besitzrecht gegenüber dem (mit)besitzenden Eigentümer. Dieser ist daher zugleich mittelbarer und unmittelbarer Eigenbesitzer. Eine Eigentumsübertragung an Hausratsgegenständen ist auch ohne Aufgabe des Mitbesitzes nach § 930 möglich.[24]

Die Übereignung tritt nur ein, wenn die Sachen bestimmt bezeichnet, individualisiert sind. Sind sie noch nicht ausgesondert, müssen sie wenigstens jederzeit aussonderbar sein. Wird eine Sachgesamtheit (z. B. ein Warenlager) durch Besitzkonstitut übereignet, ist die Bezugnahme auf ein Inventarverzeichnis ausreichend, das die übereigneten Gegenstände konkret bezeichnet (*BGH* NJW 2008, 3142 = ZIP 2008, 1638).

Liegt ein Rechtsverhältnis nach § 868 zwischen Veräußerer und Erwerber bereits vor, so bedarf es nicht mehr einer jedesmaligen erneuten ausdrücklichen Vereinbarung des Rechtsverhältnisses, wenn im Rahmen des schon bestehenden Sachen angeschafft werden, z. B. von einem Bankier, der für das Depot seines Kunden neue Wertpapiere erwirbt.

Beim Besitzkonstitut kann auch eine Einigung des Veräußerers mit sich selbst als Vertreter des Erwerbers erfolgen, wenn dies nach § 181 zulässig ist; der Bankier z. B. übereignet seinem Kunden

---

[20] Vgl. zuletzt *BGH* NJW 1989, 2542.

[21] *BGH* NJW 1959, 1537.

[22] Vgl. dazu *BGH* ZIP 1998, 2160 (Besitzmittlungsverhältnis durch Übernahme der laufenden Kosten).

[23] *Baur/Stürner,* § 51 Rn. 22; *Medicus/Petersen,* Rn. 491; RGRK/*Pikart,* § 930 Rn. 19. Zur Frage der Kundbarmachung des Fremdbesitzwillens vgl. *Bülow,* Jura 1987, 509, 514.

[24] Vgl. BGHZ 73, 253 = NJW 1979, 976; zweifelnd *Eichenhofer,* JZ 1988, 329.

durch Vertrag, den er mit sich als Vertreter des Kunden schließt. Der Wille zur Übertragung des Eigentums muß aber in solchen Fällen äußerlich erkennbar gemacht werden, z. B. durch Aussonderung aus dem eigenen Vermögen und Einverleibung in das Depot des Kunden. Für den Sonderfall der Einkaufskommission bei Wertpapieren bestimmt das Depotgesetz vom 4. 2. 1937 in § 18, daß das Eigentum spätestens mit der Absendung des Stückeverzeichnisses an den Kommittenten (Kunden) auf diesen übergeht.

381 Das Besitzkonstitut ist eine wichtige Ausnahme von dem sonst das Sachenrecht beherrschenden Grundsatz der Publizität, der Erkennbarkeit der dinglichen Rechtsänderung; denn der sich hier vollziehende Eigentumsübergang ist für Dritte nicht erkennbar. Da sich am unmittelbaren Besitz nichts verändert, kann der Außenstehende nicht merken, daß die Sachen, die er nach wie vor beim Veräußerer sieht, von diesem übereignet und nicht mehr sein Eigentum sind. Das Bedenkliche dieser Art Übereignung zeigt sich besonders in ihrem Hauptanwendungsfall, der Sicherungsübereignung. Über sie vgl. u. § 34.

4. Abtretung des Herausgabeanspruchs

382 Eine weitere Form der Übereignung ist die Abtretung des Herausgabeanspruchs (§ 931).

Vorausgesetzt wird der Besitz eines Dritten, da sonst kein Herausgabeanspruch bestehen kann. Eine Veränderung der Besitzverhältnisse tritt auch hier nicht ein, denn der Dritte bleibt vorläufig Besitzer. Ob er unmittelbarer oder mittelbarer, Eigen- oder Fremdbesitzer ist, macht hierbei keinen Unterschied. Notwendig ist weiter die Willensübereinstimmung über den Eigentumsübergang; beiden Parteien muß klar sein, daß durch die Abtretung der neue Gläubiger Eigentümer werden soll.

Der in § 931 angesprochene Herausgabeanspruch ist nicht der dingliche gem. § 985, sondern jeder gegen den Dritten gerichtete obligatorische Anspruch auf Besitzverschaffung.[25] Der dingliche Anspruch kann von der Rechtsinhaberschaft nicht abgespalten werden.[26] Er erlischt mit der Übereignung, um beim Erwerber neu zu entstehen. Allerdings verbleiben wegen § 986 II dem Besitzer alle Einwendungen und Einreden, die er gegen den Veräußerer hatte.

383 In der Regel wird der Veräußerer mittelbarer Besitzer sein. Zur Vornahme der Übereignung überläßt er dem Erwerber den Rückgabeanspruch aus dem Besitzmittlungsverhältnis. § 931 ermöglicht also die Übereignung von Sachen, die im unmittelbaren Besitz eines Dritten sind, ehe das Rechtsverhältnis erloschen ist, welches den mittelbaren Besitz des Veräußerers begründet, z. B. das Mietverhältnis. Der Eigentümer braucht z. B. mit der Übertragung seines Eigentums nicht zu warten, bis der Mietvertrag abgelaufen und ihm die Sache vom Mieter zurückgegeben ist. Gegen den schuldrechtlichen Herausgabeanspruch gerichtete Einwendungen bleiben dem unmittelbaren Besitzer gem. § 404 erhalten.

384 Ist der Veräußerer nicht mittelbarer Besitzer, so kann gleichwohl nach § 931 übereignet werden, obwohl dem Erwerber ein Besitz nicht verschafft werden kann. Meist wird der Veräußerer Rückgabeansprüche aus unerlaubter Handlung oder ungerechtfertigter Bereicherung innehaben, die er zu zedieren vermag. Ansonsten genügt die bloße Einigung.

---

[25] *BGH* NJW 1959, 1538 m. w. N.; *Baur/Stürner,* § 51 Rn. 35 ff.; *Medicus/Petersen,* Rn. 445; RGRK/*Pikart,* § 931 Rn. 11.

[26] A. A. *Wieling,* § 9 IV 4.

Auf diese Weise kann eine Sache übereignet werden, die ein nicht herausgabebereiter Mieter oder ein Dieb in Händen hält oder die einstweilen nicht auffindbar ist. Freilich kommt diesen Fallgruppen keine besondere Bedeutung zu. Zur Übereignung einer besitzlosen Sache s. u. 5.

Einigung und Abtretung sind bei § 931 formlos möglich. Es läßt sich bezweifeln, ob die Parteien darüber im klaren sind, daß das Gesetz die Abtretung des Anspruchs fordert. Man kann eher annehmen, daß sie bewußt nur den Eigentumsübergang wollen, und umgekehrt mit der Übertragung des Eigentums auch der Herausgabeanspruch auf den Erwerber übergeht. Aber das Gesetz fordert nun einmal die Abtretung des Anspruchs und man kann sich damit helfen, daß man den Parteien den Willen zur Abtretung unterstellt, wenn sie über die Übertragung des Eigentums einig sind (str.).

5. Besitzlose Sachen

Nicht geregelt ist im BGB der Fall, daß der Eigentümer eine besitzlose Sache **385** übereignen möchte.

Beispiel: Der Eigentümer wird von seiner Versicherung für den Diebstahl einer Sache entschädigt, die der Dieb in der Zwischenzeit weggeworfen hat. Die Versicherung verlangt vom Eigentümer aber die Übertragung des Eigentums an der gestohlenen Sache.

Während früher die Auffassung vertreten wurde, eine solche Übereignung sei mangels gesetzlicher Grundlage nicht möglich, besteht heute Einigkeit, daß eine solche Übereignung zugelassen werden muß. Die h. M. bejaht hier den Eigentumsübergang durch bloße Einigung, nach a. A. wird § 931 angewendet, wobei der abgetretene Anspruch ein künftiger Herausgabeanspruch gegen den jeweiligen späteren Besitzer sei.[27]

IV. Das Geschäft für den, den es angeht[28]

Hierbei handelt es sich um eine Übereignung an eine dem Veräußerer nicht **386** bekannte Person.

Ein gewisses wirtschaftliches Bedürfnis besteht für diese Rechtsfigur bei Barkäufen auf dem Markt, auch bei Ladenkäufen, abzulehnen ist es für jeden Kauf auf Kredit. Das schuldrechtliche Geschäft, z. B. der Kauf, ist auf alle Fälle nur mit demjenigen geschlossen, der gehandelt hat oder in dessen Namen erkennbar gehandelt ist, denn im Rahmen eines Schuldverhältnisses kann dem Gegner nicht ein anderer Partner untergeschoben oder aufgezwungen werden.[29] Für die Übereignung kann dagegen anders entschieden werden. Denn wird der Kaufpreis sofort entrichtet, so pflegt es dem Verkäufer in der Tat gleich zu sein, wer das Eigentum an der zu übergebenden Sache erwirbt. In solchen Fällen braucht der Übertragungswille nicht auf eine bestimmte Person gerichtet zu sein; hier ist die Übertragung an eine beliebige, dem Veräußerer gleichgültige Person (traditio ad incertam personam) möglich.[30] Es kommt dann auf den inneren Willen des Besitzerwerbers an, für wen er Eigentum erwerben will, obwohl er nur stillschweigender, nicht offener Vertreter ist.

Bei der rechtlichen Konstruktion dieses Instituts müssen Einigung und Besitzübergabe auseinandergehalten werden.

---

[27] Vgl. *Avenarius,* JZ 1994, 511.

[28] Teilweise wird auch vom Geschäft *an* den, den es angeht, oder vom Geschäft, wen es angeht, gesprochen.

[29] A. M. z. B. Palandt/*Ellenberger,* § 164 Rn. 8.

[30] *E. Wolf,* S. 228 lehnt das Geschäft „für den, den es angeht“, überhaupt ab.

Die Einigung vollzieht sich zwischen dem Veräußerer und dem Geschäftsherrn, freilich mit Hilfe der Mittelsperson. Es liegt ein Fall verdeckter Stellvertretung vor, der hier in Durchbrechung des § 164 zulässig ist.

Die Besitzübertragung auf den Geschäftsherrn erfolgt, wenn es sich beim Geschäftsbesorger um einen Besitzdiener handelt, nach § 855. Mit der Erlangung der tatsächlichen Gewalt erwirbt der Besitzherr unmittelbaren Besitz. Liegt aber kein Besitzdienerverhältnis vor, bedarf es eines Besitzmittlungsverhältnisses zwischen Geschäftsbesorger und Geschäftsherrn, kraft dessen dieser mittelbarer Besitzer wird. Dabei wird es sich in der Regel um ein Auftragsverhältnis handeln.

Bei dieser Art der Eigentumsübertragung erwirbt der Geschäftsherr die Sache wohl nach § 929, nicht nach § 930, weil die Einigung zwischen Veräußerer und Geschäftsherrn, nicht dagegen zwischen Geschäftsbesorger und Geschäftsherrn erklärt wird.[31]

387 Für den Eigentumserwerb des Geschäftsherrn bei stiller Stellvertretung bietet sich aber auch ein anderer Weg, der freilich etwas kompliziert ist und mit dem Geschäft für den, den es angeht, nichts zu tun hat. Hält man für die Einigung am Erfordernis des § 164, also an der Erkennbarkeit des Vertretenen fest, so kann ein unmittelbarer Eigentumsübergang auf den Geschäftsherrn nicht erfolgen, sondern zunächst tritt ein Erwerb des handelnden Geschäftsbesorgers ein und es bedarf erst einer Übertragung des Eigentums auf den Geschäftsherrn. Zu deren Erleichterung kann man allerdings hier mit einem antizipierten Besitzkonstitut arbeiten, das bei Abschluß des Geschäftsbesorgungsvertrages geschlossen ist und den sofortigen Übergang auf den Geschäftsherrn ermöglicht, freilich wieder mit dem momentanen Durchgang durch die Person des Geschäftsbesorgers. Das Besitzkonstitut könnte auch durch ein genehmigtes Insichgeschäft zustande kommen.

Examensproblem (nach BGHZ 114, 74 = NJW 1991, 2283)[32]:

Nach Scheidung von seiner Ehefrau F veräußert der Ehemann E Hausratsgegenstände für € 20 000,– an A. Diese Gegenstände hatte E während der Zeit der Ehe aus eigenen Mitteln angeschafft. A weigert sich, den Kaufpreis ohne Zustimmung der F an E auszuzahlen. Daraufhin verlangt F von E Zustimmung zur Auszahlung eines Betrags von € 10 000,– an sich.

Die Entscheidung des Falles und damit die Verpflichtung des E zur Erteilung der Zustimmung hängt davon ab, wie die Eigentumsverhältnisse an den Hausratsgegenständen vor der Veräußerung an A lagen. Doch wenn F vor der Übereignung an A Miteigentümerin gewesen wäre, hätte E insoweit als Nichtberechtigter über das Eigentum der F verfügt und wäre daher der F nach § 816 I 1 BGB bezüglich des anteiligen Erlöses herausgabepflichtig, und zwar auch dann, wenn A hinsichtlich der Eigentumsverhältnisse nicht in gutem Glauben gewesen wäre. In diesem Fall wäre das Verlangen der F auf Zustimmung zur Erlösherausgabe nämlich als Genehmigung der zunächst unwirksamen Verfügung anzusehen. Wäre hingegen E Alleineigentümer gewesen, so hätte er als Berechtigter über die Hausratsgegenstände verfügen können, da die Verfügungsbeschränkung des § 1369 nach Ehescheidung entfällt. In diesem Fall wäre das Verlangen von F unbegründet.

Da E die Gegenstände zunächst allein und mit eigenen Mitteln erworben hatte, käme ein Miteigentumserwerb der F nur dann in Betracht, wenn die Vorschriften des § 1357 I auch auf den dinglichen Erwerbstatbestand anwendbar wäre mit der Folge, daß F zur Hälfte Miteigentum nach den §§ 929, 1008, 741, 742 erworben hätte. Dies wird von einem Teil der Rechtsprechung und Literatur so vertreten (vgl. *OLG Schleswig* FamRZ 1989, 88; *LG Münster* NJW-RR 1989, 391; Palandt/*Diederichsen,* § 1357 Rn. 22; Soergel/*Lange,* § 1357 Rn. 23). Der *BGH* lehnt diese Auslegung des § 1357 I ab[33] und knüpft den Eigentumserwerb allein an die Tatbestände der §§ 929 ff. Wenn allerdings (was im Alltag die Regel sein dürfte) bei Erwerb der Gegenstände zwischen Veräußerer und Erwerber nicht darüber gesprochen wurde, ob auch der Ehegatte des Erwerbers Eigentum erhalten solle, sind die jeweiligen Einigungen nach *BGH* dahingehend zu verstehen, daß die Sachen an die Ehegatten zu Miteigentum übereignet werden. Dem Veräußerer ist es in der Regel gleichgültig, an wen er übereignet (Geschäft für den, den es angeht). Die Einigungserklärung des Ehemannes wird bei dem Erwerb von Hausratsgegenständen in der Regel auch auf den Erwerb von Miteigentum der Ehefrau

---

[31] Vgl. zu dem Geschäft „für den, den es angeht" *Müller,* JZ 1982, 777, *v. Lübtow,* ZHR 112, 227 (insb. 252–254); *Wieling,* § 9 VII 5.

[32] Zu dieser Entscheidung zustimmend *Coester-Waltjen,* FamRZ 1991, 923; ablehnend *Lüke,* JR 1992, 287; vgl. auch umfassend *Brötel,* Jura 1992, 470.

[33] Ebenso mit umfassender Begründung *Kobusch,* Der Hausrat als Streitobjekt zwischen getrennt lebenden Ehegatten, 1995, S. 28 ff., *OLG Köln* NJW-RR 1996, 904.

gerichtet sein, da nach allgemeinem Verständnis Hausrat den Ehegatten gemeinsam gehört. Danach wäre auch unter Zugrundelegung der Auffassung des *BGH* die Klage der F begründet.[34]

§ 33. Der Eigentumsvorbehalt

Literatur: *Armgardt,* Die Pendenztheorie im Vergleich mit dem Anwartschaftsrecht, der Lehre von der Vorausverfügung und der Lehre vom besitzlosen Pfandrecht, AcP 206 (2006), 654; *Banke,* Das Anwartschaftsrecht aus Eigentumsvorbehalt in der Einzelzwangsvollstreckung, 1991; *A. Blomeyer,* Eigentumsvorbehalt und gutgläubiger Erwerb, AcP 153, 239; *ders.,* Anspruchsverjährung und dingliche Sicherheit, JZ 1959, 15; *ders.,* Die Rechtsstellung des Vorbehaltskäufers, AcP 162, 193; *J. Blomeyer,* Das Besitzrecht des Vorbehaltskäufers auf Grund des Kaufvertrags, JZ 1968, 691; *Bonin,* Probleme des vertragswidrigen Eigentumsvorbehalts, JuS 2002, 438; *Brox,* Das Anwartschaftsrecht des Vorbehaltskäufers, JuS 1984, 657; *Bülow,* Kauf unter Eigentumsvorbehalt, Jura 1986, 169 und 234; *Derleder,* Zu den Sanktionen des Eigentumsvorbehalts bei Leistungsstörungen auf der Käuferseite, ZHR 139, 20; *Döring,* Schutz des Vorbehaltskäufers durch Anwendung des § 936 III BGB auf den gutgläubigen Zwischenerwerb?, NJW 1996, 1443; *Eichenhofer,* Anwartschaftslehre und Pendenztheorie, AcP 185, 162; *Flume,* Die Rechtsstellung des Vorbehaltskäufers, AcP 161, 385; *Forkel,* Grundfragen der Lehre vom privatrechtlichen Anwartschaftsrecht, 1962; *Gernhuber,* Freiheit und Bindung des Vorbehaltsverkäufers nach Übertragung seines Anwartschaftsrechts, FS Baur, 1981, S. 31; *Georgiades,* Die Eigentumsanwartschaft beim Vorbehaltskauf, 1963; *Gerhardt,* Die neuere Rechtsprechung zu den Mobiliarsicherheiten, JZ 1986, 672 und 736; *Graf Lambsdorff/Hübner,* Eigentumsvorbehalt und AGB-Gesetz, 1982; *Haag,* Der gutgläubige Zweiterwerb im Sachenrecht, 2005; *Henke,* Bedingte Übertragungen im Rechtsverkehr und Rechtsstreit, 1959; *Hoffmann,* Die Formen des Eigentumsvorbehalts, Jura 1995, 457; *Honsell,* Aktuelle Probleme des Eigentumsvorbehalts, JuS 1981, 705; *U. Hübner,* Zur dogmatischen Einordnung der Rechtsposition des Vorbehaltskäufers, NJW 1980, 729; *Krüger,* Das Anwartschaftsrecht – ein Faszinosum, JuS 1994, 905; *Kupisch,* Durchgangserwerb oder Direkterwerb?, JZ 1976, 417; *Lange,* Eigentumsvorbehalt und Herausgabeanspruch des Vorbehaltskäufers, JuS 1971, 511; *Leible/Sosnitza,* Grundfälle zum Recht des Eigentumsvorbehalts, JuS 2001, 244, 341, 449, 556; *v. Lübtow,* Das Grundpfandrecht am Vorbehaltseigentum, JuS 1963, 171; *Lux,* Das Anwartschaftsrecht bei bedingter Übereignung, Jura 2004, 145; *Minthe,* Die Übertragung des Anwartschaftsrechts durch einen Nichtberechtigten, 1998; *Müller,* Zum Herausgabeanspruch des Vorbehaltskäufers, DB 1969, 1493; *Müller-Laube,* Die Konkurrenz zwischen Eigentümer und Anwartschaftsberechtigten um die Drittschutzansprüche, JuS 1993, 529; *L. Raiser,* Dingliche Anwartschaften, 1961; *Reinicke,* Zur Lehre vom Anwartschaftsrecht aus bedingter Übereignung, MDR 1959, 613; *ders.,* Zur Dogmatik des Anwartschaftsrechts aus bedingter Übereignung, NJW 1964, 20; *Rinke,* Die Kausalabhängigkeit des Anwartschaftsrechts aus Eigentumsvorbehalt, 1998; *Schmidt-Recla,* Grundstrukturen und Anfänge des Eigentumsvorbehalts – insbesondere des Anwartschaftsrechts, JuS 2002, 759; *Scholz,* Das Anwartschaftsrecht in der Hypothekenverbandshaftung, MDR 1990, 679; *Schreiber,* Anwartschaftsrechte, Jura 2001, 623; *Schwab, M.,* Die Auswirkungen des Freigabe-Beschlusses auf den einfachen Eigentumsvorbehalt an Sachgesamtheiten, ZIP 2000, 609; *Serick,* Eigentumsvorbehalt und Sicherungsübereignung, Band I 1963, Bd. II 1965, Bd. III 1970, Bd. IV 1976, Bd. V 1982, Bd. VI 1986; *ders.,* Konfliktloses Zusammentreffen mehrerer Verarbeitungsklauseln, BB 1972, 277; *ders.,* Eigentumsvorbehalt und Sicherungsübertragung – Neue Rechtsentwicklungen, 2. Aufl. 1993; *Sponer,* Das Anwartschaftsrecht und seine Pfändung, 1965; *Steckermeier,* Der Eingriff in die rechtsgeschäftlichen Grundlagen der Anwartschaft aus Vorbehaltsübereignung zu Lasten des Zweiterwerbers, 1993; *Stoll,* Bemerkungen zu Eigentumsvorbehalt und Sicherungsübertragung, ZHR 128, 239; *Stumpf,* Eigentumsvorbehalt und Sicherungsübertragung im Ausland, 4. Aufl., 1980; *Thamm,* Der Eigentumsvorbehalt im deutschen Recht, 4. Aufl., 1977; *Treffer,* Eigentumsvorbehalt und Kostenbeitrag bei Käufer Konkurs, MDR 1998, 1394; *Weber,* Reform der Mobiliarsicherheiten, NJW 1976, 1601; *Zeranski,* Eigentümer und Vorbehaltskäufer im Widerstreit um die Vorbehaltsware, AcP 203 (2003), 693. Literatur zum verlängerten Eigentumsvorbehalt bei Abschnitt III, zum erweiterten Eigentumsvorbehalt bei Abschnitt IV, zum allgemeinen Recht der Kreditsicherheiten s. u. § 53.

---

[34] Zur Problematik des Hausratserwerbs in einer nichtehelichen Lebensgemeinschaft vgl. *OLG Düsseldorf* NJW 1992, 1706; *Leipold,* FS Gernhuber, 1993, S. 705 ff.

I. Allgemeines

388 Im Gegensatz zum Grundstücksrecht ist bei beweglichen Sachen eine bedingte Übereignung möglich. Der häufigste Fall bedingter Übereignung ist der Eigentumsvorbehalt, der in § 449 geregelt ist (vgl. oben Rn. 374).[1] Schuldrechtlich wird in diesen Fällen zwar ein unbedingter Kaufvertrag abgeschlossen, in dem sich der Verkäufer neben der Besitzüberlassung zur aufschiebend bedingten Übereignung verpflichtet. Sachenrechtlich erfolgt die Übergabe des Kaufgegenstandes an den Erwerber und die dingliche Einigung über den Eigentumsübergang. Diese ist jedoch aufschiebend bedingt durch die vollständige Kaufpreiszahlung.

1. Rechtsstellung des Vorbehaltverkäufers

389 Bis zum Eintritt der Bedingung bleibt der Verkäufer Eigentümer der Sache und kann daher den Zugriff Dritter, insbesondere der Gläubiger des Käufers, auf die Sache verhindern. Der Eigentumsvorbehalt ist damit ein Sicherungsmittel des Verkäufers für die ihm bei Nichterfüllung durch den Käufer zustehenden Rechte. Er wird regelmäßig vereinbart bei Abzahlungsgeschäften. Desweiteren ist er Sicherungsmittel für Hersteller und Großhändler, die ihre Waren an Zwischenhändler veräußern (dazu eingehend Rn. 399 ff.). Im Geschäftsleben hat der Eigentumsvorbehalt große Bedeutung erlangt und das Pfandrecht als Sicherungsmittel heute praktisch vollständig verdrängt. Dies erklärt sich aus den Vorteilen, die er sowohl dem Käufer wie auch dem Verkäufer bietet. Kommt der Käufer seinen Verpflichtungen nicht nach, so kann der Verkäufer die Sache wieder an sich nehmen, muß aber vom Kaufvertrag zurücktreten.[2] Handelt es sich um einen Abzahlungskauf mit Verbrauchern, gilt die spezielle Regelung des § 503 II. Danach ist der Rücktritt nur unter den Verzugsvoraussetzungen des § 498 möglich. Auch nach Eintritt der Verjährung der Kaufpreisforderung kann der Verkäufer die Sache vom Käufer herausverlangen, obwohl ein Rücktritt vom Kaufvertrag mangels Verzugs (außer beim Abzahlungsgeschäft) nicht mehr möglich ist.[3] Dies wurde schon zum früheren Recht überwiegend vertreten und ist jetzt in § 216 II 2 ausdrücklich geregelt.[4]

2. Rechtsstellung des Vorbehaltskäufers

389a Durch die Vereinbarung eines Eigentumsvorbehalts hat der Käufer die Möglichkeit, die Sache zu benutzen, ohne sofort den Kaufpreis zahlen zu müssen. Durch die Nutzung, insbesondere durch Weiterveräußerung[5] oder Weiterverarbeitung, wird

---

[1] Umfassend zum Eigentumsvorbehalt das grundsätzliche Werk von *Serick;* vgl. auch *Baur/Stürner,* § 59.

[2] BGHZ 54, 214 = NJW 1970, 1733; *Rimmelspacher,* Rn. 130; a. M. *Honsell,* JuS 1981, 709 und Palandt/*Weidenkaff,* § 449 Rn. 26.

[3] BGHZ 34, 191 = NJW 1961, 1011; BGHZ 70, 96 = NJW 1978, 417; *BGH* NJW 1979, 2195 = JR 1980, 61 mit Anm. *Olzen* (Abzahlungsgeschäft); *Serick,* Bd. I, S. 440; Palandt/*Putzo,* § 455 Anm. 5 b; *A. Blomeyer,* JZ 1959, 15; *K. Müller,* Betrieb 1970, 1209; *H. Dilcher,* JuS 1979, 331; *Rimmelspacher,* Rn. 214; a. M. *Hermann Lange,* JuS 1971, 515; *J. Blomeyer,* JZ 1971, 187; *F. Peters,* JZ 1980, 178.

[4] Vgl. *Schuch,* Der Einfluß der Forderungsverjährung auf dingliche Sicherungsrechte, 2002, S. 135 ff.

[5] Zum sog. sale-and-lease-back-Verfahren vgl. *BGH* NJW 1988, 1774 (zustimmend *Weber,* JZ 1988, 928).

der Käufer oft erst in die Lage versetzt, den Kaufpreis zu zahlen. Der Eigentumsvorbehalt bietet damit auch Vorteile für den Käufer, da im Normalfall der Verkäufer vor der Kaufpreiszahlung keine Übereignungshandlungen wird vornehmen wollen (vgl. § 320). Bei Einräumung eines Pfandrechts könnte der Käufer die Sache noch nicht nutzen, da dieses den Besitz des Pfändungsgläubigers voraussetzt (vgl. dazu Rn. 782). Für Beschädigung oder Zerstörung der Vorbehaltsware haftet der Käufer.[6]

Das Eigentum geht mit Eintritt der Bedingung automatisch auf den Käufer über, ohne daß es eines weiteren rechtsgeschäftlichen Aktes bedarf, da die Einigung bereits erfolgt ist. Bis zum Bedingungseintritt ist der Vorbehaltskäufer vor Verfügungen des Vorbehaltsverkäufers, die den Bedingungseintritt vereiteln können, nach § 161 Abs. I geschützt.

Durch § 161 I steht dem Vorbehaltskäufer somit eine geschützte Rechtsposition zu, da der Vorbehaltsverkäufer den Eigentumserwerb des Vorbehaltskäufers bei Bedingungseintritt nicht mehr einseitig vereiteln kann. Diese dingliche Rechtsposition an der Sache bezeichnet man als Anwartschaftsrecht (dazu näher Rn. 392 ff.).

Beispiel: V verkauft K ein Fernsehgerät. K zahlt 200,– € an, der Restbetrag wird gestundet. Die Einigung erfolgt unter der aufschiebenden Bedingung der vollständigen Kaufpreiszahlung, der Fernseher wird übergeben. Wenige Tage später veräußert und übereignet V den Fernseher nach § 931 an D. Diese Übereignung ist zunächst wirksam, mit Zahlung des Restkaufpreises wird die Verfügung jedoch nach § 161 I unwirksam, wenn nicht D in Bezug auf die bedingte Übereignung gutgläubig war, § 161 III. Da K jedoch in Besitz der Sache war, erlischt dessen Anwartschaftsrecht analog § 936 III auch dem gutgläubigen Erwerber gegenüber nicht.

Der Eigentumsvorbehalt hat in § 449 nur eine unvollkommene Regelung erhalten. In der Praxis haben sich verschiedene Formen des Eigentumsvorbehalts herausgebildet.

II. Der einfache Eigentumsvorbehalt

1. Vereinbarung

In der Regel wird der Eigentumsvorbehalt im Kaufvertrag vereinbart. Erklärt der 390
Verkäufer den Eigentumsvorbehalt erst bei der Lieferung der Ware, spricht man vom „nachträglichen vertragswidrigen" Eigentumsvorbehalt, weil der Verkäufer vertraglich zur unbedingten Übereignung verpflichtet ist. Es kommt dann darauf an, ob sich der Käufer mit dem Eigentumsvorbehalt einverstanden erklärt. Eine Einverständniserklärung ist auch stillschweigend möglich, jedoch kann sie nicht in der bloßen Annahme der Ware durch den Käufer ohne Bezahlung gesehen werden, weil sonst entgegen der gesetzlichen Regelung der Eigentumsvorbehalt bei Kreditgeschäften die Regel wäre.[7] Wenn dagegen weder im Kaufvertrag noch bei der Lieferung eine Vereinbarung über den Eigentumsvorbehalt zustandegekommen ist, wird der Käufer ohne Bedingung Eigentümer der Ware, es sei denn, daß eine Einigung fehlt.[8] In der Praxis wird der Eigentumsvorbehalt häufig in allgemeinen Geschäftsbedingungen geregelt. Werden diese Geschäftsbedingungen nicht Bestandteil des Kaufvertrags, etwa wegen entgegenstehender Geschäftsbedingungen des Käufers, so bleibt zu prüfen, ob sich hieraus nicht ein „nachträglicher

---

[6] Einzelheiten bei *Deckenbrock/Dötsch*, WM 2007, 669.
[7] Vgl. *Deneke*, JuS 1988, 965; a. A. MünchKomm/*H. P. Westermann*, § 455 Rn. 15.
[8] So *BGH* NJW 1953, 217; BGHZ 64, 395 = NJW 1975, 1699; *BGH* NJW 1979, 213 und 2199.

vertragswidriger“ Eigentumsvorbehalt ergibt.[9] Wird beim Autokauf dem Käufer der Kfz-Brief wegen fehlender Begleichung des Kaufpreises nicht ausgehändigt, muß dies zur Auslegung führen, daß eine Übereignung des Pkw nur unter Eigentumsvorbehalt gewollt ist.[10]

391 Bestritten ist, ob eine Vereinbarung des Eigentumsvorbehalts noch möglich ist, wenn der Käufer schon unbedingt Eigentum erworben hat. Nach *BGH,* NJW 1953, 217 (mit Anm. von *Raiser*) ist dies nur so möglich, daß der Käufer durch Einigung und Vereinbarung eines Besitzmittlungsverhältnisses dem Verkäufer das Eigentum zurücküberträgt, dieser aber im Wege der bloßen Einigung (§ 929 Satz 2) die Sache wieder dem Käufer aufschiebend bedingt übereignet. *Raiser,* aaO, vertritt dagegen die Meinung, es müsse ein Akt ausreichen, nämlich Zurückübertragung des um das Anwartschaftsrecht des Käufers verkürzten Eigentums an den Verkäufer; so auch *Serick,* Bd. I, S. 93. Jedenfalls kann auf beiden Wegen ohne Übertragung des unmittelbaren Besitzes an den Verkäufer nachträglich ein Eigentumsvorbehalt verwirklicht werden.

2. Wesen des Anwartschaftsrechts

392 Die Rechtsstellung eines Vorbehaltskäufers ist dadurch gekennzeichnet, daß ihm eine geschützte Rechtsposition zusteht, die der Verkäufer einseitig nicht mehr vereiteln kann (vgl. Rn. 389 a). Diese gesicherte Position bezeichnet man im Falle des Eigentumsvorbehaltes fast einhellig als Anwartschaftsrecht.[11] Rechtlich ist die Anwartschaft des Vorbehaltskäufers an der unter Eigentumsvorbehalt veräußerten Ware nach der Rechtsprechung ein dem Vollrecht ähnliches Recht oder, wie oft formuliert wird, im Vergleich zum Eigentum kein aliud, sondern ein wesensgleiches minus.[12] Unbestritten ist, daß das Anwartschaftsrecht des Vorbehaltskäufers ein subjektives Recht darstellt. Dagegen bestehen Zweifel, ob es sich dabei um ein dingliches Recht handelt. Mit der wohl überwiegenden Meinung[13] ist diese Frage zu bejahen. Der numerus clausus der dinglichen Rechte steht nicht entgegen. Er verbietet nur durch Parteivereinbarung dingliche Rechte zu schaffen, hindert aber nicht, daß auf dem Wege des Gewohnheitsrechts dingliche Rechte entstehen.[14]

3. Die Verfügung über das Anwartschaftsrecht

393 Da das Anwartschaftsrecht ein subjektives Recht ist, kann es auch Gegenstand einer rechtsgeschäftlichen Verfügung sein. So kann der Vorbehaltskäufer das Anwartschaftsrecht an einen Dritten veräußern. Der Erwerber ist dagegen geschützt, daß der Vorbehaltskäufer den Eigentumsvorbehalt nach der Veräußerung erweitert.[15] Die Verfügung vollzieht sich in den Formen, die für die Übertragung des Vollrechtes vorgeschrieben sind, also nach §§ 929 ff., nicht nach §§ 398 ff. Möglich

---

[9] Vgl. *BGH* NJW 1982, 1749 und 1751; *BGH* WM 1989, 1342; aus der Literatur *de Lousanoff,* NJW 1982, 1727; *Bunte,* JA 1982, 321; *Bonin,* JuS 2002, 438.

[10] *BGH* NJW 2006, 3488; vgl. dazu *Frahm/Würdinger,* JuS 2008, 14; *Fritsche/Würdinger,* NJW 2007, 1037.

[11] Ablehnend aber *Marotzke,* Das Anwartschaftsrecht, 1977, S. 27 ff.; *Mülbert,* AcP 202 (2002), 912; *Armgardt,* AcP 206 (2006), 654.

[12] BGHZ 35, 85, 89 = NJW 1961, 1349.

[13] Vgl. BGHZ 35, 85, 89 = NJW 1961, 1349; a. M. noch BGHZ 30, 374 = NJW 1960, 34; *Serick,* Bd. I, S. 246 und AcP 166, 129.

[14] Vgl. dazu *L. Raiser,* S. 54.

[15] BGHZ 75, 221 = NJW 1980, 774 mit zust. Anm. von *Forkel; Gernhuber,* FS Baur, 1981, S. 31; *Loewenheim,* JuS 1981, 721; *Steckermeier,* S. 77 ff.; a. M. *Waldner,* MDR 1980, 459.

ist auch eine Übertragung nach § 929 Satz 2.[16] Die Befugnis zur Veräußerung kann nicht durch Rechtsgeschäft ausgeschlossen oder beschränkt werden (§ 137).[17]

Das Anwartschaftsrecht kann auch von einem Erwerber gutgläubig nach § 932 erworben werden, wenn z. B. ein Nichteigentümer eine Sache unter Eigentumsvorbehalt verkauft.[18] Maßgebend für den guten Glauben ist nicht der Zeitpunkt des Bedingungseintritts, sondern der Zeitpunkt von Einigung und Übergabe.[19]

Beispiel: M mietet von V ein Auto. Er veräußert dieses Auto unter Eigentumsvorbehalt an E, indem er diesem vorspiegelt, daß er Eigentümer des Autos sei. E erwirbt, falls er gutgläubig ist, das Anwartschaftsrecht.

Dagegen tritt ein gutgläubiger Erwerb nicht ein, wenn ein in Wahrheit überhaupt nicht bestehendes Anwartschaftsrecht vorgespiegelt und dieses übertragen wird.[20] In diesem Fall könnte das Anwartschaftsrecht nicht zum Vollrecht erstarken, da eine aufschiebende Bedingung nicht besteht.

Existiert jedoch ein Anwartschaftsrecht, steht dieses dem angeblich anwartschaftsberechtigten Veräußerer nur nicht zu, so ist ein gutgläubiger Erwerb analog §§ 932 ff. möglich.[21]

Beispiel: K, der von V eine Stereoanlage unter Eigentumsvorbehalt erworben hat, verleiht diese an L. Behauptet L gegenüber dem gutgläubigen D, Anwartschaftsberechtigter zu sein und überträgt er ihm sein angebliches Recht, kann D das Anwartschaftsrecht gutgläubig erwerben.

Aus der selbständigen Übertragbarkeit des Anwartschaftsrechts folgt, daß im Fall **394**
des Eintritts der Bedingung der Erwerber der Anwartschaft das Eigentum unmittelbar erwirbt, nicht etwa nach Durchgangserwerb des Vorbehaltskäufers.[22] Das hat vor allem bei der Pfändung Bedeutung. Hat ein Gläubiger des Vorbehaltskäufers bei diesem die Sache gepfändet, hatte der Vorbehaltskäufer aber bereits vorher im Wege des Besitzkonstituts die Anwartschaft übertragen, dann erwirbt der Erwerber der Anwartschaft unbelastetes Eigentum.

4. Erlöschen

Der Eigentumsvorbehalt (und damit auch das Anwartschaftsrecht) erlischt: **395**
- bei Eintritt der Bedingung (ein Übereignungswille des Verkäufers muß in diesem Augenblick nicht mehr vorhanden sein);[23]
- bei Unwirksamwerden des Kausalgeschäfts;
- durch einseitigen Verzicht des Verkäufers auf den Eigentumsvorbehalt,[24] weil ein einseitiger Verzicht auf dingliche Rechte immer möglich ist;
- bei Weiterveräußerung der Ware durch den Käufer mit Einwilligung des Verkäufers;[25]
- bei gutgläubigem Erwerb durch einen Dritten, wenn dieser entweder vom Verkäufer nach §§ 161 III, 932 das Eigentum erwirbt oder vom Käufer nach § 932.

---

[16] *BGH* NJW 2007, 2844; dazu *Würdinger* NJW 2008, 1422.
[17] *BGH* NJW 1970, 699; vgl. dazu auch *Derleder,* ZHR 139, S. 35 ff.
[18] A. M. *Flume,* AcP 161, 395 ff.
[19] BGHZ 10, 69 = NJW 1953, 1099 und BGHZ 30, 374, 377 = NJW 1960, 34; vgl. hierzu auch *Blomeyer,* AcP 153, 239 und *Serick,* Bd. I, S. 220.
[20] Vgl. dazu *Baur/Stürner,* § 59 Rn. 40; *Brox,* JuS 1984, 657 (661); *Koch/Löhnig,* Fall 6, insb. Rn. 24; a. A. *Minthe,* S. 30 ff., 146.
[21] *Baur/Stürner,* § 59 Rn. 39; Palandt/*Bassenge,* § 929 Rn. 46; a. M. *Brox,* JuS 1984, 657 (661 f.); *Medicus/Petersen,* Rn. 475; *Bülow,* Jura 1986, 235.
[22] Vgl. BGHZ 20, 88 = NJW 1956, 665 und BGHZ 28, 16, 22 = NJW 1958, 1163.
[23] So BGHZ 20, 88, 97 = NJW 1956, 667.
[24] *BGH* NJW 1958, 1231; *Gursky,* Fälle und Lösungen, S. 65; a. M. *E. Wolf,* S. 293, der einen einseitigen Verzicht nicht für zulässig hält.
[25] Vgl. dazu BGHZ 14, 114, 120; *BGH* NJW 1969, 1171.

Der Erwerb vom Verkäufer ist gemäß § 936 III aber ausgeschlossen, wenn der Vorbehaltskäufer (wie im Regelfall) unmittelbarer Besitzer ist (s. u. § 35 VII);
- schließlich grundsätzlich bei Verarbeitung der unter Eigentumsvorbehalt übereigneten Ware (§ 950) und bei Verbindung oder Vermischung (§§ 946 ff.).

5. Pfandrechtsprobleme

396 An der Anwartschaft kann ein vertragliches Pfandrecht begründet werden. Dafür ist dieselbe Form wie bei der Begründung des Pfandrechts an einer Sache erforderlich.[26] Bei Bedingungseintritt setzt sich das Pfandrecht an der Sache fort (§ 1287 entspr.).

Bestritten ist, ob sich gesetzliche Pfandrechte, die sich auf Sachen beziehen (insbesondere das Vermieterpfandrecht nach § 562, aber auch das hypothekarische Recht am Zubehör nach § 1120) auch auf die Anwartschaft erstrecken. Die ältere Lehre war der Meinung, daß eine solche Erstreckung unzulässig sei, da das Anwartschaftsrecht einer Sache nicht gleichgestellt werden könne. Die neuere Lehre[27] und die Rechtsprechung[28] sprechen sich aber für die Erstreckung auf Anwartschaftsrechte aus. Auch hier erkennt man die folgerichtige Fortentwicklung der Auffassung, daß ein Anwartschaftsrecht dem Eigentum weitgehend gleichgestellt werden soll. Bei Eintritt der Bedingung setzt sich das gesetzliche Pfandrecht an der Anwartschaft in ein solches an der Sache fort. Dieses Ergebnis läßt sich entweder mit der Wesensgleichheit des Anwartschaftsrechts und des Eigentums oder aber mit einer analogen Anwendung des § 1287 begründen.

Bei der Pfändung des Anwartschaftsrechts geht es in der Praxis nicht allein darum, wie das Anwartschaftsrecht als solches zu pfänden ist, sondern vor allem darum, ob sich der Pfändungspfandgläubiger durch Pfändung des Anwartschaftsrechts den Zugriff auf die Sache sichern kann. Nach der Rechtspfändungstheorie wird das Anwartschaftsrecht nur im Wege der Rechtspfändung (§§ 857 I, 829 ZPO) gepfändet.[29] Über die Wirkungen dieser Rechtspfändung gehen freilich die Meinungen auseinander. Nach der Meinung des *BGH*[30] bewirkt die Pfändung des Anwartschaftsrechts eine relative Verfügungsbeschränkung des Anwartschaftsberechtigten und gibt dem Pfändungspfandgläubiger die Möglichkeit, durch Zahlung den Eintritt der Bedingung herbeizuführen. Mit Bedingungseintritt erlischt jedoch das Pfandrecht, so daß der Gläubiger, wenn er auf die Sache Zugriff nehmen will, auch die Sache vor, mit oder nach dem Anwartschaftsrecht pfänden lassen muß (sog. Doppelpfändung; h. M.). Nach Ansicht *Baurs,* § 59 V 4, setzt sich dagegen das Pfandrecht an der Anwartschaft bei Eintritt der Bedingung in ein Pfandrecht an der Sache fort, so daß also Pfändung des Anwartschaftsrechts im Wege der Rechtspfändung genügt, um zur Verwertung der Sache zu gelangen. Nach Meinung *L. Raisers,* S. 91 wird das Anwartschaftsrecht im Wege der Sachpfändung nach § 808 ZPO gepfändet. Auf diesem Wege gelangt der Gläubiger ohne nochmalige Pfändung auch zur Verwertung der Sache.

6. Die Vorbehaltssache in Zwangsvollstreckung und Insolvenz

397 Wird die Vorbehaltssache von einem Gläubiger des Vorbehaltskäufers bei diesem gepfändet, so gewährt die h. M.[31] dem Vorbehaltsverkäufer die Drittwiderspruchsklage nach § 771 ZPO. Nach *L. Raiser,* S. 91 soll dagegen der Vorbehaltsverkäufer nur einen Anspruch auf vorzugsweise Befriedigung nach § 805 ZPO haben.

Eine Vollstreckung von Gläubigern des Vorbehaltsverkäufers scheitert in der Regel bereits an §§ 808 f. ZPO, wenn der Vorbehaltskäufer im Besitz der Kaufsache ist und ihre Herausgabe verweigert. Ist ausnahmsweise der Vorbehaltsverkäufer im Besitz der Sache, muß dem Anwartschaftsberechtigten ebenfalls die Drittwiderspruchsklage zugestanden werden.[32]

---

[26] So BGHZ 35, 85, 93 = NJW 1961, 1349.

[27] Vgl. *Baur/Stürner,* § 39 Rn. 35 und § 55 Rn. 41; *v. Lübtow,* JuS 1963, 175; *Raiser,* S. 97 ff., *Serick,* Bd. I, S. 280; *Scholz,* MDR 1990, 680.

[28] BGHZ 35, 85 = NJW 1961, 1349; BGHZ 92, 280 = NJW 1985, 376.

[29] Vgl. *BGH* NJW 1954, 1325; *Baur/Stürner,* § 59 Rn. 41; *Flume,* AcP 161, 403.

[30] *BGH* NJW 1954, 1325.

[31] Vgl. z. B. *Serick,* Bd. I, S. 296 ff.; *Banke,* S. 131 m. w. N.

[32] Vgl. *Serick,* Bd. I, S. 292; BGHZ 55, 20 = NJW 1971, 799.

In der Insolvenz des Vorbehaltskäufers steht dem Verwalter das Wahlrecht des § 103 InsO zu. Wählt er Erfüllung, muß er den Restkaufpreis nach § 55 I Nr. 2 InsO als Masseverbindlichkeit berichtigen. Wählt er Nichterfüllung oder tritt der Vorbehaltsverkäufer etwa wegen Verzugs vom Vertrag zurück, kann er die Sache nach § 47 InsO aussondern.

In der Insolvenz des Verkäufers wird das Wahlrecht des Verkäufers nunmehr durch § 107 I InsO ausgeschlossen.[33] Der Käufer kann Erfüllung verlangen. Das bestehende Anwartschaftsrecht des Käufers ist somit insolvenzfest.[34] Diese Regelung war im Wege der Vorwirkung auch schon vor 1999 zu berücksichtigen.[35]

7. Weitere Wirkungen des Anwartschaftsrechts

Das Anwartschaftsrecht gewährt ein Recht zum Besitz.[36] Das hat vor allem dann Bedeutung, wenn **398**
sich das Recht zum Besitz nicht bereits aus schuldrechtlichen Verträgen ergibt.

Beispiel: M hat von V eine Maschine gemietet. Er hat die Maschine unter Eigentumsvorbehalt an den gutgläubigen E veräußert. E hat ein Anwartschaftsrecht erworben. Da M dem V gegenüber zur Veräußerung der Maschine an den E nicht befugt war, könnte an sich nach § 986 I 2 V von E die Herausgabe der Maschine an M verlangen. Das Anwartschaftsrecht gibt jedoch dem E auch dem V gegenüber ein Recht zum Besitz der Maschine.[37]

Das Anwartschaftsrecht ist auch ein „sonstiges Recht" im Sinn des § 823 I.[38] Wird die unter Eigentumsvorbehalt gelieferte Sache beschädigt, so kann auch der Anwartschaftsberechtigte Schadensersatzansprüche geltend machen. Bestritten ist jedoch, in welcher Höhe ihm Schadensersatz gewährt werden muß. Hat er einen Anspruch auf Ersatz des Schadens in voller Höhe oder etwa nur in der Höhe, in der die Sache ihm wirtschaftlich bereits zusteht? Richtig wird es wohl sein, hier eine Gesamtgläubigerschaft des Vorbehaltsverkäufers und des Anwartschaftsberechtigten nach § 428 anzunehmen. Danach kann jeder den Schaden in voller Höhe ersetzt verlangen, freilich braucht der Schuldner die Leistung nur einmal zu bewirken. Im Innenverhältnis besteht eine Ausgleichspflicht.[39]

Schließlich gewährt das Anwartschaftsrecht nach h. M. auch einen Herausgabeanspruch gegen den nicht berechtigten Besitzer in entsprechender Anwendung des § 985.[40]

III. Der verlängerte Eigentumsvorbehalt

Literatur: *Beck,* Der verlängerte Eigentumsvorbehalt in der Zwickmühle, KTS 2008, 121; *Caemmerer,* Verlängerter Eigentumsvorbehalt und Bundesgerichtshof, JZ 1953, 97; *Flume,* Der verlängerte und erweiterte Eigentumsvorbehalt, NJW 1950, 841; *ders.,* Zur Problematik des verlängerten Eigentumsvorbehalts, NJW 1959, 913; *Glöckner,* Verlängerungsklauseln beim Eigentumsvorbehalt und die Rechtsprechung zur nachtraglichen Übersicherung durch revolvierende Globalsicherungen, DZWIR 1999, 492; *Göbel,* Übersicherung und Freigabeklauseln in vorformulierten Kreditsicherungsverträgen 1993; *Hofmann,* Verarbeitungsklausel und § 950 BGB, NJW 1962, 1798; *Kötter,* Die Tauglichkeit der Vorausabtretung als Sicherungsmittel, 1960; *Nirk,* Interessenwiderstreit der Waren-

---

[33] Vgl. zur Rechtslage vor Inkrafttreten der InsO einerseits *Jaeger/Henkel,* Konkursordnung, 9. Aufl., 1980, § 17 Rn. 52 ff.; andererseits *BGH* NJW 1986, 2948.

[34] Umfassend dazu *Kübler/Prütting,* InsO, Stand: 1/2008, § 47 Rn. 31 ff.

[35] Vgl. *Prütting,* Insolvenzrecht 1996, RWS-Forum 9, 1997, S. 311 ff., 330.

[36] So *Raiser,* S. 76 und *Blomeyer,* AcP 153, 239; a. M. BGHZ 10, 69 = NJW 1953, 1099 und BGHZ 54, 214 = NJW 1970, 1733, wo das Recht zum Besitz aus dem Kaufvertrag hergeleitet wird. Vgl. dazu *Koch/Löhnig,* Fall 4, Rn. 38.

[37] *OLG Karlsruhe* NJW 1966, 885; a. M. *Serick,* Bd. I, S. 272, der nur ein Dritten gegenüber wirkendes Recht zum Besitz annimmt.

[38] Vgl. dazu *BGH* LM Nr. 1 zu § 823 (Ad); RGZ 170, 6.

[39] Vgl. zu diesem Problem auch *Serick,* Bd. I, S. 278, der § 432 analog anwenden will und *Flume,* AcP 161, 400, der nur dem Eigentümer einen Anspruch (allerdings mit Zustimmung des Käufers oder auf Leistung an beide) gibt.

[40] Vgl. dazu *Westermann,* Schwerpunkte, S. 3; *Müller-Laube,* JuS 1993, 529, 531 m. w. N.; a. M. *Brox,* JuS 1984, 657 (660); MünchKomm/*Medicus,* § 985 Rn. 4.

und Kreditgläubiger, NJW 1971, 1913; *Säcker*, Zum Begriff des Herstellers in § 950 BGB, JR 1966, 51; *Seeker*, Die Übersicherung des Geldkreditgebers bei Sicherungsübertragungen, 1995; *Serick*, Konfliktloses Zusammentreffen mehrerer Verarbeitungsklauseln, BB 1972, 277; *ders.*, Kollisionsfälle im Bereiche der Verarbeitungsklauseln, BB 1975, 381; *ders.*, Eigentumsvorbehalt und Sicherungsübereignung, Bd. IV 1976, Bd. V 1982, Bd. VI 1986; *ders.*, Eigentumsvorbehalt und Sicherungsübertragung – Neue Rechtsentwicklungen, 2. Aufl. 1993; *Wadle*, Das Problem der fremdwirkenden Verarbeitung, JuS 1982, 477; *Wagner*, Teilbarkeit der Herstellereigenschaft in § 950 BGB?, AcP 184, 14; *ders.*, Zur Kollision von verlängertem Eigentumsvorbehalt und eingeschränktem Abtretungsverbot, JZ 1988, 698.

399 Der verlängerte Eigentumsvorbehalt hat den Zweck, dem Vorbehaltsverkäufer die Surrogate zu sichern, die bei Weiterveräußerung oder Verarbeitung an die Stelle der unter Eigentumsvorbehalt gelieferten Ware treten. Da in diesen Fällen das Eigentum an der unter Vorbehalt gelieferten Sache untergeht,[41] würde der Vorbehaltsverkäufer seine Sicherung verlieren, wenn es nicht möglich wäre, sie auf die Surrogate zu erstrecken.

Eine gesetzliche Regelung für den verlängerten Eigentumsvorbehalt enthält das BGB nicht. Er ist im Wirtschaftsleben entwickelt worden und wird von Rechtsprechung und Rechtslehre anerkannt.[42] Er findet sich heute fast in allen allgemeinen Geschäftsbedingungen.[43]

1. Die Vorausabtretungsklausel

400 Die grundsätzliche Zulässigkeit der Vorausabtretung künftiger, noch nicht zur Entstehung gekommener Forderungen ist heute unbestritten.[44] Rechtlich begründet man die Zulässigkeit der Vorausabtretung damit, daß der Forderungsübergang nicht zum Abschlußtatbestand der Abtretung gehört, sondern nur eine Wirkung der Abtretung darstellt.[45]

401 a) Bestritten ist aber, unter welchen Voraussetzungen künftige Forderungen abgetreten werden können. Nach der Rechtsprechung des *BGH* reicht es aus, wenn die künftige Forderung im Zeitpunkt der Abtretung noch nicht bestimmt, aber bestimmbar ist, so daß sie im Augenblick der Entstehung nach Höhe und Person des Schuldners bestimmt werden kann.[46] Um dies zu gewährleisten, muß im Zeitpunkt der Vorausabtretung die Forderung nach Gegenstand (z. B. Forderung aus Weiterveräußerung) und Umfang (z. B. in voller Höhe einschließlich Gewinn oder nur in Höhe des Werts der Ware) bezeichnet werden.

Beispiel: Alle Forderungen an Abnehmer unseres Käufers, die aus der Weiterveräußerung der von uns unter Eigentumsvorbehalt gelieferten Waren entstehen, sind an uns im voraus in voller Höhe abgetreten.

402 b) In diesem Zusammenhang taucht auch die Frage der Sittenwidrigkeit von Vorausabtretungsklauseln auf. Bei Vorausabtretung der vollen Forderung einschließlich Verdienstspanne kann leicht eine Übersicherung des Vorbehaltsverkäufers eintreten, durch die die wirtschaftliche Bewegungs-

---

[41] Verkauft der Vorbehaltskäufer jedoch auch seinerseits unter Eigentumsvorbehalt (nachgeschalteter Eigentumsvorbehalt), so geht das Eigentum noch nicht durch die Weiterveräußerung unter, sondern erst, wenn der Käufer die Kaufpreisforderung des Verkäufers oder der Dritte die des Käufers tilgt; BGHZ 56, 34 = NJW 1971, 1038.

[42] Vgl. z. B. BGHZ 7, 365 = NJW 1953, 21.

[43] Zu kollidierenden allgemeinen Geschäftsbedingungen vgl. *BGH* NJW 1985, 1838.

[44] Vgl. etwa BGHZ 7, 365, 367 = NJW 1953, 21; BGHZ 20, 127, 131 = NJW 1956, 790; BGHZ 30, 238, 240 = NJW 1959, 1539; BGHZ 53, 60, 63 = NJW 1970, 322; BGHZ 70, 86 = NJW 1978, 539; BGHZ 71, 75, 78 = NJW 1978, 1050.

[45] Vgl. *Flume*, NJW 1959, 916.

[46] Vgl. BGHZ 7, 365 = NJW 1953, 21; BGHZ 26, 178, 183 = NJW 1958, 417; BGHZ 71, 75 = NJW 1978, 1050; BGHZ 79, 16 = NJW 1981, 816; a. M. *P. Schwerdtner*, NJW 1974, 1785, der an dem Bestimmtheitserfordernis festhält.

freiheit des Vorbehaltskäufers erheblich eingeschränkt wird. Sofern es sich um eine individuell vereinbarte Vorausabtretung handelt, ist diese im Falle der anfänglichen Übersicherung nach § 138 BGB sittenwidrig und damit nichtig.[47] Ist der verlängerte Eigentumsvorbehalt mit Vorausabtretung hingegen – wie häufig – in AGB enthalten, so ist die Klausel im Falle der anfänglichen Übersicherung nach § 307 I n. F. unwirksam, da sie den Sicherungsgeber unangemessen benachteiligt.[48]

Bei nachträglicher Übersicherung führt hingegen nur eine konkret eintretende Kollision zur Unwirksamkeit der Vorausabtretung. Uneinheitlich beurteilt wird dabei aber die Frage, wann die Übersicherung ein solches, nicht mehr hinnehmbares Maß erreicht. Die Rechtsprechung ging lange Zeit davon aus, daß dem Sicherungsnehmer ein Risikozuschlag zuzubilligen ist, da sich die Forderungen regelmäßig nicht in voller Höhe realisieren lassen. Weder Sittenwidrigkeit[49] noch unangemessene Benachteiligung[50] lägen daher vor, wenn der Vorbehaltsverkäufer zur Rückübertragung verpflichtet werde, soweit die abgetretene Forderung die gesicherte Forderung etwa um 20 % übersteigt. Die unterschiedlichen Auffassungen der einzelnen Zivilsenate[51] über die Notwendigkeit einer solchen konkreten Deckungsgrenze führten zur Anrufung des Großen Senats des *BGH*.[52] Dieser hat auf die Vorlagebeschlüsse am 27. 11. 1997 festgestellt, daß formularmäßig bestellte revolvierende Globalsicherheiten weder einer Freigabeklausel, noch einer zahlenmäßig bestimmten Deckungsgrenze bedürfen. Auch eine unangemessene oder ermessensabhängig ausgestaltete Klausel im Sicherungsvertrag berührt die Wirksamkeit der Sicherheitenbestellung nicht. Dem Sicherungsgeber steht bei nachträglicher Übersicherung ein ermessensunabhängiger Freigabeanspruch zu, der sich aus der Treuhandnatur des Sicherungsvertrags ergibt und der nach § 306 II n. F. an die Stelle einer unwirksamen Freigaberegelung tritt[53] (zur Übersicherungsproblematik vgl. vor allem § 34 VI 3).

2. Mehrfachabtretung

Nach geltendem Recht ist bei mehrfacher Abtretung einer Forderung nur die erste wirksam **403**
(Prioritätsprinzip).[54] Mit der ersten (wirksamen) Abtretung geht die Forderung auf den Zessionar über. Der Zedent hat daher nicht mehr die Verfügungsmacht, die Forderung erneut abzutreten.

Gerade bei einer Vorausabtretung von Forderungen an den Vorbehaltsverkäufer stellt sich häufig die Frage nach der Wirksamkeit einer vorhergehenden oder nachfolgenden Abtretung an andere Geld- oder Warenkreditgeber. Diese Kollisionsprobleme zwischen verlängertem Eigentumsvorbehalt und einer Sicherungsabtretung (Globalzession) künftiger Forderungen werden ausführlich im Rahmen der Sicherungszession behandelt (vgl. dazu § 73 V 2).

Zur vergleichbaren Problematik bei verlängertem Eigentumsvorbehalt und Factoring s. u. § 74 III; zu den Problemen beim echten Factoring vgl. *Beck*, KTS 2008, 121.

3. Abtretungsverbot

Schwierigkeiten ergeben sich schließlich im Verhältnis des verlängerten Eigentumsvorbehalts zu **404**
einem Abtretungsverbot.[55] Die Vereinbarung eines Abtretungsverbotes nach § 399, 2. Fall behindert den Forderungsgläubiger stark in seiner wirtschaftlichen Bewegungsfreiheit, da er die Forderungen

---

[47] *BGH* NJW 1999, 940.

[48] Im einzelnen vgl. *Göbel*, S. 112 ff.; *Seeker*, S. 51 ff.; *Canaris*, ZIP 1996, 1109, 1577.

[49] So BGHZ 7, 365, 370 = NJW 1953, 21; BGHZ 26, 185, 190 = NJW 1958, 457; *BGH* NJW 1985, 1836.

[50] BGHZ 109, 240, 245 = NJW 1990, 716; BGHZ 120, 300 = NJW 1993, 533; *BGH* NJW 1996, 847. Diese anhand der Globalzession entwickelte Rechtsprechung wurde durch *BGH* NJW 1994, 1154 auf den Eigentumsvorbehalt übertragen, vgl. dazu ferner *Weber*, WM 1994, 1551; *Serick*, JZ 1994, 714.

[51] Vgl. einerseits *BGH* ZIP 1996, 957; BGHZ 133, 25 = NJW 1996, 2092; *BGH* NJW 1996, 2790 andererseits *BGH* NJW 1997, 651; dazu *Liebelt-Westphal*, ZIP 1997, 230.

[52] *BGH* NJW 1997, 1570; *BGH* ZIP 1997, 1185.

[53] BGHZ 137, 212 = NJW 1998, 671. Vgl. dazu die Anm. von *Imping*, MDR 1998, 550 und *Roth*, JZ 1998, 456.

[54] *BGH* NJW 1982, 571; 2005, 1192.

[55] Auf Grund des neugeschaffenen § 354 a HGB entfaltet ein Abtretungsverbot bei beiderseitigen Handelsgeschäften keine Wirkung. Die abgetretene Forderung geht auf den Vorbehaltslieferanten über.

nicht mehr als Kreditunterlage einsetzen und im Wege des verlängerten Eigentumsvorbehaltes an seinen Lieferanten abtreten kann. Aus diesem Grund gelingt es zumeist nur Großauftraggebern, vor allem der öffentlichen Hand, ein Abtretungsverbot mit ihren wirtschaftlich schwächeren Partnern zu vereinbaren. Auch wenn diese Übung als volkswirtschaftlich unerwünscht angesehen wird, verneint die herrschende Meinung eine Nichtigkeit des Abtretungsverbotes nach § 138.[56] Die Abtretung an den Lieferanten im Rahmen des verlängerten Eigentumsvorbehalts wäre daher unwirksam. Dies soll nach überwiegender Ansicht nicht nur bei einem vorhergehenden, sondern auch bei einem nach der Vorausabtretung vereinbarten Abtretungsausschluß gelten.[57] Andere geben hier aber zu Recht dem Prioritätsgedanken den Vorzug.[58] Durch den neuen § 354 a HGB ist das Problem in der Praxis weitgehend entschärft. Danach ist eine ausgeschlossene Abtretung insb. im Falle eines beiderseitigen Handelsgeschäfts dennoch wirksam, wenn das Abtretungsverbot nach dem 30. 7. 1994 vereinbart wurde.[59] Außerhalb des Anwendungsbereichs von § 354 a HGB bleibt es aber bei der Wirksamkeit des Abtretungsverbots.[60] Dies gilt selbst dann, wenn das Abtretungsverbot in AGB enthalten ist.[61]

4. Die Verarbeitungsklausel

405 Nach § 950 erwirbt der Hersteller einer neuen Sache Eigentum daran, falls der Wert der Verarbeitung nicht erheblich unter dem Stoffwert liegt; vgl. u. § 38. Wird die unter Eigentumsvorbehalt gelieferte Ware verarbeitet, so erwirbt der Hersteller der neuen Sache Eigentum, das Eigentum des Vorbehaltsverkäufers dagegen erlischt. Um dem Vorbehaltsverkäufer dennoch seine Sicherheit zu erhalten, gibt es folgende Möglichkeiten:

406 a) Vorbehaltsverkäufer und Vorbehaltskäufer vereinbaren im Wege des sog. antizipierten Besitzkonstituts (vorweggenommene Einigung und vorweggenommene Vereinbarung eines Besitzmittlungsverhältnisses), daß der Vorbehaltsverkäufer nach Herstellung der neuen Sache Eigentümer werden soll. Dieser Weg wird vor allem von denjenigen beschritten, die jede Vereinbarung im Rahmen des § 950 für unzulässig halten.[62] Freilich läßt sich bei dieser Regelung ein sog. Durchgangserwerb des Vorbehaltskäufers und Herstellers der neuen Sache nicht vermeiden. Darin liegt ein Nachteil dieser Konstruktion. Die Gläubiger des Vorbehaltskäufers können Zugriff auf die neue Sache nehmen, weil der Vorbehaltskäufer, wenn auch nur im Durchgangserwerb Eigentümer wird.

407 b) Um diese Gefahr auszuschalten, werden mehrere andere Lösungen vertreten, die jedoch weitgehend zu demselben Ergebnis führen. Die eine Meinung hält es für zulässig, daß die Rechtsfolge des § 950 (Eigentumserwerb des Herstellers) durch eine Parteivereinbarung ausgeschlossen werden kann.[63] Nach dieser Meinung stellt also § 950 dispositives Recht dar. Mit der Herstellung der neuen Sache erwirbt bei Vorliegen einer entsprechenden Vereinbarung der Vorbehaltsverkäufer Eigentum an der Sache.

Nach einer anderen Meinung stellt § 950 zwingendes Recht dar mit der Folge, daß der Hersteller immer Eigentümer der Sache wird. Durch eine Parteivereinbarung soll aber bestimmt werden können, wer der Hersteller sein soll. Vorbehaltsverkäufer und Vorbehaltskäufer können danach vereinbaren, daß der Käufer für den Verkäufer herstellen soll. Hersteller ist nicht nur der, der selbst herstellt, sondern auch der, der herstellen läßt.[64] Auf diesem Weg kommt man also ebenfalls zu einem unmittelbaren Eigentumserwerb an der neuen Sache durch den Vorbehaltsverkäufer. Dieser Auffassung ist zuzustimmen.

---

[56] BGHZ 51, 113 = NJW 1969, 415; *BGH* NJW 1988, 1210; kritisch dazu *Wagner*, JZ 1988, 698; *Rimmelspacher*, Rn. 146.

[57] BGHZ 27, 306, 309 = NJW 1958, 1281; *BGH* NJW 1980, 2245; MünchKomm/*Roth*, § 399, Rn. 28.

[58] So mit überzeugender Begründung *Serick*, Bd. IV, S. 507 ff.; *Pottschmidt/Rohr*, Rn. 160.

[59] Vgl. *K. Schmidt*, NJW 1999, 400.

[60] *BGH* BB 2006, 2379.

[61] *BGH* BB 2006, 2379 = EWiR 2006, 709 m. kritischer Anm. von *Monfang*.

[62] So Jauernig/*Jauernig*, § 950 Anm. 3 d; *M. Wolf*, Rn. 447. Gegen die Zulässigkeit einer Vereinbarung auch *Wadle*, JuS 1982, 477, der allerdings einen weiten Herstellerbegriff verwendet, und *Rimmelspacher*, Rn. 164.

[63] Vgl. z. B. *Baur/Stürner*, § 53 Rn. 15; *Flume*, NJW 1950, 843; *Laufke*, FS Hueck, 1959, S. 76; *Bülow*, Rn. 1288.

[64] Vgl. RGRK/*Pikart*, § 950 Rn. 23.

Schließlich wird die Auffassung vertreten, daß die Verarbeitungsklausel ein wichtiges Indiz für die Entscheidung sei, wer nach der Lebensanschauung als Hersteller anzusehen sei.[65]

Beispiel (BGHZ 20, 159 = NJW 1956, 788): Fa. A hatte der Fa. B Aluminiumbleche geliefert. In den Lieferungsbedingungen war bestimmt, daß die Bleche auch in jeder Be- oder Verarbeitungsstufe ihr Eigentum bleiben sollten. Die Fa. B hat aus den Blechen Aluminiumgehäuse hergestellt. Nach der Auffassung des *BGH* ist das Eigentum trotz Verarbeitung nicht untergegangen, weil die Fa. A als Hersteller anzusehen war. Dem ist zuzustimmen.

Zum zulässigen Inhalt solcher Verarbeitungsklauseln im Rahmen des verlängerten Eigentumsvorbehalts vgl. *Serick,* BB 1972, 277, zu möglichen Kollisionsfällen *ders.,* BB 1975, 381.

IV. Der erweiterte Eigentumsvorbehalt

Literatur: *Berger,* Erweiterter Eigentumsvorbehalt und Freigabe von Sicherheiten, ZIP 2004, 1073; *Flume,* Der verlängerte und erweiterte Eigentumsvorbehalt, NJW 1950, 841; *Hoffmann,* Die Formen des Eigentumsvorbehalts, Jura 1995, 457; *Tiedtke,* Der erweiterte Eigentumsvorbehalt, in: 50 Jahre BGH, Festgabe aus der Wissenschaft, 2000, S. 829.

Der erweiterte Eigentumsvorbehalt ist in Rechtsprechung und Schrifttum anerkannt. 408
In der Praxis ist er in der Form des Kontokorrentvorbehalts sehr häufig.[66] Das Eigentum an der unter Vorbehalt übereigneten Sache sichert dabei nicht nur die Forderung aus dem Verkauf dieser betreffenden Sache, sondern je nach Vereinbarung alle zur Zeit des Vertragsschlusses bestehenden oder auch künftig entstehenden Forderungen des Vorbehaltsverkäufers gegen den Vorbehaltskäufer. Auch hier ist die Gefahr einer u. U. sittenwidrigen Übersicherung des Vorbehaltsverkäufers groß.[67] Daher bedarf es auch hier bei Überschreiten einer bestimmten Dekkungsgrenze (vgl. oben III 1 b) einer Freigabeverpflichtung.[68] Wenn das Eigentum erst übergehen soll, wenn alle Forderungen aus einer Geschäftsverbindung getilgt sind, so bedeutet das u. U., daß der Eigentumsübergang auf unbegrenzte Zeit hinausgeschoben wird. In einem solchen Falle muß der erweiterte Eigentumsvorbehalt für unzulässig gehalten werden.[69] Der Kontokorrenteigentumsvorbehalt erlischt allerdings mit dem Ausgleich der zwischen den Parteien bestehenden Forderungen und lebt durch das Entstehen weiterer Forderungen zwischen den Beteiligten nicht wieder auf.[70]

In der Form des sog. Konzernvorbehalts (Vorbehalt für mehrere Gläubiger) war dagegen die Wirksamkeit des erweiterten Eigentumsvorbehalts früher bestritten.[71] Durch die Insolvenzordnung wurde gemäß § 455 Abs. 2 a. F. seit 1. 1. 1999 der Konzernvorbehalt für unzulässig erklärt (nunmehr ebenso § 449 III n. F.).

---

[65] So BGHZ 14, 114 und 20, 159 = NJW 1956, 788; ferner *Serick,* Bd. IV, S. 155.

[66] Vgl. BGHZ 26, 185, 190 = NJW 1958, 457; *BGH* NJW 1971, 799; 1978, 632 = JR 1978, 196 mit Anm. von *Olzen.* Vgl. dazu eingehend *Serick,* BB 1978, 1477.

[67] Vgl. BGHZ 26, 185, 190 = NJW 1958, 457; BGHZ, NJW 1958, 1231.

[68] Vgl. BGHZ 125, 83 = ZIP 1994, 542; kritisch dazu *Serick,* JZ 1994, 714.

[69] Vgl. zu diesem Problem *BGH* NJW 1978, 632 und NJW 1971, 799; ferner *OLG Frankfurt a. M.* NJW 1981, 130 (Verstoß gegen AGB-Gesetz).

[70] Vgl. *BGH* NJW 1978, 632.

[71] Vgl. *Serick,* Festgabe für Weitnauer, 1980, S. 145.

V. Übersicht: Arten des Eigentumsvorbehalts (= EV)

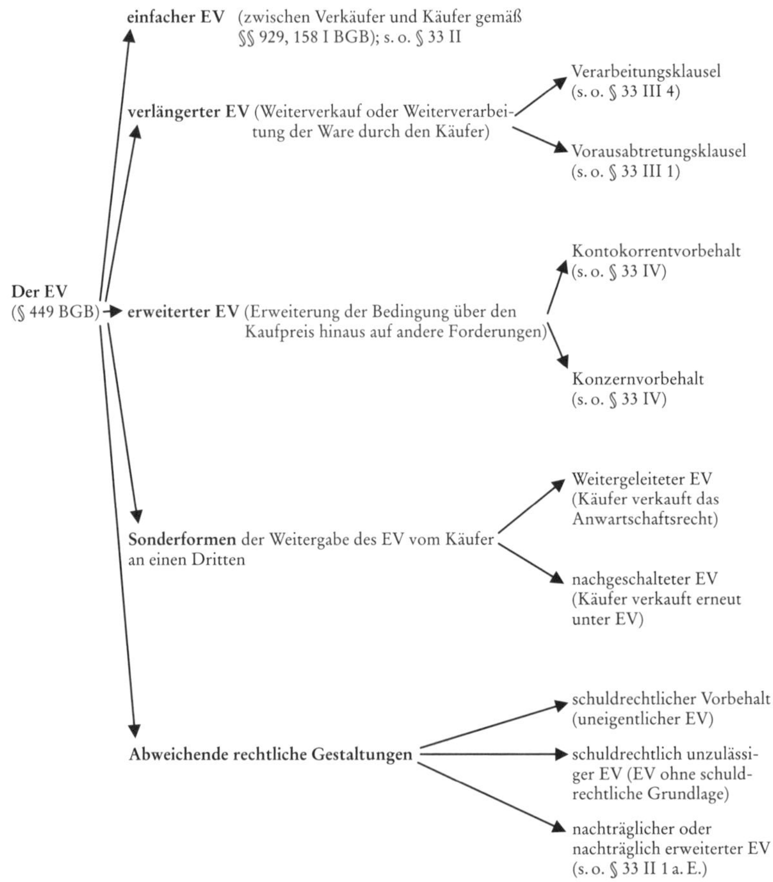

§ 34. Die Sicherungsübereignung

Literatur: *Bülow,* Übereignung beweglicher Sachen zur Sicherheit, Jura 1987, 509; *ders.,* Mehrfachübertragung von Kreditsicherheiten – Konvaleszenz und Insolvenz, WM 1998, 845; *Canaris,* Die Problematik der Sicherheitenfreigabeklauseln im Hinblick auf § 9 AGBG und § 138 BGB, ZIP 1996, 1109; *ders.,* Voraussetzungen und Inhalt des Anspruchs auf Freigabe von Globalsicherheiten gemäß § 242 BGB, ZIP 1997, 813; *Derleder,* Sicherungsübereignung und Wertausschöpfung, BB 1969, 725; *Feuerborn,* Der Bestimmtheitsgrund bei der Übereignung von Sachgesamtheiten, ZIP 2001, 600; *Gaul,* Lex commissoria und Sicherungsübereignung, AcP 168, 351; *ders.,* Neuere „Verdinglichungs"-Tendenzen zur Rechtsstellung des Sicherungsgebers bei der Sicherungsübereignung, FS Serick, 1992, S. 105; *Gehrlein,* Sicherungsübereignung von Wohnungsgegenständen – Genügt der Begriff Inventar dem Bestimmtheitsgrundsatz, MDR 2001, 911; *Gerhardt,* Sicherungsübereignung und Pfändungsschutz, JuS 1972, 696; *ders.,* Die neuere Rechtsprechung zu den Mobiliarsicherheiten, JZ 1986, 672 und 736; *Giesen,* Mehrfachverfügungen des Sicherungsgebers nach § 930, AcP 203 (2003), 210; *Göbel,* Übersicherung und Freigabeklauseln in vorformulierten Kreditsicherungsverträgen, 1993; *Haegele,* Eigentumsvorbehalt, Sicherungsübereignung, 4. Aufl., 1968; *Henckel,* Zur Dogmatik der besitzlosen Mobiliarsicherheiten, FS Zenner, 1994, S. 193; *Luig,* Richter secundum, praeter oder contra BGB? Das Beispiel der Sicherungsübereignung, in: Falk/Mohnhaupt, Das Bürgerliche Gesetzbuch und seine Richter, 2000, S. 383; *Menke,* Mehrfache Sicherungsübereignung eines Warenlagers mit wechselndem Bestand, WM 1997, 405; *Mezger,* Wann sind Sicherungsübereignungen wirksam? KTS 1962, 129; *Michel,* Überschießende Rechtsmacht als Problem abstrakter und nicht-akzessorischer Konstruktionen, 2000; *Nicolai,* Vermieterpfandrecht und (Raum-)Sicherungsübereignung, JZ 1996, 221; *Nobbe,* Aktuelle Entwicklungen zu Sicherungsübereignung und Globalzession im Lichte des AGB-Gesetzes, ZIP 1996, 657; *Paulus,* Probleme und Möglichkeiten der institutionellen Ausformung der Sicherungsübereignung, JZ 1957, 7 und 41; *Prütting,* Deckungsgrenze und Freigabeklauseln im Kreditsicherungsrecht, FS Gaul, 1997, S. 525; *Reich,* Funktionsanalyse und Dogmatik bei der Sicherungsübereignung, AcP 169, 247; *Reinicke/Tiedtke,* Begründung des Sicherungseigentums, DB 1994, 2173; *Riggert,* Die Raumsicherungsübereignung: Bestellung und Realisierung unter den Bedingungen der Insolvenzordnung, NZI 2000, 241; *Rombach,* Die anfängliche und nachträgliche Übersicherung bei revolvierenden Globalsicherheiten, 2001; *K. Schmidt,* Zur Akzessorietätsdiskussion bei Sicherungsübereignung und Sicherungsabtretung, FS Serick, 1992, S. 329; *Schwab,* M. Übersicherung und Sicherheitenfreigabe, JuS 1999, 743; *Seeker,* Die Übersicherung des Geldkreditgebers bei Sicherungsübertragungen 1995; *Serick,* Eigentumsvorbehalt und Sicherungsübertragung, Bd. I, 1963, Bd. II, 1965, Bd. III, 1970, Bd. IV, 1976, Bd. V, 1982, Bd. VI, 1986; *ders.,* Eigentumsvorbehalt und Sicherungsübertragung – Neue Rechtsentwicklungen, 2. Aufl., 1993; *Tetzlaff,* Die anfängliche Übersicherung, ZIP 2003, 1826; *ders.,* Prozessuale Durchsetzung der Unwirksamkeit von Sicherheitenbestellungen wegen anfänglicher Übersicherung, DZWIR 2003, 453; *Tiedtke,* Bestimmtheit der zu übereignenden Sachen bei teilweiser Sicherungsübereignung von Sachgesamtheiten – Neue Tendenzen in der Rechtsprechung des BGH, WiB 1995, 197; *Trapp,* Praktische Auswirkungen des Abschieds von der qualifizierten Freigabeklausel bei Globalzessionen, NJW 1996, 2914; *Weber,* Reform der Mobiliarsicherheiten, NJW 1976, 1601; *ders.,* Die Rechtsprechung des BGH zu Freigabeklauseln bei Kreditsicherheiten, WM 1994, 1549; *Westermann,* Interessenkollisionen und ihre richterliche Wertung bei Sicherungsrechten an Fahrnis und Forderungen, 1954; *Wiegand/Brunner,* Übersicherung und Freigabeanspruch, NJW 1995, 2513.

Allgemeine Literatur zum Recht der Kreditsicherheiten s. u. § 53.

I. Bedeutung

Will ein Kreditnehmer den Kreditgeber sichern, so bietet sich ihm, von der 409
Bürgschaft abgesehen, als einfachstes Mittel die Verpfändung beweglicher Sachen. Sie erfordert aber, daß der Pfandgläubiger den unmittelbaren Besitz erlangt (§ 1205; vgl. u. § 69 II). Sie ist also nicht durchführbar, wenn es sich um Sachen handelt, die der Verpfänder in seinem unmittelbaren Besitz behalten muß oder will, weil er sie nicht entbehren kann oder will. In solcher Lage sind viele Kreditnehmer; sie haben wertvolle Sachen, die als Sicherheit dienen können, deren Besitz ihnen aber unentbehrlich erscheint.

Beispiele: Das Auto für den Arzt, der zu Patienten in der Stadt oder auf dem Land zu fahren hat, oder für den Geschäftsmann; Maschinen für einen Fabrikanten, das Inventar eines Büros oder einer Gastwirtschaft, ohne das der Betrieb zum Stillstand käme; auch Wohnungseinrichtungen, die der Kreditnehmer behalten möchte, damit sein Geldbedürfnis durch Verschwinden von Gegenständen nicht augenscheinlich wird.

Hier wird in großem Umfang mit der Sicherungsübereignung gearbeitet. Neben dem Verständnis der Sicherungsübereignung als besitzloses Pfandrecht darf aber nicht der weitere Vorteil der Nicht-Akzessorität übersehen werden.[1]

---

[1] So zu Recht *K. Schmidt,* FS Serick, 1992, S. 337; vgl. weiter die Nachweise in Fn. 2.

II. Rechtsform und Wesen

410 Zur Sicherung einer Forderung,[2] insbesondere eines Darlehens, übereignet der Schuldner Sachen dem Gläubiger, behält sie aber im Besitz. Die Übereignung erfolgt also im Wege des § 930 durch Einigung und Vereinbarung eines Besitzmittlungsverhältnisses,[3] kraft dessen der Gläubiger mittelbarer Besitzer wird, der Schuldner unmittelbarer Besitzer der Sache bleibt. Die Verbindung zwischen zu sichernder Forderung und dem dinglichen Geschäft wird durch einen von beiden zu trennenden Sicherungsvertrag hergestellt. Dieser Vertrag regelt die Rechte und Pflichten der an der Übereignung Beteiligten, z. B. über Behandlung und Versicherung des Sicherungsgutes oder über dessen Verwertung.[4] An sich ist auch eine Sicherungsübereignung in der Form des § 929 oder des § 931 denkbar, sie kommt aber praktisch kaum vor. Ein eigentümlicher Rechtsvorgang: Weil die geringere Rechtsveränderung, die Verpfändung, nicht möglich ist, geht man einen Schritt weiter und übereignet die Sachen als Kreditunterlage; der Gläubiger erhält nach außen rechtlich mehr, als es dem Innenverhältnis zum Schuldner entspricht (treuhänderische Vollrechtsübertragung). Im Innenverhältnis ist er verpflichtet, die Sachen zu behalten und nicht zu veräußern, bevor die gesicherte Forderung fällig ist. Deswegen sprach das Reichsgericht vom „wirtschaftlichen" Eigentum des Sicherungsgebers und vom „formellen" Eigentum des Sicherungsnehmers. Das Sicherungseigentum ist also nur ein Recht zur Verwertung, nicht zur Nutzung. Daher können von einem Dritten gezogene Nutzungen auch nicht vom Sicherungseigentümer nach Bereicherungsrecht herausverlangt werden.[5]

III. Der Rückübereignungsanspruch

411 Nach Erfüllung muß der Gläubiger die Sache dem Schuldner zurückübereignen, kann sie also nicht wie ein Eigentümer behandeln. Möglich ist auch, daß die Sicherungsübereignung nur bedingt erfolgt. Die auflösende Bedingung der Zahlung der Schuld läßt dann das Sicherungseigentum automatisch an den früheren Eigentümer, den Schuldner zurückfallen.[6] Eine solche Vereinbarung wird jedoch nur ausnahmsweise getroffen; im Zweifel liegt nur eine obligatorische Verpflichtung zur Rückübereignung vor.[7]

---

[2] Das Entstehen der Forderung ist aber nicht Voraussetzung der Wirksamkeit („keine Akzessorietät"), vgl. *BGH,* NJW 1991, 353 = JZ 1991, 723 m. zust. Anm. *Gerhardt; Jauernig,* NJW 1982, 268; *Buchholz,* Jura 1990, 300; *K. Schmidt,* FS Serick, 1992, S. 329 ff.; *Gaul,* FS Serick, 1992, S. 105 ff. (str.).

[3] Zur Frage der Konkretisierung des Besitzmittlungsverhältnisses vgl. *BGH* NJW 1979, 2308; vgl. hierzu *Reinicke/Tiedtke,* DB 1994, 2175 ff. Nach der wohl h. M. reicht eine bloße Abrede der Sicherungsübereignung aus; vgl. Palandt/*Bassenge,* § 930 Rn. 7 und o. § 32 III 3.

[4] Vgl. dazu *BGH* NJW 2000, 352 (Pflicht zur bestmöglichen Verwertung des Sicherungsgutes).

[5] *BGH* NJW 2007, 216 = ZIP 2006, 2307 (m. krit. Anm. *Olshausen,* ZIP 2007, 1145) = JuS 2007, 490; dazu *Weber/Haselmann,* Jura 2008, 372; *Lutz/Schapiro,* ZIP 2008, 1212.

[6] Zu den verschiedenen Ausgestaltungsmöglichkeiten der Sicherungsübereignung vgl. ausführlich *Pottschmidt/Rohr,* Kreditsicherungsrecht, 4. Aufl., 1992, Rn. 511–516.

[7] So *BGH* NJW 1984, 1184. Nach Auffassung von *Baur/Stürner,* § 57 Rn. 10 liegt im Zweifel eine auflösende Bedingung vor. Ein Anwartschaftsrecht des Sicherungsgebers bejaht *Reich,* AcP 169, 247. Vgl. auch *Wolf/Lange,* JuS 2003, 1180.

IV. Das Befriedigungsrecht

Streitig ist, wie sich der Gläubiger bei Nichterfüllung der Forderung aus den ihm zur Sicherheit übereigneten Sachen befriedigen kann, ob nach freiem Ermessen oder nach den Regeln des Pfandverkaufs, wenn der Sicherungsvertrag hierüber keine ausdrückliche Regelung trifft. Die zweite Auffassung verdient den Vorzug; an dieser Stelle kann die wirtschaftliche Ähnlichkeit mit dem Pfandrecht sich rechtlich durchsetzen (vgl. u. § 72 I).[8] Eine Verfallklausel (ohne Abrechnungspflicht) ist unzulässig und eine entsprechende Vereinbarung daher nichtig.[9] Die Verwertung setzt die Wegnahme des Sicherungsgutes durch den Sicherungsnehmer beim Sicherungsgeber voraus. 412

Umstritten ist ferner, ob eine Sicherungsübereignung unpfändbarer Gegenstände zulässig ist. Da ihre Verpfändung in der Regel wirksam ist, wird auch ihre Sicherungsübereignung als wirksam anzusehen sein.[10]

V. Bedenken gegen die Sicherungsübereignung

Die Sicherungsübereignung ist früher sehr umstritten gewesen. 413

1. Scheingeschäft?

Die Behauptung, die Übertragung des Eigentums sei nicht ernstlich gemeint, sondern nur zum Schein vorgenommen, geht fehl. Beide Vertragspartner wollen eine Sicherung der Forderung durch (treuhänderische) Übertragung von Eigentumsrechten.

2. Gesetzesumgehung?

Schwerer wiegt der Einwand der Gesetzesumgehung. Die wohlerwogene Vorschrift, daß Verpfändungen die Übertragung des unmittelbaren Besitzes erfordern, wird zweifellos durch die Sicherungsübereignung umgangen, indem man dasselbe wirtschaftliche und rechtliche Ziel mit einem anderen rechtlichen Mittel zu erreichen sucht. Aber damit wird dieses Mittel doch noch nicht zu einem unerlaubten und nichtigen. Denn die volle Übertragung einer Rechtsposition auch zur Kreditsicherung ist vom Gesetz als Möglichkeit ausdrücklich vorgesehen (vgl. § 216 II; noch deutlicher nunmehr § 51 Nr. 1 InsO). 414

3. Rechtspolitische Bedenken

Ein begründetes ernstliches Bedenken rechtspolitischer Art gegen die Sicherungsübereignung liegt darin, daß sie äußerlich nicht erkennbar ist und damit zur Verschleierung 415

---

[8] Vgl. *Baur/Stürner*, § 57 Rn. 42. *E. Wolf*, S. 313 hält die Beachtung der Regeln des Pfandverkaufs nicht für erforderlich.

[9] Vgl. *Gaul* AcP 168, 351. Für Zulässigkeit der Verfallklausel dagegen die wohl überwiegende Meinung; vgl. Palandt/*Bassenge*, § 930 Rn. 21.

[10] So *Gerhardt*, JuS 1972, 696; a. M. *OLG Stuttgart* NJW 1971, 50 mit Anm. von *Reich* NJW 1971, 757.

der Vermögensverhältnisse und zur Täuschung über die Kreditwürdigkeit des Schuldners benutzt werden kann. Dem Besitzer einer reichausgestatteten Villa mit Auto wird vielleicht gern Kredit ohne Sicherheit gewährt und erst, wenn es zur Vollstreckung kommt, erfährt der betrogene Gläubiger, daß Auto wie Einrichtung restlos fremdes Eigentum durch Sicherungsübereignung geworden sind. Wenn jemand selbst vorsichtig ist und sich durch Sicherungsübereignung zu schützen sucht, wird er ebenfalls betrogen, wenn die ihm übereignete Sache vorher schon einem anderen Gläubiger zur Sicherheit übereignet war, was ihr niemand ansehen konnte. Ein gutgläubiger Erwerb ist in diesem Fall ausgeschlossen (vgl. u. § 35). Solchem Kreditschwindel öffnet die Sicherungsübereignung unbestreitbar Tür und Tor. Endlich hat die Anerkennung besitzloser Mobiliarsicherheiten (Eigentumsvorbehalt, Sicherungsübereignung und -zession) dazu geführt, daß bei Eröffnung des Konkursverfahrens regelmäßig etwa 90 % des Aktivvermögens Aus- und Absonderungsrechten unterliegen. Daher wird das Konkursverfahren seinem Zweck, eine gleichmäßige Befriedigung aller Mitglieder der Gefahrengemeinschaft sicherzustellen, kaum mehr gerecht. Wegen all dieser Mißstände wurde erwogen, die Sicherungsübereignung und die anderen Mobiliarsicherheiten zu ersetzen durch ein einheitliches besitzloses Pfandrecht, das durch Verpfändungsmarken erkennbar gemacht werden soll.[11] Soweit man die Sicherungsübereignung als wirtschaftliche Notwendigkeit weiterhin akzeptieren will, möchte man Auswüchsen entgegenwirken durch die Einführung von Publizitätsvorschriften oder für den Bereich des Insolvenzrechts durch verfahrensrechtliche Lösungen.[12]

4. Knebelung des Schuldners und Gläubigergefährdung

416 Die Rechtsprechung hat versucht, die Auswüchse zu steuern. So werden Sicherungsverträge wegen Sittenwidrigkeit (§ 138) insbesondere aus zwei Gründen für nichtig erklärt: wegen Knebelung des Sicherungsgebers durch den Sicherungsnehmer[13] und wegen Gläubigergefährdung, wenn Sicherungsgeber und Sicherungsnehmer zum Zweck der Täuschung dritter Gläubiger zusammengearbeitet haben.[14] Grobe Fahrlässigkeit kann in diesem Fall genügen. Der Bundesgerichtshof erlegt dem Sicherungsnehmer eine Pflicht zur Prüfung auf, ob andere Gläubiger geschädigt werden können.[15]

Daneben hat die Rechtsprechung eine Schadensersatzpflicht aus § 826 bejaht, wenn Sicherungsnehmer und Sicherungsgeber oder einer von ihnen vorsätzlich in sittenwidriger Weise eine Schädigung anderer Gläubiger herbeigeführt haben.[16]

VI. Antizipierte Sicherungsübereignung (Sicherungsübereignung von Warenlagern)

417 Das Besitzkonstitut erfordert den Besitz des Veräußerers. Durch die Rechtsprechung ist es aber auf Sachen ausgedehnt, die der Veräußerer noch gar nicht besitzt, sondern erst zu erwerben

---

[11] Vgl. dazu *H. Weber,* NJW 1976, 1601.
[12] Vgl. dazu die Diskussionen des 54. Deutschen Juristentags (1982), NJW 1982, 2544 und 2548.
[13] Vgl. BGHZ 7, 111 = NJW 1952, 1169; BGHZ 19, 12 = NJW 1956, 337 und *BGH* NJW 1962, 102; kritisch gegen die Anwendung des § 138 auf diese Fallgruppe *Barkhausen,* NJW 1953, 1412.
[14] BGHZ 10, 228 = NJW 1953, 1665; BGHZ 20, 43 = NJW 1956, 706.
[15] Vgl. auch *BGH* NJW 1955, 1272.
[16] Vgl. RGZ 136, 247, 253; 143, 48 und *BGH* JZ 1956, 95 mit Anm. *v. Caemmerer.*

beabsichtigt („antizipiertes Besitzkonstitut"). Diese Erweiterung soll die Sicherungsübereignung von Warenlagern mit wechselndem Bestand ermöglichen, die nicht selten vorkommt und bei Kaufleuten ein wirtschaftliches Bedürfnis ist.

1. Allgemeine Voraussetzungen

Für die Beurteilung der Eigentumsverhältnisse sind drei Personen zu unterscheiden: der Inhaber 418
des Warenlagers, der es zur Sicherung übereignet (V), der Sicherungseigentümer (E) und der Verkäufer, von dem der Inhaber des Lagers die Waren erwirbt (X). Streitig ist, ob der Übereignungswille beim Erwerb der Sache durch den Veräußerer V, insbesondere bei der Übergabe der Waren seitens des X an V, noch bestehen muß.[17] Hält man die Einigung im Fahrnisrecht für bindend (vgl. o. § 32 II), so schadet es nicht, wenn der Übereignungswille des V beim Erwerb der Sache nicht mehr vorhanden ist. Dagegen muß der Wille des Sicherungsgebers, für den Sicherungsnehmer besitzen zu wollen, zur Zeit der Einbringung der Ware in das Warenlager noch vorliegen. Besteht er nicht, so wird der Sicherungsnehmer nicht mittelbarer Besitzer und damit nicht Eigentümer. Eine rechtliche Bindung kann den Willen im Besitzrecht nicht überwinden. Eine erkennbare Ausführungshandlung, aus der das Festhalten an der Besitzvermittlung eindeutig hervorgeht, wird gefordert.[18] Da das Eigentum zunächst von X an V und dann erst auf Grund der antizipierten Übereignung an E übertragen wird, erwirbt V im Durchgangserwerb Eigentum. Daß das Eigentum, wenn auch nur einen Augenblick, dem V zusteht, kann wichtig werden, wenn es mit dem Erwerb zugleich Haftungsgegenstand für einen Dritten wurde, z. B. als eingebrachte Sache dem Vermieterpfandrecht unterliegt; dann scheidet es durch den Eigentumsübergang auf den Erwerber aus dieser Haftung nicht aus.[19]

Bei mehrfacher Übereignung eines Warenlagers kann es zu einer Teilung der Eigentumsverhältnisse kommen. Verfügt der Schuldner als Nichtberechtigter erneut über das Warenlager, ändert sich hinsichtlich des Altbestandes an Waren am Eigentumserwerb des ersten Sicherungsnehmers nichts. Ein gutgläubiger Erwerb des zweiten Sicherungsnehmers scheitert an der nach § 933 erforderlichen Übertragung des unmittelbaren Besitzes. Jedoch erwirbt der zweite Sicherungsnehmer das Eigentum am Neubestand mit der Einbringung, da der Sicherungsgeber durch den Abschluß des zweiten Sicherungsvertrages zu erkennen gegeben hat, daß er den Besitz nunmehr für den neuen Sicherungsnehmer vermittelt.[20]

Zum Verkauf und zur Weiterveräußerung im eigenen Namen ist der Besitzer des Warenlagers durch die Vereinbarung mit dem Gläubiger (ähnlich dem Kommissionsvertrag) und die darin gegebene Ermächtigung (§ 185) berechtigt, doch muß eine solche Vereinbarung besonders geschlossen werden. Dabei wird auch die Abtretung des Erlöses oder der aus dem Verkauf entstehenden Forderungen an den Sicherungseigentümer zu regeln sein; zum Erfordernis der Bestimmtheit bei der Vorausabtretung der Forderung vgl. o. § 33 III 1.

2. Bestimmtheit des Sicherungsgutes

Für die Praxis ist die in Rechtsprechung und Schrifttum umstrittene Frage wichtig, wie weit die 419
übereignete Sache bestimmt sein muß. Aus dem Sicherungsübereignungsvertrag selbst muß sich eindeutig ergeben, welche Waren übereignet werden. Das zur Sicherung übereignete Warenlager muß daher genau abgegrenzt sein (bestimmte Räume!).[21] Sofern nicht alle in einem Raum befindlichen Stücke von der Sicherungsübereignung erfaßt werden sollen, wird nach Ansicht des *BGH* dem sachenrechtlichen Bestimmtheitsgrundsatz auch dadurch genügt, daß der Veräußerer diesbezüglich einen im Wege der Selbsthilfe zu erfüllenden schuldrechtlichen Anspruch auf Rückübertragung

---

[17] Bejahend RGZ 135, 367; BGHZ 7, 111, 115 = NJW 1952, 1169; *Wolff/Raiser,* § 66 I 4; verneinend *H. Lange,* NJW 1950, 567; *H. P. Westermann,* in: Westermann, § 38, 4.

[18] Vgl. RGZ 147, 326; a. M. *Bülow,* Jura 1987, 509, 514.

[19] Vgl. z. B. *OLG Düsseldorf* EWiR 1999, 593.

[20] Vgl. dazu *BGH* WM 1960, 1223, 1225; *Menke,* WM 1997, 405; *Bülow,* WM 1998, 845; a. A. *Giesen,* AcP 203, 210, 223.

[21] Vgl. *BGH* NJW 1992, 1161 und NJW-RR 1994, 1537 (für eine Handbibliothek in einem gesonderten Raum); dazu *Tiedtke,* WiB 1995, 197; *OLG Frankfurt a. M.* ZIP 1994, 1438 (Waren verschiedener Vertragspartner in einem Kühlhaus). Die Rspr. zur Raumsicherung analysieren *Riggert,* NZI, 2009, 137; 2000, 241; *Gehrlein,* MDR 2008, 1069 (mit vielen Beispielen aus der Rspr.).

haben soll.[22] Ob damit dem Gebot der klaren Sachzuordnung noch genügt wird, erscheint zweifelhaft.[23] Bei eindeutig gekennzeichneten Sachgesamtheiten (z. B. alle Container einer bestimmten Größe) bedarf es einer räumlichen Zusammenfassung nicht.[24] Liegt ein konkretes Inventarverzeichnis vor, so genügt eine Bezugnahme auf dieses Verzeichnis im Vertrag.[25] Der Grund für das Verlangen nach genügender Bestimmtheit ergibt sich aus der Lehre vom dinglichen Vertrag. Eine Übereignung setzt eine wirksame Einigung voraus. Sie kann sich jedoch stets nur auf bestimmte Gegenstände beziehen. Daraus folgt, daß der Zeitpunkt des Vertragsschlusses für die Bestimmtheit maßgebend ist.[26] Erfaßt ein Sicherungsübereignungsvertrag ausdrücklich auch solche Waren des Sicherungsgebers, die diesem unter Eigentumsvorbehalt geliefert worden sind, so ist nach der Rechtsprechung des *BGH* eine räumliche Trennung der Waren, an denen der Sicherungsgeber nur ein Anwartschaftsrecht hat, von denen, an welchen er Eigentümer ist, nicht erforderlich.[27] Zu Recht begründet der *BGH* diese Entscheidung mit der Erwägung, daß die Übertragung des Anwartschaftsrechts denselben Regeln wie die Übereignung beweglicher Sachen unterliegt (vgl. o. § 33 II 3).

3. Übersicherung

420 Soweit ein Warenlager oder andere künftige Werte durch Formularvertrag sicherungsübereignet werden, besteht grundsätzlich die Gefahr einer Übersicherung des Gläubigers. Von einer Übersicherung wird dabei im allgemeinen dann gesprochen, wenn ein Vergleich des Wertes der Sicherheiten mit der Höhe der durch sie gesicherten Gesamtforderung ergibt, daß der Wert der Sicherheiten die Kreditforderung auf Dauer in einem ungerechtfertigten Maße übersteigt.[28] Dabei kann die Übersicherung sowohl ursprünglich, bereits bei Vertragsschluß bestehen,[29] als auch nachträglich durch Abnahme der zu sichernden Forderungen oder durch wertmäßige Zunahme der Sicherheiten eintreten.[30]

a) Freigabeklausel

420a Um einen angemessenen Ausgleich zwischen den Interessen von Sicherungsgeber und Sicherungsnehmer herzustellen, hatte der *BGH* in einer Grundsatzentscheidung aus dem Jahre 1989 das Erfordernis einer Freigabeklausel mit zahlenmäßig bestimmter fester Deckungsgrenze aufgestellt.[31] Dieser Rechtsprechung des VIII. Zivilsenats schlossen sich in der Folgezeit auch der VII. und IX. Senat des *BGH* an und schränkten sie mittels Bildung zweier Fallgruppen ein.[32] Eine ermessensunabhängig ausgestaltete Freigabeklausel, eine konkrete Deckungsgrenze und eine feste Bezugsgröße für die Bewertung des Sicherungsgutes sollten danach nur bei sog. „revolvierenden Sicherheiten“ erforderlich sein, bei denen nicht eindeutig feststeht, welche Waren erfaßt werden (wechselnder Bestand) und daher die Belastung in ihrer Entwicklung für den Sicherungsgeber nicht überschaubar ist.[33] Bei Übertragung einer bestimmten Sachgesamtheit wurde die Sicherungsübereig-

---

[22] *BGH* NJW 2000, 2898 (Porzellanmustersammlung).

[23] Kritisch dazu auch *Medicus,* EWiR 2000, 1047; *Feuerborn,* ZIP 2001, 600, 603.

[24] *BGH* ZIP 1995, 451.

[25] *BGH* NJW 2008, 3142 = ZIP 2008, 1638.

[26] Vgl. hierzu BGHZ 28, 16, 19 = NJW 1958, 1133.

[27] So BGHZ 28, 16 = NJW 1958, 1133 gegen BGHZ 21, 52 = NJW 1956, 1315.

[28] Vgl. *Pottschmidt/Rohr,* Kreditsicherungsrecht, 4. Aufl., 1992, Rn. 752; *Göbel,* S. 18.

[29] Zur anfänglichen Übersicherung vgl. *Tetzlaff,* ZIP 2003, 1826; *ders.,* DZWiR 2003, 453; *Gauter,* WM 2001, 1; *Terlan,* BB 1998, 1498.

[30] Zur gesamten Entwicklung *Prütting,* FS Gaul, 1997, S. 525 ff.; *Rombach,* S. 48 ff.

[31] BGHZ 109, 240 = NJW 1990, 716.

[32] Vgl. etwa *BGH* NJW-RR 1991, 625; BGHZ 120, 300 = NJW 1993, 533; umfassend dazu *Wiegand/Brunner,* NJW 1995, 2513.

[33] So BGHZ 117, 274 = NJW 1992, 1626; dazu im einzelnen *Göbel,* S. 147 ff.

nung hingegen auch ohne Freigabeklausel grundsätzlich als wirksam angesehen, da der Sicherungsgeber mit vertretbarem Aufwand das Wertverhältnis überwachen und bei Nachweis der Übersicherung nach Treu und Glauben einen Teil der Sicherheiten zurückverlangen kann. Ein Freigabeanspruch wurde in diesen Fällen bereits aus der Sicherungsabrede hergeleitet.[34]

Seit Ende 1994 übte der XI. Zivilsenat des *BGH* in Übereinstimmung mit einigen kritischen Stimmen in der Literatur mehrfach Kritik an dieser Rechtsprechung.[35] Dabei wurde überzeugend dargelegt, daß dem Sicherungsgeber aus dem Sicherungsvertrag ein Anspruch auf Freigabe nicht mehr benötigter Sicherheiten auch ohne Festlegung einer Freigabeklausel zusteht. Zudem sei die Gesamtnichtigkeit formularvertraglicher Globalsicherheiten ohne Freigabeklausel nicht mit § 306 n. F. vereinbar. Sie führe schließlich auch zu unangemessenen Ergebnissen, da die Frage der Übersicherung regelmäßig erst im Konkurs des Sicherungsgebers akut wird. Im Insolvenzfall werden aber durch die Gesamtnichtigkeit der Globalsicherheit unabhängig vom tatsächlichen Bestehen einer Übersicherung nur die ungesicherten Konkursgläubiger begünstigt, deren Schutz § 306 n. F. nicht bezweckt.[36]

Wegen der bestehenden Divergenzen in der Rechtsprechung der einzelnen Senate **420b** riefen der IX. und XI. Senat zur Frage der Notwendigkeit von Freigabeklausel und Deckungsgrenze den Großen Senat des *BGH* an.[37] Dieser hat die langandauernde Kontroverse durch Beschluß vom 27. 11. 1997 dahingehend entschieden, daß dem Sicherungsgeber im Falle **nachträglicher Übersicherung** ein ermessensunabhängiger Anspruch auf Freigabe des nicht mehr benötigten Teils der Sicherheiten zusteht. Ein solcher allgemeiner Freigabeanspruch wird aus der Treuhandnatur des Sicherungsvertrages hergeleitet und besteht ohne Rücksicht darauf, ob es sich um einen Individual- oder Formularvertrag handelt und unabhängig davon, ob er eine Singularsicherheit oder revolvierende Globalsicherheiten zum Gegenstand hat. Es bedarf daher keiner Vereinbarung einer ausdrücklichen Freigaberegelung.[38] Enthält ein Sicherungsvertrag jedoch eine Klausel, welche die Freigabe in das Ermessen des Gläubigers stellt, so ist diese nach § 307 II n. F. unangemessen und damit unwirksam. Sie führt aber nicht zur Unwirksamkeit der Globalsicherheit insgesamt. An die Stelle der unwirksamen Klausel tritt vielmehr nach § 306 II n. F. der jedem Sicherungsvertrag immanente ermessensunabhängige Freigabeanspruch.[39] Abzuwarten bleibt jedoch, ob die Rechtsprechung diesen Grundsatz auch auf wegen nachträglicher Übersicherung nach § 138 sittenwidrige Individualverträge übertragen wird, da der Große Senat diese Frage offengelassen hat.[40] Zu beachten ist weiterhin, daß sich die Ausführungen des Großen Senats nur auf die Fälle nachträglicher Über-

[34] BGHZ 124, 380 = NJW 1994, 864 und BGHZ 124, 371 = NJW 1994, 861; zur Übersicherung durch ein Bündel von Sicherheiten *OLG Köln* ZIP 1996, 828.

[35] BGHZ 128, 295 = NJW 1995, 1085; BGHZ 130, 60 = NJW 1995, 2219, 2220; *BGH* NJW 1995, 2221, 2223; *BGH* NJW 1996, 847; kritisch auch *Neuhof,* NJW 1995, 1068; *Seeker,* S. 93 ff.; *Serick,* NJW 1997, 1529.

[36] BGHZ 128, 295 = NJW 1995, 1085; *Nobbe,* ZIP 1996, 657; *Canaris,* ZIP 1996, 1109; *Pfeiffer,* ZIP 1997, 49; *Bülow,* Rn. 954; im Ergebnis ebenso *Schröter,* WM 1997, 2193; *Serick,* WM 1997, 2053, der dies aber aus dem Gewohnheitsrecht ableitet.

[37] *BGH* NJW 1997, 1570; *BGH* ZIP 1997, 1185.

[38] BGHZ 137, 212 = NJW 1998, 671 mit Anm. von *Imping,* MDR 1998, 550 und *Roth,* JZ 1998, 456; *Serick,* BB 1998, 801 ff.; *Schwab,* JuS 1999, 740; ergänzend dazu BGHZ 138, 367 = NJW 1998, 2206; *BGH* NJW 1998, 3273.

[39] BGHZ 137, 212, 220 = NJW 1998, 671, 673; a. A. *Weber,* S. 292; *Imping,* MDR 1998, 550, 551 (unzulässige geltungserhaltende Reduktion).

[40] Kritisch zum Beschluß des Großen Senats insoweit *Medicus,* EWiR 1998, 155, 156; *Serick,* BB 1998, 801, 808.

sicherung, z. B. durch Anwachsen der Sicherheiten oder Absinken der gesicherten Forderung beziehen. Eine schon im Zeitpunkt des Vertragsschlusses bestehende **anfängliche Übersicherung** kann hingegen gemäß § 138 zur Nichtigkeit des Sicherungsvertrages führen.[41]

b) Deckungsgrenze

420c Als Deckungsgrenze bezeichnet man den Betrag, bis zu dem die gesicherte Forderung durch den Wert der Sicherheiten gedeckt sein darf, ohne daß eine Übersicherung vorliegt. Die Rechtsprechung ist lange Zeit vom Erfordernis einer bei Vertragsschluß zahlenmäßig feststehenden Deckungsgrenze ausgegangen.[42] Voraussetzung ihrer Festlegung ist eine Bewertung der Sicherheiten, die sich entweder auf deren Wert bei der Übereignung zuzüglich eines Sicherheitszuschlags für das Ausfallrisiko[43] oder aber auf den im Sicherungsfall bei einer Verwertung zu erzielenden realisierbaren Wert[44] beziehen kann. Zahlreiche Entscheidungen haben aber gezeigt, daß die Grenzziehungsprobleme durch eine konkrete Deckungsgrenze nicht gelöst wurden. Die eigentlichen Schwierigkeiten liegen bei der Bewertung des Sicherungsgutes, für die es allgemeingültige, branchenunabhängige Bewertungsmaßstäbe nicht gibt.[45]

420d Der Große Senat des *BGH* hat durch Beschluß vom 27. 11. 1997 grundlegend festgestellt, daß aufgrund des ermessensunabhängigen Freigabeanspruchs im Falle der Übersicherung eine zahlenmäßig bestimmte Deckungsgrenze keine Wirksamkeitsvoraussetzung eines Globalsicherungsvertrages ist.[46] Bei der zur Feststellung der Übersicherung erforderlichen Sicherheitenbewertung hat sich der Große Senat jedoch für eine abstrakt-generelle Grenzziehung entschieden, da hierdurch die Absicherung des Sicherungsnehmers wie auch die Interessen des Sicherungsgebers an der Wahrung seiner wirtschaftlichen Bewegungsfreiheit besser gewährleistet seien als mit einer individuellen, konkret und fallbezogen festzusetzenden Haftobergrenze.[47] Wird in einem Formularvertrag keine oder eine unangemessen hohe Deckungsgrenze festgelegt, so beträgt diese – bezogen auf den realisierbaren Wert der Sicherungsgegenstände – 110 % der gesicherten Forderungen. Der pauschale 10 %ige Aufschlag orientiert sich dabei an der neuen Regelung des § 171 I 2, II 1 InsO und soll die Feststellungs-, Verwertungs- und Rechtsverfolgungskosten abdecken.[48] Soweit nichts anderes vereinbart ist, ist Sicherungswert bei abgetretenen Forderungen der Nennwert, bei sicherungsübereigneten Waren der Marktpreis, hilfsweise der Einkaufs- oder Herstellungspreis. Da der realisierbare Wert in der Krise des Schuldners erfahrungsgemäß erheblich hinter dem sonst erzielbaren Erlös zurückbleibt und bei

---

[41] BGHZ 137, 212, 223 = NJW 1998, 671, 674; *BGH* NJW 1998, 2047; dazu *Medicus,* EWiR 1998, 621; *Terlau,* BB 1998, 1498; *Gauter,* WM 2001, 1 ff.; *Tetzlaff,* ZIP 2003, 1826; *ders.,* DZWiR 2003, 453.

[42] BGHZ 109, 240, 245 = NJW 1990, 716; BGHZ 120, 300 = NJW 1993, 533.

[43] So die bisherige Rechtsprechung vgl. nur BGHZ 120, 300 = NJW 1993, 533 (fester Risikozuschlag). Dagegen der XI. Senat, *BGH* ZIP 1997, 1185, 1188 (für Risikoabschläge unterschiedlicher Höhe unter Berücksichtigung der Umstände des Einzelfalls).

[44] So der IX. Senat, *BGH* NJW 1997, 1570; ablehnend *Canaris,* ZIP 1997, 813; vgl. zum Ganzen auch *Baur/Stürner,* § 57, Rn. 25.

[45] *Nobbe,* ZIP 1996, 657, 664. Zur Bewertung nach Einkaufspreis, Verkaufspreis, Zeit oder Nennwert vgl. etwa *BGH* ZIP 1994, 1978; *BGH* NJW 1996, 388. Für die Berechnung nach banküblichen Bewertungsgrundsätzen hingegen BGHZ 130, 115 = JZ 1995, 1178 mit abl. Anm. *Weber,* JZ 1995, 1181.

[46] BGHZ 137, 212, 222 = NJW 1998, 671, 674; *BGH* NJW-RR 1998, 1123; NJW 1998, 3273.

[47] BGHZ 137, 212, 226 = NJW 1998, 671, 674; *Canaris,* ZIP, 1997, 813, 829; *Bülow,* JZ 1997, 500, 503; a. A. *Serick,* NJW 1997, 1529, 1532.

[48] BGHZ 137, 212, 228 ff. = NJW 1998, 671, 675; siehe dazu *Treffer,* MDR 1998, 1394.

Vertragsabschluß nicht vorhersehbar ist, ob und wann der Sicherungsfall eintritt, bedarf es eines Anhaltspunktes für die Bewertung des Sicherungsgutes. Nach § 237 S. 1 erbringt die Verpfändung beweglicher Sachen Sicherheit nur in Höhe von zwei Dritteln des Schätzwertes. Der Große Senat entnimmt dieser Vorschrift die widerlegliche Vermutung, daß ein Sicherheitsabschlag von einem Drittel dem Sicherungsinteresse des Gläubigers genügt.[49] Der Freigabeanspruch entsteht somit regelmäßig erst dann, wenn der Nennwert, Marktpreis, bzw. Einkaufs- oder Herstellungspreis 150 % der gesicherten Forderung ausmacht, wobei in diesem Zuschlag der 10 %ige Anteil für die Kosten der Realisierung der Sicherheit enthalten ist.[50] Ein Ermessen bei der Freigabe hat der Sicherungsnehmer nur noch hinsichtlich der Auswahl der freizugebenden Sicherungsgegenstände.[51] Der Sicherungsgeber, welcher sich auf das Vorliegen der Übersicherung beruft, muß das Erreichen der vermuteten Deckungsgrenze allerdings substantiiert darlegen und beweisen, da in dem 50 %igen Zuschlag nur eine Orientierungshilfe und keine für alle Fälle passende Regelung zu sehen ist. Erst die künftigen Entscheidungen werden daher zeigen, ob sich die vom Großen Senat aufgestellte Grenze in der Praxis als tauglich erweist.

VII. Die Sicherungsübereignung in Zwangsvollstreckung und Insolvenz

Wenn man die Sicherungsübereignung anerkennt, muß man das Sicherungseigentum auch als volles Eigentum behandeln. Selbst das unter auflösender Bedingung übertragene Eigentum ist ja volles Eigentum. Daß es wirtschaftlich noch zum Vermögen des Sicherungsgebers gehört, trifft bis zu einem gewissen Grad zu, aber juristisch ist man eben einen Schritt weitergegangen als bei der Verpfändung. **421**

1. Daher ist mit der herrschenden Meinung dem Sicherungseigentümer gegenüber einer Vollstreckung, die sich gegen den Sicherungsgeber richtet, die Drittwiderspruchsklage nach § 771 ZPO zuzubilligen, nicht bloß die Klage nach § 805 ZPO auf vorzugsweise Befriedigung.[52] In der Insolvenz hatte dagegen die herrschende Meinung vor 1999 dem Sicherungsnehmer nicht ein Aussonderungsrecht, sondern nur ein Absonderungsrecht gewährt (§ 48 KO).[53] Sie stützte sich zu Recht vor allem darauf, daß der Sicherungsnehmer nicht gleichzeitig die Sache aussondern und wegen seiner gesamten Forderung Befriedigung aus der Masse verlangen könne.[54] Im neuen Insolvenzrecht ist seit 1. 1. 1999 durch § 51 Nr. 1 InsO gesetzlich festgeschrieben, daß der Sicherungsnehmer in der Insolvenz des Sicherungsgebers nur ein Absonderungsrecht hat.[55]

2. Weniger Bedeutung hat der umgekehrte Fall: die Zwangsvollstreckung gegen den Sicherungsnehmer. Regelmäßig befindet sich der sicherungsübereignete Gegenstand im Gewahrsam des Sicherungsgebers, der nicht zur Herausgabe bereit sein wird und damit gem. § 809 ZPO den Zugriff unterbinden kann. Ist hieran die Vollstreckung nicht gescheitert, so hat der Sicherungsgeber die Drittwiderspruchsklage nach § 771 ZPO bis zum Eintritt der Verwertungsreife, weil bis zu diesem Zeitpunkt das Sicherungseigentum nur Treuhandvermögen darstellt. Sobald jedoch der Sicherungsnehmer zur Veräußerung befugt ist, kann § 771 ZPO nicht mehr Platz greifen.[56] In der Insolvenz des

---

[49] BGHZ 137, 212, 233 ff. = NJW 1998, 671, 676 f.; vgl. auch *Schwab,* WM 1997, 1883, 1890; *Liebelt-Westphal,* ZIP 1997, 230, 231; *Baur/Stürner,* § 57 Rn. 28–29 f.

[50] BGHZ 137, 212, 235 = NJW 1998, 671, 677. Zustimmend zur Festsetzung der Grenzen etwa *Imping,* MDR 1998, 550; *Roth,* JZ 1998, 456.

[51] *BGH* NJW-RR 2003, 45 = ZIP 2002, 1390.

[52] Vgl. BGHZ 12, 232 = NJW 1954, 673; BGHZ 80, 296, 299 = NJW 1981, 1835.

[53] So *BGH* NJW 1978, 632 = JR 1978, 196 mit Anm. von *Olzen;* RGZ 157, 45; 124, 75. Vgl. dazu *Grunsky,* JuS 1984, 497.

[54] Vgl. zu diesen Fragen aus der Literatur *Wolff/Raiser,* § 180 IV 1; *Bötticher,* MDR 1950, 705; *Paulus,* ZZP 64, 169.

[55] Zu den Auswirkungen des am 1. 1. 1999 in Kraft getretenen neuen Insolvenzrechts auf Sicherungsübereignungen vgl. *Funk,* Die Sicherungsübereignung in Einzelzwangsvollstreckung und Insolvenz, 1996; *Bülow,* Rn. 1067 ff.

[56] BGHZ 72, 141, 142 = NJW 1978, 1859.

Sicherungsnehmers hat der Sicherungsgeber ein Aussonderungsrecht (§ 43 KO, ab 1. 1. 1999 nunmehr § 47 InsO),[57] wenn der Sicherungsgeber die gesicherte Forderung durch Leistung an die Konkursmasse tilgt, wozu er auch vor Fälligkeit berechtigt ist.

§ 35. Der gutgläubige Erwerb

Literatur: *Altmeppen,* Disponibilität des Rechtsscheins, 1993; *Braun,* § 935 I 2 BGB ist zu eng formuliert, JZ 1993, 391; *v. Caemmerer,* Übereignung durch Anweisung zur Übergabe, JZ 1963, 586; *Deutsch,* Gutgläubiger Eigentumserwerb durch erlaubte Ansichnahme der Sache gemäß § 933 BGB?, JZ 1978, 385; *Giehl,* Der gutgläubige Mobiliarerwerb – Dogmatik und Rechtswirklichkeit, AcP 161, 357; *Göhlert,* Der Erwerb unterschlagener bzw. gestohlener Sachen vom Nichtberechtigten, 2007; *Hager,* Verkehrsschutz durch redlichen Erwerb, 1990; *ders.,* Der sachenrechtliche Verkehrsschutz als Muster der Lösung von Dreipersonenkonflikten, in: 50 Jahre BGH, Festgabe aus der Wissenschaft, 2000, S. 777; *H. Hübner,* Der Rechtsverlust im Mobiliarsachenrecht, 1955; *Kindl,* Rechtsscheintatbestände und ihre rückwirkende Beseitigung, 1999, S. 305 ff.; *Leuschner,* Die Bedeutung von Allgemeinwohlinteressen bei der Rechtfertigung privatrechtlicher Regelungen am Beispiel der §§ 932 ff. BGB, AcP 205 (2005), 205 ff.; *ders.,* Verkehrsinteresse und Verfassungsrecht, 2005; *Lohsse,* Gutgläubiger Erwerb, mittelbarer Besitz und die Väter des BGB, AcP 206 (2006), 527; *v. Lübtow,* Hand wahre Hand, Festschrift der jur. Fakultät Berlin zum 41. Deutschen Juristentag, 1955, S. 119; *Martinek,* Traditionsprinzip und Geheißerwerb, AcP 188, 573; *Medicus,* Besitz, Grundbuch und Erbschein als Rechtsscheinträger, Jura 2001, 294; *Minuth,* Besitzfunktion beim gutgläubigen Mobiliarerwerb im deutschen und französischen Recht, 1990; *Musielak,* Eigentumserwerb an beweglichen Sachen nach §§ 932 ff. BGB, JuS 1992, 713; *Neuner,* Der Redlichkeitsschutz bei abhanden gekommenen Sachen, JuS 2007, 401; *Picker,* Mittelbarer Besitz, Nebenbesitz und Eigentumsvermutung in ihrer Bedeutung für den Gutglaubenserwerb, AcP 1988, 511; *Rebe,* Zur Ausgleichsfunktion von § 935 BGB zwischen Vertrauensschutz und Eigentümerinteressen beim gutgläubigen Mobiliarerwerb, AcP 173, 186; *K. Schmidt,* Abhandenkommen bei Weggabe durch angestellte Besitzdiener, FS Seiler, 2000, S. 579; *Tiedtke,* Gutgläubiger Erwerb im bürgerlichen Recht, im Handels- und Wertpapierrecht sowie in der Zwangsvollstreckung, 1985; *Thorn,* Der Mobiliarerwerb von Nichtberechtigten, 1996; *Weimar,* Der gutgläubige Erwerb vom Nichtberechtigten, 1960; *Westermann,* Die Grundlagen des Gutglaubensschutzes, JuS 1963, 1; *Wiegand,* Der Rückerwerb des Nichtberechtigten, JuS 1971, 62; *ders.,* Der gutgläubige Erwerb beweglicher Sachen, JuS 1974, 201 und 545; *ders.,* Rechtsableitung vom Nichtberechtigten, JuS 1978, 145; *Zeranski,* Prinzipien und Systematik des gutgläubigen Erwerbs beweglicher Sachen, JuS 2002, 340; *Zweigert,* Rechtsvergleichend-Kritisches zum gutgläubigen Mobiliarerwerb, RabelsZ 23, 1.

I. Erwerb vom Nichteigentümer im allgemeinen

422 Ein Erwerb vom Nichteigentümer ist zunächst möglich, wenn der Eigentümer der Verfügung eines Nichtberechtigten zustimmt (§ 185). Dies ist besonders wichtig für die stille Stellvertretung. Die Übereignung, die im Rahmen derselben vorgenommen wird, ist, wenn sie auch im Auftrag des Eigentümers oder auf Grund eines anderen Geschäftsbesorgungsvertrages mit ihm erfolgt, die Verfügung eines „Nichtberechtigten"; denn das Gesetz stellt im § 185 auf die dingliche Rechtsstellung des Verfügenden ab, nicht auf das schuldrechtliche Handelndürfen. Die Übereignung ist also wirksam, wenn der Eigentümer ihr vorher zugestimmt hat (was z. B. beim Auftrag zum Verkauf der Fall ist), und wird es nachträglich, wenn der Eigentümer nachher zustimmt (z. B. die Geschäftsführung ohne Auftrag anerkennt).

Ein Nichteigentümer kann ausnahmsweise auch zur Verfügung über fremdes Eigentum dinglich berechtigt sein, so daß er der Zustimmung des Eigentümers nicht

[57] *BGH* WM 1992, 180; RGZ 94, 305.

bedarf, z. B. der Nießbraucher nach § 1048, der Pfandgläubiger nach § 1242, der Pächter nach § 582 a.

Umgekehrt kann dem Eigentümer die Verfügungsbefugnis fehlen, so dem Erben nach § 1984, dem Vorerben nach §§ 2113–2115, dem Schuldner im Falle der Insolvenz (§ 80 InsO).

II. Gutgläubiger Erwerb

Der wichtigste Fall des Erwerbes vom Nichteigentümer ist der gutgläubige Erwerb.[1] **423**

1. Ausgangspunkt

Das Problem, vor dem der Gesetzgeber steht, ist bei beweglichen Sachen dasselbe wie beim Grundeigentum: Es kann vorkommen, daß jemand eine Sache von einem anderen erwirbt, den er für den Eigentümer hält, der es aber in Wahrheit nicht ist.

Die Legitimation des Veräußerers liegt hier im Besitz; deshalb sind ja alle Übertragungsformen, mit Ausnahme der in § 931 geregelten, an den Besitz des Veräußerers gebunden. Aber eine sichere Garantie für das Eigentum gibt der Besitz nicht, und deshalb können hier eher als beim Grundeigentum, bei dem das Grundbuch eine weitgehende Sicherheit für seine Richtigkeit gewährt, praktische Fälle vorkommen, in denen ein Erwerb vom Nichteigentümer stattfindet. Wieder steht der Gesetzgeber vor der Frage (vgl. o. § 19 I), ob er das Interesse des wahren Eigentümers als vordringlich behandeln will, daher den gutgläubigen Erwerb nicht anerkennt, oder das Interesse des gutgläubigen Erwerbers und damit – was wohl den Ausschlag gibt – des soliden Rechtsverkehrs (insbesondere im Warenhandel) vorgehen läßt, infolgedessen den gutgläubigen Erwerb anerkennt. Das BGB hat sich auch hier im Gegensatz zum römischen Recht (das den gutgläubigen Erwerber über die Ersitzung schützte) und in Anlehnung an das germanische Recht (das dem ursprünglichen Eigentümer die Herausgabeklage gegen den gutgläubigen Erwerber verwehrte und dafür die Regel prägte: „Hand wahre Hand" oder „Wo du deinen Glauben gelassen hast, da sollst du ihn suchen") zu der zweiten Lösung bekannt und damit die Wirkung des Rechtsscheins anerkannt.[2] Wiederum wird dem alten Eigentümer das Recht, gegen Ersatz des vom Erwerber aufgewendeten Preises die Sache zurückzuverlangen, versagt. Nur der Bereicherungsanspruch des § 816 bildet einen gewissen Ausgleich.

2. Allgemeine Voraussetzungen

a) Entsprechend dem Ziel des Verkehrsschutzes bezieht sich der gutgläubige Erwerb nur auf Fälle des rechtsgeschäftlichen[3] Erwerbs. Ausgeschlossen sind also die Fälle gesetzlicher Gesamtnachfolge (Erbfall,[4] eheliche Gütergemeinschaft) und der Erwerb im Wege der Zwangsvollstreckung (Versteigerung durch den Gerichtsvoll- **424**

---

[1] Grundlegend zu allen Fragen des gutgläubigen Erwerbs *Hager,* S. 88 ff., 225 ff.

[2] Kritisch zur Regelung des BGB *H. Hübner* und *v. Lübtow,* jeweils a. a. O. (vor Rn. 422). Zur Rechtfertigung vgl. *Hager,* S. 225 ff.

[3] Kritisch hierzu *Hager,* S. 96 ff.

[4] Ausgeschlossen ist ein Gutglaubenserwerb nach h. M. auch bei vorweggenommener Erbfolge, RGZ 123, 52, 56; *OLG Zweibrücken* FGPrax 1999, 208, Staudinger/*Gursky,* § 892, Rn. 69; a. A. *LG Bielefeld* Rpfleger 1999, 22; *Olzen,* Die vorweggenommene Erbfolge, 1984, 287 ff.

zieher). Die einzige Ausnahme läßt das Gesetz in § 366 III HGB für den gutgläubigen Erwerb gesetzlicher Pfandrechte des Handelsrechts zu. Dagegen lehnt die h. M. den gutgläubigen Erwerb anderer gesetzlicher Pfandrechte ab (vgl. u. § 70 III 3).

b) Vorliegen muß darüber hinaus ein sog. Verkehrsgeschäft.[5] Es darf also nicht auf Veräußerer- und Erwerberseite rechtlich oder wirtschaftlich dasselbe Rechtssubjekt stehen. Keine Personenidentität liegt vor, wenn einer Personen- oder Kapitalgesellschaft Gegenstände von einem Mitgesellschafter übertragen werden. Auch bei einer noch im Gründungsstadium befindlichen Gesellschaft ist hier ein gutgläubiger Erwerb möglich.[6]

c) Schließlich darf nicht ein sog. Fall des Rückerwerbs des Nichtberechtigten vorliegen (s. u. VI).

d) Die folgenden Überlegungen beziehen sich nur auf den gutgläubigen Erwerb beweglicher Sachen. Zu den Grundstücken s. o. § 19 IV. Im Jahre 2008 hat der Gesetzgeber erstmals den redlichen Erwerb von Geschäftsanteilen an einer GmbH zugelassen (ohne Verbriefung durch ein Wertpapier); vgl. § 16 III GmbHG.

III. Guter Glaube des Erwerbers

425 Das BGB knüpft den Eigentumserwerb vom Nichteigentümer an die Voraussetzung des guten Glaubens, der Erwerber muß an das Eigentum des Besitzers, von dem er erwirbt, glauben. Böser Glaube schließt den Erwerb aus. Der gute Glaube wird wie im Grundstücksrecht vermutet, der böse Glaube als Ausnahme geregelt (vgl. § 932 I u. II), so daß die Beweislast nicht den Erwerber für seinen guten Glauben trifft, sondern den den Erwerb bestreitenden Gegner für den bösen Glauben des Erwerbers.

Der böse Glaube ist aber hier, anders als beim Grundstückserwerb, nicht nur bei Kenntnis vom mangelnden Eigentum des Veräußerers, sondern auch schon bei grobfahrlässiger Unkenntnis gegeben. Hierin spiegelt sich der Unterschied in der Lage des Erwerbers wider: Beim Erwerb von Grundstücken kann er sich auf das Grundbuch verlassen und braucht keine weiteren Nachforschungen anzustellen, bei beweglichen Sachen dagegen bietet der Besitz des Veräußerers keine volle Garantie, und bei verkehrsmäßiger Sorgfalt muß der Erwerber erst Überlegungen und womöglich auch Nachforschungen anstellen, ob er aus dem Besitz auf das Eigentum des Veräußerers schließen darf.[7] Im Falle der Stellvertretung entscheidet der gute oder böse Glaube des Vertreters gemäß § 166.

426 Der *BGH* hat die Voraussetzungen der groben Fahrlässigkeit näher umrissen.[8] Es müssen dem Erwerber Umstände bekannt gewesen sein, die mit auffallender Deutlichkeit dafür sprachen, daß der Veräußerer nicht Eigentümer war. Die dem Erwerber bekannten Umstände müssen derart gewesen sein, daß er zu dieser Erkenntnis auch ohne ein besonders sorgfältiges und pflichtbewußtes Verhalten hätte gelangen können. Der Begriff „grobe Fahrlässigkeit" ist ein Rechtsbegriff. Ob der Erwerber aber im Einzelfall gegen die erforderliche Sorgfalt verstoßen hat, ist Tatfrage.[9]

Anforderungen an diese Sorgfalt sind bei einem Kauf im Laden geringer, da der Ladeninhaber erfahrungsgemäß Eigentümer der zum Verkauf bereitgestellten Sachen oder mindestens Verfügungsberechtigter ist. Sie sind größer beim Kauf von einem unbekannten Hausierer, auf Zeitungsinserat

[5] Vgl. im einzelnen jetzt *Hager,* S. 118 ff.
[6] *BGH* MDR 2003, 223; vgl. dazu auch Staudinger/*Gursky,* § 892 Rn. 89 m. w. N.
[7] Dazu *Bartels,* AcP 205 (2005), 687.
[8] BGHZ 10, 14 = NJW 1953, 1139; *BGH* LM Nr. 9 zu § 932; WM 1978, 1208.
[9] BGHZ 10, 14 = NJW 1953, 1139.

hin oder an einem Ort, an dem üblicherweise ein solcher Handel nicht stattfindet (z. B. Erwerb eines wertvollen Musikinstruments am Bahnhof[10]; Erwerb bei Drängeln des Verkäufers eines PKW auf schnelle Abwicklung an einem Sonntag, auf der Straße und zu einem sehr günstigen Preis.[11]) Hierbei kommt es u. a. auf den Wert und die Art der Sache an, ob man das Eigentum an ihr beim Veräußerer erwarten kann oder nicht (z. B. kostbarer Schmuck wird von einem Straßenhändler angeboten).[12] Wichtig ist heute auch die Frage, ob beim Veräußerer nicht ein bloßer Erwerb unter Eigentumsvorbehalt nach der Art der Sache und seiner wirtschaftlichen Lage zu vermuten ist und inwieweit den Käufer eine Erkundigungspflicht trifft.[13] Zur Erkundigung, ob der Veräußerer die Sache zur Sicherheit übereignet hat, ist der Erwerber im allgemeinen nicht verpflichtet.[14]

Examensproblem: Bei einem Neuwagen oder einem Vorführwagen darf der Käufer i. d. R. darauf vertrauen, daß der Händler berechtigt ist, das ihm vom Hersteller fabrikneu überlassene Kfz zu übereignen und braucht sich den Kfz-Brief nicht vorlegen zu lassen.[15] Beim Erwerb eines gebrauchten Kraftfahrzeugs ist zu differenzieren. Der Erwerb ohne Vorlage des Kfz-Briefs begründet regelmäßig grobe Fahrlässigkeit.[16] Dies gilt auch für Geschäfte unter KFZ-Händlern und beim Erwerb von Leasing-Rückläufern.[17] Auch bei Vorlage des KFZ-Briefs kann der Vorwurf grober Fahrlässigkeit begründet sein, wenn besondere Umstände den Verdacht des Erwerbers erregen müßten.[18]

Der Erwerb von einem Privatmann unter Vorlage des Briefs löst Nachforschungspflichten bzw. grobe Fahrlässigkeit aus, wenn der Veräußerer nicht mit dem letzten im Brief eingetragenen Halter identisch[19] oder kein Halter eingetragen ist.[20] Besonders umstritten ist der Erwerb eines gebrauchten Pkw, wenn der Veräußerer unter fremdem Namen auftritt.[21] Selbst im Falle eines Neuwagens können ausnahmsweise Nachforschungspflichten bestehen, wenn ein auffälliges Mißverhältnis zwischen dem gezahlten und dem üblichen Marktpreis vorliegt.[22]

Der gute Glaube bezieht sich wie beim Erwerb von Grundstücken nur auf das **427** Eigentum des Veräußerers, nicht auf seine Geschäftsfähigkeit, seine Vertretungsmacht, seine Identität,[23] die Befugnis im eigenen Namen über fremde Sachen zu verfügen. Anders ist es nur bei der Veräußerung durch einen Kaufmann im Betrieb seines Handelsgewerbes nach § 366 HGB. Eine entsprechende Anwendung der Vorschriften über den gutgläubigen Erwerb ist aber für gewisse Fälle von Verfügungsbeschränkungen vorgeschrieben, so in den Fällen von §§ 135 II, 136, 161 III, 2113 III, 2211 II, nicht dagegen im Insolvenzfall (§§ 80, 81 InsO).

Ist der Veräußerer Teilhaber einer Gesamthandsgemeinschaft und veräußert er allein unter Verschweigung dieses Verhältnisses, so ist gutgläubiger Erwerb möglich. Wird eine anfechtbar erworbene Sache vor der Anfechtung weiterveräußert, so bleibt der Erwerber trotz der Anfechtung des Vorerwerbs Eigentümer, wenn er gutgläubig war;[24] in diesem Falle bezieht sich der gute Glaube

---

[10] *OLG München* NJW 2003, 673.

[11] *OLG Schleswig* NJW 2007, 3007

[12] Zur Erkundigungspflicht und ihren Grenzen vgl. *BGH* NJW 1966, 1959; NJW-RR 1987, 1456; NJW 1993, 1649.

[13] Vgl. *BGH* ZIP 2003, 2211 (brachenüblicher Eigentumsvorbehalt); RGZ 147, 331; BGHZ 14, 121 = NJW 1954, 1445; BGHZ 77, 274 = NJW 1980, 2245; *OLG Düsseldorf* MDR 1994, 473; *OLG Koblenz* MDR 1998, 270.

[14] *BGH* LM Nr. 22 zu § 932; JZ 1970, 187; LM Nr. 7 zu § 931.

[15] *OLG Karlsruhe* NJW-RR 1989, 1461; *OLG Frankfurt a. M.* NJW-RR 1999, 927.

[16] Vgl. *BGH* NJW 1965, 687; *OLG Celle* JZ 1979, 608; *OLG Karlsruhe* NJW-RR 1989, 1461; a. A. *OLG Saarbrücken* NJW 1968, 1936.

[17] Vgl. *BGH* NJW 1996, 2226; 2005, 1365.

[18] Vgl. *OLG Düsseldorf* NJW-RR 1997, 246; *LG Mönchengladbach* NJW 2005, 3578.

[19] Vgl. *BGH* NJW 1975, 735; *OLG Hamm* NJW-RR 1989, 890 m. w. N.; für den Kauf vom Händler vgl. *BGH* NJW-RR 1987, 1456.

[20] *BGH* NJW 1994, 2022.

[21] Vgl. *OLG Düsseldorf* NJW 1989, 906 gegen *OLG Düsseldorf* NJW 1985, 2484; ausführlich *Mittenzwei,* NJW 1986, 2472.

[22] *BGH* NJW 1996, 314.

[23] Vgl. den interessanten Fall *OLG Düsseldorf* NJW 1985, 2484 mit Anm. von *Mittenzwei,* NJW 1986, 2474.

[24] *BGH* NJW-RR 1987, 1456.

aber nicht auf das Eigentum des Veräußerers, sondern allein darauf, ob der Erwerber im Zeitpunkt der Eigentumsübertragung die Möglichkeit des rückwirkenden Wegfalls der Berechtigung des Veräußerers, also der Vernichtbarkeit dieser Berechtigung durch Anfechtung kannte oder aus grober Fahrlässigkeit nicht kannte (vgl. § 142 II).

IV. Der gutgläubige Erwerb bei den einzelnen Eigentumsübertragungsarten

428 Im übrigen bleiben die Voraussetzungen bestehen, die für den Erwerb vom Eigentümer gefordert sind.

1. Gutgläubiger Erwerb bei Einigung und Übergabe

Daher bleibt es im Normalfall von § 929 bei Einigung und Übergabe. Der gute Glaube muß zu dem Zeitpunkt bestehen, zu dem der Erwerber im Normalfall das Eigentum erwerben würde, also wenn Einigung und Übergabe vorliegen, im Moment des späteren Aktes, je nachdem, welcher von beiden der spätere ist. Eine erst danach eintretende Kenntnis vom mangelnden Eigentum des Veräußerers schadet nicht mehr. Streitig ist für den Fall der bedingten Übereignung, insbesondere beim Eigentumsvorbehalt, ob der gute Glaube bei Geschäftsabschluß genügt oder ob die Zeit des Bedingungseintritts entscheidet. Das erstere ist anzunehmen;[25] vgl. o. § 33 II 3.

Der Übergabe durch den Veräußerer steht diejenige durch einen unmittelbaren Besitzer gleich, der auf Geheiß des Veräußerers die Sache dem Erwerber übergibt.[26]

Beispiel (BGHZ 36, 56): K schließt mit V einen Kaufvertrag über die Lieferung von Koks. V, der inzwischen sein Kohlengeschäft aufgegeben hat, sagt dies dem K nicht, sondern weist den Kohlenhändler E an, den Koks an K zu liefern. E geht dabei davon aus, auf eigene Rechnung zu liefern. Hielt K den V für den Eigentümer des gelieferten Kokses, wäre gutgläubiger Erwerb möglich.

Examensproblem (nach *BGH* NJW 1974, 1132): Kaufmann A, der Hemden produziert, bittet Kaufmann B um Hilfe bei der Sanierung seines Geschäfts. B verkauft im eigenen Namen an C 2000 Hemden, die bei A lagern. C weiß, daß die Hemden dem A gehören, er hält B aber irrig für befugt, im eigenen Namen zu verfügen. C läßt die Hemden bei A nach Vereinbarung abholen und verkauft sie an Dritte für 50 000,– € weiter. A verlangt Zahlung dieser 50 000,– € von C.

Ein Anspruch kann sich aus § 816 I 1 ergeben. Dazu müßte C bei seiner Verfügung an Dritte Nichtberechtigter gewesen sein. Ursprünglich war A Eigentümer. Für eine Übereignung A an C gemäß § 929 fehlt es an der Einigung, für eine Übereignung von B an C gemäß § 929 fehlt es an der Berechtigung des B. Allerdings liegt zwischen B und C eine Einigung vor. Die Übergabe könnte durch Geheiß des B erfolgt sein. Jedoch wollte sich A den Anordnungen des B nicht unterordnen. Es liegt also nur *scheinbarer Geheiß* vor. Es muß aber ausreichen, wenn aus der Sicht des Erwerbers tatsächlich der Geheiß des Veräußerers befolgt wird. Auch hier muß bei einem Irrtum über die Leistung der Empfängerhorizont maßgebend sein.[27] Freilich kommt ein Erwerb gemäß § 932 nicht in Betracht, weil C wußte, daß B nicht Eigentümer der Hemden war. Es ist aber ein gutgläubiger Erwerb des C gemäß § 366 I HGB zu bejahen. Daher besteht ein Anspruch des A gegen C nicht, A kann sich nur an B halten und C muß den vereinbarten Kaufpreis an B bezahlen.

---

[25] So BGHZ 10, 69 = NJW 1953, 1099.
[26] Siehe dazu oben § 32 III 1.
[27] *BGH* NJW 1974, 1132; *Musielak,* JuS 1992, 718 (m. w. N.); a. A. *Baur/Stürner,* § 52 Rn. 13; *Medicus,* Rn. 564; *Martinek,* AcP 188, 621 ff.; abweichend auch hier bis zur 22. Auflage.

2. Gutgläubiger Erwerb bei bloßer Einigung

Im Falle von § 929 Satz 2 genügt auch hier die bloße Einigung; in diesem Zeitpunkt muß der gute Glaube vorhanden sein. 429

Den Besitz – und zwar den unmittelbaren[28] – muß der Erwerber von dem jetzt Veräußernden erlangt haben, nicht von einem Dritten, andernfalls handelt er ja nicht im Vertrauen auf den Besitz des Veräußerers und diesem fehlt die Legitimation im Rechtsverkehr. Wenn z. B. A eine Sache an B vermietet hat und B nun von ihm die Sache erwirbt, so ist ein gutgläubiger Erwerb möglich; erwirbt B die Sache dagegen nicht von A, sondern von C, der sich für den Eigentümer ausgibt, so ist der gutgläubige Erwerb ausgeschlossen.[29]

3. Gutgläubiger Erwerb bei Besitzkonstitut

Durch bloßes Besitzkonstitut ist ein gutgläubiger Erwerb nicht möglich. Er kann erst dann eintreten, wenn der Erwerber eine Sache von dem Veräußerer, der ja zunächst noch unmittelbarer Besitzer bleibt, herausbekommt (§ 933), z. B. nach Ablauf des gem. § 868 vereinbarten Rechtsverhältnisses; bei der Sicherungsübereignung erst, wenn der Gläubiger wegen Nichterfüllung seiner Forderung die Sache herausverlangt und erhält.[30] Der Veräußerer muß jede Einwirkungsmöglichkeit aufgeben. Er darf weder Mitbesitzer noch mittelbarer Besitzer bleiben.[31] Im Zeitpunkt des Besitzverlustes muß der gute Glaube vorhanden sein. 430

Beispiel: Die Maschinenfabrik M hat Maschinen unter Eigentumsvorbehalt an den Fabrikanten F verkauft, der sie an die Bank B zur Sicherung in Form des § 930 „übereignet". B erwirbt, auch wenn sie gutgläubig ist, nicht Eigentum an den Maschinen, wohl aber ein Anwartschaftsrecht, wenn dies dem Willen der Parteien entspricht (§ 140). In dem Willen, das Eigentum zu übertragen, steckt in der Regel als „Minus" der Wille, das Anwartschaftsrecht übergehen zu lassen.

Es genügt auch, wenn der Veräußerer den unmittelbaren Besitz auf einen Besitzmittler des Erwerbers überträgt und der Erwerber zu diesem Zeitpunkt gutgläubig ist.[32]

4. Gutgläubiger Erwerb bei Abtretung des Herausgabeanspruchs

Bei Abtretung des Herausgabeanspruchs sind zwei Fälle zu unterscheiden (§ 934): 431
a) Der Veräußerer ist mittelbarer Besitzer, z. B. Vermieter der Sache (Regelfall); dann ist gutgläubiger Erwerb schon mit der Abtretung möglich, wenn in diesem Zeitpunkt der gute Glaube besteht. Der Grund für diese Lösung des Gesetzes liegt darin, daß der Veräußerer jede besitzrechtliche Beziehung zur Sache verliert. Allerdings muß der unmittelbare Besitzer im Zeitpunkt des Rechtserwerbs noch den Willen haben, für den mittelbaren Besitzer den Besitz auszuüben.[33]

Beispiel: In dem o. 3. genannten Fall der Sicherheitsübereignung von unter Eigentumsvorbehalt erworbenen Maschinen erwirbt die Bank B aufgrund des Besitzmittlungsverhältnisses mit F einen Herausgabeanspruch. Veräußert die B-Bank die Maschinen nunmehr an einen gutgläubigen Erwer-

---

[28] Vgl. BGHZ 56, 123, 129 f. = NJW 1971, 1453.
[29] Vgl. dazu auch BGHZ 10, 81 = NJW 1953, 1506.
[30] Besitzerwerb durch Wegnahme genügt nicht; vgl. BGHZ 67, 207 = NJW 1977, 42; *Damrau,* JuS 1978, 519; *Wieling,* § 10 III 3 b.
[31] *BGH* NJW 1996, 2654.
[32] Vgl. *BGH* JR 1978, 154 mit Anm. von *Berg;* RGZ 137, 23. Vgl. dazu *Deutsch,* JZ 1978, 385.
[33] *BGH* NJW 2005, 359 (Leitsatz 5).

ber E, so kann dieser nach §§ 931, 934 erste Alt. Eigentum erwerben, da die B-Bank als Veräußerin mittelbare Besitzerin der Sache ist.[34]

Ein Teil der Literatur sieht hierin einen Wertungswiderspruch zu § 933 und will in derartigen Fällen nur gleichrangigen Nebenbesitz annehmen, da der Vorbehaltskäufer, der weiter die Raten an M bezahlt, sich so verhält, als besäße er noch für M. Damit werde ein gutgläubiger Erwerb verhindert, solange der redliche Erwerber nicht näher an die Sache heranrücke als der Alteigentümer.[35]

Die Rechtsfigur des Nebenbesitzes läßt sich jedoch mit der gesetzlichen Regelung des BGB nur schwer in Einklang bringen. Auch ist zweifelhaft, ob der Wille des unmittelbaren Besitzers, eine Sache für eine Person zu besitzen, überhaupt teilbar ist.

432 b) Der Veräußerer ist nicht mittelbarer Besitzer; dann ist, weil die Grundlage für ein schutzwürdiges Vertrauen des Erwerbers fehlt, der gutgläubige Erwerb erst möglich, wenn der unmittelbare Besitzer die Sache dem Erwerber in Anerkennung des abgetretenen Anspruchs (wobei ein angeblicher Anspruch genügt)[36] herausgibt und im Zeitpunkt des Besitzerwerbs der gute Glaube vorliegt.[37]

Beispiel: A ist Eigentümer eines Fahrrads, das er an B verleiht. B unterschlägt das Fahrrad und übereignet es an den gutgläubigen C. Dieser ficht den Kaufvertrag zu Recht an, nachdem er von dem Sachverhalt erfahren hat. Daraufhin übereignet B das Fahrrad an den gutgläubigen D durch Einigung und Abtretung des ihm gegen C zustehenden bereicherungsrechtlichen Herausgabeanspruchs.

5. Übersicht: Übereignung und gutgläubiger Erwerb

Übereignung	gutgläubiger Erwerb	Tatbestand des gutgläubigen Erwerbs
§ 929 Satz 1	§ 932 I 1	– Einigung – Übergabe – guter Glaube
§ 929 Satz 2	§ 932 I 2	– Einigung – bereits bestehender Besitz – guter Glaube
§ 930	§ 933	– Einigung – Vereinbarung eines Besitzmittlungsverhältnisses – Erlangung des unmittelbaren – Besitzes – guter Glaube
§ 931	§ 934	– Einigung – Abtretung des Herausgabeanspruchs (soweit Veräußerer mittelbarer Besitzer), sonst Erlangung – des unmittelbaren Besitzes – guter Glaube

[34] BGHZ 50, 45 = NJW 1968, 1382; *Tiedtke,* S. 34; *Lohsse,* AcP 206 (2006), 527 ff.

[35] Vgl. dazu *Lange,* JuS 1969, 162; *Gursky,* Fälle und Lösungen, S. 52 ff.; *Michalski,* AcP 181, 384; MünchKomm/*Quack,* § 934 Rn. 8; *Kindl,* AcP 201, 391, 399 ff.

[36] So RGZ 138, 265 (267); *BGH* LM Nr. 7 zu § 931 und NJW 1959, 1536.

[37] Nach *BGH* NJW 1959, 1536 reicht es auch, wenn der Herausgabepflichtige mit dem Erwerber ein Besitzmittlungsverhältnis vereinbart; vgl. auch *BGH* NJW 1978, 696.

V. Ausschluß des gutgläubigen Erwerbs

1. Abhandengekommene Sachen

Der gutgläubige Erwerb ist ausgeschlossen an Sachen, die dem Eigentümer gestohlen, verlorengegangen oder sonst abhanden gekommen sind (§ 935), weil das Auseinanderfallen von Besitz und Eigentum nicht durch ihn selbst gewollt war. 433

Voraussetzung ist immer, daß die Sache dem unmittelbaren Besitzer (Mitbesitzer) – sei dies der Eigentümer selbst oder ein unmittelbarer Besitzer, dem er die Sache überlassen hat (§ 935 I 2) – gegen seinen Willen oder ohne sein Wissen entzogen ist.[38] Ist der Eigentümer geschäftsunfähig, so ist eine Aufgabe des Besitzes durch ihn dann nicht als freiwilliger Besitzverlust anzusehen, die Sache ihm also abhanden gekommen, wenn ihm die Fähigkeit gefehlt hat, sich über die Besitzaufgabe ein zutreffendes Bild zu machen.[39] Abhanden gekommen ist eine Sache auch dann, wenn sie der Besitzdiener weisungswidrig an einen Dritten herausgegeben hat oder unterschlägt.[40] Eine Ausnahme macht das Gesetz in § 56 HGB für Angestellte in Läden oder Warenlagern, die zwar Besitzdiener sind, aber immer zur Weggabe als ermächtigt gelten. Dagegen gilt die Sache nicht als abhanden gekommen, wenn der unmittelbare Besitzer sie freiwillig einem Dritten übergibt, z. B. unterschlägt, wenn er auch gegen den Willen des mittelbaren Besitzers handelt. Gutgläubiger Erwerb ist also nur an Sachen möglich, die der Eigentümer freiwillig aus der Hand gegeben hat; das damit verbundene Risiko soll er zu tragen haben.[41]

Auch wenn die Weggabe durch Täuschung, Drohung oder Irrtum veranlaßt ist, gilt die Sache nicht als abhanden gekommen; die Anfechtung kann zwar die Rechtswirkungen der Einigung und Übergabe vernichten, aber nicht nachträglich die gewollte Besitzaufgabe zu einer ungewollten machen. Dagegen ist bei unwiderstehlicher physischer Gewalt oder gleichstehendem seelischen Zwang Abhandenkommen zu bejahen.[42] Streitig ist, ob eine Sache abhanden gekommen ist, wenn der unfreiwillige Besitzverlust bei einem unmittelbaren Besitzer eintritt, der gar nicht den Eigentümer als mittelbaren Besitzer anerkannte. Da hier dem Eigentümer also jegliche Besitzposition fehlt, ist nach dem klaren Wortlaut von § 935 I 2 und in Übereinstimmung mit der h. M. ein gutgläubiger Erwerb möglich.[43] 434

Beruht die Besitzentziehung auf einem gesetzlich erlaubten hoheitlichen Eingriff (Beschlagnahmen, Zwangsvollstreckung), so liegt kein Abhandenkommen vor.

Sind dem unmittelbaren Besitzer gegen seinen Willen, aber mit Willen des Eigentümers Sachen weggenommen, so sind sie dem Eigentümer nicht abhanden gekommen; daher ist an ihnen ein gutgläubiger Erwerb möglich.

Ist eine Sache einmal abhanden gekommen, so ist an ihr dauernd ein gutgläubiger Erwerb ausgeschlossen. 435

---

[38] So die h. M. Nach *Rebe,* AcP 173, 200 liegt ein Abhandenkommen dagegen dann vor, wenn der Erwerber auf Grund eines Rechtsscheins erworben hat, den der Eigentümer nicht zurechenbar veranlaßt hat.

[39] So *Baur/Stürner,* § 52 V Rn. 42; *Wieling,* § 10 IV 1. Vielfach wird dagegen bei Weggabe durch Geschäftsunfähige immer Abhandenkommen angenommen, vgl. *Wolff/Raiser,* § 69 I 1; Palandt/*Bassenge,* § 935, Rn. 3; MünchKomm/*Quack,* § 935, Rn. 9; *OLG München* NJW 1991, 2571.

[40] Vgl. RGZ 71, 248 und 106, 4; wie hier nunmehr *Gursky,* in: Westermann, § 49 I 6 m. w. N.; a. M. *Rebe,* AcP 173, 201; *K. Schmidt,* FS Seiler, 2000, S. 579 ff. Zum Meinungsstreit im einzelnen s. o. § 9 V.

[41] Zu den Zurechnungsfragen umfassend *Hager,* S. 384 ff.

[42] Vgl. hierzu BGHZ 4, 10 = NJW 1952, 738 und *BGH* NJW 1953, 1506; dagegen stellen *Baur/Stürner,* § 52 Rn. 43, *Gottwald,* PdW, Fall 64 und *Tiedtke,* S. 42 die Weggabe unter ernstlicher Gewaltandrohung der Wegnahme gleich.

[43] *OLG Düsseldorf* JZ 1951, 269; MünchKomm/*Quack,* § 935, Rn. 7; a. A. *Braun,* JZ 1993, 396.

Beispiel: A ist Eigentümer. B stiehlt ihm die Sache und übereignet sie dem C, dieser dem D. Beide sind gutgläubig. Sie erwerben nicht das Eigentum, A bleibt Eigentümer.

Dem herausgebenden Besitzer steht auch bei Gutgläubigkeit ein Anspruch gegen den Eigentümer, der die Sache ihm abnimmt, nicht zu (Lösungsanspruch). Er kann sich nur an seinen Veräußerer halten, z. B. als Käufer an den Verkäufer wegen Rechtsmängeln der Sache.

Die Vorschrift des § 935 bezieht sich nur auf den Eigentumserwerb nach §§ 932–934. Auf einen Eigentumserwerb kraft Ersitzung, Fund oder Verbindung und Vermengung ist § 935 nicht anwendbar.[44] Darin liegt zugleich ein gewisser Schutz des redlichen Erwerbers einer abhanden gekommenen Sache.[45]

2. Ausnahmen

436 Ausnahmsweise ist ein gutgläubiger Erwerb auch an abhanden gekommenen Sachen möglich, wenn es sich um Geld oder Inhaberpapiere handelt (§ 935 II). Hier siegt wieder die Sicherheit des Verkehrs. Geld wechselt oft den Besitzer, eine Nachprüfung des redlichen Erwerbs eines Vormannes ist hier meist ausgeschlossen; man muß sich bei Gelderwerb auf die Wirksamkeit verlassen können. Ohnehin wäre die Erhaltung des alten Eigentums doch meist undurchführbar, weil die Vermischung und Ununterscheidbarkeit von fremdem und eigenem Geld des Erwerbers das bisherige Eigentum in den meisten Fällen doch vernichten würde (vgl. u. § 37 IV). Ähnlich liegen die Verhältnisse bei den Inhaberpapieren,[46] anders dagegen bei Legitimationspapieren, z. B. Versicherungspolicen, Sparkassenbüchern usw.

Examensproblem (nach *LG Köln* NJW-RR 1991, 868): Die 11-jährige Tochter entwendete ihrem Vater, dem Kl., italienische Lira und tauschte diese bei der bekl. Bank gegen DM ein. Der Kl. verlangt nun von der Bekl. Rückzahlung des DM-Betrages.

Ein solcher Anspruch des Kl. wegen eines möglichen Rechtsverlustes an dem Geld kann sich nur aus den §§ 948, 947 II, 951 iVm. § 812 BGB ergeben. Voraussetzung wäre indessen, daß der Kl. das Eigentum an den Geldscheinen nicht bereits durch das zuvor von seiner Tochter getätigte „Geldwechselgeschäft" verloren hatte. Da die Tochter unstreitig Nichteigentümerin des Geldes war, konnte ein Eigentumserwerb der Bank nur nach den §§ 932 ff. BGB stattfinden. Ein solcher gutgläubiger Erwerb könnte aber bereits an § 935 I BGB gescheitert sein, weil das Geld dem Kl. abhandengekommen war. Jedoch griff hier die Ausnahme des § 935 II BGB ein, so daß es nur noch darauf ankam, ob die Bekl. das Geld (durch ihren Angestellten; § 166 I BGB) gutgläubig erworben hatte. Das *LG* verneinte aufgrund der Besonderheiten des Einzelfalles einen gutgläubigen Erwerb und eröffnete damit den Weg zu einem Anspruch des § 951 BGB.

437 Andere Gesichtspunkte sind maßgebend für die weitere Ausnahme,[47] daß ein gutgläubiger Erwerb an solchen Sachen möglich ist, die im Wege öffentlicher Versteigerung veräußert werden (§ 935 II). Unter Versteigerung ist hier nicht nur die in § 383 III definierte „öffentliche" Versteigerung zu verstehen. Umfaßt ist auch eine „freiwillige" Versteigerung, die für jedermann zugänglich, öffentlich bekanntgemacht und von einem öffentlich bestellten Auktionator durchgeführt wird.[48] Sinn der Vorschrift ist es, dem Bieter und Erwerber eine besondere Sicherheit zu geben und dadurch den Anreiz zur Beteiligung an solchen Versteigerungen zu verstärken. Zu beachten ist dabei aber, daß der Umstand der Versteigerung nur § 935 I BGB ausschaltet (also die Eigenschaft als abhanden gekommene Sache). Der somit mögliche Eigentumserwerb nach den §§ 932 ff. BGB verlangt also

---

[44] MünchKomm/*Quack*, § 935, Rn. 4; Palandt/*Bassenge*, § 949, Rn. 3; *Gehrlein*, MDR 1995, 16 m. w. N.; a. A. Staudinger/*Wiegand*, § 949, Rn. 5; *Gursky*, in: Westermann, § 51.

[45] Umfassend dazu nunmehr *Neuner*, JuS 2007, 401.

[46] Bei der Prüfung des guten Glaubens bestehen für Banken aber gesteigerte Sorgfaltspflichten (vgl. § 367 HGB) bei offensichtlichen Verdachtsmomenten, vgl. *KG* ZIP 1994, 123; a. A. im konkreten Fall *BGH* NJW 1994, 2093 (zweifelhaft). Für eine erweiterte Prüfungspflicht aber *BGH* NJW 1995, 3315; *OLG Celle* WM 1995, 1912; *OLG Frankfurt a. M.* ZIP 1999, 1207.

[47] Zur rechtspolitischen Problematik vgl. *Frank/Veh*, JA 1983, 249.

[48] *BGH* NJW 1990, 899 (Hamburger Stadtsiegel-Fall; siehe dazu Rn. 437 a. E.); 1992, 2570.

insb. den guten Glauben des Erwerbers.[49] Bei bösem Glauben des Erwerbers wäre folglich ein späterer gutgläubiger Erwerb eines Dritten möglich.

Im Rahmen von Versteigerungen sind somit drei ganz unterschiedliche rechtliche Situationen zu trennen. Vollzieht sich eine Versteigerung gepfändeter Sachen durch Gerichtsvollzieher oder ähnliche Beamte im Wege eines staatlichen Hoheitsaktes, so wird Eigentum kraft öffentlichen Rechts ohne Anwendung der Vorschriften des BGB erworben. Vollzieht sich die Versteigerung als öffentliche i. S. v. § 935 II BGB, so sind die §§ 932 ff. anwendbar. Handelt es sich um eine Versteigerung, die dem Kriterium der Öffentlichkeit i. S. v. § 935 II BGB nicht genügt, so schließt § 935 I BGB jeden Eigentumserwerb an abhanden gekommenen Sachen aus.

Soweit im Rahmen öffentlicher Versteigerungen abhanden gekommenes Kulturgut an gutgläubige Dritte übereignet wird, führt dies teilweise zu bedenklichen Ergebnissen. Dies hat sich z. B. im Hamburger Stadtsiegel-Fall gezeigt.[50]

VI. Endgültigkeit des gutgläubigen Erwerbs und der sog. Rückerwerb des Nichtberechtigten

Das einmal gutgläubig erworbene Eigentum ist endgültig und vollwirksam. Daher ist die Weiter- **438**
veräußerung durch den gutgläubigen Erwerber B an einen Dritten C wirksam, selbst wenn dieser bösgläubig ist. Dies kann freilich dann nicht mehr gelten, wenn C den B erst zum Erwerb vom Nichteigentümer A veranlaßt und diesen Umweg absichtlich gewählt hat, weil er bei unmittelbarem Erwerb von A wegen seines bösen Glaubens Eigentum nicht erwerben konnte, oder wenn A den B zur Rückübertragung des Eigentums an sich selbst veranlaßt hat.[51]

Problematisch ist es ferner, wenn Nichteigentümer A das Eigentum an den gutgläubigen B überträgt, dieses aber später an A zurückfällt, weil z. B. wegen Anfechtung, Rücktritts oder Bedingungseintritts eine Rückabwicklung vorgenommen wird. Hier kann A trotz eines Erwerbs vom Berechtigten nicht Eigentümer werden.[52] Die Begründung ist darin zu sehen, daß in einem solchen Fall der gutgläubige Erwerb und der Rückerwerb vom Berechtigten als Gesamttatbestand aufzufassen sind, auf die die Gutglaubensvorschriften nach ihrem Zweck (Verkehrsschutz) nicht anzuwenden sind (Mangel des Verkehrsgeschäfts, s. o. Rn. 424).

VII. Verdrängung von Rechten Dritter

Da Sachen auch mit Rechten Dritter belastet sein können, z. B. Pfandrechten oder **439**
Nießbrauch,[53] so muß auch über das Schicksal dieser Rechte entschieden werden. Hier sieht das Gesetz einen lastenfreien Erwerb vor (§ 936).[54] Mit dem Erwerb des Eigentums erlischt auch das Recht eines Dritten an der Sache, außer wenn der Erwerber zur Zeit seines Eigentumserwerbes in bezug auf jenes Recht nicht in gutem Glauben war, also es kannte oder infolge grober Fahrlässigkeit nicht kannte.

---

[49] Davon geht auch *BGH* NJW 1992, 2570 in Abgrenzung zur Versteigerung durch Gerichtsvollzieher und Vollzugsbeamte aus.

[50] Vgl. *BGH* NJW 1990, 899 und *OVG Münster* NJW 1993, 2635; im einzelnen zur gesamten Problematik *Strauch,* Das Archivalieneigentum, 1998, S. 274, 280 ff.

[51] A. A. bis zur 22. Aufl. Zu diesen Fragen und zum folgenden Problem umfassend *Hager,* Verkehrsschutz durch redlichen Erwerb, S. 183 ff., der eine Lösung in erster Linie im Bereicherungsrecht sucht; ähnlich verweist jetzt auch *Musielak,* JuS 2010, 377 auf eine rein schuldrechtliche Abwicklung.

[52] H. M., vgl. *Baur/Stürner,* § 52 Rn. 34; *Gursky,* in: Westermann, § 47 II 3; *Schapp/Schur,* S. 118; *Wolf/Wellenhofer,* Rn. 435; *Wieling,* § 10 V 2; a. A. *Wiegand,* JuS 1971, 62; Jauernig/*Jauernig,* § 932 Anm. I 1 b; MünchKomm/*Quack,* § 932 Rn. 63; *Musielak,* JuS 2010, 377 ff.

[53] Auch das Anwartschaftsrecht wird als Recht eines Dritten behandelt; vgl. Palandt/*Bassenge,* § 936 Rn. 1; *Döring,* NJW 1996, 1443.

[54] Dazu näher *Röthel,* Jura 2009, 241.

Ob der Erwerb vom Eigentümer oder gutgläubig von einem Nichteigentümer erfolgt, macht keinen Unterschied.

440 Einschränkungen sind bei den Eigentumserwerbsarten vorgeschrieben, die neben der Übergabe geregelt sind, und zwar entsprechend den Einschränkungen des Eigentumserwerbs nach §§ 932 ff.

1. Bei der Übereignung durch bloße Einigung tritt die Befreiung von den Belastungen nur dann ein, wenn der Erwerber seinen Besitz vom Veräußerer erlangt hatte (§ 936 I 2).

2. Im Fall des Besitzkonstituts tritt der Wegfall der Belastungen wie der Eigentumserwerb erst ein, wenn der Erwerber den Besitz der Sache auf Grund der Veräußerung bekommt (§ 936 I 3).

3. Im Fall der Abtretung des Herausgabeanspruchs tritt die Befreiung sofort mit der Abtretung ein, falls der Veräußerer mittelbarer Besitzer war; andernfalls erst, wenn der Erwerber den Besitz der Sache erlangt.

4. Steht das Recht bei solcher Abtretung dem Dritten zu, gegen den sich der abgetretene Herausgabeanspruch richtet, so erlischt jenes auch dann nicht, wenn der Eigentumserwerber in bezug auf dieses Recht gutgläubig war (§ 936 III), z. B. das Pfandrecht, wenn der Eigentümer die Sache durch Abtretung seines Herausgabeanspruchs gegen den Pfandgläubiger übereignet und der Erwerber annimmt, das Pfandrecht sei durch Bezahlung der Schuld erloschen. Ein Pfandrecht soll durch die Veräußerung der Sache seitens des Eigentümers dem Pfandgläubiger auf keinen Fall entzogen werden können, weil sonst die Stellung des Gläubigers zu wenig gesichert wäre.

5. Ist die Sache dem dinglich Berechtigten abhanden gekommen (z. B. dem Pfandgläubiger durch den Eigentümer weggenommen), so erwirbt der Eigentumserwerber, selbst wenn er in bezug auf die Belastungen gutgläubig ist, das Eigentum nicht frei von den Belastungen, in Analogie zu § 935.

6. Ein gutgläubig lastenfreier Erwerb ist auch an öffentlichen Zwecken gewidmeten Sachen möglich.[55]

Besonders geregelt ist die Haftung beweglicher Sachen für die Hypothek (§§ 1120 ff., vgl. u. § 57 I u. II).

VIII. Wesen des gutgläubigen Erwerbs

441 Umstritten ist, ob es sich bei dem gutgläubigen Erwerb um einen originären oder einen derivativen (abgeleiteten) Erwerb handelt. Für die erste Auffassung spricht der Umstand, daß der gutgläubige Erwerber sein Recht weder von dem des wahren Eigentümers herleiten kann, weil dieser es ihm gar nicht übertragen hat, noch von dem des Veräußerers, weil diesem das Recht nicht zustand. Dennoch spricht das BGB stets von Personen, die Rechte „von einem Nichtberechtigten herleiten", bezeichnet damit also den gutgläubigen Erwerb als einen hergeleiteten. Das trifft auch zu, denn der gutgläubige Erwerber leitet sein Recht nicht aus seinem Handeln allein ab, wie der Finder oder der Aneignende, auch nicht aus rein tatsächlichen Vorgängen, wie bei Verbindung und Vermischung, sondern – was man nicht übersehen darf – aus einer Übertragung. Der gutgläubige Erwerb erfordert nicht nur guten Glauben wie bei der Ersitzung, sondern einen Übertragungsakt, und an diesen werden genau die gleichen Anforderungen gestellt wie sonst bei der Übertragung durch einen Berechtigten. Dieser Standpunkt des Gesetzes paßt nicht zu einem originären Erwerb. In dem Sinn ist daher der gutgläubige Erwerb derivativ, daß er aus einer Übertragung abgeleitet wird. Wenn der Mangel des Verfügungsrechts durch den guten Glauben ausgeglichen wird, so verliert der Erwerb nicht das Wesen eines abgeleiteten Erwerbs. Der Erwerber erhält ein Recht, das bisher einem anderen zugestanden hat, wenn auch nicht dem Veräußerer. Es handelt sich demgemäß nicht um ein neuentstandenes Recht.

§ 36. Die Ersitzung

Literatur: *Bauer,* Ersitzung und Bereicherung im klassischen römischen Recht und die Ersitzung im BGB, 1988; *Finkenauer,* Gutgläubiger Erbe des bösgläubigen Erblassers – Das Bernsteinzimmer-Mosaik, NJW 1998, 960; *Krämer,* Bernsteinzimmer-Mosaik: Ersitzung durch den gutgläubigen

[55] *OVG Münster* NJW 1993, 2635 (Hamburger Stadtsiegel-Fall); vgl. dazu auch oben Rn. 437 a. E.

Erben des bösgläubigen Besitzers?, NJW 1997, 2580; *Krückmann,* Bereicherungsklage trotz Ersitzung, LZ 1933, 617; *Naendrup,* Die Ersitzung als Rechtsscheinwirkung, Reichsgerichts-Festgabe, Bd. III, 1929, S. 35; *Oertmann,* Der Einfluß der Ersitzung auf die Bereicherungshaftung, LZ 1933, 881; *Siehr,* Ersitzung und Bereicherung, FS Stoll, 2001, S. 373.

I. Wesen und Bedeutung

Die Ersitzung hat die Hauptbedeutung, die sie im römischen und gemeinen Recht 442 hatte, durch die Zulassung des gutgläubigen Erwerbs verloren. Sie spielt heute nur noch da eine Rolle, wo ein gutgläubiger Erwerb nicht möglich ist, daher

1. beim Erwerb von abhanden gekommenen Sachen (mit Rücksicht auf § 935),
2. wenn der Mangel der Übertragung nicht im Fehlen des Eigentums beim Veräußerer lag, sondern in anderen Umständen, z. B. in der mangelnden Vertretungsmacht der für den Veräußerer als Vertreter handelnden Person, oder wenn der Veräußerer zwar der Eigentümer war, ihm aber die Verfügungsbefugnis fehlte, oder wenn das Veräußerungsgeschäft nicht wirksam war, z. B. wegen Geschäftsunfähigkeit des Veräußerers,
3. wenn der Besitzerwerb ohne Zusammenhang mit einem Veräußerungsgeschäft sich vollzogen hat, z. B. wenn jemand vermeintlich herrenlose (in Wahrheit nur verlorene) oder verwechselte Sachen oder vermeintlich zu einer Erbschaft gehörige in Besitz nimmt.

Da die Ersitzung aber erst nach langer Zeit eintritt, haben auch diese Fälle keine allzu große Bedeutung; bei größerem Wert der Sache wird die Aufklärung des Sachverhaltes oft eher erfolgen, als die Ersitzung eintreten kann. Einige praktische Bedeutung hat dagegen der Umstand, daß ein Eigentümer, der seinen Erwerbsakt nicht nachzuweisen vermag (z. B. weil Kauf und Übereignung schon längere Zeit zurückliegen), sich hilfsweise auf Ersitzung berufen kann.

II. Die Voraussetzungen der Ersitzung

Die Ersitzung als Eigentumserwerbsgrund ist an drei Voraussetzungen gebunden: 443 den Eigenbesitz des Erwerbers (possessio), den guten Glauben (bona fides) und den Zeitablauf (tempus). Der Erwerb tritt auf Grund Gesetzes ein.

Weggefallen sind von den Erfordernissen des gemeinen Rechts eine besondere Eigenschaft der Sache (res habilis) und ein besonderer den Erwerb des Besitzers rechtfertigender Grund (titulus).

1. Der Eigenbesitz

Ob der Eigenbesitz unmittelbar oder mittelbar ist, macht keinen Unterschied. 444

2. Der gute Glaube

Der gute Glaube wird auch hier vermutet (§ 937 II). Er ist beim Besitzerwerb ausgeschlossen 445 durch Kenntnis oder grobfahrlässige Unkenntnis, nachher nur noch durch Kenntnis. Beim Erwerb wird also eine Prüfung mit verkehrsmäßiger Sorgfalt gefordert, nachher nicht mehr. Der gute Glaube bezieht sich hier auf das eigene Eigentum des Ersitzenden, nicht auf das Eigentum des Veräußernden, weil ja nicht immer eine Veräußerung vorausgesetzt wird. Er besteht auf Grund der Unkenntnis der Umstände, die den Eigentumserwerb verhindern, z. B. man eignet sich eine Sache an, die man für derelinquiert hält, während sie verloren ist, man nimmt eine Sache an sich, die man mit der eigenen verwechselt.

Der bösgläubige Besitzer kann zwar durch Verjährung des Herausgabeanspruchs in eine gesicherte Stellung kommen, aber nicht Eigentum erwerben.

3. Die Ersitzungszeit

446 Die Ersitzungszeit beträgt, wohl allzu lang, zehn Jahre (nach gemeinem Recht drei, nach schweizerischem Recht fünf Jahre).

Der Eigenbesitz muß die ganze Zeit hindurch andauern, doch wird er, wenn er zu Anfang und am Ende eines Zeitraums feststeht, für die Zwischenzeit vermutet (§ 938).

Tritt ein Wechsel in dem Eigenbesitz ein, so beginnt für den neuen Besitzer eine neue Ersitzung. Dies zeigt sich daran, daß auch für ihn im Zeitpunkt seines Erwerbs die strengeren Anforderungen an den guten Glauben gelten. Aber die für den Rechtsvorgänger bereits verstrichene Ersitzungszeit wird dem Nachfolger angerechnet (§ 943). Eine Unterscheidung zwischen Einzel- und Gesamtnachfolge wird nicht gemacht. Der Erbe kann somit die Ersitzungszeit des Erblassers fortsetzen oder aber, wenn der Erblasser bösgläubig, er selbst aber gutgläubig war, eine eigene Ersitzungszeit beginnen.[1]

Daß der Besitzende zur Zeit des Besitzerwerbs und während eines Teils der Ersitzungszeit geschäftsunfähig war, schadet nicht.[2]

III. Hemmung und Unterbrechung der Ersitzung

447 Die Ersitzung wird gehemmt, d. h. die Frist läuft nicht, die schon verstrichene Zeit behält aber ihre Bedeutung, solange die Verjährung des Herausgabeanspruchs nach den §§ 203–207, 210, 211 gehemmt ist (§ 939), damit der Eigentümer, solange er an der Geltendmachung seines Anspruchs verhindert ist, nicht wehrlos dem Lauf der Ersitzungsfrist gegenübersteht.

Die Ersitzung wird unterbrochen 1. durch den Verlust des Eigenbesitzes (§ 940); wenn aber der Verlust ohne Willen des Eigenbesitzers eingetreten war und dieser den Besitz binnen Jahresfrist (oder mittels einer binnen Jahresfrist erhobenen Klage) wiedererlangt hat, gilt er als nicht eingetreten; 2. durch Vornahme oder Beantragung einer gerichtlichen oder behördlichen Vollstreckungshandlung (§ 941). Die bis 31. 12. 2001 in § 941 a. F. geregelte Unterbrechung bei gerichtlicher Geltendmachung fällt jetzt unter die Hemmung (§§ 939, 204).

Bei Unterbrechung läuft die Ersitzungsfrist erst weiter, wenn die Unterbrechung beendet ist; die vor ihr verstrichene Frist kommt nicht zur Anrechnung (§ 942, vgl. § 212 für die Verjährung, auf den § 941 Satz 2 ausdrücklich verweist).

IV. Originäres Eigentum

448 Das durch Ersitzung erworbene Eigentum ist als originär, nicht als abgeleitet anzusehen (str., so auch *Wolff/Raiser* § 71 IV).

V. Ersitzung der Lastenfreiheit

449 Mit dem Erwerb des Eigentums durch Ersitzung erlöschen nach § 945 die an der Sache vor dem Erwerb des Eigenbesitzes begründeten Rechte, es sei denn, daß der Eigenbesitzer beim Erwerb des

---

[1] Ganz h. M., vgl. Palandt/*Bassenge,* § 943 Rn. 1; Erman/*Hefermehl,* § 943 Rn. 2; *Finkenauer,* NJW 1998, 960; a. A. *Krämer,* NJW 1997, 2580.

[2] So *BVerwG* MDR 1957, 634.

Eigenbesitzes in Ansehung dieser Rechte nicht in gutem Glauben ist oder ihr Bestehen später erfährt. Die Ersitzungsfrist muß auch in Ansehung des Rechts verstrichen sein. Ersitzung des Eigentums und Ersitzung der Lastenfreiheit werden regelmäßig im gleichen Zeitpunkt eintreten. Jedoch besteht auch die Möglichkeit, daß die Vollendung der Ersitzung zu verschiedenen Zeiten eintritt (z. B. wenn die eine Ersitzungsfrist gehemmt war, die andere nicht).

Auch unabhängig von der Ersitzung des Eigentums ist eine Ersitzung der Lastenfreiheit denkbar; freilich wird sie nur sehr selten vorkommen.

Beispiel: Der Eigentümer A nimmt dem Pfandgläubiger G die verpfändete Sache weg und übereignet sie an B, der das Pfandrecht (das nach § 936 nicht untergeht) nicht kennt. Hier kann B die Lastenfreiheit ersitzen.[3]

VI. Ersitzung und Bereicherungshaftung

Streitig ist, ob gegen den Eigentümer, der ersessen hat, ein Bereicherungsan- **450**
spruch vom alten Eigentümer erhoben werden kann.[4]

Beispiel (RGZ 130, 69): Die geisteskranke Klägerin (die Nichte des Malers Adolf von Menzel) hatte der Pinakothek in München 66 Originalwerke Adolf von Menzels geschenkt. Nach Ablauf der Ersitzungszeit, während der die Bilder in gutgläubigem Eigenbesitz der Pinakothek waren, verlangte der Vormund der Klägerin die Bilder aus ungerechtfertigter Bereicherung heraus.

Die Frage ist zu verneinen, da sonst die Ersitzung durch die Rückgabeverpflichtung völlig entwertet würde (zur Situation von Fällen, die sich nach dem 1. 1. 2002 ereignen, vgl. u. Rn. 450 a). Ein nur formeller oder vorläufiger Eigentumserwerb wäre eine zwecklose Einrichtung. Die gesetzliche Zulassung des Eigentumserwerbs durch Ersitzung stellt dann den rechtlichen Grund dar, dessen Fehlen in § 812 vorausgesetzt wird. Ein wichtiges Argument für diejenigen, die einen Bereicherungsanspruch zulassen, war bis zum 31. 12. 2001 der Hinweis darauf, daß derjenige, der ohne Rechtsgrund oder aber unentgeltlich von einem Nichtberechtigten Eigentum erworben hat, dreißig Jahre auf Bereicherung haften müsse (sog. gutgläubiger Traditionserwerber). Dagegen ließ sich schon bisher anführen, daß sich der gutgläubige Traditionserwerber auch auf Ersitzung berufen kann, wenn er zehn Jahre gutgläubig war, also den Mangel des Rechtsgrunds oder die Tatsache des Erwerbs vom Nichtberechtigten während dieser Zeit nicht erfahren hat. Daß er bereits mit der Übergabe Eigentum erworben hat, steht nicht entgegen.[5] Neuerdings nähern sich die Meinungen insoweit an, als meist betont wird, die Eingriffskondiktion könne den endgültigen Erwerb nicht vereiteln, sondern nur der Sonderfall einer Leistungskondiktion.[6]

Beispiel: A schenkt im Jahre 1960 die abhandengekommene Sache des E dem B. B erwirbt nicht gutgläubig Eigentum, kann aber ersitzen. Wäre die Sache nicht abhanden gekommen, hätte der gutgläubige B Eigentum nach § 932 erworben, müßte aber nach § 816 I 2 dreißig Jahre auf Bereicherung haften. Hier liegt in der Tat eine Divergenz vor, die entgegen der h. M. so gelöst werden muß, daß B auch im zweiten Fall nach zehn Jahren von Bereicherungsansprüchen befreit wird, wenn er im Hinblick auf den Erwerb vom Nichtberechtigten gutgläubig war.

---

[3] Vgl. dazu *Gursky,* in: Westermann, § 51 IV; *Wolff/Raiser,* § 71 V.

[4] Bejahend RGZ 130, 69; *Oertmann,* LZ 1933, 881; *Wolff/Raiser,* § 71 V; *Gursky,* in: Westermann, § 51 III 2; *E. Wolf,* S. 124; verneinend Erman/*Hefermehl,* § 937 Rn. 6; *Wieling,* § 11 I 2; *Esser/Weyers,* Schuldrecht, Bd. 2, 6. Aufl., 1983, § 52 I 2 a; *v. Gierke,* S. 95; *Heck,* § 61, 5; *Krückmann,* LZ 1933, 617; Palandt/*Bassenge,* Vorbem. Rn. 2 vor § 937; *Gottwald,* PdW, Fall 68; differenzierend Staudinger/*Wiegand,* § 937 Rn. 18 ff. (22); *Baur/Stürner,* § 53 Rn. 91; *Siehr,* FS Stoll, 2001, S. 383 (jeweils für den Fall der Leistungskondiktion).

[5] Vgl. die Abhandlung von *Kipp* über Doppelwirkungen im Recht in FS v. Martitz, 1911, S. 211.

[6] So zuletzt *Siehr,* FS Stoll, S. 382 f.

450a Eine vollkommen neue Situation hat im Blick auf diese 70 Jahre alte Kontroverse das Gesetz zur Modernisierung des Schuldrechts gebracht, das am 1. 1. 2002 in Kraft getreten ist, und das neben dem Schuldrecht auch das Verjährungsrecht grundlegend umgestaltet hat. Die nunmehr geltende regelmäßige Verjährungsfrist von 3 Jahren (§ 195) ist auch auf alle Ansprüche aus dem Bereicherungsrecht anzuwenden. Dies gilt selbst dann, wenn Bereicherungsansprüche dingliche Herausgabeansprüche fortsetzen.[7] Für den Streit zwischen Ersitzung und Bereicherung bedeutet dies, daß selbst angesichts des kenntnisabhängigen Verjährungsbeginns gemäß § 199 I die maximale Laufzeit der Verjährung in Bereicherungsfällen wegen § 199 IV zehn Jahre betragen kann. Der geschilderte Wertungswiderspruch zwischen Ersitzung und bereicherungsrechtlicher Herausgabe bei gutgläubigem Erwerb ist somit entfallen. Dies bestätigt letztlich noch einmal die in diesem Buch schon immer vertretene Auffassung, daß die Ersitzung einen Rechtsgrund im Rahmen des Bereicherungsrechts darstellt. Künftig wird je nach Kenntnislage allenfalls der umgekehrte Fall auftreten, daß Ansprüche aus ungerechtfertigter Bereicherung schon lange verjährt sind, wenn die Ersitzung eintritt.

§ 37. Verbindung und Vermischung

Literatur: *Serick,* Verbindungsklauseln als Kreditsicherungsmittel, BB 1973, 1405; *Tobias,* Eigentumserwerb durch Verbindung, AcP 94, 371; *Wieling,* Vom untergegangenen, schlafenden und aufgewachten Eigentum bei Sachverbindungen, JZ 1985, 511.

I. Allgemeines

451 Häufig treten Ereignisse ein, welche die bisherige selbständige Existenz einer Sache aufheben, z. B. durch Verbindung oder Vermischung oder durch Umwandlung in eine andere Sache. Hier ist die Rechtsordnung genötigt, den Tatsachen Rechnung zu tragen und sich der neuen Lage anzupassen, und muß dementsprechend die Eigentumsverhältnisse neu ordnen. Dieser Anpassung dienen die Vorschriften über Verbindung, Vermischung und Verarbeitung in den §§ 946 ff. Es handelt sich hier um alte Regelungen, die schon dem römischen Recht bekannt waren.

II. Verbindung beweglicher Sachen mit unbeweglichen

1. Bewegliche Sachen als wesentliche Bestandteile

452 Wird die bewegliche Sache – wie in der Regel – wesentlicher Bestandteil der unbeweglichen, so kann das bisherige Sondereigentum an der beweglichen Sache nicht fortbestehen, sondern das Eigentum an der unbeweglichen und der beweglichen Sache kann in Zukunft kraft der zwingenden Vorschriften der §§ 93, 94 nur noch ein einheitliches sein. Hierbei gilt die unbewegliche Sache stets als die Haupt-

[7] *Mansel,* in: Dauner-Lieb/Heidel/Lepa/Ring, Schuldrecht, 2002, § 195 Rn. 17.

sache. Auf das Wertverhältnis zwischen den beiden Sachen kommt es hierbei nicht an, doch ist auch praktisch in der Regel das Grundstück wertvoller als jede einzelne (!) mit ihm verbundene bewegliche Sache. Daher erstreckt sich das Eigentum am Grundstück auf die bewegliche Sache mit, das bisherige Eigentum an dieser und sonstige an ihr bestehende Rechte erlöschen, ‚superficies solo cedit', § 946. Da diese Regel zwingend ist, kann ein Eigentumsvorbehalt an der beweglichen Sache nicht wirksam bleiben.[1] Wer die Verbindung vorgenommen hat, ob sie gut- oder bösgläubig erfolgt, ist gleich. Die Verbindung ist kein Rechtsgeschäft, der Eigentumserwerb tritt auf Grund des Gesetzes ein.

Der Eigentumsverlust ist endgültig. Wird die Verbindung später wieder aufgehoben, z. B. durch Abbruch eines Hauses, so lebt das frühere Eigentum an der beweglichen Sache nicht wieder auf.

Beispiele bieten die Verwendung von Baumaterial aller Art zum Bau eines Hauses oder das Einpflanzen von Samen, Pflanzen, Bäumen in den Boden.

Bedeutung hat die Verbindung als Eigentumserwerbsgrund nur, wenn die bewegliche Sache einem anderen gehört als dem Grundstückseigentümer. Wenn z. B. Bauhandwerker Fenster, Türen, Zentralheizung usw. in ein Haus einbauen, verlieren sie auf alle Fälle das Eigentum an diesen Sachen, auch wenn sie es nicht schon vorher dem Hauseigentümer übertragen oder sogar einen Eigentumsvorbehalt vereinbart haben (§§ 946, 93).[2]

2. Bewegliche Sachen als unwesentliche Bestandteile

Wird die bewegliche Sache nicht wesentlicher oder überhaupt nicht Bestandteil 453
der unbeweglichen Sache, so bleibt in diesem Fall das Eigentum an der beweglichen Sache unverändert.

Beispiele: Kabel oder Wasserleitungsrohre werden zu einem vorübergehenden Zweck oder in Ausübung eines Rechts in ein Grundstück gelegt (BGHZ 37, 357; *BGH* NJW 1980, 771); ein Gebäude wird nur zu einem vorübergehenden Zweck errichtet (vgl. § 95). In einer Wohnung werden Beleuchtungskörper angebracht oder ein Gasofen oder elektrischer Ofen aufgestellt. Ein Mieter eines Grundstückes errichtet ein Gebäude, das nur seinen Zwecken dienen soll; in diesem Fall liegt eine Verbindung zu einem vorübergehenden Zweck vor.[3]

III. Verbindung beweglicher Sachen miteinander

Eine Neuordnung der Eigentumsverhältnisse ist wiederum nur erforderlich, 454
wenn die Sachen wesentliche Bestandteile einer einheitlichen Sache werden, da sonst das Sondereigentum an jeder einzelnen Sache unverändert fortbestehen kann, und nur wenn die Sachen verschiedenen Eigentümern gehören.

1. Erwerb von Alleineigentum

Ist eine der verbundenen Sachen als Hauptsache anzusehen, wird deren Eigen- 455
tümer Alleineigentümer der ganzen Sache, das Eigentum an der anderen verbunde-

[1] Vgl. dazu *Serick*, BB 1973, 1405.
[2] Zu den vollstreckungsrechtlichen Problemen bei fehlerhafter Mobiliarvollstreckung in wesentliche Grundstücksbestandteile vgl. *Gaul*, NJW 1989, 2509.
[3] BGHZ 8, 1 = NJW 1953, 137.

nen Sache erlischt (ebenso die an ihr bestehenden Rechte, § 947 II). Eine Vereinbarung darüber, welche Sache als Hauptsache anzusehen sei, ist nichtig.

2. Erwerb von Miteigentum

456 Ist keine der Sachen als Hauptsache anzusehen, so tritt Miteigentum der bisherigen Eigentümer an den verbundenen Sachen ein, und zwar im Verhältnis des Wertes der einzelnen verbundenen Sachen (§ 947 I).

Ob der eine oder andere Fall vorliegt, entscheidet die Verkehrsanschauung. Das Wertverhältnis spielt naturgemäß eine Rolle, ist aber nicht allein ausschlaggebend. Nach der Ansicht des *BGH* liegt eine Hauptsache nur vor, wenn die übrigen Bestandteile fehlen könnten, ohne daß das Wesen der Sache dadurch beeinträchtigt würde.[4]

Beispiele: Einbinden eines Buches (in der Regel ist das Buch als Hauptsache anzusehen, anders nur bei besonders wertvollen Einbänden), Einkleben von Marken in ein Sammelalbum, Spitzen und Besatz bei Kleidern, Knöpfe und Futter bei Anzügen.

Die praktische Bedeutung dieser Vorschriften ist deswegen eingeschränkt, weil die Verbindung häufig zur Entstehung einer neuen Sache im Sinne des Verkehrs führt und in diesen Fällen nicht Verbindung, sondern Verarbeitung vorliegt (vgl. u. § 38) und diese zuerst zu prüfen ist. Bedeutung haben aber die Spezialfälle des Sammellagergeschäfts (§ 469 HGB) und der Sammelverwahrung von Wertpapieren (§§ 5 ff. DepotG vom 4. 2. 1937).

Infolge des erheblichen Fortschritts der technischen Entwicklung werden heute in vielen Fällen Sachen, die nach dem Stand der Technik von 1900 wesentliche Bestandteile einer Sache wurden, nicht mehr wesentliche Bestandteile (z. B. Motor eines Kraftfahrzeugs).[5]

IV. Vermischung und Vermengung

457 Hier entscheidet, ob die Vermischung (Flüssigkeiten) oder Vermengung (feste Stoffe) untrennbar ist. Der Untrennbarkeit steht der Fall gleich, daß die Trennung nur mit unverhältnismäßigen Kosten möglich ist; vgl. § 948.

Ist die Ausscheidung möglich, so ändert sich am bisherigen Eigentum nichts. Jeder Eigentümer kann seine Stücke herausverlangen. Ist die Ausscheidung nicht möglich, so gelten die Grundsätze über die Verbindung; es kommt also darauf an, ob eine der Sachen als Hauptsache angesehen werden kann. Werden mehrere gleichartige Stücke miteinander vermischt, so entscheidet das zahlenmäßige Übergewicht.

Beispiele: Vermischung von Flüssigkeiten miteinander (Verschnitt von Weinen), Vermengung von Getreide, von Geld. Es läßt sich bezweifeln, ob die strikte Durchführung des Miteigentums praktisch ist, z. B. wenn in einer Kasse zehn Scheine des A und fünfzehn des B zusammenkommen, weil dann erst die Auseinandersetzung stattfinden muß und keiner vorher allein über zehn oder fünfzehn Scheine verfügen kann. Ferner sind von praktischer Bedeutung Sammellager (§ 469 HGB) und Effektensammeldepots; diese beruhen auf der Gestattung der Vermischung von gleichartigen Wertpapieren, z. B. Aktien derselben Art; hier liegt allerdings in der Regel auch eine Übereignung nach § 929 vor, aber auf alle Fälle auch Vermischung (§§ 5 ff. DepotG).

Ob die Verbindung oder Vermischung durch menschliche Handlung oder durch Naturgewalt eintritt (z. B. durch Eisenbahnunglück oder Sturm), ob sie im guten

---

[4] BGHZ 20, 159, 163 = NJW 1956, 788.

[5] Vgl. dazu BGHZ 18, 226, 232 = NJW 1955, 1793; BGHZ 20, 154 = NJW 1956, 945; BGHZ 61, 80 = NJW 1973, 1454.

oder bösen Glauben vorgenommen wird, ist gleich. Es liegt niemals ein rechtsgeschäftlicher, sondern ein originärer Erwerb vor.

V. Über Ausgleichsansprüche vgl. u. § 39.

VI. Wegnahmerecht

Ferner besteht unter Umständen ein Wegnahmerecht (vgl. § 539 II, ferner §§ 601 II, 1049 II, 1216 Satz 2, 2125 II). Dieses Recht wird durch § 951 noch erweitert, gleichviel, ob die Verbindung durch den Besitzer der Hauptsache oder von einem anderen oder durch Naturereignisse verursacht war. Das Recht richtet sich nur gegen den bereicherten Eigentümer, nicht gegen dessen Sondernachfolger, denn es handelt sich nicht um einen dinglichen Anspruch.[6] Das Wegnahmerecht kann allerdings nur vom Besitzer der Sache geltend gemacht werden.[7] **458**

§ 38. Die Verarbeitung

Literatur: *Dolezalek,* Plädoyer für Einschränkung des § 950 (Verarbeitung), AcP 195, 392; *Hofmann,* Verarbeitungsklausel und § 950 BGB, NJW 1962, 1798; *Laufke,* Zum Eigentumserwerb nach § 950 BGB, FS Hueck, 1959, S. 69; *Rothkegel,* Der Eigentumserwerb bei Verarbeitung, 1974; *Säcker,* Zum Begriff des Herstellers in § 950 BGB, JR 1966, 51; *Serick,* Konfliktloses Zusammentreffen mehrerer Verarbeitungsklauseln, BB 1972, 277; *Wadle,* Das Problem der fremdwirkenden Verarbeitung JuS 1982, 477; *Wagner,* Teilbarkeit der Herstellereigenschaft in § 950 BGB? AcP 184, 14; *Zeuner,* Die fremdwirkende Verarbeitung als Zurechnungsproblem, JZ 1955, 195; vgl. zu dem Verhältnis von Verarbeitung und Eigentumsvorbehalt die Literaturangaben bei § 33 III.

I. Begriff „Verarbeitung"

Verarbeitung im Rechtssinn (Spezifikation) liegt nur dann vor, wenn durch menschliche Arbeit mittels Umbildung eines oder mehrerer Stoffe eine neue bewegliche Sache hergestellt wird. Die erforderliche Unterscheidung von der bloßen Verbindung kann nur an Hand der Verkehrsauffassung erfolgen.[1] Hierbei fällt ins Gewicht, ob die hergestellte Sache einen neuen Namen führt, was stets auf eine neue Sache und damit auf Verarbeitung hinweist. Man sagt z. B. „Brot" statt „gebackenes Mehl", „Anzug" statt „zugeschnittener Kleiderstoff", „Kleiderstoff" statt „gewebte Wolle" usw. Reparaturen, selbst wenn sie eine Werterhöhung bewirken, fallen nicht unter die Verarbeitung, weil eben im Verkehrssinn keine neue Sache entsteht, ebensowenig die Mast von Tieren.[2] Vom Vorliegen einer neuen Sache muß man jedenfalls dann ausgehen, wenn diese eine eigenständige, gegenüber der Ausgangssache weitergehende Funktion erfüllt.[3] **459**

---

[6] A. A. BGHZ 81, 146 = NJW 1981, 2564, wo ein dinglicher Anspruch angenommen wird; ebenso *Wieling,* JZ 1985, 511 (517).
[7] Vgl. BGHZ 40, 272, 280 = NJW 1964, 399.
[1] Gegen die Berücksichtigung der Verkehrsauffassung *E. Wolf,* S. 196.
[2] Vgl. *BGH* JuS 1978, 275 = NJW 1978, 697.
[3] *BGH* NJW 1995, 2633 (Komplettmotor gegenüber Motorblock); *OLG Köln* NJW 1997, 2187 (Motorrad aus Einzelteilen).

Beispiele bilden besonders die Herstellung im Handwerks- und Industriebetrieb, so Garn, Stoffe, Kleider, Mehl, Brot, Leder, Schuhe, Möbel, Roheisen, Stahl, Schienen. Es tritt also meist vom Rohstoff über das Halbfabrikat zum Endfabrikat eine mehrfache Verarbeitung ein (vgl. II).

460 Als Verarbeitung gilt auch eine bloße Bearbeitung der Oberfläche, wenn dadurch eine neue Sache entsteht, wie durch Schreiben, Zeichnen, Gravieren, Malen,[4] Drukken (§ 950 I 2).

Beispiel: Die Parteien streiten um die Eigentumslage an Beschreibungen, Plänen, Skizzen etc., die ein Fachmann bei Forschungen mit Fremdförderung erstellt hatte. Der *BGH* leitet den Eigentumserwerb des Forschers aus § 950 her (BGHZ 112, 243 = NJW 1991, 1480).

Auf Grundstücksbestandteile ist § 950 BGB nicht anwendbar. Auch die spätere Trennung vom Grundstück führt nicht zu einem Eigentumserwerb.

Beispiel: Mehrere Künstler hatten 1985–1988 großflächig Teile der Berliner Mauer bemalt. Nach dem Abriß wurden die Mauersegmente versteigert. Ansprüche nach §§ 950, 951 BGB schieden aus. Die Künstler erwarben weder durch das Bemalen noch durch die Trennung der Mauersegmente Eigentum an den bemalten Flächen (KG, GRUR 1994, 212; insoweit von BGHZ 129, 66 = NJW 1995, 1556 in der Revision nicht beanstandet; hierzu *Nippe,* JuS 1997, 303).

II. Eigentumserwerb durch Hersteller

461 Die Gesetzgebung steht hier vor dem Problem, wem das Eigentum an der neuen hergestellten Sache zufallen soll, dem Eigentümer des Stoffes oder dem Hersteller. Während im klassischen römischen Recht darüber gestritten wurde, hat sich das BGB, den meisten deutschen Landesrechten folgend, grundsätzlich dafür entschieden, dem Hersteller das Eigentum zuzuerkennen (§ 950). Nur wenn der Wert der Arbeit erheblich geringer ist als der Wert des Stoffes, wird der Eigentümer des Stoffes Eigentümer der neuen Sache. Es ist also zu prüfen, wieweit der Wert der neuen Sache auf dem Wert des Stoffes und auf dem Wert der auf die Herstellung verwendeten Arbeit beruht. Wert der Verarbeitung = Wert der neuen Sache – Stoffwert.[5] Unter Stoff ist hier nicht der ursprüngliche Rohstoff zu verstehen, sondern der Stoff, wie er der einzelnen in Frage stehenden Verarbeitung zugrunde lag, also z. B. bei Verarbeitung zu Stahl das Roheisen und nicht das Eisenerz, bei Verarbeitung zu Schienen oder Trägern der Rohstahl.

Ein Miteigentum von Hersteller und Stoffeigentümer tritt nicht ein. Sind mehrere Stoffe von verschiedenen Eigentümern verarbeitet, so gilt unter diesen § 947, falls sie das Eigentum an der neuen Sache überhaupt erlangen.

Ob die Sache in den alten Zustand zurückführbar ist (was nur ausnahmsweise der Fall sein wird), ist anders als im späten römischen und im gemeinen Recht ohne Bedeutung.

Die Rechte an dem verarbeiteten Stoff erlöschen, wenn der Verarbeiter das Eigentum erlangt. Gleiches gilt bei der Verarbeitung eines eigenen belasteten Stoffs.

462 Die Verarbeitung ist zwar eine menschliche Handlung, aber kein Rechtsgeschäft, denn ihre rechtliche Wirkung tritt unabhängig von einem darauf gerichteten Willen ein. Sie ist vielmehr Realakt oder Tathandlung. Auf die Geschäftsfähigkeit des Herstellers kommt es daher nicht an. Auch der gute Glaube des Herstellers ist keine Voraussetzung für den Eigentumserwerb. Selbst der Dieb von Leder erwirbt das

---

[4] Beispiel in *OLG Stuttgart* NJW 2001, 2889.

[5] Vgl. dazu BGHZ 18, 226 = NJW 1955, 1793; BGHZ 56, 88 = NJW 1971, 1175; *BGH* NJW 1995, 2633 (kein Eigentumserwerb bei einem Verhältnis von Stoffwert zu Verarbeitungswert wie 100: 60).

Eigentum an den von ihm daraus hergestellten Schuhen (anders z. B. das Schweizer ZGB). Diese Regelung geht wohl in der Zubilligung des Erwerbs zu weit.

III. Die „fremdwirkende“ Verarbeitung

1. Begriff des Herstellers

Eine Stellvertretung im technischen Sinn ist bei der Verarbeitung als einem Realakt ausgeschlossen. Aber nach der Verkehrsauffassung gilt als Hersteller auch der, der sich fremder Hilfe bedient, ja ausschließlich durch andere die Herstellung in seinem Betrieb durchführen läßt, so der Handwerksmeister, der industrielle Unternehmer, die Dienstherrschaft der Köchin usw. Dies ist von großer praktischer Bedeutung, soweit überhaupt fremde Stoffe verarbeitet werden. Eine andere Lösung würde zu unübersehbar komplizierten Eigentumsverhältnissen führen, da im handwerklichen, besonders aber im industriellen Herstellungsprozeß eine große Menge von Arbeitern neben- oder nacheinander tätig sind (man denke z. B. an den Fabrikationsprozeß vom Eisenerz bis zur Schiene oder gar der Uhrfeder). Vor allem würde der Wirtschaftsprozeß über den Haufen geworfen werden, wenn kein Fabrikat mehr mit einiger Sicherheit dem Unternehmer gehören würde. Damit verliert der § 950 allerdings die Bedeutung für das Verhältnis von Arbeit und Kapital, die er auf den ersten Blick zu haben scheint. Zumeist handelt es sich vielmehr, da hintereinander oft mehrere Verarbeitungsprozesse gestaffelt sind und der Stoff der einen Verarbeitung schon selbst durch eine Verarbeitung hergestellt ist, um eine Auseinandersetzung zwischen den verschiedenen Verarbeitern, z. B. Halbfabrikate- und Veredelungsindustrie. Insgesamt wird der Begriff des Herstellers durch eine wertende Entscheidung nach der Verkehrsauffassung bestimmt, nicht durch das rein tatsächliche Handanlegen. 463

Der nur tatsächliche Hersteller kann allerdings ausnahmsweise auch einmal der Hersteller im Sinn des Gesetzes sein, also Eigentum erwerben, wenn er nicht im Rahmen des Betriebes, in dem er tätig ist, für den Inhaber, sondern für sich selbst die neue Sache herstellen will. Aber der bloße innere Wille genügt nicht, es müssen objektive äußerlich erkennbare Umstände hinzukommen, die den Schluß auf einen derartigen, nur ausnahmsweise vorhandenen Willen begründen, z. B. die Mitnahme des Materials aus der Werkstatt und die heimliche Verarbeitung außerhalb derselben.

2. Bestimmung des Herstellers durch Parteivereinbarung

Nach der h. M.[6] kann auch durch Parteivereinbarung bestimmt werden, wer Hersteller sein soll. Dem ist zuzustimmen. So können Vorbehaltsverkäufer und Vorbehaltskäufer vereinbaren, daß Hersteller einer vom Vorbehaltskäufer verarbeiteten Sache der Vorbehaltsverkäufer werden soll (sog. verlängerter Eigentumsvorbehalt; vgl. o. § 33 III 2). Den Grund für die Zulässigkeit einer solchen „fremdwirkenden“ Verarbeitung wird man hier in der Stellung des Vorbehaltsverkäufers als mittelbarer Besitzer sehen müssen.[7] 464

---

[6] Vgl. dazu oben Rn. 407.

[7] Zu dem Zusammenhang zwischen Verarbeitung und besitzrechtlicher Innehabung vgl. *Zeuner*, JZ 1955, 195.

3. Eigentumserwerb bei Werk- und Werklieferungsverträgen

465 Die oben unter 1. dargelegten Grundsätze gelten außer bei Kaufverträgen nunmehr auch bei Werk- und Werklieferungsverträgen. Der von der herrschenden Meinung bislang vorgenommenen Auslegung des § 950 dahingehend, dass bei Werkverträgen nicht der Unternehmer, sondern der Besteller das Eigentum an im Rahmen eines Werkvertrages hergestellten Sachen erwerbe,[8] kann nach der Änderung des § 651 (durch die Schuldrechtsmodernisierung 2002) nicht mehr gefolgt werden. Diese Meinung berief sich darauf, daß dem Besteller auch der zur Herstellung verwendete Stoff gehört habe, so daß sich sein Eigentum an der hergestellten Sache fortsetzen müsse. Nunmehr unterfallen aber auch solche Verträge, bei denen der Besteller selbst den Stoff geliefert hat, gemäß § 651 dem Kaufrecht und nicht mehr dem Werkvertragsrecht. Die Pflicht zur Übertragung des Eigentums an der hergestellten Sache aus §§ 651, 433 I 1 kann der Unternehmer aber nur erfüllen, wenn er durch den Verarbeitungsprozeß Eigentümer der Sache geworden ist. Dieses Ergebnis wird mit einer unmittelbaren Anwendung des § 950 nach den oben dargelegten Grundsätzen (Rn. 461, 463) ebenfalls erreicht, da der Unternehmer „Hersteller" im Sinne des § 950 ist. Einer besonderen Auslegung der Norm für Werkverträge, die am gewünschten Ergebnis – Eigentumserwerb des Bestellers – ausgerichtet war, bedarf es daher nicht länger.[9]

Beispiel: A erwirbt in einem Stoffgeschäft einen Anzugstoff für 500 €. Er bringt den Stoff zum Schneider U, um sich einen Maßanzug fertigen zu lassen. U verlangt für seine Arbeit 1000 €. Durch die Herstellung erwirbt der U nach § 950 Eigentum an dem Anzug, das er nach §§ 651 I, 433 I 1 auf A zu übertragen hat.

§ 39. Ausgleichsansprüche bei Verbindung, Vermischung und Verarbeitung

Literatur: *Berg,* Bereicherung durch Leistung in den Fällen des § 951 Abs. 1 BGB, AcP 160, 505; *Beuthien,* Leistung und Aufwendung im Dreiecksverhältnis, JuS 1987, 841; *Götz,* Der Vergütungsanspruch gemäß § 951 Absatz 1 Satz 1 BGB, 1975; *Huber,* Bereicherungsansprüche beim Bau auf fremden Boden, JuS 1970, 342, 515; *Lorenz,* Zur Frage des bereicherungsrechtlichen „Durchgriffs" in den Fällen des Doppelmangels, JZ 1968, 51; *Schindler,* Die aufgedrängte Bereicherung beim Ersatz von Impensen, AcP 165, 499; *Schuler,* Bereicherungsprobleme der §§ 816, 951 BGB, NJW 1962, 1842; *Stürner/Heggen,* Der fehlgeschlagene Bau auf fremden Boden, JuS 2000, 328; *Manfred Wolf,* Die aufgedrängte Bereicherung, JZ 1966, 467.

466 Als Ausgleich für den Rechtsverlust wird dem Berechtigten, der durch Verbindung, Vermischung oder Verarbeitung sein Eigentum (oder ein sonstiges Recht an der Sache) einbüßt, eine Vergütung in Geld nach den Vorschriften über die Herausgabe einer ungerechtfertigten Bereicherung gewährt (§ 951). Die Wiederherstellung des alten Zustandes ist im Rahmen dieses Bereicherungsausgleichs ausgeschlossen (§ 951 I 2), weil damit in der Regel unwirtschaftliche Zerstörungen verbunden wären (s. aber u. IV 2, V 2).

---

[8] Mit teilweise unterschiedlicher Begründung: BGHZ 14, 114, 117; *Baur/Stürner,* § 53 Rn. 21; Jauernig/*Jauernig,* § 950 Anm. 3 d; *Wolff/Raiser,* § 73 III Fn. 16; *Gursky,* in: Westermann, § 53 III 2 d; Soergel/*Henssler,* § 950 Rn. 17; MünchKomm/*Füller,* § 950 Rn. 20; Palandt/*Bassenge,* § 950 Rn. 10; AnwK/*von Plehwe,* § 950 Rn. 4.

[9] Vgl. *Röthel,* NJW 2005, 627.

I. Die Verweisung als Rechtsgrundverweisung

Nach richtiger und ganz herrschender Meinung ist § 951 nicht selbst Anspruchsgrundlage, sondern verweist auf alle Tatbestände des § 812 (Rechtsgrundverweisung).[1] Das bedeutet vor allem, daß in jedem Fall gesondert zu prüfen ist, ob für den Rechtsverlust durch Verbindung usw. ein „rechtlicher Grund" vorhanden ist. 467

Der Anspruch entsteht im Augenblick des Rechtsverlustes.[2] Seine Höhe richtet sich nach objektiven Gesichtspunkten; Ausnahme s. u. IV.[3]

II. Ausgleichsansprüche bei Leistungsverhältnissen

1. Beteiligung von zwei Personen

Ein Bereicherungsanspruch ist selbstverständlich in den Fällen nicht gegeben, in denen der verlierende Eigentümer oder Rechtsinhaber (vE) gegenüber dem gewinnenden Eigentümer (gE) aufgrund Vertrags verpflichtet war, die Verbindung oder dgl. vorzunehmen. 468

Beispiel: Bauunternehmer vE baut eigenes Material auf dem Grundstück des gE gemäß wirksamem Werkvertrag mit gE ein.

Ist der Vertrag zwischen vE und gE unwirksam, dann kann vE von gE im Wege der Leistungskondiktion Wertersatz verlangen. Solche Fälle der Beteiligung von nur zwei Personen sind relativ unproblematisch; ein Ausschluß des Bereicherungsanspruchs kann sich hier nur durch vertragliche Abreden oder das Bestehen eines Eigentümer-Besitzer-Verhältnisses ergeben, wenn also vE als unrechtmäßiger Besitzer die Verbindung vorgenommen hat (s. dazu V und u. § 48 VI 4).

2. Beteiligung von mehreren Personen

Die Beteiligung von mehr als zwei Personen, die untereinander entweder alle oder nur zum Teil durch Vertragsbeziehungen verbunden sind, wirft dagegen schwierige und umstrittene Fragen auf. Hier gilt es immer zu entscheiden, ob vE gegen gE eine „Eingriffskondiktion" hat oder ob nur solche Beteiligte etwas voneinander fordern können, zwischen denen ein Leistungsverhältnis besteht. 469

Beispiel: Der Bauunternehmer U verpflichtet sich gegenüber gE, auf dessen Grundstück ein Haus zu errichten. U beauftragt den Installateur vE mit Installationsarbeiten. Nachdem diese ausgeführt, aber von U noch nicht bezahlt sind, fällt U in Konkurs. Kann sich vE an gE halten und im Wege der „Eingriffskondiktion" Wertersatz verlangen?

---

[1] BGHZ 40, 272, 276 = NJW 1964, 399; BGHZ 55, 176 = NJW 1971, 612; BGHZ 108, 256 = NJW 1989, 2745; a. A. OLG *Hamm* NJW-RR 1992, 1105; Palandt/*Bassenge,* § 951 Rn. 2; Staudinger/*Gursky,* § 951 Rn. 2 (Verweisung nur auf Eingriffskondiktion). Nach *Götz,* a. a. O. (vor Rn. 466), ist der Anspruch nach § 951 kein Bereicherungsanspruch, sondern ein Anspruch aus bürgerlichrechtlicher Aufopferung.

[2] BGHZ 10, 171 = NJW 1953, 1466.

[3] *BGH* NJW 1962, 2293; vgl. aber u. IV 3.

Die neuere Bereicherungslehre hat hierzu den wichtigen Grundsatz aufgestellt, die Eingriffskondiktion sei gegenüber der Leistungskondiktion „subsidiär".[4] Dieses Prinzip besagt genauer: Eine Eingriffskondiktion kann nur dann gegeben sein, wenn der Entreicherte das Gut nicht durch Leistung, auch nicht durch Leistung an einen anderen als den endgültig Bereicherten, verloren hat.[5]

470 Dieser Vorrang der Leistungsverhältnisse rechtfertigt sich aus der Schutzwürdigkeit der Verkehrsinteressen in einem stark arbeitsteiligen Wirtschaftssystem. Das hier herrschende allgemeine Bedürfnis nach Übersichtlichkeit und Schnelligkeit der Abwicklung rechtsgeschäftlicher Beziehungen erfordert eine strenge Relativität der Schuldverhältnisse und eine durch Eingriffe vertragsfremder Dritter möglichst ungestörte Abwicklung. Jeder soll sich nur an seinen Vertragspartner halten können, aber auch mit Rechten Dritter nicht zu rechnen brauchen. Vertragliche Leistungen sind nur vom Vertragspartner zu vergüten bzw. beim Fehlschlagen des Leistungsverhältnisses nur an diesen zurückzugeben.

Aufgrund dieser Überlegungen, die in dem erwähnten Grundsatz der Subsidiarität ihren Ausdruck finden, ist ein kondiktionsrechtlicher Durchgriff des vE gegen gE im obigen Beispiel ausgeschlossen.

Auch wenn einer der Verträge unwirksam ist, vollzieht sich die Rückabwicklung nur zwischen den Partnern des unwirksamen Vertrags.

Sogar im Fall des Doppelmangels (Nichtigkeit des Vertrags zwischen vE und U und zwischen U und gE) gibt es grundsätzlich keine Eingriffskondiktion des vE gegen gE.[6]

III. Ansprüche bei Eigentumsverlust ohne Leistung des vE

471 Hat der Entreicherte das Eigentum dagegen auf andere Weise als durch Leistung („in sonstiger Weise", § 812 I 1) verloren, so unterliegt der gE der Eingriffskondiktion.

Beispiel: U hat in das Haus des gE Material eingebaut, das dem vE gestohlen worden ist.

Daß gE in diesem Fall dem vE Wertersatz leisten muß, findet seine Begründung darin, daß er ohne den Einbau des gestohlenen Materials dem Herausgabeanspruch des vE ausgesetzt gewesen wäre.[7]

IV. Aufgedrängte Bereicherung

472 Einer besonderen Behandlung bedürfen die Fälle, in denen dem Bereicherten die Bereicherung „aufgedrängt" ist. Von einer aufgedrängten Bereicherung spricht man, wenn die objektive Wertsteigerung dem subjektiven Interesse des Bereicherten nicht entspricht.[8]

---

[4] Vgl. z.B. *Larenz,* Schuldrecht, Bd. II, 12. Aufl., 1981, § 68 III; *Medicus/Petersen,* Rn. 727 ff.; BGHZ 40, 272 (278).

[5] So *Huber,* JuS 1970, 343; *OLG Stuttgart* NJW-RR 1998, 1171; dazu *Stürner/Heggen,* Jus 2000, 328.

[6] *Lorenz,* JZ 1968, 51; *Berg,* AcP 160, 512; BGHZ 48, 70 = NJW 1967, 1905 (obiter dictum); a. A. BGHZ 36, 30 = NJW 1961, 2251.

[7] A. M. *E. Wolf,* S. 203, der hier den Bereicherungsanspruch wegen mangelnder Unmittelbarkeit verneint.

[8] Vgl. Palandt/*Bassenge,* § 951 Rn. 19.

1. Bei einer Vielzahl von Fällen wird eine Lösung bereits über das Eigentümer-Besitzer-Verhältnis zu finden sein, wenn ein nichtrechtmäßiger Besitzer Verwendungen vorgenommen hat (vgl. § 48 VI).

2. Schwierig sind dagegen die Fälle zu lösen, in denen die Bereicherung durch einen rechtmäßigen Besitzer aufgedrängt wurde.

Beispiel: Pächter P hatte vom Eigentümer E ein landwirtschaftliches Grundstück gepachtet. Nach dem Pachtvertrag durfte er massive Bauten nur mit ausdrücklicher schriftlicher Genehmigung des E erstellen. P errichtete dennoch massive Gebäude; nach Beendigung des Pachtvertrages verlangt P von E Wertersatz (Fall von BGHZ 23, 61 = NJW 1957, 460).

Zu Recht hat der *BGH* in diesem Fall einen Ausgleichsanspruch verneint mit der Begründung, daß dem Bereicherten ein Anspruch auf Beseitigung zustehe.

3. Besonders problematisch sind die Fälle, in denen ein rechtmäßiger Besitzer mit Zustimmung des Eigentümers bereichernde Maßnahmen vornimmt, die dessen subjektivem Interesse widersprechen.

Beispiel: Der Grundstückseigentümer E gestattet seiner Tochter T, die als Erbin in Aussicht genommen ist, den Bau eines Hauses auf seinem Grundstück. Erbe wird aber der Sohn S, von dem T Wertersatz verlangt.

In diesem Fall entspricht es der Interessenlage, wenn man beim Wertausgleich auf das subjektive Interesse des Eigentümers abstellt.[9]

V. Konkurrenzen

Weitergehende Ansprüche aus anderem Rechtsgrund bleiben unberührt (§ 951 II). **473**

1. Vertragliche Ansprüche werden durch § 951 nicht ausgeschlossen. Die Aufzählung in § 951 II ist nicht abschließend.[10]

2. Auch ein Schadensersatzanspruch aus unerlaubter Handlung wird von § 951 nicht berührt. In diesem Fall kann sogar die Wiederherstellung des alten Zustandes verlangt werden (vgl. §§ 249, 251).

Beispiel: Bösgläubige Verarbeitung fremden Stoffes.

3. Besonders problematisch ist das Verhältnis des § 951 zu Ansprüchen aus dem Eigentümer-Besitzer-Verhältnis.

Ein Anspruch aus § 951 I 1 wird durch die Sonderregelung der §§ 987–993 nicht ausgeschlossen. Auch der gutgläubige Besitzer soll den Wert der Sache, welcher an die Stelle des verlorenen Eigentums tritt, nicht behalten dürfen.[11]

Beispiel (BGHZ 55, 176 = NJW 1971, 612): Ein Dieb D stahl dem Landwirt E zwei Jungbullen von der Weide und verkaufte sie an den gutgläubigen Inhaber einer Fleischfabrik F. Dort wurden die Tiere geschlachtet und zu verschiedenen Fleischwaren verarbeitet. E hat einen Anspruch nach § 951 gegen F.

Die Vorschriften über Nutzungsersatz (§§ 987, 988, 993) sind leges speciales zu § 951.

§ 951 wird durch die §§ 994 ff. (Verwendungsersatz) insoweit ausgeschlossen, als die Bereicherung zugleich eine Verwendung des unrechtmäßigen Besitzers auf die Sache darstellt.[12]

---

[9] *Medicus/Petersen,* Rn. 899; *Baur/Stürner,* § 53 Rn. 33; a. A. *Gursky,* in: Westermann, § 54, 5.
[10] OGHZ 3, 348.
[11] Vgl. dazu u. §§ 47 VI, 48 V.
[12] Vgl. dazu u. § 48 VI 4 u. VIII 5 a und BGHZ 41, 157 = NJW 1964, 1125.

§ 40. Eigentumserwerb an Schuldurkunden

Literatur: *Schlechtriem,* Zivilrechtliche Probleme des Kraftfahrzeugbriefes, NJW 1970, 1993 und 2088.

I. Eigentum und Forderungsrecht

474 Häufig werden Urkunden ausgestellt, kraft deren nach gesetzlicher Vorschrift eine Leistung gefordert werden kann. Es liegt sehr nahe, daß das Eigentum an der Urkunde mit dem Forderungsrecht eng verknüpft wird und bleibt, daß also der Eigentümer der Urkunde und der Forderungsgläubiger ein und dieselbe Person ist.

Darum bestimmt § 952 zunächst eine Ausnahme von dem Eigentumserwerb durch Verarbeitung; bei Ausstellung einer Urkunde erwirbt weder der Eigentümer des Papiers noch der Schreiber oder Hersteller der Urkunde das Eigentum an ihr, sondern der Gläubiger der Forderung, die sich aus ihr ergibt. Dies ist ein gesetzlicher Eigentumserwerb, der vom Willen der Parteien unabhängig ist. Ist die Forderung bei Herstellung der Urkunde noch nicht entstanden, so erwirbt der Gläubiger mit ihrer Entstehung das Eigentum an der Urkunde.

Auch bei Übertragung der Forderung folgt das Eigentum an der Urkunde dem Forderungsrecht (das Recht am Papier folgt dem Rechte aus dem Papier), so daß der jeweilige Gläubiger der Forderung notwendig auch Eigentümer der Urkunde ist, wiederum ohne Rücksicht auf den Willen der Beteiligten und den Besitz (§ 952, vgl. auch § 402).

Mit Erlöschen der Forderung bleibt der letzte Gläubiger Eigentümer der Schuldurkunde, doch hat der Schuldner einen obligatorischen Anspruch auf Rückgabe (§ 371).

Dingliche Rechte an der Forderung (Pfandrecht, Nießbrauch) erstrecken sich auf die Urkunde. Eine Veräußerung der Urkunde ohne gleichzeitige Übertragung der Forderung ist unzulässig.

Streitig ist, ob § 952 zwingendes Recht ist.[1] Das ist zu bejahen.

II. Arten der Schuldurkunden

475 Als solche Urkunden kommen in Betracht

1. Schuldscheine (sie sind bloße Beweispapiere),

2. Hypotheken-, Grundschuld- und Rentenschuldbriefe, also Urkunden über dingliche Rechte, die mit einer Forderung verbunden sind (s. u. § 56 IV),

3. Urkunden nach § 808 (qualifizierte Legitimationspapiere), insbesondere Sparkassenbücher[2] und Versicherungsscheine,

4. nach h. M. auch Fahrzeugbriefe nach der Straßenverkehrs-Zulassungs-Ordnung.[3]

Zu unterscheiden von den genannten Urkunden sind die Inhaberpapiere (z. B. Inhaberschuldverschreibungen, Inhaberaktie, Inhaberscheck), die den jeweiligen In-

---

[1] Vgl. MünchKomm/*Quack,* § 952 Rn. 25 ff.

[2] Vgl. *BGH* ZIP 2005, 1222; *OLG Düsseldorf* MDR 1999, 174.

[3] Vgl. *BGH* NJW 2007, 2844; NJW 1978, 1854 und 1964, 1413 sowie *Schlechtriem,* NJW 1970, 2088; *Frahm/Würdinger,* JuS 2008, 14.

haber als berechtigt ausweisen, das in dem Papier verbriefte Recht geltend zu machen. Für sie gilt nicht § 952. Die Übertragung dieser Inhaberpapiere erfolgt gemäß den §§ 929 ff. Dies bedeutet, daß bei Inhaberpapieren das Recht aus dem Papier dem Recht am Papier folgt. Abzutrennen sind ferner die Orderpapiere (Wechsel, Scheck, kaufmännische Orderpapiere nach § 363 HGB). Diese Wertpapiere weisen eine namentlich bezeichnete Person als berechtigt aus, das im Papier verbriefte Recht geltend zu machen. Sie werden durch Indossament übertragen. Auch für die Orderpapiere gilt nicht § 952, so daß auch hier das Recht aus dem Papier letztendlich dem Recht am Papier folgt. Darin liegt der Charakter von Wertpapieren im engeren Sinn.

§ 41. Der Fruchterwerb

Literatur: *Affolter,* Das Fruchtrecht, 1911; *Denck,* Gestattung des Fruchterwerbs und Konkurs des Gestattenden, JZ 1981, 331; *Raape,* Aneignungsüberlassung, JherJb 74, 179; *Schnorr v. Carolsfeld,* Soziale Ausgestaltung des Erwerbs von Erzeugnissen, AcP 145, 27; *Zitelmann,* Übereignungsgeschäft und Eigentumserwerb an Bestandteilen, JherJb 70, 1.

I. Allgemeines

Früchte einer Sache, auch andere wesentliche Bestandteile, können vor der Trennung nicht Gegenstand besonderer Rechte sein (§ 93), müssen daher im Eigentum desjenigen stehen, welcher der Eigentümer der fruchttragenden Sache ist. Mit der Trennung werden sie selbständige Sachen und nunmehr entsteht das Problem, wem das Eigentum an ihnen zufallen soll, ob dem Eigentümer der fruchttragenden Sache, z. B. des Grundstücks – Substantialprinzip des römischen Rechts – oder dem, der die Früchte erarbeitet hat (durch Säen, Pflanzen, Ernten) – Produktionsprinzip des germanischen Rechtes. **476**

Das BGB hat sich zwar im Grundsatz dem römischen Recht angeschlossen, aber so bedeutende Ausnahmen getroffen, daß es sich praktisch dem germanischen Recht sehr angenähert hat.

II. Fruchterwerb durch Eigentümer

Der Grundsatz des § 953 spricht das Eigentum an getrennten Früchten und sonstigen Bestandteilen der Sache (z. B. geerntetes Getreide, Heu, Kartoffeln, Obst, das Abbruchsmaterial eines abgebrochenen oder zerstörten Hauses) dem Eigentümer der Sache zu. Aber dem Eigentümer gehen kraft der nachfolgenden Bestimmungen eine Reihe von Personen vor und schließen seinen Eigentumserwerb aus. **477**

III. Fruchterwerb durch dinglich Berechtigten

Dies ist zunächst der kraft dinglichen Rechts an der Sache zur Fruchtziehung Berechtigte (§ 954), z. B. der Nießbraucher, ferner der Erbbauberechtigte, der Pfandgläubiger im Falle von § 1213. **478**

Er erwirbt bereits mit der Trennung das Eigentum ohne Rücksicht auf Besitzergreifung, auf den Besitz der fruchttragenden Sache und auf Herbeiführung der Trennung durch ihn oder andere Personen oder Naturereignisse. Dieser Erwerb entspricht Wesen und Zweck dieser dinglichen Rechte (vgl. u. § 78) und bildet eine Sicherung des auf ihnen beruhenden Rechtserwerbs.

IV. Fruchterwerb durch gutgläubigen Eigenbesitzer

479 Ihm geht wieder vor der Eigenbesitzer der Sache und der Besitzer der Sache in Ausübung eines vermeintlichen Fruchtziehungsrechts (§ 955), wenn er gutgläubig ist im ersten Fall in bezug auf seinen Eigenbesitz und das Fruchtziehungsrecht eines anderen oder im zweiten Fall in bezug auf sein eigenes Fruchtziehungsrecht, d. h. wenn er beim Erwerb des Besitzes weder weiß noch infolge grober Fahrlässigkeit nicht weiß, daß er zum Besitz oder zur Fruchtziehung nicht berechtigt ist, oder wenn er später vor der Trennung den Mangel seines Rechts nicht erfährt.

Beispiele: Der Erwerber der Sache, der wegen der Nichtigkeit der Auflassung nicht Eigentümer geworden ist, der vermeintliche Nießbraucher, der wegen Nichtigkeit der Nießbrauchsbestellung das Recht nicht erworben hat, umgekehrt der Eigentümer, der von dem bestehenden Nießbrauch nichts weiß und im Besitz der Sache ist.

Der Besitz der Sache muß im Zeitpunkt der Trennung zumindest als mittelbarer vorhanden sein, (doch besteht eine Erleichterung wie bei der Ersitzung, vgl. §§ 955 III, 940 II).

Auch der Eigentumserwerb dieser Personen tritt mit der Trennung ein. Er beschränkt sich aber auf den Erwerb der Früchte und erfaßt nicht andere getrennte Bestandteile (§ 955).

Eine andere wichtige Frage ist die, ob der Besitzer die Nutzungen, selbst wenn er sie zu Eigentum erworben hat, behalten darf oder herauszugeben hat; vgl. §§ 987 ff., u. § 48 III.

Streitig ist, ob der Eigentumserwerb des gutgläubigen Eigenbesitzers ausgeschlossen ist, wenn die Sache abhandengekommen ist.

Beispiel: Der redliche B erwirbt eine gestohlene Siamkatze, die bei ihm wertvolle Junge wirft.

Nach h. M.[1] ist hier § 935 auch nicht analog anwendbar, ohne Unterschied, ob die später getrennte Frucht beim Abhandenkommen schon als Bestandteil der Sache vorhanden war oder nicht.

V. Fruchterwerb durch kraft Gestattung Aneignungsberechtigte

480 Den zu II bis IV genannten Personen geht vor der kraft Gestattung Aneignungsberechtigte, obwohl er nur obligatorisch, nicht dinglich berechtigt ist.

1. Die Aneignungsberechtigten

a) Erwerb bei Besitz

481 Ist ihm auch der Besitz der fruchttragenden Sache überlassen, so daß der Gestattende nicht mehr im Besitz der fruchttragenden Sache ist, so erwirbt er mit der Trennung das Eigentum, so vor allem der Pächter (§ 956 I 1 1. Fall).

Ferner der Käufer eines Hauses auf Abbruch, wenn ihm der Besitz des Grundstücks überlassen war, an dem Abbruchsmaterial als getrennten Bestandteilen.

Dem Besitz an der ganzen fruchttragenden Sache steht der überlassene Teilbesitz an ungetrennten Bestandteilen, z. B. stehenden Bäumen, gleich.

---

[1] MünchKomm/*Quack*, § 955 Rn. 6.

Mittelbarer Besitz des Gestattungsempfängers an der Muttersache genügt für § 956 I 1 Fall 1 dann nicht, wenn der Gestattende unmittelbarer Besitzer bleibt.

Beispiel (BGHZ 27, 360 = NJW 1958, 186): Der Gestattende war in Konkurs (heute: Insolvenz) gefallen. Umstritten war, ob dem Gestattungsempfänger das Eigentum an der Ernte und der Ernteerlös zustehe. Zu Recht führt der *BGH* aus, § 956 I 1 1. Fall verlange eine enge, nicht erst durch unmittelbaren Besitz des Gestattenden vermittelte herrschaftsmäßige Beziehung des Fruchtziehungsberechtigten zur Muttersache. Fehle eine solche Beziehung, so könne das Eigentum an den Früchten nicht schon mit der Trennung, sondern erst mit der Besitzergreifung erworben werden.[2]

b) Erwerb bei Nichtbesitz

Ist ihm der Besitz der Sache nicht überlassen, so erwirbt er nicht schon mit der Trennung Eigentum, sondern erst mit der Besitzergreifung (§ 956 I 1 2. Fall). 482

Hierunter fallen z. B. der Käufer noch nicht getrennter Früchte, also des Getreides auf dem Halm, des Obstes auf dem Baum, ferner die Personen, denen das Sammeln von Reisig, Beeren oder Pilzen gestattet ist, auch der Pächter, dem das Grundstück noch nicht übergeben ist.

Mit der Trennung fallen Früchte und Bestandteile im zweiten Falle zunächst in das Eigentum des Gestattenden; derjenige, dem die Aneignung gestattet ist, hat ein Aneignungsrecht.

2. Die Gestattung

a) Gestattungsberechtigt ist, wer ohne die Gestattung selbst mit der Trennung erworben hätte, also der Eigentümer, vor ihm der dinglich Fruchtziehungsberechtigte (§ 956 II). Die Berechtigung muß noch zu dem Zeitpunkt vorhanden sein, zu welchem der Erwerb des Gestattungsempfängers eintreten soll. 483

b) Die Gestattung verschafft ein Aneignungsrecht auch dann, wenn der Gestattende zur Gestattung nicht berechtigt ist, der andere ihn aber für berechtigt hält oder halten darf (§ 957). Der Gestattende muß im Besitz der Sache sein in Analogie zu § 932, da sonst jede tatsächliche Grundlage für den guten Glauben fehlt.[3] Berühmtes *Beispiel* (nach dem Lehrbuch von *Cosack*): Ein Spaßvogel sitzt auf der Mauer eines Weinbergs und ruft einem Vorübergehenden zu: „Nehmen Sie nur von den Trauben so viel, wie Sie Lust haben; ich habe noch genug." Nach richtiger Ansicht erwirbt der Wanderer nicht Eigentum, weil der Spaßvogel nicht Besitz am Weinberg hat.

Die Gestattung ist unwiderruflich, wenn ihrem Empfänger der Besitz der Sache überlassen ist (§ 956 I 2) und der Gestattende zur Gestattung verpflichtet ist, z. B. auf Grund des Pachtvertrags. Sonst ist sie widerruflich, auch wenn der Widerruf vertragswidrig sein sollte; mit ihm erlischt das Aneignungsrecht. Der Anspruch auf erneute Gestattung und auf Schadensersatz aus Vertrag bleiben erhalten.

3. Konstruktion des Eigentumserwerbs

Umstritten ist die Konstruktion des Eigentumserwerbs auf Grund der Gestattung. Nach der einen Auffassung (vgl. z. B. *Palandt/Bassenge,* § 956 Anm. 1) handelt es sich nur um einen besonderen Fall der normalen Übereignung nach § 929. Die Gestattung stellt den Antrag zur Einigung dar; er wird angenommen durch den Besitz der fruchttragenden Sache bis zur Trennung bzw. (wenn der Besitz fehlt) durch die Besitzergreifung.[4] Gegen diese Konstruktion läßt sich aber das Bedenken erheben, daß sie keine Unterlage im Bewußtsein und Willen der handelnden Personen findet. Wie soll man in einem Pachtvertrag und der mit ihm verbundenen Gestattung, der im Frühling geschlossen wird, einen Antrag sehen, dessen Annahme erst nach Monaten, etwa bei der Ernte, erfolgt? Der erntende Pächter hat bei seiner Tätigkeit sicherlich nicht den Willen, eine Eigentumsübertragungsofferte des Verpächters anzunehmen. Ein sofortiger Erwerb ist ebenfalls ausgeschlossen, denn eine Einigung über Sachen, die noch gar nicht vorhanden sind und nicht übergeben werden können, ist auch ein 484

---

[2] Vgl. dazu *Denck,* JZ 1981, 331 und *Gursky,* Fälle und Lösungen, S. 93.
[3] Vgl. Palandt/*Bassenge,* § 957 Rn. 1; RGZ 108, 269.
[4] So nunmehr auch ausführlich *Wieling,* § 11 III 5 a.

künstliches Gebilde. Die Einigung beträfe auch nicht einzelne konkret vorhandene oder auch nur bestimmbare Sachen, sondern eine zunächst noch völlig unbestimmte, erst in Zukunft feststellbare Vielzahl von Sachen, an denen ein Eigentumserwerb zu völlig verschiedener Zeit erfolgen kann. Die Einigung ist ein einmaliger Vorgang, die Gestattung schafft einen Dauerzustand und hat daher in den Augen der Beteiligten einen anderen Sinn.

Richtig erscheint daher die andere Auffassung, wonach durch die Gestattung im ersten Fall (Besitz der fruchttragenden Sache) eine Anwartschaft auf das Eigentum an den Früchten geschaffen wird, die durch die Trennung zum vollen Eigentum wird, indem das letzte noch ausstehende Tatbestandsmoment des Eigentumserwerbs eintritt. Im zweiten Fall handelt es sich um ein Aneignungsrecht, das durch Besitzergreifung ausgeübt wird.

Es fragt sich nur, ob die Gestattung als einseitiges Rechtsgeschäft oder als Vertrag anzusehen ist. Näher liegt es, wenn man dem Sprachgebrauch folgt, Einseitigkeit anzunehmen; auch die Verwandtschaft mit der Zustimmung spricht dafür. Andererseits ersetzt die Gestattung eine Übertragung des Eigentums, was wieder für die Vertragsnatur ins Feld zu führen ist. Daher wird man sich für den Vertrag zu entscheiden haben.

VI. Rangordnung

485 Die **Rangordnung** der Berechtigten ist die umgekehrte wie die Reihenfolge der §§ 953–956. An erster Stelle kommt der auf Grund Gestattung Aneignungsberechtigte, der im Besitz der Sache ist, hinter ihm der dinglich an fremder Sache Berechtigte, erst hinter diesem der Eigentümer.

§ 42. Aneignung und Aufgabe

Literatur: *Grziwotz,* Zivilrechtliche Probleme bei der Aneignung von Müll, MDR 2008, 726.

I. Aneignung

486 Die Aneignung ist frei für jedermann an herrenlosen Sachen, d. h. solchen, die niemand zu Eigentum gehören. In der Regel sind sie auch besitzlos. Dieser Erwerbsgrund, unter primitiven Verhältnissen (Jagdvölkern, Nomaden) wichtig, hat an Bedeutung sehr verloren, weil in der Regel nur wertlose Sachen herrenlos werden, wertvolle restlos verteilt sind.

Die Aneignung (Okkupation) erfordert den Erwerb des Eigenbesitzes (§ 958). Ob sie als Rechtsgeschäft anzusehen ist, also eine darüber hinausgehende Willenserklärung enthalten muß, ist umstritten. Mit der heute h. M. ist der Realakt der Aneignung durch blanke Besitzergreifung als ausreichend anzusehen.[1] Die Aneignung ist also auch Minderjährigen ohne weiteres möglich. Der Eigentumserwerb durch Aneignung ist somit nur die gesetzliche Folge der Begründung von Eigenbesitz.[2] Zum Erwerb von Eigenbesitz ohne Geschäftsfähigkeit s. o. § 8 II. Herrenlose Sachen unterliegen der Aneignung, besitzlose dem Fund (vgl. u. § 45).

---

[1] So auch Staudinger/*Gursky,* § 958 Rn. 7 m. w. N.; PWW/*Prütting,* § 958 Rn. 2; Jauernig/*Jauernig,* § 958 Rn. 1; *Grziwotz,* MDR 2008, 727.

[2] So z. B. *Gerhardt,* Mobiliarsachenrecht, S. 131; *Baur/Stürner,* § 53 Rn. 67 ff.

II. Herrenlosigkeit und Aufgabe des Eigentums

Herrenlos sind Sachen entweder, weil sie niemals im Eigentum einer Person gestanden haben, z. B. wilde Tiere in der Freiheit, insbesondere die Tiere des Meeres, oder weil sie vom Eigentümer aufgegeben und herrenlos geworden sind. 487

Die Aufgabe des Eigentums (Dereliktion) erfordert die freiwillige Aufgabe des Besitzes und die Absicht, das Eigentum aufzugeben (§ 959), stellt also wiederum die Verbindung eines Willens- und eines tatsächlichen Momentes dar. Sie ist einseitiges Rechtsgeschäft und Verfügung;[3] die in ihr liegende Willenserklärung ist nicht empfangsbedürftig, meist auch nicht ausdrücklich, sondern ergibt sich aus den Umständen (Wegwerfen der Sache,[4] absichtliches Liegenlassen). Ein nicht Geschäftsfähiger kann daher nur den Besitz, nicht das Eigentum aufgeben. Der Aufgebende muß auch das Verfügungsrecht über das Eigentum besitzen (wichtig z. B. für den Schuldner in der Insolvenz). Weil es sich um ein Rechtsgeschäft handelt, ist eine Anfechtung der Aufgabe möglich.

Die Aufgabe kann dem Besitzverlust folgen; dagegen wird der bloße Wille und selbst die Erklärung, das Eigentum aufzugeben, unwirksam sein, solange nicht die Aufgabe des Besitzes erfolgt.

Über das Herrenloswerden wilder Tiere vgl. § 960 II und III,[5] über das Ausziehen eines Bienenschwarms §§ 961–964.

Beim Bereitstellen von Sammelgut auf der Straße und von Müll in einem Behälter ist zu differenzieren: Wird das Sammelgut caritativen Verbänden oder anderen individuell auftretenden Sammelorganisationen zur Verfügung gestellt, so ist darin keine Eigentumsaufgabe zu sehen, sondern ein ausschließlich an die bestimmten Sammler gerichtetes Angebot zur Übereignung des Sammelgutes.[6] Bei Sperrmüll und anderen Abfällen liegt dann keine Eigentumsaufgabe vor, wenn es sich um Dinge handelt, die erkennbar in irgendeiner besonderen Beziehung zu dem Eigentümer gestanden haben, wie zum Beispiel Briefe oder sonstige persönliche Dokumente;[7] in diesem Falle ist der Wille des Eigentümers auf die endgültige Vernichtung der Gegenstände und damit allein auf eine Eigentumsübertragung an den Entsorgungsträger gerichtet. Im übrigen enthalten die umweltrechtlichen Abfallvorschriften (z. B. § 3 AbfG) ein Dereliktionsverbot,[8] so daß eine Eigentumsaufgabe wegen § 134 BGB nicht möglich ist.

III. Verbotene Aneignung

Die Aneignung führt nicht zum Eigentumserwerb, wenn die Aneignung gesetzlich verboten ist oder durch die Besitzergreifung das Aneignungsrecht eines anderen verletzt wird (§ 958 II). Die Sache bleibt daher herrenlos, bis der Berechtigte sie sich aneignet oder ein gutgläubiger Erwerb erfolgt (§ 935 ist hier nicht anwendbar). Der Aneignungsberechtigte kann vom Besitzer Herausgabe verlangen, z. B. der Jagdberechtigte vom Wilderer. Als Anspruchsgrundlagen kommen §§ 687 II, 823 I und II, 826 in Betracht. Mit Besitzerlangung erwirbt der Jagdberechtigte Eigentum.[9] 488

---

[3] So auch *Gursky,* in: Westermann, § 58 II 2 b; *Wolff/Raiser,* § 78 II 1 a; PWW/*Prütting,* § 959 Rn. 2.

[4] Zum Verhältnis von Eigentumsaufgabe und Vernichtungsabsicht vgl. *Fritsche,* MDR 1962, 714; *Grziwotz,* MDR 2008, 726.

[5] Vgl. dazu *LG Bonn* NJW 1993, 940; zustimmend *Brehm/Berger,* JuS 1994, 14; ablehnend *Avenarius,* NJW 1993, 2589.

[6] Z. B. *OLG Saarbrücken* NJW-RR 1987, 500; *Grziwotz,* MDR 2008, 727.

[7] *LG Ravensburg* NJW 1987, 3142.

[8] Vgl. MünchKomm/*Quack,* § 959 Rn. 18 sowie *LG Ravensburg* NJW 1987, 3142.

[9] So *BGH* LM Nr. 9 zu § 242 StGB; *Gursky,* in: Westermann, § 58 IV; a. M. *Wieling,* § 11 IV 2 d.

§ 43. Jagd- und Fischereirecht

Literatur: *Bergmann,* Fischereirecht, 1966; *Lorz,* Bundesjagdgesetz mit Landesrecht und Fischereigesetz, 1980; *Mitzschke/Schäfer,* Kommentar zum Bundesjagdgesetz, 4. Aufl., 1982; *Nick/Frank,* Das Jagdrecht in Bayern, 1987.

489 Die praktisch wichtigsten Fälle von Aneignung sind durch besonderes Recht außerhalb des BGB geregelt, vor allem durch das Jagd-, das Fischerei- und das Bergrecht. Alle drei haben eine lange Entwicklung seit dem Mittelalter erfahren. Sie werden hier nur kurz dargestellt, soweit sie für Grundsätze des bürgerlichen Rechts von Bedeutung sind.

I. Jagdrecht

490 Das Jagdrecht ist durch das BGB nicht geregelt (mit Ausnahme von § 958 II). Unter dem Nationalsozialismus war im Jahr 1934 ein Reichsjagdgesetz ergangen. Dieses Gesetz wurde nach 1945 durch Ländergesetze ersetzt. Im Jahre 1952 wurde das Bundesjagdgesetz vom 29. 11. 1952 (BGBl. I S. 780, ber. 843) als Rahmengesetz erlassen. Heute gilt es i. d. F. der Bek. vom 29. 9. 1976 (BGBl. I 2849). Die Länder übernahmen die weitere Ausgestaltung des Jagdrechts (vgl. z. B. das Bayerische Jagdgesetz vom 13. 10. 1978, BayRS 792-1-E). Das Jagdrecht gilt nur hinsichtlich der in Gesetzen aufgezählten jagdbaren, nicht aller herrenlosen Tiere und regelt das Aneignungsrecht an ihnen. (Eigentum des Jagdberechtigten kann nicht von vornherein bestehen.) Das Jagdrecht ist untrennbar mit dem Grundeigentum verbunden (§ 3 BJagdG) und kann nicht als selbständiges dingliches Recht begründet werden, doch kann der Jagdberechtigte die Jagd verpachten (§§ 11 ff. BJagdG). Die Ausübung darf nur in Jagdbezirken erfolgen, um eine angemessene, den Wildstand erhaltende Jagd zu sichern. Entweder sind es Eigenjagdbezirke (§ 7 BJagdG) oder gemeinschaftliche, bei denen die Ausübung durch eine Zwangsgenossenschaft erfolgt (§§ 8–10 BJagdG), beide von bestimmter Mindestgröße. Die Jagdgenossenschaft nutzt die Jagd in der Regel durch Verpachtung (§ 10 I BJagdG). Grundstückseigentümer, die nicht Eigenjagdberechtigte sind, sind als Mitglieder der Jagdgenossenschaft an den Erträgnissen der Jagd beteiligt. Wichtig ist die Regelung des Wildschadens; die Bestimmungen des BGB in § 835 sind durch §§ 29 ff. BJagdG ersetzt. Zu unterscheiden sind Jagdschäden, die durch Ausübung der Jagd entstehen (§ 33 BJagdG) und Wildschäden, die durch das Wild an Grundstücken oder Früchten entstehen (§§ 26–32 BJagdG). Ohne Rücksicht auf Verschulden ist bei gemeinschaftlichen Jagdbezirken der Jagdausübungsberechtigte (also die Jagdgenossenschaft bzw. der Jagdpächter) zum Schadensersatz verpflichtet, bei Schäden, die den Anliegern von Eigenjagdbezirken erwachsen, der Eigentümer oder Pächter des Eigenjagdbezirks (§§ 29, 33 BJagdG).

Für die Geltendmachung des Wild- und Jagdschadens gelten §§ 34, 35 BJagdG. Eine Klage kann nach § 35 von einem verwaltungsrechtlichen Vorverfahren abhängig gemacht werden; vgl. z. B. für Bayern das Gesetz über das Verfahren in Wild- und Jagdschadenssachen vom 12. 8. 1953 (BayRS 792-4-E).

Mit dem Besitzerwerb geht das erlegte Wild in das Eigentum des Jagdberechtigten über. Streitig ist, ob der Besitzerwerb eines unberechtigten Dritten (Wilderers) ohne Besitzerwerb des Jagdberechtigten diesem das Eigentum verschafft oder ob nur das Aneignungsrecht fortbesteht. Der letzteren Meinung ist zu folgen (vgl. o. § 42 III).

II. Fischereirecht

491 Das Fischereirecht an Binnengewässern ist auch heute noch landesrechtlich geregelt (Art. 69 EGBGB, bemerkenswert das Preuß. G. von 1916 und das Bayer. von 1908, BayRS 793-1-E). Es gewährt ebenfalls ein Aneignungsrecht. Bei den Binnengewässern steht das Fischereirecht grundsätzlich dem Eigentümer des Gewässers zu, daher bei größeren Flüssen und Seen dem Staat, sonst den Anliegern. Auch hier gilt diese Regelung für herrenlose Fische, nicht für die in Teichen gehaltenen, die im Eigentum des Teicheigentümers stehen. Für die Ausübung des Rechts können auch hier Fischereibezirke gebildet und Genossenschaften geschaffen werden. Die Verwaltung dieses Bezirks obliegt regelmäßig der zuständigen Gemeinde (ähnliche Möglichkeiten im Jagdrecht § 9 II 3 BJagdG).

§ 44. Das Bergrecht

Literatur: *Dapprich/Römermann,* Bundesberggesetz, 1984; *Piens/Schulte/Vitzthum,* Bundesberggesetz, 1983; *T. H. Schulte,* Das Bundesberggesetz, NJW 1981, 88; *Weitnauer,* Grundeigentum und Bergbau, JZ 1973, 73; *Willecke/Turner,* Grundriß des Bergrechts, 2. Aufl., 1970.

I. Geschichtliche Entwicklung

Das Bergrecht hat seit dem frühen Mittelalter vielerlei Regelungen erfahren. Wegen der großen **492** wirtschaftlichen Bedeutung des Bergbaus hat sich die Rechtsordnung immer wieder um seine juristische Ordnung bemüht. Ursprünglich mit dem Grundeigentum verbunden – natürlich, solange der Tagebau an der Oberfläche überwog – ist das Recht zur Gewinnung von Mineralien Regal geworden. Von den Landesherren wurde es später dem Finder von Mineralien verliehen. Dabei entwickelte sich die Bergbaufreiheit, d. h. das Recht, nach Erzen zu suchen. Es blieb nur die staatliche Berghoheit als Aufsichtsrecht. Das vorbildliche preußische Berggesetz vom 24. 6. 1865 bestimmte, daß jeder zur Aufsuchung von Mineralien befugt sei und bei Finden die Verleihung des Abbaurechts verlangen könne. Der dadurch geförderte wilde Wettbewerb bewährte sich nicht. Daher wurde in Preußen die Freiheit für Kohlen und Salze durch Gesetz von 1907 beseitigt und der Bergbau durch Kartelle wirtschaftlich geordnet.

Seit Inkrafttreten des Grundgesetzes war das Bergrecht landesrechtlich geregelt, vgl. z. B. für Bayern das Berggesetz vom 13. 8. 1910, zuletzt i. d. F. vom 10. 1. 1967 (GVBl. S. 185). Auch das Preußische Allgemeine Berggesetz galt als Landesrecht weiter.[1] Der Bund hat von der ihm in Art. 74 I Nr. 11 GG eingeräumten konkurrierenden Gesetzgebungsbefugnis erst durch Erlaß des Bundesberggesetzes (BBergG) vom 13. August 1980 (BGBl. I 1310) Gebrauch gemacht. Das BBergG ist im wesentlichen am 1. Januar 1982 in Kraft getreten.

Seit 1919 besteht eine Tendenz zur Sozialisierung des Bergbaus (Art. 156 WRV, Art. 15 GG), die freilich noch nicht verwirklicht worden ist. Die Einfügung des deutschen Bergbaus in die europäische Montanunion läßt die privatrechtliche Seite des Bergrechts in Deutschland unberührt.[2]

II. Das Bundesberggesetz

Das BBergG ordnet das Aufsuchen, Gewinnen und Aufbereiten von Bodenschätzen mit dem Ziel **493** der Sicherung der Rohstoffversorgung. Daneben soll die Sicherheit im Bergbau für Betriebe, Beschäftigte und Dritte gewährleistet werden (§ 1 BBergG).

Das BBergG unterscheidet zwischen bergfreien Bodenschätzen (z. B. alle wichtigen Metalle, Kohle, Öl, Gas) und grundeigenen Bodenschätzen (vor allem Kies, Quarz). Nur die grundeigenen stehen im Eigentum des jeweiligen Grundeigentümers. Bei bergfreien Bodenschätzen tritt eine Trennung des Bergrechts vom Grundeigentum ein. Das Grundeigentum erstreckt sich entgegen § 905 BGB nicht auf die in einem Grundstück vorhandenen bergfreien Bodenschätze.

Das Aufsuchen von bergfreien Bodenschätzen bedarf einer Erlaubnis, die Gewinnung einer Bewilligung oder des Bergwerkeigentums.

Das Eigentum an den abzubauenden Mineralien wird erst mit dem Abbau aufgrund der Erlaubnis, der Bewilligung oder des Bergwerkeigentums erworben. Es handelt sich bei diesen Rechten um Aneignungsrechte. Außerdem gewähren sie das Recht, die erforderlichen Betriebseinrichtungen zu

---

[1] BGHZ 11, 104 = NJW 1954, 187.

[2] *Wolff/Raiser,* § 95 VII.

errichten und zu betreiben. Auf Grund der Bewilligung und des Bergwerkeigentums besteht auch ein Recht auf Grundabtretung. Der Betreiber hat gemäß §§ 84 ff. Entschädigung zu leisten.

Erlaubnis, Bewilligung und Bergwerkeigentum werden vom Staat verliehen, sind zeitlich begrenzt und können mit Förderabgaben belastet werden. Auf das Recht aus der Bewilligung sind die für Ansprüche aus dem Eigentum geltenden Vorschriften des BGB anzuwenden. Das Bergwerkeigentum wird wie ein Grundstück behandelt, die Vorschriften des Bürgerlichen Rechts sind anzuwenden, soweit das BBergG nichts anderes bestimmt. Dazu ist von besonderer Bedeutung, daß eine Veräußerung ebenso wie der entsprechende schuldrechtliche Vertrag nur mit behördlicher Genehmigung erfolgen kann.

Die Erlaubnisse, Bewilligungen und das Bergwerkeigentum werden in ein Register, das Berechtsamsbuch, eingetragen. Alte Rechte und Verträge bestehen auch nach Inkrafttreten des BBergG fort, werden aber z. T. in die Rechtsformen des neuen Rechts überführt (vgl. §§ 149 ff.).

III. Träger von Bergwerken

494 Schon seit langem zwang der Aufwand für die Anlegung eines Bergwerks zum Zusammenschluß. Die auf das 13. Jahrhundert zurückgehende Form der bergrechtlichen Gewerkschaft wird jedoch durch das BBergG abgeschafft; die Gewerkschaften alten Rechts waren bis 1986 in Aktiengesellschaften bzw. GmbHs umzuwandeln oder sind aufgelöst (§§ 163 ff.).

§ 45. Der Fund

Literatur: *Brückmann,* Der Begriff der „verlorenen Sache", Bürgl. Arch. 23, 322; *Edenfeld,* Reformfragen des Fundrechts, JR 2001, 485; *Eith,* Der Fund in der Behörde, MDR 1981, 189; *Krusch,* Grundzüge eines neuen Fundrechts, AcP 148, 282; *Mittenzwei,* Fundbesitz als Gegenstand des Deliktsschutzes und der Eingriffskondiktion, MDR 1987, 883; *Rother,* Der Fund im Betrieb, BB 1965, 247; *Schreiber,* Eigentumserwerb durch Fund, Jura 1990, 446; *Strauss,* Das Fundrecht des BGB, 1908.

I. Gegenstand des Fundes

495 Gegenstand des Fundes sind verlorene, d. h. besitzlos, aber nicht herrenlos gewordene Sachen (§ 965).

In der Regel tritt die Besitzlosigkeit ohne Willen des Besitzers ein; doch sind besitzlos z. B. auch die von einem Dieb auf der Flucht weggeworfenen Sachen, ferner die von einem geschäftsunfähigen Eigentümer aufgegebenen. In Wohnungen und Häusern gehen Sachen in der Regel nicht verloren, weil sie im Besitz des Wohnungs- oder Hausinhabers bleiben,[1] ausgenommen nur, wenn sie so verborgen sind, daß sie längere Zeit nicht wiederzuerlangen sind. Auch versteckte Sachen sind nicht verloren.[2]

Examensproblem: Ein Kunde entdeckt in einem Supermarkt zwischen den Waren versteckt einen 500 Euro-Schein. Er händigt ihn dem Filialleiter aus. Nachdem sich 6 Monate lang kein Verlierer gemeldet hatte, verlangt der Kunde vom Supermarkt Herausgabe des Scheins bzw. Zahlung.

Ein Anspruch würde voraussetzen, daß der Geldschein besitzlos war und der Kunde bei seiner Entdeckung eigenen Besitz begründet hat. Es ist also die Besitzlage am Geldschein *vor* der Entdeckung durch den Kunden entscheidend: Nach der Verkehrsanschauung erstreckt sich der (generelle) Besitzwille einer Person auf alle Gegenstände im eigenen Wohnhaus oder Geschäftslokal, auch wenn deren

---

[1] Vgl. BGHZ 101, 186 = NJW 1987, 2812 mit abl. Anm. von *Ernst,* JZ 1988, 359; s. o. § 7 I 1 c.
[2] Vgl. dazu den Fall *OLG Hamburg* MDR 1982, 409.

konkrete Existenz ihr nicht bekannt sind. Freilich muß dieser Besitzwille nach außen erkennbar hervortreten. Für ein Geschäft hat es der *BGH* dabei ausreichen lassen, daß die Angestellten des Supermarktes angewiesen waren, Fundsachen beim Filialleiter abzugeben, wobei sie in ein Fundbuch eingetragen wurden. Damit ist Besitz des Eigentümers des Supermarktes am Geldschein zu bejahen und ein Fund i. S. d. § 965 scheidet aus (Fall nach BGHZ 101, 186 = NJW 1987, 2812).

Ein genereller Besitzwille bezüglich der in den Räumen befindlichen Sachen kann auch bei öffentlichen Gebäuden die Möglichkeit eines Verkehrsfundes ausschließen (dazu näher unter § 45 V).[3]

II. Begriff des Finders

Finder ist, wer eine verlorene Sache entdeckt, d. h. wahrnimmt, und daraufhin an sich nimmt (§ 965). 496

In Wahrheit entscheidet die zweite Tatsache; denn die Besitzergreifung ist ohne Wahrnehmung nicht denkbar, diese allein hat aber keine rechtliche Bedeutung. Wenn z. B. von zwei Personen, die miteinander gehen, A zuerst die Sache entdeckt und liegen sieht, B sie aber zuerst ergreift, ist nicht A der Finder, sondern B. Ein bloßes In-die-Hand-Nehmen der Sache, um sie zu besichtigen, genügt nicht, belastet aber auch nicht mit den Pflichten eines Finders. Kann das Fundobjekt wegen seiner Beschaffenheit nicht mitgenommen werden, so ist Finder, wer die Sicherstellung des Gegenstands veranlaßt.[4] Wer im Auftrag eines anderen nach der Sache gesucht hat, ist nicht Finder. Ein Besitzdiener findet nicht für sich, sondern für den Dienstherrn, wenn er im Rahmen des Besitzdienerverhältnisses tätig ist, z. B. nimmt die Angestellte eines Kinos, die vertraglich zur Aufräumung des Zuschauerraums und zur Ablieferung gefundener Sachen verpflichtet ist, die Sachen für den Arbeitgeber an sich und ist nicht selber Finder[5] (vgl. dazu o. § 9 I).

Finden ist kein Rechtsgeschäft, daher auch durch einen Geschäftsunfähigen möglich.

III. Die Pflichten des Finders

Der Fund stellt an sich einen Fall der Geschäftsführung ohne Auftrag dar, ist aber einer Sonderregelung unterworfen. Durch den Fund entsteht ein gesetzliches Schuldverhältnis zwischen dem Finder und dem Empfangsberechtigten. Es bildet den Hauptteil der gesetzlichen Vorschriften über den Fund. Der mögliche Eigentumserwerb des Finders tritt demgegenüber weit in den Hintergrund, die Pflichten des Finders überwiegen seine Rechte. Der Fund genügt aber nicht, um den Verlierer zum mittelbaren Besitzer im Sinne von § 868 zu machen. 497

Empfangsberechtigt sind der Verlierer, ferner der Eigentümer, jeder an der Sache dinglich Berechtigte (Nießbraucher, Pfandgläubiger), auch der mittelbare Besitzer, also jeder, der die Herausgabe der Sache verlangen kann.

Zwei Hauptpflichten lasten auf dem Finder: die Anzeigepflicht (§ 965) und die Verwahrungspflicht (§ 966).

1. Anzeigepflicht

Der Finder hat unverzüglich dem ihm bekannten Empfangsberechtigten Anzeige vom Fund zu machen. Kennt er keinen (wie wohl in der Regel) oder ist ihm dessen 498

[3] Siehe z. B. *OLG Köln* MDR 1998, 522.

[4] *OLG Hamm* NJW 1979, 725 und *Gottwald,* JuS 1979, 247.

[5] BGHZ 8, 130 = NJW 1953, 419.

Aufenthalt unbekannt, so besteht seine Anzeigepflicht gegenüber der zuständigen Behörde (§ 965 II), die nach Landesrecht zu bestimmen ist. Von der letzteren Anzeigepflicht (aber nicht von der ersten) ist der Finder befreit beim Bagatellfund, d. h. dem Fund von Sachen, deren Wert zehn Euro nicht übersteigt (§ 965 II 2).

2. Verwahrungspflicht

499 Der Finder ist verpflichtet, die Sache zu behalten, er darf den Besitz also nicht wieder aufgeben. Ihn trifft unter Umständen auch eine Unterhaltspflicht, z. B. die Fütterung eines aufgenommenen Tieres.

Bei drohendem Verderb der Sache oder unverhältnismäßigen Kosten der Aufbewahrung hat der Finder die Sache öffentlich versteigern zu lassen (§ 966 II). Der Erlös tritt an Stelle der Sache; an ihm bestehen Pflichten und Rechte des Finders.

Der Finder kann sich von der lästigen Verwahrungspflicht befreien durch Ablieferung der Sache an die zuständige Behörde (die auch ihrerseits die Ablieferung anordnen kann, § 967). Dadurch wird er auch der Auseinandersetzung mit den Empfangsberechtigten enthoben. Wenn ein solcher (angeblicher) an ihn mit dem Verlangen der Auslieferung der Sache herantritt, hat er mit verkehrsmäßiger Sorgfalt eine Prüfung vorzunehmen, z. B. nach dem Gegenstand und der Art des Verlustes zu fragen, einen Ausweis zu verlangen usw.; doch kommt ihm hier die mildere Haftung des § 968 zugute.

Durch Herausgabe an den Verlierer wird er den anderen Empfangsberechtigten gegenüber befreit (§ 969), auch wenn der Verlierer kein Recht an der Sache hatte, z. B. bloßer Besitzdiener ist.

Der Finder haftet bei allen seinen Pflichten nur für Vorsatz und grobe Fahrlässigkeit (§ 968, vgl. § 680). Für einen Geschäftunfähigen oder beschränkt Geschäftsfähigen wird nur die Haftung nach § 682 in Frage kommen.

IV. Rechte des Finders

1. Aufwendungsersatz

500 Der Finder hat einen Anspruch auf Ersatz der Aufwendungen (zur Verwahrung oder Erhaltung der Sache oder zum Zwecke der Ermittlung eines Empfangsberechtigten), die er den Umständen nach für erforderlich halten darf; der Anspruch richtet sich gegen den Empfangsberechtigten (§ 970, vgl. §§ 683, 670).

2. Finderlohn

501 Der Finder hat Anspruch auf Finderlohn (§ 971); bis zu 500 Euro Wert 5 %, vom Mehrwert 3 %, bei Tieren 3 %. Verwirkung des Finderlohns ist nach § 971 II möglich. Zum Finderlohn beim sog. Verkehrsfund s. u. V 2.

3. Zurückbehaltungsrecht

502 Wegen seiner Ansprüche hat er ein Zurückbehaltungsrecht und ein beschränktes Klagerecht (§§ 972, 1000 ff.).

4. Erwerb des Eigentums

Das wichtigste Recht des Finders ist das auf Erwerb des Eigentums an der gefundenen Sache. Es setzt voraus (§ 973) den Ablauf von sechs Monaten seit der Anzeige des Fundes bei der zuständigen Behörde (bei Bagatellfunden seit dem Funde) und das Fehlen der Anmeldung eines Empfangsberechtigten bei der zuständigen Behörde sowie die Unkenntnis des Finders von einem Empfangsberechtigten während der Frist. 503

Es handelt sich um einen originären, nicht um einen abgeleiteten Erwerb. Der Erwerb hat keine rückwirkende Kraft, sondern tritt ex nunc ein.[6] Im Funde liegt noch keine Aneignung, denn der Finder rechnet mit Meldung des Verlierers und will sich die Sache noch nicht sofort aneignen. Auch im Gesetz ist die Rückwirkung nicht angedeutet. Allerdings kann dem Finder ein Anspruch auf inzwischen angefallene Nutzungen zuerkannt werden. An irgendeine Form, etwa Aufgebot, Urteil usw. ist der Erwerb nicht gebunden.

Eine weitere Möglichkeit des Eigentumserwerbs eröffnet dem Finder auch bei Bekanntwerden eines Empfangsberechtigten der § 974.

Der Finder kann seine Anwartschaft auf den Eigentumserwerb übertragen, bleibt aber im gesetzlichen Schuldverhältnis gegenüber dem Verlierer, und vererben.

Seine Rechtsstellung wird durch Ablieferung der Sache an die zuständige Behörde in keiner Weise berührt (§ 975). Durch Verzicht des Finders auf sein Eigentumserwerbsrecht geht dieses auf die Gemeinde des Fundorts über (§ 976).

5. Bereicherungsanspruch

Der Eigentumserwerb des Finders wird als ungerechtfertigte Bereicherung gegenüber dem früheren Eigentümer behandelt; daher ist er noch drei Jahre vom Erwerb an einem Bereicherungsanspruch ausgesetzt (§ 977). Dadurch ist seine Rechtsstellung zumindest theoretisch entwertet und das Interesse am Finden verringert. 504

Die verschärfte Haftung nach § 819 tritt nur ein, wenn er von der Person eines Empfangsberechtigten Kenntnis bekommt. Bemerkenswert ist, daß der Bereicherungsanspruch hier nicht verjährt, sondern erlischt. Die Haftung gegenüber den in § 974 erwähnten Personen ist ungerechtfertigt.

V. Der sog. Verkehrsfund

1. Begriff

Abweichend geregelt ist der Fund von Sachen in den Geschäftsräumen oder Beförderungsmitteln einer öffentlichen Behörde oder einer dem öffentlichen Verkehr dienenden Verkehrsanstalt (§§ 978 ff.). 505

Hierunter fallen alle Geschäftsräume der Gerichte und Verwaltungsbehörden, öffentliche Schulen, Kirchen, Krankenhäuser, Museen einschließlich Treppen, Korridoren usw., ferner alle Verkehrsanstalten, die dem öffentlichen Verkehr dienen, wie die Deutsche Bahn, die Post, Straßenbahnen, Omnibusse, gleich ob sie in privater oder öffentlicher Hand sind.

---

[6] Str., wie hier *Gursky,* in: Westermann, § 59 II 5 a; *Wolff/Raiser,* § 82 VII 1; Staudinger/*Ring,* § 973 Rn. 4; a. A. RGRK/*Pikart,* § 973 Rn. 2.

2. Rechtliche Regelung

506 Bei Funden dieser Art hat der Finder die Sache unverzüglich an die Behörde oder die Verkehrsanstalt oder einen ihrer Angestellten abzuliefern (§ 978 I). Ist die Sache wenigstens 50 Euro wert, erhält der Finder die Hälfte des Finderlohns, den er bei einem gewöhnlichen Fund erhalten würde (§ 978 II mit § 971 I). Der Anspruch auf Finderlohn ist jedoch ausgeschlossen, wenn der Finder Angestellter der Behörde usw. ist oder wenn er die Ablieferungspflicht verletzt. Ein Eigentumserwerb des Finders nach § 973 kommt nicht in Betracht (§ 978 I 2).

Auch die Behörde oder Anstalt erwirbt nicht sogleich das Eigentum, kann aber die Sache öffentlich versteigern lassen (nach öffentlicher Bekanntmachung und Aufforderung zur Anmeldung von Rechten, §§ 979, 980). Der Erlös tritt dann an die Stelle der Sache. Nach Ablauf von drei Jahren nach dem Ablauf der Bekanntmachungsfrist fällt der Erlös an die Behörde oder Anstalt (§ 981). Gegen sie gibt es keinen Bereicherungsanspruch. Nach § 978 III muß sie jedoch dem Finder den ihm zustehenden Finderlohn zahlen; der Anspruch darauf erlischt in drei Jahren.

3. Grund der Sonderregelung

507 Diese Sonderregelung[7] findet ihre Begründung in folgenden Überlegungen. In Räumen von Behörden wie in Beförderungsmitteln ist das Finden tatsächlich leichter, weil es sich um bestimmte festumgrenzte Räume handelt im Gegensatz zum normalen Finden im Gelände. Auch ist das Verlieren häufiger, nicht nur weil viele Leute aus- und eingehen, sondern vor allem, weil erfahrungsgemäß das längere Verweilen in solchen Räumen die Gefahr des Verlierens, z. B. durch Liegenlassen oder durch Herausziehen aus Taschen, Mappen usw., vergrößert. Die Personen aber, denen das Finden am leichtesten fällt, sind die Beamten und Angestellten der Behörden oder Verkehrsanstalten selbst, die sich dort ständig aufhalten und nach Schluß des Publikumsverkehrs sich umschauen können und sollen. Sie haben eine gewisse Aufsichts- und Obhutspflicht in ihren Räumen zu wahren; daher hat der öffentliche Verkehr Anspruch auf einen geordneten Funddienst. Das Finden selbst hält sich im Rahmen der diesen Personen obliegenden Verpflichtungen. Sie sind obendrein die Besitzdiener der Behörde, welcher die Räume oder Beförderungsmittel zustehen. Auch unter diesem Gesichtspunkt ist es begreiflich, daß man ihnen die Rechte des Finders nicht zuerkennt.

4. Ausdehnung auf andere Unternehmen?

508 Streitig ist, ob die Vorschriften über den Verkehrsfund auf private Unternehmen, die nicht Transportanstalten, also Verkehrsanstalten im engeren Sinn sind, ausgedehnt werden dürfen.

Diese Ausdehnung muß abgelehnt werden.[8] Gegen die Ausdehnung sprechen die Entstehungsgeschichte der Vorschriften über den Verkehrsfund und die Schwierigkeit einer klaren Abgrenzung. Auch die rechtliche Regelung des Verkehrsfunds spricht wohl gegen eine ausdehnende Auslegung.

VI. Der Schatz

509 Als Schatz gilt nach § 984 eine Sache, die so lange verborgen gelegen hat, daß der Eigentümer nicht mehr zu ermitteln ist.

Es braucht sich nicht um Kostbarkeiten oder Sachen von Altertumswert zu handeln, wenn diese auch die Regel sind. Meist werden sie in Grundstücken entdeckt werden,

---

[7] Gegen die Sonderregelung *Eith,* MDR 1981, 189.

[8] Vgl. auch *Gursky,* in: Westermann, § 59 III 1; Staudinger/*Gursky,* § 978 Rn. 3; *Wieling,* § 11 V 4.

z. B. bei Umpflügen, Ausschachtungen oder Abbruch eines Gebäudes. Doch ist ein Schatzfund auch bei beweglichen Sachen möglich, z. B. in Geheimfächern alter Möbel.

An sich muß die Sache einmal im Eigentum einer Person gestanden haben, weil sonst die gesetzliche Voraussetzung, daß der Eigentümer nicht zu ermitteln ist, sinnlos wäre. Geboten ist aber die Ausdehnung der Vorschrift auch auf andere Gegenstände von archäologischem, geschichtlichem oder naturwissenschaftlichem Interesse, z. B. auf Reste prähistorischer Tiere oder menschliche Skelette.[9]

Der Eigentumserwerb setzt Entdeckung[10] und Besitzergreifung voraus; letztere genügt nur, wenn sie auf Grund der Entdeckung als ihre Folge geschieht. Mit der Entdeckung entsteht eine Anwartschaft auf den Erwerb. Nur wenn der Entdecker den Besitzerwerb versäumt und nun ein anderer den Schatz selbständig entdeckt und Besitz ergreift, geht dieser andere vor. **510**

Ein Rechtsgeschäft liegt nicht vor; daher können auch nichtgeschäftsfähige Personen einen Schatzerwerb machen.

Das Eigentum fällt zur Hälfte dem Finder, zur anderen dem Eigentümer der Sache zu, in welcher der Schatz verborgen war, als Miteigentum.[11] Wenn jemand im Auftrage eines anderen nach einem Schatz sucht (z. B. bei Ausgrabungen), erwirbt nicht er das Eigentum, sondern der Auftraggeber.

Leider besteht nach Bundesrecht kein Vorrecht öffentlicher Behörden bei Funden von öffentlichem Interesse, z. B. von Altertümern; vielmehr ist das Landesrecht zuständig.[12] Bemerkenswert ist besonders das Preußische Gesetz vom 26. 3. 1914 (Ausgrabung nur mit Genehmigung der Behörde; Anzeigepflicht auch bei gelegentlicher Entdeckung; Enteignungsrecht), das bayerische Denkmalschutzgesetz v. 25. 6. 1973 (Art. 7 ff.) sowie § 19 a des Denkmalschutz- und -pflegegesetzes Rheinland-Pfalz (Fund wird Eigentum des Landes, wenn er von besonderem wiss. Wert ist).[13]

Examensproblem (Lübecker Schatzfund, BGHZ 103, 101 = NJW 1988, 1204): Bei Abbrucharbeiten in Lübeck wird ein riesiger Münz-Schatz aus dem 14. Jahrhundert gefunden. Zuerst wahrgenommen und teilweise freigelegt hat ihn der Arbeitnehmer A, der für den Unternehmer U arbeitet. Der U hat vom Grundstückseigentümer den Auftrag zum Abbruch erhalten.

Hier ist zweifellos ein Schatz i. S. d. § 984 gefunden worden. Zu trennen ist deshalb nach § 984 der Entdecker-Anteil und der Eigentümer-Anteil. Nach der Auffassung des *BGH* ist der Schatz von A entdeckt worden, auch wenn später auf Grund der Wahrnehmungen des A der Grundstückseigentümer die Münzen hat bergen lassen. Entdecker ist auch nicht der Arbeitgeber U des A, weil A nicht mit einer gezielten Schatzsuche beauftragt war, sondern den Schatz nur zufällig bei Gelegenheit seiner vertraglichen Tätigkeit gefunden hatte. Damit steht der Entdeckeranteil dem A zu, selbst wenn U dem Grundstückseigentümer zur Ablieferung von Funden generell verpflichtet war.

§ 46. Andere Erwerbsarten

Neben den in Titel 3 des 3. Buches des BGB aufgezählten Erwerbsarten gibt es für bewegliche Sachen noch eine Reihe anderer, die zum Teil von erheblicher praktischer Bedeutung sind: **511**

1. die Einverleibung in ein Inventar, nach § 582 a II zugunsten des Verpächters, nach § 1048 beim Nießbrauch zugunsten des Eigentümers; rechtlich stellt dies einen Übergang des Eigentums vom Anschaffer der Sache auf den anderen dar; gewollt braucht aber nur die Herstellung eines räumlichen

---

[9] *OLG Nürnberg* NJW-RR 2003, 933.

[10] Vgl. *OLG Celle* NJW 1992, 2576 (Fall einer lediglich erschwerten Auffindbarkeit).

[11] Vgl. BGHZ 103, 101 = NJW 1988, 1204 (Schatzfund durch Arbeitnehmer) mit zust. Anm. v. *Gursky*, JZ 1988, 670.

[12] Vgl. Art. 73 EGBGB sowie *BVerfG* NJW 1988, 2593.

[13] Vgl. dazu *BVerwG* NJW 1997, 1171.

und dem wirtschaftlichen Zweck entsprechenden Verhältnisses zum sonstigen Inventar zu sein, nicht notwendig auch der Übergang des Eigentums;

2. durch Surrogation nach §§ 1075, 1247, 1287, 1370, 1473, 1646, ferner nach §§ 2019, 2041, 2111;[1]

3. durch Gesamtnachfolge, so vor allem durch Erbschaft (§ 1922) und bei Gütergemeinschaft (§§ 1416 II, 1485 III), ferner bei Anfall des Vereinsvermögens an den Fiskus (§§ 46, 88 Satz 2);

4. am Zubehör nach § 926 (vgl. o. § 26 VIII);

5. beim uneigentlichen Nießbrauch nach § 1067;

6. durch staatlichen Hoheitsakt im Weg der Zwangsvollstreckung, mittels Übertragung der gepfändeten Sache (§§ 814 ff. ZPO), ferner nach §§ 73, 73 d, 74, 74 e StGB und §§ 430 ff. StPO, schließlich auch durch Enteignung.

4. Abschnitt. Ansprüche aus dem Eigentum

§ 47. Der Herausgabeanspruch

Literatur: *Berg,* Ansprüche aus dem Eigentümer-Besitzer-Verhältnis, JuS 1971, 522 und 636, JuS 1972, 83, 193 und 323; *Derleder,* Zum Herausgabeanspruch des Eigentümers gegen den mittelbaren Besitzer, NJW 1970, 929; *Diederichsen,* Das Recht zum Besitz aus Schuldverhältnissen, 1965; *Hager,* Grundfälle zur Systematik des Eigentümer-Besitzerverhältnisses und der bereicherungsrechtlichen Kondiktionen, JuS 1987, 877; *Kindl,* Das Eigentümer-Besitzer-Verhältnis: Vindikationslage und Herausgabeanspruch, JA 1996, 23; *Kohler,* Schwebende Vindikationslagen, NJW 1988, 1054; *Köbl,* Das Eigentümer-Besitzer-Verhältnis im Anspruchssystem des BGB, 1971; *C. Peters,* Die Ansprüche aus dem Eigentum, AcP 153, 454; *F. Peters,* Das Pfandrecht als Recht zum Besitz, JZ 1995, 390; *Picker,* Der vindikatorische Herausgabeanspruch, in: 50 Jahre BGH, Festgabe aus der Wissenschaft, Bd. I, 2000, S. 693; *Raiser,* Eigentumsanspruch und Recht zum Besitz, in FS Martin Wolff, 1952, S. 123; *ders.,* Die Subsidiarität der Vindikation und ihrer Nebenfolgen, JZ 1961, 532; *Remien,* Vindikationsverjährung und Eigentumsschutz, AcP 201, 730; *Roth,* Grundfälle zum Eigentümer-Besitzer-Verhältnis, JuS 1997, 518, 710, 897, 1087; *Schreiber,* Das Eigentümer-Besitzer-Verhältnis, Jura 1992, 356 und 533; *E. Schwerdtner,* Verzug im Sachenrecht, 1973; *Seidel,* Das Zurückbehaltungsrecht als Recht zum Besitz im Sinne des § 986 BGB?, JZ 1993, 180; *Wallerath,* Zur Anerkennung des § 283 BGB auf den Herausgabeanspruch nach § 985 BGB, JR 1970, 161; *Zeuner,* Zum Verhältnis zwischen Vindikation und Besitzrecht, FS Felgentraeger, 1969, S. 423.

I. Allgemeines

512 Aus dem Eigentum können sich Ansprüche des Eigentümers ergeben, die dem Schutz des Eigentums dienen. Wesentlich sind sie für das Eigentum aber nicht. Hierin liegt ein wichtiger Unterschied zu den Schuldverhältnissen und Forderungsrechten; denn diese sind ohne einen Anspruch mindestens des einen Beteiligten gegen den anderen nicht denkbar, weil sie dann inhaltslos wären. Das Eigentum dagegen hat seinen wesentlichen Inhalt (die Herrschaft über die Sache), auch ohne daß irgendein Anspruch entsteht. Ein solcher erwächst vielmehr erst durch das Hinzutreten besonderer Umstände, z. B. dadurch, daß dem Eigentümer der Besitz verlorengeht. Aber in den meisten Fällen wird das Eigentum ausgeübt, ohne daß dem Eigentümer ein Anspruch zusteht, nicht nur bei bloß kürzerer Dauer des Eigentums, z. B. bei baldigem Verbrauch oder schneller Weiterveräußerung, son-

[1] Vgl. *Krebber,* FamRZ 2000, 197.

dern auch bei langer Dauer des Eigentums, z. B. beim Bewohnen eines Hauses ohne Vermietung desselben, bei Benützung von Möbeln, Kleidern, Wäsche, Schmuck, solange sie nicht verliehen oder zur Reinigung und ähnlichen Zwecken vorübergehend fortgegeben werden.

Weil das Eigentum ein dingliches Recht ist, können die Ansprüche nicht nur (wie bei den Schuldverhältnissen) gegen einen einzelnen bestimmten Gegner entstehen, sondern gegen jeden, der in das Eigentum eingreift, ohne Rücksicht darauf, ob zwischen dem Eigentümer und ihm irgendein Vertragsverhältnis besteht.

II. Voraussetzungen des Herausgabeanspruchs

1. Die Anspruchssubjekte

Der wichtigste Anspruch des Eigentümers ist der Herausgabeanspruch gegen den **513** Besitzer (§ 985), die rei vindicatio des römischen Rechts. Er ist begründet, wenn dem Eigentümer der Besitz der Sache entzogen ist, also sobald Eigentum und Besitz nicht mehr in einer Hand vereinigt sind, und der Besitzer dem Eigentümer gegenüber kein Recht zum Besitz hat (s. u. 2).

Diesen Anspruch hat der Eigentümer sowohl bei Grundstücken wie bei beweglichen Sachen, der besitzlose, der den Besitz nie gehabt hat, wie derjenige, der ihn verloren hat, ferner der, der ihn freiwillig einem anderen überlassen hat, unabhängig davon, ob er noch den mittelbaren Besitz innehat. Anspruchsgegner ist dementsprechend jeder Besitzer, in erster Linie der unmittelbare. Ob er Eigen- oder Fremdbesitzer ist, spielt keine Rolle; nicht dagegen kann der Anspruch gegen einen bloßen Besitzdiener erhoben werden. Dagegen kann er sich auch gegen den mittelbaren Besitzer richten, zumindest in der Gestalt, daß die Abtretung des ihm gegen den unmittelbaren Besitzer zustehenden Herausgabeanspruchs verlangt werden kann (s. u. III 3).

2. Ausschluß des Anspruchs

a) Recht zum Besitz

Gemäß § 986 I 1 kann der Besitzer die Herausgabe verweigern, wenn er oder der **514** mittelbare Besitzer, von dem er sein Recht zum Besitz ableitet, dem Eigentümer gegenüber zum Besitz berechtigt ist. Das bedeutet im einzelnen: Anders als bei der Besitzklage wegen verbotener Eigenmacht ist hier die Rechtslage erheblich. Selbst wenn der Besitz eigenmächtig erlangt ist, kann das Recht zum Besitz hier im Gegensatz zum Besitzprozeß eingewendet werden. Der Besitzer kann sein Recht zum Besitz auf ein dingliches Recht stützen (Nießbrauch, Pfandrecht) oder auf ein obligatorisches Vertragsverhältnis (Miete, Pacht usw.) und auch auf die eheliche Lebensgemeinschaft.[1] Ob das Zurückbehaltungsrecht nach § 273 oder § 1000 unter § 986 I fällt, ist bestritten. Der *BGH* hat in mehreren Entscheidungen das Zurückbehaltungsrecht als Recht zum Besitz i. S. d. § 986 anerkannt.[2] Demgegenüber vertritt die Literatur ganz überwiegend die Auffassung, daß ein Zurückbehaltungsrecht kein Recht zum Besitz i. S. d. § 986 zu begründen vermag.[3] Das Zurück-

---

[1] BGHZ 71, 216 = NJW 1978, 1529.

[2] BGHZ 64, 122 = NJW 1975, 1121 und *BGH* NJW-RR 1986, 282; dazu *Roussos,* JuS 1987, 606.

[3] Staudinger/*Gursky,* § 986 Rn. 17; MünchKomm/*Medicus,* § 986 Rn. 17; *Seidel,* JZ 1993, 180, 181 m. w. N.

behaltungsrecht ist seinem Rechtscharakter nach eine Einrede, das Recht zum Besitz hingegen eine Einwendung, die von Amts wegen zu berücksichtigen ist, auch wenn sich der Berechtigte nicht darauf beruft.[4] Unterschiedlich sind vor allem auch die Rechtsfolgen. Während ein Recht zum Besitz notwendig zur Abweisung des Eigentumsherausgabeanspruchs führt, erfolgt beim Zurückbehaltungsrecht (unstreitig) eine Verurteilung zur Leistung Zug-um-Zug.[5] Aus diesen Gründen ist entgegen der Ansicht des *BGH* dem Zurückbehaltungsrecht der Charakter eines Besitzrechts abzusprechen. Bei manchen Verträgen, wie z. B. der unbefristeten Leihe und der Verwahrung, ist jedoch zu beachten, daß sie ein Recht zum Besitz nur gerade solange geben, wie der Gläubiger die Sache nicht zurückfordert (vgl. §§ 604 III, 695),[6] so daß der Eigentümer hier immer einen „verhaltenen" Herausgabeanspruch hat. Auch der Käufer des übergebenen, aber noch nicht übereigneten Grundstücks hat ein Recht zum Besitz.[7]

Bestritten ist, ob das Anwartschaftsrecht des Vorbehaltskäufers ein dingliches Recht zum Besitz verleiht.[8] Vgl. dazu o. § 33 II 7.

b) Berufung auf eigenes Besitzrecht

515 Bei dinglichen Rechten steht ohne weiteres fest, daß sie dem Eigentümer gegenüber ein Recht zum Besitz verleihen, da sie jedermann gegenüber sich durchsetzen. Bei obligatorischen Rechten dagegen muß der Eigentümer der Vertragspartner des Besitzers sein, z. B. der Vermieter. Eine Vereinbarung mit einer anderen Person, auch mit einem Rechtsvorgänger des jetzigen Eigentümers, genügt nicht;[9] denn der Erwerber einer Sache ist an die schuldrechtlichen Verpflichtungen, die der Veräußerer in bezug auf die Sache eingegangen ist, nicht gebunden (Ausnahme nur § 566). Beim Eigentumserwerb durch Abtretung des Herausgabeanspruchs[10] kann der Besitzer die Einwendungen, die er gegenüber dem Abtretenden hatte, auch dem Erwerber entgegensetzen (§ 986 II); dies ist nur bei beweglichen Sachen möglich (vgl. § 931).

c) Berufung auf abgeleitetes Besitzrecht

516 Der Besitzer darf die Sache auch dann behalten, wenn der mittelbare Besitzer, von dem er sein Recht zum Besitz ableitet, z. B. der Vermieter, dem Eigentümer gegenüber zum Besitz berechtigt ist. Der mittelbare Besitzer muß aber auch zur Überlassung des Besitzes an den unmittelbaren Besitzer befugt sein, sonst hat der Eigentümer den Anspruch auf Herausgabe an den mittelbaren Besitzer (s. u. III 2). In entsprechender Anwendung des § 986 I 1 2. Alt. gilt dies nach allgemeiner Ansicht auch dann, wenn zwischen den Beteiligten keine Besitzmittlungsverhältnisse bestehen, wenn also eine verkaufte und übergebene, aber noch nicht übereignete Sache vom Käufer vor Übereignung weiterveräußert wird.[11]

---

[4] *BGH* NJW 1999, 3716, 3717.

[5] Vgl. dazu *Diederichsen,* Das Recht zum Besitz aus Schuldverhältnissen, 1965, S. 18 ff.

[6] *Köbl,* S. 108 ff.

[7] Vgl. BGHZ 90, 269 = NJW 1984, 1960 (selbst bei Verjährung des Übereignungsanspruchs).

[8] Ablehnend BGHZ 10, 69 = NJW 1953, 1099.

[9] Vgl. dazu *OLG Saarbrücken* NJW-RR 1998, 1068.

[10] Nach h. M. ist § 986 II analog auf den Eigentumserwerb nach § 930 anzuwenden, wenn der Eigentümer mittelbarer Besitzer ist; so *Baur/Stürner,* § 57 Rn. 44; MünchKomm/*Medicus,* § 986 Rn. 21. Nunmehr ebenso BGHZ 111, 142 = NJW 1990, 1914; zustimmend *Krüger,* JuS 1993, 12 und *Waltermann,* Jura 1993, 531.

[11] Vgl. RGZ 105, 20.

d) Einwendungscharakter des § 986

Umstritten ist, ob es sich bei der Verteidigung des Besitzes nach § 986 um bloße Einreden oder um Einwendungen handelt. Der Unterschied kann im Prozeß (Versäumnisurteil!) wichtig werden. Der Richter darf nämlich Einreden nur dann beachten, wenn der Beklagte sie geltend macht, wobei es allerdings genügt, daß er sich außerhalb des Prozesses auf sein Leistungsverweigerungsrecht beruft, und die es begründenden Tatsachen samt der Tatsache seiner Geltendmachung, sei es auch vom Kläger, in den Prozeß eingeführt werden. Dagegen müssen Einwendungstatsachen berücksichtigt werden, gleichgültig, ob sie zur Bekämpfung des gegnerischen Antrags benützt werden. Der Wortlaut von § 986 spricht für den Einredecharakter („kann verweigern"), während § 1004 II mit der Formulierung „der Anspruch ist ausgeschlossen" in einem durchaus parallelen Fall für die Annahme von Einwendungen zu verwerten ist. Entscheidend fällt zugunsten dieser Annahme ins Gewicht, daß ein Recht zum Besitz, wie es z. B. dem Pfandgläubiger oder dem Mieter zusteht, sich mit einem Anspruch des Eigentümers auf unmittelbaren Besitz nicht vereinbaren läßt. Das bloße Leistungsverweigerungsrecht ist zu wenig; wenn ein Recht zum Besitze vorliegt, besteht der Herausgabeanspruch gegen den Berechtigten nicht nur nicht als zwangsweise durchsetzbar, sondern überhaupt nicht.[12] Nunmehr hat der Gesetzgeber den Einwendungscharakter bereits in der amtlichen Gesetzesüberschrift betont. 517

e) Sonstige Beschränkungen des Herausgabeanspruchs

Der Besitzer hat ein Zurückbehaltungsrecht wegen seiner Verwendungen (§ 1000, vgl. u. § 48 VI). 518

Auch der Herausgabeanspruch unterliegt Einschränkungen nach dem Grundsatz von Treu und Glauben (§ 242).[13] Eine Verwirkung des Anspruchs kommt aber nur in Betracht, wenn die Herausgabe für den Besitzer schlechthin unerträglich ist.[14] Durch die Regelung des § 241 a (unbestellte Lieferung) entsteht ferner eine Situation, in der der Lieferant sein Eigentum behält, aber keinen Anspruch auf Herausgabe hat (ius nudum).[15]

Umstritten ist, ob in den Fällen von § 817 Satz 2 auch der Eigentumsanspruch ausgeschlossen ist.[16]

Schließlich unterliegt der Eigentumsherausgabeanspruch auch der Verjährung nach §§ 194 I, 197 I Nr. 1, 200 (30 Jahre).[17] Dies gilt wegen § 902 I nicht für im Grundbuch eingetragene Rechte. Die Verjährung eines solchen Herausgabeanspruchs bedeutet nicht, dass der Eigentümer sein dingliches Recht verliert. Vielmehr können Eigentum und Besitz auf Dauer auseinanderfallen, wenn nicht Ersitzung (§ 937) zu bejahen ist.[18] Die Regelung ist bedenklich.

III. Abwicklung des Herausgabeanspruchs

1. Herausgabe des Besitzes

Der Anspruch geht auf Herausgabe, also auf Übertragung des unmittelbaren Besitzes auf den Eigentümer. Bei Grundstücken, Wohnungen und sonstigen Räu- 519

[12] So jetzt auch BGHZ 82, 13, 18.
[13] Str., vgl. BGHZ 10, 69 = NJW 1953, 1099.
[14] *BGH* NJW 2007, 2183.
[15] Vgl. PWW/*Schmidt-Kessel,* § 241 a Rn. 11.
[16] Vgl. hierzu *Wolff/Raiser,* § 84 IV 4; BGHZ 41, 341 = NJW 1964, 1791.
[17] Zu den Problemen einer Verjährung des dinglichen Herausgabeanspruchs vgl. *Remien,* AcP 201, 730; *Armbrüster,* NJW 2001, 3581, 3586.
[18] *Baur/Stürner,* § 11 Rn. 47.

men spricht man von „Räumung“.[19] Sie hat an dem Ort zu erfolgen, wo sich die Sache im Zeitpunkt der Klageerhebung oder des Bösgläubigwerdens des Besitzers befindet.[20] Weitergehende Verpflichtungen können sich nur aus einem Vertrag oder einer unerlaubten Handlung ergeben.

Die Kosten der Herausgabe hat der Besitzer zu tragen. Zur Geltendmachung des Herausgabeanspruchs genügt nicht, daß der Kläger lediglich das dingliche Recht als solches, also das Eigentum bezeichnet. Zum Klagegrund gehört auch die Angabe der Tatsachen, auf denen das Eigentum beruht.[21]

2. Herausgabe an den mittelbaren Besitzer

520 In einem Ausnahmefall kann der Eigentümer nicht Herausgabe an sich selbst verlangen, sondern nur an den mittelbaren Besitzer (§ 986 I S. 2), nämlich wenn der verklagte unmittelbare Besitzer sein Recht zum Besitze von einem mittelbaren Besitzer ableitet, der zwar dem Eigentümer gegenüber zum eigenen Besitz, nicht aber zur Überlassung des Besitzes an den unmittelbaren Besitzer berechtigt ist (z. B. der Mieter hat unberechtigt untervermietet und der Eigentümer klagt gegen den Untermieter). Denn mit Herausgabe an sich selbst würde der Eigentümer etwas verlangen, was mit dem Recht des mittelbaren Besitzers nicht vereinbar und vertragswidrig wäre. Es wäre auch ein sinnloser Umweg, wenn der Eigentümer zunächst Herausgabe an sich verlangen könnte, dann aber sogleich die Sache an den Mieter weitergeben müßte. Nur wenn der Vermieter oder sonstige mittelbare Besitzer den Besitz nicht wieder übernehmen kann oder will, kann der Eigentümer Herausgabe an sich selbst verlangen.

Streitig ist, ob der Herausgabeanspruch gegen den unmittelbaren Besitzer auch dann besteht, wenn dieser gegenüber dem mittelbaren Besitzer kein Recht zum Besitz hat.[22]

3. Herausgabeanspruch gegen den mittelbaren Besitzer

521 Umstritten ist, ob der Eigentümer vom mittelbaren Besitzer nur die Übertragung des mittelbaren Besitzes, also Abtretung von dessen Herausgabeanspruch verlangen kann[23] oder ob er nach seiner Wahl auch gegen den mittelbaren Besitzer auf Herausgabe klagen kann.[24] Praktisch wichtig ist ein Herausgabeanspruch, wenn der Eigentümer den unmittelbaren Besitzer nicht kennt, oft auch deshalb, weil der mittelbare Besitzer in der Lage ist, von dem unmittelbaren die Sache sofort oder in kurzer Frist herauszubekommen, wie etwa bei Leihe, Verwahrung, Miete mit kurzer Kündigungsfrist. Außerdem hat das Herausgabeurteil für den Eigentümer den Vorteil, unabhängig von der Beendigung des Besitzmittlungsverhältnisses vollstreckbar zu sein, denn solange der Dritte die Sache im Besitz hat, kann der Eigentümer auch gegen ihn gemäß § 886 ZPO vollstrecken. Gegen die uneingeschränkte Gewährung des Herausgabeanspruchs bestanden jedoch bis 2001 Bedenken im Hinblick auf § 283 a. F., der auch auf den dinglichen Herausgabeanspruch anwendbar war. Das Vorgehen nach § 283 a. F. konnte dem Eigentümer ermöglichen, den mittelbaren Besitzer auf Schadensersatz in Anspruch zu nehmen, ohne daß bei diesem die Haftungsvoraussetzungen der §§ 989 ff. vorlagen (s. u. § 48 IV). Einig in dem Bemühen, diese Konsequenz zu vermeiden, wichen Rechtsprechung und Schrifttum jedoch in der Lösung des Problems voneinander ab. Während der *BGH*[25] schon den Herausgabeanspruch nur unter der Voraussetzung gewährte, daß der mittelbare Besitzer die Unmöglichkeit der Herausgabe zu vertreten hat, wollten andere nicht bereits den Herausgabeprozeß mit diesen Voraussetzungen belasten, sondern statt dessen entweder § 283 a. F. überhaupt nicht auf den Herausgabeanspruch gegen den mittelbaren Besitzer anwenden[26] oder bei

[19] Diese Bezeichnung ist allerdings nicht dem dinglichen Herausgabeanspruch vorbehalten. Auch bei schuldrechtlicher Rückgabe (z. B. gemäß § 556) spricht man von Räumung, ohne daß damit eine Inhaltsgleichheit der Ansprüche bestünde; näher vgl. Staudinger/*Gursky*, § 985 Rn. 47.

[20] Vgl. BGHZ 79, 211 = NJW 1981, 752.

[21] Vgl. *BGH* LM Nr. 1 zu § 985.

[22] Ablehnend zu Recht *Köbl*, S. 322.

[23] So *Baur/Stürner*, § 11 Rn. 42.

[24] So BGHZ 2, 164, 166; 12, 380, 397 = NJW 1954, 953.

[25] BGHZ 53, 29 = NJW 1970, 241 = JZ 1970, 187 mit Anm. von *Kühne; BGH* NJW 2002, 1574.

[26] So *Gursky*, in: Westermann, § 30 III 2; *Wolff/Raiser*, § 84 III 2; *Derleder*, NJW 1970, 929, 931; *Schreiber*, Jura 1992, 357.

der Anwendung des § 283 a. F. den Nachweis der Schadensersatzvoraussetzungen nach den §§ 989 ff. verlangen.[27] Ab 1. 1. 2002 ist allerdings § 283 a. F. ersatzlos entfallen. Die Regelung ist nun in § 281 I 1 bzw. § 283 n. F. enthalten. Beide neue Normen setzen aber Verschulden voraus. Das Problem ist dadurch im wesentlichen entschärft.

IV. Abtretbarkeit des Herausgabeanspruchs

Zweifelhaft ist, ob der Herausgabeanspruch selbständig abtretbar ist, d. h. so, daß der Abtretende Eigentümer bleibt.[28] Ein Eigentum ohne Herausgabeanspruch ist schutzlos und kann seines wesentlichen Inhalts, des Besitzes und der Benutzung der Sache, beraubt werden. Daher ist eine isolierte Abtretung des Eigentumsherausgabeanspruchs mit der h. L. abzulehnen.[29] Das Ziel einer Abtretung ohne Übereignung (z. B. um dem Pächter die Möglichkeit zu geben, sich den Besitz des Grundstücks selbst zu verschaffen) kann auch mit bloßer Bevollmächtigung oder Ermächtigung zur Geltendmachung des Anspruchs erreicht werden. Der Unterschied liegt darin, daß in diesem Falle der Anspruch auch weiterhin dem Eigentümer zusteht und er ihn auch seinerseits geltend machen kann, insbesondere wenn der „Zessionar“ den Anspruch geltend zu machen versäumt. **522**

V. Konkurrenz mit anderen Ansprüchen

Der dingliche Anspruch konkurriert häufig mit anderen dinglichen und vor allem obligatorischen Herausgabeansprüchen. Mit dinglichen Ansprüchen trifft er zusammen, wenn ein dingliches zum Besitz berechtigendes Recht (Nießbrauch, Pfandrecht, vgl. §§ 1055, 1223) erloschen ist, mit vertraglichen Ansprüchen, wenn der Eigentümer die Sache einem andern in Ausführung eines Schuldvertrages (z. B. Miete, Leihe, vgl. §§ 546, 604) überlassen hat. **523**

Nach heute fast allgemeiner Ansicht ist der dingliche Anspruch nicht subsidiär gegenüber den Ansprüchen aus Vertrag.[30] Wenn dem Eigentümer der Besitz durch eine unerlaubte Handlung entzogen worden ist und er Herstellung des früheren Zustandes verlangen kann, also ebenfalls Herausgabe, besteht der dingliche Anspruch neben einem deliktischen Schadensersatzanspruch. Schließlich konkurriert § 985 mit einem Bereicherungsanspruch, wenn eine dingliche Verfügung, insbesondere eine Übereignung, nichtig ist. Von der Konkurrenz der Herausgabeansprüche zu trennen ist aber die Frage, wie sich ihre etwaigen Neben- und Folgeansprüche zueinander verhalten (s. u. § 48 VIII).

VI. Schuldrechtliche Fortwirkungen des dinglichen Herausgabeanspruchs

Der Eigentümer kann den Schaden, der ihm infolge einer Beschädigung der Sache, ihrer Zerstörung oder Unauffindbarkeit entsteht, unter den Voraussetzungen der §§ 989 ff. vom Besitzer ersetzt verlangen. Auch die Herausgabe von Nutzungen ist im Eigentümer-Besitzer-Verhältnis geregelt (s. u. § 48 III, IV). **524**

---

[27] So *Kühne,* JZ 1970, 189 ff.; *Wieling,* § 12 I 2 c.

[28] Offen gelassen in *BGH* NJW 1983, 112.

[29] Wie hier Staudinger/*Gursky,* § 985 Rn. 3 m. w. N.; *OLG München* NJW-RR 1996, 907.

[30] Vgl. BGHZ 34, 122 = NJW 1961, 499; a. A. *Wolff/Raiser,* § 84 I 2; *Raiser,* JZ 1958, 683 und 1961, 530; *Schwerdtner,* JuS 1970, 65.

Die §§ 987 ff. befassen sich jedoch nicht mit solchen Fällen des Erlöschens der Vindikation, in denen dem Besitzer durch die Verwertung der Sache, die nicht als Ziehung von Nutzungen anzusehen ist, wie Verarbeitung, Veräußerung usw., ein Vermögensvorteil erwächst. Um dem Eigentümer auch diesen Vermögenswert, der ihm gebührt, weil er an die Stelle der Sache getreten ist, zuzuführen, sind die Bereicherungsvorschriften anzuwenden (s. u. § 48 V).[31]

§ 48. Nebenansprüche des Eigentümers und Gegenrechte des Besitzers

Literatur: Vgl. auch die Literaturangaben bei § 47; ferner: *Brox,* Die Haftung des Besitzers für Zufallsschäden, JZ 1965, 516; *Dietz,* Anspruchskonkurrenz bei Vertragsverletzung und Delikt, 1934, S. 181; *Dölle,* Eigentumsanspruch und Ersatzherausgabe, in: RG-Praxis, Bd. III, S. 22; *Ebenroth/Zeppernick,* Nutzungs- und Schadensersatzansprüche im Eigentümer-Besitzer-Verhältnis, JuS 1999, 209; *Gursky,* Der Einfluß von Verwendungen auf die Erlösherausgabepflicht nach § 816 Abs. 1 Satz 1 BGB, JR 1971, 361; *Jochem,* Eigentumsherausgabeanspruch und Ersatzherausgabe, MDR 1975, 177; *Katzenstein,* Die Drittwirkung von Haftungsbeschränkungen nach § 991 Abs. 2, AcP 204, 1; *Kempny,* Zum Verständnis und zur Prüfung des § 992, JuS 2008, 858; *Kindl,* Das Eigentümer-Besitzer-Verhältnis; Schadensersatz und Nutzungen, JA 1996, 115; *Köbl,* Das Eigentümer-Besitzer-Verhältnis im Anspruchssystem des BGB, 1971; *Konnertz,* Die Konkurrenz der deliktischen Schadenseratzansprüche von Eigentümer und Besitzer gegen den Schädiger, 2006; *W. E. Krause,* Die Haftung des Besitzers nach den §§ 989–993 BGB, 1965; *Hermann Lange,* Verzugshaftung des Bereicherungsschuldners und des Besitzers, JZ 1964, 640; *Lent,* Die Gesetzeskonkurrenz im bürgerlichen Recht und Zivilprozeß, Bd. I, 1912; *Mühl,* Vindikation und Kondiktion, AcP 176, 396; *Müller,* Deliktsrechtliche Haftung im Eigentümer-Besitzer-Verhältnis, JuS 1983, 516; *Oertmann,* Ist der Anspruch auf Ersatzherausgabe auf dingliche Ansprüche anwendbar? JR 1931, 1; *Oppermann,* Die Kollision der Vindikation mit schuldrechtlichen Besitzübertragungsansprüchen, 2003; *Pinger,* Funktion und dogmatische Einordnung des Eigentümer-Besitzer-Verhältnisses, 1973; *Pinger/Scharrelmann,* Das Eigentümer-Besitzer-Verhältnis, 3. Aufl., 1981; *Roth,* Das Eigentümer-Besitzer-Verhältnis, JuS 2003, 937; *Schiemann,* Das Eigentümer-Besitzer-Verhältnis, Jura 1981, 631; *R. Schmidt,* Die Gesetzeskonkurrenz im bürgerlichen Recht, 1915, S. 163; *Schmolke,* Das Eigentümer-Besitzer-Verhältnis, JA 2007, 101; *Schreiber,* Das Wegnahmerecht des BGB, Jura 2007, 120; *Waltjen,* Das Eigentümer-Besitzer-Verhältnis und Ansprüche aus ungerechtfertigter Bereicherung, AcP 175, 109; *Wieling,* Zur Dogmatik des Schadensersatzes im Eigentümer-Besitzer-Verhältnis, MDR 1972, 645; *Wilhelm,* Die Lehre vom Fremdbesitzerexzess, JZ 2004, 650.

Zum Anspruch auf Ersatz von Verwendungen vgl. die Literaturangaben bei VI.

I. Allgemeines

525 Die Herausgabe der Sache allein kann den Eigentümer noch nicht voll befriedigen, wenn die Sache Nutzungen (vgl. § 100) abwirft; denn auch diese sind ihm ja durch den Besitz des beklagten Besitzers entgangen, z. B. die Ernte eines landwirtschaftlichen, die Mieten eines städtischen Grundstücks. Ferner genügt die Herausgabe im beschädigten Zustande nicht. Es ist daher begreiflich, daß neben den Anspruch auf Herausgabe noch Nebenansprüche auf Ersatz oder Herausgabe von Nutzungen und auf Schadensersatz wegen Beschädigung der Sache treten. Im Falle der Zerstörung der Sache oder sonstiger Unmöglichkeit der Herausgabe muß ein Schadensersatzanspruch an die Stelle des Herausgabeanspruchs treten, weil dieser erlischt.

---

[31] Vgl. *Köbl,* S. 87 ff., 279 ff.

Auf der anderen Seite muß auch die Lage des Besitzers berücksichtigt werden. Ist er gutgläubig gewesen, hat er sich für den Eigentümer gehalten und halten dürfen, so wird man ihm nicht alle Nutzungen entziehen und ihn für jede Beschädigung der Sache verantwortlich machen können; denn er glaubte ja als Eigentümer mit ihr nach seinem Belieben verfahren zu dürfen. Wenn das Gesetz z.B. bei nicht abhandengekommenen Sachen einen gutgläubigen Erwerb vom Nichtberechtigten zuläßt, selbst wenn dem Erwerber infolge leichter Fahrlässigkeit unbekannt ist, daß die Sache nicht dem Veräußerer gehört (§ 932), so kann es den „Erwerber" einer abhandengekommenen Sache, dem es schon zum Schutze des Eigentümers den gutgläubigen Erwerb versagt, nicht zusätzlich der normalen Deliktshaftung unterwerfen, die bereits bei leichter Fahrlässigkeit eingreift. Entsprechende Vertrauensschutzerwägungen treffen auch für den Fremdbesitzer zu, der, obwohl gutgläubig, an einer abhandengekommenen Sache kein dingliches Recht erwerben konnte. Wegen der besonderen Rechtsscheinwirkung des Besitzes wird man es auch noch für gerechtfertigt halten können, daß solche Fremdbesitzer, die nur aus einem obligatorischen Rechtsverhältnis ein Besitzrecht zu haben meinen, eine diesem angemessene Privilegierung genießen. Die Regelungen für das Verhältnis zwischen dem Eigentümer und dem nichtrechtmäßigen Besitzer sind daher vor allem um einer konsequenten Durchführung des sachenrechtlichen Verkehrs- und Vertrauensschutzes willen geboten. Als weiteres gesetzgeberisches Motiv wirkte seinerzeit freilich auch das Bestreben nach Ausbau und Vervollständigung des Eigentumsschutzes. Die in den §§ 987–1003 geregelten Schadensersatz-, Nutzungs- und Verwendungsersatzansprüche sind Ansprüche obligatorischer Natur; das Verhältnis zwischen Eigentümer und unrechtmäßigem Besitzer ist ein gesetzliches Schuldverhältnis. Wegen seiner vielfältigen Abweichungen von den sonstigen Anspruchsgrundlagen des BGB, mit denen es häufig tatbestandlich konkurriert, wirft es eine Reihe schwieriger und stark umstrittener Konkurrenzprobleme auf. 526

II. Arten der Besitzer

Das BGB stuft die Ansprüche des Eigentümers und die Rechte des Besitzers durchgängig danach ab, ob der Besitzer unredlich (s.u. 1) oder redlich war und ob es sich um die Zeit vor oder nach der Rechtshängigkeit des Eigentumsherausgabeanspruchs, d.h. der Klageerhebung (s.u. 2) handelt. Besondere Regelungen enthält das Gesetz für den sog. deliktischen Besitzer und für den unredlichen Besitzer, der sich im Verzug befindet (s.u. 3). Die Vorschriften über das Eigentümer-Besitzer-Verhältnis setzen stets voraus, daß der Besitzer kein Recht zum Besitz hat (s.u. 4). 527

1. Der unredliche Besitzer

Unredlich ist der Besitzer, der bei Erwerb in bösem Glauben war, d.h. wußte oder – bei beweglichen Sachen – aus grober Fahrlässigkeit nicht wußte,[1] daß er zum Besitz nicht berechtigt ist (§ 990 I 1), oder der später erfährt, daß er nicht berechtigt ist, § 990 I 2 (eine Differenzierung also wie bei der Ersitzung; vgl. o. § 36). In diesem Fall schadet also grobe Fahrlässigkeit nicht. Der böse Glaube bezieht sich 528

[1] *E. Wolf,* S. 61 nimmt Bösgläubigkeit immer schon bei grober Fahrlässigkeit (auch bei Grundstückserwerb) an.

hier nicht, wie bei den §§ 892, 932, ausschließlich auf das Nichteigentum des Veräußerers, von dem der Besitzer erworben hat, sondern auf sein Recht zum Besitz schlechthin. Es kommt z. B. auch der Fall in Betracht, daß jemand von einem geschäftsunfähigen Eigentümer eine Sache erwirbt und hinsichtlich der Geschäftsunfähigkeit bösgläubig ist.

In diesem Fall muß, auch wenn ein Grundstück veräußert wird, grobe Fahrlässigkeit zur Begründung des bösen Glaubens ausreichen.

Allerdings tritt gerade in Fällen wie dem letztgenannten eine Divergenz zwischen Vindikations- und Kondiktionsvorschriften auf. Denn das Bereicherungsrecht ordnet die inhaltlich entsprechende Haftungsverschärfung nur unter der Voraussetzung an, daß der Kondiktionsschuldner vom Mangel des rechtlichen Grundes seines Erwerbs positive Kenntnis hat (§ 819 I i. V. m. § 292); diese Verschärfung relativiert sich jedoch dadurch, daß die Rechtsprechung in Anlehnung an Entscheidungen zu § 990 auf einen objektiven Dritten abstellt und bei § 819 I die Kenntnis der Tatsachen ausreichen läßt, auf Grund derer sich ein rechtsgrundloser Erwerb aufdrängt;[2] zur Konkurrenzfrage s. u. VIII 5 b.

Streitig ist, ob Bösgläubigkeit eines Besitzdieners, der für den Herrn Besitz erwirbt, stets als böser Glaube des Besitzherrn zu bewerten ist oder nach § 831 behandelt werden muß. Der *BGH* neigt zu einer modifizierten Anwendung des § 166.[3]

Ist der Besitzer minderjährig, so entscheidet sein böser Glaube entsprechend § 828.

Bösgläubigkeit kann dann entfallen, wenn der Besitzer damit rechnen darf, daß sein Besitzrecht noch entstehen wird, z. B. durch Erteilung einer noch ausstehenden Genehmigung oder durch Heilung des formnichtigen Verpflichtungsgeschäfts.[4]

Leitet der unmittelbare Besitzer sein Besitzrecht von einem mittelbaren Besitzer ab, so schuldet er die Herausgabe der gezogenen Nutzungen nur dann, wenn er Kenntnis davon hat, daß auch der mittelbare Besitzer dem Eigentümer gegenüber nicht zum Besitz berechtigt ist.[5]

2. Der verklagte Besitzer

529 Die Rechtshängigkeit wird durch die Erhebung der Klage auf Herausgabe begründet (§ 261 ZPO). Sie wird in der Wirkung auf die rechtliche Stellung des Besitzers der Unredlichkeit deshalb gleichgesetzt, weil von der Klageerhebung an der Besitzer mit der Möglichkeit rechnen muß, daß er im Unrecht ist, und sich daher gegenüber der Sache anders zu verhalten hat, als wenn er unzweifelhaft im Recht wäre.

Diese an die Rechtshängigkeit geknüpfte Haftungssteigerung wird für alle Herausgabeansprüche des BGB und ihre Nebenfolgen einheitlich durchgeführt (vgl. § 292).

3. Der Deliktsbesitzer und der Besitzer im Verzug

530 Nach § 992 haftet der Besitzer, der sich durch verbotene Eigenmacht oder durch eine strafbare Handlung den Besitz verschafft hat, nach den Vorschriften über den Schadensersatz wegen unerlaubter Handlungen.

Verschärft wird die Haftung des unredlichen Besitzers auch, wenn er in Verzug mit der Herausgabe der Sache ist (§ 990 II). Er haftet dann für allen Schaden, auch für die zufällige Unmöglichkeit der Herausgabe der Sache und ihrer Früchte sowie die zufällige Verschlechterung der Sache, es sei denn, daß der Schaden auch bei

---

[2] BGHZ 26, 256 = NJW 1958, 668; BGHZ 32, 76 = NJW 1960, 1105; *BGH* NJW 1996, 2030 (jeweils zu § 990); BGHZ 133, 246 = NJW 1996, 2652 (zu § 819 I); hierzu *Otte,* JuS 1998, 305.

[3] Vgl. dazu ausführlich o. § 9 IV; BGHZ 16, 259 = NJW 1955, 866; BGHZ 32, 53 = NJW 1960, 860 und *Hoche* u. *Westermann,* JuS 1961, 73.

[4] Vgl. Palandt/*Bassenge,* § 990 Rn. 2; a. A. *Kohler,* NJW 1988, 1054.

[5] *OLG Naumburg* NJW-RR 1999, 233, 234; RGRK/*Pikart,* § 990, Rn. 13; a. A. Staudinger/*Gursky,* § 990, Rn. 11.

rechtzeitiger Leistung eingetreten wäre (§ 287). Der gutgläubige Besitzer kommt selbst nach Rechtshängigkeit nicht in Verzug, da § 990 nur die Haftung des unredlichen Besitzers regelt.[6]

4. Das Erfordernis der Unrechtmäßigkeit des Besitzes

Aus den oben dargelegten Haftungskriterien (Unredlichkeit, Rechtshängigkeit) **531**
geht auch deutlich hervor, daß nur nichtberechtigte Besitzer unter die §§ 987–1003 fallen. Denn Redlichkeit oder Unredlichkeit kann sich nur auf die Innehabung eines objektiv nicht bestehenden Rechts zum Besitz beziehen, und die Haftungsverschärfung zu Lasten des Prozeßbesitzers ist selbstverständlich nur dann gerechtfertigt, wenn der Eigentümer mit seiner Herausgabeklage schließlich durchdringt. Das Erfordernis der Unrechtmäßigkeit des Besitzes bedeutet, daß grundsätzlich sämtliche Tatbestandsvoraussetzungen eines Anspruches der §§ 987–1003 zu einem Zeitpunkt verwirklicht werden müssen, in dem der Besitzer kein Recht zum Besitz hat, in dem eine sog. Vindikationslage besteht[7] (zu einer evtl. Ausnahme hinsichtlich des Verwendungsersatzes s. u. VI). Überschreitet ein berechtigter Besitzer sein Besitzrecht, ist dies nicht den Regeln der §§ 987 ff. zu unterstellen (Lehre vom „nicht so Berechtigten").[8]

III. Ansprüche des Eigentümers auf die Nutzungen

1. Der unredliche und der verklagte Besitzer

Der unredliche Besitzer und jeder Besitzer von der Rechtshängigkeit ab haben die **532**
Nutzungen herauszugeben, die sie gezogen haben (§§ 987, 990). Diese Herausgabepflicht läßt den Eigentumserwerb an den Früchten unberührt, der sich nach §§ 953 ff. richtet (vgl. o. § 41). Es kann der Besitzer zunächst Eigentümer von Früchten werden, sie aber dann herausgeben (übereignen) müssen. Herausgabe im strengen Sinne kann nur in Betracht kommen, soweit die Früchte noch in natura vorhanden sind, sonst tritt Wertersatz ein. Zieht der Besitzer schuldhaft entgegen den Regeln einer ordnungsmäßigen Wirtschaft Nutzungen nicht, so ist er dem Eigentümer zum Ersatz verpflichtet (§ 987 II).

Beispiel (BGHZ 144, 323 = NJW 2000, 2899)[9]: V überträgt sein Hausgrundstück an T mit der durch eine Rückauflassungsvormerkung gesicherten Auflage, dieses zu seinen Lebzeiten nicht weiterzuveräußern. T überträgt das Grundstück gleichwohl an E, worauf V die Rückübertragung an sich durchsetzt. Für den Zeitraum ab Rechtshängigkeit des Rückübertragungsanspruchs steht ihm analog § 987 I ein Anspruch auf Nutzungsersatz für gezogene oder nicht gezogene Mieten nach § 987 II zu, da die Übertragung gegenüber dem Vormerkungsberechtigten unwirksam ist.[10]

---

[6] Vgl. dazu jedoch *Hermann Lange*, JZ 1964, 640 und *Brox*, JZ 1965, 516.

[7] So ausdrücklich auch BGHZ 27, 317 = NJW 1958, 1345 und die ganz herrschende Meinung.

[8] Vgl. *BGH* NJW 2002, 60; BGHZ 131, 297; BGHZ 59, 51, 58; im einzelnen dazu *Gursky*, JZ 2005, 385, 386.

[9] Siehe dazu auch *Hager*, DNotZ 2001, 325 und *Reithmann*, EWiR 2000, 963; ablehnend *Probst*, JR 2001, 334.

[10] Ebenso für das Verhältnis des dinglichen Vorkaufsberechtigten zum Dritterwerber bereits BGHZ 87, 296 = NJW 1983, 2024 und für den Fall eines Besitzes aufgrund formnichtigen Kaufvertrags *BGH* NJW 2002, 1050, 1052.

2. Der redliche Besitzer

533 a) Der redliche Besitzer hat die gezogenen Nutzungen, selbst wenn sie noch vorhanden sind, nicht herauszugeben (§ 993 I). Ausnahmen sieht das Gesetz nur vor, wenn es sich bei den Nutzungen um Übermaßfrüchte handelt (§ 993 I) oder wenn der Besitzer[11] den Besitz unentgeltlich erlangt hatte (§ 988). Der Grund für die Nutzungsherausgabe nach § 988 ist darin zu sehen, daß die Zuordnung von Nutzungen an einen Besitzer, der keinen Aufwand hatte, den Besitz zu erlangen, unangemessen ist. Soweit der gutgläubige Besitzer zur Nutzungsgewinnung Verwendungen auf die Sache gemacht hat, kann er sich daher auf einen Wegfall der Bereicherung berufen.[12]

534 b) Mit dieser Privilegierung des redlichen Besitzers hinsichtlich der Nutzungen weicht das Vindikationsrecht in auffälliger Weise vom Kondiktionsrecht ab. Denn nach § 818 I ist auch der redliche Kondiktionsschuldner zur Herausgabe der gezogenen Nutzungen verpflichtet. Seit jeher erscheint die verschiedene Nutzungsherausgabepflicht von redlichem Besitzer und Kondiktionsschuldner als unerträglicher Widerspruch. Denn diese Regelungen wirken sich so aus, daß bei der Unwirksamkeit nur des schuldrechtlichen Veräußerungsvertrages auch die Nutzungen herauszugeben sind, weil hier schon tatbestandlich nur das Bereicherungsrecht eingreift, in Fällen der Unwirksamkeit von schuldrechtlichem und dinglichem Rechtsgeschäft dagegen – den Vorrang der Vindikationsregelungen vorausgesetzt – der rückgabepflichtige Besitzer die Nutzungen behalten dürfte. Zur Aufhebung dieses Widerspruchs werden in Rechtsprechung und Schrifttum verschiedene Wege eingeschlagen. Die Rechtsprechung will den Widerspruch dadurch beseitigen, daß sie den rechtsgrundlosen Erwerb als einen unentgeltlichen Erwerb i. S. v. § 988 ansieht.[13] Diese Lösung wird in der Literatur jedoch angegriffen, da von einem unentgeltlichen Erwerb nicht die Rede sein kann, wenn der herausgabepflichtige Besitzer seinerseits eine (wenn auch kondizierbare) Gegenleistung erbracht hat.[14] Eine angemessene Lösung wird man jedoch nur bei Berücksichtigung aller wichtigen Divergenzen zwischen Vindikations- und Kondiktionsvorschriften finden können (s. u. VIII 5 b). Neuerdings wendet der BGH § 988 auch an, wenn der Besitz zwar nicht unentgeltlich erworben, aber unentgeltlich fortgesetzt wurde.[15]

Examensproblem: (Fall nach *LG München* NJW-RR 1990, 656) Der Eigentümer (E) einer im Bauherrnmodell errichteten Wohnung hat den Mietvertrag mit dem gewerblichen Zwischenvermieter (Z) gekündigt, dessen Mietvertrag mit dem Endmieter (M) besteht aber fort. E verlangt Nutzungsersatz von M.

Nach Auffassung des Gerichts liegt ein Verhältnis im S. d. §§ 987 ff. vor, da M wegen § 546 II kein Recht zum Besitz hat. Ein Anspruch nach § 988 sei an sich gegeben, weil der rechtsgrundlose Besitz dem unentgeltlichen gleichzustellen sei. Das Ergebnis sei aber unbillig und durch § 242 zu korrigieren (anders BGHZ 84, 90 = NJW 1982, 1696). – Die korrekte Begründung des (richtigen) Ergebnisses dürfte hier sein, § 988 nicht zu bejahen. Die Leistungsbeziehungen E-Z und Z-M verdrängen die Regeln der §§ 987 ff. Da aber zwischen E und M kein Anspruch aus Leistungskondiktion (§ 812 I 1) besteht und die Eingriffskondiktion ihrerseits von §§ 987 ff. verdrängt wird, kann E von M direkt nichts verlangen. E muß sich an seinen Vertragspartner Z halten. Vgl. dazu auch *Koch/Löhnig,* Fall 4, insb. Rn. 62 ff.

3. Der deliktische Besitzer

535 Wenig Unterschied für die Frage der Nutzungen ergibt sich für den unredlichen Besitzer aus § 992, wonach der Besitzer, der sich den Besitz durch eine strafbare Handlung oder durch verbotene Eigenmacht verschafft hat, nach den Vorschriften über Schadensersatz wegen unerlaubter Handlung

---

[11] Auch der vermeintlich obligatorisch berechtigte Besitzer; BGHZ 71, 216 = NJW 1978, 1529.

[12] BGHZ 137, 314 = NJW 1998, 989 mit abl. Anmerkung *Reischl,* JR 1999, 25 und *Gursky,* JZ 1998, 686; die generell nur Verwendungen nach § 994 anspruchsmindernd berücksichtigen wollen, vgl. auch Palandt/*Bassenge,* § 988 Rn. 6; Staudinger/*Gursky,* § 988, Rn. 10.

[13] RGZ 163, 348; BGHZ 32, 76, 94 = NJW 1960, 1105 (Schwimmdock-Fall); *BGH* JuS 1978, 132; *BGH* NJW 1995, 2627.

[14] Zum Meinungsstand vgl. *Köbl,* S. 222 ff.; *Gursky,* 20 Probleme EBV, S. 52 ff.; *Schreiber,* Jura 1992, 534; *Kahmann* NJW 2008, 192.

[15] *BGH* NJW 2008, 221 = JuS 2008, 378; kritisch *Kahmann* NJW 2008, 192.

haftet. Hier sind alle Nutzungen herauszugeben, die der Besitzer gezogen hat, selbst wenn der Eigentümer sie nicht gezogen hätte, und alle, die der Eigentümer gezogen hätte.

4. Der für einen Dritten besitzende Fremdbesitzer

Hat der Besitzer einen mittelbaren Besitzer über sich, so haftet er nur dann als unredlicher **536** Besitzer, wenn nicht nur er selbst, sondern auch der mittelbare Besitzer unredlich oder verklagt ist (§ 991 I).[16] Die Vorschrift dient dem Schutz eines gutgläubigen mittelbaren Besitzers, gegen den sonst der unmittelbare Besitzer nach Herausgabe der Nutzungen im Regreßweg vorgehen könnte.

Beispiel: A kauft von dem geschäftsunfähigen E ein Grundstück und verpachtet es an U. Auch nachdem der Vormund des E gegen U auf Herausgabe des Grundstücks geklagt hat, nutzt es U weiterhin. Diese Nutzungen muß U nicht herausgeben, wenn der mittelbare Besitzer A gutgläubig war, weil diesem gegenüber Rechtshängigkeit nicht eingetreten ist.

IV. Ansprüche des Eigentümers auf Schadensersatz

In Abweichung von § 823 haftet nicht jeder Besitzer für jede schuldhafte Be- **537** schädigung der Sache. Gerade an diesem Punkt wird es beachtlich, daß der redliche Besitzer, der sich z. B. für den Eigentümer hält, glauben konnte, mit seiner Sache nach Belieben verfahren zu dürfen.

1. Der unredliche und der verklagte Besitzer

Der unredliche und der verklagte Besitzer haften für jeden Schaden, für den **538** Untergang der Sache oder für anderweitige Unmöglichkeit der Herausgabe, die infolge ihres Verschuldens eintreten (§ 989, bei Grundstücken meist rechtliche Unmöglichkeit durch Veräußerung).

2. Der redliche Besitzer

a) Der redliche Eigenbesitzer vor der Rechtshängigkeit haftet überhaupt nicht, **539** auch nicht für schlechte Wirtschaft und unsachgemäße Behandlung.[17] Die §§ 989 ff. enthalten keine Grundlage für einen Schadensersatzanspruch gegen den redlichen Eigenbesitzer. Diese Privilegierung wird durch § 993 I Hs. 2 ausdrücklich hervorgehoben.

b) Eine ebenso umfassende Haftungsbefreiung auch des nichtrechtmäßigen Fremdbesitzers würde jedoch weit über das gebotene Maß an Vertrauensschutz hinausgehen, denn selbst der redliche Fremdbesitzer weiß, daß er eine fremde Sache besitzt, mit der er nicht nach seinem Belieben verfahren darf. Im Gesetz ist jedoch nur die Haftung des unmittelbaren Fremdbesitzers geregelt, der sein vermeintliches Besitzrecht nicht vom Eigentümer selbst, sondern von einem Dritten ableitet: Nach § 991 II ist er trotz guten Glaubens dem Eigentümer insoweit zum Schadensersatz verpflichtet, als er dem mittelbaren Besitzer verantwortlich ist. Diese Bestimmung beruht auf der richtigen Wertung, daß der Fremdbesitzer nur in dem Maße eine

---

[16] Beispielsfall in *BGH* NJW 2001, 2885.
[17] Vgl. *BGH* NJW 1952, 257.

Haftungsfreistellung verdient, als er sich bei seinem Verhalten in den Grenzen des Rechts hält, das er zu haben glaubt. Andernfalls stünde er besser als der rechtmäßige Fremdbesitzer, der aus Vertrag und Delikt haftet.

Beispiel: M mietet von V einen LKW, der dem E gestohlen wurde, wobei V und M bezüglich der Eigentumslage gutgläubig sind. Durch Verschulden des M wird der LKW beschädigt. M haftet dem E ebenso wie er dem V haften müßte, wenn dieser Eigentümer wäre.

Examensproblem: (Fall nach *OLG Koblenz* NJW 2002, 617) Der Eigentümer (E) eines wertvollen Cellos übergibt dieses seinem Freund (F), der ein Sachverständigengutachten zum Wert des Cellos einholen soll. F übergibt das Cello abredewidrig dem in dem Musikgeschäft der B angestellten Ehemann M zum Verkauf. Dort wird es durch einen Trickdiebstahl entwendet, da M das Cello an einen vermeintlichen Kaufinteressenten aushändigt, der sich durch Vorlage eines gefälschten Führerscheins ausgewiesen hat.

B ist dem E nach § 991 II zum Schadensersatz verpflichtet. Danach schuldet ein beim Besitzerwerb gutgläubiger Besitzmittler dem Eigentümer nach § 989 Schadensersatz, sofern der Besitzmittler dem mittelbaren Besitzer gegenüber für den Besitzverlust verantwortlich ist. B war Besitzerin des Cellos. Sie konnte von F kein Besitzrecht ableiten, da F nicht zur Übertragung des Besitzes zum Zwecke der Veräußerung des Instruments berechtigt war. Zwar hat B hiervon keine Kenntnis und haftet daher dem E gegenüber nicht strenger als nach den vertraglichen Absprachen mit dem mittelbaren Besitzer F. Auch gegenüber dem F hat sie aber den Besitzverlust durch den beim Besitzerwerb gutgläubigen Besitzmittler M zu vertreten, da die Übergabe eines solchen wertvollen Instruments an einen völlig unbekannten Interessenten als grob fahrlässig zu bewerten ist.

Diese Beurteilung, die dem § 991 II zugrunde liegt, trifft in gleicher Weise auch für solche Fremdbesitzer zu, die mit dem Eigentümer selbst in rechtsgeschäftlicher Verbindung stehen.

Beispiel: Wer die Möbel einer von ihm gemieteten möblierten Wohnung zerschlägt, muß dem Eigentümer haftbar sein, gleich ob der Mietvertrag wirksam oder unwirksam ist, und zwar auch dann, wenn er mit dem Eigentümer selbst kontrahiert hat.

540 Die Überschreitung seiner (vermeintlichen) Befugnisse, der sog. Fremdbesitzerexzeß, macht den Fremdbesitzer dem Eigentümer gegenüber haftpflichtig, und zwar je nach der Art seines vermeintlichen Rechts, also verschieden nach Nießbrauch, Pfandrecht, Miete, Verwahrung usw. Da die §§ 989 ff. für den Fremdbesitzerexzeß aber keine unmittelbar anwendbare Anspruchsgrundlage enthalten, muß man entweder mit der h. M. die §§ 823 ff. unmittelbar anwenden[18] oder eine Analogie zu einem der Tatbestände der §§ 989 ff. bilden, wofür im Schrifttum teilweise die §§ 989, 990,[19] teilweise auch § 991 II[20] herangezogen werden.

Besonders zu erwähnen ist, daß in diesem Zusammenhang nur solche Fälle eine Rolle spielen, in denen ein nichtrechtmäßiger Fremdbesitzer sich nicht in den Grenzen seiner vermeintlichen Befugnisse hält. Überschreitet ein rechtmäßiger Fremdbesitzer die ihm kraft dinglichen Rechts oder Schuldvertrags zustehenden Befugnisse, so verliert er damit nicht ipso iure sein Besitzrecht; hinsichtlich des rechts- bzw. vertragswidrigen Verhaltens des sog. nicht-so-berechtigten Besitzers greifen daher nicht die §§ 987 ff., sondern Vertrags- und gegebenenfalls Deliktsrecht ein.[21] Auch dann, wenn ein rechtmäßiger Fremdbesitzer unter Mißbrauch seiner Rechtsstellung in unrechtmäßiger Weise Eigenbesitz ergriffen hat, sind die §§ 987 ff. entgegen BGHZ 31, 129 = NJW 1960, 192 unanwendbar.[22]

---

[18] RGZ 101, 307; 157, 132; *BGH* JZ 1951, 716; *LG Hamburg* NJW-RR 1988, 1433; *Gursky,* in: Westermann, § 31 III 2.

[19] *Wolff/Raiser,* § 85 III 5 b; *W. E. Krause,* S. 112 f.; *Baur/Stürner,* § 11 Rn. 27.

[20] *Köbl,* S. 179 f.; *Wieling,* MDR 1972, 650; zum Meinungsstand vgl. auch *Gursky,* 20 Probleme EBV, S. 65 ff.

[21] Zu dieser Streitfrage vgl. *U. Köbl,* S. 100 ff.; *Gursky,* 20 Probleme EBV, S. 46 ff.; dazu auch einerseits BGHZ 131, 297 = NJW 1996, 838 und andererseits *BGH* NJW 2002, 60.

[22] Vgl. *Raiser,* JZ 1961, 125; *Berg,* JuS 1972, 85; dem *BGH* im Ergebnis zustimmend *Blanke,* JuS 1968, 263.

3. Der deliktische Besitzer

a) Wer den Besitz durch strafbare Handlung oder verbotene Eigenmacht – hier aber nur, wenn sie verschuldet ist (bestr.)[23] – erlangt hat, haftet nach Deliktsrecht (§ 992). 541

Die wichtigsten Erweiterungen gegenüber der Haftung aus dem Eigentümer-Besitzer-Verhältnis liegen in der Haftung auch für Zufall (§ 848) und für den Vorenthaltungsschaden. Einige weitere Vorteile des Ersatzberechtigten, wie die Haftung als Gesamtschuldner bei Beteiligung mehrerer (§ 840 I), die weiterreichende Verzinsungspflicht (§ 849 gegenüber § 290) und das Verbot, mit einer Forderung aus vorsätzlich unerlaubter Handlung aufzurechnen (§ 393), fallen dagegen weniger ins Gewicht. Andererseits ist die für die Eigentumsansprüche geltende Verjährungsfrist von dreißig Jahren für den Eigentümer sehr viel günstiger als die Dreijahresfrist des Deliktsrechts (§ 195; beachte aber § 199).[24]

Angesichts dieser Unterschiede kommt der Streitfrage, inwieweit das Deliktsrecht neben dem Vindikationsrecht anzuwenden ist, praktische Bedeutung zu.

b) Eine klare Scheidung von Vindikations- und Deliktsrecht trifft die heute noch überwiegend vertretene sog. Ausschließlichkeitstheorie.[25] Sie sieht § 992 als Ausnahme an und zieht daraus den Umkehrschluß, daß nur die in § 992 bezeichneten Besitzer nach Deliktsrecht verantwortlich seien. Gegen diese Abgrenzung bestehen jedoch Bedenken. Eine wichtige Durchbrechung erfordert schon der bereits behandelte Fremdbesitzerexzeß (s. o. 2 b.). Nach einhelliger Meinung wird auch die Haftung aus § 826 wegen des starken Unwertcharakters der sittenwidrigen Schädigung durch § 992 nicht ausgeschlossen.[26] Vor allem aber läßt sich kein einsichtiger Grund dafür angeben, warum der nichtredliche Besitzer, der bei der Verwaltung und Innehabung der Sache eine, vielleicht vorsätzliche, unerlaubte Handlung begeht, nicht auch alle deliktischen Rechtsfolgen tragen sollte. Der Besitz als solcher kann eine Privilegierung gegenüber dem nichtbesitzenden Schädiger nicht rechtfertigen. Es ist daher der im Vordringen begriffenen Meinung zu folgen, die den Ausschluß des Deliktsrechts durch die §§ 989 ff. nur für den redlichen unverklagten Besitzer vertritt, im übrigen aber Delikts- und Vindikationsrecht für nebeneinander anwendbar hält.[27] 542

4. Anwendbarkeit allgemeiner schuldrechtlicher Vorschriften

§ 278 ist anzuwenden auf Schädigungen, die Hilfspersonen des Besitzers verursachen, denn zwischen Eigentümer und Besitzer besteht ein gesetzliches Schuldverhältnis. § 254 gilt zu Lasten des Eigentümers, wenn er durch sein Verschulden die Sache gefährdet, z. B. das Abhandenkommen erleichtert hat.[28] 543

---

[23] Zum Streitstand vgl. *Gursky*, 20 Probleme EBV, S. 82 ff.; *Gottwald*, PdW, Fall 95 und *Gursky*, Fälle und Lösungen, S. 114.

[24] Vgl. *OLG Karlsruhe* NJW 1990, 719.

[25] RGZ 163, 348; *BGH* NJW 1952, 257; *Wolff/Raiser*, § 85 III 6 a.

[26] Statt vieler *Dietz*, S. 206.

[27] *Eichler* II 1, S. 207; *W. E. Krause*, S. 104 f.; *Köbl*, S. 163 ff.; *Berg*, JuS 1972, 84; *Müller*, JuS 1983, 516 (519).

[28] Vgl. aber auch *BGH* MDR 1962, 473, wo die Anwendbarkeit von § 254 verneint wird, wenn die schädigende Handlung in der wirksamen entgeltlichen Weiterveräußerung der Sache besteht.

5. Übersicht über die Anspruchsgrundlagen des Eigentümers

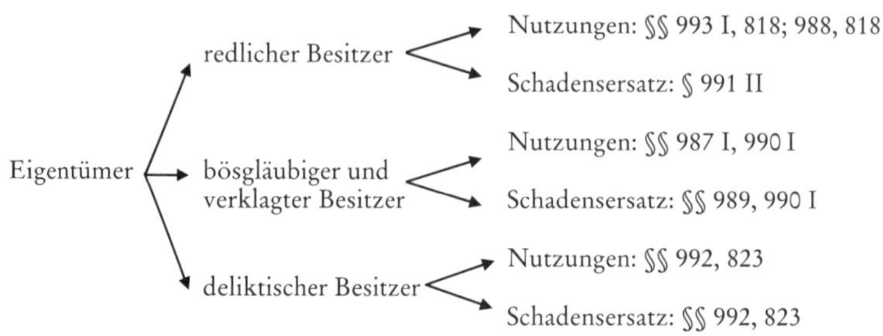

V. Ansprüche des Eigentümers auf Surrogate und Wertersatz

544 Die §§ 987 ff. befassen sich nicht mit solchen Fällen, in denen dem Besitzer durch eine Verwertung der Sache, die nicht Ziehung von Nutzungen ist, wie Verarbeitung oder Veräußerung, ein Vermögensvorteil erwächst. In solchen Fällen sind vor allem die Bereicherungsvorschriften anzuwenden (s. o. § 47 VI).

1. Verbindung, Vermischung und Verarbeitung

545 Diese Fälle lösen jeweils einen Bereicherungsanspruch gemäß § 951 i. V. m. § 812 aus (s. o. § 39).

2. Verbrauch der Sache

546 Hat der Besitzer durch den Verbrauch der Sache anderweitige Aufwendungen erspart, so schuldet er dem Eigentümer die Herausgabe seiner Ersparnis nach § 812 I 1 2. Alt.

3. Entgeltliche Verfügungen

547 Entgeltliche Verfügungen über die Sache, wie Veräußerung und Belastung mit Pfandrechten, verpflichten den nichtberechtigt verfügenden Besitzer nach § 816 I zur Herausgabe des Erlöses an den Eigentümer.[29] Diese Vorschrift findet nach allgemeiner Meinung nicht nur dann Anwendung, wenn die Verfügung von Anfang an wirksam ist, also bei gutgläubigem Erwerb des Dritten, sondern auch in solchen Fällen, in denen die Verfügung erst durch die Genehmigung des Eigentümers wirksam werden kann (§§ 185, 184 I), weil die Sache dem Eigentümer abhanden gekommen ist. Diese Erweiterung rechtfertigt sich aus der Erwägung, daß die Versagung des gutgläubigen Erwerbs nach § 935 allein dem Schutz des Eigentümers zu dienen bestimmt ist, so daß er aus diesem Grunde nicht schlechter gestellt werden darf als ein Eigentümer, der seine Sache infolge gutgläubigen Erwerbs eingebüßt hat. Hin-

[29] Hierzu vgl. *Merle*, AcP 183, 81.

zukommt, daß der Eigentumsherausgabeanspruch gegen den Dritten wirtschaftlich wertlos ist, wenn der Eigentümer nicht weiß, wo sich seine Sache befindet.

Dieses Vorgehen nach § 816 wird dem Eigentümer auch erlaubt, um auf den Erlös seiner Sache zugreifen zu können, die veräußert wurde und etwa durch Verarbeitung seitens des Erwerbers schon dinglich in dessen Eigentum übergegangen ist, so daß eine Genehmigung an der dinglichen Rechtslage nichts mehr ändern kann.[30]

4. Ersatzherausgabe

Bestritten ist, ob sich der Anspruch aus § 985 in einen Anspruch auf Ersatzherausgabe nach § 285 **548**
n. F. (früher § 281) verwandeln kann, wenn der Besitzer z. B. die Sache veräußert hat. Dieses Problem tritt nur dann auf, wenn der Eigentümer nicht durch die Veräußerung an den Dritten (etwa infolge gutgläubigen Erwerbs) sein Eigentum verloren hat, denn in solchen Fällen kann er sich den Erlös ja über § 816 verschaffen. Mit der wohl überwiegenden Meinung[31] ist dieser Anspruch auf Ersatzherausgabe zu verneinen. Wohl wäre er neben dem noch bestehenden Eigentumsherausgabeanspruch für den Eigentümer durchaus von Vorteil, da dieser hier nämlich auf das Surrogat zugreifen könnte, ohne auf seinen Eigentumsanspruch verzichten zu müssen. Denn für die Ersatzherausgabe nach § 285 wird eine dingliche Rechtsänderung nicht vorausgesetzt. Diese Anspruchshäufung beim Eigentümer widerspräche aber der in den §§ 989 ff. zugunsten des redlichen Besitzers getroffenen Risikoverteilung, weil der Besitzer, der den Erlös nach § 285 herausgegeben hat, damit nicht ebenso wie bei § 816 vor Rückgriffsansprüchen des Erwerbers gesichert wäre. Die Anwendung des § 285 ist allenfalls beim zufälligen Untergang der Sache zu erwägen.[32]

5. Herausgabe von Geld

Zweifelhaft ist die Lage bei Geld. Die h. M. will es hinsichtlich des Herausgabeanspruchs und der **549**
bereicherungsrechtlichen Fortwirkungsansprüche wie eine Sache behandeln. Demgegenüber tritt *Westermann,* Bd. I, § 30 V 3, für eine sog. Geldwertvindikation ein, d. h. für eine Verschaffungspflicht des Besitzers, solange wie diesem der Geldwert erhalten bleibt ohne Rücksicht auf dessen Verkörperung etwa in Bar- oder Buchgeld.

VI. Ansprüche des Besitzers auf Verwendungsersatz

Literatur: *Berg,* Ansprüche aus dem Eigentümer-Besitzer-Verhältnis, JuS 1972, 323; *Beuthien,* Verwendungsansprüche des nunmehr und des früher unrechtmäßig besitzenden Werkunternehmers, JR 1962, 255; *ders.,* Leistung und Aufwendung im Dreiecksverhältnis, JuS 1987, 841; *Canaris,* Das Verhältnis der §§ 994 ff. BGB zur Aufwendungskondiktion nach § 812 BGB, JZ 1996, 344; *Firsching,* Der Verwendungsanspruch des Unternehmers gegen den Eigentümer, AcP 162, 440; *Furtner,* Steht dem von einem Dritten beauftragten Werkunternehmer auch dem Eigentümer gegenüber ein Anspruch auf Verwendungsersatz zu? MDR 1962, 95; *Greiner,* Die Haftung auf Verwendungsersatz, 2000; *Haas,* Die Verwendungsersatzansprüche im Eigentümer-Besitzer-Verhältnis und die aufgedrängte Bereicherung, AcP 176, 1; *Häublein,* Zum Verhältnis von §§ 994 ff. zu sonstigen Verwendungsersatzansprüchen, Jura 1999, 419; *Hager,* Grundfälle zur Systematik des Eigentümer-Besitzerverhältnisses und der bereicherungsrechtlichen Kondiktionen, JuS 1987, 877; *Hönn,* Nutzungsherausgabe und Verwendungsersatz im Eigentümer-Besitzer-Verhältnis, JA 1988, 529; *Jakobs,* Die Begrenzung des Verwendungsersatzes, AcP 167, 350; *Kaysers,* Verwendungsansprüche des Besitzers bei vertraglichen Leistungen, 1968; *Kindl,* Das Eigentümer-Besitzer-Verhältnis: Verwendungsersatzansprüche, JA 1996, 201; *Klauser,* Aufwendungsersatz bei Neubauten und werterhöhen-

---

[30] Vgl. BGHZ 56, 131 = NJW 1971, 1452 = JR 1971, 375 mit Anm. von *Zeiss.*

[31] Vgl. *Gursky,* in: Westermann, § 31 V 3; *Wolff/Raiser,* § 84 VI 1; *Wieling,* § 12 I 2 d; *Jochem,* MDR 1975, 177; *Schreiber,* Jura 1992, 358.

[32] Vgl. *Klapproth,* MDR 1965, 525 ff.; a. M. *Jochem,* MDR 1975, 177; *Gottwald,* PdW, Fall 84.

den Verwendungen auf fremdem Grund und Boden, NJW 1965, 513; *U. Köbl,* Das Eigentümer-Besitzer-Verhältnis im Anspruchssystem des BGB, 1971; *Kraft,* Verwendungsersatzansprüche des Werkunternehmers gegen den Eigentümer der reparierten Sache, NJW 1963, 1849; *Möhrenschlager,* Der Verwendungsersatzanspruch des Besitzers im angloamerikanischen und deutschen Recht, 1971; *H. Müller,* Verwendungsanspruch und Kreditrisiko, FS Lent, 1957, S. 170; *Münzel,* Ansprüche des Unternehmers auf Verwendungsersatz gegen den Eigentümer, NJW 1961, 1377; *Raiser,* Verwendungsansprüche des Werkunternehmers, JZ 1958, 681; *ders.,* Die Subsidiarität der Vindikation und ihrer Nebenfolgen, JZ 1961, 529; *Schindler,* Die aufgedrängte Bereicherung beim Ersatz von Impensen, AcP 165, 499; *Schönfeld,* Verwendungsansprüche des Werkunternehmers bei Unwirksamkeit des Werkvertrages, JZ 1959, 301; *Schwerdtner,* Der Verwendungsanspruch des Werkunternehmers bei Reparatur einer bestellerfremden Sache (BGHZ 51, 250), JuS 1970, 64; *Verse,* Verwendungen im Eigentümer-Besitzer-Verhältnis, 1999; *Wieling,* Die Nutzungen des gutgläubigen Besitzers, insbesondere in fehlgeschlagenen Vertragsverhältnissen, AcP 169, 137; *Manfred Wolf,* Die Verwendungsersatzansprüche des Besitzers im Anspruchssystem, AcP 166, 188.

1. Die Interessenlage

550 Der Besitzer hat häufig Aufwendungen zur Erhaltung und Verbesserung der Sache gemacht und ist daran interessiert, wenigstens dafür Wertersatz zu bekommen, wenn er schon die Sache selbst und u. U. auch die gezogenen Nutzungen herausgeben muß. Da solche Maßnahmen aber oft hinsichtlich Ausmaß, Durchführungsart und Kostenaufwand nicht den Wünschen und Plänen des Eigentümers entsprechen, ist dieser selten bereit, dem Besitzer Ersatz zu leisten. In diesem Interessenkonflikt sucht das Gesetz den gerechten Ausgleich wieder an Hand der Unterscheidung von redlichem und unredlichem bzw. verklagtem Besitzer; zusätzlich unterteilt es die Verwendungen in notwendige und sonstige wertsteigernde („nützliche") Verwendungen. Trotz dieser Kriterien tauchen jedoch äußerst schwer lösbare Probleme auf, wenn Aufwendungen gemacht wurden, die die Sache zwar wertsteigernd, aber grundlegend verändern, wie etwa die Bebauung eines zuvor unbebauten Grundstücks (s. u. 4), und in den Fällen mehrstufigen Fremdbesitzes (s. u. 5).

2. Ersatz für notwendige Verwendungen

551 Unter notwendigen Verwendungen sind solche Maßnahmen zu verstehen, die darauf abzielen, den Bestand der Sache zu erhalten oder wiederherzustellen, auch Maßnahmen, die zur Erhaltung oder ordnungsgemäßen Bewirtschaftung der Sache in der bisherigen Art und Weise erforderlich sind.

Hierzu rechnen die notwendigen Reparaturen an beweglichen Gegenständen und Häusern (Ersetzung von Fenstern und Türen, Erneuerung des schadhaften Dachs), auch die Verwendungen für einen Betrieb, um ihn vor dem Zusammenbruch zu bewahren; nicht aber solche Aufwendungen, die lediglich zur Gewinnsteigerung vorgenommen werden.[33]

Zu den notwendigen Verwendungen zählen auch die gewöhnlichen Erhaltungskosten. Es handelt sich dabei um regelmäßig wiederkehrende Ausgaben, z. B. Fütterungskosten, Wartungs- und Reparaturkosten bei Kraftfahrzeugen.[34] Nicht zu den notwendigen Verwendungen ist aber die vollkommene Erneuerung oder Instandsetzung einer Sache zu rechnen.[35] Ein Indiz dafür ist es, wenn die Instandsetzungskosten den Anschaffungswert deutlich übersteigen.

Umstritten ist, ob auch die Eigenarbeit des Besitzers als Verwendung angesehen werden kann. Nach der Rechtsprechung stellt eine geldwerte Arbeitsleistung ebenso wie im Schadensrecht ein Vermögensopfer dar. Diese soll daher bei notwendigen Verwendungen ohne Einschränkungen und

---

[33] Ebenso *Gursky,* in: Westermann, § 33 II 1; *Wolff/Raiser,* § 86 I 1; *BGH* MDR 1978, 751.
[34] *OLG Karlsruhe* MDR 1998, 467.
[35] BGHZ 5, 337, 341 = NJW 1952, 778; *OLG Celle* NJW-RR 1995, 1527.

bei nützlichen Verwendungen nach Maßgabe einer noch vorhandenen Wertsteigerung auf den Eigentümer abgewälzt werden können.[36] In der Literatur wird dagegen eine eingeschränktere Lösung befürwortet. Nur bei Vorliegen bestimmter – im einzelnen strittiger – zusätzlicher Voraussetzungen, sollen die Arbeitsleistungen des Besitzers als Verwendungen anzusehen sein.[37]

a) Dem redlichen Besitzer sind die notwendigen Verwendungen ohne weitere 552
Voraussetzungen zu ersetzen (§§ 994 I 1, 995 Satz 1) mit Ausnahme der gewöhnlichen Erhaltungskosten für die Zeit, für welche ihm die Nutzungen verbleiben (§§ 994 I 2, 995 Satz 2).

b) Die Ersatzberechtigung des unredlichen und des verklagten Besitzers be- 553
schränkt sich auf die notwendigen Verwendungen und ist noch zusätzlich an die Vorschriften über die Geschäftsführung ohne Auftrag gebunden (§ 994 II). Maßgeblich ist also auch der wirkliche oder mutmaßliche Wille des Eigentümers (§ 683); gerade für notwendige Verwendungen ist er aber regelmäßig zu bejahen, denn aus der Notwendigkeit der Verwendung folgt, daß das Interesse des Eigentümers gewahrt ist.

3. Ersatz für sonstige wertsteigernde („nützliche") Verwendungen

Nur dem redlichen unverklagten Besitzer sind außer den notwendigen auch 554
andere den Wert der Sache objektiv erhöhende Verwendungen zu ersetzen, wenn die Wertsteigerung zur Zeit der Wiedererlangung der Sache durch den Eigentümer noch besteht (§ 996).

Beispiele: Einbau von Doppelfenstern oder einer Zentralheizung, Bodenverbesserungen.

Verwendungen lediglich aus persönlicher Liebhaberei, die den Verkehrswert der Sache nicht erhöhen, sind nicht zu ersetzen.

Ein vergleichender Blick auf das Bereicherungsrecht zeigt wieder eine erhebliche Abweichung. Die §§ 812 ff. enthalten zwar keine selbständige Anspruchsgrundlage für Verwendungsersatz, aber es wird allgemein[38] zugelassen, daß im Rahmen des § 818 III jede Art von Verwendungen auf die herauszugebende Sache als Bereicherungswegfall geltend gemacht wird, unabhängig davon, ob es sich um notwendige, nützliche oder überhaupt wertsteigernde Verwendungen handelt. Allerdings soll nach einer verbreiteten Meinung im Schrifttum die Abzugsfähigkeit von Verwendungen im Falle „aufgedrängter Bereicherung" eingeschränkt werden.[39] Auch diese Divergenz zu den §§ 987 ff. wird bei der Konkurrenzentscheidung zu berücksichtigen sein (s. u. VIII 5 b).

4. Der Umfang des Verwendungsbegriffs

Sehr umstritten ist, ob auch solche Aufwendungen als Verwendungen zu beur- 555
teilen sind, die der Sache zwar zugutekommen, die aber ihren Zustand grundlegend verändern. Diese Frage beschäftigte den *BGH* im Fall der Errichtung eines Gebäudes auf einem zuvor unbebauten Grundstück.[40] Der *BGH* entschied sich für einen engen Verwendungsbegriff, der solche Maßnahmen nicht umfaßt, und vertrat zugleich die Ansicht, daß in diesem Fall die Bereicherungsansprüche aus §§ 951,

---

[36] *BGH* NJW 1996, 921.

[37] Staudinger/*Gursky,* Vorbem. zu §§ 994 bis 1003 Rn. 11; Soergel/*Mühl,* § 994 Rn. 2 (Verdienstausfall); MünchKomm/*Medicus,* § 994, Rn. 12 (Tätigkeit im Rahmen des Berufs/Gewerbes); Palandt/*Bassenge,* Vorbem vor § 994 Rn. 6 und *Baur/Stürner,* § 11 Rn. 55 (Ersparnis fremder Arbeitskraft).

[38] Palandt/*Thomas,* § 818 Rn. 41.

[39] *Larenz,* Lehrbuch des Schuldrecht, Bd. II, 12. Aufl., 1981, § 70 II.

[40] BGHZ 41, 157, 159 = NJW 1964, 1125; die Entscheidung wird in *BGH* NJW 1996, 52 (mit abl. Anm. *Canaris,* JZ 1996, 344) bestätigt, obgleich es sich dort um einen anderen Sachverhalt handelte.

812 ausgeschlossen seien. Diese Auffassung führt aber zu einer einseitigen Bevorzugung der Eigentümerinteressen und bedeutet eine unerträgliche Härte für den redlichen Besitzer, dem auf diese Weise jeder Ausgleichsanspruch versagt wird. Zwar bleibt grundsätzlich sein Wegnahmerecht aus § 997 unberührt, doch trägt dieses wenig zu einem angemessenen Ausgleich bei, da schon seine Ausübung mit Kosten verbunden ist (§ 258) und dabei auch nur ein Teil vom Wert des aufgewendeten Materials zurückzugewinnen ist.

Aus diesem Grunde ist im Gegensatz zur Meinung des *BGH* die extensive Auslegung des Verwendungsbegriffes vorzuziehen. Dadurch wird die Anwendung des abgestuften Ersatzsystems der §§ 994 ff. auch in Fällen wie dem vom *BGH* entschiedenen[41] ermöglicht und dem redlichen Besitzer ein Verwendungsanspruch gewährt. Demnach sind unter Verwendungen alle Vermögensaufwendungen zu verstehen, die einer bestimmten Sache zugute kommen sollen und ihren wirtschaftlichen Wert erhöhen.[42]

5. Verwendungsansprüche des Fremdbesitzers

556 a) Der für den Eigentümer besitzende Fremdbesitzer

Grundsätzlich hat auch der nichtrechtmäßige Fremdbesitzer den Ersatzanspruch; allerdings ist es bestritten, ob ihm dieser Anspruch uneingeschränkt[43] oder nur in dem Umfang zusteht, in dem er als rechtmäßiger Fremdbesitzer Verwendungsersatz verlangen könnte.[44] Eine schematische Übernahme der Verwendungsregelungen des unwirksamen Rechtsverhältnisses ohne Rücksicht auf die sonstigen Absprachen wird aber kaum allen Fallgestaltungen gerecht. Die Umstände des Einzelfalles wird man besonders in solchen Fällen berücksichtigen müssen, in denen der Besitzer sich auf eine längere Besitz- und Nutzungszeit einrichten durfte und in der Erwartung die Verwendungen machte, daß sie ihm selbst zugute kommen würden, er dann aber die Sache lange vor Ablauf der vorgesehenen Zeit zurückgeben muß.[45]

Die Verwendungsregelungen der §§ 994 ff. passen auch nicht auf solche Fremdbesitzer, die die Verwendungen im Rahmen eines Vertrages als vertraglich ausbedungene Leistungen erbracht haben, wie etwa bei einem Geschäftsbesorgungs- oder Werkvertrag. Die Rückabwicklung solcher Verträge richtet sich nach den Bestimmungen der Leistungskondiktion, denn der besitzende Werkunternehmer ist dem nichtbesitzenden gegenüber hinsichtlich der Kondizierbarkeit seiner Leistung nicht schlechter zu stellen.[46]

557 b) Der für einen Dritten besitzende Fremdbesitzer

Besondere Schwierigkeiten ergeben sich, wenn drei (oder mehr) Personen beteiligt sind: der Eigentümer (E), ein erststufiger mittelbarer Besitzer (mB) und der unmittelbare Besitzer (uB).

Examensproblem (Fall nach BGHZ 34, 122 = NJW 1961, 499): E hat dem Käufer (mB) ein Auto unter Eigentumsvorbehalt verkauft; mB gibt es dem Werkunternehmer (uB) zur Reparatur; die Reparaturkosten und auch den Kaufpreisrest zahlt er nicht. E tritt vom Kaufvertrag zurück und verlangt das Auto von uB heraus.

Um diesen Falltypus, dem eine erhebliche praktische Bedeutung zukommt, ist eine lebhafte wissenschaftliche Kontroverse entbrannt.[47] Der *BGH* stellt in BGHZ 34, 122 nicht auf die Besitzberechtigung des uB im Zeitpunkt der Vornahme der Verwendungen ab, sondern läßt es für die Anwendbarkeit der §§ 994 ff. genügen, daß uB im Augenblick der Erhebung des Herausgabean-

---

[41] In dem Fall BGHZ 41, 157, 159 = NJW 1964, 1125 war der Besitzer redlich im Sinne des Eigentümer-Besitzer-Verhältnisses, handelte aber wohl grob fahrlässig, da die Vorschriften über den entschuldigten Überbau nicht anwendbar waren.

[42] Vgl. dazu auch *Baur/Stürner,* § 11 Rn. 55; *Canaris,* JZ 1996, 344; *Roth,* JuS 2003, 937, 942.

[43] Dafür *Gursky,* in: Westermann, § 33 I 4 b; *Raiser,* JZ 1958, 685.

[44] Dafür *Baur/Stürner,* § 11 Rn. 56.

[45] Vgl. *BGH* MDR 1956, 599.

[46] Vgl. *Medicus/Petersen,* Rn. 894; *Köbl,* S. 274 ff. jeweils m. N.

[47] Zum Meinungsstand vgl. *Köbl,* S. 323 ff.; *Möhrenschlager,* S. 143 ff.; *Roth,* JuS 2003, 937, 939.

spruchs durch E diesem gegenüber nicht mehr zum Besitz berechtigt war.[48] Die Lösung des *BGH* ist freilich vom Wortlaut und von der Systematik der §§ 987 ff. nicht mehr gedeckt.[49] Denn daraus geht klar hervor, daß die Anspruchsvoraussetzungen der Vindikationsnebenansprüche (Schädigung, Nutzziehung, Verwendungsvornahme) sämtliche zu einem Zeitpunkt verwirklicht werden müssen, in dem eine Vindikationslage besteht, in dem der Besitzer also kein Recht zum Besitz hat (s. o. II 4). Bei einer strengen Beachtung dieser zeitlichen Koppelung hinge es aber von zufälligen Umständen ab, nämlich vom Zeitpunkt des Rücktritts des E vom Kaufvertrag, ob uB von E gegen Herausgabe der Sache eine Vergütung für seine Verwendungen verlangen kann. Diese Zufälligkeit wird aber weithin als unbefriedigend empfunden; außerdem würde der ursprünglich rechtmäßige Fremdbesitzer, dessen Besitzrecht erst später entfällt, schlechter gestellt als der von Anfang an unrechtmäßige Besitzer. Daher ist im Ergebnis der Auffassung des *BGH* zuzustimmen. Es handelt sich allerdings nicht um eine unmittelbare, sondern nur um eine analoge Anwendung der §§ 994 ff.[50] Zu beachten ist freilich, daß auch die Gegenansicht nicht selten zum gleichen Ergebnis kommt, sei es durch die Bejahung des gutgläubigen Erwerbs eines Unternehmerpfandrechts, sei es durch Pfandrechtserwerb über § 185.

Die Gegner eines Ausgleichsanspruchs stützen sich vor allem auf das im BGB herrschende Prinzip der Relativität der Schuldverhältnisse; vertragliche Leistungen seien daher nur vom Vertragspartner zu vergüten und jeder habe das Risiko der Zahlungsunfähigkeit seines Vertragspartners allein zu tragen.[51] Demgegenüber fällt jedoch ins Gewicht, daß schon nach natürlicher Anschauung der Besitzer eine Sache, auf die er Verwendungen gemacht hat, als Sicherheit für diese Aufwendungen betrachten darf. Diese Auffassung hat auch in dem Institut des Unternehmerpfandrechts gesetzliche Anerkennung gefunden. Wenn man schon mit dem *BGH* (s. u. § 70 III 3) einen gutgläubigen Erwerb des Unternehmerpfandrechts ablehnt, so bietet sich hier die Möglichkeit, dem Unternehmer Sicherheit für seine Aufwendungen zu gewähren.

6. Sicherungen und Beschränkungen der Verwendungsersatzansprüche

Der Verwendungsanspruch ist besonders gesichert, unterliegt andererseits aber gewissen Beschränkungen. 558

a) Der Besitzer hat wegen seiner ihm zu ersetzenden Verwendungen ein Zurückbehaltungsrecht, daher eine Einrede gegenüber dem Herausgabeanspruch des Eigentümers (§ 1000; ausgenommen, wenn er den Besitz durch eine vorsätzliche unerlaubte Handlung erlangt hat).

Das Zurückbehaltungsrecht erlischt bei Rückgabe der Sache, da es als Leistungsverweigerungsrecht gegenüber dem Anspruch aus § 985 diesen nicht überdauert. Es lebt auch nicht wieder auf, wenn die Sache später wieder in den Besitz eines früheren Besitzers gelangt.[52]

b) Der Besitzer kann seinen Anspruch aktiv nur unter zwei Voraussetzungen 559
geltend machen: entweder wenn der Eigentümer die Verwendung genehmigt oder wenn der Eigentümer die Sache wiedererlangt (§ 1001).

Die Genehmigung braucht sich nicht auf einen bestimmten Geldbetrag zu beziehen, sondern kann auch die Verwendung als solche betreffen. Sie ist einseitige Willenserklärung. Sie gilt als erteilt, wenn der Eigentümer die Sache annimmt, die der Besitzer ihm unter Vorbehalt des Verwendungsanspruchs anbietet (§ 1001 Satz 3).

Die Wiedererlangung wird in der Regel durch die Herausgabe seitens des Besitzers erfolgen. Ist der Beklagte nur mittelbarer Besitzer, so genügt es, daß er seinen Anspruch auf Herausgabe gegen den unmittelbaren Besitzer dem Eigentümer abtritt.

---

[48] Ebenso nunmehr *BGH* NJW 2002, 2875.

[49] Ablehnend deswegen *Münzel,* NJW 1961, 1378 sowie *Schwerdtner,* Jura 1988, 251.

[50] So auch *Furtner,* MDR 1962, 96; *Berg,* JuS 1970, 15 und 1972, 325; *U. Köbl,* S. 347 f.; *Möhrenschlager,* S. 151 f.; *Gottwald,* PdW, Fall 101; einschränkend *Hager,* JuS 1987, 877 (882).

[51] Vgl. dazu *M. Wolf,* AcP 166, 223 ff.; *Gursky,* Fälle und Lösungen, S. 172; *Beuthien,* JuS 1987, 845; ferner *Kaysers,* S. 111 ff., der in Parallele zur „Fremdwirkung" der Verarbeitung eine Zurechnung der Verwendungsmaßnahmen nicht an den Werkunternehmer, sondern an den Besteller vornimmt.

[52] BGHZ 51, 250 = NJW 1969, 606.

c) Der Eigentümer kann sich von seiner Verpflichtung befreien, indem er die Sache dem Besitzer zurückgibt, außer wenn er die Verwendung genehmigt hat (§ 1001 Satz 2).[53] Diese Rückgabe bedeutet nicht eine Übereignung, sondern nur die Herstellung des alten Besitzstandes, so daß der Anspruch des Besitzers auf Verwendungen und sein Zurückbehaltungsrecht bleiben, ist also wenig praktisch.

d) Der Besitzer hat ein Recht auf Befriedigung (pfandrechtsähnlich, aber nicht dinglich) im Weg des Pfandverkaufs bei beweglichen Sachen, der Zwangsvollstreckung bei Grundstücken (daher hier erst nach Erlangung eines Vollstreckungstitels, aber mit dem Rang hinter allen dinglichen Rechten), wenn der Eigentümer nach einer Aufforderung des Besitzers, sich innerhalb angemessener Frist für die Genehmigung der Verwendung zu erklären, keine Erklärung abgibt und auch nicht den Verwendungsanspruch bestreitet (§ 1003 I). Bestreitet er ihn, muß der Besitzer Klage auf Feststellung des Verwendungsbetrages erheben und erst nach Rechtskraft des Urteils die Frist zur Erklärung setzen und ablaufen lassen, ehe er in obiger Weise vorgehen kann (§ 1003 II). Damit ist dem Besitzer ein, wenn auch umständlicher, Weg eröffnet, aus dem Schwebezustand herauszukommen, wenn Streit über die Verwendung herrscht und weder er die Sachen dem Eigentümer herausgeben will noch der Eigentümer die Verwendung genehmigt.

e) Die Verwendungsansprüche stehen auch dem Rechtsnachfolger im Besitz zu (§ 999 I), und zwar kraft Gesetzes. Die Ersatzpflicht trifft auch den neuen Eigentümer, der die Sache erst nach der Verwendung erwirbt (§ 999 II), soweit bereits der Voreigentümer ersatzpflichtig war.[54] Der alte haftet als Gesamtschuldner daneben weiter, wenn er die Verwendung bereits genehmigt hat.

7. Erlöschen des Verwendungsersatzanspruchs

560 Gibt der Besitzer die Sache dem Eigentümer[55] heraus, so erlischt der Anspruch auf den Ersatz der Verwendungen mit dem Ablauf eines Monats, bei einem Grundstück mit dem Ablauf von sechs Monaten nach der Herausgabe, wenn nicht vorher die gerichtliche Geltendmachung erfolgt oder der Eigentümer die Verwendungen genehmigt (§ 1002 I).

8. Übersicht über die Anspruchsgrundlagen des Besitzers

Gegen den Eigentümer bestehen Ansprüche

← **des redlichen Besitzers**
a) bei notwendigen Verwendungen: § 994 I
b) bei nützlichen Verwendungen: § 996
c) bei Luxusverwendungen: Nein, aber § 997

← **des bösgläubigen, des verklagten und des deliktischen Besitzers**
a) bei notwendigen Verwendungen: §§ 994 II, 683, 684
b) bei nützlichen Verwendungen: Nein, aber § 997
c) bei Luxusverwendungen: Nein, aber § 997

---

[53] Ein Beispiel hierfür bietet *BGH* NJW 2002, 2875.
[54] *BGH* NJW 1979, 716.
[55] Im Falle einer Sicherungsübereignung steht die Herausgabe an den Sicherungsgeber der Herausgabe an den Eigentümer gleich; BGHZ 87, 274 = NJW 1983, 2140. Kritisch dazu *Gursky,* JZ 1984, 604 (610).

VII. Das Wegnahmerecht des Besitzers

Hat der Besitzer mit der herauszugebenden Sache eine eigene verbunden – was eine Verwendung darstellen kann –, so darf er sie, wenn sie nicht wesentlicher Bestandteil geworden ist, ohne weiteres wegnehmen; denn durch die Verbindung hat sich in diesem Fall am Eigentum nichts geändert, der Besitzer ist vielmehr Eigentümer seiner Sache geblieben. Aber auch wenn die verbundene Sache wesentlicher Bestandteil, also Eigentum des Eigentümers der Hauptsache geworden ist, kann er sie abtrennen und sich aneignen, ohne Unterschied, ob er redlicher oder unredlicher Besitzer ist (§ 997). Für den redlichen Besitzer steht dieses Recht zur Wahl neben dem Anspruch auf Ersatz der Verwendung.[56] **561**

Ausnahmen (§ 997 II): Kein Wegnahmerecht besteht in folgenden Fällen: 1. Der Besitzer kann nicht Ersatz verlangen, weil die Verwendung zur gewöhnlichen Erhaltung gehört und ihm die Nutzungen verbleiben (z. B. der redliche Besitzer hat Scheiben im Haus eingesetzt, ihm verbleiben die Mieten – anders beim unredlichen Besitzer, der diese herauszahlen muß). 2. Die Abtrennung hat für den Besitzer keinen Nutzen, wäre also Schikane (z. B. Abreißen von Tapeten). 3. Dem Besitzer wird der Wert ersetzt, den der Bestandteil nach der Trennung für ihn haben würde (dies zur Verhinderung unwirtschaftlicher Trennungen).

VIII. Konkurrenzen mit anderen Anspruchsgrundlagen

1. Allgemeines

Da das Eigentümer-Besitzer-Verhältnis als Tatbestandsvoraussetzungen nur Eigentum auf der einen Seite und unrechtmäßigen Besitz auf der anderen Seite aufstellt, konkurriert es mit den wichtigsten sonstigen Anspruchsgrundlagen des BGB, insbesondere den Vorschriften aus Vertrag, unerlaubter Handlung und Bereicherung. Der gesetzgeberischen Intention nach sollten die Regelungen der §§ 987 ff. weitgehend abschließend sein und so wurden sie auch lange in Rechtsprechung und Schrifttum betrachtet. Heute neigt man dagegen eher dazu, die Vindikation und ihre Nebenfolgen nur als eine subsidiär eingreifende gesetzliche „Notordnung“ zu verstehen. Beide Standpunkte werden aber den Ordnungsaufgaben und Ordnungsmöglichkeiten der konkurrierenden Normenkomplexe nicht voll gerecht.[57] **562**

2. Ansprüche aus Vertrag

Wegen der für alle Nebenansprüche geltenden Tatbestandsvoraussetzung der Vindikationslage ist ein Zusammentreffen der §§ 987 ff. mit vertraglichen Vorschriften für die Laufzeit wirksamer Rechtsverhältnisse ausgeschaltet, nicht aber für die Zeit nach Beendigung des Besitzrechts. Aus mehreren Gründen ergibt sich jedoch klar, daß für das Stadium der Vertragsabwicklung keinesfalls eine Verdrängung **563**

---

[56] Im einzelnen vgl. *Schreiber,* Jura 2007, 120, 122 f.

[57] Zum Ganzen vgl. besonders *Köbl,* a. a. O. (vor Rn. 550) m. N.; *Pinger,* Funktion und dogmatische Einordnung des Eigentümer-Besitzer-Verhältnisses, 1973, nimmt in allen Fällen eine Anspruchskonkurrenz zwischen der Regelung des Eigentümer-Besitzer-Verhältnisses und ungerechtfertigter Bereicherung bzw. unerlaubter Handlung an.

vertraglicher Regelungen stattfinden darf: Solche Regelungen sind zuweilen den einzelnen Vertragstypen in besonders spezifischer Weise angepaßt, wie etwa bei der Miete die Festsetzung der 6-monatigen Verjährungsfrist (§ 548) und die Versagung eines Zurückbehaltungsrechtes wegen Verwendungen auf das Mietgrundstück (§ 570). Es entbehrte aber auch jedes sachlichen Grundes, die allgemeinen vertraglichen Haftungsmaßstäbe, die regelmäßig strenger sind als die der Vindikationsnebenfolgen (Verzug!), nicht voll zur Geltung zu bringen, denn an die Leistungsbereitschaft vertraglicher Schuldner dürfen höhere Anforderungen gestellt werden. Auch wo Lücken einer Vertragsordnung auszufüllen sind, ist allenfalls eine auf die vertragliche Haftungsausgestaltung abgestimmte modifizierte Anwendung der §§ 987 ff. richtig.

3. Ansprüche aus unerlaubter Handlung

564 Das Verhältnis zum Deliktsrecht wurde bereits dahingehend bestimmt, daß eine vollständige Freistellung von der deliktischen Haftung nur für den redlichen Eigenbesitzer, der die Sache nicht durch verbotene Eigenmacht erlangt hat, angemessen ist. Im übrigen aber sind Delikts- und Vindikationsrecht nebeneinander anzuwenden (s. o. IV). Weder § 992 noch § 993 I Hs. 2 sind zwingend als Normen zu deuten, die das Deliktsrecht weitergehend ausschließen.

4. Eigentumsstörungsanspruch

565 Der Eigentumsstörungsanspruch nach § 1004 ist gegen den wegen Unredlichkeit oder Rechtshängigkeit voll verantwortlichen Besitzer kaum von Bedeutung, da gegen ihn meist der weiterreichende Schadensersatzanspruch wegen Verschlechterungen der Sache gegeben ist.

Nur in den seltenen Fällen, in denen einen grundsätzlich verantwortlichen Besitzer hinsichtlich einzelner Maßnahmen, die eine Beeinträchtigung des Eigentums darstellen, kein Verschulden trifft, kann der Eigentümer dann über § 1004 deren Beseitigung verlangen. – Gegenüber dem redlichen Besitzer aber ist der Eigentumsstörungsanspruch nicht zuzulassen, da er in seiner Wirkung einem Schadensersatzanspruch sehr nahe kommen kann (s. u. § 49 II). Die Privilegierung des redlichen Besitzers nach den §§ 987 ff. schließt ein, daß er die Sache nur in ihrem jeweiligen Zustand herausgeben muß.[58]

5. Ansprüche aus ungerechtfertigter Bereicherung

566 Für die Klärung des Verhältnisses von Vindikations- und Kondiktionsrecht ist auszugehen von den im Schuldrecht entwickelten Grundsätzen über die Abgrenzung von Bereicherungen, die „durch Leistung" und Bereicherungen, die „in sonstiger Weise" eingetreten sind, also von Leistungskondiktion und Nichtleistungskondiktion (sog. Eingriffskondiktion).

567 a) Bei der Gegenüberstellung von Eingriffskondiktion und Eigentümer-Besitzer-Verhältnis muß vor allem unterschieden werden, ob die ursprünglich der Vindikation unterlegene Sache wegen Veräußerung, Verbrauch, Verarbeitung usw. nicht mehr herausgegeben werden kann, oder ob ein Anspruch des Eigentümers auf

[58] Vgl. *Baur,* AcP 160, 491 ff.

Nutzungsherausgabe bzw. ein Aufwendungsersatzanspruch des Besitzers in Frage steht. Im ersten Fall stehen dem Eigentümer die sog. Rechtsfortwirkungsansprüche auch gegen den redlichen Besitzer zu (s. o. V u. § 47 VI). Ihr Ausschluß lag auch nicht in der Absicht des Gesetzgebers. In bezug auf Nutzungsherausgabe und Verwendungsersatz verhält es sich indessen anders. Hier haben die Kondiktionsvorschriften zurückzutreten. Die §§ 987 ff., die schon begrifflich leges speciales gegenüber jenen darstellen, müssen in dieser Beziehung Ausschlußwirkung enthalten, sollen nicht ihre abgestuften Anspruchsvoraussetzungen und Durchsetzungsbeschränkungen weithin außer Kraft gesetzt werden (s. auch o. VI 4). Nutzungen und Verwendungen, für die die §§ 987 ff. keinen Ausgleich vorschreiben, können deshalb im Sinne der Eingriffskondiktion als mit rechtlichem Grund erlangt angesehen werden.

b) Hinsichtlich des Zusammentreffens der Vindikationsvorschriften mit den Re- **568**
gelungen der Leistungskondiktion liegen die Dinge dagegen komplizierter. Vor allem bei Veräußerungsverträgen treten in der Frage der Nutzungsherausgabe (s. o. III 2 b), des Verwendungsersatzes (s. o. VI 3) und der Voraussetzungen der verschärften Haftung (s. o. II 1) beträchtliche Diskrepanzen auf, die im Wege der Auslegung nicht befriedigend gelöst werden können. Nach der Rechtsprechung soll sich die Abwicklung nur schuldrechtlich nichtiger Veräußerungsgeschäfte – wie nicht anders möglich – nach Leistungskondiktionsrecht bestimmen, die Abwicklung obligatorisch und dinglich nichtiger Geschäfte nach den §§ 985 ff., jedoch mit der auf § 988 gestützten Angleichung bezüglich der Nutzungsherausgabe (s. o. III). Es ist aber nicht erweisbar, daß die aufgezeigten Unterschiede der Haftungsausgestaltung auch jeweils mit Unterschieden in den Interessenlagen und den Normzwecken übereinstimmten. Deshalb erscheint die in der Literatur zunehmend geforderte Gleichbehandlung aller fehlgeschlagenen Leistungsverhältnisse ohne Rücksicht auf den Eigentumsübergang, also der Vorrang der Leistungskondiktion bei der Rückabwicklung, grundsätzlich berechtigt.[59]

Doch sollte das Vindikationsrecht aus diesem Bereich nicht ganz verdrängt werden, da es gesetzliche Nichtigkeitsgründe gibt, die sowohl Verpflichtungs- wie Vollzugsgeschäft erfassen und die damit einen besonders effektiven Schutz des Vermögens des Veräußerers gewährleisten wollen. Dieser Zweck, der etwa mit den Verpflichtungs- und Verfügungsverboten der §§ 1365, 1369, 1423, 1424, 1812, 1821, AktG § 57 verfolgt wird, könnte am besten dadurch erfüllt werden, daß auch bei der Abwicklung zwischen den Vertragspartnern die aus beiden Haftungskomplexen für den Rückforderungsberechtigten günstigsten Regelungen zum Zug kommen, also das Vindikationsrecht (Haftung nach § 990 auch schon bei grob fahrlässiger Unkenntnis des Besitzrechts entgegen § 819, kein Wegfall der Bereicherung nach § 818 III!) unter Hinzunahme der Nutzungsherausgabepflicht nach § 818 I.[60]

Auch Leistungsbeziehungen, die nicht die Veräußerung einer Sache, sondern die Überlassung zur Nutzung oder zur Verwendungsvornahme beinhalten, sind zumindest in bezug auf diese Leistungen nach Kondiktionsrecht rückabzuwickeln.

6. Ansprüche aus Geschäftsführung ohne Auftrag

Mit dem gesetzlichen Schuldverhältnis der Geschäftsführung ohne Auftrag sind nur wenige **569**
Überschneidungen denkbar, da die berechtigte und pflichtgemäße Geschäftsführung ein Recht zum

---

[59] Vgl. dazu *Westermann*, Schwerpunkte, S. 29; *v. Caemmerer*, FS Boehmer, 1954, S. 154, Fn. 42; *Flume*, FS Niedermeyer, 1953, S. 170 f. *BGH* NJW 1968, 197 sowie 2001, 3118 vertritt diese Auffassung für die Rückabwicklung beendeter Vertragsverhältnisse.

[60] Vgl. *Köbl*, S. 259 ff.

Besitz verleiht, so daß eine Konkurrenz nur beim Handeln in berechtigter, aber pflichtwidriger und bei unberechtigter Geschäftsführung auftreten kann. Wegen der spezifischen Ordnungsaufgabe der Geschäftsführungsvorschriften, das altruistische Handeln auf eine rechtliche Basis zu stellen, welche aber in den §§ 987 ff. keinerlei Ausdruck findet und auch von der Besitzrechtslage nicht geprägt wird, richtet sich die Haftung des Geschäftsführers nach diesen Vorschriften. Lediglich neben der Haftung aus der angemaßten Eigengeschäftsführung (§ 687 II) bleiben zu Lasten des Geschäftsführers die §§ 987 ff. anwendbar.

§ 49. Der Eigentumsstörungsanspruch

Literatur: *Armbrüster,* Eigentumsschutz durch den Beseitigungsanspruch nach § 1004 BGB und durch Deliktsrecht, NJW 2003, 3087; *Baur,* Der Beseitigungsanspruch nach § 1004 BGB, AcP 160, 465; *ders.,* Zu der Terminologie und einigen Sachproblemen der „vorbeugenden Unterlassungsklage", JZ 1966, 381; *Bensching,* Nachbarrechtliche Ausgleichsansprüche – Zulässige Rechtsfortbildung oder Rechtsprechung contra legem?, 2002; *Bezzenberger,* Der negatorische Beseitigungsanspruch und die Kosten der Ersatzvornahme, JZ 2005, 373; *Brehm,* Nachfolge in dingliche Unterlassungspflichten, JZ 1972, 225; *Buchholz/Radke,* Negatorische Haftung und Billigkeit, Jura 1997, 454; *Funcke,* Die sog. actio quasinegatoria, 2010; *Gruber,* Der Vermieter als Störer, JR 2000, 485; *Gursky,* Zur neueren Diskussion um § 1004 BGB, JR 1989, 397; *Herrmann,* Der Störer nach § 1004 BGB, 1987; *dies.,* Die Haftungsvoraussetzungen nach § 1004 BGB – Neuere Entwicklung und Lösungsvorschlag, JuS 1994, 273; *Horst,* Sturmschäden-Behandlung und Abwicklung in der anwaltlichen Praxis, MDR 2000, 1161; *Kolbe,* Unzumutbarer Beseitigungsaufwand, NJW 2008, 3618; *Lettl,* Die Beeinträchtigung des Eigentums nach § 1004 BGB, JuS 2005, 871; *Lohse,* § 1004 BGB als Rechtsgrundlage für Zahlungsansprüche, AcP 201, 902: *Mertens,* Zum Inhalt des Beseitigungsanspruchs aus § 1004 BGB, NJW 1972, 1783; *Münzberg,* Bemerkungen zum Haftungsgrund der Unterlassungsklage, JZ 1967, 689; *Picker,* Der negatorische Beseitigungsanspruch, 1972; *ders.,* Zur Beseitigungshaftung nach § 1004 BGB – Eine Apologie, FS Gernhuber, 1993, S. 315; *Pleyer,* § 1004 und das „nachbarliche Gemeinschaftsverhältnis", JZ 1959, 305; *ders.,* Die Einstandspflicht des Unternehmers für seine Mitarbeiter im Rahmen des § 1004 BGB, AcP 161, 500; *R. Schmidt,* Der negatorische Beseitigungsanspruch, 1924; *Stickelbrock,* Angleichung zivilrechtlicher und öffentlichrechtlicher Haftungsmaßstäbe beim Störerbegriff des § 1004 BGB, AcP 197 (1997), 456; *Taupitz,* Das umweltrechtliche Verursacherprinzip im klassischen Zivilrecht – § 1004 BGB als Einfallstor?, FS Hagen, 1999, 469; *Wenzel,* Der Störer und seine verschuldensunabhängige Haftung im Nachbarrecht, NJW 2005, 241; *Wolf,* Negatorische Beseitigung und Schadensersatz, 2006.

I. Allgemeines

570 Neben dem zentralen Anspruch des Eigentümers auf Herausgabe der Sache gegen den Besitzer steht als zweiter wesentlicher Anspruch die sogenannte actio negatoria (§ 1004). Dieser Anspruch gibt dem Eigentümer Abwehrrechte gegen alle Beeinträchtigungen, die keine Entziehung oder Vorenthaltung des Besitzers darstellen. Der Anspruch steht dem Eigentümer von beweglichen wie unbeweglichen Sachen zu, auch wenn er nicht Besitzer ist, und er richtet sich gegen den Störer.

II. System der Abwehransprüche

571 § 1004 ist neben seiner speziellen Funktion im Rahmen des Eigentums zugleich eine wichtige Anspruchsgrundlage und Analogiebasis im umfassenden System der

Abwehr von Störungen durch Anspruch auf Unterlassung und Beseitigung. Im einzelnen kennt das geltende Recht folgende Abwehransprüche:

1. Aufgrund eines Vertrags (zum Beispiel § 541);

2. Aus dem Gesetz: Im Gesetz finden sich Regelungen zum Schutz absoluter Rechte (zum Beispiel §§ 1004, 1134; sogenannter negatorischer Schutz; zu weiteren Normen siehe unten V. 1), das Gesetz regelt aber teilweise auch den Schutz sonstiger Rechte (zum Beispiel §§ 12, 862; § 37 HGB; sogenannter quasi-negatorischer Schutz; zu weiteren Normen siehe unten V. 2).

3. Soweit anderen absoluten Rechten (zum Beispiel dem allgemeinen Persönlichkeitsrecht) oder anderen geschützten Rechtspositionen (so insbesondere den in §§ 823 II, 824 geschützten Rechtsgütern) ein gesetzlicher Abwehranspruch nicht zur Seite steht, wird ein solcher Anspruch in Analogie zu §§ 1004, 12, 862 heute allgemein anerkannt. Terminologisch wird hier teilweise von deliktischem Schutz oder von ergänzendem Unterlassungsanspruch gesprochen.

III. Die Voraussetzungen des Anspruchs

1. Beeinträchtigung

Der Anspruch ist vom Eigentümer geltend zu machen. Dieser muß eine Beein- 572
trächtigung seines Eigentums nachweisen. Darunter ist jede Störung des Eigentums zu verstehen, die nicht unter § 985 fällt. Im einzelnen kommen als Beeinträchtigungen in Betracht:

a) Gegenständliche Einwirkungen auf die Sache: zum Beispiel Steinwurf, Abladen von Sachen auf einem Grundstück, alle Arten von Beschädigungen, alle sonstigen grobkörperlichen Immissionen (siehe oben § 28 II 1 a), alle Einwirkungen im Sinne des § 906 (also die Imponderabilien; siehe oben § 28 II 1 b), aber auch das Betreten eines Grundstücks (wobei sich aus § 1004 der Anspruch eines Hausverbots ergeben kann; s. o. § 13 II 1),[1] das Einwerfen von Werbematerial in den Briefkasten entgegen einem angebrachten Verbot.[2] Der BGH hat sogar die Befüllung eines zur Nutzung überlassenen Tanks als Einwirkung im Sinne von § 1004 interpretiert.[3] Neuerdings sind sehr häufig Klagen gegen Lärmbelästigung aus § 1004 (durch Sportveranstaltungen, Musik, Tierlaute, Gartenfeste usw.).[4]

b) Ideelle Störungen: zum Beispiel ein häßlicher Anblick, das Betreiben eines Bordells auf dem Nachbargrundstück (zu den Einzelheiten siehe oben § 28 II 1 c, dort auch zur Frage, inwieweit in diesen Fällen überhaupt Einwirkungen auf das Eigentum vorliegen).

c) Sogenannte negative Störungen: zum Beispiel Entzug von Licht, Luft, Aussicht, Zugangsmöglichkeiten (zu den Einzelheiten siehe oben § 28 II 1 d; auch hier ist zweifelhaft, ob überhaupt Einwirkungen auf das Eigentum vorliegen).

---

[1] Gleiches ergibt sich im Falle eines „virtuellen Hausverbots“, siehe *LG Bonn* NJW 2000, 961.

[2] *BGH* NJW 1989, 902; *LG Bremen* NJW 1990, 456; *OLG Karlsruhe* NJW-RR 1990, 244; *OLG Bremen* NJW 1990, 2140; *KG* NJW 2002, 379.

[3] *BGH* NJW 2003, 3702; ablehnend *König*, NJW 2005, 191.

[4] BGHZ 120, 239 = NJW 1993, 925; *OLG Köln* NVwZ 1989, 290; *OLG Hamm* NJW-RR 1989, 1176; *OLG Karlsruhe* NJW-RR 1989, 1129; *OLG München* NJW-RR 1989, 1245; *LG Düsseldorf* NJW-RR 1989, 1178; *OLG Hamm* NJW-RR 1990, 335; *LG Frankfurt a. M.* NJW-RR 1990, 27; *LG Ingolstadt* NJW-RR 1991, 654; *OLG Schleswig* NJW-RR 1991, 715.

d) Die Beeinträchtigung weiterer dem Eigentum immanenter Schutzbereiche ist möglich, so zum Beispiel durch unerlaubtes Fotografieren des Eigentums.[5] Ähnliche Beeinträchtigungen betreffen neben dem Eigentum auch die Ehre und das allgemeine Persönlichkeitsrecht.[6] Zur Videoüberwachung im Nachbarrecht vgl. *Horst* NJW 2009, 1787.

2. Der Störerbegriff

573 Der Abwehranspruch richtet sich gegen den Störer. Störer kann sein, wer durch eine Handlung das fremde Eigentumsrecht unmittelbar oder auch nur mittelbar[7] verletzt (Handlungsstörer), oder wer für eine Sache verantwortlich ist, die das Eigentum beeinträchtigt (Zustandsstörer). Mit dieser Unterscheidung wird an eine öffentlichrechtliche Differenzierung angeknüpft.

Beispiele für Handlungshaftung: Unerlaubtes Gehen über ein Grundstück, Steinwurf in ein Fenster usw.[8]

Beispiele für Zustandshaftung: Der Wind bricht Bäume und wirft sie auf ein fremdes Grundstück; eine Brücke wird zerstört, Brückenteile fallen auf fremde Grundstücke;[9] Beeinträchtigungen des Grundstücks durch Brieftauben,[10] durch herabgefallenes Obst,[11] durch Eindringen von Wurzeln in Abwasserleitungen,[12] Schäden durch Brand des Nachbargrundstücks.[13]

573a Dieser in der Literatur und Rechtsprechung gebräuchlichen Zweiteilung steht ein anderes Haftungskonzept gegenüber, nach dem nur derjenige Störer sein soll, der eine fremde Eigentumsposition „usurpiert".[14] Eine solche Inanspruchnahme soll nur solange vorliegen, wie ein dem Inhalt des Eigentums widersprechender tatsächlicher Zustand oder Vorgang andauert. Die Beeinträchtigung entfalle, wenn der Handelnde die Tätigkeit einstelle, so daß im Beispiel des Steinwurfs in ein Fenster ein Anspruch aus § 1004 zu verneinen wäre. Die Fallgruppe der Handlungshaftung bliebe nach dieser Auffassung beschränkt auf die seltenen Fälle eines Handelns mit Dauercharakter.[15] Schwierig zu erfassen sind mit dieser Theorie aber Störungen durch Immissionen, bei denen nicht von einer Inbesitznahme fremder Befugnisse gesprochen werden kann. Wenn vergangenes Handeln vollständig aus der Haftung ausgeschieden würde, ließe sich zudem auch die Verpflichtung des Störers zum Widerruf unrichtiger Tatsachenbehauptungen, die zu den anerkannten Tatbeständen eines Beseitigungsanspruchs nach § 1004 I 1 gehört, nicht mehr begründen.

---

[5] Vgl. *BGH* NJW 1989, 2251; allerdings ist die Klage in diesem Falle abgewiesen worden, weil das fotografierte Haus für jedermann frei einsehbar war.

[6] *BGH* JZ 1990, 37; *LG Zweibrücken* MDR 1990, 541; *OLG Köln* NJW 1992, 2641.

[7] Zur Haftung des mittelbaren Störers s. u. Rn. 574; aus neuester Zeit vgl. z. B. BGHZ 144, 200 = NJW 2000, 2901; *BGH* NJW 2006, 992.

[8] Eine Handlungshaftung liegt auch dann vor, wenn der Vermieter Störungshandlungen des Mieters gegen Dritte duldet. Vgl. *BGH* JZ 1968, 384; *Lutter/Overrath,* JZ 1968, 345; *Gruber,* JR 2000, 485.

[9] Vgl. BGHZ 19, 126 = NJW 1956, 382.

[10] *OLG Celle* NJW-RR 1989, 783.

[11] *AG Backnang* NJW-RR 1989, 785.

[12] BGHZ 97, 231 = NJW 1986, 2640; BGHZ 106, 142 = NJW 1989, 1032; *BGH* NJW 1991, 2826; 1995, 395 = JZ 1995, 410 m. Anm. v. *Kreissl, OLG Köln* DNotZ 1990, 736.

[13] *BGH* NJW 1999, 2896.

[14] Die Ansicht wurde begründet von *Picker,* Der negatorische Beseitigungsanspruch, 1972; *ders.,* FS Gernhuber, 1993, S. 315 ff.; zustimmend Staudinger/*Gursky,* BGB, § 1004, Rn. 95 f.; *ders.,* JR 1989, 397 ff.; *ders.,* JZ 1996, 683; *Wilhelm,* Rn. 671 ff; umfassend zu den unterschiedlichen Haftungskonzepten nunmehr *Wolf,* 2006, S. 43 ff.

[15] *Picker,* Der negatorische Beseitigungsanspruch, S. 49 ff.

Da Eigentumsstörungen ihren Ausgang entweder im Verhalten von Personen oder im Zustand einer bestimmten Sache nehmen, spricht vieles dafür, an der herkömmlichen Unterteilung festzuhalten. Dabei darf bei der Handlungshaftung nicht übersehen werden, daß das Verhalten nicht nur in einem positiven Tun, sondern auch in einem pflichtwidrigen Unterlassen bestehen kann, so daß zutreffender von Verhaltenshaftung zu sprechen ist.[16]

Einigkeit besteht darüber, daß die Eigenschaft als Störer kein Verschulden voraus- **574**
setzt. Die h. M. in Rechtsprechung und Literatur fordert aber eine Zurechenbarkeit[17] in dem Sinn, daß mindestens ein mittelbarer Zusammenhang zwischen Störung und dem Willen des Störers vorliegen müsse.[18] Diese Meinung trifft für den Bereich der Handlungshaftung zu. Bei der Zustandshaftung ergibt sich die Pflicht zur Beseitigung der von der Sache ausgehenden Einwirkungen aus dem Eigentum selbst.[19] Wer die Verfügungsmacht über eine Sache hat, ist auch für ihren Zustand verantwortlich. Dieser Gedanke hat jedenfalls im öffentlichen Recht Anerkennung gefunden.[20] In der Rechtsprechung des *BGH* wird freilich gerade insoweit eine Abweichung vom öffentlichen Recht für erforderlich angesehen.[21] Der bloße Umstand des Eigentums an dem Grundstück, von dem die Störung ausgeht, soll für eine zivilrechtliche Störerhaftung nicht ausreichen. Indem man den Eigentümer nur dann heranzieht, wenn er eine konkrete Gefahrenquelle geschaffen hat, will man vor allem eine als zu weitgehend empfundene Haftung für Naturereignisse vermeiden. Wegen der dadurch entstehenden Wertungswidersprüche zwischen zivilrechtlicher und öffentlich-rechtlicher Störerhaftung erscheint dies jedoch als bedenklich.[22] Wie problematisch die Rechtsprechung im Bereich der Zustandsverantwortlichkeit ist, zeigt sich schon daran, daß die verwendeten Zurechnungskriterien von Fall zu Fall immer wieder verändert werden mußten, um sachgerechte Ergebnisse zu erzielen. Zu Schwierigkeiten führt das Anknüpfen an menschlicher Willensbetätigung z. B. in den zahlreichen Fällen, in denen Veränderungen des natürlichen Zustands des Grundstücks von einem Rechtsvorgänger oder einem Dritten ohne Wissen des jetzigen Grundstückseigentümers vorgenommen wurden.[23] Rechtfertigt man hier die Zustandshaftung mit dem „Halten der Störungsquelle“, ist Haftungsgrund letztlich allein die Tatsache der

---

[16] Anders *Herrmann,* S. 66 ff., die das Kriterium des Unterlassens nicht der Handlungs-, sondern ausschließlich der Zustandshaftung zuordnet.

[17] Nach Auffassung von *Picker,* a. a. O. (vor Rn. 570), kommt es nicht auf die Zurechenbarkeit, sondern darauf an, ob das fremde Eigentum tatsächlich von dem Störer genutzt wird. Neuerdings vertritt *Herrmann,* a. a. O. (vor Rn. 570), und JuS 1994, 273, die Auffassung, Haftungskriterium sei die Kausalität von Handeln und Unterlassen.

[18] Vgl. BGHZ 19, 126, 129 = NJW 1956, 382; BGHZ 28, 110, 112 = NJW 1958, 1586; BGHZ 29, 314 = NJW 1959, 936; *BGH* NJW 1985, 1773; BGHZ 114, 183 = NJW 1991, 2770; *BGH* NJW 1993, 925; 1993, 1855; 1999, 2896; *Baur/Stürner,* § 12 III; *Koch/Löhnig,* Fall 9 Rn. 17 f.

[19] Vgl. dazu *Pleyer,* AcP 156, 291, JZ 1959, 305; *Gottwald,* PdW, Fall 103; *Müller,* Rn. 752; *Kohl,* in: Kommentar zum BGB (Reihe Alternativkommentare), 1979 ff., § 1004, Rn. 50; a. M. z. T. *Baur/ Stürner,* § 12 III 2; *Baur,* AcP 160, 465. Dagegen meint *Herrmann,* a. a. O. (vor Rn. 570), und JuS 1994, 273, die Haftung für den Zustand einer Sache, insbesondere eines Grundstücks, gründe sich auf den Besitz. Dieser schaffe eine Garantenstellung zur Vermeidung von Beeinträchtigungen.

[20] Vgl. dazu *OVG Münster* MDR 1955, 762 und *Drews/Wacke/Vogel/Martens,* Gefahrenabwehr, 9. Aufl., 1986, S. 319. Zur Begrenzung der Zustandsverantwortlichkeit des Eigentümers für die Sanierung von Altlasten auf den Verkehrswert vgl. *BVerfG* NJW 2000, 2573; dazu *Bickel,* NJW 2000, 2562; *K. Schmidt,* ZIP 2000, 1913; *Lepsins,* JZ 2001, 22.

[21] BGHZ 122, 283 = NJW 1993, 1855 (umgestürzter Baum); *BGH* NJW 1995, 2633 (Ungeziefer); vgl. auch *OLG Düsseldorf* NJW-RR 1995, 1231 (Samenflug); *BGH* MDR 1996, 579 (Steinschlag); Kritisch zu diesen Entscheidungen *Herrmann,* NJW 1997, 153.

[22] Ausführlich hierzu *Stickelbrock,* AcP 197, 456 ff.; a. A. *Wolf,* 2006, S. 201 f.

[23] Z. B. *BGH* MDR 1996, 579, 581.

momentanen Herrschaft über die Sache. Besonders deutlich werden die Widersprüche gerade auch in den häufigen Fällen durch Sturm entwurzelter Bäume. Es erscheint wenig einleuchtend, daß hier die Verantwortlichkeit davon abhängig sein soll, ob der Baum bereits vor der rechtlichen Entstehung des Grundstücks durch Parzellierung vorhanden, oder durch das irgendwann einmal erfolgte Anpflanzen von Menschenhand geschaffen wurde.[24] Der *BGH* hat der in der Literatur geäußerten Kritik nunmehr Rechnung getragen, indem er eine Zurechenbarkeit auch dann bejaht, wenn der Eigentümer pflichtwidrig Sicherungsmaßnahmen unterlassen hat.[25] Die Pflicht soll sich aus der jeweiligen Nutzung des Grundstücks ergeben und anhand des öffentlichen und privaten Nachbarrechts (§§ 906 ff.) zu bestimmen sein.[26]

575 In Ausnahmefällen aber kann dem Störer die Beseitigung der Beeinträchtigung unzumutbar sein.[27] Hier liegt die Schranke, die eine ausnahmslose Haftung des Störers bei der Zustandshaftung vermeidet. Der Begriff der Unzumutbarkeit ist dem geltenden Recht nicht unbekannt (vgl. § 275 II). Er hat vor allem im Schuldrecht, aber, was in unserem Zusammenhang wichtig ist, auch im Nachbarrecht (§ 906 II) Bedeutung.[28] Die Beseitigung der Störung wird man wohl in vielen Fällen höherer Gewalt für unzumutbar halten müssen.

Beispiele: Teile einer durch Bombenangriffe zerstörten Brücke fallen auf Nachbargrundstücke.[29] Durch einen Luftangriff hat die Grenzmauer eines Hauses eine Ausbauchung erhalten, die in den Luftraum des Nachbargrundstücks hinüberragt und den Nachbarn hindert, unmittelbar an der Grenze zu bauen.[30] Dagegen muß der Störer wohl die Beeinträchtigung beseitigen, wenn der Sturm Bäume gebrochen und auf das Nachbargrundstück geworfen hat oder wenn ein Baum von extremem Ungezieferbefall betroffen ist (a. A. *BGH,* NJW 1993, 1855; *BGH,* NJW 1995, 2633 im Falle eines extremen Sturmes).

Examensproblem (Fall nach BGHZ 110, 313 = NJW 1990, 2058): Auf dem Grundstück des A eingelagerte Waren des B werden durch einen zufällig ausbrechenden Brand zerstört. A fordert daraufhin von B Beseitigung der Warenreste von seinem Grundstück. B lehnt dies ab und erklärt gleichzeitig, er gebe das Eigentum an den Waren auf. Daraufhin läßt A den Brandschutt selbst beseitigen und fordert von B Ersatz der hierfür aufgewandten Kosten.

Der Ersatzanspruch des A kann sich mangels vertraglichen oder deliktischen schuldhaften Handelns des B nur aus den Grundsätzen einer berechtigten Geschäftsführung ohne Auftrag nach den §§ 683 S. 2, 679, 670 ergeben, wenn A mit der Beseitigung der Warenreste ein Geschäft des B geführt hätte. Dies hängt entscheidend davon ab, ob B zur Beseitigung des Brandschutts verpflichtet war. Der *BGH* billigt dem A einen auf § 1004 I gestützten Beseitigungsanspruch zu und kommt so konsequent zu dem Ergebnis, daß A damit ein Geschäft des B geführt habe (*BGH,* NJW 1990, 2058 ff.). Dabei schenkt er aber der Tatsache keine Beachtung, daß B bereits sein Eigentum an den Warenresten aufgegeben hatte. Geht man mit einem Teil des Schrifttums davon aus, daß entscheidend für den Beseitigungsanspruch aus § 1004 I ist, daß die Störungsquelle dem Störer dinglich zugeordnet sein muß, so entfällt dieser Anspruch, wenn der Störer das Eigentum an der Sache aufgibt (so *Gursky,* JZ 1990, 919, 921; Staudinger/*Gursky,* § 1004 Rn. 51; *Wieling,* Bd. I, § 5 IV 2 c; *Picker,* S. 113 f.). Andererseits kann die ursprünglich eingetretene Verantwortlichkeit des Störers nicht nachträglich zu einem Wegfall der Beseitigungspflicht führen. Sein einmal gesetzter Verursachungsbeitrag für die Störung entfällt nicht dadurch, daß er das Eigentum an der Störungsquelle aufgibt (i. E. auch BGHZ 18, 253, 255 = NJW 1956, 17; BGHZ 41, 393, 397 = NJW 1964, 1794; *BGH* NJW 1990, 2058, 2059; NJW 2007, 2182; NJW 2005, 1366; MünchKomm/*Medicus,* § 1004 Rn. 43 a). Im Ergebnis kann also eine reine Besitzaufgabe den Störer nicht befreien, auch nicht eine

---

[24] So aber *AG Köln* NJW-RR 1992, 275; ähnlich *OLG Köln* OLGZ 1992, 121; zustimmend *Larenz/Canaris,* Lehrbuch des Schuldrechts, Bd. 2: Besonderer Teil, Halbbd. 2, 13. Aufl., 1993, § 86 II 3 c).

[25] Vgl. *BGH* NJW-RR 2001, 1208; *Wenzel,* NJW 2005, 242.

[26] BGHZ 157, 33 = NJW 2004, 1037, 1039.

[27] Vgl. dazu BGHZ 62, 388 = NJW 1974, 1552; *BGH* NJW 2008, 3122; 2008, 3123; JZ 2010, 631 m. Anm. *Katzenstein.* Dagegen MünchKomm/*Medicus,* § 1004 Rn. 38; *Kolbe* NJW 2008, 3618.

[28] *BGH* NJW 2008, 3122 wendet nunmehr § 275 II direkt an; bestätigend *BGH* JZ 2010, 631.

[29] BGHZ 19, 126, 129 = NJW 1956, 382.

[30] BGHZ 28, 110, 112 = NJW 1958, 1586.

Eigentumsaufgabe durch Dereliktion (§ 959; vgl. *BGH* NJW 2007, 2182). Allein die Eigentumsübertragung an einen Dritten wird man als haftungsbefreiend anerkennen können (BGHZ 41, 393; *BGH* NJW 1998, 3273).

Ist die Beeinträchtigung durch mehrere Störer verursacht worden, hat der Eigentümer nach dem Rechtsgedanken des § 840 grundsätzlich die Wahl, an wen er sich halten will.

Handelt jemand im Auftrag eines anderen, so ist der Auftraggeber zu verklagen (außer wenn der Beauftragte selbst die Störung beseitigen kann). Zur Einstandspflicht eines Unternehmers für störende Handlungen seiner Mitarbeiter vgl. *Pleyer,* AcP 161, 500.

Bei Rechtsnachfolge auf Seiten des Störers richtet sich der Anspruch gegen den Nachfolger, weil dieser in der Regel allein die Möglichkeit zu stören hat,[31] gegen den ursprünglichen Störer nur dann, wenn dieser weiter in der Lage bleibt, die Störungen fortzusetzen (z. B. weil er ein Recht am Grundstück oder an einem Nachbargrundstück behält). Dasselbe gilt bei Vermietung oder Verpachtung der Sache, von der die Störung ausgeht.[32] Bei der Handlungshaftung kommt es darauf an, wessen Wille für die Beeinträchtigung maßgebend ist.

IV. Ziel des Anspruchs

1. Beseitigung und Unterlassung

Der Anspruch ist in zwei Formen gegeben: 576

a) auf **Beseitigung der Störung** – dies setzt voraus, daß die Störung noch fortdauert, z. B. durch eine Zuführung nach § 906, eine Anlage usw. Die Beseitigung der Störung umfaßt die Wiederherstellung des ursprünglichen Zustandes.[33]

b) auf **Unterlassung,** wenn weitere Beeinträchtigungen zu besorgen sind, also bei Wiederholungsgefahr, die sich meist aus dem Verhalten des Beklagten ergibt.[34] Der Anspruch auf Unterlassung besteht auch, wenn ein erster Eingriff drohend bevorsteht[35] (sog. vorbeugender Unterlassungsanspruch; vgl. auch § 907). Es genügt ein allgemein gehaltenes Unterlassungsgebot (z. B. von Geräuschen) ohne Spezialisierung.[36] Die Besonderheit des Unterlassungsanspruchs liegt darin, daß er vorbeugender Natur ist, während in der Regel Ansprüche nur dem Ausgleich bereits eingetretener Beeinträchtigungen dienen. Hier ist noch keine Verletzung eingetreten, nur die Gefahr besteht. Positive Handlungen wie die Durchführung bestimmter Vorsorgemaßnahmen kann der Beeinträchtigte nach § 1004 nicht verlangen.[37]

2. Das Verhältnis von § 1004 zu § 823

Die Beseitigung der Störung ist nicht dasselbe wie der Ersatz des aus ihr erwachsenden Schadens. Wenn jemand schuldhaft das Eigentum eines anderen verletzt, ist er diesem zum Schadensersatz nach § 823 I verpflichtet. Dies bedeutet 577

---

[31] Zu dieser Problematik *BGH* NJW 1998, 3273 m. Anm. v. *Herrmann,* LM 1999, Nr. 238 zu § 1004.

[32] Vgl. *BGH* NJW 2006, 992; vgl. auch *BGH* NJW 2007, 432; BGHZ 41, 393, 397 = NJW 1964, 1794; *Lutter/Overrath,* JZ 1968, 345 (350).

[33] *BGH* NJW 2005, 1366. Zu den möglichen Maßnahmen einer Beseitigung vgl. *BGH* NJW 2004, 1035.

[34] Deshalb hat dieser den Gegenbeweis zu führen; vgl. RGZ 125, 393.

[35] So *Münzberg,* JZ 1967, 689.

[36] Vgl. dazu *OLG Saarbrücken* MDR 2000, 152; *LG Coburg* NJW-RR 2003, 20; Staudinger/*Gursky,* § 1004, Rn. 194.

[37] *BGH* NJW 1958, 1776. Im Einzelfall kann jedoch auch eine bestimmte Art der Beseitigung von Störungen geboten sein; BGHZ 67, 252 = NJW 1977, 146 und *BGH* NJW 1983, 751. Vgl. dazu auch *Horst,* MDR 2000, 1161, 1170 ff.

aber gemäß § 249 Satz 1 in erster Linie Wiederherstellung des ursprünglichen Zustandes. Resultiert aus derselben Verletzungshandlung auch eine Störung des Eigentums, kann das Ziel des § 249 auch über § 1004 erreicht werden. Es zeigt sich somit, daß Schadensersatzansprüche und § 1004 sowohl in ihren Voraussetzungen wie im Anspruchsziel manchmal übereinstimmen können. Daß § 1004 dennoch kein Schadensersatzanspruch ist, zeigt sich am deutlichsten daran, daß er kein Verschulden voraussetzt. Das bedeutet aber, daß die Anspruchsvoraussetzungen des § 1004 leichter zu bejahen sind. Deshalb muß der Anspruch immer streng auf die Störung selbst beschränkt werden, er darf nicht auf Störungsfolgen ausgedehnt werden.

Beispiel (nach BGHZ 98, 235 = NJW 1987, 187): Ohne Verschulden des E fließt aus seinem Tanklastzug Heizöl auf das Grundstück des A. In diesem Fall hat A mangels Verschulden zwar keine Schadensersatzansprüche, für den Anspruch nach § 1004 genügt es aber, daß E als Eigentümer des Heizöls seinen Tanklastzug auf das Grundstück des A gefahren hat. Inhalt des Anspruchs ist die Beseitigung des ausgelaufenen Heizöls. Dagegen kann gemäß § 1004 nicht Ersatz für zerstörte Anpflanzungen und ähnliches gefordert werden, auch nicht die Neuanpflanzung gleichwertiger Bäume und Sträucher.[38] Demgegenüber hat das Reichsgericht (RGZ 127, 29; 138, 327) in dem bekannten „Haldenbrandfall" (der Brand einer Kohlenhalde auf einer Zeche führt zu einem Brand des nahegelegenen Bahndammes) zu Unrecht aus § 1004 einen Anspruch auf Wiederherstellung des Bahndamms abgeleitet. Daß hier in Wahrheit nur ein Schadensersatzanspruch in Frage kam, macht das Reichsgericht selbst dadurch deutlich, daß es den Anspruch aus dem Gesichtspunkt des § 254 kürzt (zur Möglichkeit einer analogen Anwendung von § 254 s. u. 4).

Zu Recht gibt also die überwiegende Meinung bei Beschädigung oder Zerstörung keinen Herstellungsanspruch aus § 1004.[39] Beeinträchtigung ist die Quelle der Einwirkung, Schaden die eingetretene Veränderung.[40]

3. Beseitigung der Störung durch den Eigentümer

578 Soweit der Eigentümer eine Störung selbst beseitigt, trägt die Kosten dieser Beseitigung der Störer. Hat der Eigentümer die Störung auf eigene Kosten behoben, kann er vom Störer Ersatz seiner Aufwendungen aus dem Gesichtspunkt der ungerechtfertigten Bereicherung (Eingriffskondiktion gemäß § 812 I 1, 2. Alt.)[41] oder der Geschäftsführung ohne Auftrag[42] fordern. Diesem Ersatzanspruch kann der Störer den Einwand entgegensetzen, der Eigentümer habe die Störung mitverursacht (analog § 254). Wie bereits im oben erwähnten Haldenbrandfall des *RG* nutzt der *BGH* auch in mehreren neueren Entscheidungen die Anwendung des § 254 als Korrektiv für eine Ausweitung des Beseitigungsanspruchs hin zu einem Schadensersatzanspruch und gleicht auf diese Weise die fehlende Abgrenzung von Beseitigung und Schadensersatz aus.[43] Dabei wird der Charakter des § 1004 als

---

[38] Einen ähnlichen Fall behandelt *BGH* NJW 1996, 845; a. A. hierzu *Gursky,* JZ 1996, 683; *Picker,* S. 32; *Lobinger,* JuS 1997, 981; *Buchholz/Radke,* Jura 1997, 454; *Taupitz,* FS Hagen, 1999, 469, 480 ff.; die fließenden Grenzen der Rechtsprechung zeigt *Lohse,* AcP 201, 902, 921 ff. auf.

[39] Vgl. *Baur/Stürner,* § 12 Rn. 20 f.; *Gursky,* in: Westermann, § 36 IV 1; *Mertens,* NJW 1972, 1783 ff.; *Armbruster,* NJW 2003, 3087 ff.; a. M. *R. Schmidt,* S. 41; *Wolff/Raiser,* § 87 I 4. Einen Grenzfall zwischen Beseitigung und Herstellung behandelt *BGH* NJW 1986, 2640.

[40] So *Gursky,* in: Westermann, § 36 IV 1.

[41] *BGH* NJW 1995, 395 = JZ 1995, 410 m. Anm. *Kreissl;* BGHZ 97, 231; *BGH* NJW 1964, 1365.

[42] BGHZ 65, 354 = NJW 1976, 619; BGHZ 65, 384 = NJW 1976, 748; *BGH* NJW 1966, 1360; 1968, 1327; 1987, 187.

[43] *BGH* NJW 1995, 395 = JZ 1995, 410 m. Anm. v. *Kreissl;* BGHZ 110, 313, 317 = NJW 1990, 2058 (Brandfolgen); *BGH* NJW 1995, 395 = JZ 1995, 410 m. Anm. v. *Kreissl;* BGHZ 135, 235 = NJW 1997, 2234 mit ablehnender Anmerkung *Roth,* JZ 1998, S. 94 ff. und *Stickelbrock,* MDR 1997,

Beseitigungsanspruch verkannt, auf den mangels Vergleichbarkeit der Interessenlage auch die Schadensersatzregelung des § 867 S. 2 nicht entsprechend angewendet werden kann.[44]

Die Hauptfälle sind: Besitzstörungen (meist mit Eigentumsstörung zusammenfallend, wenn Besitzer und Eigentümer dieselbe Person sind), Immissionen nach § 906 (vgl. o. § 28 II), Verstöße gegen das Nachbarrecht, z. B. ein nicht zu duldender Überbau, ferner die Rechtsberühmung, auch wenn mit Besitzstörung nicht verbunden, jedoch eine ernstliche Bedrohung des Eigentums aus ihr folgt. Doch ist in diesem Fall die Feststellungsklage nach § 256 ZPO praktischer, weil sie zur unbestreitbaren Feststellung der Rechtslage führt. Auf negative Einwirkungen, bei denen natürliche Zuführung wie Licht abgehalten wird (z. B. durch Bauen), ist § 1004 nur analog anzuwenden (str.). Aus besonderen Gründen kann § 242 als Abwehrbehelf in Betracht kommen.

Die Berichtigung des Grundbuchs kann nur nach § 894 durchgesetzt werden, nicht nach § 1004.[45]

V. Entsprechende Anwendung des § 1004

1. Anwendbarkeit auf Grund gesetzlicher Verweisung

§ 1004 ist auf Grund ausdrücklicher gesetzlicher Vorschriften in folgenden Fällen 579
für entsprechend anwendbar erklärt: bei der Grunddienstbarkeit (§ 1027), beim Nießbraucher (§ 1065), beim Pfandgläubiger (§ 1227), beim Erbbauberechtigten (§ 11 VO).

2. Entsprechende gesetzliche Regelungen

Ohne ausdrückliche Bezugnahme auf § 1004 sehen eine entsprechende Regelung 580
vor: § 13 WEG für den Wohnungseigentümer, § 12 für das Namensrecht, § 37 HGB für die Firma, § 862 für den Besitz, § 139 PatG für die Erfindung, §§ 97, 98 UrhRG für das Urheberrecht, § 1134 für die Hypothek, § 16 UWG für Unternehmensbezeichnungen.

3. Analoge Anwendung in der Rechtsprechung

Die Rechtsprechung hat die entsprechende Anwendung des § 1004 für zulässig 581
erklärt: auf den Schutz vor Eingriffen in Kredit und Fortkommen einer Person und in einen Geschäfts- oder Gewerbebetrieb,[46] gegenüber einer heimlichen Tonbandaufnahme[47] und ehrenrührigen Behauptungen, aber nur, wenn sie anderen gegenüber gemacht sind.[48] Hier kommt als Mittel der Beseitigung einer Störung der Widerruf der Behauptung in Betracht.

Ein Verschulden wird in Analogie zu § 1004 nicht gefordert. Wieweit darüber hinaus allgemein eine Unterlassungsklage zulässig ist, ist hier nicht darzulegen.

825; dazu ferner *Medicus*, FS Hagen, 1999, 157 (jeweils zu Beschädigungen durch Wurzelwachstum); gegen eine Anwendung des § 254 BGB ausführlich Staudinger/*Gursky*, § 1004 Rn. 129 ff., 145.

[44] So aber *Vollkommer,* NJW 1999, 3539.

[45] Vgl. auch Palandt/*Bassenge,* § 1004 Rn. 3.

[46] BGHZ 28, 203 = NJW 1959, 388; *BGH* JZ 1985, 587; NJW 1998, 2058 = LM § 1004 BGB Nr. 234 m. Anm. v. *Prütting.*

[47] BGHZ 27, 284 = NJW 1958, 1344.

[48] BGHZ 10, 104 = NJW 1953, 1386; BGHZ 34, 99 = NJW 1961, 658; *BGH* MDR 1977, 923.

VI. Die Verteidigung des Beklagten

1. Einwendungen

582 Die Verteidigung des Beklagten kann dahingehen, daß der Eigentümer zur Duldung der Beeinträchtigung verpflichtet ist (§ 1004 II). Diese Duldungspflicht kann auf einem dinglichen Recht des Störers, z. B. einer Dienstbarkeit,[49] auf einem Vertrag zwischen ihm und dem Eigentümer (der aber gegen Rechtsnachfolger nicht wirkt) oder auf Gesetz (z. B. §§ 904 ff., § 57 TKG[50] oder § 14 BImSchG[51]) beruhen. Der Beklagte kann sich gegebenenfalls auch darauf berufen, daß ihm die Beseitigung nicht zumutbar sei (bei Beeinträchtigung, die z. B. auf höherer Gewalt beruht) gemäß § 275 II; s. o. III 2, Rn. 575. Zum Einwand des Beklagten, er habe Besitz bzw. Eigentum an der Störungsquelle aufgegeben, s. o. Rn. 575 am Ende.

Wenn die betreffenden Vorschriften dem öffentlichen Recht angehören, ist die Zulässigkeit des ordentlichen Rechtswegs zweifelhaft. Doch wird man ihn stets dann zulassen, wenn es sich bei der Störung nicht um Ausübung staatlicher Hoheitsrechte handelt, selbst wenn die störende Anstalt auch solche besitzt, z. B. die Eisenbahn. Die Einwilligung des Eigentümers genügt für die Begründung der Duldungspflicht, aber nicht ohne weiteres die Einwilligung eines früheren Eigentümers.[52]

Auch bei der Verteidigung gegen diesen Anspruch ist streitig, ob es sich um eine bloße Einrede oder um eine Einwendung handelt. Der Wortlaut des § 1004 spricht hier für die letztere Auffassung.

2. Einreden

583 Der Anspruch aus § 1004 unterliegt der dreijährigen Verjährungsfrist des § 195.[53] § 902 I 1 ist nicht anwendbar. Geht das Eigentum an dem beeinträchtigten Grundstück auf einen anderen über, so wird dadurch keine Verjährungsfrist in Lauf gesetzt.[54]

---

[49] *OLG Frankfurt a. M.* NJW 1997, 3030.
[50] BGHZ 145, 16 = NJW 2000, 3206.
[51] *OLG Düsseldorf* MDR 2002, 755 (Mobilfunkanlage).
[52] Vgl. dazu BGHZ 66, 37 = NJW 1976, 416; BGHZ 68, 352 = NJW 1977, 1447.
[53] *BGH* NJW 2004, 1037, 1039.
[54] BGHZ 60, 235 = NJW 1973, 703; a. M. *Picker,* JuS 1974, 357.

VII. Übersicht

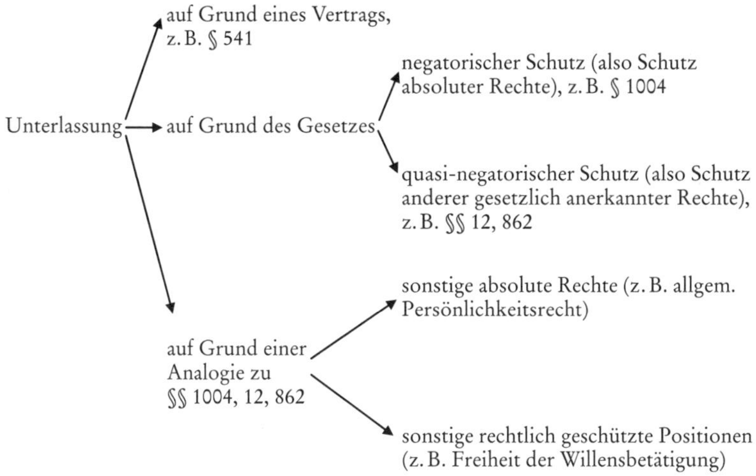

§ 50. Eigentumsvermutung und Anspruch aus früherem Besitz

Literatur: *O. v. Gierke,* Die Bedeutung des Fahrnisbesitzes für streitiges Recht, 1897, S. 24; *Hedemann,* Die Vermutung nach dem Recht des Deutschen Reiches (Fischers Abhandlungen Bd. XI, H. 2), 1904; *Henle,* Das Recht auf Besitz (§ 1007), 1928; *Hörer,* Die Besitzrechtsklage, 1974; *Krebs,* Die Eigentumsvermutung des § 1006 I 1 BGB beim Auszug aus einer gemeinschaftlichen Wohnung, FamRZ 1994, 281; *Picker,* Mittelbarer Besitz, Nebenbesitz und Eigentumsvermutung in ihrer Bedeutung für den Gutglaubenserwerb, AcP 1988, 511; *Weber,* § 1007 BGB – Prozessuale Regelungen im materiell-rechtlichen Gewand, 1988; *Werner,* Grundprobleme des § 1006 BGB, JA 1983, 617; *M. Wolf,* Die Eigentumsvermutung des § 1006 BGB, JuS 1985, 941.

I. Die Eigentumsvermutung

Während für den eingetragenen Grundstückseigentümer die Vermutung der **584**
Richtigkeit des Grundbuchs nach § 891 wirkt, besteht bei beweglichen Sachen eine Eigentumsvermutung zugunsten des Besitzers der Sache (§ 1006). Es kommt nur der Eigenbesitzer in Frage; denn wenn jemand Fremdbesitzer ist, d. h. für einen anderen die tatsächliche Gewalt ausübt und einen anderen als Eigentümer anerkennt, kann die Vermutung sinngemäß für ihn nicht Platz greifen.[1] Bestehen unmittelbarer und mittelbarer Besitz nebeneinander, so gilt sie für den mittelbaren (§ 1006 III),[2] bei mehrfach abgestuftem mittelbaren Besitz für den Besitzer der

[1] Vgl. *OLG Düsseldorf* NJW-RR 1994, 866.
[2] Vgl. dazu auch die für die Tragweite des § 1006 lehrreiche Entscheidung *BGH* NJW 1961, 777.

höchsten Stufe, z. B. für den Vermieter bei Miete und Untermiete. Die Vermutung wird im Falle des Besitzers eines KFZ nicht durch den KFZ-Brief widerlegt.[3]

Die Vermutung geht dahin, daß der Besitzer mit dem Erwerb des Besitzes das Eigentum erworben hat.[4] Wird sie widerlegt[5] und behauptet nun der Besitzer einen späteren Eigentumserwerb (z. B. nach § 929 Satz 2), so kann er sich nicht mehr auf die Vermutung stützen, sondern muß den Erwerb beweisen.[6] Gelingt die Widerlegung der Vermutung nicht, dann wird auch der Fortbestand des Eigentums vermutet.

585 Beim Eigentum von Ehegatten an Hausrat wird § 1006 durch § 1361 a Abs. 4 verdrängt. Bei nicht zum Hausrat gehörenden Gegenständen von Ehegatten und im Falle nichtehelicher Lebensgemeinschaften ist dagegen § 1006 I anwendbar (streitig, a. A. *Krebs,* FamRZ 1994, 281). Die im Falle einer Zwangsvollstreckung relevante Eigentumsvermutung des § 1362 bei Ehegattenbesitz verdrängt § 1006, allerdings nur für den Fall des Zahlungsbegehrens des Gläubigers.

Auch für den früheren Besitzer spricht eine Vermutung, daß er während seiner Besitzzeit Eigentümer gewesen ist (§ 1006 II).[7]

Beide Vermutungen gelten nicht gegenüber einem Besitzer, dem die Sache gestohlen worden, verloren gegangen oder abhanden gekommen ist, weil an solchen Sachen der Eigentumserwerb durch Übertragung nach § 935 ausgeschlossen ist, hier also aus dem Besitzerwerb nicht auf Eigentumserwerb geschlossen werden kann. Eine Ausnahme gilt jedoch für Geld und Inhaberpapiere (§ 1006 I 2).

Die Vermutungen gelten nur zugunsten, nicht zuungunsten des Besitzers, daher z. B. nicht bei Ansprüchen wegen Verwendungen, die gegen die angeblichen Eigentümer erhoben werden; in diesem Fall kann aus dem Besitz nicht auf das Eigentum geschlossen werden.[8]

586 Die Vermutungen haben den Schutz des gegenwärtigen Besitzers im Auge; denn dieser kann häufig einen Beweis seines Eigentumserwerbs nicht führen, z. B. weil Kauf und Übereignung der Sache lange zurückliegen, keine Rechnung mehr vorhanden oder der Verkäufer nicht mehr bekannt ist. Daher muß bei der Eigentumsherausgabeklage der Kläger den Beweis führen, daß der Beklagte trotz seines Besitzes nicht Eigentümer ist. Gelingt ihm dieser Beweis, so kommt ihm nun in der Regel die Vermutung zugute, die für den früheren Besitzer spricht; denn jetzt braucht er nur seinen früheren Besitz zu beweisen, nicht sein Eigentum.

II. Der Anspruch aus früherem Besitz

1. Wesen

587 In der Mitte zwischen dem Anspruch des Besitzers aus verbotener Eigenmacht und dem Anspruch des Eigentümers auf Herausgabe steht der Anspruch aus

---

[3] *BGH* NJW 2004, 217.

[4] Vgl. dazu *BGH* NJW 1984, 1456 (kritisch dazu *M. Wolf,* JuS 1985, 941); NJW-RR 1989, 651; 1989, 1453.

[5] Die Rechtsfähigkeit der Erbengemeinschaft wird ausdrücklich verneint von *BGH* NJW 2006, 3715.

[6] *BGH* NJW 1979, 1358; *OLG Köln* NJW-RR 1997, 1420.

[7] Diese Vermutung gilt auch über die Besitzzeit hinaus bis zu ihrer Widerlegung; so *BGH* NJW 1984, 1456; 1995, 1292; NJW-RR 2005, 280 und die h. M. Dagegen aber *Werner,* JA 1983, 625.

[8] Zum Teil wird § 1006 I, II wohl zu Recht auch zugunsten dessen angewendet, der sein Recht von dem Besitzer herleitet (z. B. Pfandgläubiger im Prozeß über eine Drittwiderspruchsklage nach § 771 ZPO); vgl. dazu Palandt/*Bassenge,* § 1006 Rn. 1.

früherem Besitz,[9] den das BGB in Anlehnung an das germanische Recht und in Erweiterung der actio Publiciana des römischen Rechtes, aber nur für bewegliche Sachen, gewährt (§ 1007).[10] Von dem Besitzanspruch unterscheidet er sich dadurch, daß er nicht nur eine vorläufige Herausgabe anstrebt, die auf Grund einer Klage aus dem Recht wieder rückgängig gemacht werden kann, sondern eine endgültige; folgerichtig auch dadurch, daß der Beklagte hier sein Recht zum Besitz geltend machen kann, was ihm gegenüber dem Besitzanspruch versagt ist. Man kann daher die Klage als eine petitorische bezeichnen. Andererseits gründet sich die Klage nicht auf das Eigentum, sondern nur auf den Besitz, und ein Recht zum Besitz steht daher nicht nur dem Eigenbesitzer zu, sondern auch dem Nießbraucher, Pfandgläubiger, Mieter usw. Sie kann aber auch der Eigentümer erheben, wenn er den Nachweis seines Eigentums nicht oder nur schwer führen kann. Sie kann daher auch mit der Herausgabeklage nach § 985 verbunden werden; umgekehrt auch mit der Klage aus verbotener Eigenmacht (§ 861).

2. Anspruch gegen den bösgläubigen Besitzer

Der Anspruch richtet sich in erster Linie gegen den bösgläubigen Besitzer (§ 1007 I), und zwar nur, wenn er beim Erwerb des Besitzes im bösen Glauben war. Der gute Glaube bezieht sich hier nicht auf das Eigentum des Rechtsvorgängers, sondern auf das Recht des Erwerbers zum Besitz (Miete, Pfandrecht usw.). Der Kläger hat seinen früheren Besitz, den gegenwärtigen Besitz des Beklagten und dessen bösen Glauben zu beweisen. **588**

Beispiel: A entleiht einen Fotoapparat und verliert ihn. B findet den Fotoapparat und verschweigt den Fund. A hat einen Anspruch gegen B nach § 1007 I.

Der Beklagte kann einwenden, daß der Kläger selbst beim Erwerb seines Besitzes in bezug auf sein Recht zum Besitz nicht in gutem Glauben war oder daß er den Besitz freiwillig aufgegeben hat oder daß er, der Beklagte, dem Kläger gegenüber zum Besitz berechtigt ist (§§ 1007 III, 986.)

3. Anspruch gegen den gutgläubigen Besitzer

Daneben gibt es auch einen Anspruch gegen einen gutgläubigen Besitzer, aber nur wenn die Sache dem Kläger gestohlen, verlorengegangen oder abhanden gekommen ist (§ 1007 II). **589**

Beispiel: Im vorhergehenden Fall veräußert B den Fotoapparat an den gutgläubigen C, der wegen § 935 I 2 kein Eigentum erwirbt. A kann in diesem Fall den Fotoapparat nach § 1007 II herausverlangen.

Hier hat der Kläger seinen früheren Besitz und seinen unfreiwilligen Besitzverlust zu beweisen. Der Beklagte kann wieder einwenden, daß der Kläger bei Erwerb seines Besitzes bösgläubig war (§ 1007 III), ferner daß ihm die Sache schon vor dem Besitz des Klägers ebenfalls unfreiwillig abhanden gekommen ist, oder daß er selbst Eigentümer ist (§ 1007 II), und ihm kein Recht zum Besitz entgegengehalten werden kann.[11]

---

[9] Neuerdings versteht *Weber,* den § 1007 als einen zu § 985 wesensgleichen Fall, wobei dem Kläger besondere Beweiserleichterungen zugute kommen.

[10] Zur historischen Entwicklung vgl. die wichtigen Darlegungen von *Weber.*

[11] Vgl. *Wolff/Raiser,* § 23 II 2 b.

Der Anspruch geht, wie die rei vindicatio, nicht nur auf Herausgabe der Sache, sondern auch auf Nutzungen und Schadensersatz, der Beklagte hat einen Gegenanspruch wegen Verwendungen (§§ 1007 III 2, 987 ff.).

4. Bedeutung

590 Die Bedeutung des Anspruchs liegt darin, daß er dem Eigentümer das Herausgabeverlangen ohne Beweis des Eigentums und ohne das Hindernis der Eigentumsvermutung zugunsten des besitzenden Beklagten ermöglicht. Daher wird die Klage aus § 1007 oft mit der aus § 985 verbunden, damit für den Fall, daß der Eigentumsbeweis mißlingt, wenigstens der Herausgabeanspruch durchgesetzt wird. Daneben steht sie auch Besitzern zu, die, ohne Eigentümer zu sein, ein Recht zum Besitz haben.

5. Übersicht

	Vortrag des Klägers (kumulativ)	Einwand des Beklagten (alternativ)
§ 1007 I	– Kläger ist ehemaliger Besitzer – Beklagter ist jetziger Besitzer – Beklagter war bei Besitzerwerb bösgläubig	– Kläger hatte den Besitz selbst bösgläubig erworben (§ 1007 III 1) – Kläger hatte den Besitz freiwillig aufgegeben (§ 1007 III 1) – Beklagter hat Recht zum Besitz (§§ 1007 III 2, 986)
§ 1007 II	– Kläger ist ehemaliger Besitzer – Beklagter ist jetziger Besitzer	– Kläger hatte den Besitz selbst bösgläubig erworben (§ 1007 III 1) – Beklagter ist Eigentümer (§ 1007 II 1)
	– Sache ist Kläger abhanden gekommen	– Beklagter hat Recht zum Besitz (§§ 1007 III 2, 986) – Sache war, bevor sie der Kläger früher in Besitz hatte, dem Beklagten abhanden gekommen (§ 1007 II 1) – Es handelt sich um Geld oder Inhaberpapiere (§ 1007 II 2)

5. Abschnitt. Mehrheit von Eigentümern

§ 51. Das Miteigentum

Literatur: *Buchda,* Gesamthandslehre, 1936; *Hilbrandt,* Der Bruchteil bei der Bruchteilsgemeinschaft, AcP 202 (2002), 631; *Koller,* Der gutgläubige Erwerb bei der Übertragung von Miteigentumsanteilen, JZ 1972, 646; *Krückmann,* Zur Lehre vom Gesamteigentum, ZBlFG 16, 1; *Larenz,* Zur Lehre von der Rechtsgemeinschaft, JherJb. 83, 108; *Pikart,* Die Rechtsprechung des Bundesgerichtshofs zum Miteigentum, WM 1975, 402; *Tzermias,* Zur Regelung des Gebrauchs beim Miteigentum, AcP 157, 455; *Völzmann,* Das Miteigentum als wesensverwandtes Minus zum Alleineigentum und dessen Erlangung vom Nichtberechtigten, RPfleger 2005, 64.

I. Grundlagen und Formen des Miteigentums

591 Eigentümer einer Sache kann immer nur ein Rechtssubjekt sein (s. o. § 1 I und § 15 V). Denn es ist gerade die Definition des Rechtssubjektes, dass es Träger von Rechten und Pflichten sein kann, also insbesondere auch von Eigentumsrechten. Soweit daher im Normalfall eine natürliche Person oder eine juristische Person Eigentümer einer Sache ist, tritt ein besonderes Problem nicht auf.

Steht das Eigentum an einer Sache mehreren Personen zu, so besteht unter ihnen eine Gemeinschaft, und zwar in der Regel eine solche nach Bruchteilen, ausnahmsweise eine zur gesamten Hand. In den §§ 1008 ff. ist nur das Miteigentum nach Bruchteilen geregelt, das Eigentum zur gesamten Hand wird bei den einzelnen Fällen dieser Rechtsfigur behandelt (s. u. III).

Eine Gemeinschaft zur gesamten Hand besteht bei der Gesellschaft bürgerlichen Rechts (§§ 705 ff.), der ehelichen Gütergemeinschaft (§§ 1415 ff.) und der Erbengemeinschaft (§§ 2032 ff.), ferner bei der offenen Handelsgesellschaft (§§ 105 ff. HGB) sowie der Kommanditgesellschaft (§§ 161 ff. HGB). Außerhalb der gesetzlich geregelten Fälle kann sie durch Vertrag nicht begründet werden.

Von allen Formen des Miteigentums strikt abzutrennen ist der Fall des Sondereigentums im Bereich des Wohnungseigentums (s. u. § 52).

II. Das Miteigentum nach Bruchteilen

592 Erwerben z. B. mehrere Freunde gemeinsam ein Auto, so sind sie an dieser Sache Miteigentümer zu gleichen Teilen. Ihre rechtliche Situation als Miteigentümer nach Bruchteilen wird zunächst durch die §§ 1008 ff. bestimmt. Neben diese wenigen Bestimmungen, die das BGB über das Miteigentum enthält, treten die wichtigeren Regeln über die Gemeinschaft (§§ 741 ff.).

Danach gestaltet sich das Miteigentum nach Bruchteilen folgendermaßen:

1. Inhalt und Verwaltung

593 Jeder Miteigentümer hat einen bestimmten Bruchteil, einen ziffernmäßig bestimmten ideellen Anteil, z. B. 1/3 (dieser bestimmt zugleich den Anteil bei Verteilung der Früchte), und das Recht auf Gebrauch der gemeinschaftlichen Sache, soweit nicht der Mitgebrauch der anderen beeinträchtigt wird (§ 743 II). Die Verwaltung steht allen gemeinschaftlich zu (§ 744 I). Nur die zur Erhaltung der Sache notwendigen Maßnahmen kann jeder allein treffen (§ 744 II). Die Verwaltung kann durch Stimmenmehrheit geordnet werden (§ 745). Sondernachfolger im Miteigentum sind an diese Beschlüsse gebunden (§ 746). Hier greift die Sonderregel des § 1010 I ein, daß die beschlossene Regelung bei Grundstücken nur dann gegen Sondernachfolger wirkt, wenn sie im Grundbuch eingetragen ist.[1]

[1] Vgl. BGHZ 40, 326 = NJW 1964, 648.

2. Verfügung

594 Jeder Miteigentümer kann über seinen ideellen Anteil verfügen, dagegen können über die Sache im ganzen nur alle zusammen verfügen (§ 747). Auf dem ersten Weg ist jederzeit ein Personenwechsel innerhalb des Miteigentums möglich.

Eine Belastung der Sache kann auch zugunsten eines Miteigentümers erfolgen (§ 1009 I), obwohl dieser dann zugleich berechtigt und belastet ist.

Verfügt ein Miteigentümer über das gesamte Eigentum an der Sache, so ergeben sich verschiedene Fragen. Denkbar wäre zum einen ein gutgläubiger Erwerb des Eigentums an der gesamten Sache gemäß § 932. Ein solcher gutgläubiger Erwerb wird regelmäßigen § 935 scheitern, weil für die Miteigentümer ein Fall des Abhandenkommens vorliegt. Denkbar wäre es aber auch, im Wege der Umdeutung (§ 140) in der unwirksamen Verfügung über die gesamte Sache zugleich eine wirksame Verfügung über den Anteil des Verfügenden zu sehen. Eine solche Umdeutung erscheint zulässig (str.).

3. Aufhebung der Gemeinschaft

595 Jeder Miteigentümer kann jederzeit die Aufhebung der Gemeinschaft verlangen (§ 749 I). Ein Ausschluß dieses Rechts kann durch Vereinbarung in gewissen Grenzen erfolgen (§ 749 II). Auch solche Abmachungen bedürfen der Eintragung im Grundbuch, um gegen Sondernachfolger zu wirken (§ 1010); sie gelten als Belastung des Miteigentumsanteils.

4. Eigentumsansprüche

596 Jeder Miteigentümer kann die Ansprüche aus dem Eigentum für sich allein geltend machen (§ 1011), die Herausgabe der Sache aber nur an alle Miteigentümer gemeinschaftlich verlangen (§ 432).

Untereinander stehen den Miteigentümern Ansprüche auf Einräumung des entzogenen Mitbesitzes nach § 985 und auf Beseitigung einer Störung nach § 1004 zu. Besitzansprüche richten sich nach § 866.

5. Erwerb und Verlust

597 Erwerb und Verlust des Miteigentums richten sich nach den allgemeinen Vorschriften über das Eigentum. Allerdings ist die Möglichkeit gutgläubigen Erwerbs bei Miteigentum an beweglichen Sachen bestritten.[2] Die Übertragung von Anteilen an einem Grundstück wie auch die Änderung der Bruchteile bedarf der Auflassung und Eintragung nach §§ 873, 925. Die Anteile können gesondert belastet werden (praktisch selten). Ein Verzicht auf einen Miteigentumsanteil an einem Grundstück oder auf ein einzelnes Sondereigentum bei einer Wohnungseigentümergemeinschaft gemäß § 928 ist allerdings nicht möglich (s. o. § 31 I).

---

[2] Vgl. dazu *Koller*, JZ 1972, 646; *Völzmann*, RPfleger 2005, 64.

III. Gesamthandseigentum

Neben das Alleineigentum und das Miteigentum nach Bruchteilen kann noch eine dritte Form treten, nämlich das Gesamthandseigentum. Haben z. B. die in Rn. 592 erwähnten Freunde das Auto nicht rechtsgeschäftlich erworben, sondern gemeinschaftlich geerbt, so bilden sie also eine Erbengemeinschaft (die eine Form der Gesamthandsgemeinschaft darstellt). Damit ist ihr gemeinsames ererbtes Eigentum kein Bruchteilseigentum, sondern ein Gesamthandseigentum. Die einzelne Sache (etwa das Auto) ist hierbei Teil einer Vermögensmasse, die mehreren Personen zur gesamten Hand zusteht, die also gewissen Bindungen unterliegt. Im Einzelnen kann die gesamthänderische Bindung je nach der Gesetzeslage unterschiedlich ausgestaltet sein. Charakteristisch ist meistens, dass der einzelne Gesamthänder weder über die Sache im Ganzen noch über seinen Anteil an ihr selbständig verfügen kann. Im Übrigen muss der jeweilige Normenbestand der einzelnen Gesamthandsgemeinschaften auch auf das Gesamthandseigentum Anwendung finden.[3] **598**

Ein besonderes Problem ergibt sich, wenn einer solchen Gesamthandsgemeinschaft eine eigene Rechtsfähigkeit zuerkannt wird. Tatsächlich haben der BGH und ihm folgend die herrschende Meinung die Rechtsfähigkeit der Gesellschaft bürgerlichen Rechts seit einer berühmten Entscheidung vom 29. 1. 2001 bejaht.[4] Erkennt man dieses Ergebnis für die Gesellschaft bürgerlichen Rechts an, dann muss dies erst recht für die offene Handelsgesellschaft sowie für die Kommanditgesellschaft Geltung beanspruchen. Weiterhin hat der Gesetzgeber in § 50 Abs. 2 ZPO die aktive Parteifähigkeit und damit letztlich auch die Rechtsfähigkeit des nicht rechtsfähigen Vereins ausdrücklich geregelt. Schließlich ist in § 10 Abs. 6 WEG die Wohnungseigentümergemeinschaft in Teilbereichen für rechtsfähig durch den Gesetzgeber erklärt worden. In allen diesen Fällen ist also ein neues und eigenständiges Rechtssubjekt vorhanden, das von seinen Gesellschaftern bzw. Mitgliedern zu trennen ist. Damit wird man künftig in diesen Fällen nicht mehr von einem Gesamthandseigentum als einer Sonderform des Miteigentums sprechen können. Vielmehr wird dies künftig so auszulegen sein, dass die Gesellschaft bürgerlichen Rechts und die anderen genannten Gesamthandsgemeinschaften als eigener Rechtsträger und als ein besonderes Rechtssubjekt anzusehen sind. Eigentümer einer Sache, die sich im gesamthänderischen Vermögen befindet, ist dann also „die Gesellschaft". Eigentümer sind nicht die Gesellschafter in ihrer gesamthänderischen Verbundenheit. Konsequenterweise wird deshalb etwa in das Grundbuch die Gesellschaft eingetragen (vgl. § 47 Abs. 2 GBO). Die Tatsache, dass der Gesetzgeber in § 47 Abs. 2 GBO zusätzlich die Eintragung der Gesellschafter verlangt, ändert daran nichts. **598a**

Abzutrennen vom Eigentum rechtsfähiger Gesamthandsgemeinschaften sind die eheliche Gütergemeinschaft und die Erbengemeinschaft. Diese sind nicht rechtsfähig und können daher auch nicht Alleineigentümer einer Sache sein.[5] Bei diesen Gesamthandsgemeinschaften besteht unzweifelhaft ein Gesamthandseigentum in der Form, dass die Gesamthänder Miteigentümer sind.

---

[3] Vgl. *Pinger,* in: Westermann, § 29 I 2; *Baur/Stürner,* § 3 Rn. 25 ff.
[4] BGHZ 146, 341 = NJW 2001, 2056.
[5] Die Rechtsfähigkeit der Erbengemeinschaft wird ausdrücklich verneint von *BGH* NJW 2006, 3715.

Im Ergebnis ist also künftig das Gesamthandseigentum einer Gesellschaft bürgerlichen Rechts in Wahrheit ein Alleineigentum der Gesellschaft, das Gesamthandseigentum einer Erbengemeinschaft ist dagegen ein Miteigentum aller Erben zur gesamten Hand.

§ 52. Das Wohnungseigentum

Literatur: *Abramenko,* Rechtsprechungsübersicht zum Wohnungseigentumsrecht, FG-Prax 2008, 47; *Algermissen,* Recht und Realität der privatrechtlichen Streitverfahren in Wohnungseigentumssachen, 2000; *Armbrüster,* Grundfälle zum Wohnungseigentumsrecht, JuS 2002, 141, 245, 340, 450, 564, 665; *Bärmann,* Wohnungseigentum, Kurzlehrbuch, 1991; *ders.,* Zur Dogmatik des gemeinen Raumeigentums, AcP 155, 1; *Bärmann/Pick,* WEG, Kommentar, 19. Aufl., 2010; *Bärmann,* Kommentar zum WEG, 10. Aufl. 2008; *Bärmann/Seuß,* Praxis des Wohnungseigentums, 5. Aufl. 2010; *Bassenge,* Wohnungseigentum, 5. Aufl. 1999; *Becker/Kümmel/Ott,* Wohnungseigentum, 2. Aufl. 2010; *Belz,* Handbuch des Wohnungseigentums, 3. Aufl. 1996; *Böttcher,* Entwicklungen beim Erbbaurecht und Wohnungseigentum seit 2000, RPfleger 2004, 21; *ders.,* Erfahrungen mit dem reformierten Wohnungseigentumsrecht, Rpfleger 2009, 181; *Däubler,* „Gründungsmängel" beim Wohnungseigentum, DNotZ 1964, 216; *Diester,* Wichtige Rechtsfragen des Wohnungseigentums, 1974; *Drasdo,* Wohnungseigentum in der Krise, AnwBl. 2000, 65; *Ertl,* Dingliche und verdinglichte Vereinbarungen über den Gebrauch des Wohnungseigentums, DNotZ 1988, 4; *Fritsch,* Das neue Wohnungseigentumsrecht, 2007; *Gottschlag,* Rechtsprechungsübersicht zum Wohnungseigentumsrecht, FG Prax 2000, 169; FG-Prax 2005, 235; *Häublein,* Sondernutzungsrechte und ihre Begründung im Wohnungseigentumsrecht, 2003; *Henkes/Niedenführ/Schulze,* WEG-Handbuch und Kommentar, 3. Aufl., 1995; *Hügel/Elzer,* Das neue WEG-Recht, 2007; *Hurst,* Mit-Sondereigentum und abgesondertes Miteigentum, noch ungelöste Probleme des Wohnungseigentumsgesetzes?, DNotZ 1968, 131, 286; *Jennißen,* Die Entwicklung des Wohnungseigentumsrechts, NJW 1996, 696; 1998, 2235; 2000, 2318; 2002, 3296; 2004, 3527; 2006, 2163; 2008, 2004; 2010, 2101; *ders.,* WEG, Kommentar, 2. Aufl., 2010; *Jennißen/Schmidt,* Der WEG-Verwalter, 2. Aufl. 2010; *Kahlen,* Kommentar zum WEG, 2000; *Kohl,* Stockwerkseigentum, 2007; *Köhler/Bassenge,* Anwaltshandbuch Wohnungseigentumsrecht, 2. Aufl., 2008; *Meikel,* Grundbuchrecht, Sonderband (mit WEG), 7. Aufl. 1995; *Merle,* Das Wohnungseigentum im System des bürgerlichen Rechts, 1979; *Müller,* Praktische Fragen des Wohnungseigentums, 5. Aufl. 2010; *Niedenführ,* Die WEG-Novelle 2007, NJW 2007, 1841; *ders.,* Erste Erfahrungen mit dem neuen WEG-Verfahrensrecht, NJW 2008, 1768; *Niedenführ/Kümmel/Vandenhouten,* Wohnungseigentumsgesetz, Handbuch und Kommentar, 8. Aufl., 2007; *Paulick,* Zur Dogmatik des Wohnungseigentums, AcP 152, 420; *Pause,* Die Geltendmachung von Gewährleistungsansprüchen der Wohnungseigentümer gegen den Bauträger, NJW 1993, 533; *Pause/Vogel,* Auswirkungen der Teilrechtsfähigkeit der Wohnungseigentümergemeinschaft auf die Verfolgung von Mängeln, NJW 2006, 3670; *Pfeuffer,* Die Rechtsstellung des Verwalters einer Wohnungseigentümergemeinschaft, NJW 1970, 2233; *Rapp,* Unzulässige Beschlüsse der Wohnungseigentümer und sachenrechtliches Publizitätsprinzip, DNotZ 2000, 185; *v. Rechenberg/Riecke,* Aktuelle Entwicklungen im Wohnungseigentumsrecht, MDR 1998, 810, MDR 2000, 241, MDR 2001, 121; MDR 2002, 121; MDR 2003, 127; MDR 2005, 67; MDR 2006, 310; *Riecke/Schmidt,* Fachanwaltskommentar Wohnungseigentumsrecht, 2. Aufl., 2008; *Röll/Sauren,* Handbuch für Wohnungseigentümer und Verwalter, 9. Aufl., 2007; *Sauren,* Wohnungseigentumsgesetz, 5. Aufl., 2008; *ders.,* WEG-Verwalter, 4. Aufl., 2009; *Schmidt/Kahlen,* WEG, Kommentar, 2008; *Schreiber,* Immobilienrecht, 2001; *Staudinger,* Kommentar zum BGB, 12. Aufl., WEG in 2 Bänden, 1997, bearbeitet von *Bub/Kreuzer/Rapp/Spiegelberger/Stuhrmann/Wenzel; Timme,* WEG, Kommentar, 2010; *Tresper,* Wohnungseigentum in der Praxis, 5. Aufl., 1983; *Weitnauer,* 30 Jahre Wohnungseigentumsgesetz, DB 1981, Beilage 4; *Weitnauer,* WEG, 9. Aufl., 2005 (bearbeitet von *Briesemeister, Gottschalg, Lüke, Mansel, Maus*); *Wenzel,* Aktuelle Entwicklungen in der Rechtsprechung des BGH zum Recht des Wohnungseigentums, DNotZ 1993, 297; *ders.,* Die Zuständigkeit der Wohnungseigentümergemeinschaft bei der Durchsetzung von Mängelrechten der Ersterwerber, NJW 2007, 1905. Weitere umfangreiche Erörterungen zu vielen Einzelproblemen finden sich in der FS für *Deckert,* 2002.

I. Wesen und Bedeutung

Die gewaltige Aufgabe der Wohnungsbeschaffung nach den Verheerungen des Krieges und die Schwierigkeiten der Finanzierung des Hausbaues in dem erforderlichen großen Umfang haben den Anreiz zu einer neuen Form des Eigentums gegeben, die ihre Regelung im Bundesgesetz vom 15. 3. 1951 gefunden hat und die technische Bezeichnung „Wohnungseigentum" trägt (WEG 1951). Durch sie wird der Erwerb von Eigentum an räumlich bestimmten Teilen von Häusern ermöglicht, zugleich aber durch die dingliche Sicherung von Zuwendungen zum Hausbau ein Anreiz zur teilweisen Selbstfinanzierung der Wohnungsbeschaffung gewährt. Eine grundlegende Novellierung hat das WEG durch das Änderungsgesetz vom 26. 3. 2007 (BGBl. I 370) erfahren (WEG 2007). 599

Es ergab sich im Jahre 1951 die Notwendigkeit, vom Grundsatz des § 93 teilweise abzuweichen und ein Sondereigentum an einzelnen Wohnungen oder anderen Räumen[1] als realen Teilen eines Gebäudes anzuerkennen. Die Wohnung soll abgeschlossen sein und muß eine selbständige Haushaltsführung ermöglichen.

Aber der Grundsatz des § 93 bleibt insoweit doch aufrechterhalten, als alle Teile des Gebäudes, die für seinen Bestand oder seine Sicherheit wesentlich sind, ebenso die dem gemeinschaftlichen Gebrauch dienenden Anlagen und Einrichtungen nicht Gegenstand jenes Sondereigentums sein können, sondern gemeinschaftliches Eigentum aller Wohnungseigentümer sind; § 5 II WEG.

Hierunter fallen z. B. die tragenden Mauern des Hauses, die Decken der Stockwerke, Treppen, Waschküchen, Zentralheizung, wohl auch Fenster, überhaupt alle Einrichtungen zum gemeinschaftlichen Gebrauch der Eigentümer, dagegen in Abweichung von § 93 nicht Türen, Fußböden, Zwischenwände, die nicht das Haus tragen.[2]

Dagegen kann an gemeinschaftlichen Anlagen ebenso wie an räumlich nicht umgrenzten Flächen[3] ein mit dinglichen Wirkungen ausgestattetes Sondernutzungsrecht für einen Wohnungseigentümer durch Vereinbarung bestellt werden (z. B. für einen Kfz-Stellplatz); vgl. §§ 15 I, 10 III WEG. Ist die Begründung von Sondereigentum in einem Bereich vorgesehen, wo dies rechtlich nicht möglich ist, so kann die nichtige Eigentumsregelung nach verbreiteter Auffassung in ein Sondernutzungsrecht umgedeutet werden.[4] 600

Die Übertragung eines solchen Sondernutzungsrechts auf ein anderes Mitglied der Gemeinschaft bedarf nicht der Zustimmung der übrigen Wohnungseigentümer.[5]

---

[1] Nach § 3 II 2 WEG gehören dazu auch Garagenstellplätze, deren Flächen durch dauerhafte Markierungen ersichtlich sind, nicht aber Kfz-Stellplätze im Freien; vgl. *BayObLG* MDR 1986, 590 und *OLG Hamm* NJW-RR 1987, 842.

[2] Das Wohnungseigentumsgesetz ist auch anwendbar, wenn auf einem ungeteilten Grundstück mehrere Einfamilienhäuser errichtet werden. Jedoch stehen die konstruktiven Teile der einzelnen Häuser im Miteigentum, das Sondereigentum erstreckt sich auf die Räume (BGHZ 50, 56 = NJW 1968, 1230).

[3] Zu den Sondernutzungsrechten vgl. umfassend *Häublein,* Sondernutzungsrechte und ihre Begründung im Wohnungsrecht, 2003.

[4] *Vgl. dazu BayObLG* MDR 1981, 145; *OLG Köln* MittRhNotK 1996, 61; *Merle,* in: Bärmann/Pick, WEG, § 15, Rn. 26; *Abramenko,* Rpfleger 1998, 313 m. w. N.

[5] BGHZ 73, 145 = NJW 1979, 548; *BayObLG* DNotZ 1979, 307 und 1988, 30 (dazu *Ertl,* DNotZ 1988, 15).

Innerhalb desselben Gebäudes besteht daher ein Nebeneinander von Sondereigentum und gemeinschaftlichem Eigentum. Die rechtliche Ausgestaltung ist nun nach zwei Richtungen erfolgt: einmal ist das gemeinschaftliche Eigentum als Miteigentum im Sinne des BGB, also nicht als Gesamthandseigentum gestaltet, sodann ist die Verbindung des Sondereigentums mit dem Anteil an dem gemeinschaftlichen Eigentum eine rechtlich notwendige. So setzt sich das Wohnungseigentum aus dem Sondereigentum und dem Miteigentumsanteil als unlöslicher Zweiheit zusammen. Sondereigentum allein ist ausgeschlossen, es gilt als rechtlicher Bestandteil des Miteigentumsanteils. Der Wohnungseigentümer kann sein Eigentum veräußern oder belasten (Hypothek).

Mit der Novellierung 2007 ist insbesondere die Verwaltung umgestaltet und vereinfacht worden. Die Möglichkeiten zur Mehrheitsentscheidung der Wohnungseigentümer sind stark ausgeweitet. Die Rechtsnatur der Wohnungseigentümergemeinschaft ist neu geregelt und die Rechtsverhältnisse zwischen allen Beteiligten sind klarer gefaßt. Die Haftung der Miteigentümer und das Gerichtsverfahren sind neu geregelt.

II. Begründung des Wohnungseigentums

601 Das Wohnungseigentum entsteht durch Vertrag der Miteigentümer (§ 3 WEG) oder durch Teilung des bisherigen Alleineigentums am Gebäude (§ 8 WEG).[6] Die Vereinbarungen sind möglich bezüglich eines schon bestehenden Gebäudes oder – was die Regel ist – bezüglich eines erst zu errichtenden. Die Auflassungsform muß gewahrt werden (§ 4 WEG), wie auch der Verpflichtungsvertrag der Form des § 311 b I bedarf.

Für jeden Miteigentumsanteil wird ein besonderes Grundbuchblatt angelegt; § 7 WEG.

Die Eintragung des Verzichts auf den Miteigentumsanteil bzw. auf das Wohnungseigentum ist nicht zulässig.[7]

III. Rechte und Pflichten des Wohnungseigentümers

1. Rechte

602 Die Rechte des Wohnungseigentümers bestehen in der Verfügungsmöglichkeit über das Wohnungseigentum, in seiner Nutzung und dem Ausschluß anderer, ferner im Mitgebrauch des gemeinschaftlichen Eigentums (§ 13 WEG). Er kann daher sein Eigentum veräußern und belasten oder auch unterteilen.[8] Diese Verfügungen können an die Zustimmung der Gemeinschaft der Wohnungseigentümer oder eines Dritten (Verwalter) gebunden werden (§ 12 WEG).

2. Pflichten

603 Der Wohnungseigentümer ist verpflichtet, sein Sondereigentum instandzuhalten, das gemeinschaftliche Eigentum ordnungsgemäß zu behandeln und seinen Anteil an

---

[6] Auch Miteigentümer nach Bruchteilen können durch Teilung nach WEG § 8 Raumeigentum begründen (*BayObLG* NJW 1969, 883). Auch der einzelne Wohnungseigentümer kann Sonder- und Miteigentum weiter aufteilen (BGHZ 49, 250 = NJW 1968, 499).

[7] *BGH* NJW 2007, 2547 m. Anm. *Demharter;* ferner s. o. § 31 I.

[8] Vgl. BGHZ 49, 250 = NJW 1968, 499; BGHZ 73, 150 = NJW 1979, 870; *BayObLG* DNotZ 1988, 316.

den Kosten zu tragen (§§ 14, 16 WEG). Er darf seine Wohnung und die gemeinschaftlichen Einrichtungen nur in einer Art und Weise nutzen, daß andere dadurch nicht beeinträchtigt werden (§ 14 Nr. 1 WEG).[9] Schließlich ist er auch an die Beschlüsse der Eigentümerversammlung (§§ 23 ff. WEG), die Entscheidungen des Gerichts (§§ 43 ff. WEG) und die Anordnungen des Verwalters (§§ 27 ff. WEG) gebunden.

IV. Verhältnis der Wohnungseigentümer untereinander

1. Gemeinschaft

Das Verhältnis der Wohnungseigentümer untereinander ist als Gemeinschaft 604
(nach Bruchteilen konstruiert, nicht als Gesellschaft, weil die Gesamthand zu schwerfällig hinsichtlich Veräußerung und Belastung ist und ein persönliches Vertrauensverhältnis unter den Eigentümern nicht besteht. Im Jahre 2005 hatte der BGH sodann in einer Aufsehen erregenden Entscheidung dieser Gemeinschaft Teilrechtsfähigkeit und Parteifähigkeit zugesprochen.[10] Es soll sich um einen der juristischen Person angenäherten rechtsfähigen Verband sui generis handeln. Das WEG 2007 hat diese Rechtsprechung im neuen § 10 WEG im wesentlichen kodifiziert, dem Verband allerdings die Insolvenzfähigkeit aberkannt (§ 11 III WEG). Nunmehr ist zu trennen zwischen den einzelnen Wohnungseigentümern als Personen (vgl. § 10 I, II WEG), der nicht rechtsfähigen Gesamtheit der Wohnungseigentümer als Bruchteilsgemeinschaft (vgl. § 1 II und V WEG) sowie der rechtsfähigen Gemeinschaft der Wohnungseigentümer soweit das Gesetz dieser Gemeinschaft unmittelbar Rechte zuschreibt (vgl. § 10 VI und VII WEG).

Die Gemeinschaft unterliegt gemäß § 10 II 1 WEG den allgemeinen Vorschriften der §§ 741 ff., wichtiger aber sind die Sondervorschriften des Gesetzes (vgl. o. III 2).[11] Diese Gemeinschaft ist unaufhebbar, selbst bei wichtigem Grund (§ 11 WEG) und im Fall, daß ein Eigentümer insolvent wird.

Ferner sind Vereinbarungen der Miteigentümer untereinander möglich, praktisch auch unentbehrlich; vgl. §§ 10–12, 15 WEG. Es handelt sich z. B. um die Aufteilung der auf Gebäude und Grundstück ruhenden Lasten, um die Unterhaltskosten für die gemeinschaftlichen Einrichtungen.

Änderungen dieser Vereinbarungen unterliegen nach § 10 II WEG der einstimmigen Vereinbarung der Eigentümer. Jeder Eigentümer kann bei Unbilligkeit abweichende Vereinbarungen verlangen (§ 10 II 3 WEG). Durch Mehrheitsbeschluß kann eine solche Änderung, beispielsweise die Begründung eines Sondernutzungsrechts nicht erfolgen.[12] Mangels Beschlußkompetenz sind derartige Beschlüsse von Anfang an nichtig, auch wenn sie unangefochten bleiben.[13] Diese Rechtsprechung hat nunmehr die Novelle 2007 in das Gesetz aufgenommen (§ 23 IV WEG).

---

[9] Zur Vornahme baulicher Veränderungen vgl. *Weimar,* JR 1974, 57; zu psychischen Einwirkungen vgl. *OLG Saarbrücken* NJW 2008, 80.

[10] BGHZ 163, 154 = NJW 2005, 2061 = ZIP 2005, 1233 (sog. Jahrtausendentscheidung); vgl. dazu statt vieler *Bork,* ZIP 2005, 1205; *Bub,* NJW 2005, 2590; *Häublein,* ZIP 2005, 1720; *Hügel,* DNotZ 2005, 753; *Abramenko,* ZMR 2005, 585 und 749; *Pause/Vogel,* NJW 2006, 3670.

[11] Zum Verhältnis der Wohnungseigentümer untereinander vgl. *Moritz,* JZ 1985, 216 sowie *BGH* NJW 2004, 937; *OLG München* NJW 2005, 3006; *BayObLG* NJW-RR 1988, 271.

[12] So aber BGHZ 54, 65 = NJW 1970, 1316; BGHZ 129, 329 = NJW 1995, 2036; *BayObLG* NJW 1995, 202.

[13] BGHZ 145, 158 = NJW 2000, 3500 gegen die bisherige Rspr. (sog. Jahrhundertentscheidung); vgl. dazu auch *Röll,* DNotZ 2000, 898; *Wudy,* MittRhNotK 2000, 383; *Hügel,* DNotZ 2001, 176, *Schneider,* RPfleger 2002, 503.

2. Insbesondere die Verwaltung

605 Die Verwaltung des gemeinschaftlichen Eigentums steht den Wohnungseigentümern gemeinschaftlich zu, soweit nicht durch Gesetz oder Vereinbarungen etwas anderes bestimmt ist (§ 21 I WEG). Die Wohnungseigentümer treffen ihre Entscheidung in der Wohnungseigentümerversammlung, die mindestens einmal im Jahr einzuberufen ist (§§ 23, 24 WEG).

Die laufenden Geschäfte der Instandhaltung und der Verwaltung gemeinschaftlicher Gelder hat der Verwalter zu besorgen. Er muß auch die Beschlüsse der Wohnungseigentümerversammlung durchführen und jährlich einen Wirtschaftsplan und eine Abrechnung aufstellen (§§ 27, 28 WEG). Der Verwalter wird von der Wohnungseigentümerversammlung bestellt (§ 26 WEG).

Bei der Durchführung seiner Aufgaben wird der Verwalter von einem Verwaltungsbeirat unterstützt (§ 29 WEG). Die Bestellung des Verwaltungsbeirats ist jedoch nicht obligatorisch.

3. Entziehung des Wohnungseigentums

606 Verstößt ein Wohnungseigentümer gegen seine Pflichten in sehr schwerwiegender Weise, so kann von ihm die Veräußerung seines Wohnungseigentums verlangt werden (§ 18 WEG). Nach § 18 III beschließt darüber die Versammlung der Wohnungseigentümer durch Stimmenmehrheit. Kommt der betroffene Wohnungseigentümer diesem Verlangen nicht nach, so muß Klage zum ordentlichen Gericht erhoben werden mit dem Antrag, den betroffenen Wohnungseigentümer zur Veräußerung seines Wohnungseigentums zu verurteilen (§ 19 WEG). Darauf erfolgt dann die Versteigerung des Wohnungseigentums nach den Vorschriften des ZVG (§ 19 I WEG).

4. Entscheidung von sonstigen Streitigkeiten

607 Streitigkeiten über die Rechte und Pflichten der Wohnungseigentümer untereinander, die sich aus ihrer Gemeinschaft oder aus der Verwaltung ergeben, wurden früher in einem besonderen Verfahren der freiwilligen Gerichtsbarkeit entschieden. Nunmehr sind durch das WEG 2007 alle Rechtsstreitigkeiten gemäß § 23 Nr. 2 c den Amtsgerichten als allgemeinen Zivilgerichten ausschließlich zugewiesen. Es gelten also die ZPO, das GVG und die Sonderregeln der §§ 43–50 WEG, nicht das FGG bzw. das FamFG. Über Streitigkeiten, die den Gegenstand, den Inhalt oder Umfang des Sondereigentums betreffen, war schon immer im normalen zivilprozessualen Streitverfahren zu entscheiden gewesen.

V. Verhältnis der Wohnungseigentümer zu Dritten

1. Geltendmachung von Ansprüchen

608 Zur Geltendmachung von Gewährleistungsansprüchen wegen Mängeln am gemeinsamen Eigentum ist neben der Wohnungseigentümergemeinschaft auch der einzelne Wohnungseigentümer befugt.[14] Das gilt aber nur für den Anspruch auf Nacherfüllung nach § 635 und den Ersatz der Aufwendungen für die Mängelbeseitigung nach § 637. Der Anspruch auf Minderung oder Schadensersatz sowie Rücktritt (vgl. § 634 Nr. 3 und 4) kann dagegen nur von der Gemeinschaft als ganzer ausgeübt werden, da diese Gewährleistungsrechte miteinander unvereinbar sind und der Verkäufer nicht dem einen Eigentümer auf Minderung, dem anderen auf Schadensersatz haften kann.[15] Hat sich die Gemeinschaft aber für ein Gewähr-

---

[14] BGHZ 68, 372, 377 = NJW 1977, 1337; *BGH* NJW 1985, 1551; ausführlich *Pause,* NJW 1993, 553; *Wenzel,* NJW 2007, 1905.

[15] BGHZ 74, 258, 264 = NJW 1979, 2207; *BGH* NJW 1993, 727. Die Wohnungseigentümer können durch Mehrheitsbeschluß auch dem Verwalter Prozeßführungsbefugnis einräumen; BGHZ 81, 35 = NJW 1981, 1841. Zum ganzen nunmehr *Wenzel,* NJW 2007, 1905.

leistungsrecht entschieden, so kann die Durchsetzung auch dem einzelnen Miteigentümer überlassen werden.[16] Bei Beeinträchtigungen des gemeinschaftlichen Eigentums kann der einzelne Wohnungseigentümer auch einen Abwehranspruch nach § 1004 selbständig geltend machen.[17] Neuerdings hat der BGH die Rechte der Gemeinschaft insbesondere gegenüber den späteren Erwerbern von Eigentumswohnungen gestärkt.[18]

Macht hingegen der Verwalter einer Wohnungseigentümergemeinschaft Ansprüche der Wohnungseigentümer gegen einen anderen Wohnungseigentümer gerichtlich oder außergerichtlich geltend, so tritt er nicht für die Wohnungseigentümergemeinschaft auf, die insoweit weder rechts- noch parteifähig ist,[19] sondern für die einzelnen Wohnungseigentümer **ausschließlich** des Antragsgegners.[20] Nach der Regelung in WEG 2007 gilt dies aber nicht für Rechte, die i. S. v. § 10 VI WEG der Gemeinschaft als eigene Rechte zustehen. Bezüglich solcher Rechte tritt der Verwalter immer als Vertreter der rechtsfähigen Gemeinschaft mit gesetzlicher Vertretungsmacht auf (vgl. § 27 III WEG).

2. Haftung für Verbindlichkeiten

Für die Herstellungskosten haften Wohnungseigentümer, die gemeinschaftlich eine Wohnungseigentumsanlage errichten, nicht als Gesamtschuldner, sondern nur anteilig.[21] Diese Rechtsprechung hat nunmehr § 10 VIII WEG in das Gesetz übernommen. Dagegen bejahte früher der *BGH* eine gesamtschuldnerische Haftung für sog. Verwaltungsschulden, d. h. für Verbindlichkeiten, die der Verwalter im Namen der Wohnungseigentümer begründet hat.[22] Nunmehr sind Verwaltungsschulden vom Gesetz zu Verbindlichkeiten der rechtsfähigen Wohnungseigentümergemeinschaft erklärt worden (§ 10 VII WEG). Es besteht also keine unmittelbare Schuld des einzelnen Eigentümers, aber eine gesamtschuldnerische Haftung aller Eigentümer für die Gemeinschaft. Für Verbindlichkeiten, die der Verwalter ohne Ermächtigung der Wohnungseigentümer eingegangen ist, haften diese nur, wenn es sich um laufende Verwaltungsmaßnahmen handelt.[23] 609

VI. Dauerwohnrecht

1. Inhalt des Dauerwohnrechts

Das Dauerwohnrecht, das dem dinglichen Wohnungsrecht des § 1093 nachgebildet ist, verleiht ein in das Grundbuch einzutragendes beschränkt dingliches Recht auf Überlassung und Nutzung einer Wohnung (§ 31 WEG). Es kann veräußert und vererbt werden (§ 33 WEG) und gewährt auch die Befugnis zur Vermietung und Verpachtung (vgl. § 37 WEG). Bei der Zwangsvollstreckung in das 610

[16] *BGH* NJW 1983, 453 mit Anm. von *Weitnauer.*

[17] BGHZ 116, 392; zum Anspruch auf Beseitigung „exhibitionistischer“ Gartenzwerge siehe *AG Essen-Borbeck* MDR 2000, 762; *Schmittmann,* MDR 2000, 753.

[18] Dazu *Wenzel,* NJW 2007, 1905.

[19] Anders nunmehr *BGH* ZIP 2005, 1233; dagegen *Bork,* ZIP 2005, 1205.

[20] So *BGH* WM 1998, 2341; vgl. auch *OLG München* NJW 2005, 3006; *Lüke,* in: Weitnauer, § 10 Rn. 16; *Niedenführ/Schulze,* WEG, § 21 Rn. 14. A. A. *Merle,* in: Bärmann/Pick, § 27 Rn. 157 ff.

[21] BGHZ 75, 26 = NJW 1979, 2101.

[22] Vgl. *BGH* NJW 1977, 1686.

[23] Vgl. *Gottwald,* PdW, Fall 116.

Grundstück kann es erhalten bleiben, wenn die Inhaber der im Rang vorgehenden oder gleichstehenden Rechte am Grundstück zustimmen (§ 39 WEG). Das Dauerwohnrecht kann für eine bestimmte Zeit vereinbart werden. Es handelt sich dann um eine Art verdinglichter Miete. Nach Ablauf der vereinbarten Frist entsteht gemäß § 36 WEG ein Heimfallanspruch, der den Berechtigten zur Übertragung des Dauerwohnrechts auf den Grundstückseigentümer oder einen Dritten verpflichtet. Der Inhaber des Rechts kann aber auch eine eigentümerähnliche Stellung haben, wenn kein Heimfallanspruch vereinbart, sondern das Dauerwohnrecht auf unbestimmte Zeit bestellt ist.

2. Belastung des Dauerwohnrechts

611 Im Gegensatz zum Wohnungseigentum ist das Dauerwohnrecht nur ein beschränkt dingliches Recht. Es kann verpfändet und gepfändet, nicht aber mit Grundpfandrechten belastet werden. Veränderungen am Grundstück oder am Gebäude (grundsätzlich auch nicht in der Wohnung) kann der Berechtigte nicht durchführen. Selbst wenn er aufgrund des Vertrags mit dem Eigentümer für die öffentlichen Lasten aufzukommen hat, ist dennoch nicht er, sondern der Eigentümer zur Leistung verpflichtet.

3. Dauerwohnrecht und dingliches Wohnungsrecht

612 Das Dauerwohnrecht ist vom dinglichen Wohnungsrecht des § 1093, das nicht veräußert und vererbt werden kann, zu unterscheiden. Vgl. dazu u. § 81 II.

4. Dauernutzungsrecht

613 Daneben gibt es ein rechtlich gleich geregeltes Dauernutzungsrecht an Räumen, die nicht Wohnzwecken dienen (z. B. Läden, Büros); § 31 II, III WEG.

5. Dauerwohnrecht und Wohnbesitz

614 Durch das Gesetz zur Förderung von Wohnungseigentum und Wohnbesitz im sozialen Wohnungsbau vom 23. 3. 1976 (BGBl. I S. 737) ist das Rechtsinstitut des sog. Wohnbesitzes geschaffen worden. Es gewährt ein schuldrechtliches Dauerwohnrecht, das allerdings durch Beteiligung an einem zweckgebundenen Vermögen und durch die Möglichkeit der Übertragung gewisse dingliche Eigenschaften aufweist.[24]

---

[24] Vgl. zum Wohnbesitz *Pick,* NJW 1976, 1049.

4. Kapitel. Kreditsicherungsrecht

§ 53. Einführung und Überblick

Literatur: Zur Geschichte der Kreditsicherungsrechte im allgemeinen: *O. v. Gierke,* Deutsches Privatrecht Bd. II, §§ 155 ff.; *Jost,* Die Realobligation, 1956; *Kohler,* Pfandrechtliche Forschungen, 1882; *v. Meibom,* Schuld und Haftung im älteren deutschen Recht, 1910, S. 22 ff.; *Siber,* Römisches Recht, Bd. II, 1928, S. 119; *Schapp,* Zum Wesen des Grundpfandrechts, in: Geschichtliche Rechtswissenschaft, Freundesgabe für Söllner, 1990, S. 477; *v. Schwind,* Wesen und Inhalt des Pfandrechts, 1899; *Wiegand,* Zur Entwicklung der Pfandrechtstheorien im 19. Jahrhundert, Zeitschrift für neuere Rechtsgeschichte, 1981, S. 1 ff.

Zum modernen Kreditsicherungsrecht: *Bärmann,* Recht der Kreditsicherheiten in europäischen Ländern, 1979; *Bechtloff,* Gesetzliche Verwertungsrechte, 2003; *Becker,* Maßvolle Kreditsicherung, 1999; *Berger,* Aktuelle Rechtsprobleme bei Globalsicherheiten, in: Horn/Schimansky, Bankrecht 1998, Köln 1998, S. 191; *Bülow,* Recht der Kreditsicherheiten, 7. Aufl., 2007; *ders.,* Einführung in das Recht der Kreditsicherheiten, Jura 1995, 198 und Jura 1996, 190; *ders.,* Die These von der Doppelcausa im Kreditsicherungsverhältnis – ein Holzweg, NJW 1997, 641; *Ganter,* Aktuelle Probleme der Kreditsicherheiten in der Rechtsprechung des BGH, WM 1996, 1705; WM 1998, 2045 und 2081; WM 1999, 1741; *ders.,* Die ursprüngliche Übersicherung, WM 2001, 1; *Henckel,* Zur Dogmatik der besitzlosen Mobiliarsicherheiten, FS Zenner, 1994, S. 193; *Kieninger,* Die Zukunft des deutschen und europäischen Mobiliar-Kreditsicherungsrecht, AcP 208, 182; *Kircher,* Grundpfandrechte in Europa, 2004; *Krenzer,* Mobiliarsicherheiten, Vielfalt oder Einheit, 1999; *Lwowski,* Das Recht der Kreditsicherung, 8. Aufl., 2000; *Michel,* Überschießende Rechtsmacht als Problem abstrakter und nicht-akzessorischer Konstruktionen, 2000; *Neuhof/Richrath,* Rückabwicklung nichtiger Kreditsicherungsverträge nach der Lehre von der Doppelcausa, NJW 1996, 2894; *Otten,* Sicherungsvertrag und Zweckerklärung, 2003; *Paulus,* Grundfragen des Kreditsicherungsrechts, JuS 1995, 185; *Pfeiffer,* Übersicherung, Freigabeanspruch, Freigabeklauseln, WM 1995, 1565; *ders.,* Der gesetzliche Inhalt des allgemeinen Freigabeanspruchs, ZIP 1997, 49; *Pottschmidt/Rohr,* Kreditsicherungsrecht, 4. Aufl., 1992; *Prütting,* Deckungsgrenze und Freigabeklauseln im Kreditsicherungsrecht, FS Gaul, 1997, S. 525; *Rauch/Zimmermann,* Grundschuld und Hypothek – der Realkredit in der Bankenpraxis, 2. Aufl., 1998; *Reeb,* Recht der Kreditfinanzierung, 1994; *Reinicke/Tiedtke,* Kreditsicherung, 5. Aufl., 2006; *Rimmelspacher,* Kreditsicherungsrecht, 2. Aufl., 1987; *Rink,* Die Sicherheit von Grundpfandrechten in Deutschland und England, 2006; *Rösler,* Aktuelle Rechtsfragen zu grundpfandrechtlich gesicherten Krediten, WM 1998, 1377; *Röver,* Vergleichende Prinzipien dinglicher Sicherheiten 1999; *Rombach,* Die anfängliche und nachträgliche Übersicherung bei revolvierenden Globalsicherheiten, 2001; *Rott,* Vereinheitlichung des Rechts der Mobiliarsicherheiten, 2000; *Schäfer/Ott,* Lehrbuch der ökonomischen Analyse des Zivilrechts, 3. Aufl., 2000, S. 551 ff.; *Schimansky/Bunte/Lwowski,* Bankrechtshandbuch, 2 Bände, 3. Aufl., 2007; *Schröter,* Die Freigabe von Globalsicherheiten, WM 1997, 2193; *Serick,* Eigentumsvorbehalt und Sicherungsübereignung, 6 Bände, 1963–1986; *ders.,* Eigentumsvorbehalt und Sicherungsübertragung – Neue Rechtsentwicklungen, 2. Aufl., 1993; *ders.,* Freigabeklauseln, Deckungsgrenze und Haftobergrenze, NJW 1997, 1529; *Steffan,* Handbuch des Realkredits, 1963; *Tiedtke,* Rechtsprechungsbericht: Die Entscheidungen des BGH zum Realkredit seit dem 1. 1. 1995, WiB 1996, 1039; *Weber,* Kreditsicherheiten, 8. Aufl., 2006; *Wiegand/Brunner,* Übersicherung und Freigabeanspruch, NJW 1995, 2513; *v. Wilmowsky,* Europäisches Kreditsicherungsrecht, 1996; *Wolters,* Die Freigabeklausel im Kreditsicherungsvertrag, 1995.

I. Sinn und Zweck der Kreditsicherung

615 Moderne Wirtschaft ohne Kreditgewährung ist undenkbar. Wer immer geschäftlich oder privat investieren, produzieren oder in größerem Maße konsumieren will, hat dafür regelmäßig nicht das gesamte erforderliche Kapital zur Verfügung. Typische Beispiele für die Kreditierung solcher Maßnahmen sind der Bau, Umbau oder Kauf eines Hauses; die Eröffnung einer Anwalts- oder Arztpraxis; der Kauf oder Bau eines Bürohauses, einer Lagerhalle, einer Produktionsstätte; die Anschaffung von Maschinen, Transportmitteln, Rohprodukten oder hochwertigen Konsumartikeln; die Eröffnung eines Handelsgewerbes oder eines Gaststättenbetriebs; der Kauf eines Gesellschaftsanteils. Neben dem vorhandenen **Eigenkapital** benötigt der Investor also **Fremdkapital.** Dieses Fremdkapital kann in Form eines Darlehens (§ 488 BGB) von Verwandten, Freunden oder sonstigen Privatpersonen kommen, es kann von Banken im weitesten Sinn oder von Versicherungen gewährt werden, es kann auch in der Form gestundeter Kaufpreise von Händlern, Herstellern oder sonstigen Verkäufern herrühren. Praktisch von zentraler Bedeutung für die Kreditgewährung sind Banken, Sparkassen und Bausparkassen. Deren professionelle Kreditgewährung setzt allerdings zwingend eine Absicherung des Kredits gegen Zahlungsunfähigkeit des Schuldners voraus (zur Zwangsvollstreckung und Insolvenz s. u. IX). Andernfalls wäre eine umfassende und wirtschaftlich tragbare Kreditgewährung nicht möglich. Kreditsicherung ist also die Basis **jeder** professionellen Kreditgewährung.

II. Grundbegriffe

1. Kreditarten

615a Kredit kann als Geldkredit (vgl. § 488 BGB) oder als Sachkredit (vgl. § 607 BGB) auftreten. Dem Kredit kann ein Darlehensvertrag oder die prolongierte Forderung aus einem Kaufvertrag, einem Werkvertrag oder einem ähnlichen entgeltlichen Vertragstypus zugrunde liegen. Kredit ist also kein juristischer Terminus. Das Wort kommt vom lateinischen „credere" (= vertrauen). Wer Kredit gibt, vertraut auf die ordnungsgemäße Rückzahlung.

2. Kreditsicherung

615b Von der **Kreditgewährung** als Rechtsgeschäft ist ein zweites und sekundäres Rechtsgeschäft (= Hilfsgeschäft) zu unterscheiden, nämlich die **Kreditsicherung.** Durch dieses Geschäft wird die Rückzahlung des Kredits (Primärgeschäft) in der Weise abgesichert, dass bei Zahlungsausfällen der Kreditgeber (also der Gläubiger) auf ein Sicherungsmittel (eine Person oder eine Rechtsobjekt) zugreifen kann, um sich dort ersatzweise zu befriedigen.

3. Verknüpfung von Kreditgewährung und Kreditsicherung

615c Der wirtschaftliche Zusammenhang von Kreditgewährung und Kreditsicherung verlangt nach einer rechtlichen Verknüpfung zwischen den beiden Rechtsgeschäften. Denn erst durch den konkreten Zweck und die auf ihm beruhende **Zwekkerklärung** (Zweckvereinbarung) wird die Sicherheit ihrem Wesen nach begründet. Die Zweckvereinbarung ist also der Kern des Sicherungsvertrags (Sicherungsabrede); im Einzelnen s. u. VII. Nach der Art und Weise dieser Verknüpfung unterscheidet man akzessorische Sicherheiten (Bürgschaft, Pfandrecht, Hypothek) von abstrakten Sicherheiten (Grundschuld, Sicherungsübereignung, Sicherungszession, Garantie).

III. Wirtschaftliche Hintergründe

Die Kreditsicherung ist von einer kaum zu überschätzenden Bedeutung für das gesamte Wirtschaftsleben. Fast jede im Wirtschaftsleben tätige Person und heute auch außerordentlich viele Privatpersonen (Konsumentenkredit) arbeiten mit Fremdkapital. Damit sind Kreditgewährung und Kreditsicherung die Basis jeder modernen Wirtschaft. Ohne Kredit könnten alle Zahlungen und damit alle Rechtsgeschäfte erst dann vollzogen werden, wenn durch Ansparen des Geldbetrags der gesamte Preis als erforderliches Eigenkapital vorhanden wäre. In der Ansparphase müsste wirtschaftliches Handeln unterbleiben. Kreditgewährung dient also dem Wachstum von Wirtschaft und Beschäftigung. Darüber hinaus führt die frühzeitige Anschaffung von Investitionsgütern auf Kredit zu schnellerer Produktion und Gewinnerzielung, während der Konsumentenkredit zur früheren Warenabnahme führt. Kreditgewährung und Kreditsicherung steigern also den Wirtschaftskreislauf und das Wirtschaftswachstum in hohem Maße. **615d**

IV. Die aktuelle Hypotheken- und Finanzmarktkrise

Welche weltweite Bedeutung das Funktionieren einer geordneten Kreditsicherung in den wirtschaftlich entwickelten Ländern und damit in der gesamten Weltwirtschaft aufweist, hat mit ganz besonderer Deutlichkeit die US-amerikanische Hypothekenkrise des Jahres 2007 gezeigt, die sich 2008–2010 zu einer generellen Finanzmarktkrise und damit einer weltweiten Wirtschaftskrise entwickelt hat, der im Frühjahr 2010 eine Staatsschuldenkrise (Griechenland) gefolgt ist. **615e**

In den USA wurden in den Jahren 2002 bis 2006 in großem Umfang hypothekarisch gesicherte Darlehen zum Bau und Kauf von Häusern vergeben. Hintergrund waren steigende Immobilienpreise und ein niedriges Zinsniveau sowie Darlehensverträge mit sehr niedrigen Zinssätzen in den beiden ersten Vertragsjahren, danach aber mit variablem Zinssatz. Offenbar führte der Wirtschaftsboom dieser Jahre dazu, Kredite vielfach auch an Personen zu vergeben, die wirtschaftlich auf schwachen Beinen standen und zum Teil Investitionen ohne jedes Eigenkapital tätigten. Neben die ungünstige Liquidität der Schuldner trat eine nicht ausreichende Bonität der Haftungsobjekte, was besonders deutlich wurde, als es zum Absinken der Immobilienpreise kam. Ungeachtet solcher Risiken wurden die gesicherten Kreditforderungen der Banken durch Verbriefung (englisch: asset-backed securities) und Einbringung in Investmentfonds weltweit verkauft und damit gestreut (über sog. Zweckgesellschaften, die ihrerseits aus den verbrieften Forderungen neue Schuldtitel erstellen, sog. CDO = Collateralized Debt Obligation). Alle diese Credit Default Swaps (CDS) sind Kreditderivate, die letztlich eine Trennung des Kreditrisikos von der zugrunde liegenden Kreditbeziehung ermöglichen. Durch solche Verbriefungen entsteht also ein forderungsbesichertes Wertpapier (z. B. Anleihe, Schuldschein), das Zahlungsansprüche zum Gegenstand hat. Die Banken als Forderungsverkäufer (bzw. zwischengeschaltete Zweckgesellschaften) transformieren dadurch ihren wirtschaftlich zunächst nicht handelbaren Forderungsbestand in fungible Wertpapiere, für die ein eigener Markt **615f** existiert. Dieser faktische Forderungsverkauf führt zu einer Refinanzierung der Banken, während sie den Investoren (den Käufern der Wertpapiere) scheinbar hohe Renditen verspricht. Die Banken entfernen sich dabei von ihrer Rolle als Kreditgeber und werden zunehmend Zwischenhändler von Forderungen. Der enorme Boom dieser Märkte (von 2003 bis 2007 kam es zu einer Verfünffachung des Handels mit solchen verbrieften Forderungen) schuf einen zusätzlichen Kreditvergabeboom, um neue Forderungen für weitere Verbriefungen zu erhalten. Dies scheint die allzu leichtfertige Kreditvergabe an Schuldner mit fehlender Liquidität und hypothekarischer Absicherung mit nicht ausreichender Bonität weiter massiv gesteigert zu haben. So wurden im Jahre 2006 in den USA hypothekarisch gesicherte Kredite im Umfang von 600 Milliarden Dollar vergeben, die heute als nicht ausreichend sicher eingestuft werden (sogenannte sub-prime Kredite), obwohl solche hypothekarisch gesicherten Kredite von Experten früher als sehr sicher (AAA-rating) eingestuft worden waren.

Ab Herbst 2006 trat nunmehr eine negative Kettenreaktion ein. Das Wirtschaftswachstum der USA stagnierte, die Immobilienpreise fielen, die Darlehenszinsen stiegen und wurden wegen der variablen Zinssätze nunmehr deutlich erhöht, viele Schuldner konnten ihren Verpflichtungen aus Zins und Tilgung nicht mehr nachkommen, die vorhandenen Sicherheiten decken die entstandenen Risiken nicht ausreichend ab, teilweise scheinen die Haftungsobjekte derzeit kaum verkäuflich zu sein. Dies alles führte zu einem extremen Wertverfall der verbrieften Forderungen und der aus ihnen erwachsenen Investmentzertifikate und Fondsanteile. Da aber Banken weltweit solche riskanten Wertpapiere in der Hoffnung auf hohe Renditen erworben hatten, mussten sie in den Jahren 2007–2009 angesichts des massiven Wertverlusts ihres Portfolios diese Verluste in ihre Bilanzen einstellen und veröffentlichen sowie Wertberichtigungen vornehmen. Dies führte zu einer ungeheuren Erschütterung des weltweiten Bankengewerbes. Finanzielle Stützungsmaßnahmen zur Vermeidung von Zusammenbrüchen, Übernahmen von Instituten durch stärkere Partner, Entlassung von Vorständen sowie strafrechtliche Sanktionen (Fall Ortseifen der IKB) und totale Verunsicherung im Kreditgewerbe bis hin zur Weigerung vieler Banken, anderen Banken Kredite einzuräumen, waren die Folge. In Deutschland sind der mit Mühe abgewendete Zusammenbruch der Düsseldorfer IKB Deutsche Industriebank AG (eine Tochter der Staatseigenen Förderbank KfW) und ebenso der HRE (Hypo Real Estate, Abspaltung der Hypovereinsbank) sowie die riesigen Schwierigkeiten der Landesbanken (Sächsische LB, WestLB, Bayerische LB, HSH Nordbank) allgemein bekannt geworden. Während die IKB an den privaten Investor Lone Star verkauft wurde, hat der deutsche Staat die HRE in eigene Hand übernommen. Neben amerikanischen und britischen Banken (insb. Citigroup Inc., Merill Lynch, Bear Stearns, Morgan Stanley, Northern Rock) geriet selbst die größte schweizerische Bank (UBS AG, eine durch Fusion im Jahre 1998 entstandene Bank aus der schweizerischen Bankgesellschaft Zürich und dem schweizerischen Bankverein Basel) in Bedrängnis. Der Zusammenbruch von Lehman Brothers (der viertgrößten amerikanischen Investmentbank) im September 2008 hat die weltweite Krise für jedermann erkennbar gemacht. Nach Schätzungen (Ende 2009) wird diese Finanzkrise die Weltwirtschaft ca. 10 Billionen Dollar kosten.

Die weltweiten Schwierigkeiten der Finanzmärkte aufgrund der massiven Schwäche hypothekarisch gesicherter und verbriefter Forderungen zeigen wohl am deutlichsten die grundlegende und weltweite Bedeutung einer zuverlässigen Kreditsicherung.[1]

V. Die globale Bedeutung der Kreditsicherung

615g Die bisherigen Überlegungen zu den Grundlagen und zur aktuellen Situation ergeben ein klares Bild: Ein modernes Wirtschaftsleben ohne Kreditgewährung ist nicht möglich. Kreditgewährung setzt aber Kreditsicherung zwingend voraus. Die Globalisierung der Finanzmärkte und die weltweite Praxis, gesicherte Kredite durch Verbriefung in handelbare Anlagen einzubringen, führt zu einer wirtschaftlichen Abhängigkeit der Finanzmärkte von stabilen Kreditsicherheiten, die diesem Handel letztlich zugrunde liegen. Obgleich die Kreditsicherung nur ein Hilfsgeschäft (Sekundärgeschäft) zur Kreditgewährung ist, stellt sie also eine Basis des gesamten

---

[1] Vgl. zur Entwicklung statt vieler *Eidenmüller,* Finanzkrise, Wirtschaftskrise und das deutsche Insolvenzrecht, 2009; *Henn,* JZ 2010, 53; *Möschel,* ZRP 2009, 129.

modernen Wirtschaftslebens dar. Damit ist Kreditsicherungsrecht ein schönes Beispiel für die bekannte These, wonach sich das Recht in der modernen Welt aufgrund zunehmender Globalisierung der Wirtschaft immer neuen Herausforderungen gegenüber sieht.

VI. Die Arten der Kreditsicherung

Zur Kreditsicherung kann im Grundsatz jedes geldwerte Gut (Rechtsobjekt) 616
herangezogen werden. Entsprechend der allgemeinen Einteilung der einzelnen Rechtsobjekte, also der Gegenstände in Grundstücke, bewegliche Sachen und Rechte (s. o. § 1 II) gibt es daher auch spezifische Kreditsicherheiten für alle diese Gegenstände. Aber auch die Haftung einer Person kommt als Kreditsicherheit in Betracht (Bürgschaft, vgl. § 765 BGB). Daraus erwächst die generelle Unterscheidung von Personalsicherheiten (Bürgschaft, Garantie, Patronatserklärung) und Realsicherheiten. Bei der Realsicherheit liegt die Sicherung in dem haftenden Gegenstand und seinem haftenden Wert, bei der Personalsicherheit in der persönlichen Zuverlässigkeit des Schuldners. Praktisch ist der Unterschied aber nicht so schroff; denn auch bei der Realsicherheit spielt das Vertrauen in die Person des Eigentümers und seine wirtschaftlichen Fähigkeiten eine Rolle (zumal wenn er zugleich persönlicher Schuldner ist), bei Personalsicherheiten auch die Gewissheit, sich an das Vermögen des Schuldners im Wege der Zwangsvollstreckung halten zu können. Im Einzelnen ergibt sich daraus folgende Übersicht:

617

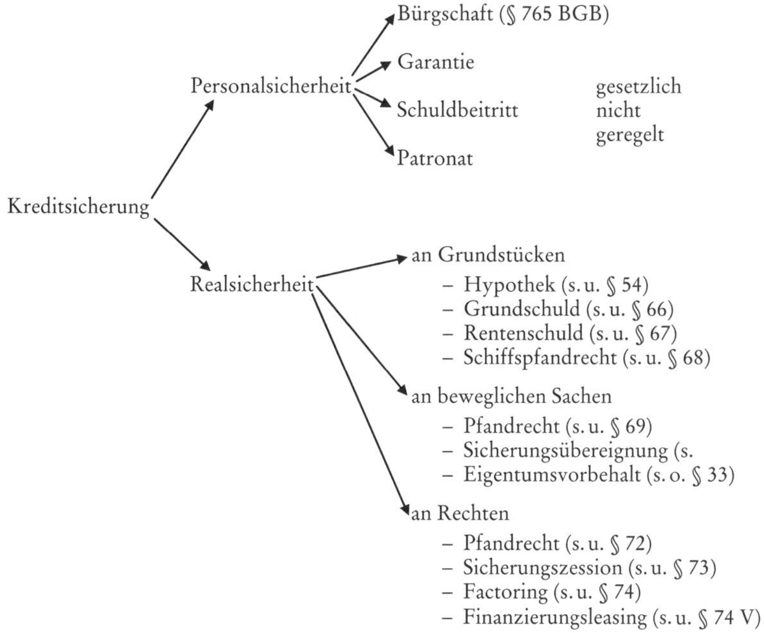

VII. Die rechtliche Konstruktion

618 Entsprechend den Überlegungen zur Kreditgewährung, Kreditsicherung und zur rechtlichen Verknüpfung beider Vorgänge (s. o. II) müssen drei verschiedene rechtliche Ebenen unterschieden werden. Die **erste Ebene** wird durch die zu sichernde Forderung geprägt. Rechtsgrund ist hier regelmäßig ein Darlehensanspruch (§ 488 I 2), ein Überziehungskredit (§ 493), eine sonstige Finanzierungshilfe, z. B. ein Finanzierungsleasing (§§ 499 ff.), oder auch ein Kaufpreis- oder Werklohnanspruch. Dieser in aller Regel schuldrechtliche Anspruch ist (in seiner Verknüpfung durch den Sicherungsvertrag) zugleich die causa für die Kreditsicherung. Die **zweite Ebene** ist durch die rechtsgeschäftliche Bestellung einer Sicherheit gekennzeichnet. Bei Realsicherheiten ist dies regelmäßig ein dingliches Rechtsgeschäft, das dementsprechend von den Formvorschriften für dingliche Rechtsgeschäfte und dem numerus clausus im Sachenrecht (s. o. § 3 II) mitgeprägt wird. Schließlich tritt als **dritte Ebene** die jeweilige rechtliche Konstruktion hinzu, durch die die zu sichernde Forderung (erste Ebene) und die Kreditsicherheit (zweite Ebene) miteinander verknüpft sind. Diese Verknüpfung ist bei akzessorischen Sicherheiten durch die gesetzliche Anordnung der Abhängigkeit (= Akzessorietät) und bei abstrakten Sicherheiten durch einen eigenen Sicherungsvertrag (Sicherungsabrede, Zweckerklärung, s. o. II 3) geprägt.

VIII. Das Wesen der Realsicherheiten

619 Die jeweilige gesetzliche Benennung und Regelung der einzelnen Realsicherheiten ist unterschiedlich. Für bewegliche Sachen sowie für Rechte sieht das Gesetz ein Pfandrecht vor (s. u. § 69). Obgleich der Bereich der Rechte und Forderungen nicht zum Sachenrecht im technischen Sinn gehört, hat der Gesetzgeber das Pfandrecht an Rechten im dritten Buch des BGB berücksichtigt (vgl. §§ 1273 ff.). Deshalb und wegen des engen sachlichen Zusammenhangs wird auch dieser Bereich im Folgenden näher behandelt (s. u. §§ 72 ff.). Bei Grundstücken kennt das Gesetz die Hypothek, die Grundschuld und die Rentenschuld (s. u. §§ 54 ff.). Es ist allerdings üblich, die einzelnen Grundstückssicherheiten unter dem Begriff der „Grundpfandrechte" zusammenzufassen. Dieser weite Pfandrechtsbegriff deutet bereits an, dass alle Pfandrechte gewissen allgemeinen Grundprinzipien folgen. Im Einzelnen gilt:

1. Dingliches Recht

620 Pfandrechte sind dingliche Rechte, also gegen jedermann wirkend und mit Ansprüchen geltend zu machen, daher insbesondere vom Wechsel in der Person des Eigentümers unabhängig.

2. Verwertungsrecht

621 Die beschränkte Sachherrschaft, die Pfandrechte gewähren, prägen sich in dem Recht aus, die Sache zu verwerten. Hierfür sind bestimmte Formen der Veräußerung vorgeschrieben. Der Pfandgläubiger ist berechtigt, sich aus dem Erlös zu befriedigen. Ein Nutzungsrecht ist nicht gegeben (Ausnahme § 1213; vgl. u. § 71 III).

3. Sicherungsrecht

Pfandrechte sind zur Sicherung einer Forderung bestimmt und bestellt (nur die Grundschuld ist rechtlich in ihrem Bestand von einer Forderung unabhängig und daher begrifflich kein Pfandrecht; vgl. nunmehr aber §§ 1192 Ia, 1193 II in der Fassung des RisikobegrenzungsG, dazu s. u. § 66 III 2). Der Tilgung dieser Forderung dient die Befriedigung des Gläubigers aus der Sache. 622

4. Haftung des Eigentümers

Der Eigentümer der belasteten Sache und Verpfänder ist als solcher nicht verpflichtet, die Forderung zu bezahlen, er haftet nur mit der verpfändeten Sache für die Forderung und ihre Bezahlung. Er ist berechtigt, die Befriedigung aus der Sache durch Zahlung abzuwenden und sich dadurch die Sache zu erhalten. Ist der Eigentümer zugleich der Schuldner der Forderung (wie es die Regel ist), so ist er als Schuldner zur Leistung verpflichtet, aber nicht als Eigentümer der verpfändeten Sache. Als Eigentümer eines Grundstücks ist er nur zur Duldung der Zwangsvollstreckung in das Grundstück verpflichtet. Der Unterschied zeigt sich dann deutlich, wenn der Eigentümer nicht zugleich der Schuldner der Forderung ist; denn er haftet dann nur mit dem Grundstück, nicht mit seinem übrigen Vermögen (vgl. u. §§ 58, 69). Dieser Grundsatz der Haftung des Eigentümers ohne Zahlungspflicht war lange Zeit umstritten. Der Streit war allerdings schon früher von geringer praktischer Bedeutung. Vertreten wurde die Theorie von der Realobligation, wonach der Eigentümer zur Leistung verpflichtet sei, aber nur zur Leistung aus der belasteten Sache. In ähnlicher Weise nahm die Theorie von der dinglichen Schuld an, dass eine solche Schuld des Eigentümers in vollem Umfang der Forderung bestehe, die Haftung sich aber auf das Grundstück beschränke. Zu näheren Einzelheiten vgl. die Vorauflage § 53 VIII 8. Im Ergebnis ist es heute anerkannt, daß der Eigentümer als solcher nichts schuldet, sondern nur haftet. 623

5. Grundsatz der Publizität

Pfandrechte müssen nach außen erkennbar sein, Grundsatz der Publizität. Bei Belastung der Grundstücke wird die Publizität durch den Zwang zur Eintragung des Rechtes im Grundbuch gesichert (§ 873), bei den beweglichen Sachen durch den Zwang, dem Gläubiger den Besitz zu verschaffen (§ 1205), bei Forderungen wenigstens durch die Anzeige an den Schuldner (§ 1280). Daher entstehen Hypotheken nicht ohne Eintragung von Gesetzes wegen (von zwei seltenen Ausnahmen abgesehen; vgl. u. § 55 IV), sondern es gibt nur gesetzliche Ansprüche auf Bestellung einer Hypothek (vgl. § 648). 624

6. Grundsatz der Spezialität

Es gibt kein Pfandrecht am ganzen Vermögen oder an Bruchteilen desselben, welches einheitlich durch einen Gesamtakt begründet werden könnte, sondern nur Pfandrechte an einzelnen Gegenständen, die an jedem besonders bestellt werden müssen, Grundsatz der Spezialität. Ein Pfandrecht ist ferner nur zur Sicherung einzelner bestimmter Forderungen möglich (Ausnahme die Höchstbetragshypothek; vgl. u. § 65). 625

7. Grundsatz der Priorität

626 Unter mehreren Pfandrechten an dem selben Gegenstand besteht eine Rangordnung; das früher entstandene (ältere) Pfandrecht geht dem jüngeren vor, Grundsatz der Priorität. Damit sind die im früheren Recht bestehenden privilegierten Pfandrechte beseitigt, die trotz ihrer späteren Entstehung den Vorrang hatten.

IX. Kreditsicherheiten in Zwangsvollstreckung und Insolvenz

627 Kreditsicherheiten gewähren regelmäßig keine Nutzungsrechte, sondern nur Verwertungsrechte (s. o. VIII 2). Ihre eigentliche Bewährung erfahren alle Kreditsicherheiten daher erst in der Zwangsvollstreckung gegen den Sicherungsgeber und der Insolvenz des Sicherungsgebers.

1. Zwangsvollstreckung gegen den Sicherungsgeber

627a Will ein anderer Gläubiger des Sicherungsgebers im Wege der Zwangsvollstrekkung (§§ 704 ff. ZPO) auf das als Sicherungsmittel eingesetzte Vermögen des Sicherungsgebers zugreifen, so ist zwischen Grundpfandrechten, Pfandrechten am beweglichen Vermögen sowie treuhänderischer Sicherung (Sicherungsübereignung, Sicherungszession) zu unterscheiden. Der Inhaber eines Grundpfandrechts kann die Zwangsvollstreckung nicht verhindern, er hat aber eine gesetzliche Vorrangstellung bei der Verteilung des Erlöses (§ 10 ZVG). Der Pfandgläubiger am beweglichen Vermögen hat gemäß § 805 ZPO die Klage auf vorzugsweise Befriedigung aus dem Erlös. Dagegen können der Sicherungseigentümer und ebenso alle sonstigen treuhänderischen Rechteinhaber (insb. Vorbehaltseigentümer) die Zwangsvollstreckung verhindern, indem sie mit der Drittwiderspruchsklage gemäß § 771 ZPO gegen den die Zwangsvollstreckung Betreibenden vorgehen.

2. Insolvenz des Sicherungsgebers

627b Wird über das Vermögen des Sicherungsgebers die Insolvenz eröffnet, so bestellt das Amtsgericht (Insolvenzgericht) einen Insolvenzverwalter (§§ 27, 56 InsO), auf den die Verwaltungs-, Verfügungs- und Prozessführungsbefugnis über das gesamte schuldnerische Vermögen übergeht (§ 80 InsO). Dementsprechend hat nunmehr der Insolvenzverwalter das Recht, alle schuldnerischen Gegenstände zu verwerten, auch wenn sie Gegenstand einer Kreditsicherheit sind (§§ 165, 166 InsO). Das Gesetz räumt dem Sicherungsnehmer in nahezu allen Fällen ein sogenanntes Absonderungsrecht ein (vgl. § 49 InsO für Grundstücke, § 50 für Mobiliarpfandrechte sowie § 51 Nr. 1 InsO für Sicherungseigentum und Sicherungszession). Lediglich der Vorbehaltseigentümer kann nach § 47 InsO Aussonderung verlangen.[2] Nimmt der Insolvenzverwalter die Verwertung vor, so kann er beim beweglichen Vermögen vom Erlös vorab für die Kosten der Feststellung und der Verwertung des jeweiligen

[2] Für einen Sonderfall (Übertragung des Vorbehaltseigentums nach § 931 auf einen Dritten) hat der BGH allerdings nur ein Absonderungsrecht gegeben, *BGH* NJW 2008, 1803; kritisch dazu *Prütting*, FS Leipold, 2009, S. 427

Gegenstandes pauschal 9 % vom Verwertungserlös einbehalten (§§ 170 I 1, 171 InsO). Aus dem verbleibenden Betrag ist nunmehr unverzüglich und in vollem Umfang der dinglich gesicherte Gläubiger zu befriedigen. Das Absonderungsrecht ist also ähnlich wie § 10 ZVG und § 805 ZPO in der Einzelzwangsvollstreckung ein Recht auf vorzugsweise Befriedigung.

3. Die Anfechtung von Sicherungsgeschäften in der Insolvenz

Besondere Gefahren außerhalb der allgemeinen rechtsgeschäftlichen Schranken **627c** (§§ 105, 116 ff., 134, 138, 307 BGB) drohen dem Gläubiger und Inhaber einer Kreditsicherheit dort, wo diese vor Eröffnung eines Insolvenzverfahrens bestellt wurde und andere Gläubiger unzulässig benachteiligt. In diesem Fall kann der Insolvenzverwalter im Wege der sogenannten Insolvenzanfechtung (vgl. §§ 129 ff. InsO) die Rückgewähr der Sicherheit verlangen (vgl. § 143 InsO) und damit den gesamten Zweck der Kreditsicherung vereiteln. Die Möglichkeit einer Insolvenzanfechtung von Kreditsicherheiten führt also dazu, dass solche Sicherheiten nicht insolvenzfest sind und damit genau dann versagen, wenn sie ihre eigentliche Wirkung entfalten sollten. Vor diesem Hintergrund muss die große Verunsicherung der Praxis gesehen werden, als im Jahre 2005 das OLG Karlsruhe die These aufstellte, Globalzessionen (s. u. § 73 V) seien hinsichtlich der innerhalb der letzten drei Monate vor Antragstellung entstandenen Forderungen nach § 131 InsO anfechtbar.[3] Dieser Auffassung hat der 9. Zivilsenat des BGH nunmehr in einer Grundsatzentscheidung widersprochen.[4]

1. Abschnitt. Kreditsicherung an Grundstücken

§ 54. Die Hypothek

Literatur: *Büdenbender,* Grundsätze des Hypothekenrechts, JuS 1996, 665; *Coester-Waltjen,* Die Durchsetzung der Hypothek: Einreden und Einwendungen des Eigentümers, Jura 1991, 186; *Felgentraeger,* Hypothek und Grundschuld, FS J. v. Gierke, 1950, S. 141; *Goertz/Roloff,* Die Anwendung des Hypothekenrechts auf die Grundschuld, JuS 2000, 762; *Klinkhammer/Rancke,* Hauptprobleme des Hypothekenrechts, JuS 1973, 665; *Kollhosser,* Grundbegriffe und Formularpraktiken im Grundpfandrecht, JA 1979, 61; *Medicus,* Die Akzessorietät im Zivilrecht, JuS 1971, 497; *Reischl,* Grundfälle zu den Grundpfandrechten, JuS 1998, 125, 220, 318, 414, 516, 614; *Reithmann,* Die Grundpfandrechte in der Rechtswirklichkeit, NJW 1977, 661; *Röver,* Vergleichende Prinzipien dinglicher Sicherheiten, 1999; *Schwerdtner,* Grundprobleme des Hypotheken- und Grundschuldrechts, Jura 1986, 259 und 376; *Stürner,* Das Grundpfandrecht zwischen Akzessorietät und Abstraktheit und die europäische Zukunft, FS Serick, 1992, S. 377; *Westermann,* Vorschläge zur Reform des Hypotheken- und Grundbuchrechts, 1972.

Allgemeine Literatur zum Recht der Kreditsicherheiten s. o. § 53.

---

[3] *OLG Karlsruhe* ZIP 2005, 1248; ebenso *OLG München* ZIP 2006, 2277; anders nunmehr *BGH* NJW 2008, 430.

[4] *BGH* NJW 2008, 430; ebenso bereits *OLG Nürnberg* ZIP 2007, 2129.

I. Das Wesen der Hypothek

1. Hypothek als besitzloses, akzessorisches Recht

628 Die Hypothek ist eine dingliche, mit Besitz nicht verbundene Belastung eines Grundstücks zur Sicherung einer Geldforderung (§ 1113). Die Besitzlosigkeit ermöglicht praktisch dem Eigentümer oft erst die Belastung; denn wenn er das Grundstück oder Haus aus der Hand geben müßte, wäre ihm oft die Belastung unmöglich. Auch wird die mehrfache Belastung sehr erleichtert. Die Hypothek ist grundsätzlich akzessorisch („angelehnt"), d. h. in Entstehung und Bestand von einer Forderung abhängig.

Dieser Grundsatz wird insofern durchgeführt, als der Hypothekengläubiger und der Forderungsgläubiger niemals zwei verschiedene Personen sein können. Der Hypothekengläubiger ist stets identisch mit dem Forderungsgläubiger.

2. Durchführung der Akzessorietät

629 a) Bei Begründung der Hypothek: Hypothekengläubiger wird nur, wer Forderungsgläubiger ist. Besteht die Forderung nicht, für welche die Hypothek bestimmt ist, dann erwirbt der Gläubiger, der als Hypothekengläubiger eingetragen ist, nicht die Hypothek; sie steht vielmehr dem Eigentümer zu (§ 1163; vgl. u. § 62). Dies ist wegen § 1177 I 1 keine Durchbrechung der Akzessorietät.

b) Bei Übertragung der Hypothek: Forderung und Hypothek müssen zusammen übertragen werden. Ausgeschlossen ist es, die Forderung allein zu übertragen und sich die Hypothek vorzubehalten oder umgekehrt, die Hypothek zu übertragen und die Forderung zu behalten. Eine Trennung von Hypotheken- und Forderungsgläubiger auf diese Weise ist also ausgeschlossen (§ 1153 II). Vielmehr bewirkt die Übertragung der Forderung automatisch den Übergang der Hypothek auf den neuen Gläubiger (§ 1153 I). Jede entgegenstehende Vereinbarung ist nichtig (vgl. u. § 60 I).

Wird eine Hypothek übertragen, die nur der Eintragung nach, aber nicht in Wahrheit dem Gläubiger zusteht, weil die Forderung nicht oder nicht mehr besteht, so kann die Übertragung wegen des guten Glaubens des Erwerbers nach § 892 wirksam sein; er erwirbt aber nur das dingliche Recht, nicht die Forderung (§ 1138, vgl. u. § 60 IV). Hier liegt also eine echte Durchbrechung der Akzessorietät vor.

c) Beim Ende der Forderung: Endet die Forderung, z. B. durch Erfüllung, so hört automatisch der Gläubiger auf, Hypothekengläubiger zu sein. Die Hypothek geht allerdings nicht unter, sondern auf den Eigentümer über (§ 1163 I 2).

II. Die Arten der Hypotheken

630 Das BGB kennt verschiedene Arten von Hypotheken:

1. Verkehrshypothek und Sicherungshypothek

Die gewöhnliche Form ist die (im Gesetz nicht so genannte) Verkehrshypothek. Diese Bezeichnung hat sich durchgesetzt, weil diese Form von Hypothek auf längere Dauer, aber auch auf einen Wechsel des Inhabers, also auf Einschaltung in den Rechtsverkehr eingestellt ist. Ihr steht die Sicherungshypothek gegenüber (§ 1184). Sie unterscheidet sich von der Verkehrshypothek dadurch, daß sie streng akzessorisch ist (vgl. u. § 64); bei ihr ist der Eigentümer gegen gutgläubigen Erwerb eines Dritten besser gesichert.

Die Verkehrshypotheken dienen vorwiegend dem Kapitalbedarf auf längere Zeit, ebenso dem Streben von Gläubigern nach dauernder Anlage ihrer Kapitalien. Den übereinstimmenden Bedürfnissen entsprechen die Einschränkungen der Kündigung. Gewöhnlich werden Verkehrshypotheken unter Ausschluß der Kündigung für 10–20 Jahre und danach unter Festlegung halbjährlicher Kündigungsfristen und besonderer Kündigungstermine gegeben. Eine kurze Kündigungsfrist könnte den Eigentümer in finanzielle Schwierigkeiten bringen; es muß ihm genügend Zeit bleiben, um entweder die Mittel zur Zahlung zu beschaffen oder einen neuen Kreditgeber zu finden. Die Sicherungshypothek dagegen ist zur Sicherung und Erzwingung kurzfristiger Forderungen bestimmt.

Diesem Unterschied entspricht auch die leichtere und sicherere Übertragbarkeit der Verkehrshypothek, bei welcher der gute Glaube an das Grundbuch oder den Hypothekenbrief eine bedeutende Rolle für die Sicherung des Erwerbs spielt, und der Ausschluß des guten Glaubens bei der Sicherungshypothek, bei welcher auf die Erleichterung der Übertragung vom Gesetzgeber kein Wert gelegt ist. Die Verkehrshypothek ist daher leicht verwertbar. Freilich wird hiervon nicht häufig Gebrauch gemacht.

2. Brief- und Buchhypothek

Die Verkehrshypothek kann in zwei Formen bestellt werden, als Brief- oder als **631**
Buchhypothek (ebenso auch die Grundschuld), je nachdem, ob zur Verbriefung des Rechts ein Hypothekenbrief ausgestellt oder die Erteilung des Briefes ausgeschlossen wird (§ 1116). Ist kein Ausschluß erfolgt, so ist die Hypothek eine Briefhypothek; sie ist dies also im Zweifel. Die Ausschließung erfordert Einigung und Eintragung; die nachträgliche Umwandlung einer Form in die andere ist möglich (§ 1116 II, III). War die Erteilung des Hypothekenbriefs zunächst nicht ausgeschlossen, die Hypothek also eine Briefhypothek, und erfolgt dann eine Umwandlung in eine Buchhypothek, so ist ein etwa im Verkehr gebliebener Hypothekenbrief rechtlich bedeutungslos.[1] Bei nachträglicher Umwandlung einer Buchhypothek in eine Briefhypothek (§ 1116 III) ist auch die Übergabe des neu gebildeten Briefs erforderlich. Briefhypothek und Buchhypothek unterscheiden sich in Entstehung und Übertragung, ferner in ihrer Geltendmachung und in dem öffentlichen Glauben (vgl. u. §§ 55 ff.). Die Briefhypothek eignet sich vor allem für die Zwischenfinanzierung, weil ihre Übertragung keine Eintragung im Grundbuch verlangt.[2]

Die Sicherungshypothek kann nur als Buchhypothek begründet werden (§ 1185 I).

3. Tilgungshypothek

Eine besondere, im Gesetz nicht erwähnte Art ist die Tilgungs-(Amortisations-) **632**
Hypothek. Neben der Zinszahlung erfolgt eine ständige Tilgung der Hypothek in

---

[1] *KG* JFG 7, 419.
[2] Vgl. dazu BGHZ 53, 60, 63 = NJW 1970, 322; *Medicus/Petersen,* Rn. 460, 471.

Jahresraten nach einem vereinbarten Plan, meist so, daß für Zinsen und Tilgung zusammen ein für allemal der gleiche Jahresbetrag vorgesehen ist. Damit sinkt mit dem abnehmenden Kapitalbetrag der Teil der Jahreszahlung, der für die Verzinsung erforderlich ist, der Anteil der Tilgung an der Jahreszahlung wächst ständig, die Tilgung wird also stets schneller. Durch die Tilgung entsteht zunehmend eine Eigentümergrundschuld (vgl. u. § 62 I B), die unverzinslich und selber nicht zu tilgen ist.[3] Diese Form der Hypothek hat den großen Vorteil, daß der Eigentümer, solange er die Raten pünktlich zahlt, vor der Kündigung der Hypothek und damit vor der Notwendigkeit, die ganze Summe auf einmal zahlen zu müssen, geschützt ist, also nicht in ernste finanzielle Verlegenheit geraten kann. Sie ist selten bei privaten Geldgebern, weil diese ihr Kapital nicht auf so lange Zeit unkündbar festlegen wollen und mit den kleinen Rückzahlungen wirtschaftlich nicht viel anfangen können, verbreitet dagegen bei Krediten der öffentlichen Anstalten, der Banken und der Bausparkassen (vgl. u. III und § 62 I B 1); bei der Belastung des Erbbaurechts ist sie allein von praktischer Bedeutung (vgl. u. § 75 III 3).

4. Über die Gesamthypothek vgl. u. § 63.

5. Verbreitung der Hypothekenarten

633 Die Hypothek wird heute im praktischen Rechtsleben weitgehend durch die Grundschuld verdrängt. Soweit noch Hypotheken bestellt werden, überwiegt die Briefhypothek in Norddeutschland, die Buchhypothek ist mehr im Süden verbreitet. Die Sicherungshypothek findet sich häufiger nur in Sonderfällen, vertraglich als Höchstbetragshypothek, sonst als Zwangshypothek (vgl. u. § 64).[4]

III. Die gesicherte Forderung

634 Die Forderungen, für die Hypotheken bestellt werden, sind stets Geldforderungen, denn die Zwangsvollstreckung, die der Befriedigung des Gläubigers dient (vgl. u. § 59 III 4), führt immer zu einem Gelderlös. Meist stehen sie im wirtschaftlichen Zusammenhang mit dem Grundstück, so besonders die Darlehen zur Errichtung von Gebäuden. Daher bilden bei den städtischen Grundstücken den Hauptteil die Baugelderhypotheken. Bei landwirtschaftlichen Grundstücken dienen die gewährten Darlehen oft der Melioration oder der Errichtung von Gebäuden. Bei allen diesen Hypotheken tritt durch die Verwendung der Gelder eine Werterhöhung der Grundstücke ein; daher ist diese Art der Belastung wirtschaftlich bedenkenfrei und führt nicht zu einer Gefährdung des Eigentümers.

Möglich ist aber auch die Belastung des Grundstücks wegen einer Forderung, die dem Grundstück nicht zugute kommt. Im Vordergrund stehen hier die Restkaufgeldhypotheken. Häufig wird der Kaufpreis für ein Grundstück nicht voll bezahlt, sondern ein Teil auf längere Zeit gestundet und zur Sicherheit dafür eine Hypothek

[3] Gelangt die Eigentümergrundschuld jedoch in die Hand eines Gläubigers statt des Eigentümers, so ist sie gem. § 1177 I 2 nach Maßgabe der für die Forderung getroffenen Bestimmungen verzinslich und kündbar; BGHZ 67, 291 = NJW 1977, 100 und BGHZ 71, 206 = NJW 1978, 1579 (bestr.).

[4] Vgl. über die Verwendung der verschiedenen Arten der Hypotheken in der Praxis vor allem *Felgentraeger,* FS J. v. Gierke, 1950, S. 141.

bestellt. Wirtschaftlich hat diese Regelung den Vorteil, daß der Grundstückserwerb mit geringerem Kapitalaufwand ermöglicht wird.

Beispiel: Der Kaufpreis des Grundstücks beträgt 300 000 €; bei Übernahme einer auf dem Grundstück bereits ruhenden Hypothek von 60 000 € ermäßigt sich der bar zu bezahlende Preis auf 240 000 €, bei Begründung einer Restkaufgeldhypothek von 90 000 € auf 150 000 €.

Daher bleiben diese Hypotheken in der Regel auch bei Weiterveräußerung des Grundstücks bestehen, weil immer wieder die Kapitalersparnis vorteilhaft ist. Ferner kommt es zur Hypothekenbestellung auch bei Erbteilungen, wenn ein Grundstück einem Erben allein zugewiesen wird, als Ausgleich aber Geldforderungen der anderen Erben begründet und durch Hypothek gesichert werden. Schließlich werden Hypotheken auch zur Sicherung geschäftlicher Schulden oder wegen persönlichen Geldbedarfs des Eigentümers begründet. Hier besteht keine Verbindung zwischen der Bewirtschaftung des Grundstücks oder Gebäudes und dem Zweck des Kredites und es kommt zu der Gefahr, daß das Grundstückseigentum in den Strudel geschäftlicher Mißerfolge hineingerissen wird. Aber da ein Unternehmen als Ganzes nicht Gegenstand eines Pfandrechts sein kann, ist die Belastung von Betriebsgrundstücken ein wichtiges Mittel von Kreditbeschaffung für Unternehmen.

Die Geldgeber sind in erster Linie Banken, Bausparkassen, Versicherungen und **635**
öffentliche Kreditanstalten, erst in zweiter private Geldgeber. Auf dem Gebiet des Siedlungswesens treten auch Staat und Gemeinden als Geldgeber auf. Große Bedeutung haben im 19. Jahrhundert die Hypothekenbanken erreicht. Für sie gilt das Hypothekenbankgesetz in der Fassung vom 5. 2. 1963 (BGBl. I S. 81). Sie unterliegen staatlicher Aufsicht. Sie gewähren Darlehen gegen Bestellung von Hypotheken und geben ihrerseits Pfandbriefe aus, die aber keine Rechte an den belasteten Grundstücken gewähren, sondern nur Forderungen gegen die Bank verbriefen; gesichert sind sie durch Hypotheken in mindestens gleicher Höhe und durch Vorrechte im Konkurs der Bank. Ferner lassen sich die Sparkassen in großem Maße Hypotheken einräumen, um die Spargelder gut und sicher anzulegen. Die öffentlichen Kreditanstalten dürfen Hypotheken in der Regel nur an erster Rangstelle und nur bis zu einem bestimmten Teil des Grundstückswertes gewähren (nach Landesrecht meist 1/2 des Wertes). Große Bedeutung haben auch die Bausparkassen erlangt. Sie geben nach bestimmter Höhe und Dauer der eingezahlten Beträge im Wege der „Zuteilung“ Kredite gegen Tilgungshypotheken oder Grundschulden und ermöglichen so den Bau von Eigenheimen und Eigentumswohnungen.

Dadurch wird in ausreichendem Maß das Bedürfnis nach Hypotheken an erster Rangstelle befriedigt. Schwieriger gestaltet sich die Bereitstellung von Hypotheken an zweiter Rangstelle, besonders wenn die Belastung bereits die zweite Hälfte oder das letzte Drittel des Grundstückswertes ergreift; denn die zunehmende Unsicherheit der Hypotheken schreckt viele Geldgeber ab. Um den Wohnungsbau und die Siedlung zu erleichtern, springen daher hier neuerdings Staat und Gemeinden als Geldgeber ein. Ferner gewähren auch die Bausparkassen zweite Hypotheken.

§ 55. Die Begründung der Hypothek

I. Die Forderung

636 Aus dem Grundsatz der Akzessorietät der Hypothek folgt, daß ihre Begründung vom Bestehen einer Forderung des Gläubigers abhängig ist (vgl. o. § 54 I 1 und u. § 62 I).

1. Art der Forderung

637 Auch für bedingte oder befristete sowie für künftige Forderungen kann eine unbedingte Hypothekenbestellung erfolgen – und dies ist in der Praxis häufig der Fall (vgl. u. § 62 I A 1) –, doch muß die künftige Forderung wenigstens bestimmbar sein.[1] Bis zur Entstehung der Forderung steht dann die Hypothek dem Eigentümer als vorläufige Grundschuld zu, auflösend bedingt durch die Entstehung der Forderung (vgl. u. § 62 I A). Der Vorteil der Eintragung für den Gläubiger liegt darin, daß der Rang der Hypothek sich nach der Eintragung, nicht nach der Entstehung der Forderung richtet.

Anders ist eine bedingte Hypothek zu behandeln, die in der Praxis nur selten vorkommt. Hier ist die Entstehung der Hypothek bedingt, und solange die aufschiebende Bedingung noch nicht eingetreten ist, steht auch dem Eigentümer keine Grundschuld zu.[2] Ein Beispiel für eine bedingte Hypothek bildet die sog. Ausfallhypothek, die nur in Anspruch genommen werden soll, wenn die Hypothek an einem anderen Grundstück ausfällt.[3]

2. Forderungsauswechslung

638 An die Stelle der Forderung, die durch die Hypothek gesichert wird, kann eine andere treten; Forderungsauswechslung (§ 1180). Sie erfordert einen dinglichen Vertrag zwischen Eigentümer und Gläubiger und Eintragung im Grundbuch.

Steht die neue Forderung einem anderen Gläubiger zu als die bisherige, so wird der Vertrag zwischen Eigentümer und neuem Gläubiger geschlossen und ist die Zustimmung des bisherigen Gläubigers erforderlich (§ 1180 II). Dieser seltene Fall ist zu unterscheiden vom Erlöschen der alten Forderung, welche den Erwerb durch den Eigentümer zur Folge hat, und von der Übertragung dieser Eigentümergrundschuld an einen neuen Gläubiger (vgl. u. § 59 III).

Umstritten ist die Rechtslage bei nichtiger Forderung. Ist z.B. der Darlehensvertrag nichtig, wurde die Darlehenssumme aber gleichwohl ausgezahlt, so stellt sich die Frage, ob die Hypothek auch ohne besondere Vereinbarung den nunmehr bestehenden Bereicherungsanspruch sichern kann. Im Hinblick auf den im Immobiliarsachenrecht geltenden Bestimmtheitsgrundsatz dürfte dies ohne weiteres wohl nicht der Fall sein.[4] Entscheidend ist aber letztlich stets die Auslegung der dinglichen Einigung.[5]

---

[1] Vgl. dazu *Westermann,* JZ 1962, 302.

[2] Vgl. *Eickmann,* in: Westermann, § 95 A II 1.

[3] RGZ 122, 327.

[4] MünchKomm/*Eickmann,* § 1113 Rn. 73; Staudinger/*Scherübl,* § 1113 Rn. 36; *RG* JW 1911, 653; a. A. *Baur/Stürner,* § 37 Rn. 48; *Rimmelspacher,* Rn. 711 ff.

[5] Palandt/*Bassenge,* § 1113 Rn. 15. Vgl. auch *BGH* NJW 1968, 1134.

3. Haftung für Zinsen

Das Grundstück haftet nicht nur für den Forderungsbetrag, das sog. Hypothekenkapital, sondern auch für die vertragsmäßigen Zinsen kraft Eintragung derselben im Grundbuch (§ 1115). 639

Darüber hinaus haftet das Grundstück aber auch – ohne besondere Eintragung – für die gesetzlichen Zinsen, insbesondere wegen Verzugs und Rechtshängigkeit nach §§ 288, 291, sowie nach § 1118 für die Kosten der Kündigung und der Rechtsverfolgung zwecks Befriedigung aus dem Grundstück (dingliche, nicht persönliche Klage und Vollstreckung in das Grundstück), nicht dagegen für Schadensersatzansprüche aus Verzug.

Nachträgliche Änderungen im Inhalt der Forderung erfordern die Zustimmung der im Rang Gleich- oder Nachberechtigten, weil sie von ihnen betroffen werden. Nicht notwendig ist sie bei bloßer Änderung der Zahlungszeit oder des Zahlungsorts oder der Erhöhung der Zinsen auf 5 % (§ 1119).

II. Bestellung der Verkehrshypothek als Briefhypothek

Die Verkehrshypothek ist in der Regel Briefhypothek. Soll die Verkehrshypothek als Buchhypothek bestellt werden, so muß die Erteilung des Hypothekenbriefs ausgeschlossen werden (§ 1116 II; vgl. o. § 54 II 2). 640

Zur Entstehung der Verkehrshypothek als Briefhypothek sind die Einigung des Grundstückseigentümers und des Hypothekengläubigers, die Eintragung der Hypothek im Grundbuch und die Übergabe des Hypothekenbriefs an den Hypothekengläubiger erforderlich.

1. Inhalt der Eintragung

Für den Inhalt der Eintragung gibt § 1115 noch besondere Vorschriften. Danach müssen im Grundbuch eingetragen werden der Gläubiger, der Geldbetrag, der (häufig gleitende)[6] Zinssatz der Forderung, zu deren Sicherung die Hypothek bestellt ist, und, soweit es zur Individualisierung der Forderung, wie in der Regel, erforderlich ist, der Grund der Forderung,[7] freilich meist nur mit kurzer Bezeichnung, wie Darlehenshypothek u. dgl. Dies erklärt sich aus der akzessorischen Natur der Hypothek. 641

Im übrigen kann auf die Bewilligung Bezug genommen werden. Hierunter fallen die Bestimmungen über die Kündigung der Hypothek, über besondere Zahlungsbedingungen (z. B. Wertsicherungsklauseln mit Genehmigung der Bundesbank),[8] über Folgen unpünktlicher Zinszahlung, über Zinstermine insbesondere den Zinsbeginn,[9] ferner über den Entstehungsgrund der Forderung. Alle diese Bestimmungen sind aber eintragungsfähig. Bei einer befristeten Nebenleistung muß das Ende der Frist aus dem Grundbuch selbst ersichtlich sein.[10]

Fehlen die notwendigen Angaben, so entsteht die Hypothek trotz Eintragung nicht. Sonstige Lücken oder Unrichtigkeiten hindern die Entstehung der Hypothek nicht, wenn nur die Identität der Forderung feststeht.[11]

---

[6] Zur Beachtung des das Sachenrecht beherrschenden Bestimmtheitsgrundsatzes bei Eintragung gleitender Zinssätze vgl. *BGH* NJW 1975, 1314 und *BayObLG* NJW 1975, 1365.

[7] Str.; wie hier *Eickmann,* in: Westermann, § 95 A II 2.

[8] Vgl. *Dürkes,* Wertsicherungsklauseln, 9. Aufl., 1982.

[9] Vgl. dazu *BayObLG* NJW-RR 2000, 275, 276; *BGH* MDR 2000, 849.

[10] *OLG Karlsruhe* DNotZ 1969, 36.

[11] Vgl. hierzu z. B. BGHZ 47, 41 = NJW 1967, 925.

Über die Höhe der Rückstände von Zinsen gibt das Grundbuch keine Auskunft. Daher ist hier auch kein gutgläubiger Erwerb möglich, der die Befreiung von ihnen herbeiführt.

2. Übergabe des Hypothekenbriefs

642 Der Gläubiger erwirbt die Briefhypothek erst durch Übergabe des Briefs an ihn (§ 1117). Vor der Übergabe ist zwar die Hypothek entstanden (mit Einigung und Eintragung), steht aber noch dem Eigentümer zu.

Die Übergabe kann auch hier ersetzt werden durch Besitzkonstitut nach § 930 (der Eigentümer vereinbart mit dem Gläubiger, daß er den Brief einstweilen für ihn aufbewahrt) oder durch Abtretung des Herausgabeanspruchs gegen einen dritten Besitzer des Briefs nach § 931. Beides kommt in der Praxis nur ausnahmsweise vor.

Große praktische Bedeutung hat die in § 1117 II erwähnte Vereinbarung zwischen Eigentümer und Gläubiger, daß der Gläubiger berechtigt sein soll, sich den Brief vom Grundbuchamt aushändigen zu lassen. Damit wird der Umweg vermieden, daß der Brief zuerst dem Eigentümer und dann von ihm dem Gläubiger ausgehändigt wird.

Eine Form für diese Vereinbarung ist zwar nicht vorgeschrieben, doch muß das Grundbuchamt eine Erklärung zu seinem Protokoll oder öffentliche oder öffentlich beglaubigte Urkunden fordern, wenn es demgemäß handeln soll (§ 60 II GBO). Die einseitige Ermächtigung des Grundbuchamts durch den Eigentümer, den Brief dem Gläubiger auszuhändigen, ist ebenfalls möglich; in diesem Fall tritt aber der Erwerb der Hypothek durch den Gläubiger erst mit der Aushändigung an ihn ein.

Im Fall der Übertragung der Hypothek kann die Vereinbarung der Aushändigung des Briefs durch das Grundbuchamt die in § 1154 vorgeschriebene Übergabe ersetzen.

643 Die Aufschiebung des Erwerbs des Gläubigers bezweckt die Sicherung des Eigentümers dagegen, daß der Gläubiger die Darlehensvaluta an ihn nicht bezahlt, aber die bereits eingetragene Hypothek an einen gutgläubigen Dritten überträgt. Eine Bewilligung der Eintragung des Gläubigers nur Zug um Zug gegen Zahlung der Valuta ist nach den Grundsätzen des Grundbuchrechts als bedingte Bewilligung ausgeschlossen. Dagegen kann der Eigentümer ohne weiteres die Aushändigung des Briefs an den Gläubiger nur Zug um Zug gegen Zahlung der Valuta vornehmen und sich dadurch vollständig sichern. Zuverlässigen Gläubigern gegenüber wird von der Vereinbarung der Aushändigung durch das Grundbuchamt häufig Gebrauch gemacht, weil in diesen Fällen für eine Sicherung des Eigentümers kein Bedürfnis besteht.

III. Bestellung der Verkehrshypothek als Buchhypothek

644 Eine Buchhypothek entsteht, wenn sich die Beteiligten über die Bestellung einer Hypothek für eine zu sichernde Forderung einig sind und Hypothek und Ausschluß der Erteilung des Hypothekenbriefs im Grundbuch eingetragen werden (§§ 873, 1116 II). Anders als bei der Briefhypothek erwirbt der Gläubiger die Buchhypothek schon im Augenblick ihrer Entstehung; eine Briefübergabe scheidet naturgemäß aus.

Haben sich die Parteien über die Bestellung einer Buchhypothek geeinigt, unterblieb aber die Eintragung der Ausschließung der Erteilung des Hypothekenbriefs, so erwirbt der Grundpfandgläubiger mit Übergabe des Hypothekenbriefs in entsprechender Anwendung des § 140 eine Briefhypothek; vor der Übergabe des Briefs besteht eine Eigentümergrundschuld (§ 1163 II). Wollten die

Parteien dagegen eine Briefhypothek bestellen, wurde aber der Briefausschluß eingetragen, so entsteht bis zur Erteilung und Übergabe des Briefs wiederum eine Eigentümergrundschuld, danach eine Briefhypothek;[12] bis zur Löschung der Ausschließung ist das Grundbuch unrichtig.

Da die Bewilligung der Eintragung bei der Buchhypothek ebensowenig von der Zahlung der Valuta abhängig gemacht werden kann wie bei der Briefhypothek (vgl. o. II), gewährt § 1139 dem Eigentümer in dem Hauptfall, der Darlehenshypothek, eine andere Sicherung gegenüber der Gefahr, daß der Gläubiger das Darlehen nicht auszahlt. Der Eigentümer kann nämlich die Eintragung eines Widerspruchs erreichen, und zwar in Abweichung von der allgemeinen Vorschrift des § 899 auf Grund seines Antrages, den er allerdings innerhalb eines Monats seit Eintragung der Hypothek stellen muß und der der Form des § 29 GBO bedarf.[13] Dieser Widerspruch hat sogar rückwirkende Kraft; denn er hat die gleiche Wirkung, wie wenn er bereits zugleich mit der Hypothek eingetragen wäre (§ 1139 Satz 2). Damit wird nicht nur der gutgläubige Erwerb nach Eintragung des Widerspruchs ausgeschlossen, sondern jeder Erwerb von vornherein. 645

Die Besonderheit dieser Regelung besteht nicht in der Zulassung des Widerspruchs; denn diesen könnte der Eigentümer auch ohne § 1139 erreichen. Denn wird das Darlehen nicht ausgezahlt, so entsteht die Darlehensforderung nicht, und demgemäß steht die Hypothek nach § 1163 I 1 dem Eigentümer zu, das Grundbuch ist also unrichtig und ein Widerspruch nach § 899 möglich. Das Besondere liegt vielmehr darin, daß der Widerspruch weder eine Bewilligung des Gläubigers noch eine einstweilige Verfügung erfordert (vgl. o. § 21 II) und daß er rückwirkende Kraft hat.

Nach Ablauf der Monatsfrist ist der Widerspruch nicht etwa ausgeschlossen, aber nur noch gemäß der allgemeinen Vorschrift des § 899 möglich. Praktisch wird wohl kein Eigentümer, dem das Darlehen nicht vereinbarungsgemäß ausgezahlt wird und der gegen den Gläubiger Mißtrauen hegt, die Frist verstreichen lassen.

Umstritten ist, ob die Sittenwidrigkeit eines wucherischen Darlehens auch das dingliche Geschäft, also die Hypotheken- oder Grundschuldbestellung ergreift, daher auch dieses nichtig macht,[14] oder ob das dingliche Geschäft inhaltlich nicht sittenwidrig im Sinn von § 138 sein kann. Verneint man die Sittenwidrigkeit und damit die Nichtigkeit der Hypothekenbestellung, so entsteht eine Eigentümerhypothek wegen Nichtigkeit der Forderung (vgl. u. § 62 I A 1).

IV. Besondere Entstehungsarten

Eine Entstehung unmittelbar auf Grund eines gesetzlichen Tatbestandes gibt es nur in den Ausnahmefällen von § 1287 (vgl. u. § 72 V 2) und § 848 ZPO. Daß das Gesetz die Entstehung unmittelbar kraft Gesetzes nur ausnahmsweise zuläßt, ist verständlich; denn jede Entstehung einer Hypothek ohne Eintragung bedeutet eine Unrichtigkeit des Grundbuchs und verträgt sich deshalb nicht mit den Grundsätzen des Grundbuchrechts. Hiervon zu unterscheiden ist der Fall des § 648, bei dem es sich nicht um einen gesetzlichen Entstehungstatbestand handelt, sondern der Unternehmer gegen den Grundstückseigentümer einen gesetzlichen Anspruch auf Bestellung einer Sicherungshypothek hat (vgl. u. § 64 II). 646

Eine schon bestehende oder wenigstens schon eingetragene Hypothek kann dagegen automatisch ohne Übertragung und erneute Eintragung auf einen anderen übergehen oder einem anderen als dem eingetragenen Gläubiger zustehen, besonders im Fall der Eigentümerhypothek nach § 1163 (vgl. u. § 62). Auch die Übertragung einer Briefhypothek erfordert die Eintragung im Grundbuch nicht (vgl. u. § 60 II).

---

[12] Vgl. *Baur/Stürner,* § 37 Rn. 18; *Wolff/Raiser,* § 133 V 2.
[13] Vgl. Soergel/*Konzen,* § 1139 Rn. 2.
[14] So *BGH* NJW 1982, 2767.

§ 56. Der Hypothekenbrief

Literatur: Vgl. dazu die Kommentare zur GBO, zitiert bei § 23.

647 Als normale Art der Verkehrshypothek behandelt das BGB die Briefhypothek. Für sie ist charakteristisch, daß über das Hypothekenrecht ein Brief ausgestellt wird, der Hypothekenbrief (§ 1116 I).

I. Ausstellung des Hypothekenbriefs

648 Die Ausstellung erfolgt durch das Grundbuchamt (§ 56 GBO).

Wesentliche Erfordernisse, bei deren Fehlen der Brief unwirksam ist, sind die Bezeichnung als Hypothekenbrief, die Angabe des belasteten Grundstücks und des Geldbetrags der Hypothek, ferner Unterschriften und Siegel oder Stempel (§ 56 GBO).

Ferner soll der Hypothekenbrief die Nummer des Grundbuchblatts und den Inhalt der die Hypothek betreffenden Eintragungen enthalten; das belastete Grundstück soll mit der laufenden Nummer bezeichnet werden, unter der es im Bestandsverzeichnis des Grundbuchs verzeichnet ist; bei der Hypothek eingetragene Löschungsvormerkungen nach § 1179 sollen in den Hypothekenbrief nicht aufgenommen werden (§ 57 GBO). Außerdem soll die Schuldurkunde (wenn eine solche vorhanden ist) mit dem Brief verbunden werden (§ 58 GBO).

II. Grundbuch und Brief

649 Sie stimmen zunächst bei ordnungsmäßiger Ausstellung überein. Aber auch weiterhin ist für die Übereinstimmung gesorgt durch die Vorschriften der Grundbuchordnung, wonach jede Eintragung im Grundbuch auch auf dem Brief vermerkt werden soll und bei allen die Hypothek betreffenden Eintragungen auch der Brief zum Zwecke entsprechender Vermerke auf ihm vorzulegen ist (§§ 41, 42, 61, 62, 63, 65 GBO). Ausnahmen gelten für die Löschungsvormerkung nach § 1179 (§§ 41 I 3, 62 I 2 GBO).

III. Rechtliche Bedeutung des Hypothekenbriefs

650 Der Brief ist von erheblicher Bedeutung

1. beim Erwerb der Hypothek durch den ersten Gläubiger nach § 1117: der Erwerb ist an die Übergabe des Briefes geknüpft (vgl. o. § 55 II);

2. bei der Übertragung der Hypothek nach § 1154: die Übergabe des Briefes ist für die Übertragung von Hypothek und Forderung erforderlich (vgl. u. § 60 II); entsprechendes gilt für die Verpfändung der Hypothek (§ 1274), für ihre Pfändung (§ 830 ZPO) und für die Bestellung eines Nießbrauchs an ihr (§ 1069);

3. als Legitimation für den gutgläubigen Erwerb einer Hypothek nach § 1155 (vgl. u. § 60 III);

4. für die Kündigung und Mahnung bei der Hypothek: der Eigentümer kann sie zurückweisen, wenn der Gläubiger den Brief nicht vorlegt, und sie dadurch unwirksam machen (§ 1160 II); dasselbe gilt für Kündigung und Mahnung der Hypothekenforderung, wenn der persönliche Schuldner der Eigentümer ist (§ 1161);

5. für die gerichtliche Geltendmachung: die Vorlegung des Briefs gehört zwar nicht zur Klagebegründung, aber der beklagte Eigentümer kann eine Einrede erheben, wenn der Brief nicht vorgelegt wird, und dadurch die Abweisung der Klage oder wenigstens die Setzung einer vom Kläger zu beantragenden Frist für die Vorlegung erreichen (§ 1160 I), nach deren Ablauf die Abweisung erfolgt. Die Einrede bedeutet nicht notwendig, daß der Beklagte das Recht des Klägers leugnet, sondern lediglich, daß er zu seiner Sicherung auf der Vorlegung besteht. Ist der Eigentümer der persönliche Schuldner, gilt § 1160 auch für die Geltendmachung der Forderung (§ 1161).

IV. Die Rechtsnatur des Hypothekenbriefs

Der Hypothekenbrief ist eine öffentliche Urkunde. Doch können auf ihm auch **651** private Erklärungen stehen, z. B. Quittungen über Teilzahlungen, Widersprüche gegen die Richtigkeit des Grundbuchs. Er ist mehr als eine bloße Beweisurkunde, wie insbesondere die Notwendigkeit seiner Übergabe bei Übertragung des Hypothekenrechts zeigt. Der Hypothekenbrief ist vielmehr ein Wertpapier, da er ein privates Recht in der Weise verbrieft, daß es ohne die Papiervorlage (§§ 1160 f.) bzw. ein diese ersetzendes Ausschlußurteil (§ 1162, § 1018 ZPO) nicht geltend gemacht werden kann.[1] Er ist aber kein Wertpapier i. e. S., bei dem das Recht aus dem Papier dem Recht am Papier folgt, sondern ein Rektapapier.[2] Wird das Recht nach allgemeinen Regeln übertragen, so folgt ihm gem. § 952 das Eigentum an der Urkunde.

Er repräsentiert das Grundbuch und ersetzt es im Verkehr in weitem Umfang. Insbesondere ist zur Übertragung der Hypothek die Eintragung im Grundbuch nicht erforderlich (§ 1154). Für die Übertragung bedeutet dies eine wesentliche Erleichterung, und dies ist gerade mit der Schaffung der Briefhypothek beabsichtigt gewesen. Doch läßt sich bezweifeln, ob die mit dieser Erleichterung erreichte Mobilisierung der Hypothek volkswirtschaftlich erwünscht ist.

V. Öffentlicher Glaube und Brief

Der Brief genießt nicht öffentlichen Glauben wie das Grundbuch. Besteht ein **652** Widerspruch zwischen Brief und Grundbuch, so ist die Grundlage des Erwerbs, auch des gutgläubigen, nur das Grundbuch. Ist z. B. die Hypothek im Grundbuch mit 80 000 € eingetragen, während der Brief auf 100 000 € lautet, so ist ein Erwerb der Hypothek immer nur in Höhe von 80 000 € möglich.

---

[1] *Baumbach/Hefermehl,* Wechselgesetz, 15. Aufl., 1986, WPR Rn. 11; *Hueck/Canaris,* Recht der Wertpapiere, 11. Aufl., 1977, S. 1 ff. (5).

[2] *Baumbach/Hefermehl,* Wechselgesetz, 15. Aufl., 1986, WPR Rn. 61; *Hueck/Canaris,* Recht der Wertpapiere, 11. Aufl., 1977, S. 21.

Aber der Hypothekenbrief kann den öffentlichen Glauben des Grundbuchs zerstören, wenn die Unrichtigkeit des Grundbuchs aus dem Brief oder aus einem auf ihn gesetzten privaten Vermerk hervorgeht, z. B. aus einer Teilquittung (§ 1140). Ist z. B. von einer Hypothek im Betrag von 80 000 € ein Teilbetrag von 25 000 € zurückgezahlt und hierüber ein Quittungsvermerk auf dem Brief gesetzt, so ist ein Erwerb der Hypothek durch einen neuen Gläubiger nur noch in Höhe von 55 000 € möglich und ein gutgläubiger Erwerb in Höhe von 80 000 € ausgeschlossen, auch wenn die Teilzahlung im Grundbuch nicht vermerkt ist. Ebenso genügt ein Widerspruch auf dem Brief, um den öffentlichen Glauben des Grundbuchs geradeso auszuschließen, wie ein Widerspruch im Grundbuch selbst (§ 1140 Satz 2). Unter Widerspruch ist hier auch jeder private Vermerk zu verstehen, z. B. eine Teilquittung, zu der der Gläubiger nach § 1145 sogar verpflichtet ist, nicht etwa nur ein amtlicher Vermerk des Grundbuchamts wie nach § 899.

Man kann also zusammenfassend sagen: Der richtige Brief geht dem unrichtigen Grundbuch vor, aber nicht etwa umgekehrt, der unrichtige Brief dem richtigen Grundbuch.

VI. Kraftloserklärung

653 Der Brief kann bei Abhandenkommen oder Vernichtung für kraftlos erklärt werden (§ 1162, Aufgebotsverfahren); dadurch wird die Ausstellung eines neuen Briefs möglich. Das Verfahren richtete sich bis 31. 8. 2009 nach dem 9. Buch der ZPO. Nunmehr gelten die §§ 433–488 FamFG, insbes. die §§ 433–441, 466–496, 476–479, 484 FamFG.

§ 57. Der Gegenstand der Hypothek

Literatur: *Plander,* Die Erstreckung der Hypothekenhaftung auf bewegliche Sachen und deren Enthaftung, JuS 1975, 345; *Wilhelm,* Das Anwartschaftsrecht des Vorbehaltskäufers im Hypotheken- und Grundschuldverband, NJW 1987, 1785.

I. Das Grundstück als Haftungsobjekt

654 Haftungsobjekt für die Hypothek ist in erster Linie natürlich das Grundstück mit allen seinen wesentlichen oder unwesentlichen Bestandteilen, und zwar ohne Unterschied, ob sie schon bei Bestellung der Hypothek vorhanden waren oder erst später hinzugekommen sind, wie z. B. nachträglich errichtete Gebäude, gepflanzte Bäume oder die heranwachsende Ernte. So kommt jeder Wertzuwachs als erhöhte Sicherung dem Hypothekengläubiger zugute.

Es können auch reale Teile eines Grundstücks sein – doch verlangt § 7 I GBO die Abschreibung des Teils, also die Umwandlung in ein selbständiges Grundstück –, ideelle Teile nur im Falle des Miteigentums (§ 1114).

655 Die Bestandteile und Erzeugnisse des Grundstücks bleiben aber auch nach der Trennung noch verhaftet, wenn sie mit der Trennung ins Eigentum des Grundstückseigentümers gelangen, nicht aber wenn sie gemäß §§ 954 ff. Eigentum eines anderen dinglich oder obligatorisch Berechtigten werden (§ 1120).[1] Außerdem erstreckt sich die hypothekarische Haftung auch auf gewisse selbständige bewegliche Sachen, nämlich das Zubehör des Grundstücks, wiederum soweit es Eigentum des Grundstückseigentümers ist (§ 1120). Auch das Anwartschaftsrecht am Zubehör wird von der Haftung erfaßt (vgl. o. § 33 II 5).[2]

Diese Erweiterung nach § 1120 ist für die Sicherheit der Hypothek erforderlich. Denn die Verwertung eines bloßen Grundstücks ohne seine Erzeugnisse und sein Zubehör würde bei allen landwirtschaftlichen und vielen zu gewerblichen Zwecken benutzten städtischen Grundstücken auf Schwierigkeiten stoßen und den Erlös zum Schaden der Gläubiger stark mindern. Es wird also eine gewisse Zusammenfassung zu einer Nutzungseinheit vorgenommen. Eine ähnliche Einheit bei einem industriellen Unternehmen ist nicht vorgesehen.

Aus der Zugehörigkeit der genannten Bestandteile und Sachen zum Haftungsverband ergeben sich Folgerungen, falls ein Dritter diese Sachen im Wege der Mobiliarvollstreckung pfänden will: Handelt es sich um wesentliche Bestandteile oder um Zubehör, ist wegen § 93 bzw. § 865 II 1 ZPO eine Pfändung unzulässig. Bei unwesentlichen Bestandteilen und Früchten kommt es darauf an, ob eine Beschlagnahme zugunsten des Hypothekars bereits erfolgt ist. Nach der Beschlagnahme ist eine Pfändung wegen § 865 II 2 ZPO bzw. § 810 I 1 ZPO ebenfalls unzulässig. Vor der Beschlagnahme ist – außer bei nicht getrennten Bestandteilen – eine Mobiliarvollstreckung möglich; mit Entfernung vom Grundstück durch den Gerichtsvollzieher scheiden die Sachen aus der Hypothekenhaftung aus.[3]

II. Haftung der Erzeugnisse und getrennten Bestandteile

Diese Haftung kann aber nicht unbegrenzt fortdauern. Sie würde den Grund- 656
stückseigentümer an der Veräußerung der Erzeugnisse und getrennten Bestandteile hindern und damit seinen Wirtschaftsbetrieb lahmlegen; denn wer hätte Lust, Getreide, Vieh oder Obst zu kaufen, wenn es dem Hypothekengläubiger dauernd haften würde und daher seinem Zugriff noch unterläge? Das Gesetz muß daher einen Ausgleich finden zwischen dem Interesse des Hypothekengläubigers an seiner Sicherheit und dem Interesse des Eigentümers an der wirtschaftlichen Verwertung der Erzeugnisse und des Zubehörs. Er wird durch die Vorschriften über das Freiwerden von der hypothekarischen Haftung verwirklicht. Ein Veräußerungsverbot besteht nicht. Abgestellt wird einerseits auf die Veräußerung und die Entfernung der Sachen vom Grundstück, andererseits auf die Beschlagnahme des Grundstücks zugunsten des Hypothekengläubigers.

Die Beschlagnahme erfolgt durch Anordnung der Zwangsversteigerung oder der Zwangsverwaltung des Grundstücks (durch Beschluß des Vollstreckungsgerichts, im Umfang nicht völlig gleich, §§ 20, 21, 148 ZVG), ferner im Ausmaß beschränkt auch durch vorherige Pfändung der haftenden Gegenstände (im Wege der Mobiliarvoll-

---

[1] Str., ob dies auch bei einem Nießbrauch gilt, der nach der Hypothek entstanden ist; bejahend *Baur/Stürner,* § 39 Rn. 26, *Eickmann,* in: Westermann, § 97 II 1, *Wolff/Raiser,* § 135 II, jeweils mit dem richtigen Hinweis, daß der Hypothekar durch die Zwangsverwaltung den rangschlechteren Nießbraucher verdrängen könne.

[2] Vgl. BGHZ 35, 85 = NJW 1961, 1349. Nach BGHZ 92, 280 = NJW 1985, 386 scheidet das Anwartschaftsrecht aus dem Haftungsverband aus, wenn es durch Vereinbarung zwischen Vorbehaltsverkäufer und Vorbehaltskäufer aufgehoben wird; so auch *Wilhelm,* NJW 1987, 1785; a. M. *Kollhosser,* JZ 1985, 370, *Reinicke,* JuS 1986, 957 sowie *Tiedtke,* NJW 1985, 1305 und 1988, 28, der auf diesen Fall § 1276 analog anwenden will.

[3] Vgl. im einzelnen und zu den Rechten des Hypothekengläubigers MünchKomm/*Eickmann,* § 1120 Rn. 40 ff.

streckung, außer bei Zubehör, vgl. § 865 ZPO), schließlich der stehenden Früchte nach § 810 ZPO, so daß zwei Wege der Vollstreckung dem Gläubiger offen stehen. Die Beschlagnahme erfolgt als Vollstreckungsmaßnahme nur, wenn der Gläubiger vom Eigentümer nicht rechtzeitig befriedigt wird. Solange dies dagegen der Fall ist, z.B. die Zinsen pünktlich bezahlt werden und eine Kündigung des Kapitals nicht geschehen ist, erfolgt keine Beschlagnahme. Dann besteht für die Veräußerung kein Hindernis, das Freiwerden von der Haftung tritt daher im normalen Verlauf stets ein.

Drei Fälle sind im Hinblick auf Veräußerung, Entfernung und Beschlagnahme getrennter Bestandteile oder Erzeugnisse zu unterscheiden:

1. Beschlagnahme nach Veräußerung und Entfernung

657 In diesem Fall werden die Erzeugnisse, Bestandteile und Zubehörstücke von der Haftung für die Hypothek frei (§ 1121 I). Dies stellt den Normalfall dar, weil Vollstreckungsmaßnahmen des Hypothekengläubigers nur ausnahmsweise erfolgen.

Hier kommt es auch auf die Kenntnis des Erwerbers der Sachen von der Hypothek nicht an; denn auch wenn er sie kennt, erwirbt er die Sachen doch frei von der hypothekarischen Haftung. Dadurch ist in diesem Normalfall der Erwerber jeder Sorge um eine etwa fortbestehende hypothekarische Haftung enthoben, und die Veräußerung und Entfernung vom Grundstück können ungestört und ungehindert im Rahmen des ordnungsmäßigen Wirtschaftsbetriebes erfolgen. Hieraus erklärt sich, daß im normalen Güterumsatz der Käufer von Ernteerzeugnissen oder Vieh sich keine Gedanken über die hypothekarische Belastung und Haftung zu machen braucht. Ob die Veräußerung vor der Entfernung erfolgt oder umgekehrt, spielt keine Rolle. Es sind also die beiden Reihenfolgen hier geregelt:

Veräußerung – Entfernung – Beschlagnahme und *Entfernung – Veräußerung – Beschlagnahme.*

Beispiel für den ersten Fall: Der Landwirt verkauft und übereignet Ernteerzeugnisse an einen Händler, dieser bringt sie dann vom Grundstück zu seinem Lager;

Beispiel für den zweiten Fall: Der Landwirt schafft Getreide seiner Ernte in sein Lagerhaus und verkauft und übereignet es von dort aus an einen Händler.

2. Entfernung nach Beschlagnahme und Veräußerung

658 Die Lage gestaltet sich anders in dem Fall,[4] daß vor der Entfernung vom Grundstück die Beschlagnahme erfolgt (§ 1121 II). In diesem Fall hilft die Unkenntnis von der Hypothek dem Erwerber nichts, denn er muß aus dem Zusammenhang der Sachen mit dem Grundstück auf die Möglichkeit der Haftung dieser Sachen für eine Hypothek schließen. Ob die Veräußerung vor der Beschlagnahme erfolgt oder umgekehrt, spielt keine Rolle. Es sind hier die beiden Reihenfolgen:

Veräußerung – Beschlagnahme – Entfernung und *Beschlagnahme – Veräußerung – Entfernung* geregelt.

Erst wenn der Erwerber die Sachen nach der Veräußerung und nach der Beschlagnahme entfernt, so erlischt die Haftung, falls er in Bezug auf die Beschlagnahme gutgläubig war (§ 1121 II 2), also sie weder kannte noch infolge grober Fahrlässigkeit nicht kannte. Hierbei ist jedoch die Fiktion des § 23 II S. 2 ZVG zu beachten, wonach die Beschlagnahme mit Eintragung des Zwangsversteigerungsvermerks als bekannt gilt.

---

[4] Vgl. dazu *BGH* NJW 1979, 2514 und dazu *Plander,* JuS 1981, 565.

3. Veräußerung nach Entfernung und Beschlagnahme

Sofern die Veräußerung erst nach der Entfernung und der Beschlagnahme erfolgt, kann eine Enthaftung nach den §§ 135 II, 136, 932 ff. BGB eintreten, wenn der Erwerber im Zeitpunkt der Veräußerung bezüglich der Beschlagnahme (vgl. 23 ZVG) gutgläubig war. Dies gilt sowohl für die Reihenfolge: 659
Entfernung – Beschlagnahme – Veräußerung als auch für die Reihenfolge *Beschlagnahme – Entfernung – Veräußerung.*

Sofern die Entfernung vor der Beschlagnahme erfolgt, kann die hypothekarische Haftung auch bereits dadurch erlöschen, daß die Erzeugnisse oder Bestandteile innerhalb der Grenzen einer ordnungsgemäßen Wirtschaft abgetrennt werden und die Entfernung nicht nur zu einem vorübergehenden Zweck erfolgt (§ 1122).

Beispiel: Getreide wird in ein Lagerhaus außerhalb des Grundstücks oder in die Stadt gebracht, um dort verkauft zu werden. Bevor es zum Verkauf kommt, wird die Zwangsversteigerung des Grundstücks angeordnet.

Entsprechend werden auch Zubehörteile frei, wenn innerhalb derselben Grenzen die Zubehöreigenschaft vor der Beschlagnahme aufgehoben wird (was in der Regel auch die räumliche Trennung vom Grundstück erfordert). Die mit der Stillegung eines Betriebs einhergehende Aufhebung der Zubehöreigenschaft der Betriebseinrichtung erfolgt jedoch nicht in den Grenzen einer ordnungsgemäßen Wirtschaft und führt daher nicht zu einer Enthaftung der Zubehörstücke.[5] Schließlich erlischt die hypothekarische Haftung auch durch Verbindung, Vermischung oder Verarbeitung, wenn auf diese Weise das Eigentum des Grundstückseigentümers erlischt.

III. Haftung der Miet- und Pachtzinsforderungen

Die Haftung für die Hypothek erstreckt sich im Fall der Vermietung oder Verpachtung des Grundstücks auf die Miet- und Pachtzinsforderung (§ 1123).[6] Im Fall der Pacht stellt dies den Ausgleich dafür dar, daß die natürlichen Früchte des Grundstücks nicht von der Haftung erfaßt werden, weil sie ins Eigentum des Pächters fallen (§ 956, vgl. o. § 41 V). 660

Auch hier muß die Haftung unter bestimmten Voraussetzungen erlöschen, um dem Vermieter nicht die Einziehung der Mieten unmöglich zu machen und dadurch seine wirtschaftliche Stellung untragbar zu gestalten. Wiederum kommt es auf die Beschlagnahme an. Sie wird hier aber nicht durch die Zwangsversteigerung, sondern nur durch die Zwangsverwaltung bewirkt (vgl. § 21 II ZVG), daneben aber auch ohne Erfassung des Grundstücks durch bloße Pfändung des Anspruchs auf die Mietzinsen im Weg der Mobiliarvollstreckung nach §§ 829 ff. ZPO. Erfolgt die Einziehung der Miete oder Pacht vor der Beschlagnahme, so ist sie dem Hypothekengläubiger gegenüber wirksam (§ 1124).[7] Damit wird wieder erreicht, daß

---

[5] Vgl. dazu BGHZ 56, 298 = NJW 1971, 1701; BGHZ 60, 267 = NJW 1973, 997; *BGH* NJW 1996, 835.

[6] Ist die Mietzinsforderung abgetreten worden, fällt sie dennoch in den Haftungsverband, *BGH* ZIP 2005, 1452.

[7] Der Einziehung steht die Hinterlegung der Mietzinsforderung nach § 372 gleich, vgl. *BGH* NJW-RR 1989, 200.

Mieter und Vermieter, solange kein Gläubiger eine Veranlassung hat, wegen Nichterfüllung seiner Forderung die Vollstreckung zu betreiben, sich um die Hypothek und die Haftung für sie nicht zu kümmern brauchen. Der Hypothekengläubiger kann der Pfändung von Miete oder Pacht durch andere Gläubiger nicht widersprechen, wenn er nicht selbst die Pfändung bewirkt hat oder solange er die Zwangsverwaltung des Grundstücks nicht anordnen läßt.

Die Zahlung befreit den Mieter oder Pächter aber nur für einen bestimmten Zeitraum. Denn zur Sicherheit des Hypothekengläubigers sind weitgreifende Vorausverfügungen des Vermieters unwirksam; daher die Grenzen, die § 1124 II zieht. Jede rückständige Mietforderung wird außerdem von der Haftung frei, wenn ein Jahr seit ihrer Fälligkeit verstrichen ist (§ 1123 II).

Der Einziehung der Mietzinsen stehen andere Verfügungen des Vermieters gleich, wie Abtretung, Erlaß, Verpfändung, ferner die Pfändung durch andere Gläubiger (§ 1124).

IV. Haftung der Versicherungsforderungen

661 Die Hypothek erstreckt sich, wenn ihr unterliegende Gegenstände für den Eigentümer des Grundstücks versichert sind, auf die Forderung gegen den Versicherer (§ 1127).[8]

Dies ist von großer Bedeutung für die Sicherheit des Hypothekengläubigers; denn es gewährt ihm als Ersatz für etwa untergegangene, bisher ihm haftende Gegenstände die Haftung der Versicherungsforderung. In erster Linie kommt die Versicherung der Gebäude gegen Feuerschäden in Betracht. Es leuchtet ein, daß durch den Brand der Gebäude die Sicherheit des Gläubigers eine einschneidende Verschlechterung erfahren könnte; haftet aber die Versicherungsforderung, so ist dadurch die Sicherheit wieder ausgeglichen. Daneben kommt noch die Feuerversicherung für das Zubehör in Betracht, sowie Hagel- und Viehversicherung.

Aus dem Zweck dieser Vorschrift folgt die Regel von § 1127 II, daß die Haftung der Versicherungsforderung erlischt, wenn der versicherte Gegenstand wiederhergestellt oder Ersatz für ihn beschafft ist; denn in diesem Fall bedarf es der Haftung der Versicherungsforderung für die Sicherheit des Gläubigers nicht mehr.

Eine gesetzliche Verpflichtung zur Versicherung besteht für den Eigentümer gegenüber dem Gläubiger nicht (vgl. §§ 101, 102 VVG). Doch kann sie vertraglich als persönliche Verpflichtung begründet werden. Ein vorsichtiger Gläubiger wird die Gewährung einer Darlehenshypothek von der Brandversicherung der Gebäude abhängig machen, so durchweg die Hypothekenbanken und Sparkassen.

Die Folge der Haftung ist, daß der Versicherer die Versicherungssumme für Gebäude an den Versicherten mit Wirkung gegenüber dem Hypothekengläubiger erst zahlen kann, wenn er Anzeige vom Eintritt des Schadens an den Gläubiger erstattet und dieser der Zahlung nicht widersprochen hat (§ 1128), oder falls der Gläubiger die Hypothek dem Versicherer angemeldet hat, nur, wenn der Gläubiger der Zahlung schriftlich zustimmt, § 1128 II. Der Hypothekengläubiger hat die Stellung eines Pfandgläubigers an der Versicherungsforderung (§§ 1273 ff.), woraus an sich die Anwendung der §§ 1281, 1282 folgen würde, die aber praktisch durch § 1130 in der Regel außer Kraft gesetzt werden. Denn in diesem Fall (Verpflichtung des Versicherers, die Versicherungssumme nur zur Wiederherstellung des versicherten Gegenstandes zu zahlen, was im Versicherungsvertrag regelmäßig vereinbart wird) kann der Versicherer stets mit Wirkung gegenüber dem Gläubiger an den Versicherten zahlen. Hat der Gläubiger seine Hypothek bei einer Gebäudeversicherung dem Versicherer angemeldet, so wird dieser regelmäßig durch eine Zahlung nur frei, wenn die bestimmungsmäßige Verwendung des Geldes gesichert ist (vgl. §§ 97, 99, 100 VVG).

---

[8] Eine analoge Anwendung auf Schadensersatzansprüche des Eigentümers kommt nicht in Betracht, *BGH* JR 1990, 117.

§ 58. Das Nebeneinander von Hypothek und Forderung

I. Die Gläubigerseite

Dadurch, daß die Hypothek ein dingliches Recht zur Sicherung einer Forderung 662
ist, entsteht ein Nebeneinander von zwei Rechten, dem dinglichen aus der Hypothek und dem obligatorischen aus der Forderung. Beide sind in einer Hand vereinigt, sie können nicht verschiedenen Personen zustehen;[1] denn gerade aus dem Zweck der Sicherung einer Forderung folgt, daß der Hypothekar, also der Inhaber der Hypothek niemand anders sein kann als der zu sichernde Forderungsgläubiger.

Im Inhalt der Forderung tritt durch die Begründung der Hypothek keine Änderung ein. Rechte und Pflichten von Forderungsgläubiger und Schuldner bleiben dieselben, nur die Form der Übertragung wird eine andere (vgl. u. § 60) und die Befriedigung des Gläubigers aus dem Grundstück wirkt auf die Forderung.

II. Die Schuldnerseite

1. Allgemeines über persönliche und dingliche Schuld

Anders verhält es sich auf der Passiv-, der Schuldnerseite. Hier ist zwar auch die 663
Regel, daß der Eigentümer des mit der Hypothek belasteten Grundstücks und der Schuldner der gesicherten Forderung ein- und dieselbe Person sind, aber notwendig ist es keineswegs. Auf dieser Seite können auch zwei verschiedene Personen stehen, der Eigentümer des belasteten Grundstücks kann ein anderer sein als der Schuldner der Forderung. Dieser wird im Hypothekenrecht als „persönlicher Schuldner" bezeichnet. Den Grundstückseigentümer bezeichnet man im Gegensatz dazu als „dinglichen Schuldner", obgleich dieser keine Leistung schuldet, sondern nur mit seinem Grundstück haftet.

Übersicht

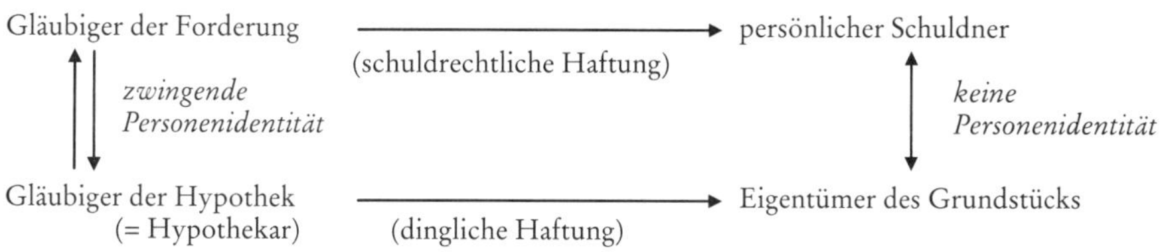

Dieses Auseinanderfallen der beiden passiv Beteiligten kann von vornherein bestehen, d. h. schon bei Begründung der Hypothek, oder erst nachträglich eintreten.

---

[1] Allerdings kann der Gläubiger auch Gesamtgläubiger sein; vgl. BGHZ 29, 363 = NJW 1959, 984.

2. Ursprüngliches Auseinanderfallen von persönlicher und dinglicher Schuld

664 Es ist möglich, daß ein Grundstückseigentümer sein Grundstück mit einer Hypothek belastet für eine Forderung, die sich nicht gegen ihn, sondern gegen einen Dritten richtet. Er verschafft auf diese Weise dem Gläubiger des Dritten eine dingliche Sicherheit für seine Forderung, praktisch wohl deshalb, weil der Schuldner selbst eine solche oder ähnliche Sicherung nicht zu bieten vermag. Er springt damit für den Dritten ein, ermöglicht ihm z. B. einen Kredit, den der Gläubiger dem Schuldner sonst nicht gewährt haben würde. Wirtschaftlich liegt in dieser Hergabe des Grundstücks als Haftungsobjekt für eine fremde Schuld etwas Ähnliches wie eine Bürgschaft. Man spricht daher auch von „Sachbürgschaft". Rechtlich besteht der Unterschied, daß der Bürge mit seinem ganzen Vermögen für die fremde Verbindlichkeit einzustehen hat, weil er selbst eine Verpflichtung auf sich nimmt, während der Eigentümer dagegen nur mit dem belasteten Grundstück haftet. Jedoch kommt ein solcher Fall in der Praxis nur selten vor.

Die Befriedigung des Gläubigers durch den Eigentümer, der nicht zugleich persönlicher Schuldner ist, hat die Wirkung, daß die Forderung kraft Gesetzes auf den Eigentümer übergeht (§ 1143), so daß er hier eine normale „forderungsbekleidete Hypothek" erwirbt, die man „Hypothek des Eigentümers" nennt, im Gegensatz zur normalen Eigentümerhypothek, die in Wahrheit eine Eigentümergrundschuld ist (vgl. u. § 62 V). Befriedigt sich der Gläubiger durch Zwangsversteigerung, so geht ebenfalls die Forderung auf den Eigentümer über; denn das Opfer, das er aus seinem Vermögen bringt, ist dasselbe; die Hypothek geht unter.

3. Nachträgliche Trennung von persönlicher und dinglicher Schuld

665 Häufiger kommt es vor, daß das Eigentum am belasteten Grundstück und die persönliche Schuldnerstellung nachträglich auseinanderfallen. Dies ist dann der Fall, wenn das Grundstück nachträglich veräußert wird.

a) Der Erwerber muß dann die Hypothek als Belastung des Grundstücks hinnehmen; denn sie ist ein dingliches Recht und wirkt, wenn sie aus dem Grundbuch ersichtlich ist (wie regelmäßig), gegen jeden Eigentümer, ohne Rücksicht auf seine Kenntnis von ihr. Dagegen wird der Erwerber keineswegs automatisch Schuldner der nur persönlichen (obligatorischen) Verbindlichkeiten des Veräußerers, daher auch nicht der Forderung, zu deren Sicherheit die Hypothek bestellt ist. Wenn der Erwerber des Grundstücks persönlicher Schuldner werden soll, so bedarf es eines besonderen Vertrages, einer Schuldübernahme im Sinne der §§ 414 und 415. Sie wird zwischen dem Gläubiger und dem neuen Schuldner oder häufiger zwischen dem alten und neuen Schuldner vereinbart.

Beim Verkauf eines hypothekarisch belasteten Grundstücks bieten sich daher zwei Möglichkeiten: Entweder verpflichtet sich der Verkäufer, das Grundstück lastenfrei dem Käufer zu verschaffen, also die Belastungen fortzuschaffen, oder beide Vertragsteile vereinbaren, daß die Belastungen stehenbleiben und der Erwerber sie in Anrechnung auf den Kaufpreis zusammen mit der persönlichen Schuld des Veräußerers übernimmt. Die Schuldübernahme bedarf der Zustimmung des Gläubigers. § 416 gibt gerade für diesen Fall, daß die Schuldübernahme eine hypothekarisch gesicherte Schuld betrifft, eine Reihe technischer Vorschriften. Er stellt wohl den praktischen Hauptfall einer Schuldübernahme dar.

Von der Stellungnahme des Gläubigers hängt es dann ab, ob es zu einer Trennung von Eigentümer des belasteten Grundstücks und persönlichem Schuldner kommt. Genehmigt er die Schuldübernahme, dann sind wiederum der Eigentümer und der persönliche Schuldner ein und dieselbe Person. Genehmigt er sie nicht, so bleibt der Veräußerer persönlicher Schuldner und der Erwerber haftet nur mit dem Grundstück; es trennen sich also Eigentum am Grundstück und persönliche Schuld.

Wie sich der Gläubiger entscheidet, hängt wesentlich davon ab, ob die Hypothek an sicherer Rangstelle steht. Denn wenn ihr bei einer Zwangsversteigerung des Grundstücks voraussichtlich nichts passieren kann, weil das Grundstück nach seinem Wert und nach der Höhe der Hypothek eine völlige Sicherheit bietet, dann hat der Gläubiger kein besonderes Interesse daran, wer sein persönlicher Schuldner ist; die zusätzliche Haftung des Vermögens seines Schuldners neben der Haftung des Grundstücks spielt keine große Rolle für ihn. In der Regel wird daher der Gläubiger einer ersten Hypothek die Schuldübernahme genehmigen. Je unsicherer dagegen die Hypothek nach ihrem Rang ist, um so größeren Wert wird der Gläubiger darauf legen, in der Haftung des persönlichen Schuldners eine zusätzliche Sicherung neben der Grundstückshaftung zu haben, und deshalb die Schuldübernahme nur dann genehmigen, wenn der neue Schuldner ihm in bezug auf sein übriges Vermögen eine ähnliche Sicherheit bietet wie der alte.

b) Scheitert die Schuldübernahme am Widerspruch des Gläubigers, so kann sich **666** der Gläubiger nach seiner Wahl wegen seiner Forderung an zwei Personen halten, an den Veräußerer, der sein persönlicher Schuldner bleibt, also mit seinem gesamten Vermögen haftet, und an den Erwerber, der als Eigentümer mit dem Grundstück haftet. Zahlt nun einer von beiden, so entsteht notwendig die Frage, ob er Regreß gegen den anderen nehmen kann. Die Lage ist ähnlich, wie wenn aus anderen Gründen ein Gläubiger wegen einer Forderung sich an mehrere Personen halten kann, z. B. an Hauptschuldner und Bürgen oder an mehrere Gesamtschuldner. Die Frage des Regresses (Ersatzanspruchs) wird in der Regel durch Vereinbarung unter den Beteiligten geordnet. Denn beide Teile müssen sich darüber klar sein, auf wem die Leistung als Vermögensopfer letzten Endes lasten bleiben und wer zuletzt die Einbuße tragen soll.

Im Verhältnis des persönlichen Schuldners zum neuen Eigentümer gilt § 415 III; die gescheiterte Schuldübernahme bleibt im Zweifel als Erfüllungsübernahme bestehen, d. h. der Erwerber haftet zwar nicht nach außen dem Gläubiger gegenüber persönlich, ist aber im Innenverhältnis dem Veräußerer gegenüber verpflichtet, für die Erfüllung zu sorgen, also seinerseits den Gläubiger zu befriedigen. Befriedigt der neue Eigentümer den Gläubiger, so erwirbt er eine Eigentümergrundschuld gem. § 1163 I 2.[2] Kommt er dieser Verpflichtung nicht nach, und ist der Veräußerer, der ja persönlicher Schuldner geblieben ist, genötigt, an den Gläubiger zu zahlen, weil dieser von ihm die Zahlung verlangt, so hat der Veräußerer einen Regreßanspruch gegen den Erwerber und Eigentümer. Sein Anspruch ist wirtschaftlich gerechtfertigt, denn der Veräußerer hat sich im Hinblick auf die Schuldübernahme mit einer geringeren Barzahlung in bezug auf den Kaufpreis begnügt, weil die übernommene Schuld auf den Kaufpreis angerechnet wird.

Zur Sicherung des Regreßanspruchs geht die Hypothek auf den persönlichen Schuldner über (§ 1164, vgl. u. § 62 I B). Dies stellt eine Ausnahme von der Regel des § 1163 dar, wonach bei Befriedigung des Gläubigers durch Zahlung die Hypothek auf den Eigentümer übergeht (vgl. u. § 62 I B).

[2] § 1143 I 1 ist nicht anwendbar; RGZ 80, 317 (319); *Baur/Stürner,* § 40 Rn. 16.

Die Hypothek geht auf den persönlichen Schuldner als normale Hypothek über, doch ist die zugrunde liegende Forderung nicht die bisherige, sondern die Regreßforderung des Schuldners.[3] Der Vorgang ist eine Parallele zur Auswechslung der Forderung nach § 1180, vollzieht sich aber hier auf Grund des Gesetzes ohne Einigung der Beteiligten.

Es macht keinen Unterschied, ob der Ersatzanspruch sich gegen den jetzigen Eigentümer oder gegen einen Rechtsvorgänger desselben richtet, ob also der Erwerber, mit dem der Veräußerer die Schuldübernahme vereinbart hatte, noch Eigentümer ist oder das Grundstück inzwischen veräußert hat.

Ein teilweiser Übergang der Hypothek tritt ein, 1. wenn der persönliche Schuldner den Gläubiger zwar voll befriedigt, aber nur einen Teilersatzanspruch hat, 2. wenn er den Gläubiger nur teilweise befriedigt. Es entstehen dann zwei Teilhypotheken, die eine für den persönlichen Schuldner, die andere im ersten Fall für den Eigentümer, im zweiten für den Gläubiger. Dessen Teilhypothek hat den Vorrang vor der anderen (§§ 1164 I 2, 1176).

III. Dingliches und obligatorisches Rechtsverhältnis

667 Auch wenn der Eigentümer des belasteten Grundstücks und der persönliche Schuldner ein und dieselbe Person sind, muß man das dingliche und das obligatorische Rechtsverhältnis sorgfältig unterscheiden, mit um so größerer Aufmerksamkeit, weil die Identität beider Personen leicht darüber hinwegtäuschen könnte, daß die Rechtsstellung des Eigentümers gegenüber dem Hypothekengläubiger eine grundsätzlich andere ist als die des persönlichen Schuldners gegenüber dem Forderungsgläubiger.

Dem Hypothekengläubiger, der ja zugleich Forderungsgläubiger ist, stehen zwei Rechte zur Verfügung, beide mit demselben Ziel, Befriedigung für seine Forderung zu erhalten. Daher bestehen nebeneinander das Rechtsverhältnis des Hypothekengläubigers zum Eigentümer des belasteten Grundstücks und das Rechtsverhältnis des Forderungsgläubigers zum persönlichen Schuldner. Dieses richtet sich nach der Art der Forderung und unterliegt grundsätzlich denselben Regeln, wie wenn die Forderung nicht hypothekarisch gesichert wäre. Geltendmachen und Einklagen der Forderung werden durch das Bestehen der Hypothek grundsätzlich nicht verändert. Insbesondere ist der Gläubiger nicht etwa gezwungen, zunächst die Hypothek geltend zu machen und erst im Fall der Nichtbefriedigung aus ihr die Forderung. Er kann vielmehr nach seinem Belieben eines seiner beiden Rechte allein geltend machen oder Hypothek und Forderung zugleich; in diesem Fall kann er die beiden Klagen verbinden, wenn sie sich gegen dieselbe Person richten, d. h. wenn der Eigentümer des belasteten Grundstücks und der persönliche Schuldner identisch sind (§ 25 ZPO).

Stehen dem Hypothekengläubiger, weil er zugleich Forderungsgläubiger ist, die beiden Klagen aus der Hypothek und aus der Forderung zur Verfügung, so ist durch einen Vergleich festzustellen, ob und wodurch sich beide in der Begründung, in den Verteidigungsmöglichkeiten und im Erfolg unterscheiden.

1. Begründung von dinglicher und persönlicher Klage

668 Zur Begründung der Hypothekenklage ist nur der Hinweis auf die Eintragung im Grundbuch erforderlich, da nach § 891 aus ihr die Vermutung des Rechts sich ergibt. Den Beweis für ein bestrittenes Hypothekenrecht braucht also der klagende

[3] Vgl. RGZ 131, 157.

Gläubiger nicht zu erbringen, sondern der beklagte Eigentümer hat den Gegenbeweis der Unrichtigkeit des Grundbuchs zu führen, auch die spätere Entstehung des Rechts zu widerlegen.[4]

Wird dagegen die Forderung vom persönlichen Schuldner bestritten, so muß der klagende Gläubiger die Entstehung seiner Forderung nachweisen. Die Hypothekenklage ist also in der Beweisführung für den Gläubiger die einfachere.

2. Einwendungen und Einreden gegen die Forderung

An Einwendungen gegen die Forderungsklage sind alle denkbar, die gegen eine Forderung überhaupt möglich sind:[5] sowohl die Einwendungen des nicht entstandenen Rechts (rechtshindernde), wie Geschäftsunfähigkeit, Wucher, Formmangel, als auch die Einwendungen des erloschenen Rechts (rechtsvernichtende), wie Erfüllung, Aufrechnung, Erlaß. 669

Auch an Einreden kommen wie sonst in Betracht die des nichterfüllten Vertrages, der Verjährung, der Stundung usw.

3. Einwendungen und Einreden gegen die Hypothek

Wie steht es nun aber mit Einwendungen und Einreden des Eigentümers gegenüber der Hypothekenklage?[6] 670

a) Für die Einreden bestimmt § 1137, daß der Eigentümer alle Einreden geltend machen kann, die dem persönlichen Schuldner gegen die Forderung zustehen. Dagegen fehlt es für die Einwendungen an einer entsprechenden Vorschrift. Einer solchen bedarf es aber nicht; denn mit einer Einwendung gegen die Forderung macht ja der Eigentümer geltend, daß die Forderung nicht entstanden oder erloschen sei, also gerade einen der Tatbestände, die bereits durch § 1163 in dem Sinne geregelt sind, daß sie den Übergang der Hypothek auf den Eigentümer zur Folge haben. Hieraus folgt, daß der Eigentümer alle Einwendungen gegen die Forderung benutzen kann, um dem Gläubiger sein Recht zu bestreiten. Die Verteidigungsmöglichkeiten sind also grundsätzlich für den Eigentümer gegen die dingliche Klage dieselben wie für den persönlichen Schuldner gegen die Forderungsklage.

Einreden gehen dem Eigentümer nicht dadurch verloren, daß der persönliche Schuldner auf sie verzichtet (§ 1137 II).

Nur wenige Einreden sind ausgenommen, so die der Verjährung,[7] weil die Ansprüche aus eingetragenen Rechten, daher auch aus der Hypothek, nicht verjähren (§§ 902, 216), ferner die Beschränkung der Haftung des Erben auf den Nachlaß nach § 1137 I 2. Andererseits stehen dem Eigentümer auch die Einreden zu, die der Bürge nach § 770 hat, hier also, daß der persönliche Schuldner die Forderung durch Anfechtung oder Aufrechnung vernichten oder zurücktreten oder wandeln könnte; selbst kann der Eigentümer, der nicht zugleich persönlicher Schuldner ist, nicht anfechten oder aufrechnen.

b) Außerdem kann der Eigentümer Einwendungen oder Einreden gegen die Hypothek erheben, die gegenüber der Forderung nicht in Frage kommen, weil sie 671

---

[4] So auch *Wolff/Raiser,* § 137 I 3.

[5] Ausführlich *Coester-Waltjen,* Jura 1991, 186.

[6] Ausführliche Fallbeispiele bei *Coester-Waltjen,* Jura 1991, 186.

[7] Vgl. *Schuch,* Der Einfluß der Forderungsverjährung auf dingliche Sicherungsrechte, 2002, S. 23 ff.

nur die Hypothek und nicht auch die Forderung betreffen, z. B. die Einwendung, die Hypothek sei wegen Nichtigkeit der Einigung oder wegen unvollständiger Eintragung (entgegen § 1115) nicht entstanden oder sie sei gestundet, ferner die Verpflichtung, von der Hypothek keinen Gebrauch zu machen, von einer Vollstreckung abzusehen, die Hypothek nicht abzutreten, sie nur zur Sicherung einer Forderung zu verwenden usw. (vgl. § 1157). Ferner kann der Eigentümer der Geltendmachung der Hypothek nach § 1160 widersprechen.

4. Haftungsobjekt bei persönlicher und bei dinglicher Klage

672 Das Urteil, das auf die Hypothekenklage ergeht, gestattet dem Gläubiger die Vollstreckung in das Grundstück und die übrigen für die Hypothek haftenden Gegenstände (vgl. u. § 59 III 4), das Urteil auf die Forderungsklage hin die Vollstreckung in das gesamte Vermögen des Schuldners. Ist dieser zugleich (wie in der Regel) der Eigentümer des belasteten Grundstücks, so gestattet auch das zweite Urteil die Vollstreckung in das Grundstück.

Dies könnte den Eindruck erwecken, als ob das Forderungsurteil das günstigere sei, weil sein Vollstreckungsbereich der größere ist. In Wahrheit trifft dies nicht zu; denn bei der Zwangsvollstreckung in das Grundstück rangiert der persönliche Gläubiger hinter allen dinglichen Gläubigern (vgl. § 10 ZVG). Betreibt ein Gläubiger die Vollstreckung aus einem über die Hypothekenklage ergangenen Urteil, so hat er daher bessere Aussichten, im Zwangsversteigerungsverfahren Befriedigung zu finden.

§ 59. Die Rechte des Hypothekars vor und nach Fälligkeit

I. Verfügungsfreiheit des Eigentümers

673 Durch die Belastung des Grundstücks mit einer Hypothek wird der Eigentümer in der freien Verfügung über das Grundstück nicht eingeschränkt; er kann es nach Belieben veräußern oder belasten. Dies folgt schon aus der allgemeinen Regel des § 137 Satz 1. Für die übrigen haftenden Gegenstände vgl. §§ 1120 ff.; s. o. § 57.

Darüber hinaus aber erklärt § 1136 auch die bloße schuldrechtliche Verpflichtung, das Grundstück nicht zu veräußern oder zu belasten, entgegen dem § 137 Satz 2 für nichtig; damit sind Schadensersatzansprüche des Gläubigers bei Zuwiderhandeln des Eigentümers ausgeschlossen.

Eine Vereinbarung, wonach der Gläubiger bei Veräußerung des Grundstücks die Hypothek fristlos kündigen kann, ist jedoch zulässig.[1]

II. Rechte des Hypothekars vor Fälligkeit

674 Vor Fälligkeit der Forderung hat der Hypothekar (= Hypothekengläubiger) als solcher gegen den Eigentümer gewisse Sicherungsrechte.

---

[1] BGHZ 76, 371 = NJW 1980, 1625; Palandt/*Bassenge*, § 1136 Rn. 1; a. M. *Baur/Stürner*, § 40 Rn. 13 ff.

1. Ist eine Verschlechterung des Grundstücks bereits eingetreten, z. B. Verfall der Gebäude, Abbrennen unversicherter Gebäude, Verwahrlosung landwirtschaftlich genutzter Grundstücke, gleich ob durch Verschulden des Eigentümers oder ohne solches, und ist dadurch die Sicherheit der Hypothek gefährdet, so kann der Gläubiger dem Eigentümer eine angemessene Frist zur Beseitigung der Gefährdung bestimmen. Verstreicht sie ergebnislos, dann ist der Gläubiger berechtigt, sofort, also ohne Fälligkeit der Forderung, Befriedigung aus dem Grundstücke zu suchen, d. h. auf Grund der Verurteilung des Eigentümers die Zwangsvollstreckung in dasselbe zu betreiben (§ 1133). Hier ist ihm nur die dingliche Klage gegeben.

2. Auch vorbeugende Rechtsbehelfe sind dem Hypothekengläubiger gegeben. Ist durch Einwirkung des Eigentümers oder eines Dritten eine die Sicherheit des Gläubigers gefährdende Verschlechterung des Grundstücks zu besorgen, so kann der Gläubiger auf Unterlassung klagen (§ 1134). Hier genügt also bereits die Besorgnis künftiger Verschlechterung, z. B. der Beginn des Abholzens eines Waldes. Daneben kann ein Schadensersatzanspruch aus unerlaubter Handlung bestehen, insbesondere bei Einwirkung Dritter.[2] Außerdem kann der Gläubiger, falls die Einwirkungen vom Eigentümer ausgehen oder dieser die erforderlichen Vorkehrungen gegen Einwirkungen Dritter unterläßt, durch das Prozeßgericht die zur Abwendung der Gefährdung erforderlichen Maßregeln im Wege einstweiliger Verfügung anordnen lassen, z. B. Verbote gewisser Handlungen oder Zwangsverwaltung.

3. Entsprechende Ansprüche stehen dem Gläubiger auch dann zu, wenn die Verschlechterung nicht das Grundstück, aber das Zubehör betrifft, oder wenn dieses entgegen den Regeln einer ordnungsgemäßen Wirtschaft vom Grundstück entfernt wird (§ 1135).

4. Der Gläubiger kann, solange die Forderung dem Eigentümer gegenüber noch nicht fällig geworden ist, mit ihm nicht vereinbaren, daß er zum Zweck seiner Befriedigung das Eigentum am Grundstück übertragen bekommt oder die Veräußerung des Grundstücks anders als durch Zwangsvollstreckung bewirken darf, z. B. durch freihändigen Verkauf (§ 1149), Verbot der lex commissoria.[3] Nach Eintritt der Fälligkeit sind solche Vereinbarungen zwar zulässig, aber in der Praxis sehr selten. Auch muß im Auge behalten werden, ob nicht etwa Wucher vorliegt, zumal wenn der Wert des Grundstücks den Betrag der Forderung übersteigt.

III. Rechtsverhältnis zwischen Eigentümer und Hypothekar nach Fälligkeit

1. Befriedigungsrecht des Gläubigers

Das Recht, gegen den Eigentümer vorzugehen, erwächst für den Gläubiger mit 675 der Fälligkeit seiner Forderung. Diese hängt bei den meist langfristigen Hypotheken in der Regel von einer Kündigung ab. Eine solche muß aber, wenn der Eigentümer nicht der persönliche Schuldner ist, vom Gläubiger dem Eigentümer oder umgekehrt erklärt werden (§ 1141) und bedeutet nicht notwendig, wenn auch in der Regel, zugleich die Kündigung der Forderung. Die Legitimation des Gläubigers hierfür folgt bei der Buchhypothek aus seiner Eintragung im Grundbuch, bei der Briefhypothek aus der Vorlegung des Briefs (§ 1160). Als Eigentümer ist derjenige legitimiert und der richtige Empfänger der Kündigung, der im Grundbuch als Eigentümer eingetragen ist (§ 1141 I 2), auch wenn er nicht der wahre Eigentümer ist. Die Kündigung kann zu einer Gefahr für den Eigentümer werden, wenn die Aufbringung der zu zahlenden Summe durch einen neuen Kredit erfolgen muß und dieser auf Schwierigkeiten stößt, z. B. wegen Kapitalmangels. Deshalb ist ein gewisser Kündigungs- und Vollstreckungsschutz eingeführt. Die Gefahr wird überhaupt vermieden bei der Tilgungshypothek (vgl. o. § 54 II 3).

---

[2] Vgl. dazu BGHZ 65, 211 = NJW 1976, 189.

[3] Das Verbot gilt nicht, wenn eine Forderung nicht dinglich abgesichert ist, vgl. BGHZ 130, 101 = NJW 1995, 2635; *BayObLG* DNotZ 1997, 727 m. krit. Anm. *Eickmann;* a. A. *Tiedtke,* ZIP 1996, 57; *Schulz,* JR 1996, 244.

2. Ablösungsrecht des Eigentümers

676 Ist die Hypothek gegenüber dem Eigentümer gekündigt oder der persönliche Schuldner zur Leistung berechtigt, z. B. weil ihm die Forderung gekündigt ist, so ist der Eigentümer berechtigt, den Gläubiger zu befriedigen, ihm also die gekündigte Hypothek zu zahlen und dadurch die Vollstreckung in sein Grundstück abzuwenden (§ 1142 „Ablösung der Hypothek", „Lösungsrecht"). Praktisch ist die Vorschrift notwendig, damit der Eigentümer, der nicht persönlicher Schuldner ist, die Vollstreckung abwenden kann, unabhängig davon, ob der persönliche Schuldner leistet oder nicht, und nicht die Vollstreckung dulden muß, ohne etwas dagegen tun zu können.

Diese Vorschrift geht über die allgemeine des § 267 insofern hinaus, als der Gläubiger die Annahme der Zahlung des Eigentümers auch bei Widerspruch des Schuldners nicht verweigern kann. Praktisch wird der Eigentümer, der zur Zahlung in der Lage ist, von seinem Befriedigungsrecht Gebrauch machen, um sich sein Grundstück zu erhalten, falls der persönliche Schuldner nicht zahlt. Die Ablösungsbefugnis Dritter, der dinglich Berechtigten, zur Verhinderung der sie gefährdenden Zwangsvollstreckung richtet sich nach §§ 268, 1150.

Der Eigentümer kann die Befriedigung des Gläubigers auch durch Hinterlegung und Aufrechnung (mit einer Forderung gegen den Gläubiger) herbeiführen (§ 1142 II).

3. Rückgabe des Hypothekenbriefs und anderer Urkunden

677 Bei Befriedigung des Gläubigers kann der Eigentümer die Herausgabe des Hypothekenbriefs und der sonstigen Urkunden verlangen, die zur Berichtigung des Grundbuchs oder zur Löschung der Hypothek erforderlich sind (§ 1144).[4] Da der Gläubiger mit seiner Befriedigung die Hypothek einbüßt, darf er auch den Brief nicht behalten, da sonst die Gefahr der Übertragung der Hypothek an einen gutgläubigen Erwerber bestünde, auch der Eigentümer die von ihm erworbene Hypothek nicht übertragen könnte (§ 1154). Bei nur teilweiser Befriedigung des Gläubigers kann der Eigentümer zwar die Aushändigung des Briefs nicht verlangen, aber der Gläubiger ist verpflichtet, die teilweise Befriedigung auf dem Brief zu vermerken – womit der gute Glaube an das Grundbuch und ein gutgläubiger Erwerb der Hypothek in der vollen Höhe ausgeschlossen wird (vgl. o. § 56) – und den Brief zur Berichtigung des Grundbuchs dem Grundbuchamt vorzulegen (§ 1145). Will der Eigentümer die ihm zugefallene Teilhypothek nicht löschen, kann er die Ausstellung eines Teilhypothekenbriefs erreichen (§ 1152).

Unter „sonstigen Urkunden" sind vor allem die Löschungs- und die Berichtigungsbewilligung zu verstehen. Statt der Berichtigungsbewilligung genügt auch eine in öffentlich beglaubigter Form erteilte löschungsfähige Quittung (vgl. u. § 62 III), aus der sich ergeben muß, daß der Eigentümer die Schuld getilgt hat.

Beispiel: Der Eigentümer A hat das vom Gläubiger B erhaltene Darlehen zurückgezahlt. Nach § 1163 I 2 ist eine Eigentümergrundschuld entstanden. Will A die im Grundbuch noch als Hypothek des B eingetragene Belastung löschen lassen, so muß er eine löschungsfähige Quittung des B vorlegen, aus der sich ergibt, daß A bezahlt hat; die Löschungsbewilligung muß der Eigentümer dann selbst erteilen. Die Löschung kann aber auch auf Grund einer noch vom eingetragenen Hypothekengläubiger abgegebenen Löschungsbewilligung erfolgen.[5] In diesem Fall bedarf es zur

---

[4] Der Hypothekengläubiger kann dem Eigentümer ein Zurückbehaltungsrecht wegen persönlicher Ansprüche nicht entgegenhalten; BGHZ 71, 19 = NJW 1978, 883 und MDR 1988, 841.

[5] Vgl. hierzu *Demharter*, GBO, § 27 Rn. 23; *Böttcher*, in: Meikel, Grundbuchrecht, 9. Aufl., 2003, § 27 Rn. 72 ff.

Löschung der zur Eigentümergrundschuld gewordenen Belastung noch der Zustimmung des Eigentümers in öffentlich beglaubigter Form (§§ 27, 29 GBO), während im ersteren Fall die Zustimmungserklärung des Eigentümers nach § 27 GBO in der Löschungsbewilligung enthalten ist. Vgl. auch u. § 62 III.

4. Die zwangsweise Befriedigung des Hypothekars

Zahlt der persönliche Schuldner oder der Eigentümer nicht, so muß der Gläubiger zwangsweise gegen den Eigentümer vorgehen. 678

a) Hierfür steht dem Gläubiger der Weg der Zwangsvollstreckung offen (§ 1147); ausgeschlossen ist also der freihändige Verkauf und der Pfandverkauf. Es besteht also keineswegs eine Erleichterung des Zugriffs für den Hypothekengläubiger im Vergleich mit anderen Gläubigern, dagegen eine Sicherung durch Vorrang bei der Befriedigung. Voraussetzung ist ein vollstreckbarer Titel im Sinn der ZPO, daher in erster Linie ein vollstreckbares Urteil; daneben kommt auch eine vollstreckbare Urkunde nach § 794 Nr. 5 ZPO in Betracht (welche die Klage des Gläubigers erübrigt, daher im Rechtsverkehr üblich ist).

b) Die Vollstreckung erfolgt bei den mithaftenden beweglichen Sachen und 679
Forderungen durch Pfändung gemäß ZPO, bei dem Grundstück nach Wahl in den drei Formen der Zwangsversteigerung, der Zwangsverwaltung und der Eintragung einer Sicherungshypothek (§ 866 ZPO). Die letzte Form kommt für einen Gläubiger, der bereits eine Hypothek am Grundstück hat, nicht in Betracht, da die einzutragende Sicherungshypothek an Rang immer hinter der dem Gläubiger schon zustehenden Hypothek zurückstände. Die Zwangsverwaltung ist, da sie nur den Ertrag des Grundstücks erfaßt, für die Befriedigung wegen Zinsrückständen geeignet, die Zwangsversteigerung, da sie den Kapitalwert des Grundstücks zur Verwertung bringt, für die Befriedigung wegen des Hypothekenkapitals. Für die Vollstreckung in die für die Hypothek mithaftenden Gegenstände bestehen einige Unterschiede zwischen Zwangsverwaltung und Zwangsversteigerung (§§ 21, 148 ZVG). Der Gläubiger kann – solange die Beschlagnahme im Wege der Immobiliarvollstreckung noch nicht erfolgt ist – die Mobiliarvollstreckung in diese mithaftenden Gegenstände (mit Ausnahme des Zubehörs, § 865 ZPO) durch Pfändung betreiben. Dieser Weg empfiehlt sich besonders für die Beitreibung der Zinsen, da er viel einfacher ist als die Vollstreckung ins Grundstück und den Eigentümer nicht um sein Grundstück bringt.

Bei dem Vorgehen des Gläubigers gilt zu seinen Gunsten der im Grundbuch als Eigentümer Eingetragene als Eigentümer (§ 1148); er ist also der richtige Beklagte und der richtige Vollstreckungsschuldner. Der wahre Eigentümer kann der Vollstreckung nur widersprechen, wenn er beweist, daß das Grundbuch unrichtig und die Hypothek nicht entstanden ist (§§ 37 Nr. 4, 45 ZVG).

c) Die Zwangsversteigerung erfolgt nach dem Grundsatz, daß kein Recht am 680
Grundstück beeinträchtigt wird, welches dem Recht des betreibenden Gläubigers im Rang vorgeht. So droht dem an erster Stelle stehenden Hypothekengläubiger von keinem nachstehenden dinglichen oder einem persönlichen Gläubiger, der die Vollstreckung betreibt, eine Gefahr. Der Grundsatz wird mit Hilfe des „geringsten Gebotes" durchgeführt. Nur ein solches Gebot ist bei der Versteigerung zulässig, das alle dem betreibenden Gläubiger vorgehenden Rechte deckt, „Deckungsgrundsatz" (§ 44 ZVG). Diese gedeckten Rechte bleiben bestehen und gelten auch gegenüber dem Ersteher; dieser muß sie übernehmen, „Übernahmeprinzip" (§ 52 ZVG). Dadurch wird gegenüber dem „Löschungssystem", bei dem durch die Versteigerung alle Rechte

erlöschen und, soweit der Erlös reicht, ausgezahlt werden, erreicht, daß ein geringerer Kapitalbetrag bar zu zahlen ist, was den Bieterkreis erweitert und einen besseren Erlös ermöglicht.

681 d) Mit der Befriedigung des Gläubigers im Wege der Vollstreckung durch Auszahlung des Erlöses erlischt die Hypothek, die Forderung dagegen geht auf den früheren Eigentümer über, wenn er nicht zugleich der persönliche Schuldner ist. § 1143 gilt also auch für die Befriedigung des Gläubigers im Wege der Vollstreckung, da ja das Opfer aus dem Vermögen des Eigentümers das gleiche bleibt. Andernfalls erlischt auch die Forderung. Wird der Gläubiger nicht befriedigt (der Erlös des Grundstückes bei der Zwangsversteigerung reicht nicht aus), so geht die Hypothek trotzdem unter, dagegen verbleibt die persönliche Forderung dem Gläubiger in Höhe seines Ausfalls; sie richtet sich gegen den persönlichen Schuldner, ob er nun der frühere Eigentümer oder ein Dritter ist („Ausfallhaftung"). Die Möglichkeit, aus der Forderung in das Vermögen des Schuldners zu vollstrecken (wenn er mit dem Eigentümer identisch ist, also in dessen übriges Vermögen außer dem Grundstück), bleibt erhalten.

In der Möglichkeit der Vollstreckung in das Grundstück und in der Verteilung des Erlöses nach dem Rang der dinglichen Rechte ist die besondere Sicherheit der Hypotheken und damit ihre Tauglichkeit als Kreditunterlage begründet.

§ 60. Die Übertragung der Hypothek

I. Einheit von Hypothek und Forderung

682 Das BGB behandelt die Hypothek als bloßes Hilfsrecht für die Forderung und spricht daher von der Übertragung der Forderung, mit der zugleich dann die Hypothek übergeht (§ 1153 I). Im Rechtsleben erscheint meist die Hypothek als das wirtschaftliche Hauptrecht; man pflegt daher von Übertragung der Hypothek zu sprechen. Wie man sich nun auch ausdrücken mag, ob nur von Übertragung der Hypothek oder nur von solcher der Forderung die Rede ist, auf alle Fälle gehen Hypothek und Forderung als unlösliche Einheit zusammen über (§ 1153). Die Abtretung der Forderung allein unter Ausschluß der Hypothek, wenn sie der alte Gläubiger behalten will, oder die Übertragung der Hypothek unter Ausschluß der Forderung sind nichtig (§ 1153 II). Hierdurch wird das akzessorische Prinzip gewahrt und zugleich gesichert, daß Hypotheken- und Forderungsgläubiger stets ein und dieselbe Person bleiben.

Von diesem Grundsatz bestehen einige Ausnahmen, so für die Höchstbetragshypothek nach § 1190 IV (vgl. u. § 65 III), für Zinsrückstände nach § 1159 und bei Übertragung einer in Wahrheit nicht bestehenden Hypothek nach § 1138 (vgl. u. IV).

Abtretung und ihr zugrunde liegendes Geschäft, z. B. Verkauf, sind, wie stets Verfügung und Verpflichtung, auseinander zu halten. § 399 gilt auch bei Verbindung der Forderung mit einer Hypothek: Die Vereinbarung der Nichtabtretbarkeit der Forderung wirkt wegen des Akzessorietätsgrundsatzes auch hinsichtlich der Hypothek.[1] Damit die Vereinbarung Wirkung gegen Dritte entfaltet, ist ihre Eintragung im Grundbuch erforderlich.[2] Zur hiervon zu unterscheidenden Frage, ob die Übertragbarkeit des Grundpfandrechts selbst mit Drittwirkung ausgeschlossen werden kann, vgl. o. § 19 VII 2.

---

[1] MünchKomm/*Roth,* § 413 Rn. 3; *Däubler,* NJW 1968, 1122; differenzierend *Baur/Stürner,* § 4 Rn. 22, der dies nur für die Sicherungshypothek bejaht.

[2] MünchKomm/*Roth,* § 413 Rn. 3; *Eickmann,* in: Westermann, § 103 I 1.

II. Form der Übertragung

Die Abtretung der Forderung (Übertragung der Hypothek) vollzieht sich bei der Brief- und bei der Buchhypothek verschieden. 683

1. Übertragung der Briefhypothek

Bei der Briefhypothek sind schriftliche Abtretungserklärung – auf dem Brief oder auf besonderem Blatt – und Übergabe des Hypothekenbriefs erforderlich, dagegen nicht die Eintragung im Grundbuch (§ 1154). Der neue Gläubiger kann verlangen, daß die Abtretungserklärung öffentlich beglaubigt wird (§ 1154 I 2). Mit Rücksicht auf die Regelung des § 1155 (vgl. u. III) geschieht dies in der Praxis regelmäßig. Hier wird also das Grundbuch unrichtig. 684

Die schriftliche Form der Abtretungserklärung kann durch Eintragung im Grundbuch ersetzt werden (§ 1154 II), doch erfolgt diese in der Praxis nur ausnahmsweise.

Alle drei Formen haben also gemeinsam, daß die Übergabe des Briefs notwendig ist. Für sie gelten die Vorschriften von § 1117.

2. Übertragung der Buchhypothek

Für die Buchhypothek bleibt es bei der Vorschrift von § 873, d.h. Einigung (Abtretung) und Eintragung im Grundbuch sind erforderlich. 685

Die Übertragung der Briefhypothek ist also die einfachere; man braucht sich nicht an das Grundbuchamt zu wenden, sondern kann die Übertragung unter Veräußerer und Erwerber durchführen. Hierin liegt für den Rechtsverkehr eine bedeutende Erleichterung, die für die Einführung der Briefhypothek ausschlaggebend war. Erblickt man dagegen in dieser Mobilisierung der Hypothek keine wünschenswerte Entwicklung, so verliert die leichtere Form und damit die Briefhypothek überhaupt ihren Vorzug.

Die Übertragung der Forderung ist nach der Auffassung des BGB der primäre Vorgang, mit dem sich der Übergang der Hypothek als notwendige, aber bloß sekundäre Folge verbindet. In Wahrheit vollzieht sich aber der gesamte Vorgang in der Form der Übertragung des dinglichen Rechts, nicht in der Form der Forderungsabtretung, richtet sich nach Sachenrecht, nicht nach Schuldrecht. Hier folgt also gewissermaßen die Forderung der Hypothek, nicht umgekehrt. Am deutlichsten zeigt es sich bei der Buchhypothek, für deren Übertragung gemäß § 1154 III nur § 873 zur Anwendung kommt, obwohl er gar nicht für Forderungen gelten kann, sondern nur für dingliche Rechte. Aber auch bei der Briefhypothek ist die Lage ähnlich. Die formelle Abtretungserklärung, welche die Forderung betrifft, ist durch die Eintragung im Grundbuch ersetzbar, die doch das dingliche Recht betrifft, und stets ist die Übergabe des Briefes erforderlich, der doch nicht die Forderung, sondern das dingliche Recht verbrieft.

Nur die Übertragung rückständiger Zinsen und Nebenleistungen erfolgt nach Schuldrecht, also durch formlose Abtretung (§ 1159).

III. Bedeutung der öffentlichen Beglaubigung der Abtretungserklärung

1. Briefhypothek und öffentlicher Glaube

686 Die erleichterte Form der Übertragung der Briefhypothek hätte aber, wenn nicht eine weitere Vorschrift als Ergänzung hinzuträte, einen bedeutenden Nachteil für den Erwerber zur Folge: Da nur der erste Erwerber der Hypothek, aber nicht mehr die späteren von einem im Grundbuch eingetragenen Gläubiger erwerben würden, so könnten sie sich nicht mehr auf den öffentlichen Glauben des Grundbuchs berufen, wären vielmehr jeder Einwendung oder Einrede aus Fehlern irgendeiner der Übertragungen ausgesetzt. Ihre Sicherheit würde um so geringer, je mehr Übertragungen stattfänden. Nehmen wir z. B. an, eine Hypothek sei für A bestellt und eingetragen, dann nach § 1154 ohne Eintragung des Erwerbers im Grundbuch von A auf B, von B auf C, von C auf D übertragen, so könnte nur noch B sich auf den öffentlichen Glauben des Grundbuchs berufen, falls A in Wahrheit nicht Hypothekengläubiger gewesen wäre, dagegen nicht C und D, falls an dem Erwerb des B oder C etwas nicht in Ordnung gewesen sein sollte, so daß B oder C nicht Gläubiger geworden wären (z. B. wegen Geschäftsunfähigkeit eines Beteiligten, wegen Wuchers, erfolgter Rückzahlung usw.). Durch diese mit der Zahl der Übertragungen zunehmende Unsicherheit der Rechtsstellung des Erwerbers würde die Erleichterung des Hypothekenerwerbs ihren Wert für den Rechtsverkehr völlig verlieren.

2. Bedeutung der öffentlichen Beglaubigung

687 Es leuchtet daher ein, wenn § 1155 einen Ausweg anordnet, der es ermöglicht, die leichtere Form der Hypothekenübertragung (ohne Eintragung im Grundbuch) mit der gleichen Sicherheit auszustatten wie den Erwerb von einem im Grundbuch eingetragenen Gläubiger. Wenn eine ununterbrochene Reihe von öffentlich beglaubigten Abtretungserklärungen vorliegt, die auf einen im Grundbuch eingetragenen Gläubiger zurückführt, so finden die Vorschriften über den gutgläubigen Erwerb der Hypothek genau so Anwendung, als wenn der Besitzer des Briefs, von dem man erwirbt, im Grundbuch eingetragen wäre. Allerdings ist bei einem nicht im Grundbuch eingetragenen Veräußerer erforderlich, daß dieser unmittelbarer oder mittelbarer Besitzer des Briefs ist. Die bloße Besitzverschaffungsmacht reicht hier (anders als beim gutgläubigen Erwerb beweglicher Sachen, s. o. § 35 IV 1) nicht aus.[3] Wenn also in unserem Beispiel die öffentlich beglaubigten Abtretungserklärungen von A an B, von B an C, von C an D vorliegen und A im Grundbuch eingetragen ist, so kann sich C auf seinen guten Glauben an die Rechtsstellung des B, D auf die des C berufen, wie wenn B oder C im Grundbuch eingetragen wären. Damit ist dem Erwerber, wenn die ununterbrochene Reihe öffentlich beglaubigter Abtretungserklärungen vorliegt, die gleiche Sicherheit gewährt, als wenn jeder neue Gläubiger im Grundbuch eingetragen wäre. Der erleichterten Form der Hypothekenübertragung ohne Eintragung im Grundbuch wird damit die gleiche Wirkung gesichert wie der Übertragung mit Eintragung, insbesondere für den Fall, daß in der Übertragung ein

[3] *BGH* NJW-RR 1993, 369 = JuS 1993, 511; zustimmend *Wilhelm*, Rn. 425 (Fn. 345); abl. *Hager*, ZIP 1993, 1446 und *Reinicke/Tiedtke*, NJW 1994, 345.

Fehler stecken sollte. Aus diesem Grund überwiegt in der Praxis die öffentliche Beglaubigung der Abtretungserklärungen. Ist im Grundbuch allerdings ein Widerspruch eingetragen, so entfällt die Legitimationswirkung des § 1155.

3. Fälschungen

Ob äußerlich nicht erkennbare Fälschungen dem gutgläubigen Erwerber schaden, **688**
ist bestritten, aber zu bejahen (vgl. die Rechtslage bei gefälschten Grundbucheintragungen, o. § 19 V a. E.).[4]

4. Unterbrechung der Abtretungsreihe

Ist die Reihe der Übertragungen durch eine nicht beglaubigte Erklärung unterbrochen, so ist **689**
streitig, ob damit nur die Einwendungen gegen die Wirksamkeit dieser Abtretung zulässig werden, nicht aber diejenigen wegen Mängel späterer beglaubigter Abtretungen, oder ob damit die Einwendungen gegen alle späteren, auch die öffentlich beglaubigten Abtretungen, möglich werden. Sind z. B. die Abtretungen von A an B und von C an D beglaubigt, die von B an C aber nicht, ist dann der gute Glaube nur hinsichtlich des Erwerbs des C ausgeschaltet oder auch für den Erwerb des D? Man wird zu unterscheiden haben, ob der Erwerb des C rechtswirksam war oder nicht; im ersten Falle wirkt § 1155 wieder zugunsten des D, im zweiten Falle nicht.[5] Ebenso ist zu entscheiden, wenn die zusammenhängende Reihe, die § 1155 fordert, durch einen Erbfall unterbrochen wird (z. B. C hat nicht durch Abtretung von B erworben, sondern ist Erbe des B; ist C wirklich der Erbe, so tritt der öffentliche Glaube zugunsten des D wieder ein).[6]

5. Gerichtlicher Überweisungsbeschluß

Der öffentlich beglaubigten Abtretungserklärung steht gleich ein gerichtlicher Überweisungsbe- **690**
schluß (eine Vollstreckungsmaßnahme wegen einer Geldforderung in Forderungen, nach § 837 ZPO) oder die öffentlich beglaubigte Anerkennung eines kraft Gesetzes erfolgten Übergangs (z. B. nach §§ 268, 426 II, 774, 1143, 1163, 1164, 1168, 1173).

6. Beglaubigte Abtretungserklärung und Zwangsvollstreckung

Von besonderer Bedeutung ist die öffentlich beglaubigte Abtretungserklärung, wenn sich der **691**
Eigentümer des Grundstücks hinsichtlich des Anspruchs aus der Hypothek in einer vollstreckbaren Urkunde der sofortigen Zwangsvollstreckung unterworfen hat (vgl. § 794 I Nr. 5 ZPO). Auf Grund der öffentlichen Beglaubigung kann der Erwerber der Hypothek gemäß §§ 727, 795 ZPO die Umschreibung der vollstreckbaren Ausfertigung der Schuldurkunde auf seinen Namen verlangen, da die Rechtsnachfolge durch eine öffentliche beglaubigte Urkunde nachgewiesen wird. Bei Vorliegen einer schriftlichen Abtretungserklärung scheidet eine derartige Umschreibung aus.

IV. Gutgläubiger Erwerb nach § 1138

Bei Übertragung einer Hypothek kann sich der Fall ereignen, daß die Hypothek **692**
zwar im Grundbuch eingetragen ist, aber in Wahrheit nicht dem eingetragenen Gläubiger zusteht, das Grundbuch also unrichtig ist. Die Hauptfälle sind: 1. die

---

[4] So auch *Baur/Stürner,* § 38 Rn. 34; *Wolff/Raiser,* § 142 Anm. 17; *OLG Braunschweig* OLGZ 1983, 219; *Koch/Löhnig,* Fall 15, Rn. 29 ff., 32; a. M. RGZ 85, 58 und 93, 44.

[5] So auch *Eickmann,* in: Westermann, § 105 IV 2 b; *Wolff/Raiser,* § 142 VII 2 b.

[6] Vgl. *Baur/Stürner,* § 38 Rn. 37; Palandt/*Bassenge,* § 1155 Rn. 3; a. A. Staudinger/*Scherübl,* § 1155 Rn. 25; Jauernig/*Jauernig,* § 1155 Anm. 2 b, ee m. w. N.

Forderung entsteht nicht, 2. sie ist erloschen, z. B. durch Zahlung; in beiden Fällen steht die Hypothek dem Eigentümer zu (§ 1163, vgl. u. § 62 I). Für den Fall, daß die Hypothek einem Gläubiger zusteht, der nicht eingetragen ist (die Übertragung war z. B. nichtig), vgl. u. V. Wird nun die Hypothek vom eingetragenen Gläubiger auf einen gutgläubigen Erwerber übertragen, so entsteht ein Konflikt zwischen drei Grundsätzen der dinglichen und der schuldrechtlichen Rechtsordnung, der einer Lösung bedarf. Nach den Grundsätzen des gutgläubigen Erwerbs muß die Hypothek auf den gutgläubigen Erwerber nach § 892 übergehen, nach den Grundsätzen des Schuldrechts ist dagegen der Übergang der nichtbestehenden Forderung trotz guten Glaubens nach §§ 398 ff. ausgeschlossen. Das Prinzip der Akzessorietät schließlich verlangt, daß Hypothek und Forderung als eine Einheit übergehen. Von diesen drei Grundsätzen muß einer geopfert werden. Hält man am akzessorischen Prinzip fest, so steht man vor der Wahl, ob man Hypothek und Forderung zusammen auf den gutgläubigen Erwerber übergehen läßt, also die §§ 398 ff. beiseite schiebt, nur § 892 gelten läßt und den gutgläubigen Erwerb auf die Forderung erstreckt, oder ob man umgekehrt weder die Hypothek noch die Forderung übergehen läßt. Eine dritte Möglichkeit besteht darin, den Grundsatz der Akzessorietät der Hypothek zu opfern und damit den Weg freizubekommen für einen gutgläubigen Erwerb der Hypothek, aber ohne Forderung, also im Fall des guten Glaubens des Erwerbers auf ihn zwar die Hypothek, nicht aber zugleich die Forderung übergehen zu lassen; auf diese Weise würden sowohl die Grundsätze des Sachenrechts für den dinglichen Rechtserwerb als auch die des Schuldrechts für den Forderungserwerb aufrechterhalten bleiben.

693 Diese dritte Lösung gibt nun § 1138, der allerdings sehr unklar gefaßt ist. Er will besagen, daß es einen gutgläubigen Erwerb nur hinsichtlich der Hypothek und nicht zugleich der Forderung gibt. Zwar gelten nach ihm die Vorschriften über den gutgläubigen Erwerb auch „in Ansehung der Forderung", aber nur, wie ein leicht zu übersehender Zusatz lautet, „für die Hypothek". Das bedeutet, daß lediglich für das dingliche Rechtsverhältnis zwischen Hypothekengläubiger und Eigentümer der Erwerb der Forderung fingiert wird, damit dem Eigentümer die Einwendung aus § 1163 abgeschnitten wird, die Forderung und damit auch die Hypothek stehe dem Gläubiger nicht zu. **Man kann daher den Inhalt des § 1138 klarer dahin formulieren:** An einer in Wahrheit dem Gläubiger nicht zustehenden Hypothek gibt es einen gutgläubigen Erwerb, nicht aber auch an der ihr zugrunde gelegten, tatsächlich aber nicht bestehenden Forderung. Der gutgläubige Erwerber wird also nur dinglicher Gläubiger, nicht zugleich Forderungsgläubiger. In Wirklichkeit handelt es sich bei dieser Hypothek ohne Forderung um eine Grundschuld (vgl. u. § 62 V).[7]

Mit derselben Beschränkung auf das dingliche Rechtsverhältnis schließt der gutgläubige Erwerb auch die Einreden aus, die an sich nach § 1137 dem Gläubiger entgegengesetzt werden könnten; für das Schuldverhältnis dagegen bleiben sie auch gegenüber einem gutgläubigen Erwerber in Kraft (§ 1138).

V. Gutgläubiger Erwerb bei Existenz der Forderung

694 Schwieriger ist der Fall, daß Hypothek und Forderung zusammen übertragen werden und beide nicht dem eingetragenen Gläubiger zustehen, der Konflikt aber dadurch ausgelöst wird, daß die Forderung – anders als unter IV – in Wahrheit besteht und einem anderen als dem Hypothekgläubiger zusteht. *Beispiel:* Der wahre, aber geisteskranke Gläubiger A überträgt Hypothek und Forderung auf

---

[7] So auch *Wolff/Raiser*, § 137 II 3; *Schwerdtner*, Jura 1986, 264; a. M. *Eickmann*, in: Westermann, § 105 III 3. Die Streitfrage hat kaum praktische Bedeutung.

B; dieser wird auch im Grundbuch eingetragen, ist aber nicht Gläubiger geworden, und überträgt nun Hypothek und Forderung weiter auf C. Daß C gutgläubig die Hypothek erwirbt, ist nach §§ 892, 1138 nicht zu bezweifeln. Was aber wird mit der Forderung? Geht sie nicht zusammen mit der Hypothek auf C über, so bleibt A Forderungsgläubiger, wie er es auch nach der nichtigen Übertragung an B geblieben war. Dann stehen aber dem Eigentümer und persönlichen Schuldner zwei Gläubiger gegenüber; der Hypotheken- und der Forderungsgläubiger sind jetzt zwei verschiedene Personen. Daraus erwächst dem Eigentümer, der zugleich persönlicher Schuldner ist, die Gefahr, daß er sowohl dem A die Forderung schuldet als auch dem C mit dem Grundstück für die Hypothek haftet, also zweimal zahlen muß. (Für den persönlichen Schuldner, der nicht der Eigentümer ist, entsteht der Nachteil, daß trotz Bezahlung der Forderung die Hypothek auf ihn nicht übergehen kann, weil der Hypothekengläubiger ja keineswegs befriedigt ist.) Dieses Ergebnis ist untragbar. Man versucht es dadurch zu vermeiden, daß man eine Art „Befriedigungsgemeinschaft" zwischen Hypothek und Forderung konstruiert und aus ihr den Untergang der Forderung folgert, wenn der Hypothekengläubiger befriedigt wird. Könnte hierfür vielleicht noch ein Ausgleich gefunden werden, so ist der umgekehrte Fall noch bedenklicher, daß die Hypothek dem Gläubiger verlorengehen soll, falls der Forderungsgläubiger befriedigt wird und die Forderung damit untergeht. Wie soll der Ausgleich unter beiden erfolgen? Richtiger ist es wohl, auch in diesem Falle an der Identität von Forderungs- und Hypothekengläubiger festzuhalten und Hypothek und Forderung zusammen auf den gutgläubigen Erwerber übergehen zu lassen.[8] Allerdings bekommt dann der Erwerber eine doppelte Rechtsstellung, die der Veräußerer nicht hatte, und der sonst ausgeschlossene gutgläubige Erwerb einer Forderung findet jetzt doch statt. Aber die Durchführung des akzessorischen Prinzips erscheint doch als der beste Ausweg zur Vermeidung von Schwierigkeiten. A hat nach § 816 I 1 gegen B einen Anspruch auf Herausgabe des durch die Abtretung der Hypothek an C erlangten Erlöses.

VI. Rechtsverhältnis zwischen Eigentümer und neuem Gläubiger

1. Bei normalem rechtsgeschäftlichen wie auch bei gutgläubigem Erwerb einer Hypothek würde 695
für den neuen Gläubiger die Gefahr bestehen, daß durch Rechtsgeschäfte zwischen dem alten Gläubiger und dem Eigentümer nach der Übertragung die Hypothek für den neuen Gläubiger doch noch verlorengehen könnte. Denn nach den für die Übertragung der Forderung maßgebenden Vorschriften der §§ 406–408, insbesondere des § 407 müßte der neue Gläubiger eine Leistung des Schuldners an den alten Gläubiger und andere Rechtsgeschäfte zwischen beiden solange gegen sich gelten lassen, als der Schuldner noch keine Kenntnis von der Abtretung hätte. Dies würde wegen des engen Zusammenhanges zwischen Hypothek und Forderung den Gläubiger auch als Inhaber der Hypothek gefährden, da ja mit dem Erlöschen der Forderung auch die Hypothek ihm verlorengeht (§ 1163) und alle Einreden des persönlichen Schuldners auch dem Eigentümer zustehen (§ 1137). Es würde sich ein Konflikt zwischen dem Grundbuchrecht und dem Schuldrecht ergeben. Zur Sicherung des Hypothekengläubigers schließt daher § 1156 für die Übertragung der Hypothek die Vorschriften der §§ 406 bis 408 aus, weil der Eigentümer aus dem Grundbuch oder durch das Verlangen der Vorlegung des Briefes gemäß § 1160 sich über die Person des Gläubigers Gewißheit verschaffen kann. Aber der Ausschluß gilt nur, soweit das Rechtsverhältnis zwischen dem Hypothekengläubiger als solchem und dem Eigentümer in Betracht kommt, also nur für das dingliche Recht, nicht für das Rechtsverhältnis zwischen Forderungsgläubiger und persönlichem Schuldner, also für das Forderungsrecht, für das es bei den Vorschriften über die Abtretung verbleibt. Hiernach ist es denkbar, daß durch eine Zahlung des Schuldners an den alten Gläubiger nach der Abtretung die Forderung untergeht, der Schuldner eine Einwendung erwirbt, die Hypothek aber bestehen und der neue Gläubiger Hypothekengläubiger bleibt, auch wenn er nicht mehr Forderungsgläubiger ist. Der Ausgleich für den Eigentümer, der die Forderung getilgt hat, aber trotzdem mit der Hypothek belastet bleibt und daher Gefahr läuft, nochmals zahlen zu müssen, um die Vollstreckung in das Grundstück zu vermeiden, liegt in Bereicherungs- oder Deliktansprüchen gegen den alten Gläubiger.

Es wird aber selten zu solchen Zahlungen an den alten Gläubiger kommen. Denn bei der Buchhypothek kann und wird der Eigentümer sich aus dem Grundbuch informieren, wer sein jetziger Gläubiger ist, bei der Briefhypothek braucht er nur an einen Gläubiger zu zahlen, der sich durch den Besitz des Briefs ausweisen kann (§ 1160); hierzu ist der alte Gläubiger gemäß § 1154 nicht mehr in der Lage.

---

[8] So auch *Eickmann,* in: Westermann, § 105 III 4; vgl. nunmehr auch *Karper,* JuS 1989, 33; anders dagegen *Petersen/Rothenfußer,* WM 2000, 657.

696 Eine Ausnahme gilt nur für die Kündigung des Eigentümers gegenüber dem alten Gläubiger; sie muß der neue Gläubiger gegen sich gelten lassen, es sei denn, daß die Übertragung der Hypothek dem Eigentümer zur Zeit der Kündigung bekannt oder im Grundbuch eingetragen war (§ 1156 Satz 2).

697 2. Einreden, die dem Eigentümer auf Grund eines besonderen zwischen ihm und dem alten Gläubiger bestehenden Rechtsverhältnisses zustehen, kann er auch gegenüber dem neuen Gläubiger geltend machen (§ 1157). Es kommen Vereinbarungen in Betracht, welche die Geltendmachung der Hypothek hemmen, wie Stundung, Ausschluß der Zession usw., nicht aber Einwendungen aus dem Schuldverhältnis zwischen Gläubiger und Schuldner. Sie müssen aber vor der Übertragung entstanden und dem neuen Gläubiger bekannt oder aus dem Grundbuch ersichtlich sein. Der Eigentümer kann sich daher durch Eintragung der Einrede schützen.

3. § 1138 erstreckt den guten Glauben auch auf die Einreden, die dem persönlichen Schuldner gegen den Gläubiger zustehen, d. h. der Erwerber braucht sich nur solche Einreden entgegenhalten zu lassen, die aus dem Grundbuch oder dem Hypothekenbrief ersichtlich sind oder ihm bekannt waren. Die Einwendungen, die den Bestand der Forderung berühren, sind nach § 1138 ebenfalls ausgeschlossen, soweit sie nicht aus dem Grundbuch oder aus dem Brief hervorgehen oder dem Erwerber bekannt waren; denn der Schutz des guten Glaubens erstreckt sich für die Geltendmachung der Hypothek auch auf den Bestand der Forderung als notwendige Grundlage der Hypothek.

Dadurch werden aber die Verteidigungsmöglichkeiten gegenüber der Hypothekenklage sehr eingeschränkt im Vergleich zu denen gegenüber der Forderungsklage. Es kann daher vorkommen, daß die dingliche Klage Erfolg hat, die Forderungsklage dagegen abgewiesen wird.

VII. Zinsen und andere Nebenleistungen

698 1. Eine besondere Regelung hat die Rechtsstellung des neuen Gläubigers gefunden, soweit es sich um Zinsen und andere Nebenleistungen sowie um Rückstände derselben handelt. Insoweit bleiben die Vorschriften über die Stellung des neuen Gläubigers bei Abtretung der Forderung, also die §§ 406–408, die für das Hypothekenkapital durch § 1156 ausgeschlossen waren, auch für das Verhältnis zwischen Eigentümer und Hypothekengläubiger in Kraft (§ 1158). Diese Einwendungen können auch nicht durch Berufung auf den öffentlichen Glauben des Grundbuchs ausgeschlossen werden. Der Grund für diese Regelung besteht darin, daß bei Zinszahlung dem Eigentümer die Einsicht in das Grundbuch nicht zugemutet werden kann. Daher sind Zinszahlungen an den alten Gläubiger nach § 407 noch wirksam. Jedoch ist eine Zeitgrenze für die Zinsen und Nebenleistungen, um die es sich hier handelt, gezogen, damit nicht weiter sich erstreckende Zahlungen des Eigentümers an den alten Gläubiger gegenüber dem neuen wirksam sind. Die Zinsen sind auch getrennt vom Kapital in der Form, die für die Abtretung der Hypothek vorgeschrieben ist, abtretbar.[9]

699 2. Bei Übertragung von Rückständen gelten ebenfalls die allgemeinen Vorschriften über die Abtretung auch für das Rechtsverhältnis zwischen Eigentümer und neuem Gläubiger, also wiederum die §§ 406–408, gem. § 1159 I. Darüber hinaus finden die Vorschriften über die Forderungsabtretung auch auf die Übertragung selbst Anwendung, d. h. die Übertragung der Rückstände richtet sich nicht nach § 1154, sondern nach den §§ 398 ff., ist daher z. B. formlos möglich.

VIII. Belastung der Hypothek

700 Die Belastung der Hypothek (mit Pfandrecht oder Nießbrauch) erfolgt nach denselben Regeln wie die Übertragung. Es handelt sich rechtlich um die Belastung der hypothekarisch gesicherten Forderung. Sie vollzieht sich grundsätzlich wie die Abtretung der Forderung (§§ 1069, 1274, vgl. u. § 74 II).

IX. Gesetzlicher Übergang

701 Ein Übergang von Gesetzes wegen ist möglich, so bei Gesamtrechtsnachfolge (Erbschaft), ferner nach § 1143 (vgl. o. § 58 II 2) und § 1164. Hier ist Eintragung oder Übergabe des Briefes nicht erforderlich.

---

[9] Vgl. RGZ 86, 218.

§ 61. Das Ende der Hypothek

Wenn der Hypothekengläubiger aufhört, Gläubiger zu sein, so geht in Ausnahmefällen die Hypothek unter; in der Regel geht sie auf den Eigentümer über. 702

I. Untergang der Hypothek

1. Befriedigung aus dem Grundstück

Die Hypothek geht unter durch Befriedigung des Gläubigers aus dem Grundstück, d. h. mit Durchführung der Zwangsvollstreckung in das Grundstück zwecks Befriedigung des Gläubigers, also auf dessen oder eines anderen vorrangigen Gläubigers Betreiben (§ 1181). Jede andere Befriedigung des Gläubigers, z. B. durch Zahlung des Eigentümers ohne Zwangsvollstreckung, durch Zahlung des persönlichen Schuldners, der nicht Eigentümer ist, durch Zahlung eines Dritten, auch durch Befriedigung aus dem Erlös von Erzeugnissen oder Zubehör (vgl. o. § 57), läßt die Hypothek bestehen, auch wenn der Gläubiger sie verliert. 703

Bei der Zwangsvollstreckung dagegen geht die Hypothek unter, denn entweder wird der betreibende Gläubiger durch Zahlung aus dem Erlös, den das Grundstück bei der Zwangsversteigerung erzielt hat, wirklich befriedigt oder die Hypothek fällt aus, da sie nicht durch das tatsächlich abgegebene zulässige Meistgebot gedeckt ist. Auch in diesem Fall erlischt die Hypothek an dem versteigerten Grundstück (§ 91 I ZVG). Dies tritt stets ohne Eintragung im Grundbuch bereits auf Grund des Zuschlags des Grundstücks an den Meistbieter ein; doch erfolgt sogleich auf Ersuchen des Vollstreckungsgerichts die Löschung im Grundbuch. Die Durchführung der Vollstreckung hat für den betreibenden Gläubiger also ohne Rücksicht auf den wirtschaftlichen Erfolg, die wirkliche Befriedigung aus dem Erlös, die Folge, daß seine Hypothek erlischt, da sie ja nie durch das geringste Gebot gedeckt ist (vgl. o. § 59 III 4). Er kann aber durch Mitbieten entweder ein Gebot erreichen, das seine Hypothek mit umfaßt, so daß kein Verlust eintritt, oder selbst das Grundstück erstehen. Eine Ausnahme tritt nur ein, wenn der Gläubiger mit dem Ersteher des Grundstücks die Vereinbarung trifft, daß die durch das Gebot gedeckte Hypothek nicht ausgezahlt wird, sondern bestehenbleiben soll (§ 91 ZVG). Wird der Gläubiger im Wege der Zwangsvollstreckung durch Auszahlung wirklich befriedigt, so geht auch seine persönliche Forderung unter. Soweit er nicht befriedigt wird, bleibt sie bestehen. Ist der Eigentümer nicht zugleich persönlicher Schuldner, so geht die Forderung gemäß § 1143 auf ihn über (vgl. o. § 59 III 4). 704

2. Aufhebung

Die Hypothek erlischt, wenn sie vom Gläubiger gemäß § 875 durch eine Erklärung aufgehoben wird und die Löschung im Grundbuch erfolgt. Hierzu ist die Zustimmung des Eigentümers erforderlich (§ 1183). Sie ist dem Grundbuchamt oder dem Gläubiger gegenüber zu erklären und unwiderruflich; ihre Form bestimmt sich nach § 29 GBO. Es handelt sich aber nicht um einen Vertrag zwischen Gläubiger und Eigentümer, sondern um zwei selbständige einseitige Erklärungen. 705

Diese Aufhebung ist schwer zu unterscheiden von dem Verzicht des Gläubigers auf die Hypothek nach § 1168, der den Übergang der Hypothek auf den Eigentümer zur Folge hat (vgl. u. § 62 I B). Die Aufhebung bedeutet nicht nur die Aufgabe der Hypothek seitens des Gläubigers, sondern die Beseitigung der Hypothek schlechthin. In der Praxis wird man sich in Zweifelsfällen dazu entschließen, eher einen Verzicht anzunehmen.

II. Übergang der Hypothek

706 Weitaus häufiger sind die Fälle, in denen die Hypothek zwar dem Gläubiger verlorengeht, aber nicht endet, sondern auf den Eigentümer oder den persönlichen Schuldner übergeht. Über den Sinn dieser Eigentümerhypothek vgl. u. § 62 III.

§ 62. Die Eigentümergrundpfandrechte

Literatur: *Bayer,* Zinsen für die Eigentümergrundschuld?, AcP 189, 470; *Kollhosser,* Grundbegriffe und Formularpraktiken im Grundpfandrecht, JA 1979, 61; *ders.,* Die neuen gesetzlichen Löschungsansprüche, JA 1979, 176; *Rein,* Die Verwertbarkeit der Eigentümergrundschuld trotz des Löschungsanspruchs gemäß § 1179 a BGB, 1994; *Sottung,* Pfändung der Eigentümergrundschuld, 1957; *Stöber,* Löschungsvormerkung und gesetzlich vorgemerkter Löschungsanspruch, Rpfleger 1977, 399 und 425; *Westermann,* Die nachträgliche Entstehung der durch die Hypothek gesicherten Forderung, JZ 1962, 302; *ders.,* Vorschläge zur Reform des Hypotheken- und Grundbuchrechts, 1972; *ders.,* Sicherung des Interesses am Rang des Grundpfandrechts, in Festgabe für Sontis, 1977, S. 253; *Zagst,* Das Recht der Löschungsvormerkung und seine Reform, 1973.

707 Ist der Eigentümer Inhaber eines Pfandrechts am eigenen Grundstück, so bezeichnet man seine Berechtigung als Eigentümergrundpfandrecht. Dieses ist in der Regel eine Eigentümergrundschuld (s. u. V) und nur in seltenen Fällen eine Eigentümerhypothek (s. u. II 2).

I. Das Entstehen des Eigentümergrundpfandrechts

708 Der Eigentümer kann ein Pfandrecht am eigenen Grundstück erlangen mit der Bestellung des Rechts (ursprüngliches Eigentümergrundpfandrecht) oder durch Übergang eines Fremdpfandrechts auf ihn (nachträgliches Eigentümergrundpfandrecht).

A. Erste Gruppe (ursprüngliche Eigentümergrundpfandrechte)

1. Nichtentstehung der Forderung (§ 1163 I 1)

709 Hierunter ist zunächst der Fall zu bringen, daß eine Hypothek wirksam bestellt, die Forderung aber nicht entstanden ist.

Beispiele: Das vereinbarte Darlehen kommt nicht zur Auszahlung; der schuldrechtliche Vertrag ist wegen Wuchers, Geschäftsunfähigkeit, Formmangels nichtig oder wird durch Anfechtung nichtig oder kommt überhaupt nicht zustande, weil die Verhandlungen der Parteien zu keinem Vertragsabschluß führen.

In diesen Fällen steht die Hypothek gem. § 1177 I als Grundschuld endgültig dem Eigentümer zu.

Daneben aber steht der andere Fall, daß die Hypothek bewußt eher geschaffen wird, als die Forderung entsteht, also daß die Hypothek für eine künftige Forderung bestellt wird, die Forderung also noch nicht entstanden ist, aber sehr wohl noch entstehen kann.

Beispiel: Eine Darlehenshypothek wird auf Grund der Einigung von Eigentümer und Gläubiger am 1. 2. eingetragen, obwohl beide Teile damit einverstanden sind, daß das Darlehen erst am 1. 6. ausgezahlt werden soll.

Eine Bestellung der Hypothek vor der Entstehung der Forderung hat sich bei der Gewährung von Baugeldern eingebürgert, da die Kreditgeber das Darlehen erst auszahlen, wenn der Bau teilweise errichtet ist, die Hypothek aber sofort eintragen lassen, um ihren Rang zu sichern. Die Hypothek steht dann dem Eigentümer als „vorläufige Grundschuld" zu, „vorläufig" deshalb, weil jederzeit durch die Auszahlung des Darlehens die Hypothek für den Gläubiger entstehen kann.

Mit Einigung und Eintragung sowie der Aushändigung des Briefs hat der Gläubiger eine gesicherte Anwartschaft auf den Erwerb der Hypothek; sie kann ihm durch Handlungen des Eigentümers nicht mehr entzogen werden. Seine Hypothek steht unter der aufschiebenden Rechtsbedingung der Entstehung der Forderung; daher sind, wie bei rechtsgeschäftlichen Bedingungen, spätere Verfügungen des Eigentümers nach § 161 unwirksam, wenn sie das bedingte Recht des Hypothekengläubigers beeinträchtigen würden. Umgekehrt ist die Grundschuld des Eigentümers auflösend bedingt durch die Entstehung der Forderung des Gläubigers. Der Hypothekengläubiger kann nur seine Anwartschaft übertragen, doch entsteht mit Entstehung der Forderung zugleich die Hypothek für den Erwerber. Das Grundbuch ist zwar unrichtig, solange die Forderung nicht entstanden ist, doch kann der Eigentümer nicht die Berichtigung in Form der Eintragung seiner bedingten Grundschuld verlangen. Ihm steht die Einwendung des Gläubigers gegenüber, daß er zur Bestellung der Hypothek verpflichtet ist. Von der Verfügung über die vorläufige Eigentümergrundschuld wird zur Erlangung von Zwischenkrediten häufig Gebrauch gemacht.[1]

Einen besonderen Fall nachträglicher Valutierung einer Sicherungshypothek durch den Zessionar des eingetragenen Hypothekengläubigers behandelt BGHZ 36, 84.[2]

Scharf zu unterscheiden ist zwischen der bloßen Nichtigkeit der Forderungs- 710
begründung und der Nichtigkeit der Hypothekenbestellung. Beide werden oft zusammenfallen, zumal wenn beide Akte in rascher Folge geschehen. Dann ergreift derselbe Nichtigkeits- oder Anfechtungsgrund beide Verträge, z. B. die Geschäftsunfähigkeit eines Beteiligten oder die arglistige Täuschung. In dem seltenen Fall, daß nur die Forderungsbegründung nichtig, die Hypothekenbestellung dagegen wirksam ist, verbleibt es bei § 1163 I 1.[3] Ist aber die Hypothekenbestellung nichtig, so entsteht auch keine Eigentümerhypothek, ohne Unterschied, ob die Forderungsbegründung wirksam ist oder nicht. Denn § 1163 setzt wenigstens die wirksame Bestellung der Hypothek voraus.

Eine heute häufig vertretene Auffassung[4] läßt eine Eigentümergrundschuld wenigstens dann entstehen, wenn die Erklärung des Eigentümers für sich allein betrachtet wirksam und nur die des anderen Teils nichtig ist, z. B. wegen dessen Geschäftsunfähigkeit. Sie beruft sich darauf, daß der Eigentümer in der Lage ist, durch seine einseitige Erklärung eine Eigentümergrundschuld zu begründen (§ 1196). Das läuft aber darauf hinaus, daß man bei einem nichtigen Vertrag die Erklärung des einen Teils als einseitiges Rechtsgeschäft aufrechterhält. Diese Auffassung scheitert formell daran,

---

[1] Vgl. dazu BGHZ 53, 60 = NJW 1970, 322. Nach dieser Entscheidung ist sogar die Abtretung einer künftigen Eigentümergrundschuld vor Eintragung einer Briefhypothek möglich.

[2] Vgl. dazu *Westermann,* JZ 1962, 302.

[3] Einen solchen Fall behandelt BGHZ 36, 84 = NJW 1962, 295.

[4] Vgl. u. a. *Baur/Stürner,* § 36 Rn. 108; *Wolff/Raiser,* § 145 I 3; dagegen *Eickmann,* in: Westermann, § 119 I 4.

daß die Einigungserklärung sich an den Vertragsgegner gerichtet hat und nun in eine solche an das Grundbuchamt umgewandelt wird, weil nur durch diese die Eigentümergrundschuld begründet werden kann (§ 1196). Bedenk-licher noch ist die inhaltliche Umwandlung der Erklärung: Aus der Erklärung, für den Gläubiger solle eine Hypothek begründet werden, wird die andere, für den Eigentümer solle eine Grundschuld entstehen. Wie soll aber auf Grund einer abgegebenen Erklärung mit jenem ersten Inhalt diese andere Wirkung eintreten, von der in der Erklärung nichts gesagt ist? Die Erklärung des Eigentümers soll angeblich „wirksam" sein, dennoch aber nicht die Wirkung haben, auf die sich der Wille des Erklärenden richtet. Mit den Grundsätzen über Rechtsgeschäfte erscheint dies nicht vereinbar.[5]

2. Briefhypothek vor Briefübergabe

711 Die Briefhypothek steht bis zur Übergabe des Briefs an den Gläubiger dem Eigentümer als Grundschuld zu (§§ 1117, 1163 II, 1177 I). Auch hier ist das Recht des Eigentümers nur ein vorläufiges (vgl. o. § 55 II).

B. Zweite Gruppe (nachträgliche Eigentümergrundpfandrechte)

1. Erlöschen der Forderung (§ 1163 I 2)

712 In diesem Fall geht die Hypothek automatisch, also ohne Einigung und Eintragung, als Grundschuld auf den Eigentümer über. Das Grundbuch wird unrichtig, dem Eigentümer steht ein Berichtigungsanspruch zu. Dies ist der praktische Hauptfall der Unrichtigkeit des Grundbuchs und zugleich der häufigste Fall, in dem es zur Entstehung einer Eigentümergrundschuld kommt. Denn er umfaßt ja auch die Erfüllung der Forderung durch den Eigentümer, der zugleich der persönliche Schuldner ist, also das normale Ende der Hypothek für den Gläubiger, nachdem er oder der Eigentümer sie gekündigt haben. Neben der Erfüllung kommen auch Aufrechnung, Erlaß, Vergleich und Vereinigung von Forderung und Schuld in Betracht. Über das Interesse des Eigentümers an dieser Gestaltung vgl. u. III.

Bei Teilzahlungen entsteht eine Teileigentümergrundschuld. Bei der Tilgungshypothek (vgl. o. § 54 II) wächst daher ständig mit der zunehmenden Tilgung der Anteil, der von dem Gesamtbetrag der Hypothek auf die Eigentümergrundschuld entfällt. Bei Befriedigung rückständiger Nebenleistungen tritt zwar auch der Übergang auf den Eigentümer ein, doch erlischt insoweit die Hypothek sogleich (§ 1178).

713 a) Eine wichtige Ausnahme tritt aber in folgendem Fall ein: Befriedigt der persönliche Schuldner, der nicht zugleich Eigentümer ist, den Gläubiger und hat er gegen den Eigentümer deswegen einen Ersatzanspruch, so geht die Hypothek auf ihn über (§ 1164 I) und nicht auf den Eigentümer, wie § 1163 es vorsieht. Dasselbe gilt im Falle des § 1164 II bei Vereinigung von Forderung und Schuld, etwa wenn der Schuldner den Gläubiger beerbt. Der Ersatzanspruch hängt von der Vereinbarung zwischen dem Eigentümer und dem persönlichen Schuldner ab und wird insbesondere durch die Erfüllungsübernahme begründet (vgl. o. § 58 II). Man kann annehmen (h. M.), daß die Hypothek fortan für den Ersatzanspruch besteht (gesetzliche Forderungsauswechslung).[6] Der Schuldner ist gegen ihm schädliche Verfügungen des Gläubigers geschützt (§ 1165).

---

[5] Vgl. dazu auch *Klee*, NJW 1951, 579.
[6] RGZ 131, 157.

b) Wenn umgekehrt der Eigentümer, der nicht persönlicher Schuldner ist, den Gläubiger befriedigt, so geht die Forderung des Gläubigers auf ihn über (§ 1143), damit aber auch die Hypothek. Der Fall ist aber praktisch selten. Denn wenn der Eigentümer deshalb zahlt, weil er kraft Erfüllungsübernahme dem persönlichen Schuldner (meist dem früheren Eigentümer) gegenüber hierzu verpflichtet ist, erwirbt er gemäß § 1163 I 2 eine Eigentümergrundschuld (vgl. o. § 58 II 3). 714

c) Zahlt ein Dritter gem. § 1150, so geht nach §§ 268 III, 1153 die Forderung und mit ihr die Hypothek auf den Dritten über.[7]

d) Problematisch ist der Ausgleich unter verschiedenen Sicherungsgebern, wenn der Gläubiger seine Forderung mehrfach sichert (zum Beispiel durch Hypothek, Grundschuld, Bürgschaft). Hat der Gläubiger seine Forderung zum Beispiel durch Hypothek und Bürgschaft gesichert, so würde nach der gesetzlichen Regelung derjenige, der den Gläubiger zuerst befriedigt, mit der Forderung auch das andere Sicherungsrecht erwerben (§§ 1143, 401, 412 bzw. §§ 774 I Satz 1, 268 III, 401, 412). Es käme also zu einem Wettlauf der Sicherungsgeber. Beim Zusammentreffen von Bürgschaft und Sicherungsgrundschuld hingegen würde der zuerst tilgende Grundschuldschuldner die Bürgschaft nicht erwerben, da § 1143 auf die Grundschuld nicht anwendbar ist.[8]

Wie man solche unbilligen Ergebnisse vermeiden kann, ist umstritten.[9] Beim Zusammentreffen von Bürgschaft und Hypothek wird in der Literatur zum Teil erwogen, den Bürgen entsprechend § 776 zu bevorzugen.[10] Andere wollen die Regeln der §§ 769, 774 II, 426 entsprechend anwenden.[11] Im Falle des Zusammentreffens von Bürgschaft und Grundschuld hat der *BGH* einen Ausgleich nach den Regeln über den Gesamtschuldnerausgleich (§§ 426, 242 analog) herangezogen.[12] Darüber hinaus wird grundsätzlich angenommen, daß mehrere, auf gleicher Stufe stehende Sicherungsgeber ohne eine zwischen ihnen getroffene Vereinbarung untereinander entsprechend den Gesamtschuldregeln zum Ausgleich verpflichtet sind. Denn sämtliche Sicherungsgeber würden den einheitlichen Zweck verfolgen, die Hauptschuld des Gläubigers zu sichern. Nur über eine einheitliche Ausgleichspflicht könne daher der Wettlauf der Sicherer verhindert werden.[13]

2. Verzicht auf die Hypothek

Der Gläubiger kann auf die Hypothek einseitig verzichten durch eine Erklärung gegenüber dem Grundbuchamt oder dem Eigentümer und Eintragung des Verzichts im Grundbuch (§ 1168). Auch in diesem Fall geht die Hypothek nicht unter, sondern auf den Eigentümer über, wiederum automatisch ohne Einigung und Eintragung. Über den Unterschied zur Aufhebung der Hypothek vgl. o. § 61 I. 715

Der gleichzeitige Verzicht des Gläubigers auf die Forderung, der sich durch Erlaßvertrag vollziehen muß und meist mit dem Verzicht auf die Hypothek verbunden ist, bewirkt zwar auch den Übergang der Hypothek auf den Eigentümer, aber nicht nach § 1168, sondern nach § 1163 I 2.

3. Einrede gegen die Hypothek

Wenn dem Eigentümer eine Einrede zusteht, durch welche die Geltendmachung der Hypothek dauernd ausgeschlossen ist, so kann er vom Gläubiger den Verzicht auf die Hypothek verlangen und mit ihm den Übergang der Hypothek auf sich erreichen (§ 1169). Die praktische Bedeutung dieses Falles ist nicht groß, da die wichtigste dieser Einreden, diejenige der Verjährung, durch § 902 ausgeschlossen ist (ebenso die Einrede der beschränkten Erbenhaftung, § 1137). In Betracht kommen die Einreden der unerlaubten Handlung (§ 853), der Bereicherung (§ 821), der Wandlung (§ 438 IV 2). 716

---

[7] Nach *BGH* NJW 1986, 1487 mit ablehnender Anm. von *Canaris* findet bei diesem Erwerb kein Gutglaubensschutz statt; so auch *BGH* NJW 1997, 190 für die Grundschuld; a. A. *Hager*, ZIP 1997, 133 und *Reischl*, JR 1998, 404.

[8] Zu dieser Rechtslage vgl. *Bayer/Wandt*, JuS 1987, 271.

[9] Eine Zusammenstellung der Meinungen findet sich bei *Medicus*, Rn. 939 ff.

[10] So *Baur/Stürner*, § 38 Rn. 102; *Gottwald*, PdW, Fall 161; *Larenz*, Lehrbuch des Schuldrechts, Bd. II, 12. Aufl., 1981, § 64 III m. w. N.

[11] So *Hüffer*, AcP 171 (1971), 470; *Pawlowski*, JZ 1974, 224; *Steinbach/Lang*, WM 1987, 1237.

[12] *BGH* NJW 1989, 2530; zustimmend *Bayer/Wandt*, ZIP 1989, 1047; teilweise ablehnend *Bülow*, WM 1989, 1877.

[13] *BGH* NJW 1989, 2531.

4. Vereinigung von Hypothek und Eigentum

717 Vereinigt sich die Hypothek mit dem Eigentum in einer Person, indem z. B. der Eigentümer den Gläubiger beerbt oder umgekehrt Übereignung des Grundstücks an den Gläubiger erfolgt, so geht die Hypothek auf den Eigentümer über (§ 889).

Ist der Eigentümer zugleich der persönliche Schuldner, so geht die Forderung unter, daher die Hypothek schon nach § 1163 I 2 auf ihn über. Hier kommt also nur der Fall in Betracht, daß Eigentümer und Schuldner nicht identisch sind.

Handelt es sich um Rückstände von Zinsen, so erlischt die Hypothek insoweit (§ 1178).

5. Ausschlußurteil im Aufgebotsverfahren

718 Wenn der unbekannte Hypothekengläubiger[14] im Wege des Aufgebotsverfahrens durch Ausschlußurteil mit seinem Recht ausgeschlossen wird, erwirbt der Eigentümer mit dem Urteil die Hypothek (§§ 1170, 1171).

Der erste Fall (§ 1170) – Verstreichen von zehn Jahren seit der letzten sich auf die Hypothek beziehenden Eintragung im Grundbuch, wobei die Frist nicht vor dem für die Forderung bestimmten Zahlungstag beginnt – wird äußerst selten sein. Der zweite (§ 1171), daß der Gläubiger unbekannt, der Eigentümer zur Kündigung oder Befriedigung des Gläubigers berechtigt ist und den Forderungsbetrag unter Verzicht auf das Recht zur Rücknahme hinterlegt, kann etwas häufiger eintreten.

Im ersten Fall erwirbt der Eigentümer die Hypothek ohne Forderung, im zweiten Fall mit der Forderung, wenn er nicht zugleich persönlicher Schuldner war (vgl. § 1143).

6. Vom Eigentümer nicht genehmigte Schuldübernahme

719 Im Fall einer Schuldübernahme geht die Hypothek auf den Eigentümer über, wenn dieser in die Schuldübernahme nicht einwilligt (§ 418), weil ihm nicht zugemutet werden darf, sein Grundstück für einen anderen Schuldner haften zu lassen (z. B. E's Grundstück haftet für Schuld des A, nicht ohne weiteres für den neuen Schuldner B).

7. Fall des § 868 ZPO

720 Nach § 868 ZPO geht gleichfalls die Hypothek auf den Eigentümer über, wenn die Entscheidung aufgehoben wird, auf Grund derer eine Zwangshypothek eingetragen worden war.

II. Eigentümergrundpfandrecht und Forderung

1. Eigentümergrundschuld

721 Der Eigentümer erwirbt die Hypothek regelmäßig ohne Forderung und damit als Eigentümergrundschuld (§ 1177 I).

Dies tritt ein nach I A Ziff. 1 und 2; bei Ziff. 1, weil die Forderung noch nicht entstanden ist, bei Ziff. 2, weil sie dem Gläubiger zusteht;

nach B Ziff. 1, weil die Forderung erloschen ist;

nach Ziff. 2 und 3, weil der Gläubiger nur auf die Hypothek verzichtet, nicht zugleich auf die Forderung;

nach Ziff. 5, im Fall von § 1170, weil für einen Erwerb der Forderung kein rechtlicher Grund vorliegt, nach § 1171, falls der Eigentümer zugleich persönlicher Schuldner war;

nach Ziff. 6, weil die Forderung dem Gläubiger verbleibt, nur gegen einen anderen Schuldner sich richtet. In diesen Fällen ist die Hypothek in Wahrheit eine Eigentümergrundschuld.

---

[14] Vgl. *LG Düsseldorf* NJW 1995, 1232.

Welcher Eigentümer erwirbt nun die Eigentümergrundschuld? Einfach ist die Antwort im Fall der Befriedigung des Gläubigers (§ 1163 I 2); Erwerber der Hypothek ist dann der Eigentümer zur Zeit des Erlöschens der Forderung. Entsteht die Eigentümergrundschuld durch Nichtentstehen der Forderung (§ 1163 I 1), so steht sie dem Eigentümer zur Zeit der Entstehung der Grundschuld zu. Daraus folgt, daß die Kaufpreishypothek im Fall der Nichtigkeit des Kaufvertrags, aber bei wirksamer Verfügung über das Grundstück, also bei Entstehung mit Eigentumsübergang, nicht dem Veräußerer, sondern dem Erwerber zusteht.

2. Eigentümerhypothek

Zum Übergang der Hypothek zusammen mit der Forderung kommt es dagegen nur, wenn der Eigentümer nicht der persönliche Schuldner war und daher Forderung und Hypothek zusammen erwirbt (§ 1143, vgl. oben Fall B 1 b), und nach § 1171, falls der Eigentümer nicht zugleich persönlicher Schuldner war (§ 1143). In diesen Fällen bleibt die Eigentümerhypothek wahre Hypothek. 722

III. Die Bedeutung des Eigentümergrundpfandrechts

1. Verfügungsmöglichkeiten des Eigentümers

Hat der Eigentümer ein Eigentümergrundpfandrecht erlangt, so kann er in dreierlei Weise verfahren: a) Er kann die Hypothek auf sich umschreiben lassen und zunächst behalten, b) er kann sie löschen lassen, c) er kann sie auf einen anderen übertragen. 723

Zu a) und b) bedarf er keiner Bewilligung des früheren Gläubigers, da dieser ja nicht mehr Gläubiger ist, sondern nur einer öffentlich beglaubigten Quittung desselben, falls dieser befriedigt ist (§ 1163 I 2), sonst (§ 1163 I 1) eines Anerkenntnisses des Gläubigers in den Formen von § 29 GBO. Die öffentlich beglaubigte sog. löschungsfähige Quittung muß von der Löschungsbewilligung unterschieden werden. Die Löschungsbewilligung des eingetragenen Hypothekengläubigers genügt in Verbindung mit der Zustimmungserklärung des Eigentümers nach § 27 GBO zur Löschung auch dann, wenn die Hypothek nicht mehr dem eingetragenen Gläubiger zusteht; denn das Grundbuchamt hat nicht zu prüfen, ob die Hypothek bezahlt ist oder weshalb sie sonst gelöscht werden soll.[15] Die löschungsfähige Quittung dient dagegen dem Nachweis der Unrichtigkeit des Grundbuchs, zu der es durch den gesetzlichen Übergang der Hypothek gem. § 1163 I 2 gekommen ist; zur Löschung bedarf es dann noch der Löschungsbewilligung des nunmehr – für das Grundbuchamt erkennbar – allein verfügungsberechtigten Eigentümers (vgl. auch o. § 59 III 3). Die vorherige Eintragung des Eigentümers ist nicht erforderlich, da diese eine bloße Formalität wäre.[16] Dagegen ist die vorherige Eintragung des Eigentümers erforderlich bei Übertragung der Hypothek auf einen neuen Gläubiger gem. § 39 GBO.[17]

Die Eigentümerhypothek (s. o. II 2) wird er oft durch Abtretung der Forderung übertragen. Ihre Bedeutung ist also darin zu erblicken, daß ihretwegen der Eigentümer eine hypothekarisch gesicherte Forderung in Händen hält, die sich leicht veräußern läßt.

Dagegen lassen die oben beschriebenen Möglichkeiten nicht erkennen, welche Bedeutung der Eigentümergrundschuld zukommt. Dies wird im folgenden zu untersuchen sein. Dabei kann die Löschung außer Betracht gelassen werden, da sie die Eigentümergrundschuld zu einem bedeutungslosen kurzen Zwischenzustand macht. Anders mag es sich bei den verbleibenden zwei Fällen verhalten.

---

[15] Vgl. *Böttcher,* in: Meikel, Grundbuchrecht, 9. Aufl., 2003, § 27 Rn. 27, 48 ff.
[16] So h. M., vgl. *Böttcher,* in: Meikel, Grundbuchrecht, § 39 Rn. 18.
[17] Str., so *Böttcher,* in: Meikel, Grundbuchrecht, 9. Aufl., 2003, § 39 Rn. 18.

2. Eigentümergrundschuld in der Hand des Eigentümers

724 Der Eigentümer läßt die Hypothek auf sich umschreiben und behält sie in der Hand. Er darf dann auf Grund seiner Eigentümergrundschuld wegen § 1197 nicht selbst die Zwangsvollstreckung in sein Grundstück betreiben.[18] Wenn aber die Vollstreckung von einem anderen Gläubiger betrieben wird, so wird die Eigentümergrundschuld wie jedes normale Grundpfandrecht behandelt, d.h. sie wird, wenn der betreibende Gläubiger ihr im Rang nachsteht, in das geringste Gebot aufgenommen, bleibt also erhalten und verwandelt sich dann nach dem Eigentumsübergang des Grundstücks auf den Ersteher in eine normale Belastung eines fremden Grundstücks, in eine gewöhnliche Grundschuld. Wird sie nicht in das geringste Gebot aufgenommen, so wird sie bei der Verteilung des Erlöses ihrer Rangstelle nach berücksichtigt, also der auf sie entfallende Erlös an den Eigentümer ausgezahlt.

Beispiel: Die Eigentümergrundschuld von 80 000 € steht hinter einer 1. Hypothek von 60 000 € und vor einer 3. Hypothek von 40 000 €; der Erlös in der Zwangsversteigerung beträgt 160 000 €. Dann erhält der Eigentümer auf seine Grundschuld die vollen 80 000 €, der 3. Hypothekengläubiger nur 20 000 €.

Dadurch erhält die Eigentümergrundschuld für den Eigentümer einen bedeutsamen Wert, allerdings nur für den Fall des wirtschaftlichen Zusammenbruchs. Er wird ferner praktisch dadurch erheblich geschmälert, daß Gläubiger des Eigentümers seine Grundschuld pfänden können und hiervon auch, sobald sie Kenntnis von ihr erhalten, Gebrauch machen werden.

3. Übertragung der Eigentümergrundschuld

725 Wichtiger ist die Möglichkeit für den Eigentümer, seine Grundschuld auf einen anderen zu übertragen, sei es als Grundschuld, sei es unter Verbindung mit einer Forderung als Hypothek. Sie wird dann wieder normale Grundstücksbelastung für einen anderen als den Eigentümer.

Von der Übertragung der Eigentümergrundschuld wird vor allem zum Zweck der Zwischenfinanzierung Gebrauch gemacht; s. o. § 54 II 2.

Rechtlich liegt die Übertragung der bestehenden Eigentümergrundschuld vor, wirtschaftlich meist die Neubegründung einer Forderung, zu deren Sicherung die Eigentümergrundschuld abgetreten wird, insbesondere ein neues Darlehen, das der Eigentümer von dem neuen Gläubiger erhält.

Das Institut der Eigentümergrundschuld bedeutet also praktisch: Die nachstehenden Hypotheken rücken bei Rückzahlung der vorstehenden nicht auf, sondern verbleiben an ihrer alten Rangstelle. Dem Eigentümer bleibt die offene Rangstelle der auf ihn als Grundschuld übergegangenen Hypothek zur freien Verfügung erhalten. Allerdings wird diese Bedeutung der Eigentümergrundschuld durch das Löschungsrecht, das sogleich zu behandeln ist, wesentlich beeinträchtigt.[19]

---

[18] Ein Pfandgläubiger der Eigentümergrundschuld kann dies dagegen schon; *BGH* MDR 1988, 395.

[19] Umfassend hierzu *Rein*, Die Verwertbarkeit der Eigentümergrundschuld, 1994, S. 116 ff.

IV. Die Löschung der Eigentümergrundschuld

Die Entstehung der Eigentümergrundschuld bringt zwar für den Eigentümer einen Vorteil mit sich, für die nachstehenden dinglichen Gläubiger hat sie aber den Nachteil, daß sie nicht aufrücken. Dieser Nachteil wird jedoch durch gesetzliche oder vertragliche Löschungsansprüche gemildert. Durch das Gesetz zur Änderung sachenrechtlicher, grundbuchrechtlicher und anderer Vorschriften vom 22. 6. 1977 (BGBl. I S. 993) ist dieses Rechtsgebiet neu geregelt worden.[20] Seither ist zu unterscheiden, ob es sich bei den nachrangigen oder gleichrangigen Berechtigten um Inhaber von Grundpfandrechten (Hypotheken, Grundschulden, Rentenschulden) oder um Inhaber anderer Rechte (Dienstbarkeiten, Reallasten, Nießbrauch, Vorkaufsrecht) handelt. **726**

1. Andere dingliche Rechte

Inhaber solcher anderen dinglichen Rechte (oder von Ansprüchen auf Einräumung solcher Rechte oder auf Übertragung des Eigentums) können die Löschung einer Eigentümergrundschuld erwirken, wenn sie mit dem Eigentümer einen Vertrag schließen, der ihn im Falle der Vereinigung eines Grundpfandrechts mit dem Eigentum zur Löschung der Eigentümergrundschuld verpflichtet. Zur Sicherung des Löschungsanspruchs kann nach § 1179 eine Vormerkung in das Grundbuch eingetragen werden.[21] Diese Vormerkung stellt eine Erweiterung von § 883 dar, denn der Eigentümer ist zwar Schuldner des vorgemerkten Anspruchs, aber noch nicht Inhaber der zu löschenden Eigentümergrundschuld. Die Löschungsvormerkung bewirkt, daß alle Verfügungen des Eigentümers, die die Löschung beeinträchtigen könnten, dem Vormerkungsinhaber gegenüber relativ unwirksam sind (§ 888). Auch bei Wechsel des Eigentümers behält die Vormerkung ihre Wirkung. Ist das Grundstück nach Entstehung der Eigentümergrundschuld veräußert worden, dann ist der alte Eigentümer und nunmehrige Inhaber der Fremdgrundschuld zur Löschung und der neue Eigentümer zur Erklärung der Zustimmung nach § 888 verpflichtet. Entsteht die Eigentümergrundschuld erst nach der Veräußerung, so ist ebenfalls der bisherige Eigentümer zur Löschung und der neue zur Zustimmung nach § 888 verpflichtet, es sei denn, daß die Löschungsverpflichtung vom neuen Eigentümer übernommen worden ist. **727**

2. Grundpfandrechte

Grundpfandgläubigern steht nach § 1179 a I nunmehr ein gesetzlicher Löschungsanspruch gegen den Eigentümer zu, wenn eine Vereinigung eines vorrangigen oder gleichrangigen Grundpfandrechts mit dem Eigentum eingetreten ist. **728**

[20] Vgl. *Schwab,* JuS 2010, 385; ferner *Westermann,* FG Sontis, 1977, 253 und *ders.,* Vorschläge zur Reform des Hypotheken- und Grundbuchrechts, 1972; ferner *Hadding/Welter,* JR 1980, 89; *Jerschke,* DNotZ 1977, 708; *Kissel,* NJW 1977, 1760; *Kollhosser,* JA 1979, 176; *Stöber,* Rpfleger 1978, 165 (zum Problem der Anwendung des neuen Rechts auf alte Grundpfandrechte). Zur verfassungsrechtlichen Unbedenklichkeit der Neuregelung vgl. *BGH* NJW 1987, 2078.

[21] Die Eintragung ist nicht zugunsten des jeweiligen Inhabers des Rechts zulässig; *BayObLG* DNotZ 1980, 483.

Beispiel: E hat der A-Bank eine erstrangige Hypothek und der B-Bausparkasse eine zweitrangige Grundschuld bestellt. Durch Tilgung der Hypothek erwirbt E eine Eigentümergrundschuld. Die Bausparkasse kann aber die Löschung dieser Eigentümergrundschuld verlangen.

Dieser Löschungsanspruch ist in gleicher Weise gesichert, als wenn zu seiner Sicherung eine Vormerkung in das Grundbuch eingetragen wäre (§ 1179a I 3). Durch diese Neuregelung sollen die Grundbuchämter entlastet werden, denn die Eintragung von Löschungsvormerkungen zugunsten von Grundpfandgläubigern war zur Regel geworden. Im einzelnen ist der gesetzliche Löschungsanspruch wie folgt geregelt:

729 a) Schuldner des Anspruchs ist der Eigentümer, im Falle eines Eigentumswechsels jeder Eigentümer wegen der zur Zeit seines Eigentums bestehenden Vereinigungen (§ 1179a I 2). Ist die Vereinigung also bereits vor der Veräußerung eingetreten, so bleibt auch nach der Veräußerung der bisherige Eigentümer zur Löschung verpflichtet. Umgekehrt wird der neue Eigentümer Schuldner des Anspruchs, wenn die Vereinigung erst nach der Veräußerung eintritt (beachte den Unterschied zu o. 1).

730 b) Die Löschung einer nach § 1163 I 1 entstandenen Eigentümergrundschuld kann erst dann verlangt werden, wenn sich ergibt, daß die zu sichernde Forderung nicht mehr entstehen wird (§ 1179 a II 1).

Diese Regelung wurde geschaffen, damit vor Hypothekenvalutierung die entstehende Eigentümergrundschuld nicht mit einem Löschungsanspruch belegt wird und daher zum Zweck der Zwischenfinanzierung abgetreten werden kann (s. o. I A 1). Allerdings wurde übersehen, daß beim Scheitern der endgültigen Finanzierung, wenn also der Zwischenfinanzier sein Geld nicht vom Endfinanzier erhält und damit einer Immobiliarsicherheit besonders bedarf, der Löschungsanspruch erwächst.[22]

Ausgeschlossen ist der Löschungsanspruch im Falle von § 1163 II, weil hier die Briefübergabe und damit die Entstehung einer Fremdhypothek jederzeit möglich ist (§ 1179 a II 2).

Freilich ist der Wortlaut deshalb zu weit, weil auch bei einem endgültigen Scheitern des Darlehensverhältnisses die Eigentümergrundschuld nicht Löschungsansprüchen nachrangiger Realkreditgeber unterliegt.[23]

Außerdem besteht der Löschungsanspruch nicht, wenn eine Grundschuld für den Eigentümer eingetragen worden ist und noch nicht einem anderen Grundschuldgläubiger zugestanden hat (§ 1196 III); andernfalls wäre eine für den Eigentümer bestellte Grundschuld wertlos (s. u. § 66 II 1 c).

Die für eine ursprüngliche Eigentümergrundschuld geltende Regelung ist entsprechend anzuwenden auf nachträglich entstandene Eigentümergrundschulden,
- wenn die Vereinigung im Grundbuch vor Eintragung eines nachrangigen Grundpfandrechts eingetragen worden ist,
- wenn sich alle bestehenden Grundpfandrechte mit dem Eigentum in einer Person vereinigt haben und der Eigentümer als Inhaber der Rechte im Grundbuch eingetragen ist, da auch in diesen Fällen dem Grundstückseigentümer die in § 1196 III zum Ausdruck kommende Möglichkeit zu erhalten ist, die Eigentümergrundschuld einmal als Mittel der Kreditsicherung zu nutzen.[24]

731 c) Nach dem Willen des Gesetzgebers steht der Löschungsanspruch dem jeweiligen Gläubiger zu. Ist das begünstigte Recht allerdings selbst eine Eigentümergrundschuld geworden, so steht der Löschungsanspruch noch dem eingetragenen Rechtsinhaber zu, solange nicht die Eigentümergrundschuld eingetragen ist

---

[22] Vgl. dazu *Gottwald,* PdW, Fall 167.
[23] *Kollhosser,* JA 1979, 180; Soergel/*Konzen,* § 1179 a Rn. 8; a. A. Palandt/*Bassenge,* § 1179 a Rn. 5.
[24] *BGH,* NJW 1997, 2597.

(§ 1179 a III). Dadurch sollen Unklarheiten vermieden werden, die etwa bei Verfügungen über eine vorläufige Eigentümergrundschuld entstehen könnten.[25]

d) Im Falle einer Rangänderung kann der zurücktretende Grundpfandgläubiger die Löschung des infolge der Rangänderung vorgehenden Rechts verlangen, wenn im Zeitpunkt der Rangänderung eine Vereinigung vorliegt oder später eintritt (§ 1179 a IV). 732

e) Der gesetzliche Löschungsanspruch kann durch Vertrag[26] ausgeschlossen werden; der Ausschluß kann auch auf einen bestimmten Fall der Vereinigung beschränkt werden (§ 1179 a V). Ein schuldrechtlicher Vertrag, der keiner Form bedarf, hindert nur den Vertragspartner, ein ihm an sich zukommendes Recht auszuüben. Soll auch einem Rechtsnachfolger der Löschungsanspruch versagt bleiben, so ist gem. § 877 der Inhalt des begünstigten Grundpfandrechts durch Einigung und Eintragung dahin zu ändern, daß für seinen Inhaber bestimmte Löschungsansprüche nicht mehr entstehen können. 733

f) Nach § 1179 b kann ein Grundpfandgläubiger auch die Löschung seines eigenen Rechts im Falle der Vereinigung verlangen. Auch dieser Anspruch ist so gesichert, als wenn für ihn eine Vormerkung eingetragen wäre. Schuldner dieses Anspruchs ist der Eigentümer für die zur Zeit seines Eigentums bestehenden Vereinigungen. Dadurch soll es vor allem Kreditinstituten ermöglicht werden, nach Rückzahlung der Darlehen abstrakte Löschungsbewilligungen auszustellen. 734

Beispiel: E hat der A-Bank eine Hypothek bestellt. Einige Jahre später veräußert er sein Grundstück unter Übernahme der teilweise getilgten Hypothek und der Eigentümergrundschuld an B. B tilgt alsdann den noch offenen Betrag. Die A-Bank kann von B die Löschung der Hypothek verlangen.[27]

V. Die Rechtsnatur der Eigentümergrundpfandrechte

Das Eigentümergrundpfandrecht kann rechtlich, wenn es – wie meist – ohne Verbindung mit einer Forderung besteht, nicht als Hypothek angesehen werden, sondern ist eine Grundschuld (vgl. u. § 66), denn diese Form der Grundstücksbelastung ist rechtlich unabhängig von einer Forderung. § 1177 I 1 bestimmt demgemäß ausdrücklich die Umwandlung der Hypothek in eine Grundschuld, wenn sich Hypothek und Eigentum in einer Person vereinigen; dasselbe muß aber auch für alle anderen Fälle der Eigentümerhypothek gelten. 735

Nur in dem Ausnahmefall, daß der Eigentümer die Hypothek zusammen mit einer Forderung erwirbt, bleibt die Eigentümerhypothek Hypothek und wird nicht Grundschuld (vgl. oben II 2). Der Eigentümer kann die Forderungsklage gegen den persönlichen Schuldner erheben. Weitere Bedeutung gewinnt der Fortbestand der Forderung bei Weiterveräußerung des Grundstücks; dann hat der frühere Eigentümer die Hypothek, verbunden mit der ursprünglichen Forderung gegen den Schuldner.

Wenn das Gesetz in § 1177 I 2 weiter bestimmt, daß die für die Forderung getroffenen Bestimmungen über Zinssatz, Zahlungszeit, Kündigung usw. bestehen bleiben, so hat dies keine Bedeutung, solange die Hypothek dem Eigentümer verbleibt, denn er hat sich selber nichts zu zahlen und kann sich selber auch nicht kündigen (Ausnahme nur § 1197 II); Bedeutung gewinnt diese Vorschrift erst dann, wenn die Eigentümergrundschuld an einen anderen weiter übertragen wird, doch werden gewöhnlich in diesem Fall neue Vereinbarungen getroffen.

---

[25] *Kollhosser,* JA 1979, 180 f.; Palandt/*Bassenge,* § 1179 a Rn. 2 und Soergel/*Konzen,* § 1179 a Rn. 6 nehmen dagegen an, daß der Anspruch dem materiell Berechtigten zustehe.

[26] Bei einer Eigentümergrundschuld durch einseitige Erklärung des Eigentümers; *OLG Düsseldorf* NJW 1988, 1798.

[27] Vgl. *Gottwald,* PdW, Fall 166.

Bei der Übertragung bieten sich dem Eigentümer zwei Möglichkeiten: Er kann seine Grundschuld als Grundschuld übertragen oder durch rechtliche Verknüpfung mit einer Forderung sie wieder in eine Hypothek zurückverwandeln.[28]

VI. Die rechtliche Konstruktion

736 Die rechtliche Konstruktion der Eigentümerhypothek ist umstritten. Eine Auffassung sieht in ihr nicht eine Belastung des Grundstücks durch ein beschränktes dingliches Recht, sondern ein Stück unbelasteten Eigentums, eine feste Wertstelle innerhalb des Grundstücks. Nach dieser „Wertparzellentheorie"[29] ist sie ein Recht des Eigentümers auf den in Form einer Kreditbelastung verselbständigten, durch eine bestimmte Geldsumme bezeichneten Wertteil des Grundstücks. Aber die Verteilung des Erlöses in bestimmter Rangordnung bedeutet nicht die Aufteilung des Eigentums in bestimmte Wertparzellen oder Wertabschnitte. Es läßt sich nicht leugnen, daß für jede Hypothek der Gesamtwert des Grundstückes haftet[30] und man kann statt dessen nicht konstruieren, daß nur ein dem Rang entsprechender Wertteil des Grundstücks hafte. Feste Anteile, die ein für allemal der einzelnen Hypothek hafteten, sind nicht vorhanden. Sie rückt bei Fortfall einer vorstehenden Belastung auf. Wäre die Eigentümergrundschuld keine Belastung des Grundstücks, so wäre ihre Begründung noch nicht als Verfügung anzusehen, sondern erst die Abtretung an einen anderen Gläubiger. Der unvoreingenommenen Betrachtung erscheint aber die Abtretung als Übertragung einer schon vorhandenen Belastung des Grundstücks, nicht aber als Neubegründung einer solchen. Daher müssen bereits für die Begründung der Eigentümergrundschuld die Vorschriften über Verfügungen gelten.

Die Eigentümergrundschuld ist gegenüber dem Eigentum unbestreitbar verselbständigt. Dies beweist die Möglichkeit getrennter Verfügungen. Der Eigentümer kann die Grundschuld allein abtreten, ohne gleichzeitig das Eigentum am Grundstück zu übertragen und umgekehrt.[31] Bei der Verteilung des Erlöses der Zwangsversteigerung hat er einen bestimmten Anteil am Erlös, aber nicht an der Rangstelle des Eigentums, sondern an der der Grundschuld. Es handelt sich also um ein aus dem Eigentum abgezweigtes, aber verselbständigtes Recht an eigener Sache.[32]

Eine andere Frage ist die, ob es sich um eine Grundschuld oder um ein Recht besonderer Art handelt. Die Zweifel rühren daher, daß dem Eigentümer nicht das Recht zum Betreiben der Zwangsvollstreckung zusteht wie dem normalen Grundschuldgläubiger (§ 1197). Hieraus aber zu schließen, es stehe ihm überhaupt kein Verwertungsrecht zu und es handle sich daher gar nicht um eine wahre Grundschuld, geht zu weit, denn er hat immerhin Anspruch auf einen Anteil am Erlös, der doch nur durch eine Art von Verwertungsrecht begründet werden kann. Es gibt ja auch sonst Fälle, in denen ein Pfandgläubiger die Vollstreckung nicht selbst betreiben kann. Es erscheint mir daher richtiger, von einer Grundschuld mit eingeschränkten Befugnissen als von einem Recht eigener Art zu sprechen.[33]

Als Eigentümlichkeit läßt sich hervorheben, daß nur objektiv ein dingliches, vom Eigentum getrenntes Recht besteht, dagegen kein subjektives Rechtsverhältnis wegen Identität des Eigentümers und Grundschuldgläubigers.[34]

VII. Rechtsstellung des Eigentümers vor Verwandlung

Da jede Hypothek sich gemäß §§ 1163 I 2, 1177 I 1 in eine Eigentümergrundschuld verwandeln kann, kann man bereits im Augenblick der Entstehung der Hypothek für den Gläubiger schon von

---

[28] Vgl. *BGH* NJW 1968, 1674.

[29] Vgl. dazu *Oberneck*, ZHR 60, 548; 71, 566.

[30] Vgl. RGZ 60, 254.

[31] Zu dem dabei auftretenden Problem, ob auch mit rückwirkendem Zinsbeginn abgetreten werden kann, s. u. § 66 II 1 c; nunmehr ausführlich *OLG Celle* NJW-RR 1989, 1244 und *OLG Düsseldorf* NJW-RR 1990, 22.

[32] Vgl. auch *Eickmann*, in: Westermann, § 119 III; *Wolff/Raiser*, § 147 I 3.

[33] BGHZ 64, 316, 319 = NJW 1975, 1356.

[34] Vgl. hierzu *O. v. Gierke*, Deutsches Privatrecht, Bd. 2: Sachenrecht, 1905, § 166 II.

einer künftigen Eigentümergrundschuld sprechen. Es ist aber sehr umstritten, ob man in ihr bereits ein künftiges Recht erblicken kann, über welches der Eigentümer bereits verfügen und das verpfändet oder gepfändet werden kann,[35] oder ob nur ein anwartschaftsähnliches Recht vorliegt, das noch nicht Gegenstand von Verfügungen und Vollstreckungsmaßnahmen sein kann.[36]

§ 63. Die Gesamthypothek

I. Wesen der Gesamthypothek

Für ein und dieselbe Forderung kann eine Hypothek auch an mehreren Grund- 737
stücken (oder Grundstücksbruchteilen) begründet werden (§ 1132). Dann haftet jedes Grundstück für die ganze Forderung und der Gläubiger kann nach seinem Belieben seine Befriedigung aus jedem der Grundstücke zu einem beliebigen Teil, aber auch zum vollen Betrag suchen (§ 1132 I 2). Er kann aber die Forderungssumme insgesamt nur einmal beanspruchen; daher verliert er, wenn er einmal voll befriedigt ist, mit seiner Forderung auch die Hypothek an allen Grundstücken.

Diese Gesamthypothek stellt ein dingliches Seitenstück zu der schuldrechtlichen Gesamtschuld dar und wird als solches leichter verständlich. Wie dort der Gläubiger sich an jeden der Gesamtschuldner zum vollen Betrag halten kann, so hier an jedes der belasteten Grundstücke. Wie der Gläubiger, wenn er einmal voll befriedigt ist, die Forderung gegen alle Gesamtschuldner verliert, so hier im selben Fall die Hypothek an allen Grundstücken (§ 1181 II). Auch die rechtliche Bedeutung ist ähnlich. Wie die Gesamtschuld gegenüber der geteilten Schuld stellt auch die Gesamthypothek gegenüber einer verteilten Hypothek (auf jedem einzelnen Grundstück besteht eine selbständige Hypothek für einen Teilbetrag der Forderung) eine erhöhte Sicherung des Gläubigers dar. Haften dem Gläubiger z. B. drei Schuldner auf je 10 000 €, so kann er den Ausfall, den er bei einem erleidet, nicht durch eine erhöhte Zahlung des anderen wettmachen. Haften alle drei als Gesamtschuldner auf 30 000 €, so kann er, wenn der eine versagt, den anderen mit dem vollen ungedeckt gebliebenen Betrag in Anspruch nehmen und erst, wenn er bei allen dreien einen Ausfall erleidet, ist dieser endgültig. Entsprechend kann der Gläubiger, der mit der selbständigen Hypothek für eine Teilforderung bei der Vollstreckung in das eine Grundstück ausfällt, den Ausfall bei der Vollstreckung in das andere Grundstück nicht wettmachen, weil dieses ja nur für die andere Teilforderung haftet. Bei der Gesamthypothek dagegen kann er, wenn er bei der Vollstreckung in ein Grundstück ausfällt, den Betrag in voller Höhe aus dem anderen Grundstück herauszuholen versuchen.

Die Gesamthypothek muß ein und demselben Gläubiger zustehen und kann nur 738
einheitlich übertragen werden. Die Eigentümer der Grundstücke können verschiedene sein; doch ist dies zumindest bei Begründung der Gesamthypothek äußerst selten der Fall. Häufiger ist dagegen der Fall, daß mehrere Miteigentümer ihr Grundstück gemeinsam belasten und dadurch eine Gesamthypothek entsteht.[1]

---

[35] Frühere Auffassung des Reichsgerichts, vgl. z. B. RGZ 56, 14.

[36] Diese Auffassung wird u. a. von *Wolff/Raiser,* § 146 III 1 c, den meisten Kommentaren und RGZ 145, 343 vertreten.

[1] BGHZ 40, 115, 120 = NJW 1963, 2320; RGZ 146, 363. Zur Tilgung einer solchen Gesamthypothek vgl. *Gottwald,* PdW, Fall 160.

Die Gesamthypothek muß an allen Grundstücken gleichartig sein, also an allen Verkehrshypothek oder an allen Sicherungshypothek, an allen Brief- oder an allen Buchhypothek.

Streitig ist, ob die Gesamthypothek als einheitliches Recht an den mehreren Grundstücken anzusehen ist oder als bloße Zusammenfassung mehrerer Rechte, von denen jedes an einem der Grundstücke besteht. Der Einheitstheorie gebührt der Vorzug.

Der Gläubiger kann die Gesamthypothek in Teilhypotheken für Teilforderungen auflösen (§ 1132 II). Die Durchführung erfolgt gem. § 875 ohne Zustimmung des Eigentümers, da § 877 nur für Löschungen gilt.

Die Eintragung der Gesamthypothek muß auf allen Grundstücken erfolgen; dasselbe gilt auch für ihre Übertragung. Nur auf diesem Wege läßt sich der Unrichtigkeit des Grundbuchs vorbeugen.

II. Wirtschaftliche Bedeutung

739 Die wirtschaftliche Bedeutung der Gesamthypothek liegt in der besseren Beleihbarkeit des Parzellenbesitzes, während diese Art Hypothek für größere Grundstücke nicht in Betracht kommt. Ist z. B. jemand Eigentümer von fünf Parzellen im Werte von je 50 000 € und braucht einen Kredit von 100 000 €, so bekommt er leichter eine Gesamthypothek von 100 000 € auf seine fünf Grundstücke als fünf einzelne Hypotheken zu je 20 000 € auf die einzelnen Grundstücke. Die Einrichtung der Gesamthypothek erleichtert daher dem Eigentümer mehrerer kleiner Grundstücke den Kredit. Auf der anderen Seite macht die einmal aufgenommene Gesamthypothek dem Eigentümer einen weiteren Kredit fast unmöglich. Denn jedes einzelne Grundstück ist ja durch die Gesamthypothek, für deren vollen Betrag es haftet, übermäßig stark belastet (im obigen Beispiel jedes Grundstück im Wert von 50 000 € mit 100 000 €!). Daher stellt eine nachstehende Einzelhypothek an einem der Grundstücke keine Sicherung mehr dar. Weitere Belastungen sind höchstens wiederum als Gesamthypotheken sinnvoll.

Eine Gesamthypothek entsteht auch bei Teilung eines Grundstücks in mehrere selbständige Grundstücke, auf denen nun die Hypothek als Gesamthypothek lastet; denn eine Aufteilung der Hypothek in Teilhypotheken auf den einzelnen Grundstücken würde eine untragbare Minderung der Sicherheit des Gläubigers bedeuten (vgl. o. I). Auch bei der Teilung eines belasteten Grundstücks in Wohnungseigentum nach WEG § 8 entsteht eine Gesamthypothek.

Eine Zwangshypothek kann nicht als Gesamthypothek begründet werden (ZPO § 867 II). In formeller Beziehung ist vorgeschrieben, daß im Fall der Briefhypothek nur ein Brief über die Gesamthypothek erteilt wird.

III. Mehrheit von Eigentümern

740 Komplikationen entstehen, falls die Grundstücke verschiedenen Eigentümern gehören. Dies kann von vornherein der Fall sein (was selten ist) oder nachträglich eintreten, wenn eines der mehreren belasteten Grundstücke veräußert wird.

1. Befriedigung des Gläubigers durch alle Eigentümer

741 Schwierigkeiten erwachsen besonders in dem Fall, daß eine Eigentümerhypothek entsteht. Ist nur ein Eigentümer für sämtliche Grundstücke vorhanden, so erwirbt er in einfacher Anwendung des § 1163 die Gesamthypothek als Eigentümerhypothek an sämtlichen Grundstücken. Die mehreren Eigentümer dagegen erwerben nicht etwa in ihren einzelnen Grundstücken Einzelhypotheken, son-

dern zusammen die Gesamthypothek als eine ihnen gemeinschaftlich zustehende Eigentümerhypothek an sämtlichen Grundstücken (§ 1172 I). Dieser Zustand ist aber wirtschaftlich unpraktisch. Streitig ist, ob unter den Eigentümern eine Gemeinschaft zur gesamten Hand besteht, so daß sie nur zusammen über die Gesamthypothek und den Anteil des einzelnen verfügen können, oder eine Bruchteilsgemeinschaft. Der letzteren Meinung ist zuzustimmen, weil ein gesamthandartiges Verhältnis zwischen den Eigentümern fehlt.[2] Eine Löschung des Grundpfandrechts auf seinem Grundstück kann jeder Eigentümer verlangen, wenn er Auseinandersetzung der Gemeinschaft verlangen könnte.[3]

Deshalb gibt § 1172 II jedem der Eigentümer das Recht, eine Auseinandersetzung in der Richtung herbeizuführen, daß die Hypothek an seinem Grundstück zu einer Teilhypothek umgewandelt und ihm allein zugeteilt wird. Abweichende Vereinbarungen der Eigentümer untereinander sind zulässig. Die Teilung erfolgt gem. §§ 875, 876 (und erfordert die Löschung der auf den einzelnen Grundstücken eingetragenen Gesamtbelastung und der Beträge, die über die neue Einzelhypothek hinausgehen).

Die Zuteilung der neuen Einzelhypotheken erfolgt nach Feststellung des Gesamtwertes der belasteten Grundstücke und des Wertes der einzelnen Grundstücke im Verhältnis dieser beiden Werte zueinander. Beträgt z. B. der Gesamtwert aller Grundstücke 500 000 €, der Wert eines einzelnen Grundstücks 100 000 €, die Gesamthypothek 200 000 €, so wird diesem Grundstück eine Teilhypothek von 1/5 der Gesamthypothek, also von 40 000 € zugeteilt (§ 1172).

Diese Regelung gilt nur, wenn die Gesamthypothek an 1. Stelle steht. Gehen ihr andere Belastungen (auf allen oder auf einzelnen Grundstücken) vor, so wird der Gesamtwert und der Wert der einzelnen Grundstücke unter Abzug der vorhergehenden Belastungen berechnet, weil nur dieser geringere Wert die wahre Sicherheit für die Hypothek darstellt. Gehen z. B. der Gesamthypothek von 200 000 € Belastungen von 100 000 € vor, davon auf dem einzelnen Grundstück 50 000 €, so ist das Wertverhältnis, welches der Zuteilung der Einzelhypotheken zugrunde gelegt wird, 400 000: 50 000, d. h. dem einzelnen Grundstück wird eine Teilhypothek von 1/8 von 200 000 € = 25 000 € zugeteilt (vgl. § 1172 II 2).

2. Befriedigung des Gläubigers durch einen Eigentümer

Vorausgesetzt bei dieser Regelung des § 1172 ist, daß die Befriedigung durch alle Eigentümer gemeinschaftlich erfolgt. Eine andere Regelung muß Platz greifen, wenn die Befriedigung des Gläubigers durch nur einen der mehreren Eigentümer geschieht (§ 1173). Dieser Eigentümer erwirbt nicht die Gesamthypothek an allen Grundstücken, sondern nur an seinem Grundstück, während die Hypothek an den übrigen Grundstücken erlischt, und zwar kraft Gesetzes, also ohne Löschung im Grundbuch. 742

Auch diese Regelung tritt aber praktisch nicht oft ein. Denn in der Regel hat der einzelne Eigentümer, wenn er allein den Gläubiger befriedigt, einen Ersatzanspruch gegen die anderen Eigentümer oder wenigstens gegen einen von ihnen. In diesem Fall aber geht in Höhe dieses Anspruchs die Hypothek an den Grundstücken der ersatzpflichtigen Eigentümer auf ihn über und bildet zusammen mit seiner Eigentümerhypothek am eigenen Grundstück eine neue Gesamthypothek (§ 1173 II, vgl. auch § 1182).

Der Ersatzanspruch ergibt sich meist aus der Vereinbarung der Eigentümer untereinander. Denn wenn verschiedene Eigentümer von vornherein ihre Grundstücke gemeinschaftlich mit einer Gesamthypothek belasten, so werden sie darüber Vereinbarungen treffen, in welcher Höhe sie im Innenverhältnis die Schuld und damit auch die hypothekarische Belastung tragen wollen. Oft werden sie auch Gesamtschuldner der einheitlichen Forderung des Gläubigers sein, womit sich der Ersatzanspruch schon aus § 426 ergibt. Veräußert der Eigentümer der mit der Gesamthypothek belasteten Grundstücke eines derselben, so wird er mit dem Erwerber im Kaufvertrag regeln, wie die Verteilung der Schuld und Belastung im Innenverhältnis erfolgt. Daher ist § 1173 II die Regel, I die Ausnahme.

3. Auseinanderfallen von Schuld und Eigentum

Schließlich gestaltet sich auch der Fall kompliziert, daß der persönliche Schuldner nicht mit dem Eigentümer identisch ist und den Gläubiger befriedigt (§ 1174). 743

---

[2] So *BGH* NJW-RR 1986, 233; *Baur/Stürner,* § 43 Rn. 21, *Eickmann,* in: Westermann, § 108 V 2; a. M. *Wolff/Raiser,* § 148 VII 1 b.

[3] *BGH* NJW 2009, 847 = JuS 2009, 570.

Hat er einen vollen Ersatzanspruch in Höhe der Gesamthypothek gegen alle Eigentümer, so bleibt es bei der entsprechenden Anwendung des § 1164, er erwirbt die Gesamthypothek an allen Grundstücken. Hat er dagegen einen vollen Ersatzanspruch nur gegen einen Eigentümer (oder einzelne von ihnen), so geht die Hypothek auf ihn nur insoweit über, als sie an den Grundstücken des ersatzpflichtigen Eigentümers besteht, und zwar als Einzelhypothek; an den Grundstücken der nicht ersatzpflichtigen Eigentümer erlischt sie dagegen, so daß es hier nicht zu einer Eigentümerhypothek wie nach § 1163 kommt (§ 1174).

Hat der Schuldner nur einen Teilersatzanspruch gegen alle Eigentümer, so geht die Hypothek nur in der Höhe seines Anspruches auf ihn über, während der Rest gemeinschaftliche Gesamthypothek für die Eigentümer nach § 1172 wird. Richtet sich der Teilersatzanspruch nur gegen einige der Eigentümer, so geht die Hypothek nur an den Grundstücken dieser Eigentümer auf ihn über, hinsichtlich des Restbetrags wird sie an allen Grundstücken Eigentümergesamthypothek.

Beispiel für die vier behandelten Fälle: Der Hypothekengläubiger G hat eine Gesamthypothek an den Grundstücken des A und B für eine Forderung in Höhe von 100 000 DM gegen S. S zahlt seine Schuld.

Fall 1: Hat er einen Ersatzanspruch gegen A und B in voller Höhe, erwirbt er eine Gesamthypothek an den Grundstücken; § 1164 I 1.

Fall 2: Steht ihm ein Ersatzanspruch nur gegen A zu, so erwirbt er eine Einzelhypothek am Grundstück des A, am Grundstück des B erlischt die Hypothek; § 1174 I.

Fall 3: Hat S einen Ersatzanspruch gegen A und B nur in Höhe von 50 000 €, so entsteht für ihn eine Gesamthypothek an den Grundstücken des A und B in dieser Höhe; A und B erwerben eine Eigentümergesamthypothek in Höhe der restlichen 50 000 €; §§ 1163, 1164, 1172.

Fall 4: Hat S einen Ersatzanspruch nur gegen A auf 50 000 €, so erwirbt er eine Hypothek am Grundstück des A in dieser Höhe, die Hypothek auf dem Grundstück des B erlischt in gleicher Höhe. Für A und B, entsteht eine Eigentümergesamthypothek in Höhe der restlichen 50 000 € an ihren Grundstücken (§§ 1163, 1164, 1172, 1174 I).

4. Verzicht des Gläubigers

744 Der Verzicht des Gläubigers auf die Gesamthypothek bewirkt ihren Übergang auf die Eigentümer als gemeinschaftliches Recht. Auch hier kann eine Zerteilung der Hypothek nach § 1172 II erfolgen.

Verzichtet der Gläubiger nur auf die Hypothek an einem Grundstück, so erlischt sie nur an diesem und bleibt im übrigen bestehen (§ 1175 I 2 in Abweichung von § 1168). Stehen die Grundstücke im Eigentum verschiedener Personen, so hat der Verzicht auf die Gesamthypothek an einem Grundstück nicht die Folge, daß der Eigentümer des anderen Grundstücks die Befriedigung verweigern kann.[4]

§ 64. Die Sicherungshypothek

Literatur: *Nicklisch,* Wesen und Wirkung der Arresthypothek, AcP 169, 124.

I. Unterschiede zur Verkehrshypothek

745 Eine besondere Art von Hypothek ist die Sicherungshypothek. Der Hauptunterschied zur normalen Verkehrshypothek liegt darin, daß sie streng akzessorisch, d. h. in Entstehung und Bestand völlig abhängig von der zugrunde liegenden Forderung ist. Hieraus ergeben sich wichtige Folgen:

---

[4] Vgl. BGHZ 52, 93 = NJW 1969, 1426 mit abl. Anm. von *Wacke,* NJW 1969, 1850; a. M. auch *Baur/Stürner,* § 43 Rn. 33, die sich für ein Freiwerden von der Haftung analog § 1165 BGB aussprechen. Zum Meinungsstand ausführlich *Schaubacher,* WM 1998, 1806. Vgl. *BGH* ZInsO 2010, 1014 (zur Gesamtgrundschuld).

1. Strenge Akzessorietät

Das dingliche Recht des Hypothekengläubigers als solchem gegen den Eigentümer bestimmt sich ausschließlich nach der Forderung. Hypothekengläubiger kann nur der sein, der auch Forderungsgläubiger ist. Die Ausnahme des § 1138, wonach jemand die Hypothek allein erwirbt, obwohl keine Forderung vorhanden ist und daher keine auf ihn übergeht, kann hier nicht Platz greifen (§ 1185 II). Alle Einwendungen gegen die Forderung wirken auch gegen das dingliche Recht. Auch sie können nicht nach § 1138 ausgeschaltet werden. 746

Der Gläubiger kann sich zum Beweis der Forderung nicht auf die Eintragung im Grundbuch berufen. Mit der Forderung entsteht die Hypothek und mit ihrem Erlöschen geht sie dem Gläubiger verloren. Damit ist § 891 ausgeschaltet; der Gläubiger, dem seine Hypothek bestritten wird, muß die Forderung nachweisen.

Daraus ergibt sich, daß der öffentliche Glaube des Grundbuchs dem Erwerber einer Sicherungshypothek nicht zur Seite steht. Man kann sich bei der Sicherungshypothek nicht auf die Eintragung im Grundbuch verlassen. Besteht die Forderung nicht, so steht die Hypothek dem Gläubiger nicht zu und ein gutgläubiger Erwerb derselben ist ausgeschlossen.

Nur soweit gilt auch hier der öffentliche Glaube (und ist daher ein gutgläubiger Erwerb möglich), als er den dinglichen Entstehungsakt, also die Wirksamkeit der Einigung betrifft.

Beispiel: A ist als Hypothekengläubiger eingetragen, die Forderung aber nicht entstanden oder erloschen: Gutgläubiger Erwerb der Hypothek ist ausgeschlossen. A ist Forderungsgläubiger und eingetragen, aber nicht Hypothekengläubiger, weil die Einigung nichtig ist: Gutgläubiger Erwerb der Hypothek ist möglich.

2. Ausschluß des § 1139

Da ein gutgläubiger Erwerb der Sicherungshypothek bei Nichtbestehen der Forderung ausgeschlossen ist, besteht auch für die Anwendung des § 1139 kein Bedürfnis. § 1185 II schließt deshalb die Anwendung des § 1139 aus. 747

3. Geltung der Abtretungsvorschriften

Da § 1156 durch § 1185 II wegen der strengen Akzessorietät der Sicherungshypothek ausgeschlossen wird, gelten bei Übertragung von Hypothek und Forderung für das Rechtsverhältnis zwischen dem Schuldner und dem neuen Gläubiger die Regeln, die für die Abtretung gelten (§§ 406–408). Insbesondere muß der neue Gläubiger eine in Unkenntnis der Abtretung noch an den alten Gläubiger erfolgte Leistung des Schuldners gegen sich gelten lassen (§ 407). Der Gläubiger der Sicherungshypothek steht also bei ihrer Übertragung nicht anders da als der Forderungsgläubiger einer ohne Hypothek bestehenden Forderung. 748

4. Bezeichnung im Grundbuch

Die Sicherungshypothek muß im Grundbuch als solche bezeichnet werden (§ 1184 II). Denn der Erwerber muß wissen, daß er sich auf den guten Glauben an 749 das Grundbuch nicht verlassen kann, und darf hierüber nicht in Unkenntnis gelassen werden. Fehlt die Bezeichnung im Grundbuch, so ist die Hypothek eine Verkehrshypothek. Die Bezeichnung im Grundbuch ist auch dann maßgebend, wenn sich die Einigung der Parteien auf eine Verkehrshypothek richtete.[1]

5. Buchhypothek

750 Die Sicherungshypothek ist immer Buchhypothek (§ 1185 I), weil sie nicht auf mehrfache Übertragung abgestellt ist. Die Erteilung des Briefes braucht nicht ausdrücklich ausgeschlossen zu werden, da der Ausschluß bei der Sicherungshypothek sich ohne weiteres ergibt.

6. Kündigung und Umwandlung

751 Die Kündigung kann vom Gläubiger nur gegenüber dem persönlichen Schuldner oder umgekehrt erfolgen. § 1141 ist durch § 1185 II wegen der strengen Akzessorietät der Sicherungshypothek ausgeschlossen.

Die Umwandlung einer Sicherungshypothek in eine gewöhnliche Verkehrshypothek oder umgekehrt ist jederzeit möglich (§ 1186). Doch liegt hierin eine Inhaltsänderung, so daß § 877 Anwendung findet. Es ist daher eine Einigung zwischen Eigentümer und Gläubiger und die Eintragung im Grundbuch erforderlich.

II. Die Bedeutung der Sicherungshypothek

752 Die praktische Bedeutung der Sicherungshypothek liegt auf einem anderen Gebiet als diejenige der Verkehrshypothek. Ihre enge Verbindung mit der Forderung und der Ausschluß des öffentlichen Glaubens des Grundbuchs erschweren ihre Übertragung und lassen sie auch deshalb als ungeeignet für längere Kreditverhältnisse erscheinen. Sie dient daher nicht dem langfristigen Kredit, einer Kapitalanlage auf lange Sicht, sondern der bloßen Sicherung von Forderungen, an deren Erfüllung innerhalb kurzer Frist beide Teile denken.

Dementsprechend ist sie die vorgeschriebene Form für die Hypothek der Bauhandwerker nach § 648, die auf Grund ihrer gesetzlichen Ansprüche gegen den Besteller (beim Werkvertrag) einzutragen ist,[2] für die Zwangshypothek, die als Vollstreckungsmaßnahme auf ein Grundstück gelegt wird (§ 866 ZPO), für die Arresthypothek (§ 932 ZPO), schließlich für die gesetzlichen Hypotheken nach § 1287 (vgl. u. § 72 V) und § 848 II ZPO. In allen diesen Fällen soll die hypothekarische Belastung einen Druck auf baldige Bezahlung der Forderung ausüben, aber nicht die Grundlage für einen langfristigen Kredit bilden, den der Gläubiger gar nicht im Auge hat.

Ferner kommt die Sicherungshypothek dann vor, wenn die persönliche Verbindung mit dem Kreditgeber bleiben soll, daher bei Familienangehörigen, Freundschaftsdarlehen usw.

---

[1] RGZ 123, 169.
[2] Vgl. dazu BGHZ 144, 138 = NJW 2000, 1861.

III. Sicherungshypothek für Inhaberschuldverschreibungen und Wechsel

Eine Sicherungshypothek kann auch bestellt werden für Forderungen aus Schuldverschreibungen **753**
auf den Inhaber, aus Wechseln oder anderen durch Indossament übertragbaren Papieren (vgl. § 363 HGB), § 1187. Für diese Forderungen ist die Sicherungshypothek die einzig zulässige Form der hypothekarischen Sicherung; daher gilt sie auch ohne Bezeichnung im Grundbuch als Sicherungshypothek (§ 1187 Satz 2). Diese Form der Hypothek bedeutet, soweit die Forderung dem Inhaber zusteht, zugleich die Zulässigkeit einer Inhaberhypothek. Ein Anspruch auf Löschung dieser Hypothek nach §§ 1179 a, b besteht nicht (§ 1187 Satz 4).

Praktische Bedeutung hat diese Art Hypothek, wenn eine Anleihe hypothekarisch gesichert werden soll, deren einzelne Teile Schuldverschreibungen auf den Inhaber sind. Wird für solche Teil-Schuldverschreibungen eine Hypothek begründet, so genügt für ihre Eintragung die Angabe des Gesamtbetrages der Hypothek nebst Bestimmungen über Anzahl und Betrag der Teile (§ 50 I GBO). Streitig ist dann, ob so viele Einzelhypotheken entstehen als Teil-Schuldverschreibungen ausgegeben sind oder nur eine einheitliche Hypothek zum Gesamtbetrag anzunehmen ist. Der ersteren, wohl herrschenden Meinung ist mindestens für den Fall beizupflichten, daß aus dem Grundbuch ersichtlich ist, für welche Teilschuldverschreibungen das Grundstück haftet.

Die Begründung der Hypothek für eine Forderung aus einer Inhaberschuldverschreibung erfordert keine Einigung mit dem Gläubiger, der ja bei Inhaberpapieren unbestimmt ist, sondern es genügt die Erklärung des Eigentümers gegenüber dem Grundbuchamt und die Eintragung (§ 1188).

Aus der Besonderheit der die Forderung verkörpernden Papiere folgt, daß hier die Übertragung der Hypothek ohne Eintragung im Grundbuch geschieht und einfach an den Übergang der Forderung geknüpft ist, die mit Übergabe des Inhaberpapiers bzw. mit dem Indossament eintritt (§ 1187 Satz 2, durch Ausschluß von § 1154 III).

Da häufig die Hypothek für eine größere Zahl von Gläubigern bestellt wird, z. B. bei einer Anleihe, ist es praktisch, für die Gläubiger einen Vertreter, meist Treuhänder genannt, zu bestellen und ihm die Geltendmachung der Hypothek sowie Verfügungen über sie mit Wirkung für die jetzigen und späteren Gläubiger zu übertragen (§ 1189). Welche Befugnisse dieser Vertreter im einzelnen hat, bestimmt nicht das Gesetz, sondern die privatrechtliche Einsetzung des Vertreters. In Frage kommen z. B. die Kündigung der Hypothek, die Rangänderung. Eine Vertretungsmacht zur Annahme von Zahlungen ist in der Regel nicht anzunehmen, da der Schuldner nur gegen Aushändigung der betreffenden Urkunden zu leisten verpflichtet ist (vgl. § 797, § 364 HGB, Art. 39 WG), der Vertreter diese aber nicht besitzt. Die Bestellung erfolgt durch den Eigentümer bei Errichtung der Hypothek oder Ausgabe der Schuldverschreibungen,[3] später nur mit Zustimmung aller Gläubiger und erfordert die Eintragung im Grundbuch.

Daneben kann durch die Versammlung der Gläubiger ein besonderer Vertreter für diese bestellt werden, um insbesondere den vom Eigentümer ernannten Treuhänder zu kontrollieren (Gesetz vom 4. 12. 1899, RGBl. S. 691, über die gemeinsamen Rechte der Besitzer von Schuldverschreibungen und Gesetz vom 14. 5. 1914, RGBl. S. 121, § 14 mit Änderung vom 24. 9. 1932 und vom 20. 7. 1933).

§ 65. Die Höchstbetragshypothek

I. Wesen und Bedeutung

Möglich ist die Bestellung einer Hypothek in der Weise, daß nicht der jeweilige **754**
Betrag der Forderung bestimmt ist, sondern nur der Höchstbetrag, bis zu welchem das Grundstück haften soll, während die Feststellung des jeweiligen wirklichen Betrags der Forderung vorbehalten bleibt (§ 1190). Diese Art von Hypothek führt den Namen Höchstbetrags- oder Maximalhypothek.

---

[3] A. M. *E. Wolf*, S. 516.

Sie hat Sinn und praktische Bedeutung für Forderungen aus länger dauernden Schuldverhältnissen, bei denen im Lauf der Zeit die Höhe der Forderung schwankt, so besonders für Banken aus ihren Forderungen, die durch ein Kontokorrent-Verhältnis zu ihren Kunden entstehen, ferner für Brauereien für ihre Forderungen gegen Gastwirte als ihre Abnehmer, für Fabrikanten bei dauernden langfristigen Warenlieferungsverträgen. Da in diesen Fällen mit einem häufigen Wechsel in der Höhe der Forderungen zu rechnen ist, hätte es wenig Sinn, die Hypothek auf eine bestimmte Höhe festzulegen, die doch regelmäßig mit dem Forderungsbetrag und daher der wirklichen Höhe der Hypothek nicht übereinstimmen würde.

Diese Art von Hypothek wird neuerdings durch die Grundschuld verdrängt. Diese ist in der Höhe von dem wechselnden Forderungsbetrag unabhängig – vgl. u. § 63 I – und gestattet die Unterwerfung unter die sofortige Zwangsvollstreckung (d.h. ohne vorherigen Prozeß und Urteil), was bei der Höchstbetragshypothek ausgeschlossen ist. Auch trägt hier der Eigentümer die Beweislast für das Nichtbestehen der Forderung und damit für die Bereicherung des Gläubigers. Höchstbetragshypothek kraft gesetzlicher Bestimmung ist die Arresthypothek, § 932 I ZPO.

Darin, daß der Forderungsbetrag nicht im Grundbuch eingetragen wird, liegt eine Abweichung von § 1115, aber als Ersatz muß der Höchstbetrag im Grundbuch eingetragen werden (§ 1190 I 2). Eine solche Hypothek ist nur als Sicherungshypothek möglich – denn wenn die Höhe der Forderung aus dem Grundbuch nicht ersichtlich ist, kann es auch keinen gutgläubigen Erwerb nach dem Grundbuch geben – und ist daher eine solche, auch ohne daß sie im Grundbuch als Sicherungshypothek bezeichnet ist (§ 1190 III).

II. Verhältnis von Fremd- und Eigentümerhypothek

755 Durch die wechselnde Höhe der Forderung ist bei dieser Hypothek die Regel, daß zumindest zeitweise der Höchstbetrag durch die wirkliche Höhe der Forderung nicht erreicht wird. Soweit nun die Forderung hinter ihm zurückbleibt, muß die Hypothek nach § 1163 I 1 dem Eigentümer zustehen, so daß in der Regel nebeneinander Gläubiger- und Eigentümerhypothek (Eigentümergrundschuld) bestehen. Die Belastung insgesamt ist also immer die gleiche, nur die Verteilung auf die beiden Posten schwankt.

Aus dieser Situation ergibt sich ein Streit der Auffassungen über die Höchstbetragshypothek. Nach der herrschenden Meinung,[1] der beizupflichten ist, steht die Hypothek von vornherein dem Eigentümer zu, geht auf den Gläubiger dann und soweit über, als die Forderung entsteht, und bleibt im übrigen Eigentümerhypothek. Diese vorläufige Eigentümerhypothek ist für den Eigentümer durch die Entstehung der Forderung auflösend bedingt und wird zur endgültigen erst, wenn die Forderung in der vorbehaltenen Weise festgestellt wird oder das Rechtsverhältnis endet, aus dem die hypothekarisch gesicherten Forderungen entspringen sollen. Diese Auffassung ist notwendig, sobald man § 1163 I 1 auf die Fälle erstreckt, in denen die Forderung noch nicht entstanden ist, aber entstehen kann (vgl. o. § 62 I A). Einen Berichtigungsanspruch hat der Eigentümer nicht, solange seine Grundschuld nur eine vorläufige ist (vgl. o. § 62 I A).

Sollte das Grundstück zur Zwangsversteigerung kommen, ehe die Forderung überhaupt entstanden ist, so kann der Betrag, der aus dem Erlös auf die Hypothek entfällt, nicht dem Gläubiger zufallen, der ja keine Forderung hat, sondern nur dem Eigentümer. Dies beweist, daß die Hypothek

[1] Vgl. *Wolff/Raiser,* § 153 III.

vor Entstehung der Forderung auch hier dem Eigentümer zusteht. Damit ist die abweichende Auffassung widerlegt, daß die Hypothek von vornherein dem Gläubiger zusteht und Eigentümerhypothek erst mit der Feststellung wird, daß und in welcher Höhe Forderungen des Gläubigers nicht entstanden sind oder nicht mehr entstehen können.

Die Höchstbetragshypothek wird in der Regel für Forderungen aus einem bestimmten Rechtsverhältnis begründet, doch ist es auch zulässig, sie allgemein für alle Forderungen zu begründen, die dem Gläubiger gegen den Eigentümer oder einen bestimmten persönlichen Schuldner zustehen und zustehen werden.

III. Übertragung

Die Übertragung der Hypothek erfolgt wie regelmäßig zusammen mit der Forderung. 756

Ist vereinbart, daß nur ein festgestelltes Schlußguthaben hypothekarisch gesichert sein soll, nicht die einzelne vorher entstandene Forderung, so ist die Übertragung einer solchen mit der Hypothek zusammen ausgeschlossen. In diesem Falle kann jedoch die einzelne Forderung ohne die Hypothek übertragen werden, sie scheidet dann aus der hypothekarischen Sicherung aus, die Hypothek bleibt für die übrigen Forderungen bestehen (§ 1190 IV). Eine Übertragung der Hypothek ohne Forderung ist auch hier ausgeschlossen. Ein Wechsel der gesicherten Forderung nach § 1180 ist möglich.

IV. Endgültiger Haftungsumfang

Die endgültige Bestimmung des Umfangs der Haftung tritt erst ein mit Beendi- 757
gung des zugrunde liegenden Rechtsverhältnisses, z. B. des Kontokorrentverhältnisses, da sich erst dann feststellen läßt, wie hoch endgültig die Forderung des Gläubigers ist, oder mit einer vereinbarten Schlußabrechnung. Steht dann fest, daß die Forderung nicht den Höchstbetrag erreicht, erlangt der Eigentümer eine endgültige Eigentümergrundschuld.

Die Höchstbetragshypothek kann jederzeit in eine Hypothek mit bestimmtem Betrag umgewandelt werden (vgl. § 1186), womit zugleich in der Regel die Feststellung des endgültigen Forderungsbetrages verbunden sein wird.

§ 66. Die Grundschuld

Literatur: *Ahrens,* Von der Position als Sicherungsvertragspartei unabhängige Einreden gegen die Sicherungsgrundschuld auf Grund des Kausalgeschäfts, AcP 200, 123; *Buchholz,* Einreden gegen die Sicherungsgrundschuld, AcP 203, 786; *Clemente,* Die Sicherungsabrede der Sicherungsgrundschuld, ZIP 1990, 969; *ders.,* Recht der Sicherungsgrundschuld, 4. Aufl., 2008; *Dempewolf,* Der Rückübertragungsanspruch bei Sicherungsgrundschulden, 1958; *Eickmann,* Die fiduziarisch gegebene isolierte Grundschuld als Rangsicherungsmittel, NJW 1981, 545; *ders.,* Aktuelle Rechtsfragen zur Sicherungsgrundschuld, ZIP 1989, 137; *Felgentraeger,* Hypothek und Grundschuld, FS Jul. v. Gierke, 1950, S. 140; *R. Friedrich,* Die Eintragungsfähigkeit der bei Bestellung einer Grundschuld vereinbarten Sicherungsabrede, NJW 1968, 1655; *Gaberdiel/Gladenbeck,* Kreditsicherung durch Grundschulden, 8. Aufl., 2008; *Haas,* Materiellrechtliche Einreden gegen die Sicherungsgrundschuld und ihre Drittwirkung bei rechtsgeschäftlichem Grundschuldübergang, 1992; *Henseler,* Abtretung vorrangiger Grundschulden, AcP 166, 409; *Hintzen/Böhringer,* Durchsetzung von Löschungsansprüchen bei Grundschulden, RPfleger 2004, 661; *Huber,* Die Sicherungsgrundschuld, 1965; *Jacoby,* Die Befriedigung aus dem Grundschulderlös, AcP 203 (2003), 664; *Kollhosser,* Neue Probleme bei Abtretung und Verpfändung von Grundschulden, JA 1979, 232; *Lettl,* Das Entstehen des Rückgewährungsanspruchs bei Sicherungsgrundschulden, WM 2002, 788; *Lopau,* Die Rechtsstellung des Schuldners bei der Kreditsicherung durch Grundschulden, NJW 1972, 2253; *ders.,* Die Sicherungsgrundschuld im

Spannungsfeld von Eigentümer- und Verkehrsinteressen, JuS 1976, 553; *v. Lübtow,* Das Grundpfandrecht am Vorbehaltseigentum, JuS 1963, 171; *Marburger,* Grundschuldbestellung und Übernahme der persönlichen Haftung, 1998; *Matschl,* Die persönliche Forderung bei Befriedigung des Gläubigers einer Sicherungsgrundschuld durch den Eigentümer, NJW 1962, 2132; *Neef,* Zur Eintragungsfähigkeit sicherungsvertraglicher Einreden bei der Grundschuld, 2004; *Opalka,* Ausgewählte Probleme der Grundschuldbestellung, Unterwerfungserklärung und der Schuldübernahme, NJW 1991, 1796; *Peters,* Grundschuldzinsen, JZ 2001, 1017; *Rauch/Zimmermann,* Grundschuld und Hypothek – Der Realkredit in der Bankenpraxis, 2. Aufl., 1998; *Reinicke,* Geheißerwerb von Briefgrundschulden, NJW 1994, 345; *Reinicke/Tiedtke,* Die Sicherung einer Gesamtschuld durch eine Grundschuld auf dem Grundstück eines Dritten, NJW 1981, 2145; *Reithmann,* Grundpfandrechte heute, DNotZ 1982, 67; *ders.,* Der Rückübertragungsanspruch bei Grundschulden, DNotZ 1994, 168; *Ripfel,* Die Eigentümeransprüche gegen den Grundschuldgläubiger und ihre Sicherung, DNotZ 1957, 518; *Roth,* Rechtsformunabhängiges Grundpfandrecht, FS Laufs, 2006, S. 623; *Scholz,* Der sicherungsrechtliche Rückgewährungsanspruch als Mittel der Kreditsicherung, FS Möhring, 1965, S. 419; *Seckelmann,* Die Grundschuld als Sicherungsmittel, 1963; *Serick,* Eigentumsvorbehalt und Sicherungsübereignung, Bd. II, 1966, § 28; *Szczesny/Tiedtke,* Die Grundschuld im Haustürwiderrufsrecht, WM 2006, 1661; *Tiedtke,* Die Sicherungsgrundschuld, Jura 1980, 407; *Weber,* Der Rückübertragungsanspruch bei der nicht-valutierten Sicherungsgrundschuld, AcP 169, 237; *Wilhelm,* Sicherungsgrundschuld und Einreden gegen Dritterwerber, JZ 1980, 625; *ders.,* Die Erweiterung des Sicherungszwecks einer Grundschuld durch AGB, in: 50 Jahre BGH, Festgabe aus der Wissenschaft, 2000, S. 897; *Zawar,* Die Eigentümergrundschuld im Spiegel der neueren Rechtsprechung, NJW 1976, 1823.

Allgemeine Literatur zum Recht der Kreditsicherheiten s. o. § 53.

I. Wesen und Bedeutung

758 In der Gegenwart gewinnt die Grundschuld auf Kosten der Hypothek immer mehr an Bedeutung. Sie unterscheidet sich von der Hypothek dadurch, daß bei ihr die rechtliche Verbindung mit einer Forderung fehlt. Sie ist eine abstrakte Grundstücksbelastung, rechtlich losgelöst von ihrer wirtschaftlichen Grundlage und ihrem wirtschaftlichen Zweck. Im Rechtssinn stellt sie daher kein Pfandrecht dar,[1] wenn sie auch gewöhnlich demselben Zweck dient.

Der Unterschied ergibt sich aus dem Vergleich der beiden gesetzlichen Definitionen in den §§ 1113 und 1191. Denn § 1191 wiederholt wörtlich die Begriffsbestimmung, die § 1113 für die Hypothek gibt, mit der charakteristischen Auslassung der Worte „zur Befriedigung wegen einer ihm zustehenden Forderung".

Wirtschaftlich ist auch die Grundschuld zur Sicherung von meist langfristigen Kapitalforderungen bestimmt; niemand belastet sein Grundstück für einen anderen ohne wirtschaftliche Grundlage. Man spricht in diesen Fällen von der Sicherungsgrundschuld (s. dazu III). Aber das rechtliche Band zwischen Forderung und dinglichem Recht ist hier durch die Abstraktheit des letzteren durchschnitten. Wie alle abstrakten Rechte – z. B. aus Wechsel, abstraktem Schuldversprechen – bietet auch die Grundschuld dem Gläubiger Vorteile, insbesondere die Abschneidung aller Einwendungen aus dem Schuldverhältnis, und ist daher mit gewissen Gefahren für den Eigentümer verbunden. Die Grundschuld entsteht – und nicht etwa eine Eigentümergrundschuld nach § 1163 I – ohne Rücksicht darauf, ob auch die Forderung entsteht, zu deren Sicherung sie wirtschaftlich bestimmt ist. Sie verbleibt zunächst dem Gläubiger, auch wenn die Forderung erlischt, entgegen § 1163 I 2. Der wirtschaftliche Zusammenhang mit der Forderung wirkt sich aber immerhin auf schuldrechtlichem Gebiet aus (vgl. u. III 1).

[1] A. M. *v. Lübtow,* JuS 1963, 176 f.

II. Die rechtliche Regelung

Auf die Grundschuld finden alle Vorschriften über die Hypothek Anwendung mit Ausnahme derjenigen, welche die rechtliche Verbindung mit einer zugrunde liegenden Forderung voraussetzen (§ 1192). 759

1. Die Bestellung (Begründung) der Grundschuld

a) Die Grundschuld kann wie die Hypothek als Brief- oder als Buchgrundschuld begründet werden. Ihre Entstehung richtet sich nach § 873, bei der Briefgrundschuld ist ferner die Briefübergabe erforderlich (§ 1117). 760

Bei fehlender oder nichtiger Einigung entsteht keine Eigentümergrundschuld (str.),[2] wohl aber, solange bei einer Briefgrundschuld der Brief dem Gläubiger nicht übergeben und auch kein Übergabesurrogat vereinbart worden ist (§§ 1163 II, 1117 II).[3]

Bei der Eintragung der Grundschuld ergibt sich als Folge fehlender Akzessorietät, daß eine Forderung anders als bei § 1115 nicht erwähnt werden darf. Dagegen müssen der Geldbetrag und der Zinssatz zur Eintragung kommen. Beim Grundschuldbrief ist die Verbindung mit der Schuldurkunde ausgeschlossen.

b) Nach § 1195 ist ferner die Bestellung einer Inhabergrundschuld möglich, die 761
den Regeln über die Inhaberpapiere unterliegt (§§ 793 ff.; Übertragung nach § 929).

c) Schließlich kann die Grundschuld auch abweichend von der Hypothek von 762
vorneherein für den Eigentümer bestellt werden (§ 1196). Die Grundschuld entsteht dann mit einseitiger Erklärung des Eigentümers gegenüber dem Grundbuchamt und Eintragung.

Der Eigentümer bekommt dadurch eine offene Rangstelle zur freien Verfügung und kann sie seinem Interesse nach zur Sicherung eines Kredites jederzeit benutzen. Er ist damit in der Lage, den Grundstückswert weitgehend zu mobilisieren. Der Weg der vorsorglichen Bestellung einer Eigentümergrundschuld zur beliebigen späteren Verwendung ist einfacher als der eines Rangvorbehalts bei Eintragung einer anderen Belastung nach § 881 und hat den letzteren in der Praxis verdrängt.

Aus seiner Grundschuld kann der Eigentümer nicht die Zwangsvollstreckung in sein Grundstück betreiben (§ 1197 I). Zinsen gebühren ihm nur im Falle der Zwangsverwaltung (§ 1197 II), haben sonst auch keinen Wert für ihn, da er sie sich selbst zahlen würde.[4]

Gegenüber einer Eigentümergrundschuld nach § 1196 entsteht der Löschungsanspruch nach den §§ 1179 a, 1179 b, 1192 erst dann, wenn diese bereits einmal einem anderen Gläubiger zustand. Andernfalls würde sie wertlos sein.

Hatte der Eigentümer eine Briefgrundschuld über längere Zeit hinweg in Händen gehalten, so wird er sie trotz § 1196 III nicht mehr zu einer Finanzierung gebrauchen können, da weder dem Grundbuch noch dem Brief zu entnehmen ist, daß sie noch keinem anderen als dem Eigentümer zugestanden hat. Daher wird man faktisch die Brauchbarkeit einer Eigentümergrundschuld zur mehrmaligen sicherungsweisen Verwendung auch nicht durch eine Verpfändung erhalten können.[5]

---

[2] So RGZ 70, 353 (356); a. M. *Gerhardt,* Immobiliarsachenrecht, S. 76.

[3] Vgl. dazu *Klee,* NJW 1951, 579.

[4] Im Fall der Abtretung der Eigentümergrundschuld entstehen Zinsen erst von diesem Zeitpunkt an; *BGH* MDR 1986, 217. Für rückwirkenden Zinsbeginn dagegen *BayObLG* NJW-RR 1987, 1418; *OLG Celle* NJW-RR 1989, 1244; *OLG Köln* WM 1984, 1475.

[5] So aber *Kollhosser,* JA 1979, 234 f.

2. Einreden gegen die Grundschuld

763 Einreden gegen die Grundschuld können zunächst nur auf das Verhältnis zwischen Gläubiger und Eigentümer oder auf Mängel, die das dingliche Rechtsverhältnis betreffen, gegründet werden, z. B. Stundung der Grundschuld, Nichtigkeit der Einigung. Leistungsstörungen in einem etwaigen Grundgeschäft (z. B. Darlehensvertrag) berühren den Bestand der Grundschuld nicht. (Zur Behandlung derartiger Einreden vgl. u. III 1).

3. Die Übertragung der Grundschuld

764 Die Übertragung der Grundschuld erfolgt wegen fehlender Abhängigkeit von einer Forderung nicht nach § 1153, sondern als Übertragung des dinglichen Rechts. Sie erfordert bei Buchgrundschulden Einigung und Eintragung, bei Briefgrundschulden schriftliche Übertragungserklärung (von einer Abtretungserklärung ist hier nicht zu sprechen) und Übergabe des Briefes mit dem Willen des Abtretenden[6] (vgl. §§ 1154, 1155).

Bei der Sicherungsgrundschuld wird mit der Übertragung der Grundschuld[7] regelmäßig auch die zu sichernde Forderung mit abgetreten. Diese Abtretung erfolgt ausschließlich nach §§ 398 ff. (Zur Frage des Einwendungsverlusts bei Grundschuldübertragung s. u. III 2).

4. Die Tilgung der Grundschuld

765 Wird die Grundschuld getilgt, so entsteht eine Eigentümergrundschuld.[8] Dieses Ergebnis ist weitgehend unstreitig, die Begründung jedoch verschieden.[9] Der nichtakzessorischen Natur der Grundschuld dürfte die entsprechende Anwendung der §§ 1168, 1170 wohl am ehesten gerecht werden.

Besondere Tilgungsprobleme entstehen wiederum bei der Sicherungsgrundschuld (s. u. III 3).

Die Fälligkeit der Grundschuld bestimmt sich nach § 1193.

5. Die Umwandlung in eine Hypothek

766 Eine Grundschuld kann jederzeit in eine Hypothek umgewandelt werden und umgekehrt (§ 1198). Hierzu sind erforderlich, weil es sich um eine Inhaltsänderung handelt, die Einigung zwischen Eigentümer und Gläubiger und die Eintragung (§§ 873, 877).

---

[6] Vgl. *BGH* NJW-RR 1993, 369 = ZIP 1993, 98 m. Anm. von *Hager,* ZIP 1993, 1446; umfassend hierzu *Reinicke,* NJW 1994, 345.

[7] Rechtsgeschäftlicher Ausschluß der Übertragung einer Sicherungsgrundschuld ist möglich; vgl. Palandt/*Bassenge,* § 1191 Rn. 8; Jauernig/*Jauernig,* § 1191 Rn. 25; a. A. *Maurer,* JuS 2004, 1047.

[8] Nach *E. Wolf,* S. 481, entsteht eine Eigentümergrundschuld nur, wenn Eigentümer und Grundschuldgläubiger die Übertragung auf den Eigentümer vereinbart haben.

[9] So berufen sich *Wolff/Raiser,* § 156 Anm. 11 auf die entspr. Anwendung der §§ 1168, 1170, andere auf die des § 1163 I 2: so *Baur/Stürner,* § 44 Rn. 24, *Eickmann,* in: Westermann, § 117 III; *Tiedtke,* Jura 1980, 412 auf die Anwendung der §§ 1142–1144.

III. Die Sicherungsgrundschuld

Literatur: *Derleder,* Die neue Sicherungsgrundschuld, ZIP 2009, 2221; *Eickmann,* Gefährliche Grundschuld, FS H.P. Westermann, 2008, S. 175; *Hey,* Neues zur Sicherungsgrundschuld und Darlehen im BGB, Jura 2008, 721; *Nietsch,* Grundschulderwerb nach dem Risikobegrenzungsgesetz, NJW 2009, 3606; *Prütting,* Missbräuchliche Veräußerung von Immobilienkrediten, FS Medicus, 2009, S. 333; *Redeker,* Renaissance der Hypothek durch Abschaffung des gutgläubigen einredefreien Erwerbs bei einer Grundschuld, ZIP 2009, 208; *Scharpf,* Risiken des Handels mit notleidenden Krediten, NJW 2009, 3476; *Schmid/Voss,* Die Sicherungsgrundschuld nach dem Risikobegrenzungsgesetz, DNotZ 2008, 740; *Wellenhofer,* Das Recht der Sicherungsgrundschuld nach dem Risikobegrenzungsgesetz, JZ 2009, 1077; *Weller,* Die Sicherungsgrundschuld, JuS 2009, 969.

1. Grundschuld und Sicherungsvertrag

a) Die Grundschuld konstruiert Gesetz als abstraktes Sicherungsmittel (s. o. **767**
Rn. 758). Daher kannte das Gesetz ursprünglich die Bezeichnung als Sicherungsgrundschuld nicht. Diese Bezeichnung ist von der Wirtschaftspraxis für den Fall entwickelt worden, dass eine Grundschuld zur Sicherung einer konkreten Forderung bestellt ist und die Verknüpfung von Forderung und abstrakter Sicherheit durch eine besondere schuldrechtliche Abrede (Sicherungsvertrag, Sicherungsabrede) erfolgt. Nunmehr hat der Gesetzgeber durch das Risikobegrenzungsgesetz vom 12. 8. 2008 in § 1192 einen neuen Absatz 1a eingefügt und dort den Begriff verwendet sowie die Sicherungsgrundschuld definiert und geregelt.

b) In der Praxis werden Grundschulden naheliegenderweise fast ausschließlich zur Sicherung von Forderungen bestellt.[10] In diesem Fall wird die besondere Zweckbestimmung der Grundschuld schuldrechtlich in einem dem abstrakten Bestellungsakt zugrundeliegenden Sicherungsvertrag vereinbart. Der Sicherungsvertrag ist ein gegenseitiger Vertrag, durch den sich der Eigentümer zur Bestellung der Grundschuld und der Gläubiger dazu verpflichtet, die Grundschuld nur zur Sicherung der Forderung zu verwenden.[11] Ob derartige Sicherungsabreden auf den Abschluß eines Vertrages über eine entgeltliche Leistung gerichtet sind und daher dem § 312 (früher HWiG) unterfallen, ist zweifelhaft. Der *BGH* unterstellt auf Bestellung einer Sicherungsgrundschuld gerichtete Vereinbarungen jedenfalls dann dem § 312, wenn der Sicherungsgeber die Verpflichtung zur Grundschuldbestellung in der dem Gegner erkennbaren Erwartung übernimmt, ihm selbst oder einem bestimmten Dritten werde daraus irgendein Vorteil erwachsen.[12] Die Grundschuldbestellung selbst ist als abstraktes Rechtsgeschäft nicht auf eine entgeltliche Leistung, sondern allein auf Änderung der dinglichen Rechtslage gerichtet und kann somit bereits begrifflich nicht dem § 312 unterfallen.[13] Da bei Sicherungsgrundschulden das Sicherungsgut von Anfang an klar umrissen ist, bedarf es weder einer Freigabeklausel noch einer bestimmten festen Dekkungsgrenze[14] (zu dieser Problematik im Falle des Eigentumsvorbehalts und der Sicherungsübereignung von Sachgesamtheiten, vgl. o. § 33 III 1 b und § 34 VI 3).

---

[10] Dazu umfassend *Clemente,* Recht der Sicherungsgrundschuld, 4. Aufl., 2008; *Gaberdiel/Gladenbeck,* Kreditsicherung durch Grundschulden, 8. Aufl., 2008.

[11] Vgl. dazu *Baur/Stürner,* § 45 II 1; *Wolf/Wellenhofer,* Rn. 687 ff.; a. M. *Weber,* AcP 169, 245.

[12] *BGH* NJW 1996, 55. Zu dieser Frage im vergleichbaren Fall der Vereinbarung einer Bürgschaft, BGHZ 139, 21 = NJW 1998, 2356; *EuGH* WM 1998, 649, 651.

[13] *OLG Koblenz* WM 1999, 1068, 1069.

[14] *BGH* NJW 1994, 1796.

Kreditinstitute verwenden häufig formularmäßig vorformulierte Vertragsbestimmungen, die dann der Inhaltskontrolle durch die §§ 305 ff. (früher AGBG) unterliegen. In ihnen ist vielfach bestimmt, daß die Grundschuld als Sicherheit für alle Ansprüche aus der „bankmäßigen Geschäftsverbindung" dienen soll.[15] Nach der Rechtsprechung des *BGH* ist es vor dem Hintergrund der §§ 305 c, 307 (früher §§ 3, 9 AGBG) grundsätzlich auch als zulässig anzusehen, wenn der Sicherungszweck der Grundschuld formularmäßig auch auf alle künftigen Forderungen gegen einen vom Kreditnehmer personenverschiedenen Sicherungsgeber ausgedehnt wird.[16] Dies wird damit begründet, daß dem dinglichen Sicherungsgeber anders als bei Bürgschaft oder Schuldbeitritt nicht der Verlust seines künftigen Vermögens, sondern allenfalls der Verlust des als Sicherheit dienenden Grundstücks drohe.[17] Generell hat es die Rechtsprechung abgelehnt, die zur Sittenwidrigkeit der Bürgschaft entwickelten Grundsätze auf die Bestellung einer Sicherungsgrundschuld anzuwenden.[18] Geschützt wird der Grundschuldbesteller nur unter dem Gesichtspunkt des § 305 c (früher § 3 AGBG), wobei jedoch die neue Zweckerklärung nicht als überraschend anzusehen ist, wenn sie in einem gewissen zeitlichen Abstand zur Darlehensgewährung erfolgt.[19] Dem wird in der Literatur zur Recht entgegengetreten, da ein so weitgehendes Sicherungsbedürfnis der Bank auch für Forderungen, die mit der Kreditaufnahme und der aus ihrem Anlaß erfolgten Grundschuldbestellung in keinerlei Zusammenhang stehen, nicht anzuerkennen ist und daher den Sicherungsgeber nach § 307 unangemessen benachteiligt.[20] Die Grundschuld kann neben eigenen Ansprüchen des Gläubigers auch abgetretene Ansprüche erfassen.[21]

c) Aus dem Sicherungsvertrag können Einreden gegen die Grundschuld abgeleitet werden. Die auf diesen Vertrag gestützte Einrede kann z. B. zum Inhalt haben, daß die sofort fällige Grundschuld nicht geltend gemacht werden darf, solange sie nicht valutiert oder das ausbezahlte Darlehen noch nicht zur Rückzahlung fällig ist.[22]

768 d) Wird die Grundschuld ohne wirksamen Sicherungsvertrag bestellt oder fällt dieser nachträglich weg, so steht dem Eigentümer grundsätzlich die Leistungskondiktion nach § 812 I 1 zu.[23]

769 Anders ist die Situation dagegen, wenn der Gläubiger die Grundschuld entgegen den im (wirksamen) Sicherungsvertrag getroffenen Abreden geltend macht, also etwa gegen den Eigentümer aus der Grundschuld vorgeht, obgleich die zu sichernde Forderung nicht oder nicht mehr besteht. Die Rechte des Eigentümers bestimmen sich in diesem Fall nicht nach §§ 812 ff., sondern nach Vertragsrecht (§§ 320 ff.).[24]

e) Eine Grundschuld kann auch zur Absicherung mehrerer Darlehen verschiedener Schuldner bestellt werden. Zu Tilgungsproblemen in einem solchen Fall vgl. *BGH* NJW 1998, 601.[25] Zum umgekehrten Fall mehrerer Sicherheiten für eine Forderung vgl. *BGH* NJW 2002, 1491; BGHZ 108, 179; *BGH* NJW 1992, 3228; BGHZ 80, 228. Hier wird der Rechtsgedanke des § 426 herangezogen.

---

[15] Vgl. hierzu etwa BGHZ 101, 30, 34 = ZIP 1987, 829. Nicht zu den Ansprüchen aus bankmäßiger Geschäftsführung gehören die Prozeßkosten aus Rechtsstreitigkeiten mit dem Kunden, *BGH* ZIP 1997, 2194.

[16] *BGH* NJW 1987, 1885; 2285; 1995, 1674; zustimmend *Schiffer,* NJW 1988, 2779; abweichend bei anderer tatsächlicher Fallgestaltung *BGH* NJW 1987, 1636; 1989, 831; WM 1989, 1926. Zur Vertiefung des ganzen *Clemente,* ZIP 1990, 969; zu § 3 AGBG *OLG Hamm* WM 1999, 2065.

[17] *BGH* NJW 1997, 2677; 2000, 2675; 2001, 1417 = DNotZ 2001, 623 m. abl. Anm. *Tiedtke,* DNotZ 2001, 627.

[18] *BGH* NJW 2002, 2633.

[19] *BGH* WM 1996, 2233, 2234 (neun Monate); NJW 2001, 1416 (sieben Jahre).

[20] *Eickmann,* ZIP 1989, 137; *Tiedtke,* ZIP 1997, 1949, 1951 m. w. N.

[21] *BGH* MDR 2005, 1124.

[22] Eine solche Einrede kann auch im Grundbuch eingetragen werden (§§ 1192, 1157); vgl. *Baur/Stürner,* § 45 Rn. 34; umfassend hierzu *Haas,* S. 228 ff.

[23] Differenzierend *Wolf/Wellenhofer,* Rn. 688.

[24] *Baur/Stürner,* § 45 Rn. 26; *Medicus/Petersen,* Rn. 496; *Serick,* S. 437 f.; a. A. *Wolff/Raiser,* § 154 VI 1.

[25] Vgl. dazu *Hattenhauer,* JuS 2002, 118.

f) Bei der Grundschuld können Eigentümer und persönlicher Schuldner auseinanderfallen (vgl. u. III 3 c). In diesem Fall wird die Grundschuld nicht als Sicherungsgrundschuld angesehen, weil die Sicherungsabrede als schuldrechtlicher Vertrag im Normalfall zwischen Gläubiger und persönlichem Schuldner zustande kommt.[26] Entsprechend haftet der Erwerber eines Grundstücks, der eine Sicherungsgrundschuld übernommen hat, ohne zugleich die Rolle des persönlichen Schuldners erworben zu haben, dem Grundschuldgläubiger aus der Grundschuld, ohne daß er diesem Einreden aus der Sicherungsabrede entgegenhalten könnte.[27]

2. Übertragung von Grundschuld und Forderung

a) Probleme können entstehen, wenn der Gläubiger eine Forderung mit Grundschuld an einen Dritten überträgt. In der Praxis ist dies seit etwa 2003 dadurch vermehrt geschehen, dass deutsche Kreditinstitute notleidende oder risikobehaftete Immobilienkredite (sogenannte *Non-performing Loans*) in großem Stil an andere Banken oder ausländische Finanzinvestoren veräußert haben. Dies wirft mehrere Fragen auf. 770

b) Zunächst stellt sich die Frage, ob Forderungen aus Bankkrediten abgetreten werden können. Dies ist unter Hinweis auf das Bankgeheimnis und den Datenschutz in einer Entscheidung des OLG Frankfurt a. M. vom 25. 5. 2004 verneint worden.[28] Allerdings ist diese Streitfrage für die Praxis geklärt, seit der BGH mit Urteil vom 27. 2. 2007 zu Recht entschieden hat, daß weder das Bankgeheimnis noch der Datenschutz einer wirksamen Abtretung von Darlehensforderungen entgegenstehen.[29] Dieser Rechtsprechung des BGH hat das Bundesverfassungsgericht zugestimmt.[30] 770a

c) Soweit eine Forderung vom Gläubiger wirksam gem. § 398 übertragen wird, ergibt sich als nächste Frage, ob auch die Grundschuld übertragen wurde. Da auch die Sicherungsgrundschuld keine akzessorische Kreditsicherheit ist, erfolgt diese Übertragung unstreitig nicht nach § 1153. Anerkannt ist vielmehr, daß die Sicherungsgrundschuld nach den §§ 1192 I, 1154 isoliert übertragen wird. Daraus ergibt sich zugleich, daß Forderung und Grundschuld nicht nur gemeinsam an einen Dritten übertragen werden können, sondern daß eine isolierte Übertragung nur der Forderung oder nur der Grundschuld möglich ist. Ebenso ist es rechtlich zulässig, daß der Gläubiger Forderung und Grundschuld an zwei verschiedene Personen abtritt, so daß letztlich in allen diesen Fällen verschiedene Erwerber von Forderung und Grundschuld vorliegen. 770b

d) Wenn der Erwerber der isolierten Forderung gegen den Schuldner vorgeht, so stehen diesem wiederum alle Einwendungen und Einreden zu, die er gegenüber dem ursprünglichen Gläubiger geltend machen konnte (§ 404). Wäre der ursprüngliche Gläubiger weiterhin Inhaber der Grundschuld und würde isoliert aus dieser gegen den Schuldner vorgehen, so könnte der Schuldner diesem Anspruch Schadensersatzforderungen aus Vertrag und aus § 826 entgegenhalten. 771

e) Soweit ein neuer Gläubiger isoliert die Grundschuld erworben hat und nunmehr gegen den Schuldner aus dieser vorgeht, ergab sich früher ein berühmtes 771a

[26] Zu den Konsequenzen dieser Fallgestaltung siehe *Ahrens,* AcP 200, 123.
[27] BGHZ 155, 63 = NJW 2003, 2673 m. zust. Anm. *Löhnig/Schättl,* JuS 2004, 375.
[28] *OLG Frankfurt a. M.* ZIP 2004, 1449 = WM 2004, 1386.
[29] BGHZ 171, 180.
[30] *BVerfG* WM 2007, 1694 = ZIP 2007, 2348.

Problem im Hinblick auf die Anwendung von § 1157 Satz 2. Danach konnte der gutgläubige Erwerber der Grundschuld diese einredefrei erwerben. Umstritten war allerdings stets, welche Anforderungen an die Gutgläubigkeit zu stellen waren.[31] In der rechtspolitischen Diskussion war deshalb eine Regelungslücke behauptet worden. Diese lag allerdings schon nach altem Recht nicht vor.[32] Nunmehr hat der Gesetzgeber für diese Problemlage alle Zweifel ausgeräumt, indem er durch das Risikobegrenzungsgesetz vom 12. 8. 2008 in § 1192 einen neuen Absatz 1a eingefügt hat, wonach die Anwendung des § 1157 Satz 2 für die Sicherungsgrundschuld ausgeschlossen ist. Damit kann der Schuldner künftig jedem Erwerber einer isolierten Sicherungsgrundschuld gem. § 1157 Satz 1 alle Einreden entgegen halten. Weitere Konsequenz der Neuregelung ist jedoch, daß künftig in solchen Fällen die Grundschuld strenger und akzessorischer behandelt wird als die Hypothek, für die § 1157 Satz 2 in Verbindung mit § 892 weiterhin gilt. Darin liegt ein deutlicher Wertungswiderspruch.

771b f) Wenn der Erwerber einer Sicherungsgrundschuld (wie üblich) zugleich eine Unterwerfungserklärung unter die sofortige Zwangsvollstreckung, die der Schuldner gegenüber dem ursprünglichen Gläubiger abgegeben hatte, erwirbt, kann er auch daraus nicht mehr unmittelbar die Zwangsvollstreckung betreiben. Vielmehr muß im Klauselerteilungsverfahren von Amts wegen geprüft werden, ob der Erwerber der Grundschuld zur Zwangsvollstreckung berechtigt ist.[33] Allerdings ist eine solche notarielle Unterwerfung unter die sofortige Zwangsvollstreckung entgegen *LG Hamburg* (ZIP 2008, 1466) als wirksam anzusehen (*BGH* ZIP 2009, 855 = WM 2009, 846; *Bork,* ZIP 2008, 2049; *Habersack,* NJW 2008, 3173).

3. Die Tilgung von Forderung und Grundschuld

772 Bei Zahlungen besteht die Möglichkeit, daß sie auf die Grundschuld oder auf die Forderung oder auf beide verrechnet werden. Was im Einzelfall gelten soll, hängt von dem Parteiwillen ab.[34]

a) Tilgt der Schuldner die Forderung, so erlischt nur sie und die Grundschuld bleibt bestehen. Allerdings entsteht ein Anspruch auf Rückübertragung der Grundschuld (s. u. 4.).[35] Banken stellen in ihren Tilgungsbedingungen meist ausdrücklich klar, daß Zahlungen des Schuldners nur auf die Forderung, nicht auf die Grundschuld verrechnet werden.[36] Wird zunächst auf die Forderung gezahlt, so kann nachträglich vereinbart werden, daß diese Zahlung gleichzeitig für die Grundschuld gelten soll.[37]

b) Bei Tilgung der Grundschuld (s. o. II 4) wird man aus dem Sinn und Zweck der Sicherungsabrede entnehmen müssen, daß bei Personenidentität von Schuldner und Eigentümer die Tilgung der Grundschuld gleichzeitig auch die Tilgung der Forderung bewirken soll, falls im Zeitpunkt der Tilgung der Grundschuld auch die Forderung fällig ist.[38] Leistet der Eigentümer, der zugleich persönlicher Schuldner

---

[31] Vgl. zu diesem Problem die 33. Aufl. § 66 III 2, Rn. 770.

[32] *Prütting,* FS Medicus, S. 333, 341.

[33] *BGH* WM 2010, 1022 = ZIP 2010, 1072 = NJW 2010, 2041.

[34] Dazu *BGH* NJW 1997, 2046; ausführlich *Jacoby,* AcP 203, 664.

[35] *BGH* NJW-RR 2003, 11.

[36] Vgl. hierzu *Baur/Stürner,* § 45 Rn. 45; ferner *BGH* NJW 1974, 2279 und 1976, 2132. Wird aber die Zwangsvollstreckung aus der Grundschuld betrieben, ist eine Zahlung auf die Grundschuld zu verrechnen; *BGH* NJW-RR 1987, 1350.

[37] Vgl. *BGH* NJW 1969, 2236.

[38] *BGH* NJW 1980, 2198; NJW-RR 1990, 813.

ist, gutgläubig an den zu Unrecht Eingetragenen, wird er bei der Sicherungsgrundschuld, anders als bei der Verkehrshypothek, nach § 893 nur von der dinglichen Schuld befreit. Die persönliche Schuld bleibt infolge der Unanwendbarkeit des § 1138 bestehen.[39]

c) Auch bei der Grundschuld können Eigentümer und persönlicher Schuldner auseinanderfallen.

Zahlt der Eigentümer, der nicht zugleich persönlicher Schuldner ist, dann zahlt er ausschließlich auf die Grundschuld und erwirbt eine Eigentümergrundschuld (vgl. o. II 4). Die Forderung bleibt bestehen.[40] Ein Forderungserwerb kraft Gesetzes (§ 1143) tritt jedoch nicht ein.[41] Nach *RG* 150, 371 hat der Eigentümer aber einen Anspruch gegen den Grundschuldgläubiger auf Abtretung der Forderung gegen den persönlichen Schuldner, falls er von diesem Ersatz verlangen kann.

Zahlt der persönliche Schuldner, so kann er, wenn er Partner des Sicherungsvertrages ist, Übertragung der Grundschuld auf sich verlangen, falls der Eigentümer ihm ersatzpflichtig ist.[42] Es entsteht dann für den persönlichen Schuldner eine Fremdgrundschuld. § 1164 findet jedoch nicht Anwendung.

4. Der Rückübertragungsanspruch

Ein Anspruch des Eigentümers auf Rückübertragung der Grundschuld kann sich 773
entweder aus § 812 oder aus dem Sicherungsvertrag ergeben (s. o. 1).[43]

Ein solcher vertraglicher Rückübertragungsanspruch entsteht insbesondere auch dann, wenn sich der Sicherungszweck erledigt hat. Eine solche Erledigung wird man annehmen können nach Tilgung des Darlehens[44] oder Abtretung der gesicherten Forderung.[45] Er richtet sich auf Rückübertragung (§ 1154) oder Verzicht (§ 1168), wodurch jeweils eine Eigentümergrundschuld entsteht. Der Anspruch auf deren Löschung richtet sich nach den Vorschriften der §§ 1179, 1179 a, b (arg. § 1192). Zu diesen Vorschriften s. o. § 62 IV.

Der Rückübertragungsanspruch[46] ist durch die Tilgung der Forderung aufschiebend bedingt[47] und kann durch eine Vormerkung gesichert werden. Ein Ausschluß des Anspruchs kommt nicht in Betracht.[48]

Er kann auch abgetreten,[49] verpfändet oder gepfändet werden. Bei der Abtretung ist zu unterscheiden, ob der Zessionar nach dem Willen der Parteien das Recht haben soll, die Übertragung der Grundschuld auf sich selbst oder auf den Eigentümer zu verlangen. Im ersten Fall entsteht eine Grundschuld des Zessionars, im zweiten eine Eigentümergrundschuld. Eine Abtretung des Rückübertragungsanspruchs ist auch erforderlich, wenn das belastete Grundstück an einen Erwerber übereignet wird.[50] Die Verpfändung erfolgt nach §§ 1273 ff., die Pfändung nach § 857 ZPO (nach

---

[39] *BGH* NJW 1996, 1207; a. A. *Tiedtke,* NJW 1997, 851.

[40] *BGH* NJW 1987, 838; NJW-RR 1989, 1036.

[41] Vgl. *BGH* NJW 1988, 2730; dazu *Tiedtke,* JZ 1988, 1006.

[42] *Baur/Stürner,* § 45 Rn. 86; ist der Schuldner dagegen nicht am Sicherungsvertrag beteiligt, kann er Ausgleichsansprüche nur gegen den Eigentümer geltend machen.

[43] Dazu umfassend *Lettl,* WM 2002, 788.

[44] Auch bei teilweiser Rückzahlung, vgl. *BGH* MDR 1990, 706; zum Fall einer auf mehreren Miteigentumsanteilen lastenden Grundschuld *BGH* NJW 2002, 2710.

[45] Vgl. *BGH* NJW-RR 1991, 305.

[46] Es gibt auch einen Teil-Rückübertragungsanspruch, vgl. *BGH* ZIP 1990, 857.

[47] Vgl. dazu *BGH* NJW 1977, 247 und 1982, 2768.

[48] Vgl. *Reithmann,* WM 1990, 1985 und DNotZ 1994, 168.

[49] Zur Vorausabtretung vgl. *BGH* NJW 1985, 800; bei teilweiser Valutierung vgl. *BGH* NJW-RR 1990, 588.

[50] Dies gilt aber nicht, wenn der Erwerber in das Kreditverhältnis eintritt; *BGH* NJW 1986, 2108.

anderer Ansicht gem. §§ 846 ff. ZPO). Durch die Verpfändung bzw. Pfändung und Überweisung erhält der Pfandgläubiger das Recht, den Rückübertragungsanspruch geltend zu machen. Mit Entstehen der Eigentümergrundschuld verwandelt sich das Pfandrecht am Rückübertragungsanspruch in ein Pfandrecht an der Eigentümergrundschuld (§ 1287).[51]

Eine interessante Streitfrage entsteht, wenn der Rückübertragungsanspruch des Eigentümers gegen den Grundschuldgläubiger verpfändet oder gepfändet worden ist und sich das Pfandrecht am Rückübertragungsanspruch in ein Pfandrecht an der Eigentümergrundschuld verwandelt hat. Dringt hier der Löschungsanspruch des nachrangigen Grundpfandgläubigers durch mit der Wirkung, daß die (belastete) Eigentümergrundschuld gelöscht werden muß? Die Meinungen gehen auseinander. Eine Löschung kann nur erfolgen, wenn eine unbelastete Eigentümergrundschuld entsteht.[52]

§ 67. Die Rentenschuld

I. Begriff und Wesen

774 Die Rentenschuld ist eine Abart der Grundschuld, von ihr und von der Hypothek dadurch unterschieden, daß das Grundstück nicht mit einer Kapitalsumme belastet wird, sondern mit einer Rente, also mit fortlaufenden Zahlungen zu bestimmten Terminen (§ 1199). Notwendig ist aber die Bestimmung und Eintragung einer Ablösungssumme, durch deren Zahlung der Eigentümer die Rentenschuld einseitig ablösen kann mit der Wirkung, daß sie auf ihn übergeht (§§ 1199 II, 1201). Der Gläubiger dagegen hat kein Recht, Ablösung zu verlangen (§ 1201 II).

Zeitliche Beschränkungen der Rente sind zulässig und üblich. Formell kann auch die Rentenschuld als Brief- wie als Buchschuld begründet werden.

II. Verhältnis zur Reallast

775 Die Rentenschuld ähnelt der Reallast, da auch diese die Belastung des Grundstücks mit fortlaufenden Zahlungen darstellen kann. Sie unterscheidet sich dadurch von ihr, daß nur für die Rentenschuld die Bestimmung der Ablösungssumme notwendig und die Umwandlung in eine normale Grundschuld nach § 1203 möglich ist, ferner, daß mit der Ablösung die Rentenschuld auf den Eigentümer übergeht, während die Reallast im gleichen Falle erlischt. Vor allem aber haftet für die Rentenschuld stets nur das Grundstück, während für die Reallast der Eigentümer möglicherweise auch persönlich haftet (§ 1108).

Praktische Bedeutung hat die Rentenschuld wohl wegen der ungünstigen Stellung des Gläubigers nicht gewonnen.

§ 68. Das Schiffspfandrecht

Literatur: *Abraham,* Das Seerecht, 4. Aufl., 1974; *ders.,* Die Schiffshypothek im deutschen und ausländischen Recht, 1950; *Dobberahn,* Rechte an Schiffen und Luftfahrzeugen, MittRheinNK

---

[51] Vgl. *Dempewolf,* NJW 1959, 556 (teilweise abweichend); *Hoche,* NJW 1959, 413.

[52] Vgl. dazu einerseits *Wörbelauer,* NJW 1958, 1705, andererseits *Baur/Stürner,* § 45 Rn. 100 und § 46 Rn. 48 ff., *Hoche,* NJW 1959, 413, und *Serick,* S. 441 f. sowie *Clemente,* Recht der Sicherungsgrundschuld, Rn. 504 m. w. N.

1998, 145; *Prause,* Das Recht des Schiffskredits, 3. Aufl., 1979; *Prause/Weichert,* Schiffssachenrecht und Schiffsregisterrecht, 1974; *Schaps/Abraham,* Das Seerecht in der Bundesrepublik Deutschland, Bd. I und II, 4. Aufl., 1978; *Wolff,* Grundriß des Sachenrechts bei Schiffen und Schiffsbauwerken, 1949.

I. Das Schiffspfandrecht ist im Gesetz über Rechte an eingetragenen Schiffen und Schiffsbauwerken **776**
vom 15. 11. 1940 geregelt (SchRG). Die Schiffshypothek ist danach die einzige zulässige Form der pfandrechtlichen Belastung eines eingetragenen Schiffes.

II. Die Schiffshypothek ist ganz nach dem Vorbild der Grundstückshypothek gestaltet, aber streng **777**
akzessorisch, hierin der Sicherungshypothek gleich. Denn die Rechte des Gläubigers aus der Hypothek bestimmen sich nur nach der Forderung (§ 8 SchRG). Eine Briefhypothek ist damit ausgeschlossen. Die Bestellung erfordert Einigung und Eintragung im Schiffsregister (§ 8 II SchRG). Der notwendige Eintragungsinhalt entspricht § 1115 (§ 24 SchRG).

III. Bei den Folgen der Befriedigung des Gläubigers ergibt sich ein bemerkenswerter Unterschied **778**
gegenüber dem BGB. Die Hypothek geht nicht auf den Eigentümer über (§ 1163), sondern erlischt mit der Forderung (§ 57 I, II SchRG). Jedoch kann der Eigentümer, solange die Hypothek nicht gelöscht ist, eine neue Hypothek im Rang und bis zur Höhe der bisherigen Belastung bestellen. Damit ist die wesentliche Auswirkung der Eigentümerhypothek übernommen.

IV. Nicht hierher gehören nicht eingetragene Schiffe, die wie bewegliche Sachen behandelt werden **779**
(s. o. § 25 III). An diesen Schiffen könnte also ein Pfandrecht bestellt oder eine Sicherungsübereignung nach § 930 vorgenommen werden.

2. Abschnitt. Kreditsicherung an beweglichen Sachen

§ 69. Das Pfandrecht an beweglichen Sachen

Literatur: *Gravenhorst,* Mobiliarsicherheiten für Darlehens- und Warenkredite, 1972; *Löffelmann,* Pfandrecht und Sicherungsübereignung an künftigen Sachen, 1996; *Schanbacher,* Grundfälle zum Pfandrecht, JuS 1993, 382 und 475; *Simitis,* Das besitzlose Pfandrecht, AcP 171, 94; *Spieß,* Das vertragliche Pfandrecht an beweglichen Sachen, JuS 1990, L 33; *Weimar,* Vertragliche, gesetzliche und Pfändungspfandrechte bei Mobilien, 1975.

Allgemeine Literatur zum Recht der Kreditsicherheiten s. o. § 53.

I. Überblick

Das Kreditsicherungsrecht an beweglichen Sachen hat sich sehr stark von den **780**
ursprünglichen gesetzgeberischen Vorstellungen entfernt. Das im Sachenrecht allein vorgesehene vertragliche Pfandrecht hat weitgehend an Bedeutung verloren. In den Vordergrund getreten sind die Sicherungsübereignung und der Eigentumsvorbehalt (zur Übersicht s. o. § 53 VI). Aus rein didaktischen Gründen sind der Eigentumsvorbehalt (s. o. § 33) und die Sicherungsübereignung (s. o. § 34) bereits im direkten Zusammenhang mit dem Eigentum behandelt worden, so daß im folgenden nur noch das Pfandrecht in seinen verschiedenen Formen (s. u. II) zu behandeln ist.

II. Arten der Pfandrechte

781 Der Begründung nach unterscheidet man drei Arten von Pfandrechten an beweglichen Sachen und Forderungen:

1. das vertragsmäßige Pfandrecht (Faustpfandrecht);[1]
2. das gesetzliche Pfandrecht – Hauptbeispiele sind

a) auf Grund von Besitz

das Pfandrecht des Pächters (§ 583), des Unternehmers beim Werkvertrag (§ 647), ferner im Handelsrecht des Kommissionärs (§§ 397, 404 HGB), des Spediteurs (§ 464 HGB), des Lagerhalters (§ 475 b HGB), des Frachtführers (§ 441 HGB);

b) auf Grund von Einbringung, also wenigstens von einem räumlichen Verhältnis zum Pfandgläubiger,

das Pfandrecht des Vermieters (§ 562), des Verpächters (§§ 581, 592), des Gastwirts (§ 704);

c) auf Grund einer Hinterlegung des Pfandrechts des Hinterlegers (§ 233). Das gesetzliche Pfandrecht nach § 1 Opferanspruchssicherungsgesetz vom 8. 5. 1998 (BGBl. I 905) betrifft nur Forderungen (s. u. § 72 I).

3. das Pfändungspfandrecht, das durch Pfändung im Wege der Zwangsvollstreckung entsteht (§§ 803 ff. ZPO). Es wird im Zwangsvollstreckungsrecht behandelt.

III. Wesen des sog. Faustpfandrechts

782 Das Pfandrecht an beweglichen Sachen unterscheidet sich dadurch wesentlich von dem Grundstückspfandrecht, daß es den Besitz des Pfandgläubigers erfordert; es wird deshalb Faustpfandrecht genannt. Dieses ist nur an beweglichen Sachen, nicht an Grundstücken möglich.

Es ist ein dingliches Recht, daher gegen jedermann wirksam (§ 1227), und schließt das Verwertungsrecht als wesentlichen Inhalt ein.

Es ist streng akzessorisch, kann also nur zur Sicherung einer bestimmten Forderung begründet werden (§ 1204), die aber keine Geldforderung sein muß. Sie muß aber in eine solche übergehen können.

Diese kann jedoch bedingt oder betagt oder noch eine künftige sein (§ 1204 II); der Rang des Pfandrechts richtet sich nach der Zeit der Bestellung, nicht nach derjenigen der Entstehung der Forderung (entgegen der Akzessorietät), da (nach h. M.) das Pfandrecht sofort entsteht und nicht erst ein dem Eigentümer zustehendes Recht parallel der Eigentümerhypothek.[2]

Bei Nichtigkeit der Darlehensforderung, zu deren Sicherung ein Pfandrecht bestellt wurde, kann sich aus dem Parteiwillen ergeben, daß das Pfandrecht den bereicherungsrechtlichen Rückzahlungsanspruch sichern soll.[3]

An einem bloßen Legitimationspapier für sich allein kann ein Pfandrecht nicht begründet werden, da eine besondere Verwertung der Urkunde allein ausgeschlossen ist. Daher ist nur eine Verpfändung des zugrunde liegenden Rechts denkbar. Dies gilt z. B. für Hypothekenbriefe, Sparkassenbücher und Lebensversicherungspolicen.

---

[1] Besondere Vorschriften gelten für das Registerpfandrecht an eingetragenen Luftfahrzeugen (vgl. Gesetz vom 26. 2. 1959, BGBl. I S. 57).

[2] BGHZ 86, 340 = NJW 1983, 1123 und 349; *BGH* NJW 1983, 1619.

[3] *BGH* NJW 1968, 1134.

Wird ein Pfandrecht mit der Bestimmung bestellt, daß der Pfandgläubiger sich aus dem Pfand befriedigen kann, der Schuldner aber seine Schuld nicht tilgen darf, so liegt wegen Verstoßes gegen die Akzessorietät keine wirksame Pfandrechtsbestellung vor.[4]

Der Verpfänder ist regelmäßig Eigentümer der verpfändeten Sache. Er ist meist mit dem persönlichen Schuldner der gesicherten Forderung identisch.

Doch kann man von vornherein seine Sache für eine fremde Schuld verpfänden, auch die verpfändete Sache veräußern, ohne daß eine Schuldübernahme vereinbart oder vom Gläubiger genehmigt wird, so daß der Veräußerer persönlicher Schuldner bleibt, der Erwerber es nicht wird; doch hat dieses Auseinanderfallen von Verpfänder und Schuldner weit weniger praktische Bedeutung als bei Grundstücken.

Auf der Aktivseite müssen Forderungs- und Pfandgläubiger stets identisch sein.

IV. Wirtschaftliche Bedeutung

Die wirtschaftliche Bedeutung des Pfandrechts war früher groß, wenn auch nicht mit **783** der des Hypothekenwesens zu vergleichen. Die gesetzlichen Pfandrechte sind z. T. noch heute häufig (Vermieterpfandrecht, Werkunternehmerpfandrecht). Das vertragsmäßige Pfandrecht spielt als Lombardgeschäft der Banken (Verpfändung besonders von Wertpapieren, zumal bei Kunden in laufender Rechnung, oder von Waren) eine bedeutende Rolle, daneben auch die gewerbliche Pfandleihe, die durch VO vom 1. 2. 1961 (BGBl. I 1335) bundeseinheitlich geregelt ist. Die Verpfändung ist sonst durch die bequemere Sicherungsübereignung stark zurückgedrängt (vgl. o. § 34).

Auch die nach ZPO unpfändbaren Sachen sind verpfändbar, da ja die Verpfändung auf der eigenen Entscheidung des Schuldners beruht.

Rechtspolitisch und europarechtlich wird z. T. ein Register für Mobiliarsicherheiten gefordert.[5]

V. Irreguläres Pfand und Flaschenpfand

Als irreguläres Pfand bezeichnet man es, wenn der Pfandgläubiger die Pfandsache **783a** wie sein Eigentum verwenden darf und er später eine gleichartige Sache zurück zu gewähren hat.[6] Das irreguläre Pfandrecht ist also nicht mit dem Nutzungspfand (§ 1213; s. u. § 70 VIII) identisch. Es ist gesetzlich nicht geregelt, wird aber unter Hinweis auf § 700 allgemein für zulässig erachtet.

Beim sogenannten Flaschenpfand handelt es sich um ein rechtlich außerordentlich umstrittenes Phänomen.[7] Bei Einheitsflaschen (z. B. Euro-Bierflasche) könnte der Verkauf der Flasche vorliegen verbunden mit der Abrede, die gleiche Flaschenart zum gleichen Preis zurückzukaufen. Bei besonders gekennzeichneten Flaschen wird teilweise die Geldhingabe („Barkaution“) als irreguläres Pfand angesehen. Der BGH hat neuerdings die Zahlungspflicht in zwei Entscheidungen vom gleichen Tag aus einem

---

[4] BGHZ 23, 293 = NJW 1957, 1093.

[5] *Kieninger,* AcP 208, 182, 209 ff.

[6] Vgl. MünchKomm/*Damrau,* § 1204 Rn. 9.

[7] *Martinek,* JuS 1987, 514; *ders.,* JuS 1989, 268; *Kollhosser/Bork,* BB 1987, 909; *Schäfer/Schäfer,* ZIP 1983, 656; *Baur,* ZIP 1980, 1101; MünchKomm/*Damrau,* § 1204 Rn. 8; *Hartmann/Henn,* Jura 2008, 691; *Hoeren/Neurauter,* JuS 2010, 412.

Rechtsgeschäft entnommen.[8] Er hat aus der Bezeichnung „Pfand" eine Willenserklärung ad incertam personam zur Rücknahme der Flasche gegen Rückzahlung der Barkaution (Angebot auf Abschluss eines Rechtsgeschäfts sui generis) geschlossen. Das bedeutet zugleich, dass der Verkäufer der Flaschen sein Eigentum in diesen Fällen nicht verliert. Er kann also gegenüber jedermann nach § 985 und § 1004 vorgehen.

§ 70. Die Begründung und Haftung des Pfandrechts

Literatur: *Benöhr,* Kann ein Dritter mit Zustimmung des Eigentümers das gesetzliche Unternehmerpfandrecht begründen?, ZHR 135, 144; *Berg,* Gutgläubiger Erwerb eines Unternehmerpfandrechts bei Autoreparatur, JuS 1978, 86; *Frohn,* Kein gutgläubiger Erwerb des Werkunternehmerpfandrechts?, AcP 161, 31; *Henke,* Gutgläubiger Erwerb gesetzlicher Besitzpfandrechte? AcP 161, 1; *Kraft,* Gutgläubiger Erwerb des Unternehmerpfandrechts? NJW 1963, 741; *Münzel,* Die Rechte des Werkunternehmers gegen den Eigentümer aus Aufträgen von Nichteigentümern, MDR 1952, 643; *ders.,* Gutgläubiger Erwerb des Unternehmerpfandrechts, NJW 1961, 1233; *L. Raiser,* Zum gutgläubigen Erwerb gesetzlicher Besitzpfandrechte, JZ 1961, 285; *Reinicke/Tiedtke,* Der gutgläubige Erwerb eines Pfandrechts an beweglichen Sachen, JA 1984, 202; *Schwerdtner,* Die gesetzlichen Pfandrechte des Bürgerlichen Gesetzbuches, Jura 1988, 251; *Wiegand,* Fälle des gutgläubigen Erwerbs außerhalb der §§ 932 ff. BGB, JuS 1974, 545.

I. Vertragliches Pfandrecht

1. Begründung

784 Die Begründung des vertragsmäßigen Pfandrechts erfordert parallel zur Übereignung Einigung zwischen Verpfänder und Gläubiger und Übergabe (§ 1205).

Die Einigung hat hier natürlich einen anderen Inhalt als bei der Übereignung; sie bedeutet die Übereinstimmung darüber, daß dem Gläubiger das Pfandrecht zustehen soll. Über seinen wesentlichen Inhalt, die Verwertungsbefugnis des Gläubigers, müssen sich beide Teile im klaren sein.

Die Übergabe bedeutet in der Regel die Überlassung zum Alleinbesitz durch unmittelbare körperliche Übergabe.

Doch genügt auch der Besitzerwerb nach § 854 II; der Pfandgläubiger muß aber in der Lage sein, jederzeit die Gewalt auch auszuüben. Bei einem Warenlager z. B. ist die Übergabe der Schlüssel zum Aufbewahrungsraum erforderlich, und der Verpfänder darf nicht ebenfalls Schlüssel und damit für sich allein freien Zutritt haben.

Die Übergabe kann nach § 1206 auch durch die Einräumung des Mitbesitzes ersetzt werden, aber nur in der Ausgestaltung, daß die Sache sich unter dem Mitverschluß des Gläubigers befindet oder im Besitz eines Dritten, dann aber unter solchen Umständen, daß die Herausgabe nur an Eigentümer und Pfandgläubiger gemeinsam erfolgen kann, z. B. bei einem Safe, der nur mit zwei Schlüsseln gemeinsam geöffnet werden kann, von denen einer in der Hand des Gläubigers ist.[1]

2. Die Ersetzung der Übergabe

785 Neben der Übergabe kommen auch hier die Surrogate in Betracht, die bei der Eigentumsübertragung die Übergabe ersetzen. Die Einigung genügt, wenn die Sache schon im Besitz des Gläubigers

---

[8] *BGH* NJW 2007, 2912 und 2913.

[1] Vgl. zur Übergabe nach § 1206 BGHZ 86, 300, 308 = NJW 1983, 1114.

ist (§ 1205 I 2 als Seitenstück zu § 929 Satz 2). Die Abtretung des Herausgabeanspruches (vgl. o. § 32 IV) genügt dagegen nur dann, wenn der Eigentümer mittelbarer Besitzer der Sache ist und diesen auf den Gläubiger überträgt. Dazu tritt als zweites Erfordernis noch die Anzeige der Verpfändung durch den Verpfänder an den unmittelbaren Besitzer, z. B. die Bank als Verwahrer (§ 1205 II); es ist also eine Erschwerung gegenüber der Eigentumsübertragung gegeben.

3. Keine Verpfändung durch Besitzkonstitut

Die Verpfändung durch Besitzkonstitut ist ausgeschlossen. Die Verpfändung soll **786** auch äußerlich in Erscheinung treten. Um dieses Erfordernis zu umgehen, hat die Praxis die Sicherungsübereignung ausgebildet (vgl. o. § 34).

II. Gesetzliche Pfandrechte

Die dingliche Rechtsstellung der gesetzlichen Pfandrechte ist nur in § 1257 **787** (Verweisung auf das vertragliche Pfandrecht) geregelt; zu den einzelnen Formen s. o. § 69 II 2. Die Begründung der gesetzlichen Pfandrechte folgt jedoch nicht dem Vertragspfandrecht. Vielmehr erfordern die gesetzlichen Pfandrechte des Vermieters, Verpächters und Gastwirts keinen Besitz des Gläubigers, nur die Einbringung, durch die eine gewisse Ersichtlichkeit eintritt; die übrigen gesetzlichen Pfandrechte erfordern zur Entstehung Besitz.

Die gesetzlichen Pfandrechte haben in der Praxis erhebliche Bedeutung. Schwierige dogmatische Probleme werfen sie vor allem bei der Kollision mit anderen Sicherungsrechten (siehe dazu das folgende Beispiel) und bei der Frage nach einem gutgläubigen Erwerb auf (s. u. III 3).

Beispiel (BGHZ 117, 200 = NJW 1992, 1156): V hat Geschäftsräume an M vermietet. Zur Absicherung eines bei der B-Bank aufgenommenen Kredits wird das in gegenwärtigem oder künftigem Eigentum des M stehende gesamte Warenlager antizipiert an die B-Bank übereignet. Das mit der Einbringung der Waren entstehende Pfandrecht des Vermieters V nach § 562 geht den Rechten der B-Bank vor, unabhängig davon, ob die Gegenstände vor oder nach der antizipierten Sicherungsübereignung in die Mieträume verbracht wurden. Das Vermieterpfandrecht erstreckt sich bei einer Sachgesamtheit auch auf solche Einzelteile, die dem Bestand erst nach der Sicherungsübereignung zugeführt werden (vgl. dazu auch *Nicolai*, JZ 1996, 219).

III. Gutgläubiger Erwerb

1. Vertragspfandrecht

Ein gutgläubiger Erwerb eines Pfandrechts bei Verpfändung seitens eines Nicht- **788** eigentümers ist möglich (§ 1207). Er unterliegt den Vorschriften der §§ 932 ff. Der gute Glaube bezieht sich auch hier auf das Recht des Verpfänders und wird durch Kenntnis der Nichtberechtigung oder durch grobfahrlässige Unkenntnis ausgeschlossen.[2] Ein Pfandrechtserwerb an gestohlenen, verlorenen oder abhanden gekommenen Sachen ist gem. § 935 ausgeschlossen, außer an Geld- und Inhaberpapieren.

---

[2] Nach BGHZ 68, 323 = NJW 1977, 1240 wird der gute Glaube bei der Verpfändung eines zu reparierenden Kraftfahrzeugs nicht ausgeschlossen, wenn sich der Unternehmer den Kraftfahrzeugbrief nicht vorlegen läßt; vgl. dazu *Berg*, JuS 1978, 86 und (kritisch) *Picker*, NJW 1978, 1417 sowie *Gursky*, JZ 1984, 604 (611).

2. Pfändungspfandrecht

789 Für das Pfändungspfandrecht gelten diese Grundsätze nicht, da das Zwangsvollstreckungsrecht keinen gutgläubigen Erwerb kennt.

3. Gesetzliches Pfandrecht

790 Ein gesetzliches Pfandrecht kann nicht gutgläubig an Sachen erworben werden, die dem Schuldner nicht gehören, selbst dann nicht, wenn es sich um ein mit Besitz verbundenes gesetzliches Pfandrecht handelt.[3]

Beispiel: Ein Auto wird unter Eigentumsvorbehalt verkauft. Der Käufer bringt es zur Reparatur. Erwirbt der Unternehmer für seinen Werklohnanspruch ein Pfandrecht?

Der *BGH* lehnt dies u.a. deshalb ab, weil nach § 1257 die Vorschriften über das Vertragspfandrecht nur auf bereits entstandene gesetzliche Pfandrechte, nicht aber auf die Entstehung (vgl. § 1207) anzuwenden seien. Die Meinungen in der Literatur sind geteilt. Eine Interessenabwägung spricht m.E. für die Auffassung des *BGH.* Der Unternehmer ist in der Lage, sich bei der Annahme der Reparatur über die Eigentumsverhältnisse zu orientieren. Dagegen würde der Eigentümer durch Entstehung des Pfandrechts und Verwertung des Pfands in unbilliger Weise belastet. In der Regel wird es sich um Fälle handeln, in denen die Kosten einer Reparatur im Verhältnis zwischen Eigentümer und Auftraggeber doch dem letzteren zur Last fallen. Auch durch Anwendung der §§ 183, 185 (Zustimmung des Eigentümers zum Werkvertrag) läßt sich die Entstehung eines gesetzlichen Pfandrechts nicht begründen, da der Abschluß des Werkvertrags nicht der Verfügung eines Nichtberechtigten gleichgestellt werden kann.[4]

Dagegen wird man das Entstehen eines Pfandrechts an der Anwartschaft eines Vorbehaltskäufers bejahen müssen.[5]

Die Praxis hat sich mit der Rechtsprechung des *BGH* abgefunden und ist nun dazu übergegangen, bei Auftragserteilung vertragliche Pfandrechte zu vereinbaren (s.o. 1).[6] Falls dies durch Allgemeine Geschäftsbedingungen geschieht, ist das AGB-Gesetz (bzw. ab 1.1.2002 an seiner Stelle die §§ 305 ff.) zu beachten.

IV. Das Schicksal anderer Rechte

791 Das Schicksal anderer Rechte, die an der verpfändeten Sache bestehen, ist bei der Verpfändung ein anderes als bei der Übereignung. Während sie bei dieser nach § 936 untergehen, falls der Erwerber in bezug auf sie gutgläubig ist, bleiben sie hier bestehen, treten nur im Rang hinter das Pfandrecht zurück, soweit der Gläubiger in bezug auf sie gutgläubig ist. Hierbei macht es keinen Unterschied, ob die Verpfändung durch den Eigentümer oder einen Nichteigentümer erfolgt. Die alten Rechte behalten den Vorrang, wenn die Sache dem Vorbesitzer gestohlen, verlorengegangen oder abhanden gekommen war, oder wenn die Sache durch Übertragung des mittelbaren Besitzes verpfändet wird (§§ 1208 Satz 2, 935, 936 III).

---

[3] So BGHZ 34, 153 = NJW 1961, 502 und auch *BGH* JR 1988, 17, zustimmend *Münzel,* NJW 1961, 1233; *Henke,* AcP 161, 1, *Wiegand,* JuS 1974, 546; *Reinicke/Tiedtke,* JA 1984, 213; *Gerhardt,* Mobiliarsachenrecht, S. 185; a.M. *L. Raiser,* JZ 1961, 285; *Kraft,* NJW 1963, 741; *Frohn,* AcP 161, 31; *Waldner,* JR 1988, 20; *Schwerdtner,* Jura 1988, 251.

[4] Für analoge Anwendung der §§ 183, 185 jedoch *Benöhr,* ZHR 135, 144 und *Medicus,* Rn. 594; kritisch dagegen *Beuthien,* JuS 1987, 841 (846).

[5] Vgl. dazu *Grunsky,* NJW 1969, 497 und zum Vermieterpfandrecht *BGH* NJW 1965, 1475.

[6] Vgl. dazu *Berg,* JuS 1978, 86; *Völzmann,* JA 2005, 264.

V. Konkurrenz mehrerer Pfandrechte

Bestehen mehrere Pfandrechte an einer Sache, z. B. ein gesetzliches und ein vertragsmäßiges (während mehrere vertragsmäßige nur in Form des Mitbesitzes möglich sind), so entscheidet über ihren Rang das Alter des Rechts; das früher begründete geht dem späteren vor (§ 1209). Ausnahme § 1208. Dies gilt auch im Verhältnis zwischen einem Vertragspfandrecht und einem Pfändungspfandrecht.[7] 792

VI. Die Haftung des Pfandes

Das Pfand haftet gemäß § 1210 für die Forderung in ihrem jeweiligen Bestand, so daß Erweiterungen durch Verzug oder sonstiges Verschulden des Schuldners in Betracht kommen, umgekehrt auch Verminderung durch Teilzahlungen. Ist der persönliche Schuldner jemand anders als der Verpfänder, so kann durch Rechtsgeschäfte des ersteren die Haftung des Pfandes nicht erweitert werden (§ 1210 I 2). Das Pfand haftet auch für die Zinsen der Forderung (§ 1210 I 1), für Vertragsstrafen (§ 1210 I 1) und für Verwendungsansprüche (§ 1210 II) sowie für die Kosten der Rechtsverfolgung (§ 1210 II) und des Pfandverkaufs (§ 1210 II). 793

Neben der verpfändeten Sache selbst haften auch die von der Sache getrennten Erzeugnisse (§ 1212), dagegen nicht, wie bei der Hypothek, auch getrennte Bestandteile, Zubehör, Forderungen aus Miete oder Versicherung.

VII. Einwendungen des Verpfänders

Bei der strengen Akzessorietät des Pfandrechts stehen dem Eigentümer und Verpfänder gegen den Pfandgläubiger, also im dinglichen Rechtsverhältnis, alle Einwendungen zu, die ihm als persönlichem Schuldner gegen die Forderung zustehen. Denn das Nichtbestehen der Forderung bedeutet notwendig das Nichtbestehen des Pfandrechts. Ein Eigentümerpfandrecht als Seitenstück zur Eigentümerhypothek gibt es nicht. 794

Daneben gewährt § 1211 dem Verpfänder auch alle Einreden, die dem persönlichen Schuldner zustehen, sowie die nach § 770 dem Bürgen zustehenden Einreden, hier also die Einrede, daß der Schuldner aufrechnen oder anfechten kann. Diese Bestimmung hat Bedeutung dann, wenn Verpfänder und persönlicher Schuldner verschiedene Personen sind. Ausgeschlossen ist die Einrede der Verjährung,[8] weil das dingliche Pfandrecht einer solchen nicht unterliegt und von der Verjährung der Forderung gemäß § 216 nicht berührt wird, sowie die Einrede der beschränkten Haftung des Erben (§ 1211 I 2). Die Einreden richten sich nur gegen die Verwertung des Pfandes, nicht gegen den Besitz des Gläubigers.

VIII. Nutzungspfand

Das Pfandrecht kann in der Weise bestellt werden, daß der Pfandgläubiger berechtigt ist, die Nutzungen des Pfandes zu ziehen, an denen er Eigentum mit der Trennung erwirbt (§ 954), sog. antichretisches Pfandrecht (§ 1213). Dies erfordert eine ausdrückliche Vereinbarung, die nur dann nicht erforderlich ist, wenn eine von Natur fruchttragende Sache verpfändet ist, z. B. ein weibliches Nutztier. 795

---

[7] Vgl. *Dempewolf,* NJW 1959, 556 (teilweise abweichend); *Hoche,* NJW 1959, 413.

[8] Vgl. *Schuch,* Der Einfluß der Forderungsverjährung auf dingliche Sicherungsrechte, 2002, S. 23 ff.

Mit Recht ist aber damit die Pflicht zur Gewinnung der Nutzungen verbunden (§ 1214). Der Reinertrag derselben wird zunächst auf Kosten und Zinsen, danach auf die Kapitalforderung angerechnet (§ 1214 II). Der Pfandgläubiger ist zur Rechenschaft verpflichtet. Abweichende Bestimmungen sind zulässig, z. B., daß die Zinsen als durch die Nutzungen ausgeglichen gelten (§ 1214 III).

IX. Rechtsverhältnis zwischen Pfandgläubiger und Verpfänder

796 Zwischen Pfandgläubiger und Verpfänder entsteht ein gesetzliches Schuldverhältnis mit beiderseitigen Verpflichtungen, die ohne besondere Vereinbarung erwachsen. Der Eigentümer als solcher ist an ihm unbeteiligt, was kaum gerechtfertigt erscheint, auch wenn der Verpfändungsvertrag mit dem Verpfänder geschlossen wird und nicht mit dem Eigentümer.

1. Die Verwahrungspflicht

797 Am wichtigsten ist die Verwahrungspflicht des Pfandgläubigers (§ 1215). Hieraus folgt, daß der Pfandgläubiger die Sache nicht weiterverpfänden und auch nicht – abgesehen von dem Fall unter III – gebrauchen darf.

2. Der Verwendungsersatzanspruch

798 Verwendungen des Pfandgläubigers auf das Pfand begründen einen Ersatzanspruch gegen den Verpfänder nach den Grundsätzen der Geschäftsführung ohne Auftrag (§ 1216).

3. Die Sicherung des Verpfänders

799 Zur Sicherung des Verpfänders sind diesem besondere Ansprüche gegen den Pfandgläubiger gegeben, falls dieser die Rechte des Verpfänders in erheblichem Maß verletzt und trotz Abmahnung das Verhalten fortsetzt; er kann Hinterlegung oder, falls das Pfand hierfür nicht geeignet ist, Ablieferung an einen gerichtlich bestellten Verwalter verlangen, gegen vorzeitige Befriedigung des Gläubigers auch Rückgabe des Pfandes (§ 1217).

4. Rechte bei drohendem Verderb

800 Ist der Verderb des Pfandes oder seine wesentliche Wertminderung zu besorgen, so verliert das Pfandrecht seinen Sinn, und daher erwachsen beiden Teilen aus dieser Lage besondere Rechte. Der Verpfänder kann die Rückgabe des Pfandes gegen anderweitige Sicherheitsleistung verlangen (§ 1218). Der Pfandgläubiger hat dem Verpfänder vom drohenden Verderb Anzeige zu machen (§ 1218 II). Umgekehrt kann der Gläubiger bei Gefährdung seiner Sicherheit das Pfand öffentlich versteigern lassen schon vor Fälligkeit seiner Forderung und vor Zulässigkeit des normalen Pfandverkaufs. Der Erlös tritt dann an die Stelle des Pfandes, fällt also nicht dem Pfandgläubiger zu Eigentum zu, sondern er bekommt nur ein Pfandrecht an ihm. Dies ist daraus erklärlich, daß ja seine Forderung noch nicht fällig ist oder auch nicht auf Geld gerichtet zu sein braucht (§ 1219).

5. Rückgabepflicht und Einlösungsrecht

801 Nach Erlöschen des Pfandrechts, z. B. nach Befriedigung des Pfandgläubigers durch den Verpfänder, ist der Pfandgläubiger verpflichtet, das Pfand dem Verpfänder zurückzugeben (§ 1223 I). Der aus der persönlichen Schuld in Anspruch genommene Verpfänder kann verlangen, daß er nur

Zug um Zug gegen Rückgabe der Pfandsache verurteilt wird.[9] Für den Normalfall, daß der Verpfänder der Eigentümer ist, ergibt sich die Rückgabepflicht auch aus § 985. Ist der Verpfänder dagegen nicht Eigentümer, so kann er nur Rückgabe an diesen, nicht an sich selbst verlangen.[10]

Der Verpfänder kann die Rückgabe auch dann schon verlangen, wenn der Schuldner zur Leistung berechtigt ist, was schon vor Fälligkeit der Leistung nach § 271 II der Fall sein kann, natürlich nur gegen Befriedigung des Pfandgläubigers (§ 1223 II).

X. Forderungsübergang

Ist der Verpfänder nicht zugleich persönlicher Schuldner, so geht, soweit er den Pfandgläubiger 802 befriedigt, die Forderung auf ihn über (§ 1225). Damit geht zugleich auch das Pfandrecht auf ihn über, doch erlischt dieses, wenn der Verpfänder wie im Regelfall zugleich der Eigentümer ist, durch Vereinigung mit dem Eigentum in einer Person.

Ist der Verpfänder und der persönliche Schuldner ein und dieselbe Person, so erlischt mit der Forderung das Pfandrecht gem. § 1252; eine Vorschrift, die § 1163 entspräche, besteht nicht.

XI. Ansprüche bei Verletzung

Der Pfandgläubiger hat bei Verletzung seiner Rechte dieselben Ansprüche wie 803 der Eigentümer (§ 1227), insbesondere aus § 985, aus § 1007 und aus § 1004.

§ 71. Pfandverwertung, Übertragung und Erlöschen

I. Allgemeines über die Verwertung

Die Verwertung der Pfandsache zugunsten des Pfandgläubigers erfolgt durch 804 Pfandverkauf (§ 1228).

Die Berechtigung zum Pfandverkauf erfordert die Fälligkeit der Forderung. Diese muß eine Geldforderung sein oder sich in eine solche verwandelt haben (§ 1228 II). Sonst ist eine Anrechnung des Erlöses auf die geschuldete Leistung ja nicht möglich.

Dagegen ist Verzug des Schuldners nicht erforderlich, obwohl er schon wegen der Androhung des Verkaufs durch den Gläubiger nach § 1234 regelmäßig vorliegen wird. Auch eines vollstreckbaren Titels gegen den Eigentümer auf Duldung der Pfandverwertung, wie er beim Vorgehen des Hypothekengläubigers notwendig ist, bedarf es nicht. In der Möglichkeit des Zugriffs ohne Titel liegt eine sehr wichtige Erleichterung im Vergleich zu allen persönlichen Gläubigern, die nur durch einen Titel und Vollstreckung zur Befriedigung kommen, und zum Hypothekengläubiger; vgl. o. § 59 III 4.

Ausgeschlossen ist, daß das Pfand bei Fälligkeit der Forderung einfach dem Pfandgläubiger als Eigentum zufällt. Eine Vereinbarung dieses Inhaltes, die sog. lex commissoria, oder auch nur die Verpflichtung zur Übertragung des Eigentums auf

---

[9] Vgl. BGHZ 73, 317 = JR 1979, 415 mit Anm. *Schubert; Oesterle,* JZ 1979, 634.

[10] Vgl. *Wolff/Raiser,* § 171 I 3 e, IV; *Waldner,* MDR 1979, 811; a. A. BGHZ 73, 317 = NJW 1979, 1203 und auch *Müller-Laube,* AcP 183, 215 (232).

den Pfandgläubiger ist vor dem Eintritt der Verkaufsberechtigung nichtig (§ 1229);[1] nachher kann sie nach § 138, insbesondere wegen Wuchers, nichtig sein. Man muß dabei im Auge behalten, daß der Wert des Pfandes häufig größer ist als der Betrag der gesicherten Forderung, daher der Eigentumserwerb des Gläubigers eine nicht zu rechtfertigende Bereicherung desselben statt seiner bloßen Sicherung darstellen würde.

Der Gläubiger ist nicht gezwungen, sich an das Pfand zu halten; er kann den Schuldner auch aus seiner Forderung verklagen und dann vollstrecken; hierbei kann der Schuldner ihn aber zuerst auf das Pfand verweisen (§ 777 ZPO).

Der Gläubiger muß bei Durchführung des Pfandverkaufs den unmittelbaren Besitz am Pfand haben (ausgenommen § 1233 II).

II. Mehrheit von Pfändern

805 1. Jedes Pfand haftet für die ganze Forderung (§ 1222),[2] ein Seitenstück zur Gesamthypothek und der Gesamtschuld.

2. Beim Pfandverkauf steht dem Pfandgläubiger die freie Auswahl unter den Pfändern zu (§ 1230).

Ist er befriedigt, erlischt sein Pfandrecht und damit auch das Verkaufsrecht an den noch nicht zum Verkauf gebrachten Pfändern. Er darf auch von vornherein nicht mehr Pfänder zum Verkauf bringen, als zu seiner Befriedigung erforderlich sind (§ 1230 Satz 2); doch wird sich dies im voraus meist nicht leicht feststellen lassen.

Werden mehrere Sachen durch verschiedene Eigentümer verpfändet, und befriedigt sich der Pfandgläubiger nur aus einer von ihnen, so ist der Ausgleich unter den mehreren Verpfändern nach § 426 I durchzuführen (vgl. §§ 1225 S. 2, 774 II).[3]

III. Mehrheit von Pfandrechten

806 1. Ist der Pfandgläubiger nicht im Alleinbesitz des Pfandes, so kann er von dem Verpfänder, der Mitbesitzer ist, die Herausgabe des Pfandes zum Zweck des Verkaufs verlangen (§ 1231). Dies gilt für den Fall, daß der unmittelbare Mitbesitz dem Pfandgläubiger nach § 1206 eingeräumt war. Besitzen dagegen mehrere Pfandgläubiger gemeinschaftlich die Pfandsache, so ist anzunehmen, daß sie ihr Verkaufsrecht auch nur gemeinschaftlich ausüben können.

2. Bestehen mehrere Pfandrechte verschiedenen Ranges, z. B. ein vertragsmäßiges und ein gesetzliches Pfandrecht, so ist der vorrangige Gläubiger nicht verpflichtet, dem im Range ihm nachstehenden Gläubiger das Pfand zum Zwecke des Pfandverkaufs herauszugeben (§ 1232 Satz 1). Der nachrangige Gläubiger muß also, auch wenn seine Forderung schon fällig ist, warten, bis die Forderung des vorrangigen Gläubigers fällig wird und dieser nun den Pfandverkauf betreibt, kann ihn aber nicht selbst betreiben.

Ist der vorrangige Gläubiger nicht im Besitz der Sache, z. B. als gesetzlicher Pfandgläubiger, so kann er selbst den Pfandverkauf betreiben und hierfür Herausgabe des Pfandes verlangen, aber nicht dem Verkauf durch einen nachrangigen Gläubiger widersprechen, da er durch diesen ja nicht beeinträchtigt werden kann (§ 1232 Satz 2).

---

[1] Dies gilt nicht, wenn eine Forderung nicht dinglich abgesichert ist, vgl. BGHZ 130, 101 = NJW 1995, 2635; *BayObLG* DNotZ 1997, 727 m. krit. Anm. von *Eickmann;* a. A. *Tiedtke,* ZIP 1996, 57; *Schulz,* JR 1996, 244.

[2] Vgl. BGHZ 128, 295 = JZ 1995, 677 m. Anm. v. *Rimmelspacher.*

[3] Vgl. zu diesem Problem *Wolff/Raiser,* § 160 III; *Reinicke/Tiedtke,* Gesamtschuld und Schuldsicherung, 1981, S. 238 ff.

IV. Durchführung des Pfandverkaufs

Es gibt zwei Arten des Pfandverkaufs, den regelmäßigen nach §§ 1234 ff. und, falls der Pfandgläubiger einen vollstreckbaren Titel gegen den Eigentümer für sein Verkaufsrecht erlangt hat, also einen Titel auf Duldung der Befriedigung aus der Pfandsache, den Verkauf nach den Vorschriften der ZPO über die Zwangsvollstreckung in bewegliche Sachen (§ 1233 II), wobei die Versteigerung durch den Gerichtsvollzieher erfolgt. Diese zweite Art ist aber selten, denn sie hat praktische Bedeutung nur, wenn der Eigentümer gegen den Pfandverkauf Einwendungen erhoben hat, die der Gläubiger durch das Urteil aus dem Wege räumt. Andernfalls wird man sich des regelmäßigen Pfandverkaufs bedienen, weil dieser einen vollstreckbaren Titel, also einen Prozeß, nicht erfordert. 807

Im folgenden wird der regelmäßige Pfandverkauf nach den Vorschriften der §§ 1234 ff. behandelt:

1. Rechtmäßigkeit des Verkaufs

Wesentliche Vorschriften, von denen die Rechtmäßigkeit der Veräußerung abhängt, sind nach § 1243 folgende: 808

a) Der Pfandverkauf muß nach § 1228 zulässig sein (vgl. o. I).

b) Der Verkauf muß im Wege einer öffentlichen Versteigerung erfolgen (§ 1235). Er muß auch durch einen Gerichtsvollzieher oder einen öffentlich bestellten Versteigerer (§ 34 b V GewO) bewirkt werden. Nicht zulässig ist also ein freihändiger Verkauf durch den Pfandgläubiger (ausgenommen nach § 1221). Das Gesetz versucht durch die öffentliche Versteigerung einen möglichst hohen Erlös zu sichern. (Der Erfolg ist mehr als zweifelhaft!)

c) Zeit und Ort der Versteigerung sind unter allgemeiner Bezeichnung des Pfandes öffentlich bekanntzumachen (§ 1237 Satz 1). Hiermit soll die Möglichkeit gesichert sein, daß ein größerer Bieterkreis sich einstellt und damit ein höherer Erlös wahrscheinlich wird.

d) Gold- und Silbersachen dürfen nicht unter dem Gold- oder Silberwert zugeschlagen werden (§ 1240).

Verstöße gegen diese Rechtmäßigkeits- und Ordnungsvorschriften werden jedoch geheilt, wenn der Eigentümer des Pfandes die Handlungsweise des verkaufsberechtigten Pfandgläubigers nachträglich genehmigt (*BGH* NJW 1995, S. 1350 m. w. N.).

2. Sollvorschriften für den Verkauf

Sollvorschriften, deren Verletzung die Rechtmäßigkeit des Pfandverkaufs nicht berührt, sind: 809

a) Der Pfandgläubiger hat dem Eigentümer vorher den Verkauf anzudrohen, aber erst nach dem Eintritt der Verkaufsberechtigung gem. § 1228 (§ 1234). Der Verkauf darf nicht vor Ablauf eines Monats seit der Androhung erfolgen (§ 1234 II).

b) Der Eigentümer ist von der Versteigerung zu benachrichtigen (§ 1237 Satz 2).

c) Der Pfandverkauf erfolgt gegen sofortige Barzahlung (§ 1238 I).

Wird der Preis nicht sofort bezahlt, sei es auch auf Grund besonderer Versteigerungsbedingungen, so gilt der Pfandgläubiger dennoch als befriedigt, verliert also seinen Anspruch gegen den Verpfänder und Schuldner und hat nur noch einen Anspruch auf Zahlung gegen den Ersteher (§ 1238 II).

d) Pfandgläubiger und Eigentümer dürfen mitbieten (§ 1239). Der Pfandgläubiger braucht, wenn er den Zuschlag erhält, nicht erst den Preis zu bezahlen, sondern gilt in Höhe seines Gebotes als befriedigt (§ 1239 I 2).

V. Die Wirkungen des Pfandverkaufs

810 Die Wirkungen des rechtmäßigen Pfandverkaufs sind folgende:

1. Eigentumsübergang

Das Eigentum geht auf den Ersteher über (§ 1242).

2. Erlöschen der Pfandrechte

811 Alle Pfandrechte an der Sache erlöschen, auch wenn sie dem Erwerber bekannt waren, und ohne Rücksicht, ob sie im Rang dem betreibenden Pfandgläubiger vorgingen (§ 1242 II).

3. Eigentumserwerb am Erlös

812 Der Pfandgläubiger erwirbt das Eigentum am Erlös, soweit dieser zur Deckung seiner Forderung nebst Kosten erforderlich ist (§ 1210). Übersteigt der Erlös den Forderungsbetrag, so tritt Miteigentum von Eigentümer und Pfandgläubiger ein;[4] dieser kann aber den zu seiner Befriedigung erforderlichen Betrag entnehmen und Alleineigentum daran erwerben. Am Rest hat er Pfandbesitz, das Eigentum steht aber dem Verpfänder zu (§ 1247 Satz 2). Ist die Veräußerung wirksam, aber unrechtmäßig, so fällt der Erlös in das Alleineigentum des bisherigen Eigentümers des Pfandes.

4. Untergang der gesicherten Forderung

813 Die Forderung des Pfandgläubigers geht, soweit er durch den Erlös befriedigt ist, unter (§ 1247).

Der Gläubiger gilt als vom Eigentümer befriedigt (auch wenn dieser nicht mit dem Verpfänder und Schuldner identisch ist; die Befreiung des Schuldners tritt dann gem. § 267 ein). Zweifelhaft ist, ob, wenn der Eigentümer nicht der persönliche Schuldner ist, die Forderung auf ihn übergeht oder er nur einen Bereicherungsanspruch hat.

5. Eigentumsvermutung

814 Beim Pfandverkauf gilt zugunsten des Gläubigers der Verpfänder als der Eigentümer, es sei denn, daß der Gläubiger das Gegenteil weiß (§ 1248). Daher hat der Eigentümer den Pfandverkauf mit allen seinen Folgen anzuerkennen.

---

[4] Anders *E. Wolf*, S. 353, der in diesem Fall die Entstehung von Miteigentum ablehnt.

VI. Gutgläubiger Eigentumserwerb

Steht dem Veräußerer in Wahrheit kein Pfandrecht zu oder ist der Pfandverkauf nicht rechtmäßig im Sinne von § 1243 (vgl. o. IV 1), so ist immerhin ein gutgläubiger Eigentumserwerb des Erstehers möglich, vorausgesetzt, daß die Sache als Pfand (nicht als eigene Sache, dann §§ 932 ff.) veräußert ist und wenigstens eine öffentliche Versteigerung stattgefunden hat oder die Veräußerung nach § 1233 II erfolgt ist (§ 1244). § 935 findet in diesem Fall keine Anwendung. **815**

Der gute Glaube bezieht sich hier auf das Pfandrecht des den Pfandverkauf vornehmenden Gläubigers und auf die Rechtmäßigkeit des Pfandverkaufs (während der Glaube an das Eigentum des Veräußerers unerheblich ist). Er wird durch grobfahrlässige Unkenntnis ausgeschlossen (§ 932 II). Der Ersteher braucht aber nicht zu prüfen, ob dem veräußernden Gläubiger wirklich ein Pfandrecht zusteht und alle wesentlichen Vorschriften erfüllt sind.

VII. Rechtsnatur der Versteigerung

Die Versteigerung beim Pfandverkauf ersetzt nur den normalen Kaufvertrag. Mit dem Zuschlag gilt lediglich der Verkauf als abgeschlossen. Es muß also noch gesondert die Übereignung erfolgen. Sie erfordert, wie sonst auch, einen zweiten besonderen Vertrag, die Einigung nebst der Übergabe gem. §§ 929 ff. Das Besondere ist nur, daß der Veräußerer hier nicht der Eigentümer, sondern der Pfandgläubiger ist. Dieser hat aber kraft des im Pfandrecht liegenden Verwertungsrechts die Befugnis zur Veräußerung des Pfandes mit der gleichen Wirkung, wie wenn der Eigentümer die Sache veräußert hätte. Voraussetzung ist hierfür, daß dem Pfandgläubiger wirklich ein Pfandrecht zusteht und daß die Veräußerung rechtmäßig im Sinne von § 1243 ist. **816**

VIII. Abweichende Art der Pfandverwertung

Eigentümer und Pfandgläubiger können eine abweichende Art des Pfandverkaufs vereinbaren (§ 1245 I), sowohl erschwerende wie erleichternde Vorschriften. **817**

Vor Eintritt der Verkaufsberechtigung (§ 1228) kann aber nicht auf eine öffentliche und öffentlich bekanntgemachte Versteigerung verzichtet werden (§ 1245 II). Es kann z. B. Versteigerung durch ein Kunsthaus, nachher auch freihändiger Verkauf vereinbart werden. In diesen Fällen ist der Verkauf dann rechtmäßig im Sinne von § 1243, wenn er gem. der Vereinbarung erfolgt. Bei Zuwiderhandlung ist ein gutgläubiger Erwerb des Erstehers möglich (str.); der gute Glaube bezieht sich hier auf die Einhaltung der Vereinbarung.

Entspricht eine andere Art des Pfandverkaufs den Interessen der Beteiligten nach billigem Ermessen, so kann jeder Teil verlangen, daß der Verkauf auf diese Art erfolgt. Kommt es zu keiner Einigung, so entscheidet das Gericht im Wege der freiwilligen Gerichtsbarkeit (§§ 1245, 1246, 166 FGG). Der daraufhin erfolgende Verkauf gilt als Pfandverkauf und hat dieselben Wirkungen.

IX. Die Übertragung des Pfandrechts

818 Da das Pfandrecht akzessorischer Natur und ein Sicherungsrecht für eine Forderung ist, erfolgt seine Übertragung durch Übertragung der gesicherten Forderung. Mit ihr geht zugleich das Pfandrecht über; es folgt also der Forderung (§ 1250 I).

Eine Übertragung des Pfandrechts allein ohne die Forderung ist wegen seiner akzessorischen Natur ausgeschlossen (§ 1250 I 2). Dagegen kann die Forderung auch ohne das Pfandrecht übertragen werden. Dies bedeutet den Verzicht auf das Pfandrecht und daher erlischt dieses (§ 1250 II).

Der Besitzerwerb des neuen Pfandgläubigers ist für seinen Erwerb nicht erforderlich. Doch ist dem Gläubiger ein Anspruch auf Herausgabe des Pfandes gegen den alten Gläubiger gegeben (§ 1251). Es handelt sich hierbei um einen dinglichen Anspruch aus dem Pfandrecht.

Erst mit der Erlangung des Besitzes tritt der neue Gläubiger in das gesetzliche Schuldverhältnis zwischen Pfandgläubiger und Eigentümer ein, da dieses sich auf dem Besitz des Gläubigers aufbaut, wie seine Hauptverpflichtung zur Verwahrung zeigt (§ 1251 II). Für die Erfüllung der sich hieraus ergebenden Verpflichtungen haftet der alte Gläubiger neben dem neuen wie ein Bürge, der auf die Einrede der Vorausklage verzichtet hat (§ 1251 II 2).

Diese Vorschriften finden entsprechende Anwendung auf den Forderungsübergang kraft Gesetzes oder gesetzlicher Verpflichtung (§ 1257; z. B. §§ 412, 1225); nur haftet in diesen Fällen der alte Gläubiger nicht.

819 Ein gutgläubiger Erwerb eines Pfandrechts, das in Wahrheit nicht besteht, z. B. weil die Forderung nicht besteht, ist hier ausgeschlossen. Eine Parallele zu § 1138 ist wegen der strengen Akzessorietät nicht möglich (vgl. o. § 64 I). Aber auch bei bestehender Forderung ist der gutgläubige Erwerb eines nicht bestehenden Pfandrechts im Wege der Übertragung ausgeschlossen.[5]

X. Das Erlöschen des Pfandrechts

1. Erlöschen der Forderung

820 Der Hauptgrund für das Erlöschen des Pfandrechts ist, seiner akzessorischen Natur entsprechend, das Erlöschen der gesicherten Forderung (§ 1252). Ein Seitenstück zur Eigentümerhypothek, also ein Pfandrecht an der eigenen Sache, gibt es hier nicht.

2. Rückgabe des Pfandes

821 Ein besonderer Grund ist die Rückgabe des Pfandes an den Verpfänder oder Eigentümer durch den Pfandgläubiger (§ 1253).

Es wird vom Gesetz der Wille zur Aufgabe des Pfandrechts fingiert; ob er wirklich vorhanden ist, ist gleichgültig. Selbst ein Vorbehalt des Weiterbestehens des Pfandrechts ist unwirksam (§ 1253 I 2).

---

[5] Vgl. *Baur/Stürner,* § 55 Rn. 31.

Das Gesetz behandelt also den unmittelbaren Besitz des Gläubigers als wesentlich für die Fortdauer des Pfandrechts. Es muß sich aber um eine Rückgabe mit Willen des Gläubigers handeln. Der unfreiwillige Verlust des Besitzes beendet das Pfandrecht nicht, begründet vielmehr den Herausgabeanspruch des Gläubigers nach §§ 1227, 985. Streitig ist, ob die Rückgabe ein Rechtsgeschäft ist. Meines Erachtens braucht die Folge, der Untergang des Pfandrechts, weder gewollt noch gekannt zu sein. Danach bleibt als gewollt nur die Besitzübertragung übrig, die aber nach allgemeinen Regeln nicht als Rechtsgeschäft gilt.

Befindet sich das Pfand im Besitz des Eigentümers oder des Verpfänders, so wird vermutet, daß es ihm vom Pfandgläubiger zurückgegeben ist. Wird die Vermutung widerlegt, so besteht das Pfandrecht fort und der Gläubiger hat den Herausgabeanspruch.

3. Dauernde Einrede gegen das Pfandrecht

Steht dem Pfandrecht eine dauernde Einrede entgegen, so geht das Pfandrecht zwar nicht unter, **822** aber der Verpfänder und der Eigentümer haben den Anspruch auf Rückgabe des Pfandes und mit dieser erlischt das Pfandrecht (§ 1254). Beispiel: Das Pfandrecht ist ohne rechtlichen Grund oder durch unerlaubte Handlung erworben.

4. Aufhebung des Pfandrechts

Der Pfandgläubiger kann sein Pfandrecht einseitig aufheben (Verzicht) durch **823** Erklärung gegenüber dem Verpfänder oder dem Eigentümer (§ 1255). Der Rückgabe des Pfandes bedarf es nicht, doch hat der Verpfänder einen Anspruch darauf (§ 1223).

Vom Verzicht auf das Pfandrecht ist die Aufgabe der Forderung zu unterscheiden. Sie kann nur durch Erlaßvertrag erfolgen, beendet aber auch das Pfandrecht nach § 1252. In § 1255 ist also ein Verzicht nur auf das Pfandrecht unter Fortdauer der Forderung gemeint.

5. Konsolidation

Das Pfandrecht erlischt durch Zusammentreffen mit dem Eigentum in einer Person (§ 1256). **824**

Nur wenn die Forderung ihrerseits mit dem Recht eines Dritten belastet, z. B. verpfändet ist, dann bleibt das Pfandrecht im Interesse des Dritten bestehen, damit ihm nicht das Objekt seines Rechts entzogen wird (§ 1256 I 2). Ferner bleibt es bestehen, wenn der Eigentümer ein rechtliches Interesse am Fortbestand hat, z. B. weil nachstehende Pfandrechte vorhanden sind, deren Aufrücken unberechtigt wäre. Der Eigentümer nimmt dann bei einem Pfandverkauf durch einen anderen Gläubiger dem Rang des ihm zustehenden Pfandrechts entsprechend am Erlös teil, ist aber zum Pfandverkauf nicht berechtigt.

6. Übertragung der Forderung ohne Pfandrecht

Gemäß § 1250 II erlischt das Pfandrecht, wenn bei einer Übertragung der **825** Forderung der Übergang des Pfandrechts ausgeschlossen wird.

3. Abschnitt. Kreditsicherung an Rechten

§ 72. Das Pfandrecht an Rechten

Literatur: *Hieber,* Die Verwirklichung des Pfandrechts an einem Auflassungsanspruch, DNotZ 1954, 171; *ders.,* Das Pfandrecht am Anwartschaftsrecht des Grundstückserwerbers, DNotZ 1955, 186; *Hoche,* Verpfändung und Pfändung des Anspruchs des Grundstückskäufers, NJW 1955, 161; *Stöber,* Verpfändung des Eigentumsübertragungsanspruchs und Grundbucheintragung, DNotZ 1985, 587.
Allgemeine Literatur zum Recht der Kreditsicherheiten s. o. § 53.

I. Allgemeines

826 Zur Kreditsicherung geeignet sind nicht nur bewegliche und unbewegliche Sachen (Sachsicherheiten), sondern auch Rechte aller Art, vor allem Forderungen (Rechtssicherheiten). Gesetzlich geregelter Kreditsicherungstyp für die Rechtssicherheiten ist das Pfandrecht an Rechten. Auch dieses Pfandrecht hat der Gesetzgeber in das Sachenrecht eingefügt (§ 1273). Damit zeigt sich, daß der Begriff „Sachenrecht" für das 3. Buch des BGB an einigen Stellen zu eng gewählt ist (ebenso beim Nießbrauch an Rechten, vgl. §§ 1068 ff.). Dieses Pfandrecht ist ein dingliches Recht, weil der Pfandgläubiger unmittelbare Rechte am verpfändeten Gegenstand erhält und nicht etwa auf obligatorische Ansprüche gegen den Verpfänder beschränkt ist (vgl. u. IV).

Grundsätzlich sind alle Rechte verpfändbar. Ausgenommen ist das Eigentum an Sachen, weil hier die bewegliche Sache selbst verpfändet werden kann. Nicht verpfändbar sind weiterhin das Erbbaurecht und das Wohnungseigentum, weil diese rechtlich den Grundstücken gleichgestellt sind. Ausgeschlossen von der Verpfändung sind ferner die unübertragbaren Rechte (§ 1274 II); z.B. Forderungen nach §§ 399, 400, ferner nach §§ 473, 613, 664, 717 von dinglichen Rechten der Nießbrauch (§ 1059).

Bedeutung hat vor allem die Verpfändung von Geldforderungen, ferner von Grundschulden, Miterbenanteilen am Nachlaß,[1] Anteilen an Handelsgesellschaften, Aktienrechten, Patent- und Urheberrechten. Doch hat die Sicherungsabtretung, das Seitenstück zur Sicherungsübereignung, dieses Pfandrecht stark zurückgedrängt (s. u. § 73).

Auch Anwartschaftsrechte sind verpfändbar; vgl. o. § 29 VI 2, § 33 II 5. Neben dem vertraglichen Pfandrecht an Rechten (§ 1273) gibt es auch gesetzliche Pfandrechte (vgl. § 1257 i. V. m. § 233; § 475 b I 2 HGB; § 1 OASG – s. o. § 69 II 2 c).

II. Die Bestellung und Übertragung des Pfandrechts

1. Bestellung an Rechten im allgemeinen

827 Die rechtsgeschäftliche Bestellung des Pfandrechts erfolgt nach den Vorschriften über die Übertragung des Rechts, daher auch in den hierfür vorgeschriebenen

[1] Ein Fall in BGHZ 52, 99 = NJW 1969, 1347.

Formen (§ 1274). Immer ist die Einigung des Verpfänders und des Gläubigers über die Begründung eines Pfandrechts notwendig.

Ist für die Übertragung des Rechts die Übergabe einer Sache erforderlich, z.B. bei Briefhypotheken die Übergabe des Briefes, so muß der Pfandgläubiger den unmittelbaren Besitz der Sache gem. §§ 1205 oder 1206 erlangen; ein Besitzkonstitut genügt nicht.

2. Bestellung an Forderungen

Für Forderungen, zu deren Übertragung der formlose Abtretungsvertrag genügt **828**
(der Regelfall), ist neben dem formlosen Verpfändungsvertrag noch die Anzeige des Gläubigers an den Schuldner von der Verpfändung erforderlich (§ 1280).[2]

Die Anzeige ist ein empfangsbedürftiges Rechtsgeschäft. In ihr liegt eine Anerkennung der Verpfändung; der Forderungsgläubiger erklärt damit, die Verpfändung gegen sich gelten zu lassen, es tritt auch die Wirkung von § 409 ein. Dagegen genügt die bloße Kenntnis des Schuldners von der erfolgten Verpfändung nicht.

3. Bestellung an Hypotheken und an Grundschulden

Das Pfandrecht an Hypotheken entsteht durch Verpfändung der Hypotheken- **829**
forderung. Hierzu sind bei Buchhypotheken Einigung und Eintragung erforderlich, bei Briefhypotheken bedarf es der schriftlichen Verpfändungserklärung und der Übergabe des Hypothekenbriefs (§§ 1274 I, 1154).

Auch bei Grundschulden erfolgt die Verpfändung nach §§ 1274 I, 1154. § 1291 stellt darüber hinaus sicher, daß trotz fehlender Abhängigkeit des Rechts von einer Forderung §§ 1279 ff. entsprechend anwendbar bleiben.

4. Gutgläubiger Erwerb

Ein gutgläubiger Erwerb eines Pfandrechts an Rechten ist nur soweit möglich, als ein Erwerb des **830**
verpfändeten Rechts selbst auf diese Weise möglich ist, z.B. an einer Hypothek, wenn sie im Grundbuch eingetragen ist und der Pfandgläubiger auf dessen Richtigkeit vertraut.

5. Verpfändung eines Anwartschaftsrechts

Das Anwartschaftsrecht des Vorbehaltskäufers wird wie die Sache selbst verpfän- **831**
det, also durch Einigung und Übergabe (vgl. o. § 33 II 5), das Anwartschaftsrecht des Auflassungsempfängers in der Form des § 925 (vgl. o. § 29 VI 2).

6. Übertragung des Pfandrechts

Die Übertragung des Pfandrechts an Rechten folgt den Regeln der Sachpfändung. **832**
Es gelten die §§ 1273 II, 1250 I, 398, 401. Das bedeutet, daß die gesicherte Forderung oder das sonstige Recht nach allgemeinen Regeln übertragen wird und das Pfandrecht kraft Gesetzes mit übergeht.

---

[2] Vgl. BGHZ 70, 75, 78 = NJW 1978, 642.

III. Aufhebung des verpfändeten Rechts

833 Das Pfandrecht hat zur Folge, daß das verpfändete Recht durch Rechtsgeschäft nur mit Zustimmung des Pfandgläubigers aufgehoben werden kann (§ 1276). Andernfalls könnte ja ohne Willen des Pfandgläubigers der Gegenstand des Pfandrechts und damit dieses selbst beseitigt und das Pfandrecht seines Wertes als Sicherung des Gläubigers völlig beraubt werden.

IV. Verwertung des Pfandrechts (außer an Forderungen)

834 Die Befriedigung des Pfandgläubigers erfolgt nicht wie bei beweglichen Sachen durch einen privaten Pfandverkauf, sondern im Wege der Zwangsvollstreckung auf Grund eines vollstreckbaren Titels (§ 1277). Der Titel richtet sich gegen den Inhaber des verpfändeten Rechts und geht auf Duldung der Befriedigung aus dem verpfändeten Recht.

Streitig ist, ob auf Grund des Titels noch eine besondere Pfändung nach Vollstreckungsrecht (§§ 828 ff. ZPO) erfolgen muß, oder ob diese wegen des schon bestehenden Pfandrechts unnötig ist und gleich eine Überweisung nach §§ 835 ff. ZPO erfolgen kann. Diese letztere Auffassung verdient den Vorzug.[3]

Diese Vorschrift hat aber für den wichtigsten Fall der Verpfändung von Rechten, nämlich der von Forderungen, keine Bedeutung, weil bei ihnen der Pfandgläubiger das unmittelbare Einziehungsrecht ohne vollstreckbaren Titel hat (vgl. u. V).

Kann kraft des verpfändeten Rechts eine Leistung gefordert werden, so entsteht notwendig ein Rechtsverhältnis zwischen dem Pfandgläubiger und dem Schuldner der Leistung, ähnlich wie bei Übertragung eines Rechts zwischen dem neuen Gläubiger und dem Schuldner. Daher finden die für den letzteren Fall geltenden Vorschriften auf das Verhältnis zwischen Pfandgläubiger und Schuldner entsprechende Anwendung, insbesondere § 407.

V. Das Pfandrecht an Forderungen

835 Der wichtigste Fall der Rechtsverpfändung ist die Verpfändung von Forderungen, insbesondere von Geldforderungen.

1. Die beteiligten Personen

836 Zum Verständnis der Regelung ist erforderlich, daß man die drei beteiligten Personen auseinanderhält und auf ihre technische Bezeichnung achtet. Es sind

a) der Pfandgläubiger, der zugleich der Gläubiger der gesicherten Forderung ist,

b) der Gläubiger, d. h. der Gläubiger der verpfändeten Forderung; er ist zugleich der Schuldner der gesicherten Forderung des Pfandgläubigers,

c) der Schuldner, d. h. der Schuldner der verpfändeten Forderung.

---

[3] Ebenso *Wolff/Raiser,* § 175 V 3; a. A. RGZ 103, 137 (139); Staudinger/*Riedel/Wiegand,* § 1277 Rn. 4.

In der ZPO führen die entsprechenden Personen bei Pfändung von Forderungen die Bezeichnung Gläubiger, Schuldner, Drittschuldner.

Die Regelung stellt einen Mittelweg dar; einerseits muß die verpfändete Forderung dem Gläubiger derselben noch verbleiben, denn sie wird ja nicht voll übertragen, sondern eben nur verpfändet, so daß der Verpfänder noch Inhaber bleibt; andererseits muß der Pfandgläubiger eine stärkere Stellung erhalten, als ihm bloße obligatorische Verpflichtungen des Verpfänders verschaffen könnten. Er muß insbesondere ein unmittelbares Recht gegenüber dem Schuldner der Forderung bekommen.

In der Rechtsstellung des Pfandgläubigers sind zwei Stadien zu unterscheiden, die Zeit vor Eintritt der Verwertungsbefugnis, also vor Fälligkeit der Forderung des Pfandgläubigers (§ 1228 II), und die Zeit danach.

2. Die Zeit vor Eintritt der Verkaufsberechtigung

a) Vor Eintritt der Verkaufsberechtigung kann der Schuldner an Gläubiger und **837**
Pfandgläubiger nur gemeinschaftlich leisten, jeder von beiden kann allein verlangen, daß an sie beide gemeinschaftlich geleistet wird (§ 1281). Beide sind einander zur Mitwirkung bei der Einziehung verpflichtet (§ 1285).

Die Leistung des Schuldners kommt in den gemeinschaftlichen Besitz von Pfandgläubiger und Gläubiger; jener kann also hier nicht den Alleinbesitz verlangen. Jeder kann Hinterlegung für beide oder Ablieferung an einen gerichtlich bestellten Verwalter zwecks Verwahrung verlangen.

b) Wichtig ist die Rechtslage, die sich infolge der Leistung ergibt (§ 1287): Mit dieser erwirbt der Gläubiger das Eigentum, der Pfandgläubiger das Pfandrecht an der geleisteten Sache; diese tritt insofern an Stelle der verpfändeten Forderung als Pfandobjekt (Surrogationsprinzip).[4] Dieses neue Pfandrecht entsteht auf Grund des Gesetzes unmittelbar, ohne Bestellung und ohne Alleinbesitz des Pfandgläubigers. Diese Regelung ist notwendig, weil der Wert der geleisteten Sache höher sein kann als der Betrag der gesicherten Forderung des Pfandgläubigers, so daß ein Eigentumserwerb an der Sache eine nicht gerechtfertigte Bereicherung des Pfandgläubigers darstellen könnte. Auch kann er vor Eintritt der Verwertungsbefugnis noch kein Eigentum an dem geleisteten Gegenstand haben.

Die Verwertung der geleisteten Sache erfolgt nach den allgemeinen Regeln über das Pfandrecht an beweglichen Sachen, also durch Pfandverkauf gem. §§ 1228 ff.

Eine eigentümliche Rechtsfolge tritt in dem seltenen Fall ein, daß die verpfändete Forderung sich **838**
auf Übertragung des Eigentums an einem Grundstück richtet, der zu leistende Gegenstand also ein Grundstück ist (§ 1287 Satz 2). Dann erwirbt mit der Leistung der Gläubiger das Eigentum am Grundstück, der Pfandgläubiger eine Sicherungshypothek am Grundstück. Dies ist zusammen mit dem ähnlich gelagerten Fall der Pfändung einer Forderung auf Übertragung des Eigentums an einem Grundstück (§ 848 ZPO) der einzige Fall, daß eine Hypothek ohne Einigung und Eintragung unmittelbar auf Grund eines gesetzlichen Tatbestands entsteht, so daß das Grundbuch unrichtig wird. Die Auflassung hat an den Gläubiger und Pfandgläubiger gemeinschaftlich zu erfolgen, falls die Verpfändung vor der Auflassung erfolgt ist.[5]

---

[4] Eine dingliche Surrogation tritt analog § 1287 auch dann ein, wenn sich durch Leistung des Schuldners der Pfandgegenstand in eine Forderung umwandelt, vgl. *BGH* NJW 1997, 2110.

[5] Bestritten ist, ob bei Nichtmitwirkung des Pfandgläubigers die Auflassung materiellrechtlich wirksam ist; vgl. dazu Palandt/*Bassenge,* § 1281 Rn. 4 und *Stöber,* DNotZ 1985, 587. Zum Fall der Verpfändung des Eigentumsübertragungsanspruchs nach Auflassung vgl. *BayObLG* DNotZ 1986, 345 mit Anm. *Reithmann.*

Zur Kündigung der verpfändeten Forderung ist nur der Gläubiger, nicht der Pfandgläubiger befugt. Ist der Pfandgläubiger berechtigt, die Nutzungen zu ziehen, z. B. bei verzinslichen Forderungen, so bedarf der Gläubiger zur Kündigung der Zustimmung des Pfandgläubigers (§ 1283). Der Schuldner muß seine Kündigung dem Pfandgläubiger und dem Gläubiger erklären (§ 1283 II).

Ist eine Geldforderung eingezogen, so muß über das Schicksal des gezahlten Geldes eine Bestimmung getroffen werden. Nach § 1288 sind der Pfandgläubiger und der Gläubiger einander verpflichtet, für die mündelsichere verzinsliche Anlegung des Geldes zu sorgen, wobei der Gläubiger die Art der Anlegung bestimmt; an dem angelegten Geld wird dann dem Pfandgläubiger das Pfandrecht bestellt, so daß das Geld an die Stelle der verpfändeten Forderung tritt. Dieser umständliche Weg ist deswegen notwendig, weil das Geld nicht einfach dem Pfandgläubiger zu Eigentum zufallen kann, denn seine Forderung gegen den Gläubiger ist ja noch nicht fällig und dies fällt bei einem größeren Zeitunterschied immerhin ins Gewicht. *Beispiel:* Die verpfändete Forderung wird am 1. 4. fällig und eingezogen, die Forderung des Pfandgläubigers erst am 1. 10. fällig. Ist der Zwischenraum unbedeutend, so werden Pfandgläubiger und Gläubiger sich über eine andere Regelung einigen.

3. Die Zeit nach Eintritt der Verkaufsberechtigung

839 a) Nach Eintritt der Verkaufsberechtigung verstärkt sich die Stellung des Pfandgläubigers. Er ist jetzt allein zur Einziehung der verpfändeten Forderung im eigenen Namen berechtigt, der Schuldner kann nur noch an ihn leisten (§ 1282). Diese Rechtsstellung hat er ohne vollstreckbaren Titel.

Bei Geldforderungen reicht das Einziehungsrecht nur so weit, als der Betrag der Forderung des Pfandgläubigers geht, der Überschuß verbleibt dem Gläubiger zur freien Verfügung. Andere Forderungen, z. B. auf Leistung einer Sache, kann der Pfandgläubiger voll einziehen, denn eine Teilung wie bei Geldforderungen ist nicht möglich und kann erst beim Erlös des verkauften Gegenstandes durchgeführt werden.

Zu anderen Verfügungen als zur Einziehung, z. B. zu einem Erlaß, ist der Pfandgläubiger nicht berechtigt (§ 1282 II), weil sie dem Sicherungszweck des Pfandrechts widersprechen würden, dagegen nach h. M. zur Aufrechnung.[6]

Zweifelhaft ist, ob der Pfandgläubiger bei der Einziehung der Forderung, soweit der Eigentumserwerb für den Gläubiger in Frage kommt (Einigung), im eigenen Namen oder als gesetzlicher Vertreter des Gläubigers handelt.

840 b) Wiederum ist das rechtliche Schicksal der eingezogenen Leistung festzustellen. Wird eine Sache geleistet, so bleibt es bei der Regelung wie vor Eintritt der Verkaufsberechtigung. Der Gläubiger erwirbt das Eigentum, der Pfandgläubiger das Pfandrecht bzw. die Sicherungshypothek; er kann sofort zum Pfandverkauf schreiten (§ 1228). Bei Geldforderungen dagegen ändert sich das Bild: hier erwirbt der Pfandgläubiger, soweit ihm der eingezogene Betrag zu seiner Befriedigung gebührt, daher auch sein Einziehungsrecht reicht, nicht ein bloßes Pfandrecht, sondern das Eigentum an dem gezahlten Geld. In dieser Höhe gilt er als befriedigt, weil seine Forderung als von seinem Schuldner, dem Gläubiger der eingezogenen Forderung, als berichtigt gilt (§ 1288 II). Sollte ein Mehrbetrag eingezogen worden sein, so hat der Pfandgläubiger ihn an den Gläubiger herauszugeben.

Sollte die verpfändete Forderung erst nach Kündigung fällig werden, so hat nunmehr neben dem Gläubiger auch der Pfandgläubiger das Recht zur Kündigung. Der Schuldner kann durch Erklärung gegenüber dem Pfandgläubiger allein seinerseits wirksam kündigen (§ 1283 III).

4. Erstreckung auf Zinsen

841 Das Pfandrecht an einer Forderung erstreckt sich auf die Zinsen (§ 1289). Diese haften dem Pfandgläubiger ähnlich wie die Mietzinsen dem Hypothekengläubiger. Er kann sie nur einziehen,

---

[6] So auch *Gursky,* in: Westermann, § 137 III 1 b; *Wolff/Raiser,* § 176 II 2.

wenn er zur Einziehung der Hauptforderung berechtigt ist (§ 1282). Die Anzeige des Pfandgläubigers an den Schuldner, daß er von seinem Einziehungsrecht Gebrauch mache, tritt an die Stelle der Beschlagnahme der Zinsen, ohne daß es noch einer Klage bedürfte. Die Befreiung der Zinsen von der Pfandhaftung richtet sich nach §§ 1123, 1124.

VI. Die Verpfändung von Wertpapieren

1. Die Verpfändung von Orderpapieren

Die Verpfändung eines Wechsels oder eines anderen durch Indossament übertragbaren Papiers (z. B. Namensaktien, Konnossemente, Lagerscheine) erfolgt durch Einigung zwischen Pfandgläubiger und Gläubiger, Indossament und Übergabe des Papiers (§ 1292). Dieses Indossament ist nach herrschender Meinung kein Vollindossament mit völliger Übertragung der Forderung. **842**

Der Pfandgläubiger ist hier schon vor Eintritt der Verkaufsberechtigung zur Kündigung und Einziehung befugt, und der Schuldner kann nur an ihn leisten (§ 1294).

2. Die Verpfändung von Inhaberpapieren

Die Verpfändung von Inhaberpapieren erfolgt wie bei beweglichen Sachen (§ 1293), also durch Einigung und Übergabe gem. §§ 1205 ff. **843**

Der Pfandgläubiger kann das Inhaberpapier wie sonst eine bewegliche Sache verkaufen (vgl. § 1221) oder die in ihm verkörperte Forderung einziehen (§ 1294).

3. Die Verpfändung von Inhabermarken und -karten

Für die in § 807 genannten Papiere gelten die gleichen Regeln. **844**

4. Die Verpfändung von Legitimationspapieren

Dagegen kommen für die Verpfändung von Papieren nach § 808, z. B. Sparkassenbücher, Versicherungspolicen, die allgemeinen Regeln über Forderungsverpfändung zur Anwendung, da bei diesen Papieren das Recht am Papier dem Recht aus dem Papier folgt. **845**

§ 73. Sicherungszession

Literatur: *Beuthien,* Verlängerter Eigentumsvorbehalt und Globalabtretung, BB 1971, 375; *Canaris,* Verlängerter Eigentumsvorbehalt und Forderungseinzug durch Banken, NJW 1981, 249; *Dieckmann,* Globalzession und verlängerter Eigentumsvorbehalt, JuS 1961, 219; *Erman,* Globalzession im Verhältnis zum verlängerten Eigentumsvorbehalt, 1960; *Esser,* Globalzession und verlängerter Eigentumsvorbehalt, JZ 1968, 281; *Hennrichs,* Kollisionsprobleme bei der (Voraus-)Abtretung zukünftiger Forderungen, JZ 1993, 225; *Kaduk,* Verlängerter Eigentumsvorbehalt und Globalzession als konkurrierende Gläubigerrechte, FS Larenz, 1973, S. 683; *Kim,* Zessionsregress bei nicht akzessorischen Sicherheiten, 2004; *Meyer/von Varel,* Die Sicherungszession, JuS 2004, 192; *v. Rintelen,* Der Übergang nichtakzessorischer Sicherheiten bei der Forderungszession, 1996; *Rombach,* Die anfängliche und nachträgliche Übersicherung bei revolvierenden Globalsicherheiten, 2001; *Roth/Fitz,* Stille Zession, Inkassozession, Einziehungsermächtigung, JuS 1985, 188; *K. Schmidt,* Zur Akzessorietätsdiskussion bei Sicherungsübereignung und Sicherungsabtretung, FS Serick 1992, S. 329; *P. Schwerdtner,* Globalzession und verlängerter Eigentumsvorbehalt, NJW 1974, 1785; *Serick,* Die Globalzession der Vorbehaltslieferanten: Ende oder Anfang, BB 1974, 845.

Allgemeine Literatur zum Recht der Kreditsicherheiten s. o. § 53.

I. Bedeutung

846 Im modernen Kreditsicherungsrecht ist an die Stelle einer Verpfändung von Rechten in weitem Umfang das Rechtsinstitut der Sicherungszession getreten. Sie erfolgt in der Weise, daß ein Schuldner seinem Gläubiger zur Sicherung der gegen ihn gerichteten Forderung eine ihm gegen einen Dritten zustehende Forderung abtritt, die auf Geld oder eine andere Leistung gerichtet sein kann. Der Sicherungszession zugänglich ist auch ein sonstiges Recht, sofern es übertragbar ist. Der Sicherungszweck entspricht dem der Sicherungsübereignung (s. o. § 34 I), mit dem Unterschied, daß Sicherungsgut keine bewegliche Sache, sondern eine Forderung ist. Auch die Entstehungsgründe für die Sicherungszession sind denen der Sicherungsübereignung vergleichbar. Der Vorteil der Sicherungszession für den Schuldner besteht darin, daß im Gegensatz zur Verpfändung einer Forderung keine Anzeige an den Drittschuldner erforderlich ist, die die Kreditwürdigkeit des Schuldners in Zweifel ziehen und seine geschäftliche Bonität herabsetzen kann (vgl. § 1280). Für den Gläubiger hat die Sicherungszession den Vorteil größerer Freiheit bei der Verwertung der Sicherheit, da er nicht wie bei der Verpfändung auf die Mitwirkung des Schuldners bei der Einziehung angewiesen ist (vgl. § 1281). Zudem ist die Sicherungszession anders als das Pfandrecht nicht akzessorisch.

Die grundsätzliche Zulässigkeit der Sicherungszession ist unbestritten, da das Gesetz diese in § 216 II vorsieht. Gleichwohl bestehen gegen sie die gleichen Bedenken wie gegen die vergleichbaren besitzlosen Mobiliarsicherheiten (Eigentumsvorbehalt und Sicherungsübereignung), die sich aus der fehlenden Publizität ergeben (s. o. § 34 V 3).

II. Rechtsform und Wesen

847 Die Sicherungszession erfolgt grundsätzlich nach normalem Abtretungsrecht. Als Verfügungsgeschäft genügt regelmäßig ein formloser Abtretungsvertrag zwischen Zedent und Zessionar nach § 398. Ist ausnahmsweise für die Abtretung eine Form vorgeschrieben (z. B. § 1154), so gilt diese auch für die Sicherungszession. Durch die Abtretung wird der Gläubiger (Sicherungsnehmer) nach außen vollberechtigter Inhaber der Forderung (er ist also ein Treuhänder). Ebenso wie bei der Sicherungsübereignung erhält der Gläubiger damit materiell-rechtlich mehr, als von den Beteiligten angestrebt wird, denn die Forderung soll entsprechend dem Sicherungszweck nicht definitiv in das Vermögen des Gläubigers übergehen, sondern ihm lediglich die Möglichkeit einer vorzugsweisen und gesonderten Befriedigung gegenüber den anderen Gläubigern geben. Im Innenverhältnis zum Schuldner (Sicherungsgeber) ist der neue Gläubiger daher durch den Sicherungsvertrag treuhänderisch gebunden. Der Sicherungsvertrag bestimmt, unter welchen Voraussetzungen der Gläubiger zur Einziehung der sicherungshalber abgetretenen Forderung befugt ist. Um die Kreditwür-

digkeit des Schuldners zu erhalten, wird diesem regelmäßig eine Einziehungsermächtigung nach § 185 erteilt, die ihn berechtigt, die Forderung weiterhin im eigenen Namen geltend zu machen und Zahlung an sich zu verlangen. Diese Form der Abtretung bezeichnet man als „stille" Zession, weil die Abtretung gegenüber dem Drittschuldner auch bei der Einziehung der Forderung nicht offengelegt wird.[1]

Von der Sicherungszession und der Einziehungsermächtigung begrifflich zu unterscheiden ist die Inkassozession. Sie ist anders als die Sicherungszession kein Kreditsicherungsgeschäft. Bei ihr wird die Forderung nur abgetreten, damit der Zessionar die Forderung im eigenen Namen, aber für Rechnung des Zedenten einzieht. Die Inkassozession erfolgt im Interesse des Zedenten, der sich hierdurch gegen Zahlung einer Gebühr Mühe und Ärger bei der Einziehung seiner Außenstände erspart (sog. Verwaltungstreuhand).[2] 848

III. Rückübertragungsanspruch

Nach Erfüllung hat der Schuldner gegen den Gläubiger einen schuldrechtlichen Anspruch auf Rückabtretung der sicherungshalber abgetretenen Forderung. Ist die Sicherungsabtretung unter der auflösenden Bedingung des Wegfalls des Sicherungszwecks durch Tilgung der Schuld vereinbart, dann fällt die Forderung mit der Tilgung automatisch an den Schuldner zurück. Eine solche Vereinbarung kann sich auch stillschweigend aus den Umständen der Abtretung ergeben.[3] 849

IV. Das Verwertungsrecht

Wird die gesicherte Forderung bei Eintritt der Fälligkeit vom Schuldner nicht erfüllt, so ist der Gläubiger zur Verwertung der zur Sicherheit abgetretenen Forderung berechtigt. Ihm stehen hierzu zwei Möglichkeiten zur Verfügung. Er kann die Forderung entweder verkaufen oder selbst einziehen. Will er die Forderung einziehen, muß er den Drittschuldner in Anspruch nehmen und ggf. auf Zahlung an sich klagen. Für einen Verkauf eignen sich vor allem leicht veräußerbare Forderungen aus Wertpapieren oder Wechseln. 850

Sofern der Sicherungsvertrag hierzu nichts Abweichendes bestimmt, kann der Gläubiger grundsätzlich wählen, ob er zunächst versucht, sich aus der abgetretenen Forderung zu befriedigen, oder ob er direkt aus der ursprünglichen, gesicherten Forderung gegen den Schuldner vorgeht.

V. Die Sicherungsglobalzession

1. Allgemeines

Forderungen können nicht nur einzeln, sondern auch in größerem Umfang zur Sicherheit abgetreten werden. Von einer Globalzession spricht man dann, wenn eine 851

---

[1] BGHZ 4, 153, 164 = NJW 1952, 337, 340; BGHZ 82, 283, 288 = NJW 1982, 571, 572; *Baur/Stürner,* § 58 Rn. 4.

[2] Vgl. dazu *Roth/Fitz,* JuS 1985, 188, 190; *Weber,* S. 263.

[3] *BGH* NJW 1986, 977; *Baur/Stürner,* § 58 Rn. 5; vgl. dazu auch § 34 III.

Vielzahl von Forderungen unter einer Gesamtbezeichnung abgetreten wird, z. B. alle im Geschäftsbetrieb des Schuldners begründeten, gegenwärtigen und künftigen Forderungen.[4]

852 a) Hinsichtlich der Bestimmtheit stellt der *BGH* bei der Globalzession auf die einzelne Forderung ab und läßt es ausreichen, wenn diese ausreichend individualisierbar ist.[5]

Beispiel: Der Sicherungsgeber tritt der Bank seine gegenwärtigen und künftigen Forderungen aus Warenlieferungen gegen alle Abnehmer mit den Anfangsbuchstaben L-Z ab.

Auch das Nachrücken später entstandener Forderungen, die an die Stelle der durch Tilgung weggefallenen Forderungen treten, muß in der Abtretung klar geregelt werden.[6]

853 b) Wegen ihrer großen inhaltlichen Reichweite besteht bei einer Globalzession grundsätzlich die Gefahr einer Knebelung des Schuldners oder einer Übersicherung des Gläubigers, die zur Sittenwidrigkeit nach § 138 I bzw. § 307 I führen kann. Sittenwidrigkeit und damit Nichtigkeit der Globalzession wegen Knebelung des Schuldners ist dann anzunehmen, wenn diesem durch die Globalzession jegliche wirtschaftliche Bewegungsfreiheit genommen wird.[7] Eine zur Unwirksamkeit der Globalzession führende Übersicherung liegt dann vor, wenn zwischen dem Wert der Globalzession und der durch sie gesicherten Gesamtforderung ein krasses Mißverhältnis besteht. Dabei wird die Globalzession hinsichtlich der maximal zulässigen Übersicherung etwas weniger streng beurteilt als der verlängerte Eigentumsvorbehalt.[8] Nach dem Beschluß des Großen Senats des *BGH* vom 27. 11. 1997 sind formularmäßige Globalabtretungen auch ohne ausdrückliche und ermessensunabhängige Freigaberegelungen wirksam.[9] Eine den Sicherungsgeber unangemessen benachteiligende Freigabeklausel ist als solche unwirksam, führt aber nicht zur Unwirksamkeit der Globalabtretung. Tritt nach Abschluß des Sicherungsvertrags etwa durch Absinken der gesicherten Forderung eine nachträgliche Übersicherung ein, so ergibt sich aus der Treuhandnatur des Sicherungsvertrags ein Anspruch auf Freigabe der überschießenden Deckung.[10] Eine bereits bei Vertragsschluß bestehende ursprüngliche Übersicherung kann hingegen weiterhin zur Unwirksamkeit der Sicherungsverträge nach § 138 I führen.[11] Auch am Erfordernis einer zahlenmäßig bestimmten Deckungsgrenze wird nicht mehr festgehalten.[12]

Zur Problematik von Freigabeklausel und Deckungsgrenze vgl. auch § 34 VI 3 a und b.

---

[4] Zur Abtretbarkeit künftiger Forderungen s. o. § 33 III 1 a.

[5] BGHZ 108, 98, 105 = NJW 1989, 2383, 2384.

[6] BGHZ 71, 75 = NJW 1978, 1050.

[7] BGHZ 19, 12, 17 = NJW 1956, 337; *BGH* NJW 1962, 102.

[8] *BGH* NJW 1991, 2144 (30 % über dem Nennwert der gesicherten Forderung); BGHZ 98, 303 = NJW 1987, 487 (50 % über dem Nennwert der gesicherten Forderung); *BGH* NJW 1996, 388 mit krit. Anm. von *Wissmann,* EWiR 1996, 194 (100 % über dem Nennwert der gesicherten Forderung).

[9] BGHZ 137, 212 = NJW 1998, 671.

[10] BGHZ 133, 25 = NJW 1996, 2092; BGHZ 137, 212 = NJW 1998, 671 (Großer Senat); BGHZ 138, 367 = NJW 1998, 2206; *BGH* NJW 1998, 3273.

[11] *BGH* NJW 1998, 2047; krit. dazu *Medicus,* EWiR 1998, 627.

[12] *BGH* ZIP 1996, 957 (XI. Senat); NJW 1996, 2790 (IX. Senat); einschränkend der VII. Senat *BGH* NJW 1997, 651. Gegen eine feste Deckungsgrenze hat sich nunmehr auch der Große Senat ausgesprochen, BGHZ 137, 212 = NJW 1998, 671; vgl. *BGH* NJW-RR 1998, 1123.

2. Globalzession und verlängerter Eigentumsvorbehalt

Besondere Schwierigkeiten ergeben sich weiter bei einer Kollision der Globalzession mit einem verlängerten Eigentumsvorbehalt. 854

Beispiel: Der Unternehmer U benötigt zum Aufbau seines Betriebes ein Darlehen. Die kreditgewährende Bank läßt sich zur Sicherung des Darlehens alle künftigen Forderungen des U aus dem Verkauf seiner Produkte global abtreten. Die zur Herstellung des Produktes erforderlichen Rohstoffe werden dem U nur unter verlängertem Eigentumsvorbehalt geliefert. U tritt daher die Forderungen aus dem Verkauf seiner Produkte erneut an seinen Lieferanten ab.

Da sich in diesen Fällen der verlängerte Eigentumsvorbehalt auf dieselbe Forderung bezieht, die auch von der Globalzession ergriffen werden soll, kollidieren die Interessen des Geldkreditgebers (Bank) mit denen des Warenkreditgebers (Lieferant). In Rechtsprechung und Literatur sind zur Lösung dieses Problems zahlreiche Vorschläge unterbreitet worden.[13] Bei dieser Diskussion geht es vor allem um folgende Frage: Wer hat den Vorrang, der Geld- oder der Warenkreditgläubiger? Der *BGH*[14] hat sich bei der Konkurrenz zwischen verlängertem Eigentumsvorbehalt und Globalzession für die grundsätzliche Anwendung des Prioritätsprinzips entschieden, wonach bei mehrfacher Abtretung einer Forderung nur die erste wirksam ist (vgl. dazu § 33 III 2). Die strikte Durchführung dieses Grundsatzes führt allerdings im Ergebnis zu einer Begünstigung der Bank, weil bei langfristigem Geldkredit alle Forderungen aus dem Absatz von Waren, die nach Gewährung des Geldkredits geliefert werden, auf die Bank übergehen. Daher hat der *BGH* den Prioritätsgrundsatz eingeschränkt. Weiß die Bank, daß der Schuldner Ware nur unter Eigentumsvorbehalt kaufen kann und mutet sie ihm zu, seinem Lieferanten gegenüber zu verschweigen, daß die Forderungen aus dem Weiterverkauf bereits abgetreten sind, so hält der *BGH* eine Globalzession für unzulässig und nichtig (Vertragsbruchtheorie).[15] Dies gilt auch bei Verabredung einer sog. „schuldrechtlichen Teilverzichtsklausel", durch die dem Lieferanten, der wegen der früher erfolgten Globalzession eine Forderung gegen den Drittschuldner nicht erwerben konnte, in Höhe seiner Forderung ein Anspruch gegen die Bank eingeräumt wird.[16] Wirksam ist dagegen die Globalzession, wenn ihr Rechte aus einem verlängerten Eigentumsvorbehalt stets und mit dinglicher Wirkung vorgehen. Dieser Auffassung ist im wesentlichen zuzustimmen.[17] Bei der dinglichen Teilverzichtsklausel ist seitens der Bank die Beschränkung auf einen branchenüblichen Eigentumsvorbehalt zulässig.[18] Eine ohne Rücksicht auf einen verlängerten Eigentumsvorbehalt erklärte Globalzession kann im Ergebnis auch nicht dadurch zu Lasten des Lieferanten Bestand haben, daß die Bank nach außen hin nur als alleinige 855

---

[13] Vgl. *Baur/Stürner,* § 59 Rn. 50 ff.; ferner *Picker,* JuS 1988, 375; *Neuhof,* NJW 1993, 2840.

[14] BGHZ 30, 149, 151 = NJW 1959, 1533; BGHZ 32, 361, 362 = NJW 1960, 1716.

[15] Insbesondere BGHZ 32, 361, 364 = NJW 1960, 1716; *BGH* JZ 1968, 527 mit Anm. v. *Esser* = NJW 1968, 1516 m. Anm. v. *Werhahn; BGH* NJW 1969, 318 m. Anm. v. *Werhahn,* NJW 1969, 652; BGHZ 55, 86, 94 = NJW 1971, 506 m. Anm. v. *Schmidt-Salzer,* NJW 1971, 1129; kritisch *Picker,* JuS 1988, 378; erneut bestätigt von *BGH* NJW 1999, 2588 (dazu kritisch *Glöckner,* DZWiR 2000, 70, 71).

[16] BGHZ 72, 316 = NJW 1979, 371.

[17] Andere Lösungen vertreten z. B. *Flume* (NJW 1950, 843 und NJW 1959, 919), der dem Warenkreditgläubiger stets den Vorrang gibt, *Esser* (JZ 1968, 281) und *Erman,* a. a. O. (vor Rn. 846), die eine Teilung der Forderung vorschlagen, *Kötter,* Die Tauglichkeit der Vorausabtretung, 1960, der dem Lieferanten rät, den Weiterverkauf nur gegen Weiterleitung des Eigentumsvorbehalts an den Zweitkäufer zu gestatten. Zu den verschiedenen Auffassungen vgl. *Franke,* JuS 1978, 373.

[18] *BGH* NJW 1987, 487; ähnlich *BGH* NJW-RR 1988, 1012. Noch strenger nunmehr BGHZ 109, 240 = NJW 1990, 716.

Zahlstelle des Vorbehaltskäufers fungiert. Unbeschadet ihres Auftretens nach außen muß sich die Bank so behandeln lassen, als hätte sie die Zahlung nicht als Zahlstelle, sondern aufgrund der nichtigen Globalzession entgegengenommen.[19]

Ähnliche Kollisionsprobleme können auch bei Globalzessionen an Warenkreditgläubiger auftreten.[20] Zur Problematik des Abtretungsverbots im Rahmen eines verlängerten Eigentumsvorbehalts s. o. § 33 III 3. Bei der Kollision von zwei Globalzessionen gilt dagegen das Prioritätsprinzip.[21]

VI. Die Mantelzession

856 Eine besondere Form der Sicherungsabtretung ist die Mantelzession. Mit ihr wird eine Schmälerung der Gläubigersicherung verhindert, die dadurch entstehen kann, daß die Drittschuldner in Unkenntnis der stillen Zession mit befreiender Wirkung gegenüber dem Gläubiger an den Schuldner zahlen. Vor allem bei längerfristigen Darlehen verpflichtet sich daher der Sicherungsgeber dazu, den Umfang der sicherungshalber abgetretenen Forderungen auf einer bestimmten Höhe zu halten. Die Mantelzession wird in der Weise vollzogen, daß der Sicherungsgeber jeweils Listen von Forderungen gegen Drittschuldner mindestens in Höhe des zu sichernden Kredits an den Sicherungsnehmer übersendet. Mit dem Empfang der Listen ist die Abtretung bezüglich der darin enthaltenen Forderungen wirksam zustandegekommen.[22]

VII. Die Sicherungszession in Zwangsvollstreckung und Insolvenz

857 Die Behandlung der Sicherungszession in Zwangsvollstreckung und Insolvenz entspricht im wesentlichen derjenigen bei der Sicherungsübereignung (vgl. dazu § 34 VII). Abweichungen ergeben sich jedoch aus dem unterschiedlichen Charakter des Sicherungsguts. Anders als bei der Sachpfändung geht die Forderungspfändung ins Leere, wenn die Forderung dem Vollstreckungsschuldner nicht zusteht. Dennoch ist § 771 ZPO auch bei Pfändung einer schuldnerfremden Forderung anwendbar, um den Anschein einer wirksamen Pfändung zu beseitigen.[23]

1. Da der Sicherungsnehmer seiner dinglichen Rechtsstellung nach Forderungsinhaber ist, steht ihm nach überwiegender Meinung bei einer Vollstreckung gegen den Sicherungsgeber die Drittwiderspruchsklage nach § 771 ZPO zu.[24]
Nach der in der Insolvenz vorherrschenden wirtschaftlichen Betrachtungsweise ist die Forderung jedoch dem Vermögen des Sicherungsgebers zuzurechnen, da nur eine Sicherung, nicht aber eine wirkliche Aussonderung der Forderung aus dem Vermögen des Zedenten gewollt war. Der Sicherungsnehmer hatte daher schon früher in der Insolvenz des Sicherungsgebers nur ein pfandrechtsähnliches Absonderungsrecht nach § 48 KO.[25] Im neuen Insolvenzrecht ist seit 1. 1. 1999 festgeschrieben, daß nur ein Absonderungsrecht besteht (vgl. § 51 Nr. 1 InsO).

2. Die durch den Sicherungszweck der Abtretung bestehende treuhänderische Bindung des Sicherungsnehmers führt dazu, daß bei einer Zwangsvollstreckung gegen den Sicherungsnehmer auch der Sicherungsgeber die Möglichkeit der Drittwiderspruchsklage nach § 771 ZPO hat, solange die Verwertungsreife nicht eingetreten ist.[26]

In der Insolvenz des Sicherungsnehmers hat der Sicherungsgeber ein Aussonderungsrecht (§ 47 InsO), wenn er die gesicherte Forderung durch Leistung an die Insolvenzmasse tilgt.[27]

---

[19] BGHZ 72, 316 = NJW 1979, 371.
[20] Vgl. dazu *BGH* NJW 1977, 2261.
[21] *BGH* NJW 2005, 1192.
[22] Vgl. dazu *Baur/Stürner,* § 58 Rn. 9; *Weber,* S. 260 f.
[23] Vgl. dazu *Grunsky,* JuS 1984, 497, 501; *BGH* NJW 1977, 384.
[24] BGHZ 12, 232, 234 = NJW 1954, 673; *BGH* WM 1962, 1177; *Baur/Stürner,* § 58 Rn. 2; kritisch MünchKomm/*Roth,* § 398, Rn. 86.
[25] RGZ 124, 73, 75; *BGH* NJW 1984, 1749, 1750.
[26] BGHZ 72, 141, 146 = NJW 1978, 1859.
[27] *BGH* WM 1962, 180, 181; *Pottschmidt/Rohr,* Rn. 716.

§ 74. Factoring und Finanzierungsleasing

Literatur: *Bähr,* Die Kollision der Factoring-Globalzession mit dem verlängerten Eigentumsvorbehalt, 1989; *Bülow,* Factoring und verlängerter Eigentumsvorbehalt, JA 1982, 58; *Canaris,* Verlängerter Eigentumsvorbehalt und Forderungseinzug durch Banken, NJW 1981, 249; *Haertlein,* Kollision zwischen Factoring und Globalzession, JA 2001, 808; *Jork,* Factoring, verlängerter Eigentumsvorbehalt und Sicherungsglobalzession in Kollisionsfällen, JuS 1994, 1019; *Martinek,* Moderne Vertragstypen, Bd. I: Leasing und Factoring, 1991; *Messer,* Verlängerter Eigentumsvorbehalt und Forderungsabtretung an die Factoring-Bank, NJW 1976, 925; *Schmitz, E.,* Globalabtretung an Factoring-Gesellschaft bei unechtem Factoring, NJW 1978, 201; *Serick,* „Befremdliches" zur Behandlung der Barvorschußtheorie beim Factoring-Geschäft?, NJW 1981, 794.

Allgemeine Literatur zum Recht der Kreditsicherheiten s. o. § 53.

I. Grundlagen des Factoring-Geschäfts

Beim Factoring-Geschäft handelt es sich um eine besondere Form der Über- 858
tragung von Forderungen. Der Forderungsgläubiger, bei dem es sich im Regelfall um einen Unternehmer handelt, überträgt seine Forderungen (global) auf den Factor – zumeist eine Bank – und erhält hierfür den entsprechenden Gegenwert unter Abzug einer Gebühr für die Leistung des Factors gutgeschrieben. Dem Factor obliegt dann die Einziehung der Forderung. Für den Kunden des Factors hat dies den Vorteil der Unternehmensfinanzierung bzw. Kreditierung bei noch nicht fälligen Forderungen. Zudem erspart sich der Factoring-Kunde den mit dem Forderungseinzug verbundenen Aufwand (Buchhaltung, Mahnungen).

Beim „echten Factoring" trägt der Factor darüber hinaus selbst das Risiko der Zahlungsunfähigkeit des Drittschuldners. Schuldrechtlich handelt es sich hierbei um einen Forderungskauf seitens des Factors. Der Kaufvertrag ist abgeschlossen, wenn der Factor das Angebot des Kunden zum Ankauf der Forderungen annimmt. Auf den Zugang der Annahmeerklärung wird verzichtet (vgl. § 151). Zahlt der Dritte nicht, so geht dies zu Lasten des Factors.

Das sogenannte „unechte Factoring" ist hingegen ein Kreditgeschäft. Der Factor gewährt dem Kunden für die Übertragung der Forderungen ein Darlehen in Form eines Vorschusses auf den Forderungsbetrag. Lassen sich die Forderungen nicht realisieren, muß der Factoring-Kunde das Darlehen zurückzahlen. Er trägt daher auch das Liquiditätsrisiko des Drittschuldners.

II. Factoring und dingliches Rechtsgeschäft

Dingliches Rechtsgeschäft ist beim echten wie beim unechten Factoring eine Global- 859
zession der gegenwärtigen und künftigen Forderungen des Factoring-Kunden, die den jeweiligen Schuldnern gegenüber offengelegt wird. Die verschiedenartige Rechtsnatur der beiden Formen des Factorings wirkt sich jedoch auch auf der dinglichen Seite aus.

Beim echten Factoring ist die Forderungsabtretung als Erfüllungsgeschäft des jeweiligen Kaufvertrages über die Einzelforderung anzusehen.[1]

[1] *Martinek,* S. 256; *Serick,* NJW 1981, 794 ff.

Dagegen erfolgt die Forderungsabtretung beim unechten Factoring lediglich erfüllungshalber. Sie dient zur Sicherung der Ansprüche auf Rückerstattung der geleisteten Vorschüsse, ist also mit der Sicherungszession vergleichbar, mit dem Unterschied, daß es sich nicht um eine stille Zession handelt, sondern der Factor ermächtigt wird, die Forderungen im eigenen Namen einzuziehen.

III. Factoring und verlängerter Eigentumsvorbehalt

860 Trifft eine Factoring-Globalzession mit einer Vorausabtretung derselben Kundenforderungen an den Vorbehaltsverkäufer zusammen, so stellt sich die Frage, ob die Factoring-Globalzession ebenso wie die Sicherungszession an der Vertragsbruchtheorie scheitert (vgl. o. § 73 V 2). Dabei ist zum einen danach zu unterscheiden, ob das Factoring-Geschäft dem verlängerten Eigentumsvorbehalt (vgl. o. § 33 III) vorausgeht oder nachfolgt. Zum anderen hat auch die unterschiedliche rechtliche Einordnung der beiden Arten des Factorings als Kauf bzw. Kreditgeschäft beträchtliche Auswirkungen auf die Entscheidung.

1. Vorausgehendes Factoring-Geschäft

861 Beim vorausgehenden Factoring-Geschäft tritt dieselbe Kollisionsproblematik auf wie bei der Globalzession. Sind die Forderungen im Rahmen des Factoring bereits wirksam abgetreten, so kann der Vorbehaltskäufer diese wegen des Prioritätsgrundsatzes nicht nochmals an seinen Lieferanten abtreten. Das vorausgehende Factoring wäre daher unter Zugrundelegung der Vertragsbruchtheorie gemäß § 138 I bzw. § 307 unwirksam, wenn hierdurch zwangsläufig anderweitige (spätere) Vereinbarungen verletzt würden und die Parteien dies wissen.[2] Der subjektive Vorwurf entfällt jedoch, wenn der Vorbehaltskäufer mit dem Einverständnis seines Lieferanten rechnen darf.[3] Dies ist nach der Rechtsprechung[4] dann zu bejahen, wenn das Verhalten des Vorbehaltskäufers von der ihm erteilten Einzugsermächtigung gedeckt ist.

862 a) Die Auslegung der vom Vorbehaltsverkäufer erteilten Einzugsermächtigung ergibt, daß diese konkludent auch zu dem beim *echten Factoring* vorliegenden Forderungsverkauf berechtigt. Da der Vorbehaltskäufer den Verkaufserlös im Verhältnis zum Factor endgültig behalten darf, entspricht das wirtschaftliche Ergebnis des Verkaufs dem der baren Einziehung der Forderung. Daß der Factor wegen der ihm zustehenden Gebühr nicht den vollen Gegenwert auszahlt, fällt dabei nicht ins Gewicht, da die vom Factor erworbene Forderung höher ist als der dem Vorbehaltsverkäufer zustehende Lieferpreis, so daß der ausgezahlte Betrag zur Zahlung der Lieferantenkosten ausreicht. Das Risiko, daß der Vorbehaltskäufer das Geld nicht an ihn abführt, trägt der Lieferant auch bei Barzahlung des Drittschuldners. Das vorausgehende echte Factoring unterliegt damit nicht wie die Globalzession dem Verdikt der Sittenwidrigkeit und ist daher nach dem Prioritätsgrundsatz wirksam.[5]

---

[2] *Bülow,* JA 1982, 58 (63); BGHZ 32, 361, 366 = NJW 1960, 1716; BGHZ 55, 34 = NJW 1971, 372.

[3] *Bülow,* JA 1982, 58 (63).

[4] BGHZ 69, 254 = NJW 1977, 2207; BGHZ 72, 15 = NJW 1978, 1972; BGHZ 82, 50 = NJW 1982, 164 mit Anm. v. *Bülow,* BB 1982, 9.

[5] BGHZ 69, 254 = NJW 1977, 2207; BGHZ 72, 15 = NJW 1978, 1972 mit ablehnender Anm. v. *Blaurock,* NJW 1978, 1973; *OLG Frankfurt a. M.* NJW 1977, 906 mit Anm. *v. K. Schmidt,* NJW 1977, 1152; *Serick,* BB 1979, 845; a. M. *OLG Frankfurt a. M.* NJW 1976, 201; *Schmitz,* NJW 1978, 201.

b) Anders liegt es beim *unechten Factoring.* Dieses ist als Kreditgeschäft nicht von der vom Vorbehaltsverkäufer erteilten Ermächtigung zum Forderungseinzug umfaßt und daher nach der Vertragsbruchtheorie sittenwidrig. Mit der Einzugsermächtigung gestattet der Vorbehaltsverkäufer dem Vorbehaltskäufer noch nicht, Forderungen anderweitig als Kreditunterlage zu verwenden. Die rückbelastbare Leistung des Factors ist zudem dem Forderungseinzug beim Drittschuldner wirtschaftlich nicht gleichzusetzen. Auf das unechte Factoring sind damit die zur Kollision von Globalzession und verlängertem Eigentumsvorbehalt entwickelten Grundsätze zu übertragen, so daß man zur Wirksamkeit des unechten Factorings nur bei Vorliegen einer dinglichen Teilverzichtsklausel gelangen kann.[6] **863**

2. Nachfolgendes Factoring-Geschäft

Beim nachfolgenden Factoring-Geschäft kommt es an sich nicht zu einer Kollision mit dem verlängerten Eigentumsvorbehalt, weil die Forderungen bereits an den Lieferanten abgetreten sind und der Vorbehaltskäufer nach Prioritätsgrundsätzen nicht mehr darüber verfügen kann. **864**

a) Dies steht dennoch der Wirksamkeit des *echten Factorings* nicht entgegen, weil der Lieferant durch den Verkauf der Forderung rechtlich und wirtschaftlich nicht anders steht, als hätte der Vorbehaltskäufer die Forderung selbst eingezogen. Der Verkauf ist daher durch die Einzugsermächtigung gedeckt.[7]

b) Das nachfolgende *unechte Factoring* ist dagegen wegen des Prioritätsgrundsatzes unwirksam.

IV. Factoring und Sicherungsglobalzession

Streiten sich nicht der Factor und der Vorbehaltsverkäufer, sondern der Factor und ein weiterer Geldkreditgeber, so ist die Vertragsbruchtheorie unanwendbar. In diesem Fall richtet sich die Wirksamkeit der Zessionen allein nach dem Prioritätsprinzip. **865**

1. Eine vorausgehende Factoring-Globalzession geht der nachfolgenden Sicherungsglobalzession vor.[8]

2. Liegt die Sicherungsglobalzession zeitlich früher, so geht diese vor. Die nochmalige Abtretung der Forderung an den Factor wird allerdings durch die Sicherungszession nicht ausgeschlossen, sofern die dem Kunden von der Bank erteilte Einzugsermächtigung auch die Abtretung der Forderung zuläßt.[9]

V. Finanzierungsleasing

Ähnlich wie beim Factoring (s. o. Rn. 858) ist auch beim Leasing zu unterscheiden, welche wirtschaftlichen Ziele erstrebt werden. So grenzt man insbeson- **865a**

---

[6] BGHZ 82, 50 = NJW 1982, 164; BGHZ 75, 391 = NJW 1980, 772; BGHZ 100, 353, 358 f. = NJW 1987, 1878, 1879; *Serick,* NJW 1981, 794.

Für die Gleichbehandlung des unechten Factorings dagegen *OLG Bremen* BB 1980, 803; *Canaris,* NJW 1981, 249; *Blaurock,* NJW 1978, 1975.

[7] BGHZ 72, 15, 21 = NJW 1978, 1972; BGHZ 82, 283 = NJW 1982, 571; ausführlich dazu *Martinek,* S. 283 ff.

[8] *Baur/Stürner,* § 59 Rn. 63.

[9] Dafür zu Recht BGHZ 82, 283, 289 = NJW 1982, 571; *Pottschmidt/Rohr,* Kreditsicherungsrecht, 4. Aufl., 1992, Rn. 691; anders noch BGHZ 75, 391, 393 ff. = NJW 1980, 772, 773.

dere das sogenannte Operating-Leasing vom Finanzierungsleasing ab. Beim Operating-Leasing handelt es sich um einen auf unbestimmte Zeit geschlossenen entgeltlichen Vertrag zur Gebrauchsüberlassung, der es dem Leasingnehmer ermöglicht, das Leasinggut auf dem jeweils neuesten technischen Stand zu verwenden. Insofern nimmt diese Vertragsart auf das Vermögen des Leasingnehmers nur in der Form eines reinen Nutzungsverhältnisses Einfluss. Es handelt sich also um eine Sonderform eines Mietvertrags. Eine Kreditfunktion scheidet daher aus. Demgegenüber beinhaltet das Finanzierungsleasing insbesondere Elemente eines Kaufvertrags sowie einer Gebrauchsüberlassung. Dem Leasingnehmer wird die Sache für eine bestimmte Laufzeit zur Verfügung gestellt. Die vereinbarten Leasingraten sind als ein Entgelt für die Gebrauchsüberlassung und zugleich als teilweise Amortisation zu bewerten. Am Ende der Leasingzeit erwirbt der Leasingnehmer die Sache endgültig zu Eigentum. Es liegt in diesem Fall also letztlich eine Art Mietkauf mit Kreditfunktion vor. Besonders deutlich ist dies bei den Fällen des *Sale and lease back*-Verfahrens. Im Ergebnis zeigt sich, dass das Finanzierungsleasing auch Elemente eines Darlehens- sowie eines Kreditsicherungsvertrags enthält.[10] Wie beim Factoring können die Ansprüche des Leasingnehmers durch Globalzession an eine Bank übertragen werden.[11]

---

[10] Im Einzelnen dazu PWW/*Frensch*, Anhang zu §§ 488–515.

[11] *BGH* ZIP 2009, 117.

5. Kapitel. Die anderen Rechte an fremder Sache

1. Abschnitt. Das Erbbaurecht

§ 75. Das Erbbaurecht

Literatur: *Böttcher,* Praktische Fragen des Erbbaurechts, 5. Aufl., 2005; *ders.,* Entwicklungen beim Erbbaurecht und Wohnungseigentum seit 2000, RPfleger 2004, 21; *Claussen,* Renaissance des Erbbaurechts?, WIB 1995, 864; *Fischer,* Die Sicherung des Erbbauzinses bei der Zwangsversteigerung des Erbbaurechts, 2002; *Glaser,* Das Erbbaurecht in der Praxis, 2. Aufl., 1975; *Haegele,* Streitfragen und Probleme des Erbbaurechts, Rpfleger 1967, 279; *Henseler,* Die Teilung eines Erbbaurechts, AcP 161, 44; *Huber,* Zur Beleihung von Erbbaurechten, NJW 1952, 687; *Ingenstau/Hustedt,* Kommentar zum Erbbaurecht, 9. Aufl., 2010; *Klein,* Die Rechtsprechung des Bundesgerichtshofs zum Erbbaurecht, WM 1998, 1049; *Knothe,* Das Erbbaurecht, 1987; *Kümpel,* Zum Sicherungskonflikt zwischen Kreditgeber und Grundstückseigentümer bei der Beleihung von Erbbaurechten, WM 1998, 1057; *Linde/Richter,* Erbbaurecht und Erbbauzins, 3. Aufl., 2001; *Lutter,* Gesamterbbaurecht und Erbbaurechtsteilung, DNotZ 1960, 80; *Mayer/Maly,* Das alte und das neue Leitbild des Erbbaurechtvertrages, NJW 1996, 2015; *Mohrbutter/Riedel,* Zweifelsfragen zum Erbbaurecht, NJW 1957, 1500; *von Oefele,* Änderung der Erbbaurechtsverordnung durch das Sachenrechtsänderungsgesetz, DNotZ 1995, 643; *von Oefele/Winkler,* Handbuch des Erbbaurechts, 4. Aufl., 2008; *Rothoeft,* Grenzüberschreitende Bebauung bei Erbbaurechten, NJW 1974, 665; *Schreiber,* Immobilienrecht, 2001; *Sperling,* Maßstäbe für Erbbauzinserhöhungen, NJW 1979, 1433; *Stahlhacke,* Vorschläge zur Neuordnung des Erbbaurechts, 2. Aufl., 1960; *Winkler,* Das Erbbaurecht, NJW 1992, 2514.

I. Inhalt des Erbbaurechts

1. Gesetzlicher Inhalt

Für das Erbbaurecht ist nicht das BGB die gesetzliche Quelle, sondern die Verordnung vom 15. 1. 1919 (ErbbauVO; RGBl. S. 72), welche die lückenhafte Regelung von BGB §§ 1012 ff. wesentlich ergänzte und dadurch erst dem Erbbaurecht zur praktischen Verwendbarkeit verhalf. Nur für die wenigen schon am 22. 1. 1919 bestehenden Erbbaurechte gilt lediglich das BGB, für alle später begründeten nur die Verordnung. Die ErbbauVO hat wichtige Ergänzungen durch das SachenRÄndG vom 21. 9. 1994 erhalten. Durch Art. 25 des Gesetzes vom 23. 11. 2007 ist ohne jede Änderung in der Sache die ErbbauVO in ein Erbbaurechtsgesetz (ErbbauRG) umbenannt worden.[1] 866

Das Erbbaurecht ist nach § 1 des ErbbauRG eine Belastung des Grundstücks in der Weise, daß dem Berechtigten das Recht zusteht, auf (oder unter) der Oberfläche

---

[1] Gesetz vom 23. 11. 2007, BGBl. I 2614, Art. 25 (S. 2617).

des Grundstücks ein Bauwerk zu haben.[2] Es stellt die stärkste Belastung des Eigentums dar, denn dadurch verliert der Eigentümer den Besitz des belasteten Grundstücks und alle Nutzungen.

867 Hieraus ergeben sich folgende wichtige Eigentümlichkeiten dieses Rechts:

a) Begründung auf Zeit

Es wird meist nur auf Zeit begründet, also mit einem Endtermin (in der Praxis häufig für 99 Jahre). Denn sein Bestehen auf unabsehbare Zeit würde die Bedeutung des Eigentums nahezu illusorisch machen. Auflösende Bedingungen sind ausgeschlossen (§ 1 IV ErbbauRG).

b) Veräußerlichkeit, Vererblichkeit

Das Erbbaurecht ist grundsätzlich veräußerlich (wenn auch das Erfordernis der Zustimmung des Eigentümers zur Veräußerung vereinbart werden kann, § 5 I ErbbauRG), aber nicht unter Bedingungen oder Befristung, und vererblich. Seinem Zweck widerspräche es, wenn es mit dem Tod des Berechtigten erlöschen würde.

2. Vertraglicher Inhalt

868 Der gesetzliche Inhalt des Erbbaurechts genügt nicht, um die Beziehungen zwischen Eigentümer und Erbbauberechtigtem, die recht verschiedenartig sein können, vollständig zu regeln. Daher muß durch Vertrag zwischen beiden Abhilfe geschaffen und die Lücke geschlossen werden. Solche Vereinbarungen sind praktisch die Regel. Sie würden aber nur schuldrechtliche Wirkung haben, daher nicht gegen einen Erwerber als Rechtsnachfolger gelten, zumal wenn er von ihnen keine Kenntnis hatte. Das Gesetz gewährt aber den Vereinbarungen dingliche Kraft, indem es sie als Inhalt des Erbbaurechts bezeichnet (§ 2 ErbbauRG). Auf diese Weise werden der jeweilige Eigentümer und der jeweilige Erbbauberechtigte an sie gebunden.[3]

In die beiden Grundbücher brauchen sie nicht eingetragen zu werden, denn im Grundbuch des Grundstücks kann auf das Erbbaugrundbuch Bezug genommen werden, in diesem auf die Eintragungsbewilligung (§ 14 I 3 ErbbauRG).

Der Inhalt der möglichen Vereinbarungen, die als Inhalt des Erbbaurechts gelten, ist in § 2 ErbbauRG aufgezählt. Sie betreffen u. a. die Errichtung, Instandhaltung und Verwendung des Bauwerkes, seine Versicherung, die Voraussetzungen für den Heimfall und ein mögliches Ankaufsrecht des Erbbauberechtigten,[4] ferner auch die Notwendigkeit einer Zustimmung des Eigentümers zur Veräußerung oder Belastung des Erbbaurechts (§ 5 ErbbauRG). Hierdurch soll der soziale Zweck des Erbbaurechts dauernd gesichert bleiben. Ohne die erforderliche Zustimmung erfolgende Verfügungen sind unwirksam (§ 6 ErbbauRG). Der Erbbauberechtigte kann aber unter bestimmten Voraussetzungen die Zustimmung des Eigentümers verlangen (§ 7 ErbbauRG). Ist die Zustimmung des Eigentümers erforderlich, so sind auch Verfügungen im Wege der Zwangsvollstreckung oder des Konkurses unwirksam, soweit sie die Rechte des Eigentümers aus den Vereinbarungen beeinträchtigen würden (§ 8 ErbbauRG). Zur Vereinbarung der zeitlichen Dauer eines Erbbaurechts s. u. § 75 IV 1.

---

[2] Zu den sehr bestrittenen Folgen einer grenzüberschreitenden Bebauung bei Erbbaurechten (Nachbarerbbaurecht) vgl. Palandt/*Bassenge*, § 1 ErbbauRG Rn. 4; *OLG Stuttgart* NJW 1975, 786; *Rothoeft*, NJW 1974, 665 und *Schraepler*, NJW 1974, 2076.

[3] Zur Wirksamkeit und Auslegung einer solchen Vereinbarung vgl. BGHZ 47, 190 = NJW 1967, 1611 und *BGH* NJW 1987, 2674.

[4] Unzulässig ist hingegen die formularmäßige Vereinbarung einer Ankaufspflicht, vgl. *BGH* NJW 1991, 2141; *Mayer-Maly*, NJW 1996, 2015.

3. Der Erbbauzins

Der Eigentümer pflegt ein Entgelt in wiederkehrenden Leistungen, meist in Geld, den Erbbauzins, zu vereinbaren, als Entschädigung für die Entziehung von Besitz und Nutzung (§ 9 I ErbbauRG). Nach der früheren gesetzlichen Regelung mußte der Erbbauzins nach Höhe und Zeit für die ganze Dauer des Erbbaurechts im voraus fest bestimmt sein (was für den Eigentümer ein Risiko der Geldentwertung bedeutet; § 9 II ErbbauRG). Es kann aber eine schuldrechtliche Verpflichtung vereinbart werden, daß zu bestimmten Zeitpunkten die Höhe des Erbbauzinses veränderten Umständen angepaßt wird (§ 9 a ErbbauRG).[5] Eine Erhöhung ist regelmäßig unbillig, wenn sie über die seit Vertragsabschluß eingetretene Änderung der wirtschaftlichen Verhältnisse[6] hinausgeht (§ 9 a I 2 ErbbauRG).[7] Der auf Eintragung einer entsprechenden Reallast gerichtete Anspruch kann auch durch Vormerkung (vgl. § 9 a III ErbbauRG) gesichert werden, wenn seine künftige Höhe bestimmbar ist, z. B. wenn der Lebenshaltungskostenindex oder Beamtenbezüge die Grundlage für die Erhöhung bilden.[8] Seit der Neufassung des § 9 durch das SachenRÄndG vom 21. 9. 1994[9] besteht nunmehr die Möglichkeit, wahlweise auch einen nach Anpassungszeit und Maßstab bestimmbaren dinglichen Erbbauzins zu vereinbaren.[10] Dadurch wird die bisher übliche Wertsicherung durch eine schuldrechtliche Verpflichtung auf Anpassung des Erbbauzinses und die Sicherung dieses Anspruchs durch Vormerkung entbehrlich.[11] Zahlungsverzug begründet den Heimfallanspruch (§ 9 IV ErbbauRG, vgl. u. IV 3). Auf den Erbbauzins finden gemäß § 9 I ErbbauRG die Vorschriften über die Reallast entsprechende Anwendung. Zur nachträglichen Erhöhung des Erbbauzinses mit dinglicher Wirkung ist das Einverständnis der nachrangigen Realberechtigten am Erbbaurecht, zur nachträglichen Verminderung das Einverständnis des Realberechtigten am Grundstück erforderlich.[12] 869

II. Die Begründung des Erbbaurechts

1. Einigung und Eintragung

Sie erfolgt nach § 873 – § 925 ist durch § 11 ErbbauRG ausdrücklich nicht übernommen –, also durch Einigung und Eintragung. Ihr liegt ein schuldrechtlicher Vertrag 870

---

[5] Die Anpassungsklausel selbst bedarf nach BGHZ 68, 152 = NJW 1977, 433 nicht unbedingt eines Bemessungsmaßstabs. In seltenen Ausnahmefällen hält die Rechtsprechung eine Anpassung auch ohne Vertrag für zulässig; vgl. BGHZ 97, 171 = NJW 1986, 2698.

[6] Zu diesem Begriff vgl. BGHZ 75, 279 = NJW 1980, 181 und BGHZ 77, 188 = NJW 1980, 2243 sowie *BGH* NJW 1982, 2382.

[7] Zum maßgebenden Stichtag *BGH* NJW-RR 1988, 775.

[8] Vgl. hierzu *BGH* NJW 1973, 1838; BGHZ 22, 220 = NJW 1957, 98; *KG* OLGZ 1976, 276; *BayObLG* DNotZ 1978, 239 b; *OLG Hamm* NJW-RR 1999, 1176.

[9] BGBl. I S. 2457.

[10] Die Auslegung der Bestimmbarkeitsklausel in § 9 II ErbbauRG ist im einzelnen streitig; vgl. *von Oefele,* DNotZ 1995, 643, 650; *Klein,* WM 1998, 1049, 1054.

[11] *BayObLG* NJW 1997, 468 mit zust. Anm. von *Oefele,* DNotZ 1997, 151; ablehnend *Streuer,* Rpfleger 1997, 18.

[12] Vgl. BGHZ 22, 220 = NJW 1957, 98.

zugrunde, dem Kauf ähnlich, nur mit dem Unterschied, daß meist kein Kaufpreis in Form einmaliger Zahlung vereinbart zu werden pflegt, sondern der Erbbauzins. Der Vertrag, durch den sich der Eigentümer zur Bestellung oder der Berechtigte zum Erwerb des Erbbaurechts verpflichtet, bedarf aber der Form des § 311 b I (§ 11 II ErbbauRG).[13] Durch die Rechtsprechung ist auch die Bestellung durch den Eigentümer an seinem eigenen Grundstück mittels einseitiger Erklärung zugelassen.[14] Auch können mehrere Grundstücke mit einem Erbbaurecht belastet werden (Gesamterbbaurecht), ebenso wie durch Teilung eines mit einem Erbbaurecht belasteten Grundstücks ein Gesamterbbaurecht entstehen kann.[15] Daneben besteht auch die Möglichkeit, ein Wohnungserbbaurecht nach § 30 WEG zu begründen (s. o. § 52 I).

2. Rang des Erbbaurechts

871 Das Erbbaurecht kann nur zur ersten Rangstelle bestellt werden; andernfalls entsteht es nicht. Es muß diesen Rang dauernd behalten; daher kann er auch nachträglich nicht geändert werden (§ 10 ErbbauRG).[16]

Damit wird verhindert, daß durch eine von einem vorstehenden Gläubiger betriebene Zwangsversteigerung das Erbbaurecht erlöschen kann. Diese Möglichkeit widerspräche dem sozialen Zweck des Erbbaurechts und würde seine Beleihung mit Hypotheken praktisch ausschließen, weil sie in ihrem Bestand zu wenig gesichert wären.

Die zur Sicherung eines Erbbauzinses eingetragene Reallast erlischt jedoch wie jedes andere dingliche Recht bei einer Versteigerung aufgrund eines dem Erbbauzins vorrangigen Rechts.[17] Um einen Ausfall des Erbbauzinses zu vermeiden, kann nach der Neufassung durch das SachRÄndG nunmehr auch eine versteigerungsfeste Erbbauzinsreallast gewählt werden (§ 9 III ErbbauRG).[18]

3. Erbbaugrundbuch

872 Das Erbbaurecht erhält von Amts wegen ein besonderes Grundbuchblatt, Erbbaugrundbuch genannt (§ 14 ErbbauRG). Dieses ist für das Erbbaurecht das Grundbuch im Sinne des BGB, d. h. für die Übertragung und Belastung des Erbbaurechts maßgebend (§ 14 III ErbbauRG). Dagegen ist für die Begründung und das Erlöschen des Erbbaurechts das Grundbuch des belasteten Grundstücks ausschlaggebend. Dort muß es eingetragen werden, wenn es entstehen soll, dort gelöscht werden, wenn es erlöschen soll.

Der Inhalt des Erbbaurechts wird im Erbbaugrundbuch festgelegt, im Grundbuch des Grundstücks wird nur Bezug auf dieses genommen (§ 14 II ErbbauRG). Bei Löschung des Erbbaurechts wird das Erbbaugrundbuch von Amts wegen geschlossen (§ 16 ErbbauRG).

---

[13] Zur Heilung eines formnichtigen Vertrags nach ErbbauRG § 11 II, BGB § 311 b I S. 2 vgl. *Wufka*, DNotZ 1985, 651.

[14] Vgl. *BGH* NJW 1982, 2381.

[15] Zum Gesamterbbaurecht vgl. BGHZ 65, 345 = NJW 1976, 519; *OLG Köln* MDR 1988, 865; *Lutter*, DNotZ 1960, 80; *Riedel*, DNotZ 1960, 375; *Haegele*, S. 279 f.; gegen die Annahme eines Gesamterbbaurechts Staudinger/*Ring*, § 1 ErbbauVO Rn. 22.

[16] Einen Fall unrichtiger Löschung eines Erbbaurechts behandelt BGHZ 51, 50 = NJW 1969, 93. In diesem Fall ist die Wiedereintragung nach Auffassung des *BGH* an nachrangiger Stelle möglich.

[17] BGHZ 81, 358 = NJW 1982, 234.

[18] Ausführlich dazu *Kümpel*, WM 1998, 1057.

III. Erbbaurecht als grundstücksgleiches Recht

1. Anwendung des Grundstücksrechts

Auf das Erbbaurecht finden die auf Grundstücke sich beziehenden Vorschriften 873
Anwendung, mit Ausnahme der Formvorschrift über die Auflassung (§ 11 ErbbauRG).

Danach ist das Erbbaurecht wie ein Grundstück zu behandeln, z. B. im ehelichen Güterrecht, was die Zugehörigkeit zu bestimmten Gütermassen oder die Verfügungsbeschränkung des das Gesamtgut verwaltenden Ehegatten anlangt (vgl. § 1424), ferner im Erbrecht, wiederum hinsichtlich Verfügungsbeschränkungen, z. B. des Vorerben (vgl. § 2113);[19] auch ist Zubehör des Erbbaurechts möglich. Die Zwangsvollstreckung in ein Erbbaurecht erfolgt wie in ein Grundstück.

Dem Erbbauberechtigten stehen auch dieselben Ansprüche wie dem Eigentümer bei Entziehung oder Störung des Besitzes zur Verfügung (§ 11 I ErbbauRG), also nach §§ 985 und 1004.

Vor allem ergibt sich aber aus dieser Gleichstellung des Erbbaurechts mit dem Grundstück, daß das Erbbaurecht mit denselben Rechten wie ein Grundstück belastet werden kann, auch mit einem Erbbaurecht (sog. Untererbbaurecht).[20] Am wichtigsten ist auch hier die Belastung mit Hypotheken und Grundschulden, da hierdurch die Beleihbarkeit des Erbbaurechtes ermöglicht wird und eine bedeutende Erleichterung des Bauens geschaffen ist.

2. Eigentum am Bauwerk

Das Bauwerk gilt als wesentlicher Bestandteil des Erbbaurechts. Diese Vorschrift 874
(§ 12 ErbbauRG) kann nicht im Wortsinn genommen werden, denn Bestandteile kennt das BGB nur an Sachen, nicht an Rechten. Sie soll bedeuten, daß das Bauwerk nicht im Eigentum des Grundstückseigentümers steht, sondern in dem des Erbbauberechtigten. Es entspricht dies auch der Regelung, die § 95 I 2 für Gebäude enthält, die in Ausübung eines Rechts an fremden Grundstücken errichtet sind.

Zweifelhaft erscheint das Eigentum bei einem Bauwerk, das zwar auch Gegenstand des Erbbaurechts, aber bei seiner Bestellung schon vorhanden ist. Auch für diesen Fall bestimmt aber § 12 I 2 ErbbauRG, daß es wesentlicher Bestandteil des Erbbaurechts ist. Danach ist anzunehmen, daß es auch in diesem Fall Eigentum des Erbbauberechtigten ist, also aus dem Eigentum des Grundstückseigentümers mit der Entstehung des Erbbaurechts ausscheidet, ohne daß dies in der Einigung über das Erbbaurecht zum Ausdruck kommen oder gewollt sein müßte.[21]

Die Konsequenzen für die Belastung zieht § 12 I 3 ErbbauRG: Das Bauwerk haftet von der Eintragung des Erbbaurechts im Grundbuch an nicht mehr für die Belastungen des Grundstücks. Es ruhen also auf dem Erbbaurecht keine Grundstückshypotheken. Dies wäre auch unverträglich mit dem Zweck des Erbbaurechts und würde für dieses eine Gefährdung bedeuten, die durch die erste Rangstelle des Erbbaurechts gerade ausgeschlossen werden soll.

Mit dem Ende des Erbbaurechts fällt das Bauwerk automatisch in das Eigentum des Grundstückseigentümers und haftet nicht mehr für die Belastungen des Erbbaurechts. In dieser Beziehung tritt an seine Stelle der Entschädigungsanspruch, den der Erbbauberechtigte gegen den Eigentümer hat (vgl. u. IV 1).

---

[19] Hierzu BGHZ 52, 269 = NJW 1969, 2043.
[20] BGHZ 62, 179 = NJW 1974, 1137 (bestr.).
[21] Zu den alten Erbbaurechten nach BGB *Huber*, NJW 1952, 687.

3. Sondervorschriften für Belastungen

875 Für die Belastung mit bestimmten Hypotheken gelten eine Reihe von Sondervorschriften, die der Eigenart des Erbbaurechts angepaßt sind. Diese Sondervorschriften beziehen sich nach §§ 18–20 ErbbauRG auf mündelsichere Hypotheken und nach § 21 ErbbauRG auf Hypotheken von Hypothekenbanken und privaten Versicherungsgesellschaften.

Sie müssen die Form der Tilgungshypothek haben. Die Hypothek darf bei mündelsicheren Hypotheken die Hälfte, bei Hypotheken von Hypothekenbanken und privaten Versicherungsgesellschaften 3/5 des Wertes des Erbbaurechts nicht übersteigen; dabei ist der kapitalisierte Erbbauzins, wenn er der Hypothek im Range vorgeht, in Abzug zu bringen (§ 19 ErbbauRG).[22] Der Wert wird berechnet nach dem Bauwert und dem kapitalisierten nachhaltigen jährlichen Mietreinertrag. Die vorgeschriebene Tilgung der Hypothek muß unter Zuwachs der ersparten Zinsen erfolgen und spätestens 10 Jahre vor dem Ablauf des Erbbaurechts endigen (§ 20 I ErbbauRG). Wird die Hypothek erst später begründet, so muß die Tilgung während der Dauer des Erbbaurechtes nach den obigen Vorschriften noch möglich sein (§ 20 II ErbbauRG). Das Landesrecht kann allerdings abweichende Bestimmungen treffen (§ 22 ErbbauRG).

Diese Bestimmungen erhalten ihren Sinn, sobald man sich klarmacht, daß das Erbbaurecht in aller Regel zeitlich beschränkt ist. Mit seinem Wegfall würden aber die Hypotheken gegenstandslos werden, da sie nicht auf dem Bauwerk, sondern auf dem Erbbaurecht lasten. Auch der Ausweg, daß ihnen statt des Bauwerkes der Entschädigungsanspruch des Erbbauberechtigten gegen den Eigentümer haftet, würde ihnen keine volle Sicherheit geben. Je mehr das Erbbaurecht sich seinem Ablauf nähert, eine desto geringere Wertgrundlage für die Belastungen stellt es dar. Auch der Erlös bei einer Zwangsvollstreckung wird naturgemäß immer geringer.

IV. Die Beendigung des Erbbaurechts

1. Zeitablauf

876 Das Erbbaurecht endet normalerweise mit Ablauf der bestimmten Zeit. Die in der Praxis vereinbarten Zeiten liegen zwischen 30 und 100 Jahren, häufig werden 99 Jahre vereinbart.[23] Damit werden alle Bestandteile des Erbbaurechts solche des Grundstücks (§ 12 III ErbbauRG), d. h. das Eigentum am Bauwerk geht automatisch auf den Eigentümer des Grundstücks über.

Der Eigentümer hat aber eine Entschädigung für das Bauwerk zu leisten, das in sein Eigentum fällt, ohne daß er etwas für dasselbe aufgewendet hat (§ 27 ErbbauRG). Über die Höhe der Entschädigung, auch über ihren Ausschluß, können Vereinbarungen als Inhalt des Erbbaurechts mit dinglicher Wirkung getroffen werden (§ 27 I 2 ErbbauRG).

Der Eigentümer kann seine Zahlungsverpflichtung abwenden, indem er dem Erbbauberechtigten die Verlängerung des Erbbaurechts für die voraussichtliche Standdauer des Bauwerks anbietet. Mit Ablehnung erlischt die Forderung des Erbbauberechtigten auf die Entschädigung (§ 27 III ErbbauRG).

---

[22] Bei Vereinbarung einer versteigerungsfesten Erbbauzinsreallast entfällt das Kapitalisierungsgebot des § 19 II ErbbauRG.

[23] Vgl. *Winkler,* NJW 1992, 2514.

Die Entschädigungsforderung tritt insofern an die Stelle des Erbbaurechts, als sie an dessen Rangstelle (also in der Regel an erster) auf dem Grundstück lastet (§ 28 ErbbauRG). Daneben haftet der Eigentümer für sie auch persönlich. Sie dient zugleich als Sicherheit für etwa noch bestehende Hypotheken oder Grundschulden, und zwar geht der Gläubiger dem Erbbauberechtigten vor (§ 29 ErbbauRG, wie der Hypothekengläubiger dem Eigentümer bei der Zwangsversteigerung).

Die vom Erbbauberechtigten abgeschlossenen Miet- und Pachtverträge bleiben in Kraft, der Grundstückseigentümer tritt in sie ein, wie der Erwerber bei Veräußerung des Grundstücks nach §§ 566 ff. (§ 30 I ErbbauRG). Er hat aber ein außerordentliches Kündigungsrecht nach § 30 II und III ErbbauRG.

2. Aufhebung

Das Erbbaurecht kann durch den Berechtigten nach § 875 einseitig aufgehoben werden. Doch hat **877**
der Eigentümer seine Zustimmung dazu zu geben (§ 26 ErbbauRG).

3. Heimfall

Vom Erlöschen des Erbbaurechts ist der Heimfall zu unterscheiden, die Ver- **878**
pflichtung des Erbbauberechtigten, sein Recht auf den Grundstückseigentümer zu übertragen. Denn hierdurch erlischt es nicht, sondern steht danach dem Eigentümer zu, der es wieder an einen Dritten übertragen kann.

Der Heimfall wird durch Vereinbarungen zwischen dem Eigentümer und dem Erbbauberechtigten in der Regel schon bei Begründung des Erbbaurechts geregelt, insbesondere in seinen Voraussetzungen. Der praktische Hauptfall ist neben der Vernachlässigung des Bauwerks[24] der Verzug des Erbbauberechtigten mit der Zahlung des Erbbauzinses. Es kann dem Eigentümer nicht zugemutet werden, das Erbbaurecht dauernd ohne die versprochene Gegenleistung dem anderen Teil zu belassen. Jedoch ist der Heimfallanspruch nur dann begründet, wenn mindestens zwei Jahresbeträge des Erbbauzinses rückständig sind (§ 9 IV ErbbauRG).

Durch die Erfüllung des Heimfallanspruchs, die Übertragung des Erbbaurechts, verliert der Berechtigte das Eigentum an dem Bauwerk, das er in der Regel selbst mit eigenen Aufwendungen errichtet hat. Er darf es auch nicht wegnehmen, also abreißen, und sich das Material aneignen (§ 34 ErbbauRG). Dafür hat er aber einen Anspruch auf eine Vergütung, weil sonst der Eigentümer wirtschaftlich auf seine Kosten bereichert würde (§ 32 ErbbauRG).

Die Höhe derselben wird in der Regel durch Vereinbarung zwischen Eigentümer und Erbbauberechtigtem im voraus bestimmt (§ 32 I 2 ErbbauRG). Ein Ausschluß jeder Vergütung ist zwar möglich (Ausnahme § 32 II ErbbauRG), aber selten.

Die auf dem Erbbaurecht lastenden Hypotheken, Grundschulden und Reallasten bleiben bestehen (ausgenommen die dem Erbbauberechtigten selbst zustehenden, § 33 ErbbauRG), weil sonst die Sicherheit dieser Rechte zu sehr gefährdet würde.

Der Heimfallanspruch stellt ein vertragliches Wiedererwerbsrecht des jeweiligen Eigentümers dar. Durch den Vergütungsanspruch des Erbbauberechtigten nähert es sich dem Wiederkaufsrecht.

---

[24] Vgl. *BGH* NJW-RR 1988, 715.

4. Keine Beendigung

879 Das Erbbaurecht endet nicht mit dem Untergang des Bauwerks (§ 13 ErbbauRG).

Es endet ferner nicht durch die Zwangsversteigerung des Grundstücks, an dem es besteht, selbst wenn es nicht in das geringste Gebot fällt (§ 25 ErbbauRG).
Ein Rücktritt vom Erbbaurechtsvertrag nach Eintragung des Erbbaurechts im Grundbuch ist ausgeschlossen.[25]

V. Soziale Bedeutung des Erbbaurechts

880 Das Erbbaurecht hat eine beträchtliche soziale Bedeutung als Erleichterung des Eigenheimbaus und damit auch der Siedlung.

Die Erleichterung besteht darin, daß der Bauwillige das Grundstück nicht zu erwerben und kein Kapital dafür aufzuwenden braucht, sondern lediglich einen Zins aufbringen muß, der eine Art von Verzinsung des Grundstückswertes darstellt. Die gesamten Erwerbskosten für ein Haus mindern sich also um den Betrag, der sonst für den Erwerb des Grundstücks aufgebracht werden müßte. Durch das Wohnungseigentum (vgl. o. § 52) hat sich diese Bedeutung des Erbbaurechts gemindert. Wirtschaftlich sind letztlich der Erbbauzins und die Laufzeit des Erbbaurechts abzuwägen mit den Kosten für hypothekarisch gesicherte Kredite in Höhe der Anschaffungskosten.

Das Haus selbst verliert für den Erbbauberechtigten nicht dadurch an Wert, daß es nicht mit dem Eigentum am Grundstück verbunden ist. Der Erbbauberechtigte verspürt dies im täglichen Leben nicht. Die zeitliche Begrenzung des Rechts vermindert das Gefühl im eigenen Hause zu wohnen, nicht sehr, denn die Lebensdauer des Rechts erstreckt sich ja in der Regel auf zwei oder drei Generationen.

2. Abschnitt. Die Dienstbarkeiten

§ 76. Übersicht

I. Begriff und Arten

881 Dienstbarkeiten sind dingliche Nutzungsrechte. Durch ihre dingliche Natur unterscheiden sie sich von inhaltlich ähnlichen schuldrechtlichen Verhältnissen, wie Pacht und Miete.

Man unterscheidet nach der Person des Berechtigten die beiden Klassen der Grunddienstbarkeiten und der persönlichen Dienstbarkeiten. Erstere stehen dem jeweiligen Eigentümer eines anderen Grundstücks zu, sind also mit dem Eigentum an dem herrschenden Grundstück fest verbunden, bei der zweiten Art ist der Berechtigte eine individuell bestimmte Person.

---

[25] *BGH* NJW 1969, 1112 mit Anm. v. *Hönn,* NJW 1969, 1669; *BGH* LM Nr. 1 zu § 1 ErbbauVO.

Nach dem Inhalt unterscheidet man beschränkte und volle Nutzungsrechte. Der Nießbrauch gewährt ein Recht auf die gesamten Nutzungen eines Gegenstandes. Alle anderen Dienstbarkeiten berechtigten nur zu beschränkten Nutzungen je nach dem vereinbarten Inhalt.

Gegenstand der Dienstbarkeiten sind nur Grundstücke. Nur der Nießbrauch ist auch an beweglichen Sachen und an Rechten möglich.

II. Kausalgeschäft und dingliches Recht

Auch bei den Dienstbarkeiten ist das obligatorische Verpflichtungsgeschäft, das auch über eine **882** etwaige Gegenleistung bestimmt, von dem dinglichen Geschäft, der Bestellung der Dienstbarkeit, zu unterscheiden. Jenes ist formfrei, dieses unterliegt bei Grundstücken der Vorschrift des § 873, erfordert also Einigung und Eintragung.

§ 77. Die Grunddienstbarkeiten

Literatur: *Ahrens,* Dingliche Nutzungsrechte, 2. Aufl., 2007; *Amann,* Steuerung des Bierabsatzes durch Dienstbarkeiten, DNotZ 1986, 578; *ders.,* Leistungspflichten und Leistungsansprüche aus Dienstbarkeiten, DNotZ 1989, 531; *Baetge,* Wettbewerbsbeschränkende Dienstbarkeiten in Europa, RabelsZ 1995, 645; *Finkenauer,* Der Eintragungszwang für Grunddienstbarkeiten, ZNR 2001, 220; *Gieseke,* Leitungen auf fremden Grundstücken, FS Hedemann, 1958, S. 95; *Grziwotz,* Der aktuelle Umfang von Wegerechten, NJW 2008, 1851; *Herbst,* Unterlassungsdienstbarkeiten, FS Schippel, 1996; *Heß,* Dienstbarkeit und Reallast im System dinglicher Nutzungs- und Verwertungsrechte, AcP 198 (1998), 489; *Joost,* Sachenrechtliche Zulässigkeit wettbewerbsbeschränkender Dienstbarkeiten, NJW 1981, 308; *Kindermann,* Rechtsprobleme beim Bau von Erdölfernleitungen, 1965; *Knöchlein,* Wettbewerbs- und Verkaufsbeschränkungen als Inhalt von Dienstbarkeiten, BB 1961, 589; *Löscher,* Mitbenützungsrechte Dritter bei Grunddienstbarkeiten, Rpfleger 1962, 432; *Münch,* Die Sicherungsdienstbarkeit zwischen Gewerberecht und Kartellrecht, ZHR 157 (1993), 559; *Naendrup,* Zur Geschichte deutscher Grunddienstbarkeiten, 1900; *Prütting,* Beschränkungen des Wettbewerbs durch Dienstbarkeiten, GS Schultz, 1987, S. 287; *Riedel,* Unklarheiten im Recht der Dienstbarkeiten, Rpfleger 1966, 131; *Schmidt-Rimpler,* Die Eigentümerdienstbarkeiten, 1911; *Stürner,* Dienstbarkeit heute, AcP 194 (1994), 265; *Trube,* Sicherungsdienstbarkeit und sichernde Dienstbarkeit, 2001; *Walberer,* Die Belastung im Sinne von § 1019 BGB bei den Wettbewerbsverboten, NJW 1965, 2138; *Walter/Maier,* Die Sicherung von Bezugs- und Abnahmeverpflichtungen durch Dienstbarkeiten, NJW 1988, 377; *Westermann,* Die Forstnutzungsrechte, 1942.

I. Allgemeines

Bei Grunddienstbarkeiten stehen sich zwei Grundstücke gegenüber, ein belaste- **883** tes, das „dienende“, und das, zu dessen Gunsten die Belastung besteht, das „herrschende“. Benachbart brauchen sie nicht zu sein, doch liegt es in der Natur dieser Rechte, daß eine gewisse Nähe in der Regel erforderlich ist, weil sich sonst kein Nutzen für das herrschende Grundstück ergeben kann. Das läßt sich an den sog. wettbewerbsbeschränkenden Dienstbarkeiten deutlich zeigen (s. u. VII).

Die Begründung einer Grunddienstbarkeit erfolgt nach § 873 durch Einigung und Eintragung. Auch wenn beide Grundstücke demselben Eigentümer gehören, ist die Bestellung einer Grunddienstbarkeit wohl als möglich anzusehen; an die Stelle der Einigung tritt die einseitige Erklärung des

Eigentümers.[1] Die Übertragung einer Grunddienstbarkeit ist nur zusammen mit dem Eigentum am herrschenden Grundstück möglich. Allerdings kann die rechtsgeschäftliche Verpflichtung, eine Grunddienstbarkeit einzuräumen, vom Berechtigten abgetreten werden.[2] Das Erlöschen richtet sich nach § 875. Es ist ferner anzunehmen, daß eine Grunddienstbarkeit erlischt, wenn durch tatsächliche Veränderungen bei einem der Grundstücke die Ausübung derselben dauernd unmöglich wird,[3] oder der Vorteil für das herrschende Grundstück dauernd und völlig wegfällt, z. B. durch Widmung eines dienenden Grundstücks zur öffentlichen Straße.[4]

Die Frage, ob eine einheitliche Grunddienstbarkeit zugunsten der Eigentümer mehrerer selbständiger Grundstücke bestellt werden kann, wird in der Literatur überwiegend verneint.[5] Folgt man dieser Auffassung, müßten gegebenenfalls mehrere selbständige Grunddienstbarkeiten eingetragen werden.[6]

II. Inhalt

884 Der Inhalt einer Grunddienstbarkeit ist nach § 1018 in dreierlei Art möglich:

1. Nutzungsrechte

Der Berechtigte darf das belastete Grundstück in bestimmten einzelnen Beziehungen benutzen, wie er es ohne die Dienstbarkeit nicht dürfte.

Beispiele sind Wegerechte[7], Weiderechte, Holz- und Streuberechtigungen, Führung von Leitungen über das Grundstück, Baubeschränkungen, Garagenbenutzungsrechte an einer Tiefgarage.[8]

Der Eigentümer muß daher eine Benutzung seines Grundstücks dulden, die er sonst verbieten könnte (daher servitus in patiendo).[9]

2. Anspruch auf Nutzungsunterlassung

885 Auf dem belasteten Grundstück dürfen bestimmte Handlungen nicht vorgenommen werden, die sonst der Eigentümer kraft seines Eigentums vornehmen dürfte. Er hat zu unterlassen, was er sonst tun dürfte. Die Dienstbarkeiten ermöglichen also eine Erweiterung oder Abschwächung der normalen nachbarrechtlichen Duldungspflichten (servitus in non faciendo).[10]

Beispiel: Verbot der Bebauung oder der Errichtung bestimmter Betriebe auf dem Grundstück, z. B. einer Tankstelle. Vgl. dazu im einzelnen u. VII.

---

[1] So z. B. RGZ 142, 234; *Baur/Stürner,* § 33 Rn. 34; *Gursky,* in: Westermann, § 122 III 3.

[2] *BGH* NJW 2010, 1074.

[3] Vgl. dazu *BGH* NJW 1980, 179; *OLG Köln* OLGZ 1981, 16; einschränkend *BGH* NJW 2008, 3123.

[4] *OLG Düsseldorf* MDR 1995, 471.

[5] Vgl. Staudinger/*Ring,* § 1018 Rn. 15 m. w. N. auch zur Gegenansicht.

[6] Dagegen mit Recht *BayObLG* NJW 1966, 56 für den Fall, daß eine einheitliche Anlage zugunsten mehrerer Eigentümer auf dem dienenden Grundstück errichtet werden soll (ebenso *OLG Frankfurt a. M.* NJW 1969, 469).

[7] *Grziwotz,* NJW 2008, 1851.

[8] Vgl. *BGH* DNotZ 1976, 18; *BGH* NJW 1985, 2474; RR 1991, 457; 2002, 1797.

[9] Zur Frage der Bestimmtheit der Eintragung einer Grunddienstbarkeit vgl. *BGH* NJW 1969, 502 und zu den formellen Anforderungen *BGH* NJW 1981, 1781.

[10] Einen Fall, in dem beide Arten in einer Dienstbarkeit enthalten sind (Tankstellendienstbarkeiten mit Konkurrenzklausel), behandelt BGHZ 35, 378 = NJW 1961, 2157.

3. Ausschluß von Abwehrrechten

Die Ausübung eines Rechts wird ausgeschlossen, das sich sonst aus dem Eigentum am dienenden Grundstück gegenüber dem herrschenden ergeben würde, z. B. die Ausübung nachbarrechtlicher Befugnisse, insbesondere zulässiger Immissionen (§ 906). Danach wird die Ausübung des Eigentums am herrschenden Grundstück über das normale Maß erweitert. 886

Zu 1–3: Für alle diese Arten gemeinsam gilt, daß die Belastung immer einen Vorteil für die Benutzung des herrschenden Grundstücks begründen muß, nicht etwa nur für den einzelnen Eigentümer persönlich (§ 1019 Satz 1). Ein Verstoß hiergegen macht die Grunddienstbarkeiten nichtig, sofern nicht die Umdeutung in eine persönliche Dienstbarkeit möglich ist. Auch im Maß der Ausübung ist die Grunddienstbarkeit in derselben Weise beschränkt (§ 1019 Satz 2). Die Überschreitung macht die Dienstbarkeit wenigstens teilweise nichtig. In erster Linie kommen wirtschaftliche Vorteile in Frage (vgl. die obigen Beispiele), doch ist z. B. auch das Verbot eines lärmenden Gewerbebetriebes auf dem belasteten Grundstück als Vorteil für die Benutzung eines Wohngrundstücks anzusehen. Stets kommt es auf die Art des herrschenden Grundstücks an, ob Wohn- oder Geschäftshaus, landwirtschaftlich oder gewerblich genutzt. Das inhaltlich bestimmte Maß bildet das Maximum der Benutzung, auch wenn der Nutzen des herrschenden Grundstücks weitergehen sollte. Sinkt dagegen der Bedarf desselben, so geht automatisch auch das Maß der Benutzung herunter.

4. Kein Anspruch auf positives Tun des belasteten Eigentümers

Die Grunddienstbarkeit kann ihrem Hauptinhalt nach nicht auf ein positives Handeln des belasteten Eigentümers gerichtet sein (servitus in faciendo consistere non potest), auch wenn das Handeln als Pflicht zur Unterlassung formuliert ist.[11] Allerdings ist die Trennung von Tun und Unterlassen in der Praxis nicht einfach zu ziehen. Letztlich wird man darauf abstellen müssen, was den Schwerpunkt der bestellten Dienstbarkeit ausmacht.[12] 887

Beispiel: Nach *BGH* NJW 1962, 486 ist es zulässig, durch eine Dienstbarkeit das Verbot, auf einem Grundstück Flaschenbier zu verkaufen, abzusichern. Näher zu diesem Problem s. u. VII.

Nur wenn zur Ausübung der Dienstbarkeit auf dem belasteten Grundstück eine Anlage erforderlich ist, z. B. eine Wasserleitung, so kann durch Vereinbarung dem Eigentümer des belasteten Grundstücks die Verpflichtung auferlegt werden, diese Anlage zu unterhalten (§ 1021). Ähnlich soll die Vereinbarung, daß der Berechtigte die Verkehrssicherungspflicht für ein Grundstück trägt, als Dienstbarkeit eintragungsfähig sein (*BayObLG* NJW-RR 1990, 600).

III. Grunddienstbarkeit und Eigentümernutzung

Das Benutzungsrecht aus der Dienstbarkeit geht dem des Eigentümers vor. Dieser darf sein Grundstück nur soweit benutzen, als es nach voller Ausnutzung der Dienstbarkeit noch möglich bleibt. Doch kann ein Mitbenutzungsrecht des Eigentümers ausdrücklich oder stillschweigend vereinbart werden; dann muß, falls das dienende Grundstück für die volle Nutzung beider nicht mehr genug hergibt, eine verhältnismäßige Kürzung erfolgen, z. B. bei Holzrechten. Ein gänzlicher Ausschluß des Eigentümers von der Nutzung ist nicht zulässig. Ein solcher liegt aber nicht vor, wenn der Eigentümer von der Benutzung einer Teilfläche des Grundstücks ausgeschlossen wird.[13] Bei Vereinbarung gleichberechtigter Mitnutzung muß eine Ausübungsregelung analog § 745 II getroffen werden.[14] 888

---

[11] Vgl. *BayObLG* MDR 1977, 139, 1982, 936 und 1986, 57; NJW-RR 1990, 600.
[12] Vgl. *Prütting*, GS Schultz, 1987, S. 296 f.
[13] *BGH* MDR 1992, 582; a. A. *KG* MDR 1992, 52.
[14] *BGH* NJW 2008, 3703

Der Berechtigte hat bei der Ausübung das Interesse des Eigentümers des dienenden Grundstücks tunlichst zu schonen (§ 1020 Satz 1).[15] Gegen eine Überschreitung der Befugnisse des Berechtigten kann sich der Eigentümer gem. § 1004 zur Wehr setzen.[16]

Über Verlegung der Dienstbarkeit auf einen anderen Teil des Grundstücks (die z. B. bei Wegerechten bedeutsam werden kann) vgl. § 1023,[17] über Teilung des dienenden oder des herrschenden Grundstückes vgl. §§ 1025, 1026.

IV. Der Schutz der Grunddienstbarkeit

1. Beseitigungs- und Unterlassungsanspruch

889 Gegen Beeinträchtigung der Dienstbarkeit hat der Berechtigte den Beseitigungs- und Unterlassungsanspruch wie der Eigentümer gemäß §§ 1004, 1027.

Hierunter fallen die tatsächliche Verhinderung oder Einschränkung der erlaubten Benutzung oder die Vornahme einer verbotenen Handlung.

Wird die Grunddienstbarkeit durch den Bau eines Gebäudes beeinträchtigt, sind die §§ 912–916 entsprechend anzuwenden.[18]

2. Besitzschutz

890 Außerdem genießt der Berechtigte den Besitzschutz, wenn die Dienstbarkeit im Grundbuch eingetragen (was jetzt in aller Regel der Fall ist) und im Laufe des letzten Jahres vor der Störung wenigstens einmal ausgeübt worden ist (§ 1029). Damit gewinnt der Berechtigte das Recht zur Abwehr verbotener Eigenmacht mit der erweiterten Selbsthilfe der §§ 858 ff. und die Besitzklagen nach §§ 861 ff.

V. Alte Grunddienstbarkeiten

891 Bei Geltungsbeginn des BGB bereits vorhandene Grunddienstbarkeiten bedürfen der Eintragung nicht, doch kann durch Landesgesetz die Eintragung angeordnet werden (Art. 187 EGBGB). Im übrigen gibt es also nicht eingetragene Dienstbarkeiten, die auch dem gutgläubigen Erwerber gegenüber gelten.[19]

VI. Wirtschaftliche Bedeutung

892 Die wirtschaftliche Bedeutung der Grunddienstbarkeiten hat sich im Laufe der letzten Jahrzehnte stark geändert.

Die Bedeutung von Wegerechten ist z. B. durch den Ausbau des öffentlichen Straßennetzes zurückgegangen. Weiderechte wurden durch Intensivierung der Landwirtschaft, insbesondere Umwandlung von Weiden in Wiesen oder Felder, beseitigt. Der Fortbestand von Dienstbarkeiten, die auf veralteten wirtschaftlichen Verhältnissen beruhen oder als wirtschaftlich schädlich anerkannt sind, ist oft ein Hemmschuh für die wirtschaftliche Entwicklung. Darum ist in den meisten Landesrechten die Ablösung der Dienstbarkeiten vorgesehen und in weitem Umfang durchgeführt, daneben auch öfters die Begründung neuer verboten.

---

[15] Nach BGHZ 95, 144 = NJW 1985, 2944 begründet § 1020 ein gesetzliches Schuldverhältnis.

[16] Vgl. *BGH* NJW 1965, 1229; *OLG Köln* MDR 1997, 545.

[17] Zur Frage, ob die Verlegung eintragungsbedürftig ist, vgl. *BGH* DNotZ 1976, 530.

[18] Vgl. BGHZ 39, 5 = NJW 1963, 807.

[19] Vgl. dazu *BGH* NJW 1988, 2037.

Auf anderen Gebieten haben dagegen die Dienstbarkeiten stark an Bedeutung gewonnen. So werden sie z. B. in immer stärkerem Maße zur Durchsetzung von Wettbewerbsverboten verwendet. Der Versuch, durch Dienstbarkeiten weit über rein sachenrechtliche Probleme hinaus auf den Wettbewerb einzuwirken, ist seit einiger Zeit von derart großer Bedeutung, daß die darin enthaltene Problematik gesondert darzustellen ist (s. sogleich unten VII.).

VII. Wettbewerbsbeschränkende Dienstbarkeiten

1. Ausgestaltung und Bedeutung

In der Praxis wird immer wieder versucht, Beschränkungen des Wettbewerbs, **893** insbesondere Bezugs- und Absatzbindungen, mit dinglicher Wirkung festzulegen. Beispiele sind Getränkelieferungsverträge, der Vertrieb von Mineralölprodukten und der Bezug von Fernwärme. Hintergrund dieser Entwicklung ist eine Tendenz zur Verdinglichung schuldrechtlicher Bindungen. Wettbewerbsbeschränkende Dienstbarkeiten mit einer solchen Zwecksetzung kommen in fünf verschiedenen Arten vor:

a) Inhalt der Dienstbarkeit kann ein generelles Verbot sein. Auf dem belasteten Grundstück darf z. B. keinerlei Gewerbebetrieb errichtet oder unterhalten werden.

b) Auch das spezielle Verbot, einen ganz bestimmten Gewerbebetrieb zu errichten oder zu betreiben, kann Inhalt einer Dienstbarkeit sein. Es wird z. B. auf einem bestimmten Grundstück ein Kaufhaus betrieben und auf dem Nachbargrundstück ist das Verbot eingetragen, ein weiteres Kaufhaus zu errichten oder zu betreiben.[20]

c) Eine dritte Form koppelt das Verbot einer bestimmten gewerblichen Tätigkeit für den Eigentümer des dienenden Grundstücks mit dem ausschließlichen dinglichen Nutzungsrecht des Berechtigten. So hatte in einem Fall der Grundstückseigentümer eine Dienstbarkeit des Inhalts bestellt, daß die Inhaberin der Dienstbarkeit das Recht habe, auf dem Grundstück eine Tankstelle zu betreiben und zugleich, daß der Eigentümerin oder Dritten eine solche Nutzung verboten sei.[21]

d) Ebenfalls zulässig soll es nach der Rechtsprechung sein, durch Dienstbarkeiten das Verbot abzusichern, eine bestimmte Warengruppe oder Warenart zu vertreiben. Dies hat der *BGH* für eine Vereinbarung entschieden, in einem Lebensmittelgeschäft dürfe kein Flaschenbier verkauft werden.[22]

e) Keine der genannten Vereinbarungen führt aber positiv zu einer Bezugs- oder Abnahmebindung. Das Hauptproblem bildet daher eine fünfte Gruppe von Dienstbarkeiten, bei denen es dem Eigentümer eines Grundstücks verboten ist, andere Produkte als die des Inhabers des dinglichen Rechts zu lagern oder zu verkaufen (Absatzbindung)[23] bzw. abzunehmen (Bezugsbindung).[24] Auch hier ist der Inhalt der Dienstbarkeit das Unterlassen von Handlungen, wirtschaftlich wird daraus aber ein Zwang, das Produkt vom Berechtigten abzunehmen.

---

[20] Vgl. *BGH* DNotZ 1956, 40; *OLG München* NJW 1957, 1765.

[21] BGHZ 29, 244 = NJW 1959, 670; *BGH* WM 1985, 808.

[22] *BGH* NJW 1962, 486.

[23] Vgl. BGHZ 29, 244 = NJW 1959, 670; BGHZ 74, 293 = NJW 1979, 2150; *BGH* NJW 1981, 343; WM 1985, 808.

[24] Vgl. *BayObLG* MDR 1982, 936; *OLG Düsseldorf* Rpfleger 1979, 304.

2. Allgemeine rechtliche Einordnung

894 Die Rechtsprechung[25] und die herrschende Ansicht in der Literatur[26] halten Vertriebsbindungen der zuletzt geschilderten Art im Wege einer Dienstbarkeit im Ergebnis zu Recht für unzulässig. Die dafür geltend gemachten Argumente sind allerdings wenig überzeugend.[27] Weder die Behauptung, es gehe gar nicht um ein Verbot tatsächlichen Handelns, sondern um die Beschränkung der rechtsgeschäftlichen Freiheit, noch die Forderung, es müsse eine erkennbare Nutzungsänderung des Grundstücks eintreten und die zu unterlassende Handlung müsse in einer echten Beziehung zum Grundstück stehen, können das Ergebnis rechtfertigen. Auch das aus dem Gesetz nicht zu entnehmende Merkmal, es müsse eine unmittelbare Wirkung auf den tatsächlichen Gebrauch des Grundstücks vorliegen[28] hilft nicht weiter. Übrig bleibt allein die richtige Feststellung, daß Dienstbarkeiten nicht zu einer persönlichen Bindung des jeweiligen Eigentümers mißbraucht werden dürfen. Freilich hat die Rechtsprechung diesen Einwand selbst entkräftet, weil sie das Ergebnis, eine Betriebsbindung mit dinglicher Wirkung abzusichern, durch eine andere Rechtskonstruktion (s. unten 3.) akzeptiert hat.[29] Allein aus dem Verbot, einen Anspruch auf positives Tun zum Hauptinhalt einer Dienstbarkeit zu machen, lassen sich tragfähige Argumente für den Bereich zulässiger Wettbewerbsbeschränkung entnehmen. Dabei kommt es, wie oben (II. 4.) angesprochen, auf den Schwerpunkt des durch die Dienstbarkeit festgelegten Verhaltens an. Ein wirtschaftlicher Zwang zu einem bestimmten Handeln soll für den Eigentümer nicht entstehen. Denn dem Berechtigten soll das belastete Grundstück dienen, nicht aber die Person und Arbeitskraft des Eigentümers. Eine Abgrenzung nach diesem Kriterium zeigt, daß in allen Fällen, in denen durch Dienstbarkeiten der Bezug ausschließlich der Produkte des Berechtigten abgesichert werden sollte, eine unzulässige Ausgestaltung dieses dinglichen Rechts vorliegt. Dagegen ist in den oben (1. a-d) genannten vier Formen von Dienstbarkeiten Hauptinhalt des Rechts tatsächlich ein Unterlassen. Diese Dienstbarkeiten sind daher zulässig.

3. Die neuere Entwicklung

895 Um dennoch Bezugs- und Absatzbindungen dinglich zu sichern, werden in der Praxis nunmehr Dienstbarkeiten mit einem generellen Wettbewerbsverbot eingetragen, durch einen schuldrechtlichen Vertrag wird dann aber die Abnahme der Produkte des Berechtigten vereinbart. Diese Konstruktion eines dinglich gesicherten Wettbewerbsverbots mit schuldrechtlichem Verzicht auf die Ausübung des

---

[25] BGHZ 29, 244 = NJW 1959, 670; BGHZ 74, 293 = NJW 1979, 2150; *BGH* NJW 1981, 343; WM 1985, 808.

[26] *Amann,* DNotZ 1986, 578; *Stürner,* AcP 194, 271; Soergel/*Stürner,* § 1018 Rn. 30; Staudinger/*Ring,* § 1018 Rn. 50; RGRK/*Rothe,* § 1018 Rn. 25; *Ott,* in: Kommentar zum BGB (Reihe Alternativkommentare), 1979 ff., § 1018 Rn. 10 a; a. A. *Joost,* NJW 1981, 308, 310, der eine Unzulässigkeit freilich aus anderen Gründen annimmt. Zum ganzen auch *Bormann,* Wettbewerbsbeschränkungen durch Grundstücksrechte, 2003.

[27] *Prütting,* GS Schultz, 1987, S. 290 ff.; zu Recht sehr kritisch auch *Baetge,* RabelsZ 1995, 665.

[28] So BGHZ 29, 244, 251 = NJW 1959, 670; dagegen *Prütting,* GS Schultz, 1987, S. 292 f.

[29] BGHZ 74, 293 = NJW 1979, 2150; *BGH* NJW 1979, 2149; 1981, 343; WM 1985, 808; *BayObLG* NJW-RR 1997, 912.

dinglichen Rechts hält der *BGH* in st. Rspr. für zulässig.[30] Auch von großen Teilen der Literatur wird diese Konstruktion gebilligt, da das Vorliegen schuldrechtlicher Zusatzabreden dem numerus clausus der dinglichen Rechte nicht widerspreche und der Inhalt der Dienstbarkeit daher rechtlich nicht zu beanstanden sei.[31] Entgegen der h. M. liegt in Wahrheit aber auch hier eine unzulässige dingliche Verpflichtung zu positivem Tun vor, weil der Eigentümer bereits nach der dinglichen Rechtslage keine unterschiedlichen Handlungsmöglichkeiten hat und auf alle Bedingungen des Berechtigten eingehen muß.[32] Dagegen verstoßen solche Konstruktionen nicht gegen das Gewerberecht und das Kartellrecht.[33]

§ 78. Der Nießbrauch an Sachen

Literatur: *Ahrens,* Dingliche Nutzungsrechte, 2. Aufl., 2007; *Beyerle,* Ertragsbeteiligung als dingliches Recht, JZ 1955, 257; *Friedrich,* Nießbrauch in neuem Gewand, NJW 1996, 32; *Pikalo,* Der Nießbrauch im Landwirtschaftsrecht, DNotZ 1971, 389; *Schön,* Der Nießbrauch an Sachen, 1992.

I. Inhalt des Nießbrauchs

Gegenstand des Nießbrauchs kann ein Grundstück, eine bewegliche Sache oder ein Recht sein. Er ist das unvererbliche und unveräußerliche dingliche Recht, alle Nutzungen aus dem belasteten Gegenstand zu ziehen. Als umfassendes Nutzungsrecht unterscheidet er sich von allen Dienstbarkeiten. Eine Schranke für dieses Recht bildet die Vorschrift, daß die Substanz des Gegenstandes aufrechterhalten bleibt und der Nießbraucher in sie nicht eingreifen darf (vgl. aber u. VIII). **896**

Wirtschaftliche Bedeutung hat der Nießbrauch nur in bestimmten Fällen, denn in der Regel räumt kein Eigentümer einem anderen ein so weitgehendes Recht ein, das ihm selbst für längere Zeit den gesamten Ertrag des Gegenstandes nimmt. Ein wichtiger Fall in der Praxis ist der sog. Vorbehaltsnießbrauch bei der Übertragung von Grundbesitz und Gesellschaftsanteilen von Eltern und Kinder zu Lebzeiten in Vorwegnahme der Erbfolge. Daneben hat der Nießbrauch auch als Vermächtnis praktische Bedeutung als steuerliche Korrektur des Berliner Testaments. In diesen Fällen wird neben der Erbeinsetzung des überlebenden Ehegatten den Kindern ein Vermögenswert in Höhe des Steuerfreibetrages vermacht, dieser aber mit einem Nießbrauch durch ein Untervermächtnis zu Gunsten des überlebenden Ehegatten beschwert. Denkbar ist schließlich eine gesetzliche Erbfolge mit Nießbrauchsvermächtnis für den überlebenden Ehegatten an den Erbteilen der Kinder. Aus steuerlichen Gründen spielt dieser Fall keine große Rolle.

---

[30] BGHZ 74, 293.

[31] *Baur/Stürner,* § 33 Rn. 14 ff.; *Münch,* ZHR 157 (1993), 561 (m. w. N. in Fn. 5); *Stürner,* AcP 194, 265, 280; *Bormann,* Wettbewerbsbeschränkungen durch Grundstücksrechte, 2003.

[32] *Prütting,* GS Schultz, 1987, S. 300 f.; *Baetge,* RabelsZ 1995, 665.

[33] So zu Recht *Münch,* ZHR 157 (1993), 559, 564 ff.; *Stürner,* AcP 194, 284 ff.

II. Die Begründung des Nießbrauchs

1. Bestellung durch Rechtsgeschäft

897 Die Bestellung durch Rechtsgeschäft unter Lebenden hat verschiedene Erfordernisse, je nachdem, ob es sich um Grundstücke oder bewegliche Sachen handelt. Sie entsprechen stets jenen für die Übertragung des Eigentums. Daher sind bei Grundstücken Einigung und Eintragung erforderlich (§ 873 direkt), womit auch der Nießbrauch am Zubehör erworben wird (§ 1031), bei beweglichen Sachen Einigung und Übergabe oder Übergabesurrogate (§ 1032 mit § 929). Die Einigung bezieht sich hier natürlich auf die Begründung des Nießbrauchs.

Ein gutgläubiger Erwerb ist unter den gleichen Voraussetzungen wie beim Eigentumserwerb möglich (§§ 892 für Grundstücke direkt, 1032 Satz 2 mit § 932 für bewegliche Sachen).

Die Bestellung ist ein abstrakter Vertrag. Das Kausalgeschäft, welches die Verpflichtung zur Bestellung begründet, kann Schenkungsversprechen, Vermächtnis, Gutsüberlassungsvertrag sein; seltener liegt ein entgeltlicher gegenseitiger Vertrag vor.

Die Eintragung mehrerer Nießbrauchsberechtigter ins Grundbuch ist als Gesellschaft (§ 705) oder als Bruchteilsgemeinschaft (§ 741) möglich, nicht aber als Mitberechtigte nach § 432.[1]

2. Ersitzung

898 Der Nießbrauch an einer beweglichen Sache kann auch durch Ersitzung erworben werden. Dabei müssen dieselben Voraussetzungen wie bei der Ersitzung des Eigentums an beweglichen Sachen erfüllt werden (§ 1033).

3. Nießbrauch an eigener Sache

899 Umstritten ist, ob es einen Nießbrauch an der eigenen Sache geben kann.[2] Die Zulässigkeit eines Eigentümernießbrauchs an Grundstücken wird man jedenfalls bejahen können. Der Eigentümer kann dadurch bei weiteren Belastungen einen Vorrang wahren. Bei Verkauf seines Grundstücks kann er den vorher bestellten Nießbrauch behalten.

III. Die Rechte des Nießbrauchers

900 Der Nießbrauch umfaßt eine Reihe von Befugnissen.

1. Recht zum Besitz

Der Nießbraucher ist zum Besitz berechtigt (§ 1036 I). Er bedarf desselben, um die Nutzungen in ihrer Gesamtheit ziehen zu können. Der Besteller wird mittel-

---

[1] *OLG München* NJW 2009, 3310 = JuS 2010, 72.

[2] Vgl. dazu *v. Lübtow*, NJW 1962, 275 und *Haegele*, Rpfleger 1969, 266; sehr ausführlich *Schön*, S. 221 ff. (der dies bereits aus § 889 BGB entnimmt); a. M. *E. Wolf*, S. 536.

barer Besitzer (§ 868), der Nießbraucher in der Regel unmittelbarer (doch kann er den Gegenstand auch vermieten und ist dann mittelbarer Besitzer ersten Grades).

2. Umfang und Beschränkung

Das Nutzungsrecht ist umfassend; es kann nur durch Ausschluß einzelner Nutzungen[3] beschränkt werden, § 1030 II. Es ergreift die natürlichen Früchte, insbesondere die Erzeugnisse eines landwirtschaftlichen Grundstücks, wie die juristischen, z. B. die Mieten eines Hauses. Es erstreckt sich auch auf die Ausübung der mit dem Eigentum an der Sache verbundenen Rechte, z. B. einer Grunddienstbarkeit. Eine Beschränkung der Nutzung beim Grundstücksmißbrauch auf einzelne Gebäudeteile ist unzulässig.[4] 901

3. Fruchterwerb

Der Nießbraucher erwirbt alle Früchte mit der Trennung zu Eigentum (§ 954). 902

Dies gilt auch für solche, die er den Regeln einer ordnungsmäßigen Wirtschaft zuwider oder auf Grund besonderer Ereignisse im Übermaße zieht, z. B. Holznutzung infolge Windbruchs, Raupen- oder Käferschadens (§ 1039).[5] Er ist in diesem Falle zum Wertersatz verpflichtet, freilich erst bei Ende des Nießbrauchs und nur soweit nicht die eigenen Nutzungen geschmälert werden, was in obigen Fällen meist zutreffen wird (§ 1039 II); bei Verschulden ist er zum sofortigen Schadensersatz verpflichtet (§ 1039 I 2).

4. Schranken bei der Rechtsausübung

a) Der Nießbraucher hat die bisherige wirtschaftliche Bestimmung der Sache aufrechtzuerhalten (§ 1036 II); er darf z. B. nicht Wald in Ackerland verwandeln, Garten in Bauland; 903

b) er hat nach den Grundsätzen einer ordentlichen Wirtschaft zu verfahren;

c) er darf in die Substanz der Sache nicht eingreifen, sie weder umgestalten noch wesentlich verändern (§ 1037);[6]

Eine Ausnahme muß Platz greifen, wenn auf einem Grundstück Anlagen zur Gewinnung von Bodenbestandteilen, wie Steinen, Sand, Ton usw. bestehen. Denn die Nutzung an ihnen ist ja ohne Eingriffe in die Substanz nicht denkbar. In diesem Fall kann der Nießbraucher solche Anlagen auch neu errichten, wenn dadurch die wirtschaftliche Bestimmung des Grundstücks nicht wesentlich verändert wird (§ 1037 II). Ferner hat der Nießbraucher Veränderungen der Sache, die durch ordnungsmäßige Ausübung des Nießbrauchs entstehen, nicht zu vertreten (§ 1050).

d) er kann nicht über die Sache rechtlich verfügen (Dispositionsnießbrauch ist ausgeschlossen).[7]

5. Verfügungen des Nießbrauchers

Zur Verfügung über die gezogenen Nutzungen ist der Nießbraucher berechtigt, weil er ihr Eigentümer ist. Eine Verfügung über die Sache selbst steht ihm nicht zu. 904

---

[3] Beim Nießbrauch an einem Grundstück kann jedoch nicht ein Teil (z. B. eine Wohnung) ausgenommen werden; *BayObLG* MDR 1980, 229; zum umgekehrten Fall s. u. Fn. 3.

[4] *BGH* MDR 2006, 1127, 1128; *BayObLG* MDR 1980, 229.

[5] Zur Frage der Abdingbarkeit mit dinglicher Wirkung vgl. *BayObLG* MDR 1977, 844.

[6] Dieses Verbot kann nicht mit dinglicher Wirkung abbedungen werden; *BayObLG* MDR 1977, 844; *KG* MDR 1992, 376.

[7] A. A. *Friedrich*, NJW 1996, 32.

Nur wenn ein Grundstück mit Inventar Gegenstand des Nießbrauchs ist (wie regelmäßig bei landwirtschaftlichen Grundstücken), kann er über die einzelnen Inventarstücke in den Grenzen einer ordnungsmäßigen Wirtschaft verfügen (§ 1048). Er hat dann für Ersatz zu sorgen; schafft er demgemäß neue Stücke an, so werden sie mit der Einverleibung in das Inventar Eigentum des Inventareigentümers, also in der Regel des Grundstückseigentümers.

Der Nießbraucher darf ein Grundstück vermieten oder verpachten, selbst über die Dauer des Nießbrauchs hinaus. Mit Beendigung desselben tritt der Eigentümer in das Schuldverhältnis ein (vgl. § 1056 I, 566),[8] hat aber ein außerordentliches Kündigungsrecht (§ 1056 II).

IV. Die Pflichten des Nießbrauchers

905 Der Nießbraucher hat aber nicht nur Rechte, sondern auch Verpflichtungen. Zwischen ihm und dem Eigentümer – nicht dem Besteller – entsteht ein gesetzliches Schuldverhältnis.

1. Erhaltung der Sache

906 Die wesentliche Verpflichtung des Nießbrauchers ist die Erhaltung der Sache in ihrem wirtschaftlichen Bestand. Soweit ihre gewöhnliche Unterhaltung es erfordert, ist er auch zur Ausbesserung und Erneuerung verpflichtet (§ 1041; vgl. § 1036 II).

2. Versicherungspflicht

907 Er hat die Sache gegen Brandschaden zu versichern, wenn dies einer ordnungsmäßigen Wirtschaft entspricht (wie bei Gebäuden, § 1045).

3. Lastentragung

908 Er hat die öffentlichen Lasten der Sache, z. B. Steuern, und diejenigen privatrechtlichen Lasten zu tragen, die schon vor der Zeit der Bestellung des Nießbrauchs auf der Sache ruhten, insbesondere die Hypothekenzinsen (§ 1047).[9] Dies gilt aber nur im Innenverhältnis zum Eigentümer, nicht den Gläubigern gegenüber.

Die Tragung der Lasten kann jedoch durch Vertrag mit dem Eigentümer abbedungen werden. Auch kann der Ausschluß der Lastentragung im Grundbuch eingetragen werden.[10]

4. Sicherheitsleistung

909 Der Eigentümer bedarf angesichts der weitgehenden tatsächlichen Gewalt des Nießbrauchers über die Sache eines Schutzes, wenn dieser seine Stellung mißbraucht. Der Nießbraucher ist daher dem Eigentümer zur Sicherheitsleistung verpflichtet, wenn sein Verhalten eine erhebliche Verletzung der Rechte des Eigentümers besorgen läßt (§ 1051).[11]

Kommt der Nießbraucher nach rechtskräftiger Verurteilung und gerichtlicher Fristsetzung seiner Verpflichtung nicht nach, kann der Eigentümer verlangen, daß die Verwaltung der Sache dem Nießbraucher entzogen und einem gerichtlich bestellten Verwalter übertragen wird (§ 1052). Ferner kann der Eigentümer auf Unterlassung klagen, wenn der Nießbraucher den unbefugten Gebrauch der Sache trotz Abmahnung des Eigentümers fortsetzt (§ 1053). Liegt eine erhebliche Verletzung der Rechte des Eigentümers vor, so kann dieser wiederum die Einsetzung eines gerichtlichen Verwalters

---

[8] Vgl. *BGH* JR 1990, 417.

[9] *BGH* NJW 1974, 641.

[10] Vgl. dazu Palandt/*Bassenge,* § 1047 Rn. 8.

[11] Siehe *BGH* NJW 2002, 434. Zur Frage der Abdingbarkeit dieser Verpflichtung mit dinglicher Wirkung vgl. *BayObLG* MDR 1977, 844.

verlangen (§ 1054). Bei Verschulden trifft den Nießbraucher die im Gesetz nicht erwähnte Schadensersatzpflicht.

5. Rückgabepflicht

§ 1055 erwähnt die Pflicht des Nießbrauchers, nach Beendigung des Nießbrauchs die Sachen an 910
den Eigentümer zurückzugeben. Im Normalfall, wenn Besteller und Eigentümer dieselbe Person sind, ergibt sich aus dieser Vorschrift angesichts des Anspruchs des Eigentümers nach § 985 nichts Neues; einer Hervorhebung bedarf es nur, falls der Besteller nicht der Eigentümer war, weil die Rückgabe nicht an den Besteller zu erfolgen hat. Die Bedeutung des § 1055 liegt stets darin, daß die Rückgabe der Sache in dem Zustand zu erfolgen hat, der sich bei ordnungsmäßiger Wirtschaft des Nießbrauchers ergibt.

6. Verwendungsersatz

Umgekehrt hat der Nießbraucher einen Ersatzanspruch wegen der Verwendungen, die über seine 911
Verpflichtungen hinausgehen, nach den Regeln über die Geschäftsführung ohne Auftrag (§ 1049).

7. Gutgläubiger Erwerb

Das gesetzliche Schuldverhältnis besteht zwischen Nießbraucher und Eigentümer, nicht etwa 912
zwischen Nießbraucher und Besteller. Das wird wichtig, wenn der Besteller ausnahmsweise nicht der Eigentümer ist, der Nießbrauch aber wegen guten Glaubens des Nießbrauchers wirksam begründet wird, oder wenn der Besteller aufhört, Eigentümer zu sein, z. B. die Sache veräußert. Zugunsten des Nießbrauchers gilt aber der Besteller als der Eigentümer, solange er das mangelnde Eigentum des Bestellers nicht kennt (§ 1058). Ist der Nießbrauch aber einmal auf Grund des guten Glaubens begründet, so schadet spätere grobe Fahrlässigkeit nicht mehr, auch die nachträgliche Eintragung des wahren Eigentümers im Grundbuch bringt den Nießbrauch nicht zum Erlöschen.

Mit dem Inhalt des gesetzlichen Schuldverhältnisses werden sich oft die Vereinbarungen decken, die im Kausalgeschäft zwischen Nießbraucher und Besteller getroffen sind.[12] Ein Unterschied ergibt sich praktisch dann, wenn der Besteller nicht der Eigentümer ist. Dann gehen die gesetzlichen Pflichten gegenüber dem Eigentümer vor.

V. Der Schutz des Nießbrauchers

Er wird durch die gleichen Ansprüche, wie sie dem Eigentümer zustehen, 913
gewährleistet (§ 1065), also durch den Herausgabeanspruch nach §§ 985 ff. und den Beseitigungs- und Unterlassungsanspruch des § 1004. Außerdem genießt der Nießbraucher den Besitzschutz, wenn er, wie in der Regel, Besitzer der Sache ist.

VI. Unübertragbarkeit

Der Nießbrauch ist unübertragbar (§ 1059 Satz 1). Damit wird verhindert, daß 914
die Beschränkung des Rechts auf Lebenszeit durch Veräußerung an andere Personen umgangen werden kann.

Eine Ausnahme besteht für juristische Personen als Nießbraucher (§§ 1059 a–1059 e).[13]

---

[12] Zu den rechtsgeschäftlichen Gestaltungsmöglichkeiten *Schön,* S. 260 ff.

[13] § 1059 a Nr. 1 gilt auch für die oHG entsprechend; *BGH* NJW 1968, 1964.

Dagegen kann die Ausübung des Nießbrauchs einem anderen überlassen werden (§ 1059 Satz 2). Aus diesem Grunde kann der Nießbrauch auch gepfändet werden (§ 857 III ZPO).[14] Die Überlassung der Ausübung des Nießbrauchs kann vertraglich ausgeschlossen werden (im Fall der Eintragung im Grundbuch auch mit dinglicher Wirkung).[15]

In der Regel erfordert die Überlassung der Ausübung des Nießbrauchs die Überlassung des Besitzes, ferner die Abtretung derjenigen Nutzungsansprüche, die sich gegen Dritte richten, z. B. der Ansprüche auf Zahlung der Mieten. Nach herrschender Meinung erhält der Ausübende nur ein obligatorisches Recht, welches durch seinen Besitz allerdings verstärkt wird. Abzulehnen ist die Auffassung, daß es sich um ein dingliches Recht handelt, das bei Grundstücken der Eintragung bedürfe. Der Ausübende erwirbt das Eigentum an den Früchten nach § 956 und hat gegen den Eigentümer die Einwendungen des § 986.

VII. Erlöschen

915 Da der Nießbrauch unvererblich ist, erlischt er mit dem Tod des Nießbrauchers, bei juristischen Personen mit ihrem Ende (§ 1061).

Ferner endet er mit dem Verzicht; bei Grundstücken bedarf dieser der Erklärung gegenüber dem Grundbuchamt und der Löschung (§ 875), bei beweglichen Sachen einer Erklärung der Aufgabe gegenüber dem Eigentümer oder Besteller (§ 1064). Auch durch Vereinigung des Nießbrauchs mit dem Eigentum in einer Person erlischt der Nießbrauch an beweglichen Sachen (§ 1063), dagegen nicht an Grundstücken (§ 889). Er erlischt aber mit dem Zuschlag in der Zwangsversteigerung nach § 91 I ZVG.

Der Nießbrauch ergreift die Sache in ihrem jeweiligen Bestand. Er erlischt daher bei einem Hausgrundstück nicht mit der Zerstörung des Hauses, sondern erstreckt sich ohne weiteres auf das wiederaufgebaute.[16]

VIII. Uneigentlicher Nießbrauch

916 An verbrauchbaren Sachen kann es einen Nießbrauch nicht geben, denn ihr Gebrauch unter Erhaltung der Substanz ist nach ihrer Natur ausgeschlossen (vgl. o. III 4). Wenn daher ein umfassender Nießbrauch oder ein Nutzungsrecht sich auf verbrauchbare Sachen erstreckt, muß ein anderes Rechtsverhältnis geschaffen werden, der „uneigentliche Nießbrauch" des § 1067. Der Nießbraucher erlangt an diesen Sachen volles Eigentum, ist aber nach Beendigung des Nießbrauchs zum Ersatz des Wertes (z. Z. der Bestellung), nicht zur Rückgabe gleichartiger Sachen verpflichtet, und zwar dem Besteller gegenüber.

§ 79. Der Nießbrauch an Rechten

Literatur: *Bunke,* Der Nießbrauch an der Beteiligung an einer Personengesellschaft, DNotZ 1968, 5; *Hermanns,* Der Nießbrauch am Gesellschaftsanteil, MittRhNotK 1999, 235; *v. Schilling,* Das Nießbrauchsrecht an einer Beteiligung, Betrieb 1954, 561; *Sudhoff,* Nochmals: Der Nießbrauch am

[14] BGHZ 62, 133 = NJW 1974, 796, aber bestritten.
[15] BGHZ 95, 99 = NJW 1985, 2827.
[16] *BGH* DNotZ 1965, 165.

Gesellschaftsanteil, NJW 1974, 2205; *Teichmann*, Der Nießbrauch an Gesellschaftsanteilen, ZGR 1972, 1; *Weider*, Der Nießbrauch an Aktien, 1925; *Wiedemann*, Die Übertragung und Vererbung von Mitgliedschaftsrechten bei Handelsgesellschaften, 1965, S. 397.

I. Begriff, Gegenstand

Gegenstand des Nießbrauchs kann auch ein Recht sein, vorausgesetzt, daß es Nutzungen abwirft. Dies kommt praktisch besonders dann vor, wenn ein Nießbrauchs- oder Nutznießungsrecht an einem ganzen Vermögen oder ideellen Teilen eines solchen besteht. Es handelt sich streng genommen nicht um ein dingliches, aber um ein absolutes Recht; es wirkt als Einschränkung des belasteten Rechts (vgl. u. IV). 917

Gegenstand des Nießbrauchs können nur übertragbare Rechte sein (§ 1069 II). Die Nießbrauchsbestellung läuft immer auf eine Übertragung des Nutzungsrechts, also eines Bestandteils des belasteten Rechts hinaus. Demgemäß hat die Bestellung nach den Vorschriften über die Übertragung des belasteten Rechts zu erfolgen (§ 1069 I). Sie erfordert also bei Forderungen nur einen formlosen Vertrag, dagegen z. B. bei Hypotheken Einigung und Eintragung bzw. Übergabe des Briefes. Am häufigsten sind wohl Aktien oder Hypotheken Gegenstand dieses Nießbrauchs.

II. Inhalt

Der Inhalt entspricht dem Nießbrauch bei Sachen (§ 1068 II). Der Nießbrauch gewährt daher ein Recht auf die Nutzungen, z. B. auf die Zinsen einer Forderung, auf die Pachtfrüchte beim Nießbrauch am Pachtrecht, auf die Dividende einer Aktie. 918

Sind es natürliche Früchte, die zugleich Rechtsfrüchte des belasteten Rechts sind, z. B. bei Pacht, so erwirbt der Nießbraucher das Eigentum an ihnen mit der Trennung. Bei reinen Rechtsfrüchten, z. B. Zinsen, geht der Anspruch auf sie auf den Nießbraucher über (daher Anwendung der Zessionsregeln nach § 1070 I).

Da jede Änderung im Inhalt des belasteten Rechts auch eine Änderung des Nießbrauchs zur notwendigen Folge hat, ist die Zustimmung des Nießbrauchers zu jeder Änderung, die ihn beeinträchtigt, erforderlich (§ 1071 II).

III. Erlöschen

Das Erlöschen des Nießbrauchs tritt auch hier mit dem Tod des Berechtigten ein, ferner durch Verzicht, für den die bloße Erklärung nach §§ 1064, 1072 auch dann genügt, wenn das belastete Recht nicht an einer beweglichen Sache besteht, sowie durch Vereinigung des belasteten Rechtes mit dem Nießbrauch in einer Person (§§ 1063, 1072). Auch die Aufhebung des belasteten Rechts macht dem Nießbrauch an ihm ein Ende; deswegen kann sie rechtsgeschäftlich auch nur mit Zustimmung des Nießbrauchers erfolgen (§ 1071). 919

IV. Nießbrauch an Forderungen

Besondere Vorschriften gelten für den Nießbrauch an Forderungen. Hier stehen drei Personen miteinander in Verbindung, der Gläubiger und der Schuldner der 920 belasteten Forderung sowie der Nießbraucher. Das Gesetz unterscheidet zwischen unverzinslichen und verzinslichen Forderungen.

1. Unverzinsliche Forderungen

921 Bei den unverzinslichen Forderungen scheidet die normale Nutzung, wie sie sonst einem Nießbraucher zusteht, aus. Dafür erhält er, weil das belastete Recht sich in einer einmaligen Leistung erschöpft, damit der Nießbrauch überhaupt einen Inhalt erhält, das Recht zur Verfügung über die Forderung in Gestalt der Einziehung, und falls die Fälligkeit von einer Kündigung des Gläubigers abhängt, auch zur Kündigung (§ 1074). Zu anderen Verfügungen, z. B. Abtretung, Erlaß, Vergleich, ist er nicht berechtigt.

Die Leistung hat an den Nießbraucher, nicht an den Gläubiger zu erfolgen. Der geleistete Gegenstand fällt aber nicht etwa dem Nießbraucher als Eigentum zu, sondern dem Gläubiger, der Nießbraucher erwirbt nur den Nießbrauch an ihm (§ 1075). Der geleistete Gegenstand tritt also an die Stelle der Forderung als Objekt des Nießbrauchs. Wird eine Sache geleistet, so verwandelt sich der Rechtsnießbrauch in den gewöhnlichen Sachnießbrauch. Die Annahme der Leistung durch den Nießbraucher wirkt wie die Annahme durch den Gläubiger, obwohl Vertretung nicht vorliegt.

Wird ein Grundstück geleistet, so entsteht der Nießbrauch an ihm automatisch ohne Eintragung im Grundbuch, ähnlich wie die Sicherungshypothek nach § 1287. Verbrauchbare Sachen werden Eigentum des Nießbrauchers (§§ 1075 II, 1067).

2. Verzinsliche Forderungen

922 Anders gestaltet sich die Rechtslage bei verzinslichen Forderungen. Denn hier hat der Nießbrauch einen Inhalt schon dadurch, daß dem Nießbraucher die Zinsen zufallen. Daher braucht er hier das alleinige Recht zur Einziehung und Kündigung nicht zu haben. Vielmehr können Nießbraucher und Gläubiger nur gemeinschaftlich kündigen (§ 1077 II), jeder von ihnen kann nur Zahlung an beide gemeinschaftlich verlangen und die Zahlung (des Kapitals) kann nur an beide gemeinschaftlich erfolgen (§ 1077 I). Beide sind einander zur Mitwirkung bei der Einziehung verpflichtet (§ 1078). Die Anlegung des eingezogenen Kapitals regelt § 1079.

Die geleisteten Sachen werden auch hier Eigentum des Gläubigers, der Nießbraucher erhält den Nießbrauch an ihnen. Bei verbrauchbaren Sachen, z. B. Geld, ist streitig, ob der Nießbraucher nur den Nießbrauch erhält oder beide zusammen Miteigentum an ihnen.[1]

V. Nießbrauch an Wertpapieren

923 Der Nießbrauch an Orderpapieren, z. B. an Wechseln, wird durch Indossament, Einigung über die Nießbrauchsbegründung und Übergabe des Papiers begründet. An Inhaberpapieren (und Orderpapieren mit Blankoindossament) wird er durch Einigung und Übergabe (oder Einräumung des Mitbesitzes) an den Nießbraucher bestellt (§ 1081). Zinsen und Dividenden fallen dem Nießbraucher allein zu; daher steht ihm auch der Besitz an den entsprechenden Nebenpapieren (Zinsscheinen) zu,

[1] Vgl. dazu *Wolff/Raiser*, § 121 II.

während der Besitz am Stammpapier (und am Erneuerungsschein) Eigentümer und Nießbraucher gemeinschaftlich zusteht (§ 1081). Jeder Teil kann Hinterlegung verlangen mit der Bestimmung, daß die Aushändigung nur an beide gemeinschaftlich erfolgen kann. Sie haben bei Einziehung und anderen Maßnahmen zusammenzuwirken (§ 1083).

VI. Nießbrauch an Gesellschaftsanteilen

Auch am Anteil einer GmbH oder einer Personengesellschaft kann ein Nieß- **924**
brauch bestellt werden, soweit dies nach dem Gesellschaftsvertrag zulässig ist (§§ 717, 1069 II). Dem Nießbraucher steht der Anspruch auf Gewinn zu, der auf den Gesellschaftsanteil entfällt. Ob er daneben oder darüber hinaus auch zur Verwaltung, insbesondere auch zur Ausübung des Stimmrechts in der Gesellschaft berechtigt ist, ist umstritten.[2] Das Verwaltungs- und Stimmrecht des Nießbrauchers dürfte wohl mit Grundsätzen des Gesellschaftsrechts, insbesondere der Bindung von Mitwirkungsrechten an die Mitgliedschaft, nicht vereinbar sein.[3]

§ 80. Der Nießbrauch am Vermögen und am Unternehmen

Literatur: *Bökelmann,* Nutzungen und Gewinn beim Unternehmensnießbrauch, 1971; *v. Godin,* Nutzungsrecht an Unternehmen oder Unternehmensbeteiligungen, 1949; *Goebel,* Der Nießbrauch an Personengesellschaftsanteilen, 2004.

I. Allgemeines

Streng genommen gibt es keinen Nießbrauch an einem ganzen Vermögen, son- **925**
dern nur an den einzelnen zu einem Vermögen gehörigen Gegenständen. Seine Bestellung ist nicht durch einen Gesamtakt einheitlich am ganzen Vermögen möglich, sondern muß getrennt nach Grundstücken, beweglichen Sachen und Rechten jeweils nach den besonderen Vorschriften erfolgen, die für die Bestellung an der betreffenden Art von Gegenständen gelten (§ 1085). Es handelt sich also nur um eine Summe von Nießbrauchsrechten an den einzelnen Gegenständen. Ist er aber einmal bestellt, so dauert er fort, auch wenn die Zugehörigkeit zu dem Vermögen aufhört, z.B. durch Veräußerung seitens des Eigentümers. Andererseits besteht er nicht automatisch an einem Gegenstand, der zu dem betreffenden Vermögen gehört oder ihm einverleibt wird, solange er nicht an dem Gegenstand besonders bestellt ist. Die bloße Verpflichtung zur Bestellung des Nießbrauchs an einem Vermögen kann dagegen durch einen einheitlichen Vertrag (§ 311 b III) oder durch Vermächtnis begründet werden.

Praktische Bedeutung hat der Nießbrauch am Vermögen aus steuerrechtlichen Gründen im Zusammenhang mit einem Erbfall. Entweder soll die Erbfolge durch Schenkung vorweggenommen, dem künftigen Erblasser aber der Nießbrauch vor-

---

[2] *BGH* NJW 1999, 571 (Stimmrecht des Gesellschafters wird nicht berührt); dazu *Hermanns,* MittRhNotK 1999, 235.

[3] So *OLG Koblenz* NJW 1992, 2163 m.w.N.; *Teichmann,* ZGR 72, 1; a.M. *Sudhoff,* NJW 1974, 2205.

behalten werden, oder ein Angehöriger erhält statt der Vorerbenstellung den Nießbrauch an der Erbschaft als Vermächtnis.

II. Rechtliche Bedeutung

926 Rechtliche Bedeutung kommt ihm neben den einzelnen Nießbrauchsrechten nur zu als Anlaß für eine besondere Regelung der Schuldenhaftung. Eine solche ist wirtschaftlich notwendig, denn es geht nicht an, den Nießbraucher völlig unberührt zu lassen von den Schulden des Bestellers, der in der Regel der Inhaber des Vermögens ist. Wenn er mit seinem Nießbrauchsrecht stets allen anderen Gläubigern des Eigentümers vorgehen würde und jede Haftung der seinem Recht unterliegenden Gegenstände für Schulden des Bestellers ablehnen könnte, so würden sich die Gläubiger des Vermögensinhabers überhaupt nicht mehr an das gesamte Vermögen halten können, und dadurch würde die Möglichkeit geschaffen, daß der Inhaber des Vermögens durch Bestellen des Nießbrauchs an ihm sein Vermögen dem Zugriff seiner Gläubiger völlig entziehen könnte. Die Kreditwürdigkeit jedes Schuldners würde dadurch zweifelhaft. Auf der anderen Seite könnte der Nießbrauch wertlos werden, wenn die Gläubiger des Bestellers, auch wenn ihre Forderungen erst nach der Bestellung des Nießbrauchs entstanden wären, sich an das Vermögen halten könnten, denn auf diese Weise würde dem Nießbraucher das Vermögen unter Umständen zu einem großen Teil entzogen werden können und sein Nießbrauchsrecht illusorisch werden.

927 Das Gesetz hat einen vernünftigen Mittelweg eingeschlagen: Die Gläubiger des Bestellers (nicht des Eigentümers), deren Forderungen schon vor der Bestellung des Nießbrauchs entstanden sind, können sich ohne Rücksicht auf den Nießbrauch an das Vermögen des Bestellers halten und aus den dazu gehörenden Gegenständen Befriedigung verlangen (§ 1086). Der Nießbraucher, der ein Handelsgeschäft fortführt, haftet für die bisherigen Geschäftsverbindlichkeiten nach § 25 HGB. Damit ist für den Nießbraucher die Gefahr beseitigt, daß nachträglich entstehende Forderungen seinen Nießbrauch entwerten, andererseits die Möglichkeit einer Verschiebung des Vermögens vom Besteller auf den Nießbraucher und die Schädigung der alten Gläubiger verhindert. Der Nießbraucher muß nur mit den Forderungen rechnen, die schon z. Z. der Bestellung bestehen; über sie kann er sich aber auch unterrichten und danach den Wert des Nießbrauchs beurteilen (vgl. die Zwangsvollstreckung nach §§ 737, 738 ZPO).

III. Verhältnis der beteiligten Personen

928 Bei Durchführung dieser Grundsätze ist das Außenverhältnis zwischen dem Nießbraucher und den Gläubigern des Bestellers und das Innenverhältnis zwischen Nießbraucher und Besteller auseinanderzuhalten.

1. Außenverhältnis

929 Der Nießbraucher hat die Zwangsvollstreckung der Gläubiger in die seinem Nießbrauch unterliegenden Gegenstände zu dulden. Erforderlich ist die Verur-

teilung des Bestellers zur Leistung und die des Nießbrauchers zur Duldung der Vollstreckung (§ 737 ZPO). Der Nießbrauch wird gewissermaßen unwirksam gegenüber den Gläubigern. Diese können sich auch an das vom Nießbrauch freie Vermögen des Bestellers halten.

2. Innenverhältnis

Hier fragt sich, ob der Nießbraucher berechtigt ist, selbst die Gläubiger zu befriedigen, oder ob es Sache des Bestellers bleibt. In erster Linie hat der Besteller als Schuldner für die Erfüllung der Forderungen zu sorgen. Daher kann er, wenn eine Forderung fällig ist, vom Nießbraucher die Rückgabe der zur Befriedigung des Gläubigers erforderlichen Gegenstände verlangen, wobei ihm die Auswahl freisteht, wenn Gegenstand der Forderung keine bestimmten Gegenstände sind, z. B. bei Geldschulden (§ 1087 I). Der Nießbraucher kann nach Herausgabe verlangen, daß der Besteller den herausgegebenen Gegenstand auch wirklich zur Befriedigung der Gläubiger verwendet (§ 1087 I 3). **930**

Einfacher und sicherer ist der Weg, daß der Nießbraucher selbst den Gläubiger befriedigt. Hierzu ist er ohne weiteres berechtigt, wenn die Forderung sich auf einen bestimmten Gegenstand, z. B. eine bestimmte Sache richtet. Diese kann er dann dem Gläubiger übergeben und ihn dadurch zum Eigentümer machen. Er ist zwar nicht Eigentümer, aber zu der Verfügung berechtigt (§ 1087 II 1). Falls aber die Forderung auf nur der Gattung nach bestimmte Sachen oder auf Geld geht und sich solche nicht im Vermögen befinden, kann der Nießbraucher nur dann beliebige Gegenstände, die dem Nießbrauch unterliegen, veräußern und aus dem Erlös den Gläubiger befriedigen, wenn die Befriedigung durch den Besteller nicht ohne Gefahr abgewartet werden kann, z. B. weil sonst die Vollstreckung in das Vermögen droht (§ 1087 II 2).

Besonders geregelt ist die Haftung des Nießbrauchers für Zinsen und andere wiederkehrende Leistungen. Wegen dieser können sich die Gläubiger unmittelbar an den Nießbraucher halten, weil dieser ihnen als Gesamtschuldner neben dem Besteller haftet, § 1088. Sie bedürfen hier daher nur eines Urteils gegen den Nießbraucher. Im Innenverhältnis ist er dem Besteller gegenüber zur Leistung verpflichtet, § 1088 III, und dies ist gerechtfertigt, weil er ja die gesamten Nutzungen des Vermögens bezieht.

IV. Unternehmensnießbrauch

Ein Unternehmen stellt eine Sachgesamtheit dar. Auf Grund des sachenrechtlichen Spezialitätsgrundsatzes ist der Unternehmensnießbrauch an sämtlichen Gegenständen nach den jeweiligen Regeln zu bestellen;[1] bei Grundstücken gem. § 873 durch Einigung und Eintragung, bei beweglichen Sachen gem. § 1032 durch Übergabe und Einigung über den Nießbrauch, bei Forderungen in der Form der Abtretung (§ 1069). Trotz §§ 1085 Satz 1, 1069 II besteht Einigkeit, daß sich der Unternehmensnießbrauch auch auf den „good will" bezieht, der Nießbraucher also eine volle Unternehmerstellung erhält.[2] **931**

Der Eigentümer behält das Eigentum am Anlagevermögen. An den verbrauchbaren Sachen (Umlaufvermögen) erwirbt der Nießbraucher Eigentum (§ 1067). Der Nießbraucher hat die bisherige wirtschaftliche Bestimmung des Unternehmens aufrechtzuerhalten (§§ 1036, 1037). Dabei steht ihm ein sog. Verfügungsnießbrauch auch über gewerbliches Inventar (an sich Anlagevermögen) im Rahmen einer ordnungsgemäßen Wirtschaft zu (§ 1048).

Eine weitere Besonderheit besteht darin, daß dem Unternehmensnießbraucher entgegen §§ 1074, 1079 eine weitergehende Verfügungsbefugnis über Forderungen im Rahmen einer ordnungsgemäßen Wirtschaft zugestanden wird.[3]

---

[1] Soergel/*Stürner,* § 1085 Rn. 6.
[2] Jauernig/*Jauernig,* § 1085 Rn. 7; *BGH* DB 1975, 146; RGRK/*Rothe,* § 1085 Rn. 4.
[3] Soergel/*Stürner,* § 1085 Rn. 8.

§ 81. Die beschränkten persönlichen Dienstbarkeiten

Literatur: Vgl. die Zitate bei § 77. Zum dinglichen Wohnrecht: *Bassenge,* Die Übertragbarkeit von beschränkten persönlichen Dienstbarkeiten nach der Neuregelung durch Gesetz vom 17. Juni 1996, NJW 1996, 2777; *Dammertz,* Wohnrecht und Dauerwohnrecht, 1970; *Demharter,* Änderungen des Rechts der beschränkten persönlichen Dienstbarkeiten und des Grundbuchbereinigungsgesetzes, FGPrax 1996, 165; *Hurst,* Dingliches Wohnrecht und Mietrecht, ZMR 1969, 97; *Kollhosser,* Dingliches Wohnrecht und unberechtigte Vermietung, BB 1973, 820; *Schmidt-Futterer,* Die Ausübung eines dinglichen Wohnrechts durch Dritte, ZMR 1967, 163.

I. Inhalt

932 Die persönlichen Dienstbarkeiten entsprechen inhaltlich den Grunddienstbarkeiten (§ 1090 I), gewähren also wie diese und im Unterschied zum Nießbrauch Nutzungsrechte nur in einzelnen bestimmten Beziehungen. Sie müssen eine Beschränkung der *tatsächlichen* Herrschaftsmacht des Eigentümers beinhalten, nicht nur der rechtlichen Verfügungsmacht.[1] Von den Grunddienstbarkeiten unterscheiden sie sich dadurch, daß das Recht mit einer bestimmten Person und nicht mit dem Eigentum an einem Grundstück verknüpft ist (§ 1090).

Daher ist auch nicht notwendig, daß die Dienstbarkeit für ein Grundstück nützlich ist. Ihr Umfang wird vielmehr im Zweifel durch die persönlichen Bedürfnisse des Berechtigten bestimmt (§ 1091). Rechte dieser Art sind für den Vorteil und das Interesse einer einzelnen Person bestimmt.[2]

Hieraus folgt auch, daß eine solche Dienstbarkeit unvererblich und unübertragbar[3] ist, nur ihre Ausübung kann mit Zustimmung des Eigentümers einem anderen überlassen werden (§§ 1091 und 1092).

Übertragbar ist eine Dienstbarkeit jedoch dann, wenn sie einer juristischen Person (§ 1092 II) oder einer oHG bzw. KG zusteht.[4] Eine weitere Ausnahme vom Grundsatz der Unübertragbarkeit gilt nach dem durch Gesetz zur Änderung des Rechts der beschränkten persönlichen Dienstbarkeiten vom 17. 7. 1996 (BGBl. I 1996 S. 990) neu angefügten § 1092 III zur Erleichterung der Übertragung insbesondere von Leitungsrechten.[5]

Eine beschränkte persönliche Dienstbarkeit kann auch zugunsten des Eigentümers analog § 1196 II bestellt werden.[6] Dazu ist jedoch ein schutzwürdiges Interesse des Eigentümers erforderlich.[7]

Beispiele für persönliche Dienstbarkeiten sind das Recht auf Führung von Leitungen über das Grundstück (auch von Mineralölfernleitungen), das Recht auf Errichtung einer Tankstelle (BGHZ 35, 378 = NJW 1961, 2157), das Recht auf Kies- oder Sandabbau oder auf Wassergewinnung usw.

---

[1] *BayObLG* DNotZ 1990, 506.

[2] Eine Bestellung isoliert zur Ausübung von Befugnissen, die sich aus einer bestehenden Grunddienstbarkeit ergeben, ist nicht zulässig, *OLG Hamm* NJW-RR 2008, 1609.

[3] Kritisch dazu *Schmolke,* AcP 208, 515.

[4] BGHZ 50, 307, 310 = NJW 1968, 1964; *BayObLG* NJW-RR 2001, 1022; Staudinger/*Ring,* § 1092, Rn. 7.

[5] Vgl. hierzu *Bassenge,* NJW 1996, 2777; *Demharter,* FGPrax 1996, 165.

[6] A. A. *E. Wolf,* S. 552.

[7] Vgl. BGHZ 41, 209 = NJW 1964, 1226.

II. Das dingliche Wohnungsrecht

Besonders geregelt ist eine Art persönlicher Dienstbarkeit, das Wohnungsrecht. Es ist das Recht auf Benutzung eines Gebäudes oder Gebäudeteils unter Ausschluß[8] des Eigentümers (§ 1093). Wenn dem Berechtigten nur ein Mitbenutzungsrecht zusteht, finden dagegen die Grundsätze über die sonstigen persönlichen Dienstbarkeiten Anwendung. Mit dem durch Ges. v. 15. 3. 1951 eingeführten Wohnungseigentum und Dauerwohnrecht hat dieses Wohnungsrecht an Bedeutung sehr verloren. **933**

Das Wohnungsrecht ist einem Nießbrauch am Hause angenähert, unterscheidet sich aber von ihm dadurch wesentlich, daß es nur das Recht zum eigenen Wohnen gibt (wenn auch ausgedehnt auf die Familie und auf Personen zur Bedienung und Pflege, § 1093 II),[9] zur Überlassung an andere dagegen nur, wenn dies ausdrücklich gestattet ist (§ 1092 I 2).[10] Vom Mietverhältnis ist es dadurch verschieden, daß es ein dingliches Recht zum Besitz ist und daher gegenüber jedem Eigentümer gilt, nicht nur gegenüber dem Vertragsgegner wie eine schuldrechtliche Verpflichtung.[11] Es erlischt aber mit der Zerstörung des Gebäudes; denn der Eigentümer ist zum Wiederaufbau nicht verpflichtet, daher auch nicht zum Bau in der früheren Gestalt und zur Herstellung des Gegenstandes des Wohnrechts.[12]

Bei Eigentumswohnungen sind auch die nicht dem eigentlichen Wohnen dienenden, aber im Gemeinschaftseigentum stehenden Anlagen wie Keller, Waschküche, oder die Nutzung des zur Wohnung gehörigen Stellplatzes nach § 1093 III vom dinglichen Wohnungsrecht umfaßt.[13]

Wie beim Nießbrauch entsteht zwischen dem Berechtigten und dem Eigentümer ein gesetzliches Schuldverhältnis (vgl. §§ 1036 II, 1037 I, 1049, 1050). Dagegen hat der Berechtigte nicht für die Versicherung des Gebäudes zu sorgen oder die Lasten des Grundstücks zu tragen.

Die Frage, ob ein gemeinsames Wohnrecht zugunsten mehrerer Personen bestellt werden kann, ist bestritten, aber wohl zu bejahen. Nach BGHZ 46, 253 = NJW 1967, 627 können Wohnungsrechte für mehrere Personen als Gesamtberechtigte entsprechend § 428 bestellt werden. § 428 betrifft aber nicht die Frage der Zuordnung eines dinglichen Rechts. Es liegt wohl näher, eine Berechtigung nach Bruchteilen anzunehmen.[14]

Das Wohnrecht hat praktische Bedeutung vor allem bei Altenteilsverträgen, also bei bäuerlicher Gutsüberlassung. Hier pflegt sich der alte Bauer neben dauernden Leistungen aus dem Hof auch ein Wohnrecht auszubedingen. Zu dinglichen Wohnungsrechten verbunden mit einem Miteigentumsanteil am Grundstück (vgl. § 1010) im modernen Fremdenverkehr vgl. *Prahl,* RPfleger 2008, 411.

3. Abschnitt. Vorkaufsrecht und Reallast

§ 82. Das Vorkaufsrecht

Literatur: *Bielenberg,* Die Vorkaufsrechte der Gemeinde nach der Novelle zum Bundesbaugesetz, DNotZ 1976, 710; *W. Lüke,* Die Begründung des rechtsgeschäftlichen Vorkaufsrechts, ZfJR 1997, 121; *ders.,* Die Ausübung und Wirkung des Vorkaufsrechts, ZfJR 1997, 245; *Schöne,* Der Verkaufsberechtigte unbekannten Aufenthaltes, Rpfleger 2002, 131; *Schreiber,* Vorkaufsrechte, Jura 2001, 196;

---

[8] *KG* MDR 1985, 499; *BayObLG* Rpfleger 1981, 353; *OLG Düsseldorf* FGPrax 1997, 171 (Abgrenzung zur beschränkten persönlichen Dienstbarkeit).

[9] Für die Möglichkeit einer Fremdnutzung dagegen *OLG Köln* NJW-RR 1995, 1358; *OLG Celle* MDR 1998, 1344 (sehr zweifelhaft; dagegen zu Recht *OLG Oldenburg* NJW-RR 1994, 1041).

[10] In diesen Fällen kann das Recht zur Ausübung gepfändet werden; *KG* NJW 1968, 1882.

[11] *BGH* MDR 1999, 218.

[12] Vgl. BGHZ 7, 268 = NJW 1952, 1375 und BGHZ 8, 58 = NJW 1953, 140, ferner *BGH* NJW 1980, 179.

[13] *OLG Nürnberg* MDR 2002, 26.

[14] Vgl. zu dieser Frage *Bader,* DNotZ 1965, 673.

Schurig, Das Vorkaufsrecht im Privatrecht, 1975; *Weber,* Die baugesetzlichen Vorkaufsrechte der Gemeinden und der Vertrauensschutz, DNotZ 1961, 236; *Wieling/Klinck,* Die Vormerkungswirkung des Vorkaufsrechts nach § 1098 II BGB, AcP 202, 745; *Wörbelauer,* Das unter Eigentumsvormerkung stehende Grundstück – eine res extra commercium?, DNotZ 1963, 580, 652 und 718.

I. Inhalt

934 Das dingliche Vorkaufsrecht ist die nur an Grundstücken (und an Erbbaurechten) zugelassene verdinglichte Art des allgemeinen schuldrechtlichen Vorkaufsrechts. Seinem Inhalt nach ist es im wesentlichen das gleiche, nämlich das Recht, in einen Kaufvertrag, der zwischen zwei anderen Personen abgeschlossen ist, einzutreten. Es unterscheidet sich von ihm dadurch, daß es auf der Aktivseite verdinglicht werden, nämlich dem jeweiligen Eigentümer eines anderen Grundstücks zustehen kann (§ 1094 II). Es kann freilich auch als subjektiv-persönliches Vorkaufsrecht zugunsten einer bestimmten Person bestellt werden (§ 1094 I).[1] Der wichtigste Unterschied zum schuldrechtlichen Vorkaufsrecht besteht darin, daß die schuldrechtliche Vereinbarung zu dinglicher Wirkung, die bedingte Verpflichtung zur Übertragung des Eigentums zu einer dinglichen Belastung des Grundstücks gesteigert wird, denn dieses Vorkaufsrecht hat die Wirkung einer Vormerkung zur Sicherung des durch die Ausübung des Rechts entstehenden Anspruchs auf Übertragung des Eigentums (§ 1098 II). Es sind also drei Personen zu unterscheiden: der Vorkaufsberechtigte, der mit dem Vorkaufsrecht belastete Eigentümer (zugleich der Verkäufer des Kaufvertrags, der die Ausübung des Vorkaufsrechts auslöst) und der Dritte (zugleich der Käufer dieses Vertrags).

Das Vorkaufsrecht kann auch auf der Passivseite erweitert werden, indem es nicht nur für den Fall des Verkaufes durch den Eigentümer, dem das Grundstück zur Zeit der Bestellung des Rechts gehört, begründet wird, sondern für alle Verkaufsfälle, auch solche durch nachfolgende Eigentümer des belasteten Grundstücks und auch für den freihändigen Verkauf seitens des Konkursverwalters (§ 1098 I 2). Ein dingliches Vorkaufsrecht kann auch zugunsten mehrerer Berechtigter bestellt werden.[2]

Möglich ist auch, daß mehrere Vorkaufsrechte an einem Grundstück mit verschiedenem Rang bestellt werden,[3] oder daß das Vorkaufsrecht nur an einer bestimmten oder zumindest bestimmbaren Teilfläche des Grundstücks ausübbar sein soll.[4] Nicht zulässig ist dagegen die Bestellung eines dinglichen Vorkaufsrechts an einem Teil eines einheitlichen Grundstücks (vgl. § 7 I GBO).[5]

II. Begründung des Vorkaufsrechts

935 Das rechtsgeschäftliche dingliche Vorkaufsrecht entsteht durch Einigung und Eintragung (§ 873 I). Daneben gibt es noch eine Reihe gesetzlicher Vorkaufsrechte, die zu ihrer Entstehung keiner besonderen sachenrechtlichen Form bedürfen (vgl.

---

[1] Vgl. zum Unterschied zwischen subjektiv-persönlichem und subjektiv-dinglichem Vorkaufsrecht BGHZ 37, 147, 152 = NJW 1962, 1344.

[2] Zur problematischen Frage nach dem Beteiligungsverhältnis in solchen Fällen vgl. BGHZ 136, 327 = NJW 1997, 3235; zu Recht kritisch dazu *Streuer,* Rpfleger 1998, 154.

[3] BGHZ 35, 146 = NJW 1961, 1669.

[4] *BayObLG* RPfleger 1997, 473.

[5] *OLG Hamm* NJW-RR 1996, 849.

§ 24 BBauG, § 17 StBFG, ReichssiedlungsG u. a.; s. u. VIII). Das dingliche Vorkaufsrecht setzt kein persönliches Vorkaufsrecht voraus, wird jedoch durch ein solches auch nicht verhindert. Ein Verpflichtungsgeschäft zur Begründung des Anspruchs auf Eintragung eines Vorkaufsrechts bedarf der notariellen Beurkundung nach § 311 b I.

III. Verhältnis Vorkaufsberechtigter – Eigentümer

Das Vorkaufsrecht schafft auch als dingliches Recht zwischen dem Berechtigten **936**
und dem belasteten Eigentümer dasselbe Schuldverhältnis wie ein nur obligatorisches Recht. Sobald der Vorkaufsfall – i. d. R. durch Abschluß eines Kaufvertrags zwischen dem Verpflichteten und einem Dritten[6] – eintritt, kann der Berechtigte durch einseitige Erklärung gegenüber dem Verpflichteten sein Recht ausüben mit der Wirkung, daß der Kauf zwischen dem Berechtigten und dem Verpflichteten mit den gleichen Bedingungen zustande kommt, die der Verpflichtete mit dem Dritten vereinbart hat, insbesondere zum gleichen Kaufpreis (vgl. §§ 463, 464). Durch die Erklärung wird er aber nicht bereits Eigentümer. Wenn ein Grundstückskaufvertrag zu seiner Wirksamkeit der behördlichen Genehmigung bedarf, kann das Vorkaufsrecht erst nach deren Erteilung ausgeübt werden.[7] Eine Bestimmung des Vorkaufspreises im voraus ist unzulässig. Damit der Berechtigte sich entscheiden kann, ob er von seinem Recht Gebrauch machen will, hat ihm der Verpflichtete nicht nur den Abschluß, sondern auch den Inhalt des von ihm mit dem Dritten geschlossenen Vertrags unverzüglich mitzuteilen (§ 469).

Mit dem Vorkaufsfall, d. h. mit Abschluß des Kaufvertrags mit dem Dritten,[8] tritt auch erst die dem dinglichen Vorkaufsrecht eigene Vormerkungswirkung (§ 1098 II) ein mit der Folge, daß nur Belastungen des Grundstücks, die nach dem Vorkaufsfall eintreten, dem Vorkaufsberechtigten gegenüber unwirksam sind (§ 888).

Der aus dem Kauf (in den der Berechtigte eintritt) entspringende Anspruch des **937**
Berechtigten auf Übereignung des Grundstücks richtet sich gegen den Verkäufer. Ist dieser noch Eigentümer, so muß er an den Vorkaufsberechtigten übereignen. Ist hingegen der Dritte bereits Eigentümer des Grundstücks, so kann der Berechtigte wegen der einer Vormerkung gleichen Wirkung des Vorkaufsrechts die Übereignung als ihm gegenüber nichtig behandeln und daher die Übereignung nach wie vor vom Verpflichteten, die Zustimmung zu seiner Eintragung vom Dritten verlangen (§§ 1098 II, 883 II, 888, vgl. o. § 18; er tritt nicht in die Auflassung an den Dritten ein).

Der Dritte, der schon Eigentümer geworden ist, kann diese Zustimmung und die Herausgabe des Grundstücks verweigern, bis ihm der Berechtigte den Kaufpreis erstattet, soweit der Dritte ihn schon berichtigt hat (§ 1100). In derselben Höhe wird zum Ausgleich der Berechtigte von der ihm gegenüber dem Verkäufer obliegenden Verpflichtung zur Zahlung des Preises frei (§ 1101). Der Dritte wird von der Zahlungspflicht frei; einen Rückzahlungsanspruch gegen den Verkäufer hat er nicht (§ 1102). Für Verwendungen nach Eintritt des Vorkaufsfalls kann der Dritte nach §§ 994 ff. Ersatz verlangen, jedoch nicht für nützliche Verwendungen, da er bei Kenntnis des Vorkaufsrechts als bösgläubiger Besitzer anzusehen ist.[9]

---

[6] Zur Frage, wann im einzelnen ein Vorkaufsfall gegeben ist, vgl. *Schurig*, S. 128 ff. Interessant zu dieser Frage BGHZ 67, 395 = NJW 1977, 752 und für die Ausdehnung auf einen „kaufähnlichen" Vertrag BGHZ 115, 335 = NJW 1992, 236; dazu krit. Anm. von *Probst*, JR 1992, 419.

[7] Vgl. BGHZ 14, 1 = NJW 1954, 1442.

[8] Vgl. BGHZ 60, 275, 294 = NJW 1973, 1278.

[9] BGHZ 87, 296 = NJW 1983, 2024 und dazu *Gursky*, JR 1984, 3 sowie *Kohler*, NJW 1984, 2849.

Der Kaufvertrag zwischen dem Eigentümer und dem Dritten wird nicht durch die Ausübung des Vorkaufsrechtes aufgehoben. Daher ist der Verkäufer gegenüber dem Dritten, wenn er sich nicht nach § 442 schützen kann, zum Schadensersatz aus Rechtsmängelhaftung (§§ 435, 437, 440, 280) verpflichtet.

IV. Rechtsnatur

938 Das Vorkaufsrecht ist ein Gestaltungsrecht, das durch den Verkauf des Grundstücks an einen Dritten bedingt ist; mit seiner Ausübung tritt eine Umgestaltung der Rechtslage ein, denn der Berechtigte tritt in den abgeschlossenen Kaufvertrag ein und wird Gläubiger und Schuldner aus einem Vertrag, den er selbst gar nicht geschlossen hat.

Ob das Vorkaufsrecht ein dingliches Recht ist, ist nicht unbestritten.[10] Da es aber als Belastung des Grundstücks sich auswirkt und den Eigentümer in der rechtlichen Verfügung einschränkt, können immerhin manche Vorschriften über dingliche Rechte zur Anwendung kommen, insbesondere § 873 über die Begründung und §§ 892 ff. über den gutgläubigen Erwerb.

V. Geschichtliche Entwicklung und heutige Bedeutung des Vorkaufsrechts

939 Seinen Ursprung hat das Vorkaufsrecht im germanischen Recht des Mittelalters. Dort waren die Näherrechte von Bedeutung, infolge derer bestimmte Personen, die dem Grundstück oder dessen Eigentümer näherstanden als der dritte Käufer, diesen aus dem Kaufvertrag verdrängen konnten, z. B. der Lehnsherr, Erbe, Nachbarn, Miteigentümer usw.

Das vertragliche Vorkaufsrecht hat Bedeutung bei Altenteilsberechtigten, langjähriger Pacht oder Miete und beim Nachbareigentum. Ein gesetzliches Vorkaufsrecht kennt das BGB nur beim Verkauf eines Miterbenanteils zugunsten der Miterben (§ 2034).[11] Insgesamt ist die praktische Bedeutung stark zurückgegangen.

In großem Umfang haben die Siedlungsgesetzgebung und das Bundesbaugesetz von ihm Gebrauch gemacht (s. u. VIII). Vorkaufsrechte nach diesen Gesetzen entstehen kraft Gesetzes. Dadurch wird der Vertrauensschutz im rechtsgeschäftlichen Verkehr gefährdet.

VI. Ankaufsrecht

940 Ein mit dem Vorkaufsrecht nicht identisches Institut ist das sog. Ankaufsrecht, von dem heute in der Praxis häufig Gebrauch gemacht wird. Es handelt sich dabei nicht um ein dingliches Recht, sondern in der Regel um ein bindendes Verkaufsangebot des Eigentümers, das der Vertragsgegner bei Eintritt einer Bedingung oder nach Ablauf einer bestimmten Frist annehmen kann. Je nach Lage des Einzelfalls kann auch ein bedingter Kaufvertrag oder ein Vorvertrag gegeben sein.[12] Der schuldrechtliche Anspruch des Vertragsgegners kann durch Vormerkung gesichert werden. Ein Sonderrechtsnachfolger des Eigentümers ist aber an das Angebot nicht gebunden.[13]

---

[10] Zur Rechtsnatur des Vorkaufsrechts vgl. *Schurig*, a. a. O. (vor Rn. 934); ferner RGZ 110, 333.

[11] Umfassend dazu und speziell zum Fall des Verkaufs eines Miterbenanteils an Dritte BGHZ 121, 47 = NJW 1993, 726.

[12] Vgl. dazu *BGH* DNotZ 1963, 230, ferner RGZ 169, 185 und 154, 355.

[13] Vgl. *BayObLG* DNotZ 1956, 206.

VII. Wiederkaufsrecht

Ein dingliches Wiederkaufsrecht kennt das BGB nicht. Die Parteien können aber schuldrechtlich ein Wiederkaufsrecht in der Form des § 311 b I vereinbaren (§§ 456 ff.). Der Anspruch aus diesem Vertrag kann durch Vormerkung gesichert werden. **941**

Gesetzliche Wiederkaufsrechte finden sich z. B. in den §§ 20, 21 Reichssiedlungsgesetz und in §§ 12, 13 des Heimstättengesetzes.

VIII. Das öffentlich-rechtliche Vorkaufsrecht nach dem BauGB

Das Vorkaufsrecht nach dem BauGB unterscheidet sich durch Rechtsnatur, Entstehung, Ausübung und Wirkungen vom Vorkaufsrecht des BGB. Es steht den Gemeinden kraft Gesetzes im Geltungsbereich ihrer Bebauungspläne nach Maßgabe der §§ 24 ff. BauGB zu. Ausgeübt wird es durch einen Verwaltungsakt, der nach Eintritt der Unanfechtbarkeit und Eintragung im Grundbuch ohne Auflassung zum Eigentumsübergang führt (§ 28 III BauGB). Das Vorkaufsrecht der Gemeinde bewirkt eine Grundbuchsperre mit der Folge, daß die Eintragung eines Käufers ausgesetzt wird, bis die Nichtausübung nachgewiesen wird (§ 28 I BauGB). **942**

§ 83. Die Reallast

Literatur: *Amann,* Durchsetzung der Reallast, DNotZ, 2004, 599; *Beutler,* Die Reallast im Spannungsfeld veränderter Anwendungsbereiche, 2009; *Beyerle,* Ertragsbeteiligung als dingliches Recht, JZ 1955, 257; *v. Lübtow,* Die Struktur der Pfandrechte und Reallasten, FS Heinrich Lehmann, Bd. I, 1956, S. 328; *v. Schwind,* Die Reallastenfrage, JherJb 33, 1.

I. Inhalt

Die Reallast ist die Belastung eines Grundstücks mit dem Inhalt, daß aus dem Grundstück an den Berechtigten wiederkehrende Leistungen zu entrichten sind (§ 1105). Sie kann auch zugunsten des jeweiligen Eigentümers eines anderen Grundstücks bestellt werden (§ 1105 II), was häufig geschieht. **943**

Sie unterscheidet sich von den Dienstbarkeiten dadurch, daß sie sich auf positive Leistungen[1] des belasteten Eigentümers richtet, von der Rentenschuld dadurch, daß ein festgesetzter Kapitalwert nicht wesentlich ist. Sie verleiht kein unmittelbares Nutzungsrecht, sondern das Grundstück haftet nur für die Entrichtung der Leistungen durch den Eigentümer.

Die Leistungen können in Naturalien oder Geldzahlungen bestehen, jedoch auch in Handlungen (z. B. Gespanndienste, Instandhaltung von Gebäuden). Sie können auf unbestimmte oder bestimmte Zeit begründet werden, z. B. auf die Lebenszeit des Berechtigten (wie beim Altenteil). Ihr Umfang ist fest bestimmt oder richtet sich nach den Umständen, z. B. der Zehnte nach der Höhe des Jahresertrags. Es genügt also Bestimmbarkeit der geschuldeten Leistung.[2] Die Leistungen sind meist regel-

---

[1] Nicht Verpflichtung zu einer Unterlassung; *BayObLG* MDR 1960, 50.

mäßige, müssen stets wiederkehrende sein. Das Landesrecht kann Bestimmungen treffen, welche Art von Reallasten noch zulässig ist (vgl. Art. 115 EGBGB). Die Bestellung einer Reallast, bei der rückständige Raten einen abweichenden Rang haben, hält der *BGH* für nicht zulässig.[3]

Ursprünglich handelte es sich um Leistungen, die tatsächlich das Grundstück zu erbringen hatte. Bei Geldrenten kommt es aber nicht darauf an, ob sie wirklich aus den Erträgen des Grundstücks gezahlt werden. Hier bedeutet der Ausdruck „aus dem Grundstück zu entrichten" wie bei der Hypothek lediglich, daß das Grundstück für die Zahlung haftet (vgl. o. § 53 IV).

II. Begründung, Übertragung, Erlöschen

944 Die Begründung erfolgt nach § 873 durch Einigung und Eintragung.[4] Neben den privatrechtlichen gibt es auch öffentlich-rechtliche Reallasten.

Die Übertragung der Reallast im ganzen erfordert Einigung und Eintragung; das Recht auf einzelne fällige Leistungen kann durch einfachen Abtretungsvertrag übertragen werden.

Die Reallast als ganze erlischt durch Aufhebung gemäß § 875, durch Zuschlag des Grundstücks in der Zwangsversteigerung, besonders aber durch Ablösung. Diese ist seit Mitte des 19. Jahrhunderts landesrechtlich geregelt und erfolgt meist gegen Kapitalentschädigung.

III. Die Haftung des Grundstücks

945 Die Reallast als ganze lastet auf dem Grundstück. Doch kann dessen Haftung für ihren Kapitalwert sich praktisch nur bei der Zwangsversteigerung zeigen, wenn der Ersatz des Wertes verlangt werden kann (§ 92 ZVG), sonst bei Fälligkeit der Ablösungssumme.

Die Haftung für die einzelnen Leistungen, die praktisch wichtiger ist, wird im Wege der Zwangsvollstreckung wie bei Zinsen der Hypothek durchgesetzt (§ 1107), wobei die Haftung alle Gegenstände umfaßt, auf die sich die Hypothek erstreckt (vgl. o. § 57).

Diese dingliche Haftung trifft den jeweiligen Eigentümer ohne Rücksicht darauf, ob die Leistungen während seines Eigentums fällig werden oder Rückstände aus der Zeit eines früheren Eigentümers sind. Daneben besteht aber im Zweifel, wenn auch durch Vereinbarung auszuschließen, eine persönliche Haftung des Eigentümers (also auch mit seinem sonstigen Vermögen) für die Leistungen, die während der Dauer seines Eigentums fällig werden (§ 1108 I). Sie dauert fort, auch wenn er nicht mehr Eigentümer ist.

Es kann daher für Rückstände eine doppelte Haftung eintreten, die persönliche Verpflichtung des früheren Eigentümers und die dingliche Haftung des gegenwärtigen Eigentümers, diese auf das

[2] Vgl. BGHZ 22, 54, 58 = NJW 1957, 23; *KG* DNotZ 1985, 707; *BGH* NJW 1995, 2780; *OLG Düsseldorf* NJW 2004, 3126.

[3] *BGH* NJW 2004, 361; dazu *Amann,* DNotZ 2004, 599.

[4] Die Frage, ob Reallasten zugunsten Dritter bestellt werden können, ist bestritten. *BGH* DNotZ 1965, 612 und NJW 1993, 2617 lehnen diese Möglichkeit zu Recht ab, da zwischen dem Dritten und dem Grundstückseigentümer keine Einigung vorliegt.

Grundstück beschränkt. Es entsteht dann ein Seitenstück zur Gesamtschuld, aber nur eine Person ist Schuldner. Da die beiden Eigentümer in einem ähnlichen Verhältnis zueinander stehen wie bei der Hypothek der Eigentümer und der persönliche Schuldner, so ist § 1143 anzuwenden, d. h. der jetzige Eigentümer, der den Gläubiger wegen eines aus der Zeit des Vorbesitzers stammenden Anspruchs befriedigt, erwirbt die Forderung gegen diesen.

IV. Wirtschaftliche Bedeutung

Die Bedeutung der Reallasten war im Mittelalter sehr groß; die bäuerlichen **946**
Verhältnisse und die Belastungen durch den Grundherrn wurden weitgehend durch sie bestimmt. Auch auf dem Gebiet des öffentlichen Rechts spielten sie eine große Rolle, z. B. als Kirchen- und Schullasten; heute finden sie sich noch als Deichlasten. Im 19. Jahrhundert wurden sie zurückgedrängt, meist für ablösbar erklärt und auch abgelöst, z. B. als Übergang zur Geldentlohnung von Pfarrern und Lehrern. Sie kommen heute besonders noch vor bei bäuerlichen Altenteilsverträgen zur Sicherung der Unterhaltsleistung in Form von Naturalien. Ferner stellt der Erbbauzins eine Art von Reallast dar (vgl. o. § 75 I 3). Die grundsätzliche Flexibilität der Reallast (vgl. o. § 83 I a. E.) läßt sie als vielseitig verwendbar erscheinen. Sie hat in der Praxis wieder an Bedeutung gewonnen. Dies gilt vor allem für Versorgungsreallasten und Erbbauzinsreallasten.[5]

---

[5] Dazu *Beutler,* S. 33 ff., 88 ff., 109 ff.

Gesetzesverzeichnis

Fette Zahlen = §§ bzw. Artikel des Gesetzes, magere Zahlen = Rn. des Buches

Sachverzeichnis

Die Zahlen verweisen auf die Randnummern des Buches.